Histoire de l'éducation dans l'Antiquité

TOME I

Le monde grec

Ouvrages de Henri-Irénée Marrou

Saint Augustin et la Fin de la culture antique
De Boccard, 4ᵉ éd., 1958

ΜΟΥΣΙΚΟΣ ΑΝΗΡ,
Étude sur les scènes de la vie intellectuelle
figurant sur les monuments funéraires romains
L'Erma di Bretschneider, 2ᵉ éd., 1964

L'Ambivalence du temps de l'histoire chez saint Augustin
Vrin, 1950

De la connaissance historique
Éd. du Seuil, coll. « Esprit », 1954
coll. « Points Histoire », 1975

A Diognète. Introduction, traduction et commentaire
Éd. du Cerf, 2ᵉ éd., 1965

Saint Augustin et l'Augustinisme
Éd. du Seuil, coll. « Maîtres spirituels », 7ᵉ éd., 1969

Clément d'Alexandrie. Le Pédagogue, livres I-III
Introduction et notes
Éd. du Cerf, 1960-1970

Nouvelle Histoire de l'Église, t. I, 2ᵉ partie
De la persécution de Dioclétien
à la mort de Grégoire le Grand
Éd. du Seuil, 1963

Théologie de l'histoire
Éd. du Seuil, 1968

Les Troubadours
Éd. du Seuil, coll. « Points Histoire », 2ᵉ éd., 1971

Histoire de l'éducation dans l'Antiquité
Éd. du Seuil, coll. « UH », 7ᵉ éd., 1975

Patristique et Humanisme
Éd. du Seuil, coll. « Patristica Sorbonensia », 1976

Décadence romaine ou antiquité tardive ?
Éd. du Seuil, coll. « Points Histoire », 1977

Crise de notre temps et Réflexion chrétienne
(préface de C. Pietri et introduction de J.-M. Mayeur)
Éd. Beauchesne, 1978

SOUS LE NOM DE HENRI DAVENSON

Fondements d'une culture chrétienne
Bloud et Gay, 1934

Traité de la musique selon l'esprit de saint Augustin
Éd. du Seuil, 1942

Le Livre des chansons ou Introduction à la connaissance
de la chanson populaire française
Éd. du Seuil, 1944

Henri-Irénée Marrou

Histoire de l'éducation dans l'Antiquité

TOME I

Le monde grec

Éditions du Seuil

L'édition de cet ouvrage en un volume
a paru au Seuil, dans la collection « L'Univers historique »

EN COUVERTURE : Concours musical, vase d'Andokidès (détail).
Louvre, Paris. © Archives Bulloz.

ISBN 2-02-006016-7 éd. complète ;
2-02-006014-0 tome I ; 2-02-006015-9 tome II.
(ISBN 1re publication 2-02-002670-8)

© ÉDITIONS DU SEUIL, 1948.

La loi du 11 mars 1957 interdit les copies ou reproductions destinées à une utilisation collective. Toute représentation ou reproduction intégrale ou partielle faite par quelque procédé que ce soit, sans le consentement de l'auteur ou de ses ayants cause, est illicite et constitue une contrefaçon sanctionnée par les articles 425 et suivants du Code pénal.

Ce livre est dédié à la mémoire de Gilbert Dru, étudiant français condamné à mort comme Résistant chrétien par l'Occupant national-socialiste allemand et barbarement exécuté place Bellecour, à Lyon, le 27 juillet 1944, à l'âge de vingt-quatre ans.

Per fidem martyrum pro veritate morientium cum veritate viventium.
Saint Augustin, *Cité de Dieu*, IV, 30.

Les chiffres entre parenthèses renvoient aux *Notes complémentaires*, p. 337 et suivantes.

Les références qui accompagnent le texte utilisent des abréviations courantes : ainsi, pour les classiques grecs et latins, ce sont, normalement, celles des *Dictionnaires* Bailly et Gaffiot ; pour les périodiques, celles de l'*Année philologique* ; le lecteur trouvera l'explication de ces sigles p. 419 et suivantes.

Préface à la sixième édition

Les éditeurs ayant voulu réimprimer ce livre en lui donnant une présentation nouvelle, l'auteur ne pouvait moins faire que de réviser soigneusement son texte afin que cette nouvelle édition apparût rajeunie quant au fond comme dans sa forme. Nous nous sommes efforcé d'intégrer à notre exposé l'apport des recherches les plus importantes effectuées dans notre domaine au cours de ces vingt dernières années, — et notamment celui de plusieurs livres qui sont venus peu à peu combler quelques-unes des lacunes les plus importantes dont notre première page déplorait l'existence, ceux de Martin Nilsson sur l'école hellénistique (1955), de Jean Delorme sur le gymnase grec (1960), de Chrysis Pélékidis sur l'éphébie attique (1962) et sur l'éducation dans l'Occident barbare ou à Byzance de P. Riché (1962) et P. Lemerle (1971); plus d'un doivent d'ailleurs d'avoir été écrits aux appels contenus dans notre première édition, ce qui suffit à justifier une tentative de synthèse comme celle-ci, qui court toujours le risque d'apparaître prématurée.

Il faut cependant s'entendre sur ce que peut signifier la mise à jour d'un ouvrage historique. La chose va de soi lorsqu'il s'agit d'un manuel dont le but est simplement de présenter les résultats obtenus par la recherche en fournissant une image, si possible précise et exacte, de l'état présent de la science. Or notre Histoire de l'Éducation *avait voulu être autre chose qu'un paquet de fiches soigneusement critiquées et classées par ordre, — mais bien un livre, avec ce que le mot implique de ton personnel, d'unité organique et si l'on veut d'ambition : je me suis expliqué ailleurs sur ce que devait être l'œuvre historique, œuvre de science au premier chef mais à qui le respect même de la vérité imposait des exigences qui l'apparentaient à l'œuvre d'art* [1].

1. *De la connaissance historique*, Paris, 1954, p. 277-289 (coll. *Points*, p. 267-278).

PRÉFACE

Mais on ne peut empêcher qu'un livre ait été écrit à une certaine phase de la vie de l'auteur et à un moment déterminé de l'Histoire. Il serait vain de chercher à lui ôter son âge, ou alors c'est un autre livre qu'il faudrait écrire à nouveaux frais [1]. *Celui-ci a été conçu aux jours les plus sombres de la Deuxième Guerre mondiale, quand il fallait ranimer dans le cœur des jeunes gens la flamme de la liberté et les prémunir contre le faux prestige de la barbarie totalitaire : d'où l'amère passion avec laquelle on s'élève par exemple contre l'idéal spartiate ou plutôt contre ses naïfs ou perfides admirateurs. L'auteur allait alors vers ses quarante ans et c'est déjà dire à quelle génération il se rattache, celle pour qui les noms de Werner Jaeger et du Père A. J. Festugière représentaient la tradition vigoureuse et toujours renouvelée de l'humanisme classique. (A qui maintenant est passé ou passe le flambeau ? C'est aux plus jeunes de le savoir.) Il avait appris le métier sous Jérôme Carcopino et Franz Cumont : si le lecteur éprouve quelque sympathie pour l'usage que j'en ai fait, qu'il veuille bien avec moi en rapporter le mérite aux leçons de ces maîtres.*

H. I. M.

Chatenay, 1ᵉʳ juillet 1964.

---

[1]. Il faudrait par exemple repenser le problème des origines de l'éducation grecque à la lumière des recherches inaugurées par le livre, novateur et hardi, d'Angelo Brelich, *Paides e parthenoi* (coll. *Incunabula Graeca*, vol. 36), Rome 1969 : ce n'est pas seulement à Sparte mais aussi à Athènes que nous pouvons observer à l'époque classique des survivances de rites archaïques d'initiation, comparables à ceux que l'ethnologie étudie, en Afrique noire et ailleurs dans les civilisations des « peuples sans écriture » : v. ma contribution au colloque de la *Société Jean Bodin* consacré au « Droit à l'éducation », avec une note additionnelle sur « L'éducation dans l'Iran ancien » qui cherche à combler une lacune de la présente *Histoire*.

Introduction

M'excuserai-je, auprès du public savant, de consacrer une étude d'ensemble à un sujet qui n'est plus neuf, sur lequel il existe une bonne série de livres solides, polis par un long usage ? (1) Mais ils commencent à vieillir et disparaissent peu à peu sous la poussière des travaux de détail et des trouvailles qui s'accumulent : il devient nécessaire de procéder à une revue générale et à une mise au point qui intègre dans sa synthèse l'apport réel de ces acquisitions.

D'autant plus que la recherche se développe de façon anarchique : elle s'acharne, quelquefois jusqu'à l'excès, sur tels secteurs dont le sol est bientôt remué en tous sens, alors qu'elle en néglige d'autres, qui pourtant mériteraient de l'attirer davantage. L'effort de construction révèle ces lacunes. En fait, le lecteur trouvera dans ce livre plus de choses nouvelles que je n'aurais souhaité : bien souvent, il m'a fallu improviser tout un pan de muraille pour lequel je ne trouvais pas de matériaux suffisamment élaborés par mes prédécesseurs.

D'autre part, la connaissance historique, aspect particulier de la connaissance de l'homme, est par essence mouvante et toujours provisoire. Nos idées sur l'homme, le monde et la vie ne cessent de se transformer : il n'est pas de sujet historique qu'il ne faille périodiquement reprendre pour le remettre en place dans une exacte perspective, puisque l'éclairage d'ensemble s'est, entre temps, modifié.

Enfin, il est toujours utile de disposer d'un exposé rapide de toute question de quelque ampleur, au moins comme introduction à une étude plus approfondie. Nos étudiants sont les premiers à en éprouver le besoin. J'ai cru devoir penser aussi au public simplement cultivé : il a le droit strict d'être mis au courant des résultats de la recherche scientifique ; l'érudition n'est pas une fin en soi, mais doit devenir l'une des sources où la culture de notre temps vient s'alimenter.

INTRODUCTION

Éducation antique.
Éducation moderne.

L'histoire de l'éducation dans l'antiquité ne peut laisser indifférente notre culture moderne : elle retrace les origines directes de notre propre tradition pédagogique. Nous sommes des Gréco-Latins : tout l'essentiel de notre civilisation est issu de la leur; c'est vrai, à un degré éminent, de notre système d'éducation.

Je montrerai, en terminant, comment la vie déclinante de l'école antique, après s'être prolongée parfois bien avant dans les ténèbres de l'époque barbare du haut moyen âge, finit par s'interrompre en Occident (à une date variable selon les pays). Mais les procédés de la pédagogie antique furent repris lorsque, avec la renaissance carolingienne, s'amorça un renouveau des études; restauration gauche et imparfaite, comme toutes les restaurations : pourtant les Carolingiens ont sciemment cherché, et en un sens ont bien réussi, à renouer la tradition interrompue.

Le riche développement de la civilisation médiévale a, dans la suite, amené la Chrétienté occidentale, surtout à partir du XIIe siècle, à élaborer des institutions et des méthodes pédagogiques bien différentes et vraiment originales (2). Et pourtant, même en plein XIIIe siècle, le souvenir des modèles antiques et le souci de les imiter n'ont pas cessé d'obséder la pensée des hommes de ce temps, dont il ne faut pas, comme on l'a trop longtemps fait, minimiser la place dans l'histoire de l'humanisme.

Mais c'est surtout de la grande Renaissance, celle des XVe et XVIe siècles, qui a marqué notre éducation moderne par son retour volontairement accusé à la plus stricte tradition classique; aujourd'hui encore nous vivons, beaucoup plus qu'on n'en a communément conscience, sur l'héritage de l'Humanisme : l'enseignement secondaire français, pour ne prendre qu'un exemple, est resté, à voir les choses dans leur ensemble, ce que l'avaient fait, au XVIe siècle, les fondateurs des Académies protestantes et des collèges de la Compagnie de Jésus (3).

Notre étude, cependant, n'aura pas seulement pour intérêt de nous apprendre à mieux nous connaître en nous faisant prendre conscience de nos origines. Ce serait déjà là un résultat précieux : une telle prise de conscience est le moyen d'échapper au déterminisme historique (dans la mesure où la chose est concevable), en nous libérant de notre dépendance à l'égard de la tradition qui nous porte et nous a faits ce que nous sommes.

La fécondité de la connaissance historique réside surtout dans le dialogue qu'elle institue en nous entre l'Autre et le Même. Nous sommes devenus assez différents de nos pères pour que l'éducation qui fut la leur nous apparaisse dans une large mesure sous la catégorie de l'Autre : bien des choses en elle peuvent utilement nous surprendre, qui s'opposent soit à notre pratique, soit à nos aspirations. Le lecteur avisé pourra méditer à loisir en marge de notre exposé.

La fécondité du dialogue n'exige pas que nous renoncions pour autant à demeurer nous-mêmes : simple instrument de culture, il élargit notre perspective, dépouille le moderne de cette suffisance naïve qui l'empêchait d'imaginer qu'on ait pu être différent de lui. Mais, s'il nous force à réfléchir, il ne nous conduit pas nécessairement à infléchir notre action : l'exemple que nous propose l'histoire nous oblige seulement à éprouver la solidité et le bien-fondé de nos options et rend notre volonté consciente d'elle-même. La sympathie nécessaire à l'historien va m'entraîner à me faire l'avocat du système antique d'éducation (il faut le comprendre avant de le juger), mais il doit être bien entendu que je ne l'offre au lecteur que comme un exemple proposé à sa réflexion, non comme un modèle dont l'imitation servile s'imposerait.

La courbe de son évolution. L'histoire que nous allons retracer s'étale sur une quinzaine de siècles, disons en gros de 1000 avant J.-C. à 500 après; ce qui offre de la place à une évolution aux phases complexes. Le sujet pourtant est plus un et mieux défini qu'on ne le penserait *a priori :* le monde méditerranéen antique a bien connu *une* éducation classique, *un* système d'éducation cohérent et déterminé.

Bien entendu, il n'apparaît pas, dès l'origine, sous sa forme définitive et pleinement développée; il n'a même atteint celle-ci qu'à une date relativement tardive, que je situe après l'apport décisif des deux grands éducateurs que furent Platon († 348) et Isocrate († 338). La chose ne doit pas surprendre : l'éducation est la technique collective par laquelle une société initie sa jeune génération aux valeurs et aux techniques qui caractérisent la vie de sa civilisation. L'éducation est donc un phénomène secondaire et subordonné par rapport à celle-ci dont, normalement, elle représente comme un résumé et une condensation (je dis *normalement,* car il existe des sociétés illogiques qui imposent à la jeunesse une éducation absurde sans rapport avec la vie : l'initiation à la culture réelle s'y fait alors en dehors des institutions officiellement éducatives). Cela suppose évidemment un certain décalage dans le temps : il faut d'abord qu'une civilisation atteigne sa propre Forme avant de pouvoir engendrer l'éducation qui la reflétera.

C'est pourquoi l'éducation classique n'atteint la sienne qu'une fois dépassée la grande période créatrice de la civilisation hellénique : il faut attendre l'ère hellénistique pour la trouver en pleine possession de ses cadres, de ses programmes et de sa méthode. Une fois parvenue à sa maturité, l'inertie propre aux phénomènes de civilisation (et particulièrement aux phénomènes relevant de la routine pédagogique) lui conserve, sans changements importants, pendant de longs siècles, la même structure et la même pratique. Son extension hors du monde grec à Rome, à l'Italie, à l'Occident latinisé, n'entraînera que des transpositions et adaptations d'importance secondaire. Il en est d'abord de même, contre toute attente, d'un événement aussi bouleversant que la conversion au christianisme du monde méditerranéen. La décadence de la civilisation antique ne se manifestera, dans le domaine de l'éducation, que par des phénomènes de sclérose, ce qui accentue encore cette impression de stabilité.

Si bien que l'histoire dont nous allons parcourir rapidement les étapes n'est pas conforme au schéma fameux de la courbe en cloche, si cher pourtant à la pensée antique [1] : ascension, maximum ou ἀκμή, déclin inéluctable. Sans doute nous tracerons pour commencer une branche ascendante, celle de l'évolution qui, du xe au ive siècle, conduit l'éducation classique de ses origines à sa forme adulte *(Ire Partie)*. Mais cet état de perfection intrinsèque n'est pas limité à une ἀκμή brève : l'éducation classique achève lentement de mûrir et de prendre ses caractères définitifs ; le maximum s'étale sur une longue suite de siècles : pendant toute la période hellénistique *(IIe Partie)* et au-delà ; l'afflux de la sève romaine *(IIIe Partie)* est comme un nouveau bail avec la durée. Il n'y a pas de retombée dans la courbe : celle-ci se continue, parallèlement à elle-même, indéfiniment dans l'Orient byzantin, brutalement interrompue dans les pays latins par un accident historique : les invasions barbares et la disparition des cadres politiques de l'Empire. Cependant déjà, une nouvelle courbe s'amorçait en dessous : nous découvrirons pour finir comment, dans un secteur limité de la

---

[1]. POL. VI, 51.

INTRODUCTION

société chrétienne, le milieu monastique, commençait déjà le processus qui devait conduire à un nouveau type d'éducation, — celui qui dominera le moyen âge occidental.

Du noble guerrier au scribe. Si on voulait pourtant résumer cette évolution complexe dans une simple formule, je dirais que l'histoire de l'éducation antique reflète le passage progressif d'une culture (4) de nobles guerriers à une culture de scribes. Il y a des civilisations raffinées et mûres, sur lesquelles pèsent lourdement les souvenirs du passé, enregistrés sous forme écrite. Leur éducation, par suite, est dominée par la technique de l'écriture : ce sont les « gens du livre », *ahl el kitâb,* comme le dit le Qoran pour désigner juifs et chrétiens avec un respect mêlé d'étonnement. Il y a par contre des civilisations barbares, comme était précisément l'Arabie au temps du Prophète, dont la classe supérieure est représentée par une aristocratie de guerriers et dont l'éducation, bien entendu, est à dominante militaire, orientée vers la formation du caractère, le développement de la vigueur physique et de l'adresse, plutôt que vers celui de l'intelligence.

Toute l'histoire de l'éducation grecque antique constitue une lente transition entre une culture de ce dernier type et une autre du premier. Nous saisissons ses origines dans une société encore tout imprégnée d'esprit guerrier; dès lors, cependant, apparaît l'œuvre autour de laquelle elle va s'organiser, et c'est déjà un livre, encore qu'il soit consacré à célébrer la geste des héros, — l'*Iliade* d'Homère. Très tôt, par conséquent, s'introduisent dans cette culture des éléments lettrés, et, si l'on veut, livresques (encore que ce livre soit longtemps chanté ou récité, plutôt que lu). Mais d'autre part, bien plus longtemps encore, nous y constaterons des survivances remarquables de ses origines guerrières et aristocratiques (notamment dans la place d'honneur réservée à la culture du corps et à l'activité sportive). C'est seulement dans la dernière période de cette histoire, quand la foi chrétienne se décidera à organiser culture et éducation autour du Livre par excellence, la Bible, source de tout savoir et de toute vie, que le lettré antique deviendra définitivement un scribe.

INTRODUCTION

Le scribe oriental. Jusque-là, l'histoire de l'éducation classique continue à s'opposer dans une large mesure à celle des civilisations du Proche-Orient qui nous fournissent les types les plus caractérisés de la culture de scribe, qu'il s'agisse du scribe égyptien, des scribes mésopotamiens ou syriens dont, juifs et chrétiens, nous retrouvons l'écho dans les Livres Sapientiaux de l'Ancien Testament et notamment dans le *Livre des Proverbes,* ce manuel d'éducation morale pour la formation du parfait fonctionnaire, qui codifie en aphorismes la sagesse traditionnelle du milieu culturel des scribes royaux de Juda et d'Israël (x^e-viie siècles) (5).

Bien entendu, ces cultures de scribe ont revêtu, dans le temps et dans l'espace, des formes très différentes; qu'il suffise ici de les définir globalement, d'un double point de vue, technique et moral. Techniquement, elles mettent l'accent sur la chose écrite : le scribe est par essence celui qui a maîtrisé les secrets de l'écriture. On sait quelle était la complexité, et par suite la difficulté pratique, des divers systèmes d'écriture en usage soit en Egypte, soit en Mésopotamie, qui juxtaposaient des éléments à valeur hiéroglyphique, syllabique et alphabétique; sans parler des complications supplémentaires qu'entraînaient, en Egypte, la pratique simultanée de types différents d'écriture (hiéroglyphique et hiératique, puis démotique) et en Mésopotamie l'emploi dans le même milieu culturel de langues différentes (sumérien et akkadien, plus tard araméen). C'est un fait remarquable que le signe hiéroglyphique *sesh,* scribe, en égyptien, reproduit le nécessaire à écrire : calame, vase à eau, palette avec les deux godets, un pour l'encre noire, l'autre pour l'encre rouge. En hébreu, scribe se dit *sôpher,* mot qui comme *sêpher,* livre, vient de *sâphar,* écrire, compter.

Socialement, le scribe est un fonctionnaire : il met sa connaissance de l'écriture au service de l'administration : l'administration royale, essentiellement, en Egypte, l'administration sacerdotale d'abord, semble-t-il, en Mésopotamie, mais bientôt royale là aussi. C'est là avant tout (au double sens d'une antériorité d'origine et d'une prépondérance permanente de fait) le rôle du scribe oriental : contrairement aux hypothèses chères aux historiens romantiques, il semble bien que l'écriture ait été inventée, et d'abord utilisée, non pour fixer des dogmes théologiques ou métaphysiques, mais pour les besoins pratiques de la comptabilité et de l'administration (6). C'est seulement une évolution ultérieure qui la détachera de cette finalité utilitaire pour la consacrer à un usage plus élevé, l'histoire ou la pensée abstraite. Même alors, le scribe oriental restera principalement l'homme qui tient les comptes, classe les archives, rédige les ordres, est capable d'en recevoir par écrit et, par suite, est tout naturellement chargé de leur exécution.

Par là, au-dessus des classes populaires, paysans et artisans, la classe des scribes apparaît, au point de vue politique et social, comme une classe supérieure qui, dominant la masse confuse des corvéables, participe plus ou moins directement à l'exercice du pouvoir. De ce pouvoir, beaucoup d'entre eux, sans doute, n'en détiennent qu'une faible parcelle, mais la constitution de monarchies absolues et centralisées donnait à chacun sa chance, permettant au mérite de se faire reconnaître et à la faveur de jouer : il n'était pas de scribe qui ne pût caresser l'espoir d'accéder un jour aux plus hautes charges (théoriquement du moins, car cet espoir, bien entendu, était rarement réalisé : tous les soldats de Napoléon ne finissaient pas maréchaux !) : trait caractéristique de la monarchie de type oriental (7) que nous verrons réapparaître, au terme de l'évolution de la culture classique, avec la bureaucratie du Bas-Empire romain.

D'où l'importance que les vieilles sociétés orientales attachaient à l'instruction, moyen de parvenir, moyen, pour l'enfant, de s'introduire dans cette classe privilégiée. Des textes littéraires égyptiens, en particulier, nous ont transmis l'expression pittoresque de cet orgueil de caste des scribes. Sous la IXe ou la Xe dynastie (v. 2240-2060), c'est le scribe Akhtoy qui, pour encourager son fils Pepi à l'étude ingrate des lettres, lui trace un tableau satirique des mille inconvénients des métiers mécaniques, qu'il oppose à l'heureuse destinée du scribe, à la noblesse de ce métier de chef; même admonestation, mise sous le nom d'Amenemope, premier archiviste royal sous Ramsès II (1298-1232). Ces textes étaient devenus des classiques : ils nous ont été transmis sous forme de « morceaux choisis » et sont restés longtemps populaires : tant les sentiments qu'ils expriment étaient fondamentaux (8).

La haute idée qu'on se fait de l'art du scribe trouve une expression symbolique dans l'idée que l'écriture est une chose sacrée, d'origine et d'inspiration divines, placée sous le patronage d'un dieu, Thoth par exemple en Égypte, Nabû, fils du dieu de la sagesse Ea, en Mésopotamie (9).

INTRODUCTION

L'éducation du scribe oriental. Nous pouvons entrevoir le cadre, les programmes, la méthode et, dans une certaine mesure, l'histoire de l'éducation qui, dans les civilisations orientales, initiait à cette culture. Il existait des écoles pour la formation du scribe (c'est, chez les Juifs, la maison d'instruction, *bê(y)t midh*e*rasch*[2]), écoles dont l'archéologie mésopotamienne croit parfois retrouver les ruines, comme tout récemment à Mari, sur l'Euphrate, où A. Parrot a déblayé, dans les ruines du palais incendié à la fin du II*e* millénaire, deux salles de classe, avec des rangées parallèles de banquettes à deux, trois ou quatre places et, jonchant le sol, tout un matériel scolaire d' « écritoires » de terre cuite, de tablettes et de coquillages (10).

Le maître apprenait tout d'abord à l'élève la manière de tenir le style ou le calame et d'imprimer ou tracer les signes élémentaires ; puis il lui donnait un modèle à copier et à reproduire : des signes simples d'abord, puis de plus en plus compliqués, des mots isolés, des noms propres par exemple, puis peu à peu des phrases entières, des textes plus développés, des types de correspondance notamment. Nous avons retrouvé, sur papyrus ou tablettes, modèles de maître et devoirs d'écoliers (11).

La pédagogie était très élémentaire et procédait par endoctrinement passif : comptant sur la docilité de l'élève, elle faisait tout naturellement appel, comme plus tard la pédagogie classique, aux châtiments corporels les plus énergiques : l'hébreu *mûsar* signifie à la fois instruction et correction, châtiment. Ici encore, les textes les plus pittoresques sont d'origine égyptienne : « Les oreilles du jouvenceau sont placées sur son dos : il écoute quand on le bat. » « Tu m'as élevé quand j'étais enfant, déclare à son maître un élève reconnaissant : tu me tapais sur le dos et dans mon oreille ta doctrine pénétrait (12). »

A côté de cet enseignement de l'écriture, il y avait un enseignement oral. Le maître lisait un texte, le commentait, interrogeait l'élève à son sujet ; le niveau s'élevait et de véritables discussions finissaient par s'engager entre eux (13). Car ce serait se faire de l'éducation orientale une image fausse que de l'imaginer strictement réduite à une instruction technique et utilitaire. La formation du scribe visait plus haut et prétendait atteindre à une formation complète du caractère et de l'âme, à ce qu'il faut bien appeler une

2. *Eccli.* 51, 23.

INTRODUCTION

Sagesse, — ce mot admirable que nous avons oublié et que l'exemple antique peut utilement nous aider à retrouver.

D'Egypte nous est parvenue toute une littérature sapientielle dont la composition s'échelonne de la Ve à la XXVe dynastie (xxvie-viiie siècles), des *Enseignements* de Ptahhotep à ceux d'Amenemope (14), et dont la longue popularité s'explique par le rôle de classiques qu'ils jouaient dans l'éducation. Cette sagesse égyptienne, source, au moins littéraire, de la sagesse d'Israël (15), avait son équivalent dans une tradition mésopotamienne parallèle qui trouvera son achèvement tardif dans la *Sagesse d'Ahiqar* (16). Sagesse orientale dont il ne faut pas enfler les ambitions pour ne pas être amené, par réaction, à en déprécier le contenu réel : ce n'est en principe qu'une sagesse pratique, un savoir-faire, qui commence à la civilité puérile et honnête pour s'élever à l'art de se conduire dans la vie, et d'abord dans la périlleuse vie de cour où le scribe a sa carrière à réussir, mais qui, de là, débouche dans une haute morale, pleine d'élévation religieuse. Aspect remarquable par où cette éducation orientale s'apparente à l'éducation classique qui nous montrera le même souci de formation totale, de perfection intérieure et idéale.

Mais entre l'une et l'autre éclate un contraste chronologique, car cette culture orientale et cette éducation du scribe sont très anciennement attestées : elles sont déjà complètement élaborées dès la fin du IVe millénaire. Leurs origines nous échappent en Egypte, car elles se situent sans doute dans le Delta, dont le climat, relativement humide, n'a pas permis la conservation du papyrus : l'usage de l'écriture et l'organisation de l'administration royale sont déjà établis lors de la fondation de la monarchie thinite (Ire-IIe dynasties, vers 3200) (17). En Mésopotamie, nous sommes mieux placés : les tablettes d'argile, indestructibles, nous permettent d'assister à la naissance conjointe de l'écriture et de la culture du scribe, voire de l'éducation, dès la période de *Jemdet-nasr,* contemporaine des deux premières dynasties égyptiennes, mieux encore dès la période antérieure d'*Uruk III,* où l'écriture, encore toute pictographique, est attestée par des tablettes de comptabilité et peut-être même déjà par des exercices scolaires (18).

Scribes minoens et mycéniens. Chose remarquable, c'est une telle « éducation de scribe » que nous pouvons entrevoir sur le sol même de ce qui deviendra la Grèce à partir du moment où s'ouvre l'histoire, disons

INTRODUCTION

plus modestement la protohistoire, de ce pays puis du peuple grec lui-même.

La Crète, et aussi dans une certaine mesure l'Hellade continentale ont connu une telle éducation aux beaux jours de la civilisation minoenne : les données archéologiques suggèrent, pendant les périodes du Minoen moyen et récent (1700-1400?), l'existence d'une forte monarchie, celle dont Thucydide conservait encore le souvenir [3], monarchie de type oriental qui possédait elle aussi une administration de scribes fonctionnaires.

Ceux-ci ont disposé d'un système original d'écriture que nous ne savons pas encore déchiffrer mais dont nous pouvons suivre l'évolution formelle : deux systèmes A et B, de type hiéroglyphique, ont été successivement employés auxquels a succédé une écriture stylisée et simplifiée, le linéaire A, dont nous pouvions déjà soupçonner le caractère essentiellement syllabique en le comparant au système d'écriture de ce type qui a été en usage à Chypre en pleine époque classique et jusqu'à la période hellénistique, de 700 environ à 220 av. J.-C. (19).

L'existence de ces scribes suppose celle d'une éducation et d'écoles pour les former, mais nous n'avons découvert aucun document certain ni sur l'une, si sur les autres (20). Mais, et cela importe davantage, le même système d'institutions, — monarchie (disons mieux : principautés, vue l'exiguïté de leurs territoires) de type oriental, bureaucratie, usage de l'écriture pour l'administration et donc culture de scribes —, se retrouve florissant pendant toute la période mycénienne (Helladique Récent III, soit 1400-1200 suivant la chronologie généralement reçue), dans le Péloponèse et la Crète désormais peuplés ou du moins conquis par des Indo-Européens, disons mieux déjà par des Hellènes.

Le déchiffrement, acquis en 1953 (21), de l'écriture dite « linéaire B », — c'est la découverte la plus retentissante que nous ayons à enregistrer —, nous a révélé que les tablettes d'argile retrouvées à Mycènes, à Pylos, à Cnosse étaient rédigées dans un dialecte hellénique, quoique faisant usage d'un système de notation syllabique (plus quelques idéogrammes) visiblement hérité du minoen préindo-européen, tant il fait violence au génie du grec : ainsi χρυσός, « l'or », s'écrit *ku-ru-so*, βασιλεύς *pa-si-re-u*, — mais le mot désigne semble-t-il un simple « prince » feudataire, non le souverain ; le « roi » c'est *wa-na-ka,* l'ἄναξ homérique.

3. THC. I, 4.

INTRODUCTION

Tels des propylées élevés en avant d'un édifice ultérieur, c'est toute une période nouvelle qui est venue s'adjoindre en deçà des siècles déjà connus à l'histoire du peuple grec, — histoire économique, sociale, politique, religieuse ; car ce sont déjà avec les mêmes mots, les mêmes concepts que nous ont fait connaître les siècles classiques : roi, peuple, domaine attribué (τέμενος), offrande..., les mêmes divinités : Poseidon, Athèna potnia, et « tous les dieux ».

Cependant pour le sujet particulier qui nous occupe ici — l'éducation —, cette période mycénienne apparaît moins sous l'aspect d'une proto — que d'une préhistoire. Quelque continuité qui s'observe en d'autres domaines entre Grèce mycénienne et Grèce classique, nous constatons ici une rupture. Il n'y aura plus de scribes au sens oriental du mot dans l'Hellade à venir. Quel rang effacé occuperont les humbles γραμματεῖς, simples secrétaires, quand ils apparaîtront! Nulle part en effet le hiatus qui sépare les deux civilisations n'est plus apparent que sur le plan de cette technique : de 1200 à 750 environ, le monde grec paraît avoir oublié l'écriture (ou du moins nous n'en retrouvons plus de traces), et quand celle-ci réapparaît ce sera l'écriture alphabétique empruntée aux Phéniciens ; seule Chypre encore une fois, mais c'est là un canton perdu, se souviendra encore du syllabique...

Il y a bien là une solution de continuité (22) : avec son écriture c'est toute une civilisation qui a disparu. On s'interroge sur les causes de cette disparition : il était devenu classique de l'attribuer aux ravages de l'invasion dorienne, celle de tribus venues du Nord dont la robuste barbarie n'avait pas subi la séduction de la civilisation minoenne. Qu'il y ait eu des violences, des catastrophes, ne paraît pas douteux : l'argile des tablettes de Pylos, par exemple, a été cuite par l'incendie qui a accompagné la destruction du palais (et c'est ce hasard qui nous aura conservé les comptes du dernier exercice budgétaire de la monarchie). Cependant, comme toujours les historiens en sont venus à hésiter : le problème se pose parallèlement chaque fois que s'observent le déclin et la chute d'un empire : assauts venus du dehors ou décadence intérieure ? S'il a été vaincu c'est qu'il était déjà affaibli... Efforts conjugués du prolétariat intérieur et du prolétariat extérieur, pour parler comme Toynbee ?

Quelle que soit la solution adoptée et ses nuances, le fait est là ; c'est à bon droit certes qu'on souligne l'existence de survivances mycéniennes (et même minoennes) dans la civilisation hellène classique et cela dans les domaines les plus divers. Mais qu'on y prenne garde ; ce qui a survécu, ce sont des faits de civilisation, des éléments isolés, non le système, la Forme qui donne à une civilisation son unité intérieure et sa valeur spirituelle. Sans doute les siècles qui vont suivre (XIIe-VIIIe siècles) ne sont pas absolument des siècles barbares : qui oserait aujourd'hui parler de barbarie devant les grands vases de style géométrique du Dipylon ? Mais ce sont bien pourtant des âges obscurs où, après la rupture de la tradition, nous assistons à un nouveau départ : la future civilisation grecque s'y élabore peu à peu; la culture, et par suite l'éducation, qui seront les siennes seront sans rapports désormais avec celles des temps minoens et mycéniens; elles vont pour de longs siècles s'opposer à celles des scribes orientaux. L'histoire de cette éducation, comme celle de la culture classique tout entière, c'est d'Homère seulement que nous pouvons la faire partir.

PREMIÈRE PARTIE

ORIGINES
DE L'ÉDUCATION CLASSIQUE :
D'HOMÈRE A ISOCRATE

CHAPITRE PREMIER

L'éducation homérique

C'est bien d'Homère que notre histoire doit partir : c'est à Homère que commence, pour ne plus s'interrompre, la tradition de la culture grecque : son témoignage est le plus ancien document que nous puissions utilement interroger sur l'éducation archaïque. Le rôle de premier plan joué par Homère dans l'éducation classique nous invite, d'autre part, à déterminer avec précision ce que l'éducation pouvait déjà représenter pour lui (1).

Interprétation historique d'Homère. Bien entendu, ce n'est pas sans précaution que l'historien prononcera le nom d'Homère (2) : il ne peut parler tout uniment de l'« époque homérique » : l'*Iliade* et l'*Odyssée* se présentent à lui comme deux documents de caractère complexe et son analyse doit chercher à tenir compte de l'héritage d'une vieille tradition légendaire et poétique, de l'apport propre du poète; elle doit distinguer la composition d'ensemble de l'œuvre des remaniements, insertions et raccords que le philologue croit déceler.

Dans la mesure où un accord peut paraître s'établir sur une question disputée jusqu'à la lassitude (3), on incline à admettre que notre texte, celui pense-t-on qu'Hipparque, à la fin du règne de son père Pisistrate († 528/7), aurait apporté d'Ionie à Athènes où il fut officiellement adopté pour le concours de rhapsodes des Panathénées[1], existait, substantiellement, dès le VIIe siècle. Partant de cette date, on est conduit, de proche en proche, à fixer la composition des chants essentiels de l'*Iliade* (l'*Odyssée* d'une génération ou deux plus tardive) à une date « qui ne peut être très postérieure au milieu du VIIIe siècle » (4). A supposer que cette rédaction doive bien être considérée comme l'œuvre d'un seul poète, — d'un réel

---

1. [PLAT.] *Hipparch.* 228 b.

Homère, plutôt que le résultat de l'effort collectif de plusieurs générations d'aèdes, — elle exige l'élaboration préalable de toute la tradition, si évoluée, que supposent la langue, le style, les légendes homériques, pour laquelle il faut accorder au moins un bon siècle de marge, ce qui, entre tant de dates proposées par les Anciens (5) et les Modernes, nous fait retrouver celle pour laquelle s'était déterminé Hérodote qui fait vivre Homère (et Hésiode) « quatre cents ans avant moi, pas davantage [2] », soit vers 850.

Mais il ne suffit pas d'avoir daté l'épopée en gros des années 850-750, il faut encore préciser sa valeur documentaire (6). Il sera bon de ne pas oublier qu'Homère est un poète, non un historien ; qu'au surplus il donne libre jeu à son imagination créatrice, puisqu'il se propose non de décrire des scènes de mœurs réalistes, mais d'évoquer une geste héroïque, projetée dans un passé prestigieux et lointain où non seulement les dieux, mais les bêtes parlaient : qu'on se souvienne de Xanthos, l'un des chevaux d'Achille, adressant à son maître des paroles prophétiques [3], comme le cheval de Roland du *Petit Roi de Galice :* car il ne faut pas exagérer le caractère naïf et primitif de cette œuvre, héritière d'une expérience déjà si mûre. Mais on ne peut tout de même pas faire d'Homère un Flaubert ou un Leconte de Lisle, hantés de scrupules archéologiques : l'image qu'il se fait d'un âge héroïque est une image composite où se superposent des souvenirs égrenés sur près d'un millénaire d'histoire (certains traits remontent au-delà des survivances mycéniennes jusqu'aux beaux jours de la grandeur minoenne : ainsi lorsque l'*Iliade*[4] évoque les danses de la jeunesse de Cnosse et les acrobaties dans le « théâtre », χόρος, de Dédale, détruit en fait depuis la catastrophe de 1400).

Cependant, si cette image ne va pas sans beaucoup d'anachronismes, dans l'ensemble elle doit emprunter la plus grande partie de ses éléments, non peut-être précisément à la période contemporaine d' « Homère » (l'âge aristocratique des villes d'Ionie), mais à celle qui l'a immédiatement précédée, au moyen âge qui succède aux invasions doriennes (1180-1000). A la condition de procéder avec prudence, en éliminant tout ce qui peut s'y mêler de plus ancien ou s'y être introduit de plus récent, on pourra essayer de se servir d'Homère comme d'une source pour l'histoire de ces âges obscurs. Mais surtout, même à la prendre telle qu'elle se présente à nous, c'est-à-dire en tant que construction poétique, l'épopée

---

2. HDT. II, 53. — 3. *Il.* XIX, 404-423. — 4. *Id.* XVIII, 590-605.

homérique constitue en elle-même un objet historique, tant l'image, encore une fois pour une part artificielle, qu'elle donne du « temps des héros » a exercé d'influence sur ce peuple grec, sur ce monde antique qui l'a reçue comme en présent au berceau de son histoire.

Chevalerie homérique. Nous parlerons d'un « moyen âge homérique » non parce qu'il s'agit d'une période mal connue s'insérant entre deux autres qui le sont mieux, mais parce que la structure politique et sociale de cette société archaïque présente des analogies formelles avec celle de notre moyen âge occidental (analogies, bien entendu, qu'il ne faut pas pousser jusqu'à un parallélisme paradoxal : il n'y a pas en histoire de retour identique et *omne simile claudicat* : je parle d'une chevalerie homérique comme on dit « la féodalité japonaise ») (7). C'est surtout avec le premier moyen âge, celui qui va chez nous de l'époque mérovingienne à l'an 1000, que la comparaison paraît s'imposer : la société homérique apparaît assez analogue à la pré-féodalité carolingienne.

Au sommet, le roi, entouré d'une aristocratie de guerriers, d'une véritable cour qui comprend d'une part le conseil des grands vassaux, hommes d'âge, γέροντες, honorés comme tels et que leur expérience rend précieux dans les conseils, le service de plaid, et d'autre part la bande des fidèles, jeunes guerriers, κοῦροι, qui forment la classe noble, le λαός opposé à la piétaille du δῆμος, des vilains, les θῆτες. Ces κοῦροι (l'équivalent des *pueri vel vassalli* d'Hincmar) peuvent être des fils de princes ou de chefs servant le roi de leur pays, ou bien être recrutés parmi les batteurs d'estrade, les aventuriers en rupture de ban : cette société du moyen âge hellénique est encore très mouvante et sort à peine du temps des invasions. Ils vivent à la cour (ne sont-ils pas les compagnons du roi, ἑταιροῖ ?), nourris à sa table sur les prestations ou redevances perçues par le souverain.

Cette vie de communauté, ce compagnonnage de guerriers (dont nous verrons bientôt les conséquences pour l'histoire de l'éducation et de la morale), dure jusqu'au jour où, en récompense de ses loyaux services, le fidèle est fieffé par l'octroi d'un domaine, τέμενος, garni des tenanciers nécessaires à son exploitation et prélevé sur le domaine public. Concession d'abord précaire, ou du moins viagère, avant qu'elle ne se stabilise et ne devienne héréditaire. Il semble que de l'*Iliade* à l'*Odyssée* on voie s'esquisser une évolution analogue à celle qu'a connue la société carolingienne : la noblesse devient de plus en plus maîtresse de ses fiefs, tandis que la puissance royale s'émiette peu à peu devant la constitution de ces petites seigneuries à l'échelon des bourgades, qu'il faudra plus tard rassembler et unir pour constituer la cité classique (les Codrides nous apparaissent un peu comme les Capétiens de l'Attique).

La culture chevaleresque. — Tel est le fait fondamental qui va expliquer les caractères originels de la tradition éducative de la Grèce classique : la culture grecque a été à l'origine le privilège d'une telle aristocratie de guerriers. Cette culture, nous l'apercevons ici à son état naissant. Car ces héros homériques ne sont pas de brutaux soudards, des guerriers préhistoriques, comme se plaisaient à l'imaginer nos prédécesseurs romantiques : en un sens, ce sont déjà des chevaliers.

La société homérique a succédé à une vieille civilisation dont tous les raffinements n'ont pas disparu. Les jeunes κοῦροι prêtent à leur suzerain ce qu'il faut bien appeler un service de cour : comme les damoiseaux du moyen âge, ils servent à table lors des festins royaux : « les κοῦροι remplissent jusqu'au bord les cratères [5] » : vers si caractéristique de leur rôle d'échansons que nous le retrouvons, répété ou interpolé, en quatre autres épisodes [6]; service noble, bien distinct de celui des simples domestiques, κήρυκες.

Ils servent à faire cortège : sept jeunes gens accompagneront Ulysse ramenant Briséis à Achille [7]; ils ont un rôle dans les sacrifices aux côtés du prêtre [8], non seulement comme écuyers tranchants mais parce qu'ils « chantent le beau péan et célèbrent par leur danse le Préservateur »,

καλὸν ἀείδοντες παιήονα κοῦροι Ἀχαιῶν
μέλποντες Ἑκάεργον [9].

Patrocle est venu se réfugier à la cour de Phtie, fuyant Oponte, sa patrie, à la suite d'un meurtre involontaire. C'est son propre père Menoitios qui l'y présente au roi Pélée; celui-ci l'accueille avec bienveillance et le place aux côtés de son fils Achille à qui il rendra le service noble d'un « écuyer » (ainsi qu'A. Mazon traduit élégamment le θεράπων d'Homère [10]).

5. *Id.* I, 463; 470. — 6. *Id.* IX, 175; *Od.* I, 148; III, 339; XXI, 271. — 7. *Il.* XIX, 238 s. — 8. *Id.* I, 463 s. — 9. *Id.* I, 473-474. — 10. *Id.* XXIII, 90.

L'ÉDUCATION HOMÉRIQUE

Avec les cérémonies, c'étaient les jeux qui constituaient l'aspect dominant de la vie de ces chevaliers homériques. Jeux tantôt libres et spontanés, simples épisodes de la vie quotidienne (cette vie noble est déjà une vie de loisirs élégants) : comme dans la fête chez Alkinoos [11] : jeux sportifs (8), divertissements « musicaux » : danse des jeunes Phéaciens, danse à la balle des fils d'Alkinoos, chant de l'aède, jeu de la lyre : Achille, retiré dans sa baraque, délasse son chagrin en chantant, pour lui seul, les exploits des héros en s'accompagnant sur la *phorminx* sonore [12]; peut-être aussi déjà concours d'éloquence et joutes de paroles (9).

D'autres fois, au contraire, ils constituent une manifestation solennelle, organisée et réglementée avec soin : qu'il me suffise de rappeler au chant Ψ de l'*Iliade* les jeux funéraires en l'honneur de Patrocle : c'est la boxe, si chère déjà aux Minoens (10), la lutte, la course, la joute, le lancer du poids, le tir à l'arc, le javelot et d'abord, et surtout, le sport qui restera toujours le plus noble, le plus prisé : la course de chars [13].

Oui, ces chevaliers sont bien autre chose que des guerriers barbares : leur vie est bien une vie de cour, déjà « courtoise » : elle implique un remarquable affinement des manières : voyez la délicatesse dont fait preuve Achille dans son rôle d'ordonnateur et d'arbitre des jeux [14], l'esprit sportif des champions et des spectateurs, qu'il s'agisse du boxeur Epeios remettant debout son adversaire Euryale après le coup dur qui vient de le mettre hors de combat [15], ou des Achéens arrêtant Diomède quand sous ses coups la vie d'Ajax est en danger [16].

Cette politesse accompagne encore les héros au combat, jusque dans les assauts rituels d'injures qui préludent à la mêlée. Elle subsiste en toute circonstance : quels raffinements de courtoisie dans les rapports entre Télémaque et les Prétendants, rapports si tendus pourtant, et débordants de haine!

Cette atmosphère polie, au moins dans l'*Odyssée,* plus récente, aboutit comme à son épanouissement normal à une grande délicatesse dans l'attitude à l'égard de la femme : combien ces mêmes Prétendants ne respectent-ils pas Pénélope ? Du vieux Laërte, on nous dit que pour ne pas susciter la jalousie de son épouse il ne s'est pas permis de jouir de l'esclave Euryclée [17]. La mère de famille est vraiment la maîtresse de la maison : voyez Aretè, reine

---

11. *Od.* VIII, 104 s. — 12. *Il.* IX, 186 s. — 13. *Id.* XXIII, 261-897. — 14. *Id.* 257 s. — 15. *Id.* 694. — 16. *Id.* 822. — 17. *Od.* I, 433.

des Phéaciens, voyez Hélène chez elle à Sparte : c'est elle qui accueille Télémaque, dirige la conversation, « reçoit », au sens mondain du mot.

Courtoisie, mais aussi savoir-faire (nous rejoignons ici la sagesse orientale) : comment se tenir dans le monde, comment réagir devant des circonstances imprévues, comment se comporter et, avant tout, parler : qu'il me suffise d'évoquer ici Télémaque à Pylos ou à Sparte, Nausicaa devant le naufragé Ulysse.

Telle est, sommairement esquissée, la figure idéale du « cavalier parfait » de l'épopée homérique. Mais on ne devenait pas spontanément un κοῦρος accompli : cette culture, d'un contenu riche et complexe, suppose une éducation appropriée. Or celle-ci ne nous reste pas cachée : Homère s'intéresse assez à la psychologie de ses héros pour prendre soin de nous faire connaître comment ils ont été élevés, comment ils ont pu parvenir à cette fleur de chevalerie ; la légende héroïque transmettait des données sur l'éducation d'Achille tout comme nos cycles épiques du moyen âge qui consacraient par exemple une chanson de geste aux *Enfances Vivien*.

Chiron et Phoinix. La figure typique d'éducateur est celle de Chiron, « le très sage centaure [18] » ; un grand nombre de légendes paraissent s'être emparées de son nom : il a non seulement élevé Achille, mais bien d'autres héros encore : Asklèpios, le fils d'Apollon [19], Actéon, Céphalos, Jason, Mélanion, Nestor...; Xénophon [20] énumère à la file vingt et un noms. Ne parlons ici que de l'éducation d'Achille. Chiron était l'ami et le conseiller de Pélée (qui lui doit entre autres la réussite de ses noces avec Thètis) : c'est tout naturellement que celui-ci lui confie son fils.

Un grand nombre de monuments littéraires et figurés (11) montrent Chiron enseignant à Achille les sports et les exercices chevaleresques, chasse, équitation, javelot, ou les arts courtois, comme la lyre, et même (ne règne-t-il pas sur les vallées du Pélion, riches en herbes médicinales ?) la chirurgie et la pharmacopée [21] : curieuse touche de savoir encyclopédique, de saveur nettement orientalisante (on pensera à l'image qu'évoque de la culture de Salomon l'auteur alexandrin de la *Sagesse* [22] : il n'y a pas de doute qu'il

18. *Il.* XI, 832. — 19. *Id.* IV, 219. — 20. *Cyn.* 1. — 21. *Il.* XI, 831-2 ; cf. IV, 219. — 22. *Sap.* 7, 17-20.

L'ÉDUCATION HOMÉRIQUE

s'agisse, ici comme là, d'une image idéalisée : le héros homérique doit tout savoir, mais c'est un héros; il serait naïf d'imaginer que le chevalier archaïque était normalement lui aussi un sorcier guérisseur).

Ce dernier trait est le seul qui soit explicitement mentionné par Homère, mais un épisode de l'*Iliade* nous présente [23] un autre maître d'Achille dont la figure, moins mythique que celle de Chiron, a l'avantage de nous permettre d'entrevoir, de façon réaliste, ce que pouvait être cette éducation chevaleresque : il s'agit de l'épisode de Phoinix (12). Pour aider au succès de leur difficile ambassade auprès d'Achille, Nestor a sagement fait adjoindre à Ulysse et Ajax, ce bon vieillard qui saura toucher le cœur de son ancien pupille (et c'est bien avec attendrissement en effet qu'Achille répondra à son « bon vieux papa », comme il l'appelle : ἄττα γεραιέ [24]).

Pour se faire écouter, Phoinix croit devoir rappeler à Achille toute son histoire, d'où un long discours [25] dont la prolixité un peu sénile est bien instructive pour nous : Phoinix, donc, fuyant la colère de son père (ils étaient en conflit à propos d'une belle captive), est venu se réfugier à la cour de Pélée qui lui octroie en fief la marche des Dolopes [26]. C'est à ce vassal aimé que le roi va confier l'éducation de son fils (n'est-ce pas là encore un trait bien « médiéval » ?) : on le lui remet tout enfant; nous voyons Phoinix prendre Achille sur ses genoux, lui couper sa viande, le faire manger, boire : « Et que de fois tu as trempé le devant de ma tunique en le recrachant, ce vin! Les enfants donnent bien du mal! [27] »

« C'est moi qui t'ai fait ce que tu es! » déclare avec fierté le vieux gouverneur [28], car son rôle ne s'est pas limité à surveiller la première enfance : c'est à lui encore qu'Achille est confié au départ pour la guerre de Troie, pour qu'il vienne en aide à son inexpérience. Rien n'est plus remarquable que la double mission dont Pélée l'investit à cette occasion : « Tu n'étais qu'un enfant et tu ne savais rien encore du combat qui n'épargne personne, ni des conseils où se font remarquer les hommes. Et c'est pour cela qu'il m'avait dépêché : je devais t'apprendre à être en même temps un bon diseur d'avis, un bon faiseur d'exploits, μύθων τε ῥητῆρ' ἔμεναι, πρηκτῆρά τε ἔργων [29] »; formule où se condense le

---

23. *Il.* IX, 434 s. — 24. *Id.* 607. — 25. *Id.* 434-605. — 26. *Id.* 480 s. — 27. *Id.* 488-491. — 28. *Id.* 485. — 29. *Id.* 442.

double idéal du parfait chevalier : orateur et guerrier, capable de rendre à son suzerain service de plaid comme service d'ost. L'*Odyssée* nous montre, de la même manière, Athèna instruisant Télémaque sous les traits de Mentès [30] ou de Mentor [31].

Ainsi nous apercevons à l'origine de la civilisation grecque un type d'éducation nettement défini : celui que le jeune noble recevait des conseils et des exemples d'un aîné à qui il avait été confié pour sa formation.

Survivances chevaleresques. Or, durant de longs siècles (on peut dire presque jusqu'au bout de son histoire), l'éducation antique conservera bien des traits qui lui venaient de cette origine aristocratique et chevaleresque. Je ne parle pas du fait que les sociétés antiques les plus démocratiques demeurent toujours, pour nous modernes, des sociétés aristocratiques, à cause du rôle qu'y joue l'esclavage, mais d'un élément plus intrinsèque : même lorsqu'elles se voulaient et se pensaient démocratiques (comme l'Athènes du IVᵉ siècle avec sa politique démagogique en matière de culture : θεωρικόν, art à portée du peuple, etc.), les sociétés antiques vivaient sur une tradition d'origine noble : la culture pouvait bien être répartie égalitairement, elle n'en conservait pas moins la marque de cette origine; on établira ici sans difficulté un parallèle avec l'évolution de notre propre civilisation française qui a progressivement étendu à toutes les classes sociales, et, si l'on veut, vulgarisé une culture dont l'origine et l'inspiration sont nettement aristocratiques : n'a-t-elle pas achevé de prendre sa Forme dans les salons et à la cour du XVIIᵉ siècle ? Tous les enfants de France découvrent la poésie et la littérature dans les *Fables* de La Fontaine : celui-ci les avait dédiées au Grand Dauphin, et (l. XII) au duc de Bourgogne!

C'est pourquoi il convient d'examiner d'un peu plus près le contenu de l'éducation homérique et son destin. On distinguera en elle, comme dans toute éducation digne de ce nom (la distinction est déjà dans Platon [32]), deux aspects : une *technique,* par laquelle l'enfant est préparé et progressivement initié à un mode de vie déterminé, et une *éthique,* quelque chose de plus qu'une morale à préceptes : un certain idéal de l'existence, un type idéal d'homme à réaliser (une éducation guerrière peut se contenter de former

30. *Od.* I, 80 s. — 31. *Id.* II, 267 s. — 32. *Leg.* I, 643 a-644 a.

L'ÉDUCATION HOMÉRIQUE

d'efficaces barbares ou au contraire s'ordonner à un type raffiné de « chevaliers »).

L'élément technique nous est déjà familier : maniement d'armes, sports et jeux chevaleresques, arts musicaux (chant, lyre, danse) et oratoire; savoir-vivre, usage du monde; sagesse. Toutes ces techniques se retrouveront dans l'éducation de l'époque classique, non bien entendu sans subir une évolution au cours de laquelle nous verrons en particulier les éléments plus intellectuels se développer au détriment de l'élément guerrier : ce n'est guère qu'à Sparte que celui-ci conservera sa place de premier rang, encore qu'il survive, même dans la pacifique et civile Athènes, dans le goût du sport et dans un certain style de vie proprement virile.

Il importe davantage d'analyser l'éthique chevaleresque, l'idéal homérique du héros et d'en constater la survivance à l'époque classique.

Homère, éducateur de la Grèce. Cette survivance paraîtra s'expliquer à première vue par le fait que l'éducation littéraire grecque conserva, pendant toute la durée de son histoire, Homère comme texte de base, comme centre de toutes les études : fait considérable, dont nous Français avons peine à imaginer les conséquences, car, si nous avons des classiques, nous n'avons pas (comme les Italiens Dante et les Anglo-Saxons Shakespeare) *un* classique par excellence; et la domination d'Homère sur l'éducation grecque s'exerça de façon bien plus totalitaire encore que, chez les uns ou les autres, celle de Shakespeare ou de Dante.

Comme l'a dit Platon [33], Homère a été, au sens plein, l'éducateur de la Grèce, τὴν Ἑλλάδα πεπαίδευκεν. Il l'a été dès l'origine, ἐξ ἀρχῆς, soulignait déjà au VIe siècle Xénophane de Colophon [34] : voyez, à la fin du VIIIe siècle, la profonde influence que dans cette Béotie encore toute paysanne il exerce déjà sur le style d'Hésiode (qui a commencé sa carrière comme rhapsode, récitateur d'Homère). Il le restera toujours : c'est en plein moyen âge byzantin, au XIIe siècle, que l'archevêque Eustathe de Thessalonique a compilé son grand commentaire, nourri de tout l'apport de la philologie hellénistique. Entre tant de témoignages attestant la présence d'Homère au chevet de tout Grec cultivé, comme à

---

33. *R.sp.* X, 606 e; cf. *Prot.* 339 a. — 34. fr. 10.

33

celui d'Alexandre en campagne, je retiendrai celui du *Banquet* de Xénophon [35] où un personnage, Nikoratos, nous dit : « Mon père, désirant que je devienne un homme accompli, ἀνὴρ ἀγαθός, me força à apprendre tout Homère; aussi, même aujourd'hui, suis-je capable de réciter par cœur l'*Iliade* et l'*Odyssée*. »

Ceci reconnu, il reste que l'argument se retourne, ou du moins est à double entrée : c'est parce que l'éthique chevaleresque demeurait au centre de l'idéal grec qu'Homère, interprète éminent de cet idéal, a été choisi et retenu comme texte de base dans l'éducation. Il faut, en effet, réagir contre une appréciation purement esthétique de sa longue faveur : ce n'est pas surtout comme chef-d'œuvre littéraire que l'épopée a été étudiée, mais parce que son contenu en faisait un manuel éthique, un traité de l'idéal. En effet, comme nous le verrons par la suite, le contenu technique de l'éducation grecque a profondément évolué, reflétant les transformations profondes de la civilisation tout entière : c'est l'éthique seule d'Homère qui pouvait conserver, à côté de sa valeur esthétique impérissable, une portée permanente.

Je ne prétends pas, bien entendu, qu'au cours d'une si longue suite de siècles, cette portée ait toujours été clairement et exactement comprise. Nous rencontrerons à l'époque hellénistique des pédagogues obtus qui, avec un manque total d'esprit historique, et négligeant la différence devenue très grande des mœurs, s'efforcèrent de trouver dans Homère tous les éléments d'une éducation religieuse et morale valable pour leur temps : avec une ingéniosité souvent comique, ils s'efforçaient de tirer de cette épopée si peu sacerdotale et au fond d'esprit si « laïque » (13), l'équivalent d'un véritable catéchisme, enseignant non seulement (ce qui était juste [36]) la théogonie et la légende dorée des dieux et des héros, mais encore une théodicée, voire une apologétique, les devoirs envers les dieux, que dis-je ? tout un manuel de morale pratique enseignant par des exemples tous les préceptes, à commencer par ceux de la civilité puérile et honnête; mieux encore : par la pratique de l'exégèse allégorique, Homère était utilisé pour illustrer la philosophie elle-même...

Mais ce n'étaient là que des balourdises; la véritable portée éducative d'Homère résidait ailleurs : dans l'atmosphère éthique où il fait agir ses héros, dans leur style de vie. De ce climat, tout lecteur assidu ne pouvait pas à la longue manquer de s'imprégner.

35. III, 5. — 36. HDT. II, 53.

L'ÉDUCATION HOMÉRIQUE

C'est à bon droit qu'on peut parler ici, comme aime à le faire Eustathe, d' « éducation homérique », ὁμηρικὴ παιδεία : l'éducation que le jeune Grec retirait d'Homère était celle-là même que le Poète donnait à ses héros, celle que nous voyons Achille recevoir de la bouche de Pélée ou de Phoinix, Télémaque de celle d'Athèna.

L'éthique homérique. Idéal moral de nature assez complexe : il y entre d'abord celui, un peu gênant pour nous, de l' « homme aux mille tours », πολύτροπος ἀνήρ, qu'incarne à nos yeux la louche figure d'aventurier levantin que revêt par moment le personnage d'Ulysse dans l'épopée maritime : le savoir-vivre, le savoir-faire du héros homérique rejoint ici, je l'ai souligné en passant, la sagesse pratique du scribe oriental; elle devient l'art de savoir se débrouiller en toute circonstance. Notre conscience affinée par des siècles de christianisme en éprouve par moment quelque gêne : qu'on pense à la satisfaction indulgente d'Athèna devant un mensonge particulièrement réussi de son cher Ulysse ! [37]

Mais là, heureusement, n'est pas l'essentiel : beaucoup plus que l'Ulysse du *Retour,* c'est la noble et pure figure d'Achille qui incarne l'idéal moral du parfait chevalier homérique; il se définit d'un mot : une morale héroïque de l'honneur. C'est à Homère, en effet, que remonte, c'est dans Homère que chaque génération antique a retrouvé ce qui est l'axe fondamental de cette éthique aristocratique : l'amour de la gloire.

La base sur laquelle il repose est ce pessimisme radical de l'âme hellénique que le jeune Nietzsche a si profondément médité : tristesse d'Achille ! (14) La vie brève, hantise de la mort, peu de consolation à espérer de la vie d'outre-tombe : il n'y a encore rien de bien ferme dans l'idée d'un sort privilégié qu'on puisse recevoir dans les Champs-Elysées, quant à la destinée commune des ombres, cette existence incertaine et vague, quelle dérision ! On sait comment la juge Achille lui-même dans l'apostrophe fameuse qu'il adresse, de l'Hadès, à Ulysse admirant comment les ombres vulgaires s'écartent, respectueuses, de l'ombre du héros : « Ah ! ne me farde pas la mort, Ulysse : j'aimerais mieux, valet de bœufs, vivre en service chez un pauvre fermier que régner sur ces morts, sur tout ce peuple éteint ! [38] »

37. *Od.* XIII, 287 s. — 38. *Id.* XI, 488 s.

d'homère a isocrate

Cette vie si courte, que leur destin de combattants rend encore plus précaire, nos héros l'aiment farouchement, de ce cœur si terrestre, de cet amour si franc, sans arrière-pensée, qui définissent à nos yeux un certain climat de l'âme païenne. Et pourtant cette vie d'ici-bas, si précieuse, n'est pas à leurs yeux la valeur suprême. Ils sont prêts — et avec quelle décision ! — à la sacrifier à quelque chose de plus haut qu'elle-même ; et c'est en cela que l'éthique homérique est une éthique de l'honneur (15).

Cette valeur idéale à quoi la vie même est sacrifiée, c'est l'ἀρετή, mot intraduisible, qu'il est dérisoire de rendre, comme nos lexiques, par « vertu », à moins d'adorner ce plat vocable de tout ce que les contemporains de Machiavel mettaient dans leur *virtù*. L'ἀρετή, c'est, de façon très générale, la valeur, au sens chevaleresque du mot, ce qui fait de l'homme un brave, un héros : « Il tomba en brave qu'il était, ἀνὴρ ἀγαθὸς γενόμενος ἀπέθανε », formule sans cesse répétée pour saluer la mort du guerrier, la mort où s'accomplit vraiment sa destinée, dans le sacrifice suprême : le héros homérique vit et meurt pour incarner dans sa conduite un certain idéal, une certaine qualité de l'existence, que symbolise ce mot d'ἀρετή.

Or la gloire, le renom acquis dans le milieu compétent des braves, est la mesure, la reconnaissance objective de la valeur. D'où ce désir passionné de la gloire, d'être proclamé le meilleur, qui est le ressort fondamental de cette morale chevaleresque. C'est Homère qui a formulé le premier, chez Homère que les Anciens ont retrouvé avec enthousiasme cette conception de l'existence comme compétition sportive où il s'agit de primer, cet « idéal agonistique de la vie », où, depuis les brillantes analyses de Jakob Burckhardt, il est classique de relever un des aspects les plus significatifs de l'âme grecque (16). Oui, le héros homérique, comme à son exemple l'homme grec, n'est vraiment heureux que s'il se sent, s'il s'affirme le premier dans sa catégorie, distinct et supérieur.

C'est bien là une idée fondamentale dans l'épopée qui, à deux reprises, place le même précepte, formulé par le même vers dans la bouche d'Hippolokhos s'adressant à son fils Glaukos et dans celle du sage Nestor rapportant à Patrocle les conseils de Pélée à son fils Achille : « Etre toujours le meilleur et se maintenir supérieur aux autres ! »

αἰὲν ἀριστεύειν καὶ ὑπείροχον ἔμμεναι ἄλλων [39].

39. *Il.* VI, 208 = XI, 784.

L'ÉDUCATION HOMÉRIQUE

La figure d'Achille reçoit de cette tension de toute l'âme vers cet unique but ce qui fait sa noblesse et sa grandeur tragiques : il sait (Thètis le lui a révélé) qu'une fois vainqueur d'Hector, il devra mourir, mais, la tête haute, il s'avance au-devant de ce destin. Il n'est pas question pour lui de se dévouer à la patrie achéenne, de sauver l'expédition compromise, mais seulement de venger Patrocle, de fuir la honte qui l'aurait menacé. Il n'y va que de son honneur. Je ne vois pas là d'individualisme romantique, bien que cet idéal soit terriblement personnel : cet amour de soi, φιλαυτία, qu'analysera plus tard Aristote n'est pas l'amour du *moi,* mais du *Soi,* de la Beauté absolue, de la Valeur parfaite que le héros cherche à incarner dans une Geste qui ravira l'admiration de la foule envieuse de ses pairs.

Eblouir, être le premier, le vainqueur, l'emporter, s'affirmer dans la compétition, évincer un rival devant des juges, accomplir l'exploit, ἀριστεία, qui le classera devant les hommes, devant les vivants, et peut-être le postérité, au premier rang : voilà pourquoi il vit, et pourquoi il meurt.

Oui : une éthique de l'honneur, bien étrange parfois pour une âme chrétienne ; elle implique l'acceptation de l'orgueil, μεγαλοψυχία, qui n'est pas un vice, mais le haut désir de qui aspire à être grand, ou, chez le héros, la prise de conscience de sa supériorité réelle ; l'acceptation de la rivalité, de la jalousie, cette noble Ἔρις, inspiratrice de grandes actions que célébrera Hésiode [40], et avec elle de la haine, comme la reconnaissance d'une supériorité affirmée : voyez comment Thucydide fait parler Périclès [41] : « La haine et l'hostilité sont toujours sur le moment le lot de ceux qui prétendent commander aux autres. Mais s'exposer à la haine pour un noble but est bien inspiré ! »

L'imitation du héros. C'est en fonction de cette haute idée de la gloire que se définit le rôle propre du poète, qui est d'ordre éducatif. La fin à laquelle se subordonne son œuvre n'est pas essentiellement d'ordre esthétique, mais consiste à immortaliser le héros. Le poète, dira Platon [42], « pare de gloire des myriades d'exploits des Anciens et *ainsi il fait l'éducation de la postérité* » : je souligne ce dernier trait, qui paraît bien fondamental.

40. *Op.* 17 s. — 41. II, 64. — 42. *Phaedr.* 245 a.

Pour comprendre quelle fut l'influence éducatrice d'Homère, il suffit de le lire et de voir comment il procède lui-même, comment il conçoit l'éducation de ses héros. Il leur fait proposer par leurs conseillers de grands exemples empruntés à la geste légendaire, exemples qui doivent éveiller en eux l'instinct agonistique, le désir de rivaliser. C'est ainsi que Phoinix propose à Achille, pour lui prêcher la conciliation, l'exemple de Méléagre : « C'est bien là ce que nous apprennent les exploits des vieux héros... Je me rappelle encore la geste que voici, τόδε ἔργον, une bien vieille histoire... [43] »

De même Athèna, voulant éveiller enfin la vocation héroïque chez ce grand enfant irrésolu qu'est Télémaque, lui oppose l'exemple de décision virile d'Oreste : « Laisse les jeux d'enfants, ce n'est plus de ton âge. Ecoute le renom que chez les humains eut le divin Oreste le jour que, filial vengeur, il eut tué ce cauteleux Egisthe ! [44] » Le même exemple reparaît trois fois ailleurs [45].

Tel est le secret de la pédagogie homérique : l'exemple héroïque, παράδειγμα. Comme le moyen âge finissant nous a légué l'*Imitation de Jésus,* le moyen âge hellénique a transmis, par Homère, à la Grèce classique cette Imitation du Héros. C'est en ce sens profond qu'Homère a été l'éducateur de la Grèce : comme Phoinix, comme Nestor ou Athèna, sans cesse il présente à l'esprit de son disciple des modèles idéalisés d'ἀρετή héroïque; en même temps, par la pérennité de son œuvre, il manifeste la réalité de cette récompense suprême qu'est la gloire.

L'histoire atteste combien ses leçons ont été écoutées : l'exemple des héros a hanté l'âme des Grecs. Alexandre (comme après lui Pyrrhus) s'est pensé, s'est rêvé un nouvel Achille : combien de Grecs ont appris comme lui, dans Homère, « à mépriser une vie longue et terne pour une gloire brève », mais héroïque.

Sans doute Homère n'a pas été le seul éducateur qu'a écouté la Grèce : de siècle en siècle, les classiques vinrent compléter l'idéal moral de la conscience hellénique (voyez déjà Hésiode l'enrichir de ses notions si précieuses de Droit, Justice, Vérité); il n'en reste pas moins vrai qu'Homère représente la base fondamentale de toute la tradition pédagogique classique, et quelles qu'aient été, ici ou là, les tentatives pour secouer son influence tyrannique, la continuité de cette tradition a maintenu vivante pour des siècles dans la conscience de tout Grec son éthique féodale de l'exploit.

---

43. *Il.* IX, 524 s. — 44. *Od.* I, 296 s. — 45. *Id.* I, 30, 40; III, 306.

CHAPITRE II

L'*éducation spartiate*

Sparte, témoin privilégié de l'archaïsme, constitue tout naturellement la seconde étape de notre histoire : nous pouvons y observer comment l'éducation chevaleresque homérique se perpétue tout en commençant à évoluer. Cité avant tout militaire et aristocratique, Sparte n'ira jamais bien loin dans la voie qui devait aboutir à ce que j'ai appelé l' « éducation de scribe » : elle mettra au contraire son point d'honneur à rester une ville de semi-illettrés. Alors que sa législation méticuleuse finit par réglementer à peu près tout, jusqu'aux relations intra-conjugales, par une exception singulière, l'orthographe n'y sera jamais uniformisée : l'épigraphie nous révèle, dans ce domaine, la plus étrange et la plus complaisante anarchie (1).

Avec la Crète, comme elle conservatrice, aristocratique et guerrière (2), Sparte occupe une place privilégiée dans l'histoire de l'éducation, et plus généralement de la culture hellénique : elle nous permet d'atteindre un état archaïque, précocement épanoui, de la civilisation antique, et cela à une époque où Athènes, par exemple, ne nous apprendrait rien, ne comptant pratiquement pas. Dès le VIIIe siècle, l'art est déjà florissant en Laconie, le VIIe est le grand siècle de Sparte, dont le point optimum, l'ἀκμή pour parler grec, se placerait, à mon sens, vers 600 (3).

Et cela parce que cette évolution précoce a été, dans la suite, brusquement freinée : après s'être montrée en tête du progrès, Sparte, par un renversement des rôles, est devenue la cité conservatrice par excellence, qui maintient, avec une obstination entêtée de vieux usages abandonnés partout ailleurs : elle devient, pour toute la Grèce un pays à paradoxes, objet de scandales faciles ou d'admirations passionnées de la part de théoriciens utopistes : c'est ainsi que le péplos archaïque des Lacédémoniennes, non cousu sur le flanc droit, explique les malignités que l'esprit polisson des Athéniens décochait aux φαινομηρίδες.

Il semble bien en effet que cette originalité, si volontiers soulignée par nos sources antiques, des institutions et des mœurs laconiennes (et crétoises), soit due tout simplement à ce que ces pays conservaient, à l'époque classique, des traits de civilisation archaïques, partout ailleurs effacés par l'évolution, — et non, comme le voulait l'hypothèse raciste de K. O. Müller, si populaire en Allemagne depuis plus d'un siècle, à un esprit particulier, au génie propre des peuples de « race » dorienne (4).

Malheureusement, les sources qui nous permettent de décrire l'éducation spartiate sont tardives : Xénophon et Platon ne nous reportent qu'au IVe siècle et leur témoignage est moins explicite que celui de Plutarque et des inscriptions dont la plupart ne datent que des Ier et IIe siècles de notre ère. Or Sparte n'a pas été seulement conservatrice, mais réactionnaire : sa volonté de résister à l'évolution naturelle, de remonter la pente, de rétablir les « mœurs traditionnelles de Lycurgue », a entraîné, dès le IVe siècle, un effort de redressement et de restauration qui, poursuivi tout au long de l'histoire, l'a conduite à bien des restaurations arbitraires, à de fausses réintégrations pseudo-archéologiques (5).

Il faudrait pouvoir atteindre, sous ces remaniements, l'éducation réelle de la Sparte archaïque, aux VIIIe-VIe siècles, et plus particulièrement pendant la belle période qui suit la soumission définitive de la Messénie après l'écrasement de sa dure révolte (640-610). Mais de cet âge d'or nous ne pouvons pas évoquer l'éducation aussi bien que la culture.

Culture archaïque de Sparte. — Celle-ci nous est accessible grâce à deux ordres de documents : les fragments des grands lyriques : Tyrtée, Alcman, et les résultats, surprenants, des fouilles de l'Ecole Anglaise d'Athènes, notamment celles du sanctuaire d'Artémis Orthia (1906-1910). Le rapprochement de ces deux séries de sources, qui s'éclairent mutuellement, nous révèle une Sparte bien différente de l'image traditionnelle de la cité sévère et barbare, crispée dans un réflexe hargneux de méfiance : à l'époque archaïque, au contraire, Sparte est un grand centre de culture, accueillante aux étrangers, aux arts, à la beauté, à tout ce qu'elle affectera plus tard de rejeter : elle est alors ce qu'Athènes ne deviendra qu'au Ve siècle, la métropole de la civilisation hellénique.

L'ÉDUCATION SPARTIATE

Militaire et civique. Certes, cette Sparte des VIIIe-VIe siècles est avant tout un Etat guerrier : sa puissance militaire lui a permis de conquérir et de conserver un territoire qui, doublé depuis l'annexion de la Messénie (735-716), fait d'elle un des plus vastes Etats de la Grèce; elle lui a conféré un prestige que nul, avant les Athéniens victorieux des guerres médiques, ne pourra songer à lui contester sérieusement. La place dominante occupée dans sa culture par l'idéal militaire est attestée par les élégies guerrières de Tyrtée qu'illustrent de belles œuvres plastiques contemporaines, consacrées comme elles à la glorification du héros combattant (6).

Il est donc permis de conjecturer qu'à cette époque archaïque l'éducation du jeune Spartiate était déjà essentiellement, ou plutôt était demeurée une éducation avant tout militaire, un apprentissage, direct et indirect, du métier des armes.

Mais il importe de souligner l'évolution, technique et éthique à la fois, qui s'était produite depuis le moyen âge homérique : l'éducation du Spartiate n'est plus celle d'un chevalier, mais celle d'un soldat; elle se situe dans une atmosphère « politique » et non plus seigneuriale.

A la base de cette transformation se place une révolution d'ordre technique : la décision, au combat, ne dépend plus d'une série de rencontres singulières de champions descendus de leurs chars, mais du heurt de deux lignes de fantassins en ordre serré; l'infanterie lourde des hoplites est désormais la reine des batailles (il y aura bien à Sparte un corps privilégié de cavaliers, mais ces ἱππεῖς paraissent avoir été une Police secrète d'Etat).

Cette révolution tactique eut, comme l'a noté avec une rare perspicacité Aristote[1], de profondes conséquences morales et sociales (7) : à l'idéal au fond si personnel qui était celui du chevalier homérique, du compagnon de la bande royale, se substitue désormais l'idéal collectif de la πόλις, du dévouement à l'Etat, qui devient, ce qu'il n'était pas à l'époque précédente, le cadre fondamental de la vie humaine, dans lequel se déploie et se réalise toute l'activité spirituelle. Idéal totalitaire : la πόλις est tout pour ses citoyens; c'est elle qui les fait ce qu'ils sont : des hommes. D'où le sentiment profond de solidarité qui unit tous les citoyens d'une même cité, l'ardeur avec laquelle les individus se dévouent pour le

---

1. *Pol.* IV, 1297 b, 16-25.

salut de la patrie collective, prêts à se sacrifier, eux mortels, pour qu'elle soit immortelle : « Il est beau de mourir, tombé au premier rang, en brave qui combat pour la patrie [2] », chante Tyrtée, le meilleur interprète de cette nouvelle éthique (8).

C'est bien là une révolution morale : nous découvrons une nouvelle conception de la vertu, de la perfection spirituelle, de l'ἀρετή, qui n'est plus l'ἀρετή agonistique d'Homère. Très consciemment, Tyrtée oppose le nouvel idéal à l'ancien : « Je ne jugerais pas un homme digne de mémoire, ni ne ferais cas de lui pour sa seule valeur dans la course à pied ou la lutte, fût-il grand et fort comme les Cyclopes, plus rapide que le Thrace Borée, plus beau que Tithon, plus riche que Midas ou Cinyras, plus puissant que le fils de Tantale, le roi Pélops, sa langue fût-elle plus douce que celle d'Adraste, possédât-il toute espèce de gloire, — s'il n'a pas la valeur militaire, s'il n'est pas homme à tenir bon dans la bataille [3]... : c'est là la vraie valeur, ἀρετή, c'est là le plus haut prix qu'un homme puisse obtenir parmi les hommes ; c'est un bien communautaire, utile à la cité et au peuple tout entier, que chacun, bien campé sur ses deux jambes, tienne bon en première ligne, chassant de son cœur toute idée de fuite [4] (9). »

On voit avec quelle énergie l'idéal nouveau subordonne la personne humaine à la collectivité politique : l'éducation spartiate, selon l'heureuse formule de W. Jaeger, n'aura plus pour but de sélectionner des héros, mais de former une cité entière de héros, — de soldats prêts à se dévouer à la patrie.

Sportive. Mais ce serait se faire de cette éducation une idée bien pauvre que de la croire déjà étroitement limitée au seul apprentissage direct du métier militaire. De ses origines chevaleresques, elle conservait bien d'autres traits et plus de richesse : à commencer par le goût, et la pratique, des sports hippiques et athlétiques.

Nous connaissons assez bien les fastes des Jeux Olympiques pour pouvoir mesurer quelle place d'honneur s'assuraient les champions laconiens dans ces compétitions internationales : la première victoire spartiate connue est datée de la XVe olympiade (720) ; de 720 à 576, sur quatre-vingt-un vainqueurs olympiques connus, quarante-six sont Spartiates ; pour l'épreuve décisive de la course à

---

2. fr. 10, 1-3. — 3. fr. 12, 1-10. — 4. *Id.* 13-18.

pied (course du stade), sur trente-six champions connus, vingt et un Spartiates (10). Ces succès étaient dus, autant qu'aux qualités physiques des athlètes, à l'excellence des méthodes de leurs entraîneurs ; nous savons par Thucydide [5] qu'on attribuait aux Spartiates deux innovations caractéristiques de la technique sportive grecque : la nudité complète de l'athlète (par opposition au caleçon étroit hérité des temps minoens) et l'usage de l'huile pour embrocation.

Le sport n'est pas réservé aux hommes : l'athlétisme féminin, sur lequel Plutarque s'arrêtera si complaisamment [6] (c'était évidemment une des curiosités de Sparte à l'époque romaine), est attesté dès la première moitié du VIe siècle par des charmants petits bronzes représentant des jeunes filles en pleine course, soulevant d'une main le bord de la jupe, pourtant bien courte, de leur tunique de sport (11).

Et musicale. Mais la culture spartiate n'était pas seulement une culture physique : peu « lettrée » (12), elle n'ignore pas les arts ; comme dans l'éducation homérique, l'élément intellectuel y est essentiellement représenté par la musique, qui, placée au centre de la culture, assure la liaison entre ses divers aspects : par la danse, elle donne la main à la gymnastique ; par le chant, elle véhicule la poésie, seule forme archaïque de la littérature.

Plutarque [7], retraçant l'histoire des origines de la musique grecque d'après, semble-t-il, Glaucos de Rhègion (13), nous apprend que Sparte fut au VIIe et au début du VIe siècle la véritable capitale musicale de la Grèce : c'est à Sparte que fleurirent les deux premières écoles, καταστάσεις, qu'énumère cette histoire ; la première, celle de Terpandre, qui se caractérise par le solo vocal ou instrumental, couvre les deux premiers tiers du VIIe siècle ; la seconde « catastase » (fin du VIIe-début du VIe siècle), plus spécialement adonnée au lyrisme choral, fut illustrée par Thalétas de Gortyne, Xénodamos de Cythère, Xénocrite de Locres, Polymnestos de Colophon, Sakadas d'Argos : ce ne sont plus guère pour nous que des noms, dont nous savons seulement qu'ils ont été glorieux ; mieux connus sont les poètes (lyriques, donc musiciens autant que poètes,) comme Tyrtée ou Alcman, dont les fragments conservés permettent d'apprécier le talent, disons plus, le génie.

5. I, 6. — 6. *Lyc.* 14. — 7. *Mus.* p. 1134, B. s.

L'origine étrangère de la plupart de ces grands artistes (s'il est peu vraisemblable que Tyrtée soit Athénien, Alcman paraît bien être venu de Sardes) prouve moins l'impuissance créatrice de Sparte que son pouvoir d'attraction (tout comme la carrière d'un Haendel ou d'un Gluck atteste, pour leur temps, celui de Londres ou de Paris). Si, de toute part, affluaient à Sparte créateurs et virtuoses, c'est qu'ils étaient assurés d'y trouver un public digne d'eux et des occasions de s'y faire connaître. Ici réapparaît l'influence du rôle nouveau joué par la πόλις : la vie artistique (et d'ailleurs aussi la vie sportive) de Sparte s'incarne dans des manifestations collectives, qui sont des institutions d'Etat : les grandes fêtes religieuses.

Magnifique calendrier que celui de la Sparte archaïque! (14) Les sacrifices aux dieux protecteurs de la cité servent de prétexte à des processions solennelles, πομπαί, où, comme aux Hyacinthies, des chants accompagnent le cortège des jeunes filles en char et des garçons à cheval, et surtout à des compétitions de tout ordre, athlétiques ou musicales : ainsi au sanctuaire d'Artèmis Orthia, les jeunes garçons de dix à douze ans disputaient deux concours musicaux et un jeu de la « chasse », κασσηρατόριον; la fête nationale dorienne des Carneia associait à des banquets une course de poursuites; les Gymnopédies, organisées par Thalétas, faisaient entendre deux chœurs, l'un de garçons, l'autre d'hommes mariés. Certaines de ces manifestations sont pour nous surprenantes, comme les danses β(α)ρυλλικά, en l'honneur d'Artémis, où les danseurs portaient d'horribles masques de vieilles femmes, masques étranges dont le style évoque par certains aspects l'art maori (15).

De façon générale, ces fêtes paraissent s'être placées à un niveau très élevé de raffinement artistique : si mutilés qu'ils soient, les fragments conservés du *Parthénéion* d'Alcman [8], où un chœur de jeunes filles célèbre en termes enflammés la beauté de leurs cheftaines Agidô, Hagesichôra, évoquent magnifiquement cette atmosphère faite de grâce, de poésie, de jeunesse et aussi d'enjouement, voire d'espièglerie (16). Que dire aussi de cet autre fragment [9] où le vieux maître (car une telle perfection technique exigeait un enseignement, des entraîneurs, des maîtres) se met lui-même en scène dans un rapport familier et pourtant délicat avec ses jeunes choristes : regrettant que ses membres épuisés par l'âge ne lui permettent plus de participer à leurs danses, il souhaiterait être l'oiseau κηρύλος, ce mâle de l'alcyone que les femelles portent sur leurs ailes.

---

8. fr. 1. — 9. fr. 26.

L'ÉDUCATION SPARTIATE

Nous sommes loin, on le voit, de la raideur laconienne classique, de cette Sparte toute militaire, caserne pour « des mousquetaires qui étaient autant de chartreux », pour reprendre, après Barrès, le mot du maréchal de Bassompierre ; que nous sommes loin, en particulier, de l'éducation sévère, sauvage, d'un utilitarisme barbare qui est celle de la tradition courante sur Sparte !

Le grand refus. Mais à ce printemps précoce et fleuri succède un été revêche : les historiens sont à peu près d'accord pour situer vers 550 un arrêt brusque dans l'évolution jusque-là régulière de Sparte (17). Au point de départ, une révolution politique et sociale par laquelle l'aristocratie, conduite peut-être par l'éphore Chilon, brise l'agitation des classes populaires, que pouvait avoir provoquée la seconde guerre de Messénie, et stabilise son triomphe par des institutions appropriées. C'est alors que commence le divorce entre Sparte et les autres cités grecques qui, dans leur ensemble, loin de revenir à l'aristocratie, s'orientent plutôt vers une forme plus ou moins accusée de démocratie, vers laquelle la tyrannie marque précisément, à cette époque, une étape décisive.

Volontairement, Sparte s'immobilise à ce stade d'évolution qui, en son temps, l'avait placée en tête du progrès. Elle cesse d'être conquérante après l'annexion de la Thyréatis (v. 550) ; politiquement, les éphores dominent les rois, l'aristocratie le peuple ; une atmosphère étouffante de secret, de tyrannie policière pèse sur les citoyens, et bien entendu sur les étrangers, qui, jusque-là si bien accueillis à Sparte, y deviennent suspects, sans cesse menacés du décret d'expulsion, ξενελασία.

Tout cela s'accompagne d'un appauvrissement progressif de la culture : Sparte renonce aux arts et même aux sports athlétiques, trop désintéressés, trop favorables au développement de fortes personnalités : plus de champions laconiens aux jeux olympiques (18). Sparte devient purement militaire : la cité est aux mains d'une caste fermée de guerriers, maintenus en état de mobilisation permanente et crispés en un triple réflexe de défense nationale, politique et sociale.

C'est en fonction de cette situation nouvelle qu'a été mise au point l'éducation spartiate classique, traditionnellement placée sous le patronage de Lycurgue ; en fait, nous ne commençons à l'apercevoir, avec ses cadres et ses méthodes caractéristiques, qu'à partir du début du IVe siècle, à travers Xénophon [10]; déjà l'esprit conservateur s'exagère en réaction, précisément dans le milieu qu'a fréquenté Xénophon, celui des « vieux Spartiates », groupés autour d'Agésilas, qui luttent contre la décompression morale qui suivit, comme toutes les victoires, le triomphe de Sparte sur Athènes en 404, après la terrible tension de la guerre du Péloponèse : ils s'opposent à l'esprit nouveau qu'incarne par exemple Lysandre, au nom de la vieille discipline traditionnelle dont le nom de Lycurgue tend précisément désormais à représenter le symbole.

Cette tendance ne fera que s'exagérer dans la Sparte décadente du IVe siècle, dans la Sparte tout à fait déchue de l'époque hellénistique, dans l'humble Sparte municipale de l'époque impériale romaine : c'est alors, quand la grandeur lacédémonienne n'est plus qu'un souvenir, que l'éducation spartiate se raidit et renforce ses traits avec une violence d'autant plus désespérée qu'elle est désormais sans objet.

Éducation d'État. Sous sa forme classique (19), l'éducation spartiate, l'ἀγωγή pour lui donner son nom technique, conserve le même but nettement défini : le « dressage » de l'hoplite (c'est l'infanterie lourde qui avait fait la supériorité militaire de Sparte : celle-ci ne sera vaincue qu'après les innovations tactiques d'Iphicrate d'Athènes et des grands chefs thébains du IVe siècle qui surclasseront son instrument de combat) (20). Tout entière organisée en fonction des besoins de l'État, elle est tout entière entre les mains de celui-ci. Recevoir l'ἀγωγή, être éduqué selon les règles, est une condition nécessaire, sinon suffisante (21), pour l'exercice des droits civiques.

La loi, pointilleuse, s'intéresse à l'enfant avant même qu'il soit né : il y a à Sparte toute une politique d'eugénisme. A peine né, l'enfant doit être présenté sur la Leschè à une commission d'Anciens : le futur citoyen n'est accepté que s'il est beau, bien formé et robuste ; les malingres et contrefaits sont condamnés à être jetés au dépotoir, les Apothètes [11].

Jusqu'à sept ans, l'État consent à déléguer ses pouvoirs à la famille : dans les idées grecques, l'éducation n'est pas encore commencée ; jusqu'à sept ans, il n'est question que d'un « élevage », (ἀνα)τροφή ; les femmes de Sparte y étaient traditionnellement

10. *Lac.* 2. — 11. PLUT. *Lyc.* 16.

L'ÉDUCATION SPARTIATE

expertes : les nourrices laconiennes faisaient prime sur le marché et étaient particulièrement appréciées à Athènes [12].

A sept ans révolus, le jeune Spartiate est directement pris en main par l'Etat : jusqu'à la mort, il lui appartient tout entier. L'éducation proprement dite dure de sept à vingt ans ; elle est placée sous l'autorité directe d'un magistrat spécial, véritable commissaire à l'Education nationale, le παιδονομός. L'enfant est embrigadé dans des formations de jeunesse dont les catégories hiérarchisées présentent quelque analogie avec celles de notre scoutisme et plus encore des mouvements de jeunesse des Etats totalitaires de type fasciste, *Gioventù fascista* ou *Hitlerjugend*. Le vocabulaire compliqué et pittoresque qui servait à désigner la série des classes annuelles a intéressé les érudits anciens et, à leur suite, les modernes. Je me contenterai ici de donner le tableau auquel, après discussion, j'ai proposé de s'arrêter (22). L'ἀγωγή comprend treize années, groupées en trois cycles :

de la 8ᵉ à la 11ᵉ année, 4 ans de « petit-gars » :
- ῥωβίδας (sens inconnu),
- προμικκιζόμενος (pré-petit-gars),
- μικκι(χι)ζόμενος (petit-gars),
- πρόπαις (pré-garçon) ;

de la 12ᵉ à la 15ᵉ, 4 ans de « garçon » au sens plein :
- πρατοπάμπαις (garçon pleinement fait de 1ʳᵉ année),
- ἀτροπάμπαις (id. de 2ᵉ année),
- μελλείρην (futur irène),
- μελλείρην (id. de 2ᵉ année) ;

de la 16ᵉ à la 20ᵉ, 5 ans d'éphébie, le nom spartiate de l'éphèbe est *irène* :
- εἰρήν de 1ʳᵉ année ou σιδεύνας (?),
- εἰρήν de 2ᵉ année,
- εἰρήν de 3ᵉ année, ou τριτείρην,
- εἰρήν de 4ᵉ année,
- πρωτεῖρας (irène-chef).

A vingt ou vingt et un ans, le jeune homme, ayant achevé sa formation, mais non satisfait à toutes les exigences de l'impitoyable Etat totalitaire, entrait dans les formations d'hommes faits, et d'abord dans celle des « joueurs de ballon », σφαιρεῖς.

Ces trois cycles évoqueront dans l'esprit d'un lecteur français la série familière : louveteau, éclaireur, routier. L'analogie avec le scoutisme va plus loin : les enfants spartiates étaient répartis en unités, ἴλαι ou ἀγέλαι, analogues à nos meutes ou à nos troupes et

12. PLUT. *Alc.* 1,3.

comme celles-ci commandées par de grands jeunes gens, les πρωτείραι de vingt ans, les plus âgés des irènes [13]; elles étaient subdivisées en petits groupes, βοῦαι, équivalant aux sizaines et patrouilles, commandées par le plus déluré de ses membres, que distinguait, parmi ses camarades, le titre envié de βουαγός, chef de patrouille [14] (23).

Cette éducation d'Etat est donc une éducation collective, qui arrache l'enfant à sa famille pour le faire vivre dans une communauté de jeunes. Le passage est d'ailleurs progressif : pendant les quatre premières années, les « louveteaux », μικκιχιζόμενοι, n'étaient réunis que pour leurs jeux et exercices ; c'est à douze ans que le « garçon », πάμπαις, soumis à une discipline plus sévère, laisse la maison paternelle pour l'internat, disons mieux la caserne qu'il ne devra plus quitter, même une fois marié, avant ses trente ans [15].

Instruction pré-militaire. Ainsi encadrés, qu'apprenaient les jeunes Spartiates ? Leur dressage a essentiellement pour but de faire d'eux des soldats : tout est sacrifié à cette fin unique. Et d'abord l'aspect intellectuel de l'éducation, désormais réduit à un minimum : « Les Lacédémoniens estiment bon que les enfants n'apprennent ni musique ni lettres; les Ioniens, au contraire, trouvent choquant d'ignorer toutes ces choses », note vers 400, au lendemain de la victoire spartiate, l'auteur inconnu des Δισσοὶ λόγοι [16], un sophiste dorien élève de Protagoras.

Ne prenons pas ce jugement à la lettre : les Spartiates n'étaient pas tout à fait illettrés : Plutarque nous assure [17] qu'ils apprenaient au moins « le nécessaire » en fait de lecture et d'écriture. Quelque chose de l'esprit si fin attesté par Alcman survivait dans la discipline du « laconisme », — un langage d'une brièveté affectée, mais recherchant la pointe aiguë et la raillerie mordante [18]; de même ils conservaient de la tradition illustrée par Terpandre et Tyrtée un certain goût pour la musique et la poésie, adaptées à des fins éducatives [19].

Moins que jamais, bien entendu, il n'est question de pratiquer les arts pour leur seule vertu esthétique : si les élégies de Tyrtée restent à la base du répertoire [20], elles le doivent à leur contenu

13. XEN. *Lac.* 2, 5; 2, 11. PLUT. *Lyc.* 17. — 14. HESYCH. *s. v.* — 15. PLUT. *Lyc.* 16. — 16. 11, 10. — 17. *Lyc.* 16. — 18. *Id.* 19. — 19. *Id.* 21. — 20. PLAT. *Leg.* I, 629 b.

moral et à leur usage comme chansons de marche. Le niveau technique de l'enseignement musical semble s'être beaucoup abaissé depuis la splendeur de l'époque archaïque ; il n'était pas question de le voir s'engager dans les voies raffinées de la « musique moderne » : on racontait que les éphores avaient condamné Phrynis (à moins que ce ne fût Timothée de Milet), coupable d'avoir ajouté des cordes nouvelles à la lyre réglementaire (24). Mis à part le chant choral, la seule musique pratiquée paraît avoir été une musique militaire analogue à celle de nos cliques (on sait que dans l'antiquité la flûte jouait le rôle de nos clairons et tambours, rythmant les mouvements d'ensemble) (25) : « C'était, nous dit encore Plutarque [21], un spectacle à la fois majestueux et terrible que celui de l'armée spartiate marchant à l'attaque au son de la flûte. »

Tout l'effort porte sur la préparation militaire : c'est dire que l'éducation physique occupe la première place ; mais la pratique des sports athlétiques, et avec eux de la chasse [22], n'y est plus rattachée à un style de vie noble, mais strictement subordonnée au développement de la force physique. Très tôt, sans doute, à la gymnastique proprement dite devait s'ajouter un apprentissage direct du métier militaire : au maniement d'armes, escrime, javelot, etc., s'ajoutaient les mouvements en ordre serré [23] : l'armée spartiate, seule armée de professionnels dans la Grèce classique (qui jusqu'au IVe siècle ne connaît guère que des armées improvisées de citoyens), faisait l'admiration de tous par son habileté manœuvrière, passant d'une formation en file en une formation en ligne par des conversions aussi soudaines que régulières, exécutées de façon impeccable, sur le champ de bataille comme au terrain d'exercice.

Une morale totalitaire. Mais cette éducation du soldat attachait autant d'importance à la préparation morale qu'à la préparation technique : c'est surtout sur celle-là qu'insistent nos sources. L'éducation spartiate est tout entière ordonnée à la formation du caractère, conformément à un idéal bien défini, celui-là même que la résurgence du vieil idéal totalitaire a fait renaître sous nos yeux, en pleine Europe du XXe siècle, dans toute sa grandeur sauvage et inhumaine.

Tout est sacrifié au salut et à l'intérêt de la communauté nationale : idéal de patriotisme, de dévouement à l'Etat jusqu'au sacri-

---

21. *Lyc.* 22. — 22. PLAT. *Leg. I*, 633 b. — 23. XEN. *Lac.* 2.

fice suprême. Mais la seule norme du bien étant l'intérêt de la cité, il n'y a de juste que ce qui sert à l'agrandissement de Sparte; par suite, dans les rapports avec l'étranger, le machiavélisme est de règle, ce machiavélisme dont les généraux spartiates donneront, au IVe siècle notamment, de si scandaleux exemples (26); d'où le soin méticuleux avec lequel on entraîne la jeunesse à la dissimulation, au mensonge et au vol [24].

Au dedans, on cherche à développer le sens communautaire et l'esprit de discipline : « Lycurgue, nous dit Plutarque [25], accoutuma les citoyens à ne pas vouloir, à ne pas même savoir vivre seuls, à être toujours, comme les abeilles, unis pour le bien public autour de leurs chefs. » La vertu fondamentale et presque unique du citoyen de l'Etat totalitaire est en effet l'obéissance : l'enfant y est dressé avec minutie : il ne reste jamais abandonné à lui-même, sans supérieur; il doit obéissance aux hiérarques superposés au-dessus de lui, du petit βουαγός au paidonome (que la loi flanque de « porte-fouets », μαστιγόφοροι, prêts à exécuter ses sentences [26]), et même à tout citoyen adulte qu'il peut rencontrer en chemin [27].

Cette morale civique, faite de dévouement à la patrie et d'obéissance aux lois, se développe dans un climat d'austérité et d'ascétisme, bien caractéristique et de Sparte et des Etats modernes qui ont cherché à l'imiter : la vertu spartiate demande, comme disait Mussolini, un « climat dur » : il y a chez elle un puritanisme avoué, un refus de la civilisation et de ses douceurs. L'éducateur spartiate cherche à développer chez l'enfant la résistance à la douleur [28] : il lui impose, surtout à partir de douze ans, un régime de vie sévère, où la note de dureté et de barbarie va sans cesse s'accentuant.

Mal vêtu, la tête rasée et sans coiffure, pieds nus, l'enfant couche sur une litière en roseaux de l'Eurotas, garnie en hiver de bourre de chardon [29]. Mal nourri, il est invité à voler pour compléter l'ordinaire [30].

On développe sa virilité et sa combativité en l'endurcissant aux coups : d'où le rôle des bagarres entre bandes de garçons, au Platanistas [31] ou devant le sanctuaire d'Orthia [32], dans lesquelles la vertu éducative de la Discorde, chère à la vieille éthique chevaleresque, est prise dans son sens le plus direct et le plus brutal; d'où le rôle de

---

24. XEN. *Lac.* 2, 6-8; PLUT. *Lyc.* 17-18. — 25. *Id.* 25.— 26. XEN. *Lac*, 2. — 27. *Id.* 2, 10; PLUT. *Lyc.* 17. — 28. PLAT. *Leg.* I, 633 bc. — 29. XEN. *Lac.* 2, 3-4; PLUT. *Lyc.* 16. — 30. XEN. *Id.* 2, 5-8; PLUT. *Id.* 17. — 31. PAUS. III, 14, 8. — 32. XEN. *Lac.* 2, 9.

la *cryptie,* qui paraît avoir été à l'origine moins une expédition de terrorisme dirigée contre les hilotes qu'un exercice en campagne, visant à achever l'endurcissement du futur combattant à la vie d'embuscade et à la guerre (27).

L'éducation des filles. Tout cela concerne l'éducation des garçons; celle des filles était l'objet d'un effort parallèle : elles recevaient une formation strictement réglementée où la musique, la danse (28) et le chant jouent désormais un rôle plus effacé que la gymnastique et le sport [33]. La grâce archaïque cède le pas à une conception utilitaire et crue : comme la femme fasciste, la femme spartiate a le devoir d'être avant tout une mère féconde en enfants vigoureux. Son éducation est subordonnée à cette préoccupation d'eugénisme : on cherche à lui « ôter toute délicatesse et toute tendreur efféminée » en endurcissant son corps, en lui imposant de s'exhiber nue dans les fêtes et les cérémonies : le but est de faire des vierges spartiates de robustes viragos sans complications sentimentales qui s'accoupleront au mieux des intérêts de la race [34]...

Le mirage spartiate. Telle est cette fameuse éducation lacédémonienne, objet de tant de curiosité de la part des modernes, et déjà des Anciens. Il est difficile à un historien français d'en parler avec un total détachement. De K. O. Müller (1824) à W. Jaeger (1932), l'érudition allemande l'a exaltée avec une admiration passionnée : elle y a vu un effet de l'esprit nordique véhiculé par la race dorienne et l'incarnation d'une politique consciemment raciste, guerrière et totalitaire où se serait concrétisé par avance, comme dans un modèle prestigieux, l'idéal dont l'âme allemande n'a cessé de se nourrir, de la Prusse de Frédéric II, Scharnhorst et Bismarck au IIIe *Reich* nazi. Chez nous, Barrès s'est laissé entraîner à leur exemple à admirer dans Sparte « un prodigieux haras ». La Grèce lui apparaissait comme « un groupement de petites sociétés pour l'amélioration de la race hellénique » : « Ces gens-là, les Spartiates, eurent pour âme que leur élevage primât » (*Le Voyage de Sparte,* pp. 199, 239).

Cet enthousiasme avait eu des précurseurs antiques (29) : en fait,

33. XEN. *Lac.* I, 4. — 34. PLUT. *Lyc.* 14.

nous connaissons Sparte surtout à travers l'image idéalisée et romanesque qu'en ont tracée ses partisans fanatiques, et d'abord ceux qu'elle eut dans sa vieille ennemie, Athènes. Vers la fin du ve siècle, et plus encore tout au long du ive, à mesure que s'accentuait et se stabilisait le triomphe des tendances démocratiques, les partisans de la vieille droite, aristocrates ou oligarques, repoussés dans une opposition hargneuse et stérile, véritable émigration à l'intérieur, reportèrent sur Sparte leur idéal refoulé : l'historien d'aujourd'hui a bien du mal à discerner les réalités qui furent à la base de ce « mirage spartiate ». Le parti pris laconisant qui régnait dans les milieux réactionnaires d'Athènes, celui par exemple où vécut Socrate, est aussi fort que celui que la bourgeoisie française des années du « Front Populaire » manifestait en faveur de l'ordre et de la puissance de l'Italie mussolinienne.

Illusions perdues. En face d'un tel déchaînement de passion, me demandera-t-on de rester impassible ? Aussi m'emporterai-je à mon tour et dénoncerai-je avec force l'escroquerie morale que suppose, au mépris de la saine chronologie historique, une telle exaltation de la pédagogie spartiate. Retournant une phrase de Barrès, je disqualifierai sans effort les éloges qu'elle a reçus en disant qu'ils « sentent l'esprit subalterne » : cet idéal est celui d'un sous-officier de carrière !

Certes, je crois être, autant qu'un autre, sensible à la grandeur qui fut celle de Sparte, mais je note qu'elle fut grande au temps où elle était belle et juste, aux jours dorés où, comme le célébrait Terpandre[35], y fleurissaient « la valeur des jeunes hommes, la muse harmonieuse et la justice aux larges voies, maîtresse des beaux exploits », au temps où la vertu civique et la force de ses armes s'équilibraient d'un sourire d'humanité dans la grâce malicieuse de ses vierges et l'élégance de leurs bijoux d'ivoire. Sparte n'a commencé à se durcir qu'au moment où elle déclina.

Le malheur de Sparte est d'avoir mûri trop tôt. Elle a voulu éterniser l'instant béni d'une ἀκμή précoce : elle s'est raidie, se faisant gloire de ne plus changer, comme si la vie n'était pas changement et la mort seule immuable ! Tout, dans cette Sparte classique, procède d'un refus de la vie : au point de départ, nous avons découvert le réflexe égoïste de l'aristocratie, refusant aux combat-

---

35. fr. 6.

L'ÉDUCATION SPARTIATE

tants des guerres messéniennes l'extension des droits civiques. A l'extérieur, Sparte n'a pu que jalouser la croissance des Etats ou des cultures plus récents qu'elle-même.

Crispée dans cette attitude de refus et de défense, elle n'a plus connu que le culte stérile de la différence incommunicable : d'où ce besoin hargneux, que nous avons retrouvé dans le fascisme moderne, de prendre le contre-pied des usages communs, de se séparer.

Et tant d'efforts n'ont réussi qu'à camoufler une décadence que nous constatons, de génération en génération, plus irrémédiable. Sparte n'est venue à bout d'Athènes, en 404, qu'au prix d'un effort démesuré qui a brisé en elle tous les ressorts et épuisé ses richesses spirituelles : les siècles suivants n'ont fait qu'assister à son effacement progressif.

Or, je le répète, c'est à mesure que Sparte décline que son éducation précise et renforce ses exigences totalitaires : loin de voir dans l'ἀγωγή une méthode sûre pour engendrer la grandeur, j'y dénonce l'impuissance radicale d'un peuple vaincu qui s'illusionne. Quoi ! cet eugénisme rigoureux correspond à l'oliganthropie croissante d'une cité ravagée par la dénatalité et l'égoïsme de sa classe dirigeante, repliée sur ses rangs clairsemés. Tant d'efforts contre nature pour faire des femmes fortes n'aboutit qu'à des reines adultères, comme Timaia, la maîtresse d'Alcibiade, ou femmes d'affaires, trustant la fortune mobilière et les terres, comme celles du IIIe siècle ! (30). Et que dire de ce dressage des guerriers ? Il accentue sa rigueur et sa férocité à mesure qu'il devient moins efficace et perd son emploi réel.

Une analyse attentive des sources montre en effet que cette dureté spartiate n'est pas un legs des origines, mais n'a pas cessé d'aller en exagérant ses rigueurs. Les Gymnopédies étaient au VIe siècle l'occasion de cérémonies musicales; plus tard, la nudité prescrite aux enfants perdit sa valeur rituelle pour devenir l'occasion de concours de résistance à l'insolation sous le terrible soleil d'été. Le sanctuaire d'Artémis Orthia était, à l'origine aussi, le théâtre d'une rixe innocente entre deux bandes d'enfants se disputant des fromages empilés sur l'autel (l'équivalent de certaines brimades pratiquées dans nos grandes écoles ou les collèges britanniques). A l'époque romaine, et à l'époque romaine seulement, cette cérémonie est devenue l'épreuve tragique de la διαμαστίγωσις, où les garçons subissent une flagellation sauvage et rivalisent d'endurance, parfois jusqu'à la mort, sous les yeux d'une foule attirée par ce spec-

53

tacle sadique (31); à tel point qu'il faudra construire un théâtre en demi-cercle en avant du temple pour accueillir les touristes accourus de toute part. Et cela à quelle époque ? Mais sous le Haut Empire, quand la paix romaine règne d'un bout à l'autre du monde civilisé, quand une petite armée de métier suffit à contenir les Barbares au-delà des frontières bien garanties, quand fleurit une civilisation tout imprégnée d'un idéal civil d'humanité et que Sparte s'endort, petit municipe tranquille de la province désarmée d'Achaïe !

CHAPITRE III

De la pédérastie comme éducation

« Il me faut bien parler ici de la pédérastie, car cela importe à l'éducation », déclare Xénophon [1] rencontrant ce sujet dans son analyse des institutions de Sparte. Je ne puis que reprendre ses paroles à mon compte : personne n'ignore la place qu'a occupée l'amour masculin dans la civilisation hellénique (1), et cette place, on va le voir, est particulièrement notable dans le domaine de la pédagogie. Pourtant ce sujet, essentiel, n'est le plus souvent abordé par l'historien qu'avec une excessive circonspection, comme s'il relevait d'une curiosité malsaine. En fait, les modernes ont perdu beaucoup de temps à scruter avec malignité les témoignages antiques relatifs aux « amours garçonnières » en ne s'intéressant qu'à l'aspect sexuel de la chose : les uns ont voulu faire de l'ancienne Hellade un paradis pour les invertis, ce qui est excessif : le vocabulaire même de la langue grecque (2) et la législation de la plupart des cités (3) attestent que l'inversion n'a pas cessé d'y être considérée comme un fait « anormal »; d'autres ont cherché à se duper par une apologie naïve de la pédérastie pure, opposée à l'inversion charnelle, ce qui fait fi des témoignages les plus formels (4).

Qu'en était-il au juste ? La question est naturellement complexe : il faudrait pouvoir distinguer les différents niveaux de moralité, les temps et les lieux, car tous les peuples grecs ne réagissaient pas de même en face de la pédérastie [2]. On pense à la difficulté qu'auront les sociologues de l'avenir quand ils chercheront à déterminer, par exemple, ce qu'était l'adultère pour les Français du xxe siècle : dans leurs fiches se juxtaposeront, comme se juxtaposent dans les nôtres les témoignages contradictoires de l'antiquité, des documents aussi divers que les vaudevilles du Palais-Royal et la littérature spirituelle relative au mariage chrétien.

Mais étudier la technique de l'inversion, la proportion d'homo-

1. *Lac.* 2, 12. — 2. PLAT. *Conv.* 182 bd.

sexuels dans la société grecque n'intéresse guère que la psychiatrie ou la théologie morale; le véritable intérêt humain n'est pas là : il réside dans la conception de l'amour (que depuis le XIIe siècle nous avons appris à approfondir au-delà de la *libido,* au sens biologique du terme) et de son rôle dans la vie.

L'amour grec, camaraderie guerrière. Pour l'historien, il suffit de constater que l'ancienne société grecque a placé la forme la plus caractéristique et la plus noble de l'amour dans la relation passionnelle entre hommes, disons de façon précise entre un aîné, adulte, et un adolescent (l'âge théorique de l'éromène étant de quinze à dix-huit ans). Que de telles relations aient souvent conduit à des relations sexuelles contre nature, c'est ce qu'il est trop facile de comprendre : il suffit de se référer à l'expérience statistique et de songer à la faiblesse de la chair, mais encore une fois cela importe moins que les conséquences d'une telle façon de sentir sur l'ensemble de la civilisation.

L'amour des garçons a été, comme la nudité athlétique avec laquelle il est en rapport étroit, comme l'ont bien senti les Juifs du temps des Macchabées [3] et les vieux Romains [4], un des critères de l'hellénisme, une des coutumes l'opposant le plus nettement aux « barbares » [5], donc, pour lui, un des privilèges fondant la noblesse du civilisé.

Bien que la pédérastie paraisse absente d'Homère (5), je ne crois pas qu'on doive hésiter à la faire remonter très haut (6). Elle est liée à toute la tradition proprement hellénique : c'est à tort que l'érudition allemande en a souvent fait une originalité de la race dorienne (7); en fait, on la rencontre aussi bien ailleurs, et si les Etats doriens semblent lui avoir accordé, sinon plus de place, du moins une place plus officielle, c'est, je le répète, parce que la Crète et Sparte ont connu une ossification archaïsante de leurs institutions : c'est pour cela qu'elles ont conservé en pleine époque classique bien des traits du style de vie militaire qui avait été celui des origines.

La pédérastie hellénique m'apparaît en effet comme une des survivances les plus nettes et les plus durables du moyen âge féodal. Son essence est d'être un compagnonnage de guerriers. L'homosexualité grecque est de type militaire; elle est très différente de

---

3. *2 Mac.* 14, 9-16. — 4. ENN. *ap.* CIC. *Tusc.* IV, 70. — 5. HDT. I, 135; LUC *Am.* 35.

cette inversion initiatique et sacerdotale que l'ethnologie étudie de nos jours chez toute une série de peuples « primitifs », provenant des régions les plus diverses de la terre (Australie, Sibérie, Amérique du Sud et Afrique bantoue) et qui sert à faire entrer le sorcier dans un monde magique de relations supra-humaines (8). A l'amour grec il ne serait pas difficile non plus de trouver des parallèles, moins éloignés de nous dans l'espace ou le temps : je pense au procès des Templiers, aux scandales qui éclatèrent en 1934 dans la *Hitlerjugend* et aux mœurs qui, m'assure-t-on, se sont développées pendant la dernière guerre dans les rangs de certaines armées.

L'amitié entre hommes me paraît une constante des sociétés guerrières, où un milieu d'hommes tend à se refermer sur lui-même. L'exclusion matérielle des femmes, tout effacement de celles-ci, entraînent toujours une offensive de l'amour masculin : qu'on pense à la société musulmane (exemple à vrai dire qui se situe dans un contexte de civilisation et de théologie tout différent). La chose est encore plus accusée en milieu militaire : on tend à y disqualifier l'amour normal de l'homme pour la femme en exaltant un idéal fait de vertus viriles (force, vaillance, fidélité), en cultivant un orgueil proprement masculin, sentiment si fortement exprimé par Verlaine dans les deux pièces de *Parallèlement* où il célèbre avec un fougueux cynisme le souvenir de ses orgies avec Rimbaud :

... Peuvent dire ceux-là que sacre le haut Rite!

La cité grecque, ce « club d'hommes », conservera toujours ce souvenir de la chevalerie primitive : que l'amour masculin y soit bien associé à la *Kriegskameradschaft* est attesté par nombre d'usages (9). On professait, dans le milieu de Socrate [6], que l'armée la plus invincible serait celle qui serait composée de paires d'amants, mutuellement excités à l'héroïsme et au sacrifice : cet idéal fut effectivement réalisé au IVe siècle dans la troupe d'élite, créée par Gorgidas, dont Pélopidas fit le bataillon sacré et à qui Thèbes dut son éphémère grandeur [7].

Un texte justement célèbre, de Strabon [8] permet d'évoquer avec précision l'atmosphère caractéristique de cette conception noble de l'amour viril. En Crète, nous dit-il, le jeune homme était l'objet, de la part de son amant, d'un véritable enlèvement, accompli d'ailleurs avec la connivence de l'entourage. Conduit d'abord dans le « club d'hommes », ανδρεῖον, du ravisseur, il partait faire avec

6. PLAT. *Conv.* 178 c; XEN, *Conv.* VIII, 32. — 7. PLUT. *Pel.* 18. — 8. X, 483.

celui-ci et ses amis un séjour de deux mois à la campagne, marqué de banquets et de chasses. Le temps de la lune de miel achevé, le retour de l'éphèbe était solennellement fêté ; entre autres cadeaux, il recevait une armure de la part de son amant dont il devenait le παρασταθείς, l'écuyer. Reçu dans l'Ordre des Illustres, Κλεινοί, il est désormais pleinement intégré à la vie noble, compte parmi les hommes, entre à la place d'honneur dans les chœurs et les gymnases. Il s'agit bien, on le voit, du recrutement d'une fraternité aristocratique et militaire ; Strabon insiste sur le rang social élevé requis, au même titre des deux amis, et il ajoute : « Dans de telles relations, on recherche moins la beauté que la vaillance et la bonne éducation. »

Comme d'usage, notre auteur jette un voile pudique sur l'aspect sexuel de ces pratiques. Les modernes, à l'encontre, ont tenu à surenchérir de ce côté : ils ont voulu que le rite d'initiation, d'intégration à la communauté mâle, ait été non pas la liaison prise en général, mais très précisément l'acte anormal ; l'humeur virile réalisant de façon matérielle et brutale la transmission de mâle à mâle de la vertu guerrière (10).

A la vérité, cela dépasse de beaucoup les données de nos textes : il s'agit là d'une de ces majorations obscènes auxquelles les sociologues modernes ont si souvent soumis les rites et les légendes considérés comme « primitifs » : de telles hypothèses relèvent d'une psychanalyse élémentaire, tant de refoulements ingénus se dissimulent dans l'âme des savants !...

Quoi qu'il en ait été à l'origine, la pratique de la pédérastie a subsisté, profondément intégrée aux mœurs, même lorsque la Grèce, dans son ensemble, eut renoncé à un genre de vie militaire. Il nous faut analyser les conséquences qu'elle a entraînées dans le domaine de l'éducation.

La morale pédérastique. D'abord l'amour grec a contribué à donner sa forme à l'idéal moral qui sous-tend toute la pratique de l'éducation hellénique, idéal dont j'ai commencé l'analyse à propos d'Homère : le désir, chez l'aîné, de s'affirmer aux yeux de son aimé, de briller devant lui[9], le désir symétrique chez le cadet de se montrer digne de son amant, n'ont pu que renforcer, chez l'un et l'autre, cet amour de la gloire que tout l'esprit agonistique exaltait par ailleurs :

---

9. XEN. *Conv.* VIII, 26 ; PLAT. *Phaedr.* 239 ab.

la liaison amoureuse est le terrain de choix où s'affronte une généreuse émulation. D'autre part, c'est toute l'éthique chevaleresque, fondée sur le sentiment de l'honneur, qui reflète l'idéal d'une camaraderie de combat. La tradition antique est unanime à lier la pratique de la pédérastie à la vaillance et au courage [10].

Il faut souligner le détour inattendu qui a renforcé ce sentiment par un glissement du plan militaire au plan politique. L'amour masculin a entraîné beaucoup de crimes passionnels, comme il était naturel dans cette atmosphère tendue où la jalousie et l'orgueil viril étaient farouchement exacerbés. En particulier, l'histoire de la période de la tyrannie relate un grand nombre d'assassinats ou de révoltes perpétrés sur, ou fomentés contre des tyrans par des amants jaloux. « Nombreux, nous dit Plutarque [11], sont les amants qui ont disputé aux tyrans de beaux et honnêtes garçons. » Il cite l'exemple classique des Tyrannoctones d'Athènes, de la conspiration ourdie en 514 contre les Pisistratides par Aristogiton et son aimé Harmodios, objet des poursuites d'Hipparque [12], celui d'Antiléon, assassinant le tyran de Métaponte et (ou ?) d'Héraclée qui lui disputait le bel Hipparinos; celui aussi de Chariton et de Mélanippe qui conspirèrent contre le tyran Phalaris d'Agrigente [13]; il y en eut bien d'autres (11). L'amour de la liberté politique n'avait pas suffi à provoquer l'insurrection, « mais, souligne Plutarque, lorsque ces tyrans entreprirent de séduire leurs aimés, aussitôt, comme s'il se fût agi de défendre des sanctuaires inviolables, ces amants se rebellèrent au péril de leur vie ». Si bien que ces incidents, que notre chronique judiciaire classerait parmi les crimes crapuleux, entraînèrent en plusieurs cas la libération nationale, devinrent des exploits célébrés de toute manière à l'égal des plus hauts, proposés à l'admiration, et à l'imitation, de la jeunesse : dans la pensée grecque [14], un lien solide unit la pédérastie avec l'honneur national et l'amour de l'indépendance ou de la liberté.

L'amour viril, méthode de pédagogie. Il y a plus : l'amour grec fournira à la pédagogie classique son milieu et sa méthode : cet amour est, pour un Ancien, éducateur par essence : καὶ ἐπιχειρεῖ παιδεύειν, « et aussitôt il entreprend d'éduquer », dira par exemple Platon [15].

10. PLAT. *Conv.* 182 cd; PLUT *Erot.* 929-930. — 11. *Erot.* 929. — 12. THC. VI. 54-59. — 13. ATH. XVI, 602 B. — 14. PLAT. *Conv.* 182 bd; ARSTT. *Pol.* V, 1313 a 41 s. — 15. *Conv.* 209 c.

La constitution d'un milieu masculin clos, interdit à l'autre sexe, a une portée et comme une inspiration pédagogique : elle traduit, en l'exagérant jusqu'à l'absurde et à la folie, un besoin profond, ressenti par les hommes, qui les pousse à réaliser dans leur plénitude les tendances propres à leur sexe, à devenir plus pleinement hommes. L'essence de la pédérastie ne réside pas dans les relations sexuelles anormales (j'ai rappelé le dégoût que l'inversion, au sens gidien, passif, du terme, inspire à la langue et à la sensibilité grecques) : elle est d'abord une certaine forme de sensibilité, de sentimentalité, un idéal misogyne de virilité totale.

Cette discipline intra-sexuelle s'incarne dans une pédagogie appropriée. Ici, comme en tant d'autres domaines, le clair génie hellène a su pousser son analyse avec tant de profondeur qu'il me suffira de rapporter les conclusions que Platon et Xénophon s'accordent pour attribuer à Socrate. La relation passionnelle, l'amour (que Socrate sait déjà distinguer du désir sexuel, et opposer à lui) implique un désir d'atteindre à une perfection supérieure, à une valeur idéale, à l'ἀρετή. Je ne reviens pas sur l'effet ennoblissant que peut exercer sur l'aîné, l'éraste, le sentiment d'être admiré : l'aspect éducatif de la liaison amoureuse concerne évidemment surtout le partenaire plus jeune, l'éromène adolescent.

La différence d'âge établit entre les deux amants un rapport d'inégalité, au moins de l'ordre de celui qui existe entre frère aîné et frère cadet. Le désir, chez le premier, de séduire, de s'affirmer fait naître chez le second un sentiment d'admiration fervente et appliquée : l'aîné est le héros, le type supérieur sur lequel il faut se modeler, à la hauteur duquel on cherchera, peu à peu, à se hausser.

Chez l'aîné se développait un sentiment complémentaire : la théorie socratique est illustrée, dans la tradition, d'une abondante série d'anecdotes symboliques; répondant à cet appel, l'aîné sentait naître en lui une vocation pédagogique, il s'instaurait maître de son aimé, s'appuyant sur ce noble besoin d'émulation. On décrit trop souvent l'*Eros* grec comme une simple aspiration de l'âme, éperdue de désir, vers ce qui lui manque ; du côté de l'amant, l'amour antique participe pourtant aussi à l'ἀγαπή par cette volonté d'ennoblissement, de don de soi, par cette nuance, pour tout dire, de paternité spirituelle. Ce sentiment, si minutieusement analysé par Platon[16], s'éclaire à la lumière d'une analyse freudienne : c'est évidemment l'instinct normal de la génération, le désir passionné de

---

16. *Id.* 206 be; 209 be.

se perpétuer dans un être semblable à soi, qui, frustré par l'inversion, se dérive et se défoule sur ce plan pédagogique. L'éducation de l'aîné apparaît comme un substitut, un Ersatz dérisoire d'enfantement : « L'objet de l'amour (entendez : pédérastique) est de procréer et d'engendrer dans le Beau [17]. »

La liaison amoureuse s'accompagne donc d'un travail de formation d'un côté, de maturation de l'autre, nuancé là de condescendance paternelle, ici de docilité et de vénération; il s'exerce librement, par la fréquentation quotidienne, le contact et l'exemple, la conversation, la vie commune, l'initiation progressive du plus jeune aux activités sociales de l'aîné : le club, le gymnase, le banquet.

Si j'ai tenu à développer devant le lecteur une analyse aussi patiente de ces monstrueuses aberrations, c'est que, pour un Grec, tel était le mode normal, la technique type de toute éducation : la παιδεία se réalise dans la παιδεραστεία. Cela paraît étrange à un moderne, j'entends à un chrétien : il faut voir que cela s'intègre dans l'ensemble de la vie antique.

La famille ne pouvait constituer le cadre de l'éducation : la femme, effacée, n'est reconnue compétente que pour l'élevage du bébé; à partir de sept ans, l'enfant lui échappe. Quant au père (nous sommes, ne l'oublions pas, à l'origine dans un milieu aristocratique), il est accaparé par la vie publique : il est citoyen, homme politique, avant d'être chef de famille. Relisons à ce sujet le témoignage si curieux qu'apporte Platon, au début du *Lachès* [18] : il nous montre deux pères de famille venant consulter Socrate sur l'éducation de leur fils; la leur a été lamentablement négligée : « Nous en faisons reproche à nos pères qui nous ont laissé la bride sur le cou dans notre jeunesse, occupés qu'ils étaient eux-mêmes des affaires des autres. » Il s'agit en fait du grand Aristide et de ce Thucydide, fils de Melèsias, qui fut le leader aristocratique opposé à Périclès et que le peuple d'Athènes frappa d'ostracisme en 443. Aussi ne peut-on s'étonner que le même Platon déclare ailleurs [19] avec force : la liaison pédérastique établit dans le couple d'amants « une communion beaucoup plus étroite », πολὺ μείζω κοινωνίαν, que celle qui lie les parents aux enfants.

L'éducation n'était pas davantage assumée par l'école : à l'époque archaïque, celle-ci n'existait pas; une fois créée, elle resta toujours un peu méprisée, disqualifiée par le fait que le maître était payé pour son service, cantonnée dans un rôle technique d'instruction,

---

17. *Id.* 206 e. — 18. 179 cd. — 19. *Conv.* 209 c.

non d'éducation. Je souligne ce fait en passant : lorsqu'un moderne parle d'éducation, il pense en premier lieu à l'école (d'où l'acuité, par moment excessive, que revêtent chez nous les problèmes relatifs au statut de l'enseignement); c'est là, en Occident, un héritage et une survivance médiévales : c'est dans les écoles monastiques des Ages Obscurs qu'un lien intime s'est établi entre le maître et le directeur spirituel.

Pour le Grec, l'éducation, παιδεία, résidait essentiellement dans les rapports profonds et étroits qui unissaient personnellement un jeune esprit à un aîné qui était à la fois son modèle, son guide et son initiateur, rapports qu'une flambée passionnelle illuminait d'un trouble et chaud reflet.

L'opinion, et à Sparte la loi [20], tenaient l'amant pour moralement responsable du développement de l'aimé : la pédérastie était considérée comme la forme la plus parfaite, la plus belle, d'éducation, τὴν καλλίστην παιδείαν [21]. Le rapport de maître à disciple restera toujours, chez les Anciens, quelque chose du type d'amant à aimé ; l'éducation était moins en principe un enseignement, une endoctrination technique, que l'ensemble des soins dépensés par un aîné plein de tendre sollicitude pour favoriser la croissance d'un cadet brûlant du désir de répondre, en s'en montrant digne, à cet amour.

L'éducation noble au VIe siècle.

Ce trait est d'autant plus accusé que l'éducation grecque classique conserve quelque chose de l'héritage de l'aristocratie archaïque. Elle a été élaborée, à l'origine, en fonction des besoins d'un milieu riche, vivant noblement, chez qui la préoccupation d'équiper techniquement la jeunesse en vue d'un métier, d'un gagne-pain, était totalement absente. Aussi l'éducation était-elle avant tout morale : formation du caractère, de la personnalité, et s'accomplissait dans le cadre de la vie élégante, sportive et mondaine à la fois [22], sous la direction d'un aîné, à l'intérieur d'une amitié virile.

C'est ce que montre en action l'œuvre de Théognis de Mégare, dont le témoignage est rendu précieux par sa date (544, d'après la chronologie antique) (12). Ses élégies, destinées à être chantées au son de la flûte [23] dans les banquets où se réunissaient les *hétairies*,

20. PLUT. *Lyc.* 18. — 21. XEN. *Lac.* 2, 13. — 22. *Id.* 5, 5. — 23. I, 239-243.

les clubs aristocratiques, nous offrent, codifiés en formules gnomiques, les Enseignements que le poète adresse à son jeune et noble ami Cyrnos, fils de Polypaïs.

Même si l'on écarte, comme il se doit, l'apport plus directement érotique du livre II, apocryphe et plus récent, il n'est pas douteux qu'une passion amoureuse n'anime et ne colore toute cette éducation. « Je te donnerai de bons conseils, comme un père à un fils », dit bien Théognis [24], mais le côté assez trouble de cette affection paternelle se révèle par les tendres reproches, les inquiétudes de l'amant jaloux, les plaintes douloureuses de l'abandonné (« Je ne suis plus rien pour toi, tu m'as trompé comme on trompe un petit enfant [25] »), encore, bien entendu, qu'on puisse indéfiniment discuter sur les à-côtés sensuels qu'elle pouvait, ou non, impliquer (13).

Quant au contenu de ces enseignements, il est purement éthique : morale personnelle, morale politique, c'est la sagesse traditionnelle des bien-pensants, Ἀγαθοί, que Théognis a conscience de transmettre à son jeune ami telle que lui-même l'avait reçue dans son enfance [26].

Ses survivances :
Rapports
de maître à élève.

Lorsqu'en d'autres milieux, plus tard, apparaîtra une autre éducation, plus directement orientée vers l'efficience professionnelle, c'est encore à l'ombre de l'éros masculin que s'épanouira le haut enseignement technique. De quelque ordre qu'il soit, il se transmet dans l'atmosphère de communion spirituelle que crée l'attachement fervent et souvent passionné du disciple pour le maître à qui il s'est donné, sur lequel il se modèle et qui l'initie progressivement aux secrets de sa science ou de son art.

Longtemps, l'absence d'institutions proprement éducatives a fait qu'un seul type d'éducation approfondie pouvait exister : celui qui attachait de la sorte le disciple au maître qui l'avait distingué en l'appelant à lui, qui l'avait élu. Soulignons en effet le sens dans lequel s'exerçait la vocation : c'est un appel que le maître adresse d'en haut à celui qu'il en juge digne. Longtemps, l'opinion antique méprisera le professeur qui ouvre boutique, offrant sa compétence au premier acheteur venu : la communication de la science doit être réservée à qui la mérite. Il y avait là un sens profond de l'éminente dignité de la

---

24. I, 1049. — 25. I, 254. — 26. I, 27-28.

culture, de son nécessaire ésotérisme : sens que nous avons bien perdu aujourd'hui en Occident, alors qu'il subsiste dans les sagesses orientales, à commencer par l'Islam où se conserve bien vivante l'idée platonicienne de la supériorité de l'enseignement oral sur celui, impersonnel, de l'écrit [27].

Bien entendu, cet attachement passionné a bien souvent glissé à quelque chose de plus trouble et de plus charnel : encore une fois, il suffit d'en appeler à la nature humaine. La civilisation chinoise, qui a connu la même conception profonde de l'initiation culturelle, a, dit-on, favorisé elle aussi la pratique de l'inversion entre maître et disciple, ou encore entre disciples du même maître. Pour ne pas sortir de la Grèce, la chronique scandaleuse nous offre, dans le panthéon de la culture classique, une belle galerie d'amants célèbres.

Parmi les philosophes, il suffirait d'évoquer le souvenir de Socrate qui attirait à lui et retenait l'élite de la jeunesse dorée d'Athènes par la « glu » de la passion amoureuse, se posant en expert ès choses de l'éros. Mais son exemple n'est pas isolé : Platon fut l'amant, et pas seulement, semble-t-il, « platonique », d'Alexis ou de Dion; la succession de scholarques de son Académie s'est faite pendant trois générations d'amant à aimé, car Xénocrate le fut de Polémon, Polémon de Cratès comme Crantor d'Arcésilas. Et cela n'était pas propre aux platoniciens : Aristote fut l'amant de son élève Hermias, tyran d'Atarnée, qu'il devait immortaliser par un hymne célèbre, ni aux seuls philosophes, car des relations analogues unissaient les poètes, les artistes et les savants : Euripide fut l'amant du tragique Agathon, Phidias de son élève Agoracrite de Paros, le médecin Théomédon de l'astronome Eudoxe de Cnide (14).

Sapho éducatrice.   Oui, la cité grecque est un club d'hommes, mais comme le notait avec simplicité Aristote [28], les femmes représentent pourtant la moitié du genre humain! De même que la polygamie entraîne pour toute société qui la tolère un grave déséquilibre qui condamne une partie des hommes au célibat ou à l'irrégularité, de même toute société qui laisse un sexe se constituer en un milieu clos et autonome voit nécessairement se constituer, de façon antithétique, un milieu pareillement clos pour l'autre sexe.

Ce n'est un secret pour personne, et surtout pour les lettrés

27. *Phaedr.* 275 ac. — 28. ARSTT. *Pol.* I, 1260 b 19.

français nourris de Baudelaire (15), que l'égarement des « femmes damnées » répondit en Hellade à la fureur de l'amour masculin. La symétrie s'est étendue au domaine de l'éducation; là, même, le milieu féminin paraît avoir été en avance sur son rival en ce qui concerne les institutions, à en juger par le témoignage remarquable, et combien inattendu à cette date précoce (v. 600), que nous apporte l'œuvre de Sapho de Lesbos. Ou du moins les rares fragments qui en survivent, soit dans les citations des grammairiens et critiques anciens, soit dans les papyrus mutilés d'Egypte.

Ils nous permettent d'entrevoir qu'à Lesbos, vers la fin du VIIe siècle, les jeunes filles pouvaient recevoir un complément d'éducation, entre le temps de leur enfance, passé à la maison sous l'autorité de la mère, et celui du mariage. Cette haute éducation se réalisait dans une vie de communauté au sein d'une école, la « demeure des disciples des Muses [29] », qui se présente, juridiquement, sous la forme (qui sera également, à partir de Pythagore, celle des écoles philosophiques) d'une confrérie religieuse, θίασος, dédiée aux déesses de la culture. Là, sous la direction d'une maîtresse, dont Sapho a su magnifiquement graver le type dans le portrait qu'elle trace d'elle-même, leur jeune personnalité se configure à un idéal du beau, aspirant à la Sagesse [30]. Techniquement, cette école est l'équivalent d'un « Conservatoire de musique et de déclamation » : on y pratique la danse collective [31], héritée de la tradition minoenne [32], la musique instrumentale, et notamment la noble lyre [33], ainsi que le chant [34]. La vie communautaire est rythmée par toute une série de fêtes, cérémonies religieuses [35] ou banquets [36].

Cette pédagogie remarquable met en évidence le rôle éducatif de la musique qui subsistera dans toute la tradition classique; il paraît bien avoir déjà fait l'objet d'une réflexion théologique : tel fragment de Sapho [37] exprime nettement la doctrine, si chère à la pensée grecque, de l'immortalité méritée par le culte des Muses.

L'éducation lesbienne n'est pas seulement artistique : le côté corporel n'est pas négligé. Sans être Spartiates, ces délicates Lesbiennes n'en pratiquent pas moins les sports athlétiques, et Sapho elle-même revendique fièrement l'honneur d'avoir été la monitrice d'une championne de course à pied [38].

Tout cela dans une atmosphère bien féminine, je dirai très

29. SAPH. fr. 101. — 30. fr. 64. — 31. fr. 99. — 32. fr. 151. — 33. fr. 103. — 34. fr. 7; 55. — 35. fr. 150. — 36. fr. 93. — 37. fr. 63. — 38. fr. 66.

moderne, s'il ne s'agissait d'un éternel féminin : je songe à l'accent mis non seulement sur la beauté du corps, mais sur la grâce, la coquetterie, la mode [39], ou encore sur ces notes malignes : « Ne fais pas la fière à propos d'une bague [40] », « cette femme qui ne sait même pas relever sa jupe sur ses chevilles [41] ».

Enfin, et nous retrouvons ici le thème du présent chapitre, cette éducation ne va pas non plus sans flambée passionnelle, sans qu'entre maîtresse et disciple ne se resserre le lien ardent de l'Eros. C'est même là ce que nous en savons le mieux, car après tout nous n'apercevons toute cette pédagogie qu'à travers l'écho des passions éprouvées par le cœur de Sapho, qu'à travers les cris déchirants que la douleur lui arrache lorsqu'elle est séparée, par le mariage ou la trahison, de telle de ses élèves et aimées. L'amour saphique n'a pas encore reçu chez elle la transposition métaphysique que subira, chez Platon, la pédérastie devenue une aspiration de l'âme vers l'Idée : ce n'est encore qu'une passion humaine, brûlante et frénétique : « Eros de nouveau, ce brise-membres, me tourmente, Eros amer et doux, l'invincible créature, ô mon Atthis ! Et toi, dégoûtée de moi, tu t'envoles vers Andromède [42]. »

Ici encore le psychiatre tentera curieusement de déterminer l'étendue des ravages de l'instinct sexuel dévié : les mêmes incertitudes l'attendent. Déjà, dans l'Antiquité, on se demandait « si Sapho avait été une femme de mauvaise vie [43] », et de nos jours elle trouve encore, parmi ses admirateurs, des défenseurs passionnés de son idéale vertu (16). Entre ces deux extrêmes, il n'est pas difficile, cette fois, de prendre position : la franchise, et si on peut dire l'impudeur caractéristique du lyrisme féminin (Sapho rejoint la comtesse de Die et Louise Labbé), ne nous laisse rien ignorer du caractère sensuel de ces liaisons : « La nuit est à moitié, l'heure passe et je reste là couchée toute seule... [44] », pour ne pas citer ces sanglots de femme jalouse, qui évoquent de bien autres passions que celles de l'esprit!

Nous ne connaissons le thiase lesbien que par un hasard, celui qui a doué de génie l'âme ardente de Sapho; mais son cas n'est pas isolé : nous savons qu'elle a eu de son temps des concurrentes, des rivales sur le plan professionnel : Maxime de Tyr nous a même conservé le nom de deux de ces « directrices de pensionnats pour demoiselles », Andromède et Gorgô [45]. L'enseignement féminin,

39. fr. 85. — 40. fr. 53. — 41. fr. 65. — 42. fr. 97-98. — 43. DIDYM. *ap.* SEN. *Ep.* 38, 37. — 44. fr. 74. — 45. *Diss.* 24, 9.

longtemps offusqué, au moins dans notre documentation, par la dominante masculine de la civilisation grecque, ne réapparaît au grand jour que beaucoup plus tard, guère avant l'époque hellénistique. Il se manifeste en particulier dans les concours où l'esprit agonistique trouvait son expression et qui servaient, comme aujourd'hui nos examens, de sanction aux études. A Pergame, où à l'époque hellénistique et romaine les magistrats spéciaux préposés à l'inspection de l'enseignement féminin portent le titre de « préposés à la bonne tenue des vierges [46] », les jeunes filles concourent, comme les garçons, en récitation poétique, musique ou lecture [47]; ailleurs, et notamment dans les îles d'Éolide, le programme de leurs concours n'est pas un simple décalque de celui de leurs frères : nous constatons l'existence de thèmes spécifiquement féminins où se perpétue l'esprit de l'éducation saphique; Théophraste [48] nous apprend qu'il existait des concours de beauté pour jeunes filles, notamment à Lesbos et à Ténédos, mais aussi dans d'autres cités, ainsi que des concours d'équilibre moral (s'il est permis de traduire ainsi σωφροσύνη) et d'art ménager, οἰκονομία.

46. *Ins. Perg.* 463 B. — 47. *AM.* 37 (1912), 277. — 48. TH. ap. ATH. XIII, 609 E-610 A.

CHAPITRE IV

L'ancienne éducation athénienne

J'emprunte l'expression, ἡ ἀρχαία παιδεία, à Aristophane [1], et je m'en sers, comme lui, pour désigner l'état de l'éducation athénienne pendant la première partie du Ve siècle, antérieurement aux grandes innovations pédagogiques qu'apporta la génération des Sophistes et de Socrate, au dernier tiers du siècle.

Ancienne, et même archaïque par rapport à ce que devait être la forme définitive de l'éducation classique, cette éducation n'en représente pas moins un progrès remarquable dans l'évolution générale qui devait conduire d'une culture de guerriers à une culture de scribes. Nous sommes encore bien loin de ce stade final, mais déjà s'est effectué le pas décisif : c'est à Athènes, en effet qu'à une date malheureusement difficile à préciser (quelque part à l'intérieur du VIe siècle), l'éducation a cessé d'être essentiellement militaire.

Au témoignage de Thucydide [2], les Athéniens furent les premiers à abandonner l'usage ancien de circuler en armes et, ayant quitté l'armure de fer, à adopter un genre de vie moins farouche et plus civilisé. Par là Athènes, longtemps effacée, un peu en marge du grand mouvement culturel, s'affirme pour la première fois dans le rôle de *leader* qui, en ce domaine, va désormais être le sien.

A l'origine, il ne paraît pas avoir existé de différences bien sensibles entre la culture, et par suite l'éducation, des diverses régions de la Grèce. Au VIIe siècle, nous rencontrons partout cet idéal civique et guerrier que nous avons étudié à Sparte, avec son dévouement total de la personne à la communauté. Vers 650, à Ephèse, par exemple, dans la « molle Ionie », un Callinos trouve, pour ranimer les énergies au moment où l'invasion cimmérienne met sa patrie en péril, les mêmes accents que Tyrtée dans la guerre messénienne ; qu'on en juge par ces vers [3] :

1. *Nub*. 961. — 2. I, 6, 3. — 3. fr. 1, 6-11, 18-19.

« Il est glorieux et noble pour un homme de défendre contre l'ennemi son pays, ses enfants, la femme qu'il a épousée vierge. La mort viendra quand la Parque l'aura filée, mais que chacun, d'abord, l'épée haute, le cœur fier sous l'abri du bouclier, marche en avant dès que s'engage la lutte... Le peuple entier s'afflige sur le vaillant qui meurt : vivant, on l'honore à l'égal des demi-dieux ! »

Elle n'est plus militaire. L'atmosphère a complètement changé, au moins à Athènes, un siècle ou un siècle et demi après. La vie grecque, la culture, l'éducation sont devenues au premier chef civiles. Sans doute l'élément militaire n'a pas complètement disparu : les guerres incessantes que la république d'Athènes soutient contre ses voisins, sans parler des glorieuses guerres médiques, font toujours appel au patriotisme des citoyens-soldats, à ceux du moins des trois plus riches classes (les thètes, en principe, ne servent pas comme hoplites, puisqu'ils ne peuvent en payer le coûteux équipement). Mais il semble bien que le souci de préparer directement le citoyen à ses futurs devoirs de combattant ait cessé de jouer un rôle important dans l'éducation du jeune Grec.

Ici la pédagogie athénienne, qui servira de modèle et d'inspiratrice à toute la Grèce classique, s'oriente dans un tout autre sens que la nouvelle Sparte. Il n'est pas question, à Athènes, de voir dans l'enfant et l'adolescent avant tout un futur hoplite, d'exiger de lui treize années d'embrigadement et de pas cadencé! La préparation militaire joue dans cette « éducation ancienne » un rôle si effacé que l'historien, privé de témoignages, est en droit de douter de son existence même.

Les institutions athéniennes connaîtront un jour, sous le nom d'éphébie, un système remarquable de formation militaire obligatoire : les jeunes citoyens y seront astreints à deux années de service, de leur dix-huitième à leur vingtième année. Mais ce système n'est bien attesté et ne paraît avoir atteint son plein développement qu'à la fin du IVe siècle. On a beaucoup discuté sur la date de son apparition : il ne paraît guère possible de la faire remonter plus haut que la guerre du Péloponèse (431-404); il a pu exister déjà auparavant une éphébie, mais le mot alors n'aurait désigné que l'ensemble des rites de passage solennisant l'entrée de l'adolescent dans l'âge adulte, non l'institution militaire classique [1].

Il faut croire que la nouvelle tactique démocratique de l'infanterie lourde n'exigeait pas du combattant une qualification technique bien poussée. Les exercices pré- ou paramilitaires sont négligés. L'époque homérique avait pratiqué des tournois, comme celui qui oppose Ajax et Diomède au cours des jeux funéraires de Patrocle [4]. De ces combats plus ou moins simulés, l'âge suivant avait hérité une technique sportive, le « combat en armes », ὁπλομαχία.

Mais celle-ci est devenue matière à compétition, sport désintéressé; elle est d'ailleurs à peu près absente de l'éducation. Platon a consacré le *Lachès* à une discussion sur la place possible qu'elle pourrait y recevoir; Nicias y développe les arguments qui militent en sa faveur [5], et notamment son rôle comme préparation militaire [6], mais on sent bien que ce n'est là qu'une opinion, que ne ratifie pas la pratique générale. L'hoplomachie, comme à partir du XVIe siècle notre escrime, était devenue un art, poursuivant une perfection formelle qui l'éloignait beaucoup des conditions réelles du combat : le bon Hérodote s'étonne quelque part [7] de rencontrer un champion d'escrime qui ait effectivement fait preuve de valeur sur le champ de bataille.

Ce qui arme le combattant d'une supériorité réelle, c'est la force physique, l'adresse corporelle. Aussi la seule préparation efficace, encore qu'indirecte, à la guerre, c'est, comme nous l'explique en détail le Socrate de Xénophon [8], la pratique de l'athlétisme et plus généralement de la gymnastique : cette idée a sans doute beaucoup contribué à la démocratisation et à la popularité de l'éducation physique dont nous allons bientôt avoir à souligner la place de premier rang.

Démocratisation de la tradition aristocratique.   « Civilisée », l'éducation athénienne n'en conservait pas moins une attache étroite avec ses origines nobles : elle demeurait, par ses principes et par son cadre, une éducation de gentilshommes. En pleine époque démocratique, vers 354, Isocrate [9] se souvient encore qu'il fut un temps où elle avait été le privilège d'une aristocratie que sa richesse dotait de nobles loisirs. De fait, elle restera toujours plus ou moins, comme le souligne Platon [10], le privilège d'une élite qui seule la poussera jusqu'au bout, étant plus à même de

4. HOM. *Il.*, XXIII, 811-825. — 5. 181 e-182 d. — 6. 182 a. — 7. VI, 92 — 8. *Mem.* III, 12. — 9. *Aréop.* 44-45. — 10. *Prot.* 326 c.

consentir les sacrifices qu'elle exige et mieux placée pour en apprécier les avantages.

Même en plein vᵉ siècle, cette éducation continue à être orientée vers la vie noble, celle du grand propriétaire foncier, riche et par suite oisif, beaucoup moins vers la vie réelle de l'Athénien moyen qui gagne obscurément sa vie comme paysan, artisan ou dans le petit commerce. Cette vie noble est celle qu'on peut imaginer en supposant que le mode d'existence du chevalier homérique subsiste amputé de son secteur guerrier : elle se définit essentiellement par la pratique des sports élégants.

Il en est un qui restera toujours réservé aux familles aristocratiques : le cheval (cheval de selle et conduite du char) est avec la chasse [11], disons avec les Grecs, la « cynégétique », mot expressif qui met l'accent sur le rôle du chien, le sport noble par excellence (il l'était déjà du temps d'Homère), dont la pratique et le goût caractérisent le milieu « chic ». La seconde classe censitaire est à Athènes celles des Ἱππῆς, mot qu'on hésite à bon droit à traduire par Cavaliers ou Chevaliers. A la veille de Salamine, c'est le mors de son cheval que le chef de la vieille droite aristocratique, Cimon, ira consacrer solennellement à la déesse Athéna [12]. Les familles nobles aiment à donner à leurs enfants des noms composés en *Hipp-* ou *-hippos* : rappellerai-je celui de Phidippide que le paysan parvenu, des *Nuées* d'Aristophane, a forgé pour son fils, sur l'insistance de sa noble épouse : « Elle voulait un nom avec hippos : Xanthippe, Charippe ou Callipide [13]. » Je retiens volontiers ce témoignage, pittoresque et significatif : écoutons la mère rêver pour ce fils d'un avenir doré : « Quand tu seras grand et que tu conduiras ton char vers la ville, comme (ton grand-oncle l'illustre) Mégaclès, vêtu de la longue tunique du cocher de course... [14] »; ou le père déplorer les résultats de l'éducation que l'ambition maternelle a donnée à Phidippide : « Il porte cheveux longs, monte à cheval, conduit son char à deux et ne rêve, la nuit, que chevaux! [15] » Au ɪvᵉ siècle, Xénophon, représentant-type de cette classe noble, tiendra à écrire trois manuels techniques : sur *La Chasse, L'Equitation,* et *L'Officier de Cavalerie.*

Le cheval reste un sport réservé, parce qu'il est un sport coûteux (le père de Phidippide en sait quelque chose! [16]); l'athlétisme, qui demande moins, s'est vu, lui, progressivement démocratisé. Seuls

---

11. XEN. *Cyn.* 12. — 12. PLUT. *Cim.* 5. — 13. *Nub.* 63-64. — 14. *Id.* 69-70. — 15. *Id.* 14-15; 25; 27; 32. — 16. *Id.* 11 s.

les nobles, autrefois, fréquentaient les gymnases; au début du Ve siècle encore, les champions panhelléniques (dont Pindare glorifie les ancêtres autant que les exploits) sortent souvent de familles illustres, les seules à l'origine qui possédaient les moyens et peut-être les dons nécessaires à cette vocation. Mais déjà le goût de la vie sportive commence à se répandre : à la fin du siècle, tous les Athéniens fréquenteront le gymnase, comme les Romains de l'Empire les thermes; au grand dépit des vieux aristocrates [17], dépit qui s'explique parce qu'avec la pratique du sport, c'est tout l'essentiel de la vieille culture noble qui s'est vulgarisé.

Athènes (j'ai souligné le parallélisme de son évolution avec celle de la France moderne) est devenue une vraie démocratie : le peuple y a conquis non seulement, par une extension graduelle, les privilèges, droits et pouvoirs politiques, mais encore l'accès à ce type de vie, de culture, à cet idéal humain dont seule l'aristocratie avait d'abord joui.

Avec la pratique de l'athlétisme, c'est tout le vieil idéal homérique de la « valeur », de l'émulation, de l'exploit qui passait des Chevaliers au Dèmos. L'adoption d'un mode de vie civile et non plus militaire avait en effet transposé, et réduit au seul plan de la compétition sportive, cet idéal héroïque. L'œuvre de Pindare (521-441) est à ce sujet hautement significative.

Ses odes triomphales, ἐπινίκια, célèbrent la « valeur » des champions de Grèce comme l'aède homérique célébrait la geste des héros : cette ἀρετή que la victoire révèle et qui manifeste l'incarnation d'un type presque surhumain de personnalité idéale. L'olympionique paraît digne d'être honoré comme seuls le sont les Olympiens dans les hymnes qui leur sont consacrés. Mais cette foi dans la valeur exemplaire de la vertu sportive se répand avec le goût même du sport; elle a beau être attaquée, dès Tyrtée [18], au nom de la cité, dès Xénophane [19] au nom de l'idéal nouveau des philosophes, d'une sagesse d'essence spirituelle et scientifique, elle n'en demeure pas moins, pour un temps, l'idéal commun des hommes libres, l'idéal suprême de la civilisation hellénique.

Apparition de l'école. Avec cet idéal, avec la culture qu'il anime, c'est toute l'éducation aristocratique qui se répand à son tour et devient l'éducation-type de

17. [XEN.] *Ath.* 2, 10. — 18. fr. 12, 1-10. — 19. fr. 2.

tout enfant grec. Mais tout en conservant son orientation générale et ses programmes, cette éducation doit, en se vulgarisant et pour se vulgariser, se développer au point de vue institutionnel : la démocratisation de l'éducation amène, en réclamant un enseignement qui, destiné à l'ensemble des hommes libres, devient nécessairement collectif, la création et le développement de l'école. Fait décisif, dont il convient de souligner toute l'importance pour la suite de notre histoire.

Les poètes aristocrates, Théognis et Pindare (2), reflètent bien la réaction dédaigneuse et méfiante de la vieille noblesse en face de ce progrès. Pindare discute déjà le fameux problème, cher aux Socratiques : l'ἀρετή (entendons toujours la « valeur » et non simplement la vertu) peut-elle s'acquérir par le seul enseignement ? Sans doute, il n'a jamais suffi d'être bien né pour devenir cavalier parfait : comme le montre le « paradigme » classique d'Achille et de Chiron [20], il serait absurde, ἄγνωμον, de ne pas chercher à développer par l'éducation les dons innés [21]. Mais si la race n'est pas une condition suffisante, elle est du moins une condition nécessaire aux yeux de ces aristocrates, de ces « Bons », Ἀγαθοί, comme ils se nomment avec orgueil [22]. Pour Pindare, l'éducation n'a de sens que si elle s'adresse à un noble, qui a à devenir ce qu'il est : « Sois tel que tu as appris à te connaître [23]. » Le Sage est, d'abord, celui qui sait beaucoup de choses par nature, φυᾷ. On n'aura que mépris pour les parvenus de la culture, les μαθόντες, « ceux qui ne savent que pour avoir appris [24] ».

Mais ce mépris, la violence même avec laquelle il s'exprime nous attestent que la chose existait, que, par une technique éducative appropriée, un nombre croissant de parvenus faisaient initier leurs fils aux techniques qui d'abord avaient été le privilège, jalousement gardé, des seules familles bien nées, des Eupatrides.

Pour une telle éducation, qui intéressait un nombre toujours plus grand d'enfants, l'enseignement personnel d'un gouverneur, ou d'un amant, ne pouvait plus suffire. Une formation collective était inévitable, et c'est, j'imagine, la pression de cette nécessité sociale qui a fait naître l'institution de l'école. L'éducation particulière ne disparaîtra pas du coup : comme on le voit par Aristote [25] et Quintilien [26], les pédagogues discuteront longtemps encore des

20. PIND. Nem. III, 57-58. — 21. Ol. VIII, 59-61. — 22. THEOGN. I, 28; 792; PIND. Pyth. II, 176. — 23. Pyth. II, 131. — 24. Ol. II, 94-96; Nem. III, 42. — 25. Eth. Nic. K, 1180 b 7 s. — 26. I, 2.

avantages et des inconvénients de l'un et de l'autre système; mais une fois créée, l'éducation collective ne tarde pas à devenir la plus normalement répandue. Déjà Aristophane, évoquant notre « ancienne éducation », celle de la glorieuse génération des Marathonomaques (adulte donc en 490 [27]), nous montre les enfants du quartier qui, au lever du jour et quelque temps qu'il fasse, se rendent « chez leurs maîtres [28] ».

Éducation physique. Quels étaient ces maîtres ? La culture noble se définissant au premier chef par la pratique du sport, c'est l'éducation physique qui dans cette éducation archaïque occupe la place d'honneur : il s'agit de préparer l'enfant à disputer dans les règles les épreuves d'athlétisme : course, lancer du disque et du javelot, saut en longueur, lutte et boxe. Art complexe et délicat, pour lequel il est nécessaire d'avoir reçu les leçons d'un maître compétent, le pédotribe, παιδοτρίβης, l' « entraîneur des enfants » qui donne son enseignement sur un terrain de sport, la palestre, παλαίστρα, laquelle est aux enfants ce que le gymnase est pour les adultes.

L'élaboration de cette institution et de cet enseignement doit avoir été achevée dans le dernier tiers du VIIᵉ siècle, car c'est à ce moment (précisons, pour Olympie : à partir de 632 [29]) qu'apparaissent dans les grands jeux panhelléniques les concours pour enfants qui sanctionnent l'éducation physique des jeunes et la supposent donc régulièrement organisée dans l'ensemble de la Grèce (3).

Éducation musicale. Evoquant, dans sa *République* [30], l'éducation du « bon vieux temps », Platon nous dit qu'elle comprenait un double aspect; la gymnastique pour le corps, la « musique » pour l'âme. Dès l'origine, nous l'avons constaté, la culture et donc l'éducation grecques connaissent à côté du sport un élément spirituel, intellectuel et artistique à la fois. Musique, μουσική, signifie ici chez Platon, de façon très compréhensive, le domaine des Muses : il reste vrai que l'ancienne éducation plaçait au premier rang, dans cette catégorie, la musique au

27. *Nub.* 986. — 28. *Id.* 964-965. — 29. PAUS. V, 9, 9; cf. PHILSTR. *Gym.* 13. — 30. *ll.* 376 e.

sens étroit du mot, la musique vocale et instrumentale : dans le tableau lyrique qu'il nous trace, Aristophane conduit les enfants, « marchant en rangs serrés, neigeât-il dru comme farine », non seulement chez le pédotribe [31], mais aussi εἰς κιθαριστοῦ, chez le citharisse, le maître de musique [32].

L'historien se doit ici d'insister, pour redresser une erreur de perspective : tels qu'ils nous apparaissent à travers notre propre culture classique, les Grecs sont avant tout pour nous des poètes, des philosophes et des mathématiciens; si nous les vénérons comme artistes, nous voyons surtout en eux des architectes et des sculpteurs; nous ne pensons jamais à leur musique : notre érudition et notre enseignement accordent à celle-ci moins d'attention qu'à leur céramique ! Et pourtant, ils étaient, se voulaient d'abord des musiciens.

Leur culture et leur éducation étaient plus artistiques que scientifiques, et leur art, musical, avant d'être littéraire et plastique. « La lyre, la danse légère et le chant », voilà ce qui, pour un Théognis par exemple [33], résume toute la vie cultivée. Ἀχόρευτος, ἀπαίδευτος, dira fortement Platon [34] : « Celui qui (chanteur et danseur à la fois) ne sait pas tenir sa place dans un chœur n'est pas vraiment éduqué. » Cette formation musicale, nous explique le philosophe, avait une portée morale : agissant sur l'homme tout entier, l'enseignement du citharisse contribuait lui aussi à former les jeunes à la « maîtrise de soi » (σωφροσύνη), à les rendre plus civilisés, — faisant régner dans leur âme eurythmie et harmonie [35].

Éducation par la poésie.

Dès cette époque ancienne commence cependant à apparaître un certain élément proprement intellectuel, littéraire; mais que nous sommes loin encore d'être chez les « gens du Livre »! C'est par le chant qu'est véhiculé l'enseignement doctrinal, et la poésie. Comme toujours, l'enseignement s'explique par la culture à laquelle il initie : le cadre de la vie culturelle archaïque, c'est le club d'hommes, l'ἀνδρεῖον crétois, l'ἑταιρεία athénienne; c'est la causerie, λέσχη, le « banquet », συμπόσιον, c'est-à-dire la beuverie qui suit le repas du soir, avec ses règles formelles et sa stricte étiquette : chacun des convives y reçoit tour à tour le rameau de myrte qui lui donne son tour de chant : la « chanson qui passe de

---

31. *Id.* 973s. — 32. *Id.* 964. — 33. I, 791. — 34. *Leg.* II, 654 ab. — 35. *Prot.* 325 ab.

l'un à l'autre en zigzag », σκόλιον, est le genre littéraire fondamental autour duquel se groupent les autres manifestations artistiques : intermèdes de musique instrumentale, lyre ou aulos, et danses [36] (4).

Avec une certaine connaissance des poèmes d'Homère, devenus sans doute très tôt des « classiques », c'est donc essentiellement un répertoire de poésies lyriques que l'enfant avait à se préoccuper d'acquérir, s'il voulait devenir un jour capable de tenir honorablement sa place dans les banquets et passer pour un homme cultivé.

L'éducation athénienne n'attachait pas moins d'importance que la spartiate au contenu éthique de ces chants et à leur valeur pour la formation morale : on donnait une bonne place aux poètes gnomiques, comme celui des *Enseignements de Chilon* dont quelques fragments nous ont été transmis sous le nom d'Hésiode. C'est, semble-t-il, à l'usage d'un milieu athénien, peut-être du cercle aristocratique de Callias, que fut compilé notre recueil des *Elégies* de Théognis, qui associe à l'œuvre authentique du vieux poète de Mégare l'apport d'autres gnomiques, sans parler des poèmes d'amour du Livre II.

Mais le classique proprement athénien, celui qui, comme Tyrtée pour Sparte, incarne la sagesse nationale, c'est certainement Solon (archonte en 594-593). Il avait bien eu en vue cette fin éducative en composant ses *Elégies* qui se présentent sous la forme d'apostrophes moralisantes adressées à ses concitoyens [37]; tel est bien le rôle qu'il a joué dans la culture athénienne : voyez comment il est cité, au tribunal comme à l'assemblée, par l'orateur en quête d'autorité, qu'il s'appelle Cléophon [38] ou Démosthène [39].

La morale de Solon, comme celle de Tyrtée, s'établit dans le cadre communautaire de la cité, encore que l'éclairage soit différent : son idéal c'est l'εὐνομία, l'état d'équilibre dû à la justice; le péril qu'il cherche à conjurer n'est plus le danger extérieur, mais celui de la dissension intérieure, de l'injustice sociale et de la passion partisane qui met l'unité de la patrie athénienne en danger (5). Il serait d'ailleurs excessif de ne retenir de toute son œuvre que cette prédication politique. Il y a tout un humanisme solonien, qui magnifie les simples joies de l'existence, qui rendent celle-ci digne d'être vécue, en dépit de tout, et de la mort même : « Heureux celui qui aime les enfants, les chevaux solipèdes, les chiens de chasse et l'hôte étranger... [40] »; tour à tour, nous l'entendons célébrer le vin,

36. THEOGN I, 239-243; 789-792; PIND. *Pyth.* VI, 43-54. — 37. fr. 4, 30. — 38. *Ap.* ARSTT, *Rhet.* I, 1375 b 32. — 39. *Leg.* 255. — 40. fr. 12-14.

le chant, l'amitié, — l'amour : c'est toute la culture aristocratique traditionnelle que ses vers instillent au cœur de l'enfant athénien.

Éducation littéraire. Nous sommes loin, on le voit, d'une « éducation de scribes »; cependant, peu à peu l'usage de l'écriture s'était introduit, puis répandu, finissant par être si communément utilisé dans la vie quotidienne que l'éducation n'a pu continuer à l'ignorer. A l'époque classique, l'école où l'on apprend à lire, écrire et compter est bien installée dans les mœurs : l'enfant fréquente non pas deux, mais trois maîtres : à côté du pédotribe et du cithariste, il y a le γραμματιστής, « celui qui apprend les lettres », qui deviendra un jour par synecdoque, διδάσκαλος, « le maître » par excellence, le maître tout court.

Le problème intéressant serait de dater l'apparition de cette troisième branche d'enseignement, la troisième dans l'ordre de création et longtemps aussi de valeur. On fait volontiers état d'une prétendue législation de Solon concernant la police des mœurs dans les écoles, mais sans aller jusqu'à soupçonner ces lois d'avoir été tardivement attribuées au grand législateur (on ne les connaît que par des allusions datant du IVe siècle), leurs prescriptions peuvent très bien s'entendre, et même s'entendre mieux, de la seule palestre que de l'école littéraire, γραμματοδιδασκαλεῖον.

L'existence de celle-ci ne peut être conjecturée que par inférence indirecte à partir de l'usage général de l'écriture qui la suppose. On admettra, par exemple, qu'une institution comme celle de l'ostracisme, instauré par Clisthènes en 508-507, avec sa procédure du vote par écrit, suppose la connaissance des lettres suffisamment répandue dans le corps des citoyens (6). Sans doute il pouvait y avoir encore bien des illettrés dans l'ecclèsia, comme celui qui demanda, dit-on, à Aristide d'écrire son propre nom sur le tesson de poterie qui servait de bulletin, ou tant d'autres dont la culture ne s'élevait pas beaucoup plus haut que celle du Charcutier d'Aristophane : « Mais, mon brave, je ne sais rien en fait de « musique », à part mes lettres, et encore couci-couça! » Néanmoins, dès l'époque des guerres médiques, on peut tenir pour certaine l'existence d'un enseignement des lettres : ainsi lorsqu'en 480, à la veille de Salamine, les Trézéniens reçurent avec une touchante cordialité les femmes et les enfants repliés d'Athènes, ils engagèrent, aux frais de leur cité, des maîtres d'école pour leur apprendre à lire [41] (7).

41. PLUT. *Them.* 10.

L'idéal de la ΚΑΛΟΚΑΓΑΘΙΑ. Telle était cette ancienne éducation athénienne, plus artistique que littéraire et plus sportive qu'intellectuelle : dans le tableau, déjà plusieurs fois cité, que nous en donnent les *Nuées* d'Aristophane, le poète n'accorde à l'enseignement de la musique que huit vers [42] sur plus de soixante [43]; de celui des lettres il ne dit mot, tout le reste concernant l'éducation physique et surtout l'aspect moral de celle-ci. Insistons là-dessus : cette éducation n'est pas du tout technique, elle reste orientée vers la vie noble et ses loisirs; ces aristocrates athéniens ont beau être de grands propriétaires fonciers et des hommes politiques, rien, dans leur éducation, ne les prépare à ces activités. Reprenons ce début du *Lachès* où, nous l'avons vu, Platon met en scène deux nobles Athéniens consultant Socrate sur l'éducation de leurs fils. Nous imaginons assez bien une scène équivalente aujourd'hui : deux pères de famille se demandant si, à leur entrée en quatrième, leurs enfants feront du grec ou des mathématiques. Justement des problèmes analogues vont bientôt se poser, en Grèce même; mais nous n'en sommes pas encore là, et la seule question débattue, on le sait, est de savoir si ces jeunes gens feront, ou non, de l'escrime [44]!

L'idéal de cette éducation ancienne reste d'ordre éthique : il tient en un mot : la καλοκἀγαθία, « le fait d'être un homme bel et bon ». Bon, ἀγαθός, c'est l'aspect moral, essentiel, on l'a vu, avec les nuances sociale et mondaine qui proviennent des origines. Beau, καλός, c'est la beauté physique, avec l'inévitable *aura* érotique dont il faut l'accompagner. Ici, je tiens à exorciser un mythe moderne, celui d'une synthèse harmonieuse entre « la beauté de la race, la perfection suprême de l'art et les plus hautes envolées de la pensée spéculative » que la civilisation hellénique aurait su pleinement réaliser(8). Cet idéal, d'un esprit pleinement épanoui dans un corps superbement développé, n'est sans doute pas tout imaginaire; il a existé au moins dans la pensée de Platon, quand il dessinait ses inoubliables figures de jeunes gens : le beau Charmide penché sur le problème de la perfection morale, Lysis et Ménexène discutant gentiment de l'amitié...

Mais il faut bien voir que s'il a pu être réalisé dans la pratique, ce ne peut être qu'en un instant fugitif d'équilibre instable entre deux tendances évoluant en sens contraire, et dont l'une n'a pu

---

42. *Nub.* 964-971. — 43. *Id.* 961-1023. — 44. *Lach.* 179 d; 181 c.

croître qu'en entraînant la régression de la première, d'abord dominante. Un temps viendra où l'éducation grecque sera essentiellement, comme la nôtre, une culture de l'esprit : ce sera sous l'influence d'hommes comme Socrate, qui était laid, ou Epicure, qui était infirme.

A l'époque « ancienne » où nous sommes présentement, il n'y a pas de doute, le καλὸς κἀγαθός, c'est avant tout un sportif. S'il y a dans cette éducation tout un aspect moral, c'est dans et par le sport qu'il se réalise (Aristophane le montre assez qui, pas un instant, ne sépare les deux éléments). Mais, au moins autant que le caractère, ce que cette éducation vise à former, c'est le corps. « Ne cesse pas de sculpter ta propre statue », dira, bien plus tard, et en un sens moral, Plotin[45] : c'est littéralement que ce mot pourrait servir de devise à l'éducation archaïque. Qu'on songe à la manière dont Platon évoque précisément, au frontispice du dialogue qui lui est consacré, l'admirable figure de Charmide : « Tous le contemplaient comme une statue[46]. » « Qu'il est beau de visage, εὐπρόσωπος! s'écrie Socrate. — Ah! s'il voulait se mettre nu, il te paraîtrait sans visage, ἀπρόσωπος, tant sa beauté est totale, πάγκαλος![47] » « Sans visage » : quel mot étrange pour nous, habitués que nous sommes à guetter sur les traits le reflet mobile de l'âme, mais qui trouve un commentaire dans ces figures impassibles d'athlètes (qu'on pense au *Discobole*!) dont l'effort le plus violent ne parvient pas à tendre les traits...

Cet idéal, pour étrange qu'il paraisse, est parfaitement légitime, j'entends cohérent de soi. Que la beauté physique, que le culte du corps puisse représenter pour un être humain une véritable raison de vivre, le moyen d'expression, je dirai plus, de réalisation de sa personnalité, ce n'est pas là une chose absurde : nous le comprenons encore puisque nous l'avons longtemps admis pour les femmes. En fait, c'est bien comme des femmes d'aujourd'hui (ou d'hier) que ces jeunes Grecs sont accueillis, recherchés, choyés, admirés. Toute leur vie, comme la vie d'une femme, est illuminée par le prestige et le souvenir de leurs succès d'adolescents, de la beauté de leur jeunesse (j'évoquerai ici le personnage d'Alcibiade).

Idéal donc parfaitement valable, mais comme sa réalité est brutale et simple, à côté de l'image si merveilleuse que s'en faisaient par exemple Burckhardt ou Nietzsche, et à leur école tant de néo-païens. Oui, ces jeunes gens étaient beaux et forts, mais c'est qu'à la

---

45. *Enn.* I, 6, 9. — 46. *Charm.* 153 c. — 47. *Id.* 154 d.

poursuite de cette unique fin ils consumaient toute leur énergie, toute leur volonté. Qu'on n'extrapole donc pas naïvement (ou perfidement) le témoignage des jeunes gens de Platon : c'est vrai, son Socrate va recruter ses disciples au gymnase, mais a-t-on assez réfléchi que c'est pour les en retirer et les mettre à la dure ascèse des mathématiques et de la dialectique ?

Entre les deux types de formation, physique et spirituelle, ne régnait pas, comme on veut nous en persuader, je ne sais quelle secrète attraction, quelle harmonie préétablie, mais bien la plus radicale hostilité. J'en prends à témoin Aristophane : que promet à son élève cette Vieille Education, dont il chante les louanges ? Une stricte moralité, bien sûr, mais avant tout :

Brillant et frais comme une fleur, tu passeras ton temps dans les gymnases... Tu descendras à l'Académie où, sous les oliviers sacrés, tu prendras ta course, couronné de léger roseau, avec un ami de ton âge, fleurant le smilax, l'insouciance et le peuplier blanc qui perd ses chatons, jouissant de la saison printanière, quand le platane chuchote avec l'orme.
Si tu fais ce que je te dis, et y appliques ton esprit, tu auras toujours la poitrine robuste, le teint clair, les épaules larges, la langue courte, la fesse grosse, la verge petite. Mais si tu pratiques les mœurs du jour,

et ici Aristophane attaque formellement le propre enseignement de Socrate,

d'abord tu auras le teint pâle, les épaules étroites, la poitrine resserrée, la langue longue, la fesse grêle, la verge grande,... la proposition de décret longue [48].

Et si quelqu'un s'étonne ici de me voir préférer la grossière caricature d'Aristophane à l'idéale transfiguration de Platon, je dirai que l'expérience nous garantit assez la vérité de la première image, car après tout l'homme ne dispose que d'un seul système nerveux, d'un seul, et bien faible, capital d'énergie à dépenser, et nous avons appris, comme dit Péguy, « que le travail spirituel se paye par une propre sorte de fatigue inexpiable ».

---

48. *Nub.* 1002-1019.

CHAPITRE V

L'apport novateur
de la première sophistique

Ainsi les Athéniens nés dans les années 490 (ils se sont appelés Périclès, Sophocle, Phidias...), qui, dans tous les domaines : la politique, les lettres, les arts, portèrent la culture classique à un si haut degré de maturité, n'avaient encore reçu que cette éducation très élémentaire qui, au point de vue instruction, ne s'élevait guère plus haut que notre enseignement primaire actuel (1). Nous rencontrons là un exemple éclatant du décalage chronologique inévitable entre culture et éducation. Mais bien que ce retard soit souvent exagéré par la routine (le domaine pédagogique est un terrain de choix pour l'esprit conservateur), toute civilisation vraiment active finit tôt ou tard par en prendre conscience et le combler. En fait, on constate que chaque conquête nouvelle du génie grec fut assez rapidement suivie d'un effort correspondant pour créer un enseignement qui en assumât la diffusion.

Premières écoles de médecine, On en trouve bien des preuves dès ce VIᵉ siècle si riche en beaux départs : nous pourrions étudier la création des premières écoles de médecine qui, vers la fin du siècle, apparurent à Crotone [1] et à Cyrène [2], précédant l'ouverture des écoles classiques de Cnide et de Cos (2).

Et de philosophie. C'est toutefois dans le domaine de la philosophie que cet effort de création pédagogique apparaît le plus nettement : les premiers physiciens de l'école de Milet sont de purs savants qui n'ont pas encore le loisir de se faire éducateurs, ils sont tout entiers absorbés par l'effort

1. HDT. III, 129 s. — 2. *Id.* III, 131.

créateur qui les isole et les singularise; leurs contemporains les considèrent avec un étonnement, quelquefois scandalisé, le plus souvent nuancé d'une ironie qui, dans l'aimable Ionie, n'exclut pas une secrète bienveillance (qu'on se souvienne, parmi tant d'autres, de l'anecdote nous montrant Thalès tombé dans un puits en contemplant les astres [3]).

Mais déjà Anaximandre, suivi par Anaximène [4], se préoccupe de rédiger un exposé de leur doctrine. A la génération suivante, Xénophane de Colophon écrit non plus, comme eux, en prose, à la façon des législateurs, mais en vers, rivalisant ainsi directement avec les poètes éducateurs, Homère ou les Gnomiques. C'est là chez lui une ambition avouée : il s'adresse au public cultivé des banquets aristocratiques [5], critique âprement l'immoralité d'Homère [6], l'idéal sportif traditionnel [7], auquel il oppose hardiment, et non sans fierté, l'idéal nouveau de sa bonne Sagesse.

Fuyant la domination perse, Xénophane vient établir son école à Elée; à l'autre extrémité de la Grande-Grèce, le Pythagorisme incarne cette notion d'école philosophique dans un cadre institutionnel approprié. Telle qu'elle apparaît à Métaponte ou à Crotone, ce n'est plus une simple hétairie du type ancien, groupant maître et disciples sur le plan des relations personnelles; c'est une véritable école, qui prend l'homme tout entier et lui impose un style de vie; c'est une institution organisée, avec son local, ses lois, ses réunions régulières, qui prend la forme d'une confrérie religieuse consacrée au culte des Muses, et, après la mort de son fondateur, au culte de Pythagore héroïsé. Institution caractéristique qui sera imitée plus tard par l'Académie de Platon, le Lycée d'Aristote, l'école d'Epicure et demeurera la forme type de l'école philosophique grecque (3).

Le nouvel idéal politique. Ce n'est pas toutefois de ces milieux de spécialistes qu'est sortie la grande révolution pédagogique avec laquelle l'éducation hellénique a fait un pas décisif vers sa maturité : elle est l'œuvre, dans la seconde partie du ve siècle, de ce groupe de novateurs qu'il est convenu de désigner par le nom de Sophistes.

Le problème qu'ils ont cherché et réussi à résoudre est celui, très général, de la formation de l'homme politique. C'était, de

3. DL. I, 34. — 4. ID. II, 2; 3. — 5. fr. 1 (Diels). — 6. fr. 11 s. — 7. fr. 2.

leur temps, le problème devenu le plus urgent. Après la crise de la tyrannie, au VIe siècle, nous voyons la plupart des cités grecques, et surtout la démocratique Athènes, s'animer d'une vie politique intense : l'exercice du pouvoir, la direction des affaires deviennent l'occupation essentielle, l'activité la plus noble et la plus prisée de l'homme grec, l'objectif suprême offert à son ambition. Il s'agit toujours pour lui de l'emporter, d'être supérieur et efficace; mais ce n'est plus dans le domaine du sport et de la vie élégante que sa « valeur », son ἀρετή cherche à s'affirmer : c'est dans l'action politique qu'elle s'incarne désormais. Les Sophistes mettent leur enseignement au service de ce nouvel idéal de l'ἀρετή politique [8] : équiper l'esprit pour une carrière d'homme d'Etat, former la personnalité du futur *leader* de la cité, tel est leur programme.

Il serait inexact de lier trop étroitement leur entreprise aux progrès de la démocratie, d'imaginer leur enseignement destiné à remplacer, pour les hommes politiques issus du peuple, ce que l'hérédité familiale assurait à leurs rivaux aristocratiques. D'abord parce que la démocratie antique a bien longtemps continué à recruter ses chefs dans la plus authentique noblesse (qu'on songe au rôle des Alcméonides d'Athènes); ensuite parce qu'on ne constate pas chez les Sophistes du Ve siècle une orientation politique déterminée (comme celle qu'auront à Rome les *Rhetores Latini* du temps de Marius) : leur clientèle est une clientèle riche, où pouvaient se rencontrer de nouveaux riches en quête de « savonnette à vilain », comme le Strepsiade d'Aristophane, mais la vieille aristocratie, loin de les bouder, s'est adressée à eux avec empressement, comme on le voit par les tableaux de Platon.

Les Sophistes s'adressent à quiconque veut acquérir la supériorité requise pour triompher dans l'arène politique. Je renvoie de nouveau mon lecteur au *Lachès* : Lysimaque, fils d'Aristide, et Mélèsias, fils de Thucydide, cherchent pour leurs propres fils une formation qui les rende capables de devenir des chefs [9] : nul doute que le jour où les Sophistes vinrent leur proposer quelque chose de plus efficace que l'inutile escrime, ils l'aient adopté avec empressement.

Ainsi la révolution pédagogique que représente la Sophistique apparaît d'inspiration moins politique que technique : appuyée sur une culture mûrie, des éducateurs entreprenants élaborent une technique nouvelle, un enseignement plus complet, plus ambitieux et plus efficace que celui qu'on avait connu avant eux.

8. PLAT. *Prot.* 316 b; 319 a. — 9. PLAT. *Lach.* 179 cd.

D'HOMÈRE A ISOCRATE

Les Sophistes comme éducateurs. L'activité des Sophistes se déploie dans la seconde moitié du Vᵉ siècle. Il me paraît un peu artificiel de les répartir, comme on tente quelquefois de le faire, sur deux générations : en fait, leurs carrières se recoupent et Platon a pu, sans anachronisme, rassembler les plus célèbres d'entre eux chez le riche Callias, en compagnie de Socrate et d'Alcibiade, dans une scène célèbre de son *Protagoras*[10]. Il n'y a pas de grande différence d'âge entre les plus anciens et les plus jeunes : l'aîné, Protagoras d'Abdère, doit être né vers 485 ; Gorgias de Leontinoi, l'Athénien Antiphon (du dème de Rhamnous) (4), à peine plus jeunes, vers 480. Les cadets, Prodicos de Céos, Hippias d'Elis, ont quelque dix ans de moins et paraissent de l'âge de Socrate, qui a vécu, on le sait, de 470-469 à 399 (5). D'origine diverse, itinérants par exigences professionnelles, ils ont tous plus ou moins séjourné à Athènes : avec eux Athènes apparaît désormais comme le creuset où s'élabore la culture grecque.

Toute histoire de la philosophie, ou des sciences, se sent tenue de consacrer un chapitre aux Sophistes : ce chapitre, bien difficile à écrire, est rarement satisfaisant (6).

Il ne suffit pas de dire que nous les connaissons mal : comme source directe, nous ne possédons que quelques rares fragments et de sèches notices doxographiques, éléments de bien faible poids pour s'opposer au prestige trompeur des portraits satiriques et des pastiches de Platon, dont les pages consacrées aux Sophistes sont parmi les plus ambiguës de son œuvre, à l'interprétation toujours délicate : où commencent, où finissent la fiction, la déformation caricaturale et calomnieuse ? En outre, sous le masque de la lutte entre Socrate et les Sophistes, Platon n'a-t-il pas en réalité évoqué celle qui l'opposait lui-même à tels de ses contemporains, Antisthène en particulier ?

A la vérité, les Sophistes ne relèvent pas à proprement parler de l'histoire de la philosophie ou des sciences. Ils ont agité beaucoup d'idées, dont certaines leur venaient d'ailleurs (d'Héraclite, par exemple, pour Protagoras, des Eléates ou d'Empédocle pour Gorgias), dont d'autres leur étaient personnelles, mais ils n'ont pas été à proprement parler des penseurs, des chercheurs de vérité. C'étaient des pédagogues : « Éduquer les hommes », παιδεύειν

---

10. 314 e-315 c.

LES SOPHISTES

ἀνθρώπους, telle est la définition que, chez Platon [11], Protagoras donne lui-même de son art.

Aussi bien est-ce là le seul trait qu'ils aient possédé en commun : incertaines et diverses, leurs idées sont trop fuyantes pour permettre de les rattacher à une école au sens philosophique du mot; ils n'ont en commun que leur métier de professeur. Saluons ces grands ancêtres, les premiers professeurs d'enseignement supérieur, alors que la Grèce n'avait connu que des entraîneurs sportifs, des chefs d'atelier et, sur le plan scolaire, d'humbles maîtres d'école. En dépit des sarcasmes des Socratiques, imbus de préjugés conservateurs [12], je respecterai d'abord en eux ce caractère d'hommes de métier, pour qui l'enseignement est une profession, dont la réussite commerciale atteste la valeur intrinsèque et l'efficacité sociale [13].

Le métier de professeur.   Il est par suite intéressant d'étudier avec quelque précision la manière dont ils l'ont exercé. Ils n'ont pas ouvert d'écoles, au sens institutionnel du mot; leur méthode, encore assez proche de celle des origines, peut se définir : un préceptorat collectif. Ils groupent autour d'eux les jeunes gens qui leur sont confiés et dont ils assument la formation complète; celle-ci doit demander, conjecture-t-on, trois ou quatre ans. Ce service est assuré à forfait : Protagoras demandait la somme considérable de dix mille drachmes [14] (la drachme, un franc-or environ, représentait le salaire journalier d'un ouvrier qualifié). Son exemple servira longtemps de modèle, mais les prix baisseront rapidement : au siècle suivant (entre 393 et 338), Isocrate ne demandera plus que mille drachmes [15] et il déplorera que des concurrents déloyaux acceptent de traiter au rabais pour quatre ou même trois cents drachmes [16].

Protagoras fut le premier à proposer un enseignement de ce type contre finances : il n'existait pas avant lui d'institution pareille; les Sophistes, par suite, n'ont pas trouvé de clientèle toute faite : il leur a fallu la faire naître, persuader le public de recourir à leurs services, d'où toute une série de procédés publicitaires; le Sophiste va de ville en ville en quête d'élèves [17], traînant à sa suite ceux qu'il s'est déjà attachés [18]. Pour se faire connaître, montrer l'ex-

---

11. *Prot.* 317 b. — 12. PLAT. *Hipp. ma.* 281 b; *Crat.* 384 b; cf. *Soph.* 231 d : XEN. *Cyn.* 13. — 13. PLAT. *Hipp. ma.* 282 bc. — 14. DL IX, 52. — 15. [PLUT.] *Isoc.* 837. — 16. ISOC. *Soph.* 3. — 17. PLAT. *Prot.* 313 d. — 18. *Id.* 315 a.

cellence de leur enseignement, donner des échantillons de leur savoir-faire, les Sophistes donnent volontiers une exhibition, ἐπίδειξις, soit dans la ville où leur itinéraire les conduit, soit dans un sanctuaire panhellénique comme Olympie où ils profitent de la πανήγυρις, du public international qui s'y trouve rassemblé à l'occasion des jeux : ce peut être un discours soigneusement médité ou, au contraire, une improvisation brillante sur un sujet proposé, une discussion librement engagée *de omni re scibili,* au gré du public. Par là, ils inaugurent le genre littéraire de la conférence, promis dès l'Antiquité à une si étonnante fortune.

De ces conférences, les unes sont ouvertes : Hippias pérorant sur l'agora à côté de la table des changeurs [19] nous fait penser aux orateurs populaires de Hyde-Park; d'autres sont réservées à un public d'élite et déjà payantes [20] : si du moins l'ironie socratique ne nous égare pas, il y en aurait eu plusieurs catégories, de prix différents : causeries de propagande, au prix-réclame d'une drachme; leçons techniques où le maître s'engageait à traiter à fond tel sujet scientifique, à cinquante drachmes la place [21].

Bien entendu, cette honnête publicité ne va pas sans quelque charlatanisme : nous sommes en Grèce et dans l'Antiquité : pour impressionner son auditoire, le Sophiste n'hésite pas à prétendre à l'omniscience [22] et à l'infaillibilité [23]. Il affecte un ton doctoral, une allure solennelle ou inspirée, rend ses arrêts du haut d'un trône élevé [24], revêtant même, semble-t-il, quelquefois le costume triomphal du rhapsode au grand manteau de pourpre [25].

Cette mise en scène était de bonne guerre : les critiques sarcastiques dont elle est l'objet de la part de Socrate, chez Platon, ne peuvent contre-balancer le témoignage que porte la même source sur l'extraordinaire succès remporté par cette propagande, sur l'engouement dont les Sophistes ont été l'objet de la part de la jeunesse; qu'on se souvienne du début du *Protagoras* [26], du jeune Hippocratès se précipitant, dès avant l'aube, chez Socrate : Protagoras est arrivé la veille à Athènes, et sans attendre, il s'agit de se faire présenter au grand homme, de se faire agréer comme disciple éventuel. Cette faveur, dont nous retrouvons les traces dans l'influence profonde exercée par les grands Sophistes sur les meilleurs esprits de leur temps (Thucydide, Euripide, Eschine...),

---

19. *Hipp. mi.* 368 b. — 20. *Hipp. ma.* 282 bc; ARSTT. *Rhet.* III, 1415 b 16. — 21. PLAT. *Crat.* 384 b. — 22. *Hipp. mi.* 368 bd. — 23. *Gorg.* 447 c; 448 a. — 24. *Prot.* 315 c. — 25. EL. *N. H.* XII, 32. — 26. 310 a.

LES SOPHISTES

n'était pas due seulement à une mode aveuglée par leur mise en scène : c'est l'efficacité réelle de leur enseignement qui l'a justifiée.

La technique politique. Quel était le contenu de cet enseignement ? Il s'agissait d'armer pour la lutte politique la forte personnalité qui s'imposera comme chef à la cité. C'était en particulier, semble-t-il, le programme de Protagoras qui voulait faire de ses élèves de bons citoyens, capables de bien conduire leur propre maison et de gérer avec une suprême efficacité les affaires de l'Etat : son ambition était de leur enseigner « l'art de la politique », πολιτικὴ τέχνη [27].

Ambition d'ordre tout pratique : la « sagesse », la « valeur » que Protagoras et ses pairs procurent à leurs disciples ont un caractère utilitaire et pragmatique; c'est l'efficacité concrète qui les sanctionne et les mesure. On ne perdra pas son temps à spéculer, comme les vieux physiciens d'Ionie, sur la nature du monde, ou sur celle des dieux : « Existent-ils ou non, je ne sais, dira Protagoras [28] : la question est obscure et la vie humaine trop brève. » C'est qu'il s'agit de vivre, et dans la vie, surtout politique, posséder la Vérité importe moins que de réussir à faire admettre, *hic et nunc,* à tel public déterminé, telle thèse comme vraisemblable.

Cette pédagogie se développe par suite dans une perspective d'humanisme relativiste : c'est ce qu'exprime, semble-t-il, l'un des rares fragments authentiques qui nous aient été transmis du même Protagoras : « L'homme est la mesure de toutes choses [29]. » On s'est donné beaucoup de mal pour valoriser métaphysiquement cette formule fameuse, faisant de son auteur le fondateur de l'empirisme phénoméniste, un précurseur du subjectivisme moderne. De même, méditant sur les quelques échos qui nous sont parvenus du *Traité du Non-Etre* de Gorgias [30], on est allé jusqu'à parler du nihilisme philosophique de celui-ci (7). C'est majorer délibérément la portée de nos textes, qu'il faut prendre au contraire dans leur sens le plus superficiel : ni Protagoras, ni Gorgias ne songent à expliciter une doctrine, mais seulement à formuler les règles d'une pratique; ils n'enseignent à leurs élèves aucune vérité sur l'être ou sur l'homme, mais tout uniment à avoir, en toute circonstance, toujours raison.

---

27. 319 a. — 28. fr. 4 (Diels). — 29. fr. 1. — 30. fr. 1-5 (Diels).

La dialectique. Protagoras, dit-on [31], fut le premier à enseigner que sur toute question on pouvait toujours soutenir soit le pour, soit le contre. Tout son enseignement reposait sur cette base : l'antilogie. De ses *Discours terrassants,* nous ne possédons plus que la première et fameuse phrase citée plus haut [32], mais nous en retrouvons l'écho dans les *Doubles Raisons,* Δισσοὶ λόγοι, répertoire monotone d'opinions opposées deux à deux, compilé vers 400 par quelqu'un de ses disciples.

C'est là le premier aspect de la formation sophistique : apprendre à l'emporter en toute discussion possible. Protagoras emprunte à Zénon d'Elée, mais en les vidant de ce qui faisait leur profond sérieux, ses procédés de polémique et sa dialectique rigoureuse : il n'en conserve que l'ossature formelle et, par une application systématique, en tire les principes d'une « éristique », d'une méthode de discussion tendant à confondre l'adversaire, quel qu'il soit, en prenant les concessions admises par celui-ci comme hypothèses de départ.

Les *Nuées* d'Aristophane et l'*Histoire* de Thucydide sont, à des titres divers, des témoignages remarquables de l'effet prodigieux que fit sur les contemporains un tel enseignement, si hardi dans son pragmatisme cynique, si étonnant par l'efficacité de ses résultats. Son importance historique ne saurait être exagérée : la tradition inaugurée par Protagoras explique la dominante dialectique qui va caractériser, en bien comme en mal, la philosophie, la science, la culture grecques; l'usage, quelquefois intempérant, que les Anciens ont fait de la discussion conçue comme méthode de découverte ou de vérification; la confiance, facilement excessive, qu'ils lui ont témoignée; la virtuosité dont ils ont fait preuve en ce domaine : tout cela est un héritage des Sophistes.

Ceux-ci ne se sont pas contentés d'emprunter leur instrument aux Eléates : ils ont fait beaucoup pour le perfectionner, pour affiner les procédés dialectiques et expliciter leur structure logique. Progrès sans doute tumultueux : tout n'est pas de fin acier dans l'arsenal sophistique. Comme seule la fin justifie les moyens, tout leur est bon qui se révèle efficace : leur éristique, n'étant qu'un art pratique de la discussion, met à peu près sur le même plan l'argumentation rationnelle, vraiment contraignante, et les rouéries

---

31. DL.IX, 51. — 32. fr. 1.

tactiques qui peuvent parfois (nous sommes dans la patrie d'Ulysse) s'avancer assez loin dans la voie du captieux. Le raisonnement proprement dit fait place à d'audacieux paralogismes que leur public, encore neuf et naïf, ne sait pas encore distinguer des arguments, logiquement irrésistibles encore qu'également paradoxaux, d'un Zénon. Il faudra qu'Aristote passe par là, apprenne à distinguer les « sophismes » illégitimes des inférences valables. Le tri n'est pas fait, mais les *Topiques* et les *Réfutations sophistiques* de l'*Organon* ne seront qu'un classement, une mise au point, d'un abondant matériel dont la création, pour une bonne part, revient à Protagoras et aux siens.

La rhétorique. En même temps que l'art de persuader, les Sophistes enseignaient un art de parler, et ce second aspect de leur pédagogie n'a pas moins d'importance que le premier. Ici encore, c'est le souci de l'efficacité pratique qui les conduit. Chez les modernes, la parole a été détrônée par la toute-puissance de l'écrit; elle le reste, même de nos jours, en dépit des progrès réalisés par radio, télévision et enregistrement. Dans la Grèce antique, au contraire, et spécialement dans la vie politique, la parole est reine.

L'usage, institué à Athènes bien avant 341 [33], de faire prononcer un discours d'apparat lors des funérailles solennelles des soldats tombés au champ d'honneur, consacre en quelque sorte ce rôle officiellement. Mais il n'est pas seulement décoratif : la démocratie antique, qui ne connaît que le gouvernement direct, accorde la prééminence à l'homme politique capable d'imposer son point de vue, par la parole, à l'assemblée des citoyens ou aux divers Conseils. L'éloquence judiciaire n'a pas moins d'importance; on plaide beaucoup à Athènes, tant au privé qu'au public : procès politiques, procédures parlementaires de l'examen de moralité, de la reddition de comptes, etc., et là encore l'homme efficace est celui qui saura l'emporter sur son adversaire devant un jury ou devant des juges [34] : les orateurs habiles, déclarera chez Platon le Sophiste Pôlos d'Agrigente [35], peuvent, comme les tyrans, faire condamner à mort, à la confiscation, à l'exil, qui leur déplaît.

Sur ce terrain aussi, les Sophistes ont découvert la possibilité d'élaborer et d'enseigner une technique appropriée qui transmet-

33. THC. II, 34. — 34. PLAT. *Hipp. ma.* 304 ab. — 35. *Gorg.* 466 bc.

trait, sous une forme condensée et parfaite, les meilleurs leçons de la plus vaste expérience : ce fut la rhétorique (8).

Le maître, dont l'importance historique égale celle de Protagoras, est ici Gorgias de Leontinoi. La rhétorique, en effet, a ses racines non plus à Elée, en Grande-Grèce, mais en Sicile. Aristote rattachait sa naissance aux innombrables procès en revendication de biens que provoqua l'expulsion des tyrans de la dynastie de Théron à Agrigente (471) et de Hiéron à Syracuse (463) et l'annulation des confiscations prononcées par eux. Le développement parallèle de l'éloquence politique et judiciaire dans la démocratie sicilienne aurait amené le clair génie grec à exercer sa réflexion sur le problème de la parole efficace : de l'observation empirique, on aura dégagé peu à peu des règles générales qui, codifiées en corps de doctrine, serviront de base à un apprentissage systématique de l'art oratoire. C'est, de fait, à Syracuse, sans doute dès 460, qu'apparaissent les premiers professeurs de rhétorique : Corax et son élève Tisias, quoique le grand initiateur passe pour avoir été Empédocle d'Agrigente [36], qui fut le maître de Gorgias (9).

Avec celui-ci, la technique rhétorique apparaît en pleine lumière, déjà pourvue de sa méthode, de ses principes, et de ses procédés ou formules, élaborés dans le plus minutieux détail. Toute l'antiquité vivra sur cet acquis : les écrivains de la plus tardive décadence émaillent encore leur élocution du clinquant des trois « figures gorgianiques », dont le grand Sophiste avait donné la recette : l'antithèse, le parallélisme de membres de phrases égaux, ἰσόκωλα, l'assonance finale de ces membres, ὁμοιοτέλευτον (10).

Nous aurons l'occasion d'étudier plus loin en détail cette technique qui, une fois fixée de la sorte, n'évoluera plus beaucoup, sinon dans le sens d'une précision et d'une systématisation croissantes. Il suffira donc de définir très sommairement ce qu'était, dès le temps de Gorgias, l'enseignement de la rhétorique. Il présentait deux aspects : théorie et pratique. Le Sophiste inculquait d'abord à ses disciples les règles de l'art, ce qui constituait sa τέχνη (Tisias, sinon déjà Corax, avait rédigé un tel traité théorique; de celui de Gorgias subsistent quelques débris) : pour l'essentiel (le plantype des discours judiciaires, par exemple), les cadres de la théorie classique apparaissent fixés dès le temps des Sophistes, bien que sans doute ils n'aient pas déjà atteint le degré de minutie que connaîtront les traités de l'époque hellénistique et romaine. Au

36. ARSTT. ap. DL. VIII, 57.

Vᵉ siècle, l'enseignement n'est pas encore devenu aussi formel : les préceptes sont très généraux et on passe très vite aux exercices pratiques.

Le maître présentait à l'imitation de ses élèves un modèle de sa composition : comme l'ἐπίδειξις, la conférence-échantillon, ce discours pouvait traiter un sujet d'ordre poétique, moral ou politique; Gorgias transposait dans une prose fastueuse les thèmes, chers aux lyriques, Simonide ou Pindare, de l'*éloge* mythologique : éloge d'Hélène [37], apologie de Palamède [38]. Xénophon nous a laissé l'analyse d'un discours de Prodicos sur le thème : Héraclès au carrefour du vice et de la vertu [39]; Platon, dans le *Protagoras* [40], fait improviser celui-ci sur le mythe de Prométhée et d'Epiméthée, sur le thème de la justice; ou, ailleurs [41], annoncer par Hippias un discours éducatif de Nestor à Néoptolème. De Gorgias encore, on mentionne un éloge de la cité d'Elis [42]. Quelquefois la virtuosité s'étalait toute pure sur un sujet fantaisiste ou paradoxal : l'éloge des paons ou des souris; d'autres maîtres préféraient orienter leur effort dans un sens plus directement utilitaire : c'est le cas d'Antiphon, qui ne voulut être qu'un professeur d'éloquence judiciaire; ses *Tétralogies* fournissent le jeu complet des quatre discours que supposaient les débats d'une cause donnée : accusation, défense, réplique et duplique; elles traitent de causes fictives, mais il semble bien qu'Antiphon ait aussi publié des plaidoyers réels, composés par lui en tant que logographe, et cela pour qu'ils pussent servir de sujet d'étude dans son école.

De toute façon, en effet, ces discours-types étaient non seulement prononcés par le Sophiste devant son auditoire, mais rédigés par écrit afin que les élèves pussent les étudier à loisir [43] : ceux-ci étaient ensuite invités à les imiter dans des compositions de leur cru et commençaient ainsi leur apprentissage de la création oratoire.

Mais un discours efficace suppose plus que cet art formel : il faut savoir le lester du contenu, des idées, des arguments que le sujet réclame; toute une section de la rhétorique était consacrée à l'*invention :* où et comment trouver des idées. Ici encore, l'analyse de l'expérience avait suggéré aux Sophistes maints et maints préceptes ingénieux et ils avaient élaboré toute une méthode pour extraire d'une cause tous les thèmes utilisables qu'elle renferme,

---

37. fr. 11. — 38. fr. 11 a. — 39. *Mem.* II, 1, 21-34. — 40. 320 c-322 a. — 41. *Hipp. ma.* 286 ab. — 42. fr. 10. — 43. PLAT. *Phaedr.* 228 de.

méthode où la rhétorique donne la main à l'éristique dont elle utilise tout l'apport.

En particulier, ils n'avaient pas été sans remarquer que bien des développements pouvaient être repris dans nombre d'occasions ; d'où ces développements passe-partout : flatteries à l'égard des juges, critique du témoignage arraché par la torture (Antiphon avait composé de la sorte un recueil d'*Exordes* à tout faire) ; mieux encore, ces considérations générales sur des thèmes d'intérêt universel : le juste et l'injuste ; la justice naturelle et les lois conventionnelles. Toute cause peut, par amplification, être ramenée à ces idées simples, que tout élève des Sophistes avait, par avance, travaillées et retravaillées : ce sont là les « lieux communs », κοινοὶ τόποι, dont la Sophistique révéla la première l'existence et la fécondité. Elle se livra à une prospection et à une exploitation systématique de ces grands thèmes : c'est d'elle que l'éducation antique et par suite toute la littérature classique, grecque et romaine, ont reçu leur goût obstiné pour les « idées générales », les grands thèmes moraux de portée éternelle qui constituent, en bien comme en mal, un de leurs traits dominants, leur conférant une monotonie et une banalité harassantes, mais aussi leur riche valeur humaine.

La culture générale. Ce serait toutefois appauvrir singulièrement le tableau de l'enseignement sophistique que d'insister uniquement sur cet aspect formel et général de la rhétorique et de l'éristique. Le parfait Sophiste doit, comme se vantent de le faire Gorgias [44] ou Hippias [45] chez Platon, être capable de parler de tout et de tenir tête à quiconque sur n'importe quel sujet : une telle ambition suppose une compétence universelle, un savoir s'étendant à toutes les spécialités techniques, ou, pour parler grec, une « polymathie ».

A l'égard de cet aspect de la culture, l'attitude des divers Sophistes n'était pas identique (j'ai laissé prévoir de telles divergences) : les uns paraissent avoir méprisé les métiers et les arts et s'être plu à soulever, par pure éristique, des objections à ceux qui prétendaient les connaître [46]. D'autres, au contraire, affichaient une curiosité universelle, une aspiration, sincère ou fallacieuse, vers tout ordre de connaissance : Hippias d'Elis symbolise bien cet

44. *Gorg.* 447 c ; 448 a. — 45. *Hipp. mi.* 364 a ; 368 bd. — 46. PLAT. *Soph.* 232 d ; 233 b.

aspect de la Sophistique ; Platon nous le montre [47] se vantant, devant les badauds d'Olympie, de n'avoir rien sur lui qui ne fût l'œuvre de ses mains : il avait ciselé l'anneau qu'il portait au doigt, gravé son cachet, fabriqué sa trousse de massage, tissé son manteau et sa tunique, brodé sa riche ceinture à la mode perse... Les modernes discutent sur l'étendue réelle de cette « polymathie » : érudition de façade ? science véritable ? (11)

Comme on sait par ailleurs [48] qu'Hippias enseignait la mnémotechnique, certains pensent que ce savoir ambitieux se réduisait à équiper l'orateur du minimum de connaissances nécessaires pour qu'il pût faire figure de connaisseur sans être jamais pris au dépourvu. Ce jugement est peut-être bien sévère : il ne faut pas confondre mnémotechnique et polymathie ; la première, que conservera la rhétorique classique dont elle constitue une des cinq parties, n'a qu'un but pratique : aider l'orateur à apprendre son texte par cœur. Quant à l'érudition proprement dite, nous ne pouvons sans doute rien savoir du degré de technicité atteint par Hippias dans le domaine des arts mécaniques (pas plus qu'on ne peut préciser la portée de l'intérêt que Prodicos semble avoir porté à la médecine [49]) ; du moins on ne peut douter de sa compétence en ce qui concerne les disciplines scientifiques.

Platon l'atteste [50] pour les mathématiques ; mieux encore, il nous montre Hippias [51], à la différence de Protagoras, plus étroit, plus utilitaire, tenir la main à ce que les jeunes gens placés sous sa direction s'astreignent à une étude solide des quatre sciences élaborées depuis les Pythagoriciens, celles qui constituent le *Quadrivium* médiéval : l'arithmétique, la géométrie, l'astronomie et l'acoustique (12). Il y a là un fait à souligner : l'important n'est pas de savoir si les Sophistes ont contribué ou non au progrès des mathématiques (car Hippias n'est pas seul à s'y intéresser : Antiphon travaille sur la quadrature du cercle [52]), mais de constater qu'ils ont été les premiers à reconnaître l'éminente valeur formatrice de ces sciences et à les faire entrer dans un cycle normal d'études : l'exemple ne sera plus oublié.

L'intérêt porté par Hippias à l'érudition littéraire n'était pas moins vif ; nous pouvons faire état de ses travaux personnels : répertoires géographiques (noms de peuples [53]), « archéologiques »

---

47. *Hipp. mi.* 368 bc. — 48. *Id.* 368 d ; XEN. *Conv.* 4, 62. — 49. fr. 4. — 50. *Prot.* 315 c ; *Hipp. ma.* 285 b ; *Hipp. mi.* 366 c-368 a. — 51.*Prot.* 318 e. 52. fr. 13. — 53. fr. 2.

(mythologie, biographie, généalogie [54]) et surtout historiques, je pense à son catalogue des vainqueurs olympiques [55] qui rejoint toute une série de recherches analogues et représente un des points de départ de la chronologie savante de l'histoire grecque, de l'histoire scientifique au sens moderne du mot. Son érudition enfin abordait le domaine proprement littéraire, mais ici il n'est plus seul : le lecteur du *Protagoras* [56] serait même tenté de faire de ce domaine la spécialité de Prodicos, si féru de synonymique, si compétent dans l'exégèse de Simonide ; mais en fait tous les autres Sophistes s'y sont également exercés.

Le fait est si gros de conséquences qu'il importe de bien examiner comment ils ont pu être conduits dans une telle voie. Nous les voyons souvent soulever une discussion, qui tourne vite à la chicane, à la faveur d'une observation sur tel détail de langue et de pensée : ainsi Protagoras remarquant qu'Homère emploie l'impératif là où on attendrait l'optatif [57], qu'ailleurs Simonide se contredit d'un vers à l'autre [58] ; on se demande alors si l'étude des poètes n'a pas été surtout pour les Sophistes une occasion d'accrocher ces débats où ils pouvaient étaler leur virtuosité dialectique. Il faut bien se rendre compte en effet qu'avec le domaine, vite exploré, des grandes idées générales, la poésie était le seul point d'appui que l'éristique pouvait trouver dans la culture de leurs contemporains.

Mais, à supposer qu'ils aient bien commencé ainsi, les Sophistes ne tardèrent pas à approfondir la méthode, à faire de la critique des poètes l'instrument privilégié d'une « exercitation » formelle de l'esprit, le moyen de mettre au point l'étude des rapports de la pensée et du langage : elle devint entre leurs mains, comme Platon fait dire à son Protagoras [59], « une partie prépondérante de toute éducation ». Là encore, ils apparaissent en initiateurs : comme nous le verrons, l'éducation classique s'engagera à fond dans la voie qu'ils ont ainsi ouverte et qui est demeurée celle de toute culture littéraire ; quand on nous montre Hippias esquisser un parallèle entre les caractères d'Achille et d'Ulysse [60], il nous semble assister déjà à l'une de nos classes de lettres et aux parallèles infatigables que les enfants français, à la suite de Mme de Sévigné ou de Vauvenargues, établissent entre Corneille et Racine !

---

54. fr. 4; 6. — 55. fr. 3. — 56. 337 a s.; 358 a s. — 57. ARSTT. *Poet.* 1456 b 15. — 58. PLAT. *Prot.* 339 c. — 59. *Prot.* 338 d. — 60. *Hipp. mi.* 364 c s.

Même si beaucoup de questions ainsi soulevées en marge des textes n'ont été d'abord que de simples prétextes à la joute dialectique, très tôt pourtant elles amenèrent les Sophistes et leurs élèves à étudier sérieusement la structure et les lois du langage : Protagoras compose un traité *De la Correction*, Ὀρθοέπεια [61], Prodicos étudie l'étymologie, la synonymique et la précision du langage [62], Hippias écrit sur les sons, la quantité des syllabes, les rythmes et la métrique [63]. Ici les Sophistes jettent les fondements de l'autre pilier de l'éducation littéraire : la science grammaticale (13).

L'humanisme des Sophistes.

Cette revue rapide suffit à suggérer la richesse des innovations introduites par les Sophistes dans l'éducation grecque : ils ont ouvert bien des voies divergentes que tous n'ont pas explorées également et qu'aucun n'a suivies jusqu'au bout. Ces initiateurs ont découvert et amorcé une série de tendances pédagogiques diverses : sur chaque piste ils n'ont fait que quelques pas, mais la direction était désormais déterminée et fut poursuivie après eux. Leur utilitarisme foncier les eût d'ailleurs empêchés de s'employer à fond nulle part.

Il ne faut pas se hâter de les en blâmer, car dans leur défiance pour toute technicité excessive s'exprime un des traits les plus constants et les plus nobles du génie grec : le sens des limites raisonnables, de la nature humaine, de l'humanisme en un mot; il convient que l'enfant, que l'adolescent étudie « non pour devenir un technicien, mais pour s'éduquer », οὐκ ἐπὶ τέχνῃ, ἀλλ' ἐπὶ παιδείᾳ [64]. Thucydide et Euripide, ces parfaits disciples des Sophistes, sont d'accord avec Gorgias pour dire : philosopher, c'est bien, mais dans la mesure, et jusqu'au seul degré où cela peut servir à la formation de l'esprit, à la bonne éducation [65].

C'était là prendre hardiment parti sur un problème difficile : il y a, en soi, une antinomie entre la recherche scientifique et l'éducation. Si on asservit un jeune esprit à la Science, si on le traite comme un ouvrier au service des progrès de celle-ci, son éducation en pâtit, devenant étroite et à courte vue. Mais si, d'autre part,

---

61. PLAT. *Phaedr.* 267 c. — 62. *Crat.* 384 b. — 63. *Hipp. mi.* 368 d. — 64. PLAT. *Prot.* 312 b. — 65. *Gorg.* 485 a; THC. II, 40, 1; EUR. ap. ENN. *Fr. Sc.* 376.

on est trop préoccupé de lui donner une formation ouverte sur la vie, organisée en fonction de sa finalité humaine, sa culture ne sera-t-elle pas superficielle et de vaine apparence ? Le débat reste encore ouvert de nos jours (14) ; il n'était pas davantage résolu au ve siècle avant Jésus-Christ : au parti choisi par les Sophistes s'opposait la propagande obstinée de Socrate.

La réaction socratique. — Une évocation du mouvement pédagogique au ve siècle serait en effet cruellement incomplète si elle négligeait de marquer la place de cet autre initiateur dont la pensée n'a pas été moins féconde. Il est vrai que la nature de celle-ci est paradoxalement difficile à préciser : nos sources, si abondantes, en même temps qu'elles sont unanimes à souligner l'importance de cette pensée, font tout pour la dénaturer et la rendre insaisissable : qu'il s'agisse des caricatures qu'en donnent les comiques du temps, Aristophane, Eupolis ou Amipsias (15), ou d'une transposition tour à tour hagiographique et pseudonymique comme celle de Platon (la seule source peut-être sur laquelle ait travaillé Aristote) ; l'honnêteté même, terne et d'apparence terre à terre, d'un Xénophon n'est pas toujours apparue à la critique comme une garantie d'exactitude (16).

Aussi bien puis-je me dispenser ici d'affronter le problème dans sa redoutable complexité : il suffira, et la chose est relativement plus aisée, de noter en quelques traits l'apport de Socrate au débat ouvert par les Sophistes sur le problème de l'éducation. Il appartient bien à leur génération : lui aussi, à sa manière, est un éducateur.

Je n'ose me faire une idée précise de son enseignement : je m'inquiète de l'intrépidité de tel historien qui, redressant hardiment l'optique déformante des *Nuées* au moyen de ce que nous entrevoyons sur l'école cynique d'Antisthène, entreprend de décrire l'école de Socrate comme une communauté d'ascètes et de savants (17). Mais à défaut d'un tel tableau, on peut du moins avancer que, pour l'essentiel, Socrate a dû se poser en critique et en rival de ces grands Sophistes que Platon s'est complu à lui opposer. A prendre les choses en gros (on ne pourrait entrer dans le détail sans se perdre aussitôt dans une inextricable polémique), il semble que cette opposition puisse être ramenée à deux principes.

Socrate nous apparaît d'abord comme le porte-parole de la vieille tradition aristocratique : jugé du point de vue politique, il semble être comme « le centre d'une hétairie anti-démocratique » :

voyez son entourage, Alcibiade, Critias, Charmide. S'il s'oppose aux Sophistes trop uniquement préoccupés de *virtù* politique, d'action, d'efficacité, et par là menacés de glisser à un amoralisme cynique, c'est au nom de la position traditionnelle qui met au premier plan, dans l'éducation, l'élément éthique, la « vertu » au sens strictement moral qu'a pris aujourd'hui ce mot (sous l'influence, précisément, de la prédication des Socratiques).

D'autre part, aux Sophistes trop confiants dans la valeur de leur enseignement et trop enclins à en garantir l'efficacité, Socrate, moins commercial, objecte la vieille doctrine des ancêtres pour qui l'éducation était surtout affaire de dons, et une simple méthode pour développer ces derniers : conception à la fois plus naturelle et plus sérieuse de la pédagogie. Le fameux problème débattu par le *Protagoras* : « La vertu peut-elle s'enseigner ? » était déjà, nous l'avons vu, discuté par les grands poètes aristocrates, Théognis et Pindare; la solution réservée, à tout le moins nuancée, qu'en propose Platon, au nom de Socrate, est celle-là même que ces poètes proposaient déjà, au nom de la tradition noble dont ils étaient les représentants.

En second lieu, en face de l'utilitarisme foncier de la Sophistique, de cet humanisme strict qui ne voit en toute matière d'enseignement qu'un instrument, un moyen de doter l'esprit d'efficacité et de puissance, Socrate maintenait la transcendance de l'exigence de la Vérité. Il apparaît ici l'héritier des grands philosophes ioniens ou italiques, de ce puissant effort de pensée tendu, avec tant de gravité et de sérieux, vers le déchiffrement du mystère des choses, de la nature du monde ou de l'Etre. Cet effort, Socrate le transpose maintenant des choses à l'homme, sans rien lui faire perdre de sa rigueur. C'est par la Vérité, non plus par la technique de la puissance, qu'il veut former son élève à l'ἀρετή, à la perfection spirituelle, à la « vertu » : la finalité humaine de l'éducation s'accomplit dans la soumission aux exigences de l'Absolu.

Sans doute, il ne faudrait pas exagérer cette double opposition : elle n'était pas telle qu'on ne pût, en gros, confondre l'action de Socrate et celle des Sophistes, comme on le voit par Aristophane et comme le procès de 399 le démontra de façon plus tragique. Eux et lui étaient au même titre de hardis novateurs, conduisant la jeunesse athénienne par des sentiers nouveaux. Il faut dire plus : les Sophistes ont agité tant d'idées diverses et assumé, l'un ou l'autre, des attitudes si différentes que Socrate n'est pas également opposé à chacun d'eux; son moralisme grave, son sens aigu de la vie intérieure le rapprochaient de Prodicos (les contemporains l'ont bien vu); si la polymathie d'Hippias s'opposait par sa prétention abstruse à l'inscience socratique, sa recherche des sources vives de la science rejoignait Socrate dans la même quête, toujours reprise et poursuivie plus avant, d'une authentique vérité.

Les pistes s'entre-croisent et se brouillent : c'est le propre de cette grande génération, à laquelle Socrate et les Sophistes appartiennent également, d'avoir jeté en circulation un grand nombre d'idées, dont certaines étaient contradictoires, d'avoir déposé dans la tradition grecque un grand nombre de germes promis à bien des développements féconds. Pour le moment, tout cela foisonne et s'enchevêtre : il appartiendra à la génération suivante de faire un choix et d'en dégager les lignes sobres d'une institution définitive.

Il n'est pas trop fort de parler d'une révolution accomplie par les Sophistes dans le domaine de l'éducation grecque.

L'intelligence contre le sport.

Avec eux, celle-ci s'éloigne définitivement de ses origines chevaleresques. Nos Sophistes, s'ils ne sont pas encore tout à fait des scribes, sont déjà des savants : vus du dehors, par les yeux d'Aristophane, ils apparaissent comme les maîtres d'un savoir abscons, d'une technicité effarante pour le profane et accablante pour leurs élèves : voyez-les sortir de leur « pensoir », φροντιστήριον, maigres, pâles, abrutis![66] Moins caricatural, Xénophon n'est pas moins net : il critique violemment l'éducation sophistique dans la conclusion de son traité *De la Chasse*[67], cette technique chère à l' « ancienne éducation » et si précieuse comme préparation directe à la guerre[68].

Désormais, l'éducation grecque est devenue à dominante cérébrale : elle ne met plus l'accent sur l'élément sportif. Non que celui-ci ait disparu : il subsiste, et subsistera encore pendant des siècles, mais il commence à s'effacer; il passe au second plan. Ce changement dans les valeurs éducatives est d'autant plus accusé que l'évolution de l'enseignement intellectuel dans le sens d'une technicité croissante s'est superposée à une évolution analogue du sport athlétique qui a, de son côté, élargi encore le fossé.

J'ai rappelé quelle place d'honneur occupait le sport dans la

---

66. *Nub.* 184-186. — 67. *Cyn.* 13. — 68. *Id.* 12.

table des valeurs de la culture archaïque. L'excès même de cet honneur lui fut fatal. Comme à notre époque, l'intérêt porté aux choses du sport, la gloire attachée aux champions, le désir surexcité de l'emporter dans les grandes compétitions internationales amenèrent un développement du professionnalisme qui disqualifia progressivement l'athlétisme des simples « amateurs ». L'excès de l'esprit de compétition entraîna la sélection de champions étroitement spécialisés, simples tâcherons voués à un rôle étroitement déterminé (18).

Pour améliorer leurs performances, ils mettent au point des techniques particulières, des règles d'entraînement, un régime spécial d'hygiène : l'entraîneur Dromeus de Stymphale (ex-champion olympique de la course de fond en 460 et 456) découvre les avantages de la diète carnée qui servira de base à la suralimentation des athlètes [69]. Le sport devient un métier, au sens vulgaire du mot. Au temps de Pindare, les champions panhelléniques appartenaient souvent aux plus hautes familles aristocratiques ou régnantes; dès le début de la guerre du Péloponèse, ils ne sont plus guère que des professionnels, recrutés de plus en plus dans les régions rurales, les moins policées, de l'Hellade : Arcadie, Thessalie. Ce sont souvent des hommes grossiers et brutaux, bien étrangers au bel idéal de la noblesse archaïque. Même leur moralité sportive devient douteuse, comme, aujourd'hui, celle de nos « professionnels ». Tout comme ceux-ci se laissent acheter par un club soucieux de faire triompher ses couleurs, nous voyons, dès 480, le coureur Astylos de Crotone se laisser persuader par le tyran Hiéron de se faire proclamer Syracusain... [70]

Ainsi, d'un côté, le sport devient une spécialité, de l'autre la sophistique réclame de ses adeptes un effort accru sur le plan intellectuel. L'équilibre instable, dont j'évoquais l'éphémère possibilité dans le chapitre précédent, est désormais rompu. On fera toujours du sport à Athènes, mais il n'est plus l'objectif principal de la jeunesse ambitieuse. Ces adolescents pleins d'ardeur que nous voyons dès l'aube s'attacher aux pas de Protagoras [71], s'en aller, tel Phèdre, méditer aux champs, en sortant de la conférence du maître, le texte de son ἐπίδειξις [72], ne peuvent plus se préoccuper avant tout de performances athlétiques. Et si le succès mondain leur demeure moins indifférent, il suffit de pénétrer, à

---

69. PAUS. VI, 7, 3. — 70. ID. VI, 13, 1. — 71. PLAT. Prot. 310 a s. — 72. Phaedr. 227 a.

la suite de Platon ou de Xénophon, dans le milieu choisi d'un banquet aristocratique pour mesurer combien, dans le cadre immuable du *symposion,* le contenu de la haute culture grecque s'est transformé depuis le vieux Théognis : l'élément intellectuel, scientifique, rationnel y est désormais prédominant.

CHAPITRE VI

Les maîtres de
la tradition classique :
1. Platon

A la génération des grands Sophistes et de Socrate, féconde, mais inchoative et tumultueuse, en succède une autre, à qui revient le mérite d'avoir conduit l'éducation antique, longtemps attardée à un stade archaïque, ou incertaine de son devenir, à sa maturité et à cette Forme définitive qui, subsistant intacte en dépit de l'évolution ultérieure, définit aux yeux de l'histoire son originalité. Ce progrès décisif s'est accompli au début du IVe siècle (j'oserai préciser : pendant les décades 390 et 380) et il est dû, essentiellement, à l'œuvre de deux grands maîtres : Isocrate (436-338) et Platon (427-348); le premier a ouvert son école en 393, le second en 387.

Non que ces deux hommes, ni leur temps, aient introduit beaucoup d'innovations dans les institutions et les techniques éducatives : ils n'ont fait que trier et mettre au point celles de leurs prédécesseurs. Leur action, beaucoup plus profonde, a consisté à dégager, de façon distincte et définitive, dans leur propre pensée et dans la conscience antique, les cadres généraux de la haute culture; en même temps, et par contre-coup, ils se sont trouvés définir ceux de l'éducation.

Le premier fait à enregistrer est que cet idéal de la culture antique se présente à nous sous une double forme : la civilisation classique n'a pas adopté un type unique de culture, et par suite d'éducation; elle s'est partagée entre deux formes rivales, entre lesquelles elle n'a jamais pu se résoudre à effectuer un choix définitif : l'une de type philosophique, l'autre de type oratoire, dont Platon pour la première, Isocrate pour l'autre, ont été les promoteurs.

Il serait trop simple, et profondément inexact, de faire de l'un l'héritier de Socrate, du second celui des Sophistes et de leur rivalité une simple reconduction du débat de la génération précédente. Les choses sont en réalité plus complexes et le réseau d'influences plus enchevêtré : c'est ce que montre la position originale assumée par les « petits » Socratiques, Phédon d'Elis, Euclide de Mégare, Aristippe de Cyrène, Eschine et Antisthène, ces derniers Athéniens.

Les petits Socratiques. Si mal connus qu'ils soient, leur témoignage atteste qu'on ne peut sans imprudence identifier le platonisme au socratisme authentique : eux aussi sont des disciples de Socrate et, bien qu'Antisthène, par exemple, ait été aussi l'élève de Gorgias [1], des disciples fervents : leur enseignement se place sous le signe du Maître; comme Platon, ils avaient écrit des *Dialogues Socratiques* : on ne peut exclure *a priori* l'idée qu'ils aient pu, mieux que Platon, conserver certains traits authentiques du visage, sans doute complexe, de leur inspirateur commun.

Je n'ai pas à étudier ici leur pensée proprement philosophique (on sait qu'elle a eu une influence considérable : frayant la voie, par la critique du platonisme et de l'aristotélisme, aux écoles hellénistiques : stoïcisme et épicurisme), mais seulement leur apport à l'évolution des idées pédagogiques (1). En gros, ils occupent une position intermédiaire entre celles où nous allons situer Isocrate et Platon, position curieuse qui, à certains égards, les rend plus voisins des Sophistes que du Socrate que nous décrit Platon.

Phédon d'Elis excepté, plus âgé, plus « archaïque » (son école est encore une école philosophique de type ionien), tous sont, comme les Sophistes, des éducateurs professionnels, non plus itinérants sans doute (leurs écoles seront volontiers fixées dans une cité, dont elles portent le nom : Mégare, Erétrie), mais toujours astreints à faire des conférences de propagande pour rabattre la clientèle (2) : le terme technique qui sert à désigner leur activité, c'est σοφιστεύειν, « faire le sophiste [2] ». Eux aussi traitent à forfait et prennent en charge, pour un prix déterminé, l'éducation d'un adolescent qu'ils font travailler pendant deux ou plusieurs années (3).

Mais l'idéal en fonction duquel ils informent leurs disciples est comme chez Platon, et évidemment Socrate, un idéal de sagesse, σοφία, plus que d'efficience pratique. En bons Socratiques, ils insistent surtout sur l'aspect moral de l'éducation, la formation

1. DL. VI, 1. — 2. ID. II, 62; 65.

personnelle, la vie intérieure. Nous glissons peu à peu hors de l'orbite de l'idéal politique né dans l'atmosphère de la cité antique : ces éducateurs font de la culture personnelle, du plein épanouissement du Moi, le but non seulement de leur effort professionnel, mais de tout l'effort humain : avec eux nous entrons dans l'éthique de la παιδεία, qui définit, comme je le montrerai plus tard, le climat de la civilisation hellénistique.

Maintenant, si on cherche à préciser quelle était la technique, voici que de nouveau on se sentira rapproché des Sophistes et d'Isocrate. Sans empiéter sur le domaine proprement philosophique, il faut rappeler le formidable déploiement dialectique que les écoles de Mégare, d'Elis-Erétrie et le Cynisme issu d'Antisthène ont été amenés à utiliser pour contre-battre le dogmatisme conceptuel de Platon. On discute beaucoup chez ces Petits Socratiques : par là ils ont contribué à créer cette atmosphère si caractéristique de dispute acharnée et volontiers hargneuse qui sera celle des philosophies hellénistiques, où chaque doctrine ne peut s'affirmer que protégée par un intense tir défensif de barrage : climat desséchant qui a, par exemple, certainement empêché l'épanouissement de la tendance mystique du premier stoïcisme.

Cette dialectique agressive et surtout négative, ou, pour mieux dire, cette éristique, a certainement joué un rôle de premier plan dans leur enseignement, dont l'importance dépasse la fonction polémique. La technique du raisonnement est chez eux poussée à un haut degré de virtuosité : Euclide est, après Zénon d'Elée, le grand fournisseur d'arguments paradoxaux : le menteur, le caché, l'Electre, le voilé, le « sorite », le cornu, le chauve... [3] Chez tous, elle paraît avoir constitué la base de la formation de l'esprit : ils se situeraient par là dans le sillage de Protagoras; mais Socrate lui-même était-il si étranger à la discussion conçue comme exercice d'assouplissement ? Et que dire des premiers dialogues de Platon, si pauvres en résultats positifs ?

Education formelle très développée, peu préoccupée par suite d'une élaboration minutieuse de la vérité doctrinale. Education d'autre part peu « scientifique », au sens moderne du mot : ou elle rejette délibérément les sciences, surtout mathématiques, comme le fait Antisthène [4], ou elle les tolère, assez dédaigneusement, dans l'antichambre de la haute culture, au titre de disciplines préparatoires, comme Aristippe [5] : elle est, comme nous

3. ID. II, 108. — 4. ID. VI, 11. — 5. ID. II, 79.

dirions, à dominante littéraire, insistant sur l'étude de la langue, l'explication des poètes, dût-on les lester, comme aiment à le faire les Cyniques, d'arrière-pensées philosophiques et morales, ὑπόνοιαι; mais on ne pratique pas seulement l'exégèse allégorique et intéressée; on étudie aussi les classiques pour eux-mêmes : l'élève d'Aristippe ira au théâtre en connaisseur éclairé [6].

Tous ces traits sont curieux : ils composent un tableau riche et nuancé qui nous révèle combien était complexe le monde des écoles, en ce début du IVe siècle où le public était sollicité par tant de programmes rivaux. Mais si les Petits Socratiques ont ainsi l'avantage d'enrichir notre histoire de l'éducation grecque, qu'il ne faut pas trop vite ramener à quelques schèmes définis, ils ne sont pas, par eux-mêmes, très significatifs. Leur ambiguïté même est en somme un trait d'archaïsme rémanent. Ils ne peuvent rivaliser, en importance et en intérêt historique, avec les deux grands chefs de file qu'il s'agit maintenant de présenter.

Carrière et idéal politiques de Platon. Je montrerai d'abord en Platon le fondateur de la culture et de l'éducation à dominante philosophique (4). Ce n'était point là, certes, son ambition fondamentale qui fut toujours d'ordre politique; mais l'histoire enregistre souvent de telles ruses de la destinée. Dans son admirable *Lettre VII* (5), écrite vers 353-352, alors qu'il avait soixante-quinze ans, Platon nous a fait l'émouvante confidence de ses rêves de jeunesse et l'aveu de ses désillusions : « Jadis, quand j'étais jeune, comme tant d'autres j'avais l'intention, du jour où je serais mon maître, de me consacrer à la politique [7]. » Psychologiquement, il n'est pas en avance sur son temps : dans ce IVe siècle qui voit déjà se briser le cadre étroit de la cité, s'épanouir le personnalisme qui triomphera à l'époque hellénistique, où déjà, parmi les condisciples de Platon, Aristippe ou Antisthène se proclament « citoyens du monde », il reste, lui, un homme de la cité antique.

L'héritage du milieu dont il était issu comme son tempérament personnel le rattachaient à l'idéal du siècle précédent qui plaçait dans la « valeur » politique le plus haut accomplissement de la destinée humaine. On sait comment l'ambition de Platon fut compromise par la défaite définitive de cette aristocratie réactionnaire

---

6. ID. II, 72. — 7. *Ep.* VII, 324 c.

à laquelle il appartenait : son cousin Critias et son oncle Charmide, qui auraient volontiers patronné sa carrière, disparaissent, déshonorés par leur collaboration à la Tyrannie des Trente (404-403) dans laquelle la vieille droite athénienne avait cru pouvoir restaurer sa domination, à la faveur du désastre de la guerre du Péloponèse. La démocratie renaît, triomphe définitivement : elle prend bientôt (399) la responsabilité de la mort de Socrate. Il n'y a plus de place, dans la nouvelle Athènes, pour un homme du milieu et des idées de Platon. Il cherche alors à s'employer ailleurs et se rend en 398 à Syracuse où, semble-t-il, la tâche est plus facile, puisqu'il lui suffirait, pour réaliser ses plans de gouvernement, d'y convertir non plus le dèmos aux mille têtes, mais un seul homme [8], — le tout-puissant « archonte de Sicile », Denys l'Ancien, tyran de Syracuse (413-367) [9]. Mais celui-ci voulait des flatteurs, comme devait être Aristippe auprès de Denys II [10], non un Mentor : ce premier séjour à Syracuse fut pour Platon un échec et faillit s'achever tragiquement.

Il se résigne alors à n'être plus qu'un simple particulier et ouvre l'Académie (387) : on le voit, ce n'est qu'à regret qu'il abandonne les cités réelles pour se réfugier dans la théorie et l'utopie ; du moins, c'est toujours le même ordre de problèmes qui lui demeure présent, de la *République* (finie v. 375) aux *Lois* (que la mort, en 347, ne lui permit pas d'achever), en passant par le *Politique*. Mieux encore : jamais il n'acceptera de n'être plus qu'un théoricien ; jusqu'à la fin, il reste prêt à obéir à tout appel à l'action. Deux fois encore, vers 367 [11] et 361 [12], il retourne à Syracuse tenter à nouveau la même expérience auprès du fils et successeur de Denys l'Ancien ; en vain, d'ailleurs, et au prix des mêmes risques. Plus tard, il aide de ses conseils son élève et ami Dion à renverser en 357 Denys le Jeune [13], puis en 353-352 Hipparinos et les autres parents ou amis de Dion à venger l'assassinat de celui-ci [14].

Il se fait aider pour cela par ses élèves, car l'Académie n'est pas seulement une école de philosophie, mais aussi de sciences politiques, un séminaire de conseillers et de législateurs à la disposition des souverains ou des républiques. Plutarque nous a conservé [15] le catalogue des hommes d'Etat que Platon a essaimés ainsi à travers le monde hellénique : Dion de Syracuse, Python et Héra-

---

8. Cf. *Id.* 328 c. — 9. *Id.* 326 a s. — 10. DL. II, 66-67. — 11. *Ep.* VII, 328 c s.; 340 b s.; *Ep.* XIII. — 12. *Ep.* VII, 330 c s.; *Ep.* II-VI. — 13. *Ep.* VII, 350 b s. — 14. *Ep.* VII-VIII. — 15. *Adv. Colot.* 1126 A.

clide, libérateurs de la Thrace; Chabrias et Phocion, les grands stratèges athéniens; Aristonymos, législateur de Mégalopolis d'Arcadie, Phormion d'Elée, Ménèdème de Pyrrha, Eudoxe de Cnide, Aristote de Stagire; Xénocrate enfin, le conseiller d'Alexandre... Si long qu'il soit, ce catalogue est encore incomplet, puisqu'il faut y ajouter au moins Callipos, le meurtrier de Dion de Syracuse, Cléarque, tyran d'Héraclée du Pont, et son adversaire Chion; Euphraios, qui fut le conseiller de Perdiccas III de Macédoine avant de devenir dans sa ville natale d'Oréos d'Eubée le champion de la démocratie et de l'indépendance [16], Erastos et Coriscos, qui gouvernèrent Assos et furent les alliés d'Hermias d'Atarnée, et peut-être Hermias lui-même [17]. Par moment, on entrevoit l'unité mystérieuse qui reliait entre eux les élèves de l'Académie [18] qui constituait une sorte de fraternité de techniciens politiques dont l'action concertée pouvait jouer à tel moment et joua de fait un rôle effectif dans l'histoire, lors du retour de Dion à Syracuse, par exemple, en 357 [19].

On ne se hâtera pas de qualifier d'archaïque l'idéal auquel Platon a de la sorte conformé son action et son enseignement : sans doute, il s'ordonne toujours au bien commun de la cité, mais nous ne sommes plus au temps d'un Callinos ou d'un Tyrtée; l'accent n'est plus mis sur la valeur militaire, mais sur les vertus civiles de la vie politique. Il faut relire ici une page remarquable des *Lois* [20] où Platon a tenu à disqualifier formellement l'idéal guerrier de l'ancienne éducation spartiate (6); cette page prend toute sa valeur si on se souvient que Tyrtée, en son temps, comme Xénophane de son côté, avait opposé cet idéal de l'hoplite patriote à celui de l'éthique chevaleresque de l'exploit personnel [21] : Platon cite précisément cette page fameuse, mais c'est pour la récuser à son tour :

« Mourir en combattant, bien campé sur ses deux jambes, comme disait Tyrtée, il est pour y consentir des mercenaires à foison (comme Platon ici est bien de son temps! De ce IVe siècle où le rôle des mercenaires devient prépondérant!) (7) Et que sont les mercenaires ? Pour la plupart, insolents, voleurs, violents : des brutes irrationnelles! [22] » Le vrai terrain de la plus noble ἀρετή, ce n'est plus la guerre étrangère, c'est la lutte politique,

---

16. ATH. XI, 506 E; 508 D. — 17. PLAT. *Ep.* VI. — 18. *Ep.* VII, 350 c. 19. PLUT. *Dion,* 22. — 20. I, 628 e-630 c. — 21. TYRT. fr. 12. — 22. *Leg.* I, 630 b.

agitée de séditions, conspirations, révolutions : de tout ce que désigne le terme ambigu et si spécifiquement grec de στάσις, que Platon ici oppose à πόλεμος.

Il y a plus : Platon pose moins le problème de masse de la formation du citoyen que celui du technicien, de l'expert ès choses politiques, conseiller de roi ou leader de peuple. Préjugé d'aristocrate ? Soit, mais aussi anticipation remarquable de ce que sera le mode normal de l'action politique efficace lorsque, avec le triomphe de la Macédoine, la monarchie absolue s'imposera à tout le monde hellénisé. Ce rôle de pépinière de conseillers d'Etat que joue avec Platon l'Académie sera repris par l'école stoïcienne, au début de l'ère hellénistique, dès la génération des Diadoques : qu'on songe au rôle de Persée et d'Aratos auprès d'Antigone Gonatas, de Sphairos auprès de Ptolémée Evergète ou de Cléomène de Sparte. L'histoire est coutumière de tels relais : ce qui était chez lui une survivance du passé révolu se trouve être en même temps un jalon vers l'avenir.

La recherche de la vérité. Il reste que l'œuvre pédagogique de Platon s'est trouvée dépasser de beaucoup en importance historique le rôle proprement politique qu'il lui avait assigné. S'opposant au pragmatisme des Sophistes, trop uniquement soucieux d'efficacité immédiate, Platon édifie tout son système d'éducation sur la notion fondamentale de vérité, sur la conquête de la vérité par la science rationnelle.

Le véritable homme d'Etat, ce chef, ce « roi » idéal qu'il s'agit de former se distinguera de toutes ses contrefaçons en ce qu'il possède la science [23], la science critique et directe du commandement [24], au sens technique que revêt dans le grec de Platon ce mot d'ἐπιστήμη : science véritable, fondée en raison, par opposition à la δόξα, l'opinion vulgaire.

Mais cette « science royale » qualifiera tout aussi bien celui qui, au lieu d'une véritable cité, n'a que sa famille et sa maison à régir [25]. Mieux encore, c'est le même critère, la possession de la vérité, qui définira l'orateur véritable par opposition au sophiste [26], le vrai médecin [27], et bien entendu le vrai philosophe [28]. Par suite, le type d'éducation imaginé par Platon pour la formation du chef

23. *Pol.* 259 b. — 24. *Id.* 292 b. — 25. *Id.* 259 bc. — 26. *Phaedr.* 270 a s. — 27. *Id.* 270 b. — 28. *Soph.* 267 e.

politique est un type de valeur et de portée universelles : quel que soit le domaine de l'activité humaine vers lequel on s'oriente, il n'y a qu'une haute culture valable : celle qui aspire à la Vérité, à la possession de la véritable science. Toute la pensée de Platon est dominée par cette haute exigence; elle s'affirme déjà avec la plus grande netteté dans la réplique fameuse de l'*Hippias major* [29] :

— Peut-être, Socrate, cette différence échappera-t-elle à notre adversaire ?
— En tout cas, par le chien, Hippias, elle n'échappera pas à l'homme devant lequel je rougirais plus que devant tout autre de déraisonner et de parler pour ne rien dire !
— Quel homme ?
— Moi-même, Socrate, fils de Sophronisque, qui ne me permettrai pas plus de produire à la légère une affirmation non vérifiée que de croire savoir ce que j'ignore.

La norme n'est plus le succès, mais la vérité : d'où la valeur conférée au savoir véritable, fondé en rigueur démonstrative, dont le type est la vérité géométrique que le *Ménon* nous propose en exemple. A travers l'œuvre entier de Platon court ce même thème : le *Protagoras*, et déjà les premiers *Dialogues Socratiques*, nous font découvrir que l'ἀρετή, la noblesse spirituelle, présuppose, si même elle ne s'identifie pas avec elle, la connaissance, la science du Bien; au VIIe livre de la *République* [30], le mythe fameux de la Caverne proclame la puissance libératrice du savoir qui affranchit l'âme de cette inculture, ἀπαιδευσία, que le *Gorgias* déjà [31] dénonçait comme le plus grand des maux.

Cette éducation « scientifique », Platon ne l'a pas rêvée seulement : pendant près de quarante ans (387-348), il l'a dispensée aux disciples groupés autour de lui à l'Académie.

Organisation de l'Académie. — Les modernes disputent pour savoir si celle-ci était une « Association pour l'avancement des sciences » ou plutôt un établissement d'enseignement supérieur (8). Querelle un peu vaine : le réalisme fougueux de l'Ecole et aussi la naïveté de cet âge archaïque nous interdisent de transposer dans ce milieu l'idée moderne d'une science en devenir et en perpétuel dépassement : la science existe, toute faite en dehors de nous, au niveau des Idées, et le problème

---

29. 298 b. — 30. 514 a s. — 31. 527 e.

est de l'acquérir plutôt que de la construire. C'est seulement avec Aristote [32] qu'apparaîtra dans la pensée grecque la distinction, si nettement soulignée chez les modernes par Max Scheler, entre la haute Science et son doublet pédagogique, le Savoir que monnayent les programmes scolaires. Il ne peut être question d'une pédagogie autonome pour transmettre cette jeune science platonicienne, toute frémissante encore de la fraîcheur de la découverte : l'enseignement coïncide avec la méthode de recherche.

Tout ce que les *Dialogues* nous permettent d'entrevoir montre Platon partisan des méthodes actives : sa méthode dialectique est tout le contraire d'une endoctrination passive. Loin d'inculquer à ses disciples le résultat, élaboré, de son propre effort, le Socrate dont Platon anime le masque, aime au contraire à les faire travailler, à leur faire découvrir eux-mêmes, et d'abord, la difficulté, puis, au prix d'un approfondissement progressif, le moyen de la surmonter. L'Académie était donc bien, à la fois, une Ecole des Hautes Etudes et un établissement d'éducation.

Nous commençons à entrevoir de façon assez nette les cadres de son organisation; l'Académie a une forte structure institutionnelle : elle ne se présente pas comme une entreprise commerciale, mais sous la forme d'une confrérie, d'une secte dont tous les membres se sentent étroitement unis d'amitié (toujours ce lien affectif, sinon passionnel, entre maître et élèves). Légalement elle est, comme déjà la secte pythagoricienne, une association religieuse, θίασος, une confrérie consacrée au culte des Muses (9) et, après la mort du maître, à celui de Platon héroïsé : précaution utile pour calmer les susceptibilités de la bigoterie démocratique, prompte à accuser les philosophes d'impiété (10), comme l'avaient montré les procès intentés à Anaxagore (432), Diagoras et Protagoras (415), sans parler de celui de Socrate (399), en attendant ceux d'Aristote (entre 319 et 315) et de Théophraste (307). Ce culte s'incarnait dans des fêtes : sacrifices et banquets, minutieusement réglés. Il avait pour siège un sanctuaire consacré aux Muses, puis à Platon lui-même, sis à l'ombre du bois sacré consacré au héros Académos, lieu écarté et solitaire de la banlieue nord d'Athènes, près de Colones, que Platon avait élu, non pour ses commodités, car, nous dit-on [33], il était plutôt malsain, mais pour le prestige religieux qui l'entourait (11); car c'était un lieu saint, illustré de

32. P. A. 639 a 1 a. — 33. EL. V. H. IX, 10; PORPH. *Abst.* 36, 112; BAS. *Hom.* XXII, 9.

maintes légendes, prétextes à des jeux funéraires réguliers et où voisinaient plusieurs autres sanctuaires consacrés aux dieux infernaux, à Posèidôn, Adraste ou Dionysos. Le domaine d'Acadèmos se trouvait au bout d'une voie rectiligne sortant d'Athènes au Dipylon et à laquelle une double haie de tombeaux et de monuments commémoratifs donnait un caractère déjà religieux; le bois sacré proprement dit devait sans doute être réduit à un petit bosquet, enserré dans cet ensemble complexe où les aires consacrées, entourant temple et autels, encombrées de monuments votifs, se juxtaposaient à des terrains de sport entourés de colonnades. C'est dans un de ces gymnases [34] que le Maître enseignait, assis au centre d'un exèdre [35] (12).

N'imaginons pas d'ailleurs cet enseignement sous une forme trop doctorale : à côté des leçons, faisons très large la place d'entretiens familiers au cours des « beuveries en commun », συμπόσια : celles-ci, judicieusement utilisées, demeuraient pour Platon un des éléments constitutifs de l'éducation [36]. La vie de l'Académie impliquait en effet une certaine communauté de vie entre maître et disciples, sinon tout à fait une organisation collégiale (car il n'est pas nettement établi qu'ils aient habité en commun dans un édifice voisin).

Malheureusement, de cette école, nous connaissons mieux le statut juridique, le site, voire le mobilier (on y utilisait des tableaux muraux illustrant la classification dichotomique des êtres) (13), que la vie quotidienne. Quelques rares témoignages, comme celui, si curieux, du comique Epicrate montrant les jeunes Platoniciens élaborant la définition de la citrouille [37], ou celui d'Aristote sur l'orientation de l'enseignement oral de Platon dans sa vieillesse [38], ne suffiraient pas à fournir une image précise du contenu de l'éducation platonicienne si nous ne possédions pas les programmes, si remarquablement détaillés, que contiennent les grandes utopies de la *République* et des *Lois*.

Utopie et anticipations.   Naturellement, il ne saurait être question de prétendre que Platon ait systématiquement appliqué, dans le cadre restreint de son Académie, les plans élaborés dans ces deux ou-

---

34. EPICR. *ap.* ATH. II, 59 D, 10. — 35. DL. IV, 19. — 36. *Leg.* I, 41 cd; II, 652 a. — 37. *Ap.* ATH. II, 59 D. — 38. *Met.* VI-VIII.

vrages, avec une parfaite liberté théorique : lui-même y souligne assez combien la réalisation de son idéal pédagogique eût exigé une refonte complète de l'Etat. Aussi bien la place de premier rang que je revendique pour Platon dans cette histoire de l'éducation n'est pas seulement fonction du rôle d'éducateur qu'il a concrètement exercé à l'Académie : c'est sa pensée tout entière, même sous les aspects paradoxaux qu'il lui a sciemment donnés, qui a exercé une influence profonde sur l'éducation antique.

Tout, d'ailleurs, n'était pas pure utopie, même dans ces aspects-là : ils renferment bien des anticipations prophétiques; disons, pour rendre la chose rationnelle, que ces paradoxes représentaient la prise de conscience d'aspirations profondes de la conscience grecque auxquelles les institutions de la période suivante devaient, dans une large mesure, donner plus tard satisfaction. J'en citerai deux exemples :

D'abord l'exigence fondamentale : l'éducation doit, dit-il, devenir chose publique; les maîtres seront choisis par la cité, contrôlés par des magistrats spéciaux... [39] De son temps, ce vœu n'était guère réalisé que dans les cités aristocratiques comme Sparte; partout ailleurs, l'éducation était libre et chose privée. Or, nous le verrons, la Grèce hellénistique devait adopter, très généralement, un régime fort analogue à celui que recommandent les *Lois*. De même, l'égalité rigoureuse qu'il exige entre l'éducation des garçons et celle des filles [40] (éducation parallèle, mais non coéducation : à partir de six ans, les deux sexes ont des maîtres et des classes distincts [41]) a sous sa plume l'outrance d'un paradoxe : elle ne fait que refléter un fait très réel, l'émancipation des femmes dans la société du IVe siècle et, là aussi, anticipe sur les réalisations de l'époque hellénistique.

Mais, encore une fois, utopie ou anticipations, la théorie platonicienne de l'éducation mérite d'être étudiée pour elle-même, dans son ensemble.

Education élémentaire traditionnelle. Au faîte du système se situent les hautes études philosophiques, réservées à une élite de sujets spécialement doués. Ces études supposent acquise une solide formation de base : celle que,

39. *Leg.* VI, 754 cd; 765 d; VII. 801 d; 804 c; 813 e; 809 a. — 40. *Rsp.* V, 451 d-457 b; *Leg.* VII, 804 d-805 b; 813 b. — 41. *Id.* 794 c; 802 e; 813 b.

dans la *République* (l. II-III), Platon dispense à tous les membres de l'aristocratie militaire des φύλακες; c'est la même que décrivent les *Lois,* avec plus de détails et en ramenant ses exigences à ce que l'état réel de la civilisation grecque autorisait. Cette « éducation préparatoire », προπαιδεία [42], ne prétend pas donner accès à la science véritable : elle se contente de rendre l'être humain capable d'y accéder un jour, en développant harmonieusement l'esprit et le corps; parallèlement, elle l'oriente par avance vers cette acquisition et l'y prédispose en l'imprégnant d'habitudes salutaires. Fait remarquable, Platon n'a pas cru devoir élaborer un programme original pour ce premier cycle d'études; au moment d'en introduire l'analyse, il fait dire à Socrate [43] :

> Que sera donc cette éducation ? Il paraît difficile d'en découvrir une meilleure que celle qu'ont adoptée nos Anciens : la gymnastique pour le corps, la « musique » pour l'âme...

Et c'est bien au tableau de l' « ancienne éducation » athénienne que nous retraçait Aristophane [44] que nous renvoie la pittoresque évocation des *Lois* [45], nous montrant, au point du jour, les enfants se dirigeant en troupe vers l'école sous la garde des « pédagogues ». Que Platon ait ainsi placé, à la base de son système pédagogique, l'éducation grecque traditionnelle est un fait qui a eu une importance considérable pour le développement de la tradition classique, dont elle a renforcé la continuité et l'homogénéité : d'une part, la culture philosophique, loin de rompre avec l'éducation antérieure, en apparut comme un prolongement, un enrichissement; d'autre part, cette éducation première se trouva constituer un dénominateur commun entre cette culture philosophique et la culture rivale qu'Isocrate lui opposait : l'une et l'autre se présentant comme deux variétés d'une même espèce, comme deux rameaux divergents issus d'un tronc commun.

Les premières années de l'enfant devraient, souhaite Platon, être occupées par des jeux éducatifs [46] pratiqués en commun, par les deux sexes, et sous surveillance, dans des jardins d'enfants [47]; mais pour lui, comme pour tous les Grecs, l'éducation proprement dite ne commence qu'à sept ans. Elle comprend donc (les *Lois* [48]

---

42. *Rsp.* VII, 536 d. — 43. *Id.* II, 376 e; cf. VII, 521 de. — 44. *Nub.* 961 s. — 45. VII, 808 d. — 46. *Leg.* I, 643 bc. — 47. *Id.* VII, 793 e-794 b. — 48. *Id.* 795 d-796 d.

reprennent la distinction de la *République*) gymnastique pour le corps, « musique », traduisons : culture spirituelle, pour l'âme.

En ce qui concerne la gymnastique, Platon réagit violemment [49] contre l'esprit de compétition qui, je l'ai rappelé, exerçait déjà tant de ravages dans le sport de son temps. Il voudrait la ramener à sa finalité originelle, la préparation à la guerre : c'est pourquoi, dans l'athlétisme pur, il s'intéresse surtout à la lutte [50], cette préparation directe au combat. Sans doute, le programme des jeux qui devront constituer la sanction de l'éducation physique n'exclut pas les autres sports : il comprend la gamme normale des courses à pied : stade, double stade, etc. [51]; mais Platon y introduit aussi des combats d'escrime, combats d'infanterie lourde et d'infanterie légère [52] et, de façon générale, insiste particulièrement sur les exercices de caractère militaire [53] (qu'il destine aux femmes comme aux hommes : la cité platonicienne connaît les femmes-soldats) : c'est le tir à l'arc, le javelot, la fronde, l'escrime, les marches et manœuvres tactiques, la pratique du campement. Il annexe enfin à cette formation-type le sport aristocratique du cheval (qui sera également obligatoire pour les jeunes filles), avec son accompagnement normal, la chasse [54] : autant de traits archaïques qui viennent tout droit de la plus vieille tradition noble. Mais voici qui, au contraire, nous oriente vers l'avenir et les institutions hellénistiques : toute cette formation pré-militaire sera donnée dans des gymnases, stades et manèges publics, sous la direction de moniteurs professionnels salariés par l'Etat [55].

Autre trait archaïsant : la préoccupation de rendre au sport sa valeur proprement éducative, sa portée morale, son rôle, à l'égal de la culture intellectuelle et en étroite collaboration avec elle, dans la formation du caractère et de la personnalité [56]. Mais ici encore l'archaïsme s'associe intimement au « modernisme » : dans sa conception de la gymnastique, Platon inclut tout le domaine de l'hygiène, les prescriptions concernant le régime de vie et notamment le régime alimentaire, sujet traité avec prédilection par la littérature médicale de son temps. L'influence de la médecine a été très profonde sur la pensée de Platon, égale au moins à celle des mathématiques (14). Or la médecine grecque, par un progrès

---

49. *Id.* 796 a, d; VIII, 830 a. — 50. *Id.* VII, 795 d-796 a; VIII, 814 cd. — 51. *Id.* 832 d-833 d. — 52. *Id.* 833 d-834 a. — 53. *Id.* VII, 794 c; 804 d-806 c; 813 b; VIII, 829 c; 833 cd. — 54. *Id.* VII, 823 c; 824 a. — 55. *Id.* 804 cd; 813 e. — 56. *Rsp.* III, 410 c-412 a.

remarquable, dont nous pouvons suivre les étapes à travers les
v[e] et ive siècles, en était venue à considérer que son objet fondamental était non le souci immédiat de la maladie, mais bien l'entretien
de la santé par un régime approprié. D'où un rapprochement étroit
entre les deux domaines du médecin et de l'entraîneur sportif,
que la double carrière d'un Herodicos de Selymbria symbolise
à nos yeux [57].

A la gymnastique, les *Lois* annexent encore la danse, qui, inséparable du chant choral [58], relèverait aussi bien de la musique :
Platon insiste longuement sur son enseignement et sa pratique [59];
il lui fait une place dans les concours et les fêtes, à côté des processions solennelles où la jeunesse est conviée [60]. Il en souligne également les vertus éducatives : la danse est le moyen de discipliner,
de soumettre à l'harmonie d'une loi le besoin, spontané chez tout
être jeune, de se dépenser, de s'agiter [61]; elle contribue par là, de
la façon la plus directe et la plus efficace, à la discipline morale [62].
C'est encore un trait archaïque : la belle formule, que j'ai citée
plus haut [63] : « Nous tiendrons pour inculte celui qui ne sait pas
tenir sa place dans un chœur », évoque les *graffiti* pédérastiques
de Théra où, pour faire l'éloge d'un beau garçon, on ne trouve
rien de mieux à en dire que de le qualifier d' « excellent danseur »,
ἄριστος ὀρχ(η)εστάς [64].

Cependant la place que Platon accorde, dans sa discussion,
aux aspects proprement spirituels de la culture montre bien que
déjà le rôle de l'éducation physique s'efface au second plan : lentement, la culture hellénique s'éloigne de ses origines chevaleresques
et évolue dans la direction d'une culture de lettrés. Sans doute
la mutation n'est pas encore accomplie : la musique, au sens précis
où nous l'entendons, occupe toujours une place dans l'éducation [65],
et c'est pour Platon une place d'honneur, κυριωτάτη [66] : l'enfant
apprendra donc du maître de musique, κιθαριστής, le chant et le
jeu de la lyre [67]. Toujours fidèle aux vieilles traditions, il voudrait,
au prix d'une réglementation sévère, maintenir l'enseignement
artistique dans la voie tracée par les anciens classiques, à l'abri
des innovations et des tendances dissolvantes de la musique « moderne », suspecte de véhiculer je ne sais quelle mollesse, quel esprit

---

57. *Id.* 406 ab; *Prot.* 316 e; *Phaedr.* 227 d. — 58. *Leg.* II; 654 b. — 59. *Id.*
653 d s.; VII, 795 e; 814 e-816 d. — 60. *Id.* 796 c. — 61. *Id.* II, 653 de. —
62. *Id.* 654 a-655 b. — 63. *Id.* 654 ab (*supra*, p. 81). — 64. IG, XII, 3, 540,
11. — 65. *Rsp.* III, 398 c-403 c. — 66. *Id.* 401 d. — 67. *Leg.* VII, 812 be.

anarchique et quel relâchement moral [68] : car ici, comme partout, l'ambition moralisatrice domine tout l'effort de l'éducateur.

Mais déjà la musique proprement dite, « le chant et les mélodies [69] », commence à céder le pas aux lettres, λόγοι [70], γράμματα [71]; l'enfant devra apprendre à lire et écrire [72], puis abordera l'étude des auteurs classiques, étudiés soit intégralement [73], soit dans des anthologies [74] (c'est la première fois que l'histoire mentionne ce recours aux « morceaux choisis », destinés à une si belle carrière); aux poètes, seuls étudiés autrefois, Platon joint des auteurs en prose [75]; les études littéraires seront, bien entendu, sanctionnées par des concours ou jeux musicaux [76].

Quels seront ces auteurs ? Platon, on le sait, critique très violemment les poètes considérés comme classiques de son temps, et d'abord le vieil Homère (mais sa critique atteint, par-delà, les Tragiques et de façon générale, le rôle joué par les mythes dans l'éducation traditionnelle de l'enfant grec) : formulée une première fois aux livres II-III de la *République* [77], cette critique est reprise en profondeur au livre X [78] et sera répétée dans les *Lois* [79]. Son caractère paradoxal ne doit pas dissimuler combien elle tient à l'essence même de la doctrine platonicienne.

Elle condamne les poètes parce que leurs mythes sont des mensonges, donnant de la divinité ou des héros une image fallacieuse, indigne de leur perfection. Leur art, fait d'illusion, est pernicieux, comme contraire à la Vérité, cette vérité à laquelle toute pédagogie doit être subordonnée, comme détournant l'esprit de sa fin : la conquête de la science rationnelle. En opposant avec une telle énergie poésie et philosophie [80], en rompant avec la plus constante tradition, qui situait, nous l'avons vu, Homère à la base de toute éducation, Platon plaçait l'âme grecque en face d'une option difficile : l'éducation devait-elle rester à base artistique et poétique ou devenir scientifique ? Problème qui n'a pas cessé, depuis Platon, de se poser à la conscience de tout éducateur, et qui n'a jamais été résolu de façon définitive : notre propre enseignement n'est-il pas toujours partagé entre les revendications opposées des « lettres » et des « sciences » ?

On sait qu'en gros la civilisation antique n'a pas ratifié cette condamnation d'Homère et n'a pas accepté les solutions radicales

68. *Id.* II, 656 ce; III, 700 a-701 c. — 69. *Rsp.* III, 398 c. — 70. *Id.* II, 376 e. — 71. *Leg.* VII, 809 b. — 72. Id. 810 b. — 73. *Id.* 810 e. — 74. *Id.* 811 a. — 75. *Id.* 809 b. — 76. *Id.* VIII, 834 e-835 b. — 77. 377 a-392 b. — 78. 595 a-608 b. — 79. VII, 810 c-811 b. — 80. *Rsp.* X, 607 b.

proposées par Platon [81] : soumettre les textes poétiques à une sévère censure, les expurger, les corriger, même s'il fallait pour cela les réécrire! L'œuvre même de Platon a témoigné contre lui : ses *Dialogues* ne sont-ils pas le modèle même d'une poésie magnifique, qui ne renonce à aucun des procédés de l'art, qui finit par se servir du mythe même pour instiller la persuasion par une incantation d'un type quasi magique. De cela, sans doute, Platon tout le premier avait conscience : « Nous aussi, nous sommes des poètes », s'écrie-t-il en portant aux Tragiques un défi plein de hardiesse [82], et, mi-sérieux mi-plaisant, il propose d'adopter le texte même de ses *Lois* comme auteur à expliquer dans les classes [83].

Mais ce n'est pas tout : chaque page de ces *Dialogues* témoigne de manière éclatante combien la culture personnelle de Platon avait été nourrie et avait su profiter de l'enseignement traditionnel des poètes : la citation d'Homère, des lyriques, des tragiques, naît spontanément sous sa plume, sert à exprimer sa pensée profonde, qu'elle soutient autant qu'elle l'illustre. Par l'usage qu'il en fait, Platon démontre contre lui-même la fécondité de cette culture littéraire et quel profit l'esprit philosophique pouvait en tirer.

Néanmoins, il ne faudrait pas considérer cette critique comme une boutade vaine : elle n'a pas suffi à bannir Homère de la cité, pas plus que la critique de l'*Emile* n'a chassé le bon La Fontaine de nos écoles, mais cette critique est entrée à son tour dans la tradition antique, comme une question posée, une tentation, un défi, et chaque génération, chaque lettré, a dû, pour son compte, la reconsidérer.

Rôle des mathématiques. — Mais dans la μουσική Platon introduit, de façon assez inattendue [84], un troisième ordre d'études, ou du moins développe son rôle dans des proportions telles que l'édifice entier de l'éducation s'en trouve renouvelé : il s'agit des mathématiques. Elles ne sont plus pour lui comme pour ses devanciers, Hippias par exemple, un sujet réservé au degré supérieur de l'enseignement : elles doivent trouver place à tous les échelons, à commencer par le plus élémentaire.

---

81. *Id.* III, 386 c.; 387 b; *Leg.* VII, 801 d-802 b; cf. VIII, 829 de. — 82. *Id.* VII, 817 b. — 83. *Id.* 811 cc. — 84. *Rsp.* VII, 721 c s.; *Leg.* V, 747 b; VII, 809 e.

Sans doute, dès qu'elle fut créée, l'école primaire n'a pu se passer d'une étude élémentaire des nombres : compter un, deux, trois...[85], apprendre la série des entiers et probablement aussi des fractions duodécimales employées par la métrologie grecque, cela relevait de l'apprentissage même de la langue et de la vie. Mais Platon va beaucoup plus loin : à l'étude proprement dite des nombres, objet propre, pour les Grecs, de l'arithmétique, il joint la λογιστική[86], la pratique des exercices de calcul, λογισμοί, intégrés à des problèmes concrets empruntés à la vie, aux métiers : l'équivalent, on peut le conjecturer (15), des problèmes « de bénéfice » ou « de robinets » sur lesquels nous faisons peiner nos enfants. Parallèlement, il fait une place, en géométrie, à des applications numériques simples : mesures des longueurs, surfaces et volumes[87], et, en fait d'astronomie, au minimum de connaissances qu'implique la pratique du calendrier[88].

Il y a là une innovation d'une immense portée pédagogique. C'est, nous assure Platon[89], une imitation des usages égyptiens (qu'il peut avoir effectivement connus, sinon directement, du moins par son élève, le mathématicien Eudoxe de Cnide qui avait fait un séjour d'études en Egypte[90]) : de tels problèmes figuraient en effet au programme des écoles de scribes, comme la découverte de papyrus mathématiques nous a permis de le vérifier (16).

Donc, tous les enfants doivent faire des mathématiques, au moins à ce degré élémentaire : on les y mettra dès le début[91], en conservant à ces exercices l'attrait d'un jeu[92]; ils auront comme finalité immédiate l'application à la vie pratique, à l'art militaire[93], au commerce[94], à l'agriculture ou à la navigation[95]. Il n'est permis à personne d'ignorer ce minimum, si du moins il veut mériter le nom d'homme[96] et non celui de pourceau à l'engrais[97].

Mais, et c'est maintenant l'essentiel, le rôle des mathématiques ne se borne pas à cet équipement technique : ces premiers exercices, si pratiques qu'ils soient, possèdent déjà une vertu formatrice plus profonde[98]. Recueillant et développant l'héritage d'Hippias, Platon proclame l'éminente vertu éducative des mathématiques : aucun objet d'étude, affirme-t-il[99], n'en possède de comparable; elles

---

85. *Rsp.* VII, 522 c. — 86. *Id.* 522 e; 525 a; *Leg.* VII, 809 c; 817 c. — 87. *Id.* 818 c; 819 cd. — 88. *Id.* 809 cd. — 89. *Id.* VII, 819 bc. — 90. DL. VIII, 87. — 91. *Rsp.* VII, 536 d. — 92. *Id.* 537 a; cf. *Leg.* VII, 819 b. — 93. *Rsp.* VII, 522 ce; 525 b; 526 d. — 94. Cf. *Id.* 525 c. — 95. *Id.* 527 d. — 96. *Id.* 522 e. — 97. *Leg.* VII, 819 d. — 98. *Id.* 818 c. — 99. *Id.* V, 747 b.

servent à éveiller l'esprit, lui font acquérir facilité, mémoire et vivacité.

Tous y trouvent profit : ces exercices de calcul appliqué révèlent les esprits bien doués qui y développent leur naturelle promptitude à entrer dans toute espèce d'étude; mais les esprits d'abord rétifs, plus lents, s'y éveillent à la longue de leur somnolence, s'améliorent et deviennent plus prompts à apprendre qu'ils ne l'étaient de nature [100]. Remarque originale et profonde : à la différence de beaucoup de ses successeurs (antiques et modernes), pour qui les lettres seules ont une valeur universelle, les mathématiques étant réservées aux heureux qui, « ayant la bosse », peuvent « y mordre », Platon professe que ces sciences s'adressent à tous, car elles ne mettent en œuvre que la seule raison, faculté commune à tous les hommes.

Du moins à cet échelon élémentaire, car seuls un petit nombre d'esprits d'élite pourront pousser les mathématiques jusqu'au bout [101], petite équipe qu'il faudra sélectionner avec soin [102] : soulignons l'apparition, dans l'histoire de la pédagogie, de cette notion de sélection qui est restée à la base de notre système d'examens et de concours. Dans la pensée de Platon, ce sont précisément les mathématiques qui serviront à mettre à l'épreuve les « meilleures natures [103] », les esprits aptes à devenir un jour dignes de la philosophie [104] : ils y révéleront leur facilité à apprendre, leur pénétration, leur mémoire, leur capacité d'un effort soutenu qui ne se laisse pas rebuter par l'aridité de ces fortes études [105]. En même temps qu'elles sélectionnent les futurs philosophes, elles les forment, les préparent à leurs futurs travaux : l'élément essentiel de leur « éducation préparatoire », προπαιδεία, est constitué par les mathématiques [106].

D'où le programme et l'esprit bien défini selon lequel l'étude doit en être menée : il faut se souvenir que le livre VII de la *République,* qui est consacré à ces sciences, s'ouvre par le mythe de la Caverne [107]; les mathématiques sont l'instrument principal de la « conversion » de l'âme, de ce redressement intérieur par lequel elle s'éveille au jour véritable et devient capable de contempler non plus « les ombres des objets réels », mais « la réalité elle-même [108] ».

Pour obtenir un tel profit, il importe d'orienter leur étude de manière à ce qu'elle entraîne l'esprit à se dégager du sensible, à

---

100. *Rsp.* VII, 526 b. — 101. *Leg.* VII, 818 a. — 102. *Rsp.* VII, 503 e-504 a; 535 a. — 103. *Id.* 526 c. — 104. *Id.* 503 e-504 a. — 105. *Id.* 535 cd. — 106. *Id.* 536 d. — 107. *Id.* 514 a s. — 108. *Id.* 521 c; 532 bc.

concevoir et à penser l'Intelligible, seule réalité vraie, seule vérité absolue. Très tôt, cette orientation philosophique doit pénétrer dans l'enseignement : Platon [109] ne veut pas que les problèmes élémentaires de calcul s'attardent aux applications utiles (vente, achat...) mais comme déjà, à l'en croire, les jeux éducatifs des Egyptiens [110], ils doivent s'acheminer vers un degré supérieur d'abstraction : notions de pair et d'impair, de proportionnalité. La « logistique » ne doit être qu'une introduction à l' « arithmétique » proprement dite, la science théorique du nombre, et celle-ci à son tour doit déboucher dans une prise de conscience de la réalité intelligible. D'une telle pédagogie, Platon nous donne un remarquable exemple : il part de la considération de faits élémentaires (les trois premiers nombres) et de là s'élève à des considérations sur les notions abstraites d'unités et de grandeur, aptes en effet à « faciliter à l'âme le passage du monde du devenir à celui de la vérité et de l'essence [111] ».

Le programme sera, comme déjà chez Hippias, celui, tout traditionnel du *Quadrivium* pythagoricien : arithmétique [112], géométrie [113], astronomie [114], acoustique [115]; Platon, soucieux d'intégrer à l'enseignement les résultats des plus récentes conquêtes de la science, le complète simplement en joignant à la géométrie plane la géométrie dans l'espace, qui venait d'être créée par le grand mathématicien Théétète et au progrès de laquelle l'Académie, dans la personne d'Eudoxe, collaborera en fait activement. Mais ce qui lui importe beaucoup plus, c'est d'épurer la conception qu'il convient de se faire de ces sciences : elles doivent éliminer tout résidu d'expérience sensible, devenir purement rationnelles, je dirai même a-priorétiques.

Soit, par exemple, le cas de l'astronomie (17) : elle doit être une science mathématique, non une science d'observation. Pour Platon, le ciel étoilé, dans sa splendeur et la régularité de ses mouvements ordonnés, n'est encore qu'une image sensible : il est au véritable astronome ce qu'une figure géométrique, fût-elle dessinée avec la plus grande rigueur apparente par l'artiste le plus habile, est au véritable géomètre : elle lui est parfaitement inutile, car il opère dans l'abstrait sur la figure intelligible [116]. L'astronomie platonicienne est une combinaison de mouvements circulaires et uniformes qui prétend non pas simplement, comme l'interprète de façon encore trop

---

109. *Id.* 525 cd. — 110. *Leg.* VII, 181 bc. — 111. *Rsp.* VII, 525 c. — 112. *Id.* 521 c s. — 113. *Id.* 526 c s. — 114. *Id.* 527 c s. — 115. *Id.* 530 d. — 116. *Id.* 529 de.

empirique Simplicius [117], « sauver les apparences » (c'est-à-dire rendre compte des phénomènes observés), mais bien retrouver les calculs mêmes dont s'est servi le Démiurge pour organiser le monde.

Transcendant les préoccupations utilitaires, Platon confie aux mathématiques un rôle avant tout propédeutique : elles doivent non meubler la mémoire de connaissances utiles, mais former une « teste bien faicte », précisons : un esprit *capable* de recevoir la vérité intelligible, au sens où la géométrie parle d'un arc capable d'un angle donné. On ne saurait trop insister sur l'immense portée historique de cette doctrine, qui marque une date capitale dans l'histoire de la pédagogie : Platon n'introduit ici rien moins que la notion idéale et le programme scientifique de ce qu'il faut bien appeler un enseignement secondaire.

Il s'oppose, très consciemment, à l'optimisme naïf, ou intéressé, de ses prédécesseurs les Sophistes qui, sûrs d'eux-mêmes, ouvraient l'accès de la plus haute culture « au premier venu », ὁ τυχών [118], sans tenir compte de ses aptitudes ni de sa formation préliminaire : l'échec de telles tentatives, échec qui, le déplore Platon, a fini par rejaillir sur la philosophie [119], prouve assez leur erreur. Il faut à la fois éprouver et préparer les candidats philosophes : Platon, le premier, pose et justifie cette exigence qui s'imposera désormais à l'éducateur. Ce qui restera caractéristique de son propre schéma d'études, c'est la place éminente qui y revient aux mathématiques; non, nous l'avons vu, qu'il néglige l'apport propédeutique de l'éducation littéraire, artistique et physique : elles ont leur rôle, imprimant à la personnalité tout entière une certaine harmonie, une certaine eurythmie, mais ce rôle n'a rien de comparable en fécondité avec celui des sciences exactes, premier type accessible de connaissance véritable, initiation directe à la haute culture philosophique, axée, nous le savons, sur la recherche de la Vérité rationnelle.

Le cycle des études philosophiques. A cause de l'intérêt historique qui s'attache à ce programme, il importe de bien préciser quelles sont, chronologiquement, les différentes étapes de l'ensemble du *cursus* d'études que Platon impose à son futur philosophe (18). Succédant au *Kindergarten* (de trois à six ans révolus) et à l'école « primaire »

117. *Coel.* II, 12, 488; 493. — 118. *Resp.* VII, 539 d. — 119. *Id.* 535 c; 536 b.

(de six à dix), ces études « secondaires » occupent les années qui vont de dix à dix-sept ou dix-huit ans.

A prendre les choses à la lettre, il semblerait que Platon les veuille diviser en trois cycles de trois ans : de dix à treize, études littéraires ; de treize à seize, études musicales ; mathématiques pour finir : solution que plus d'un professeur moderne de sciences ne trouverait pas si mauvaise ! Mais peut-être s'agit-il surtout de dominante : de même que la gymnastique ne cesse d'être pratiquée, de la petite enfance à l'âge adulte, l'étude des mathématiques, commencée à l'école primaire, doit sans doute se prolonger sans interruption, quitte à prendre à la fin une place prépondérante dans l'emploi du temps de cette minorité de brillants élèves reconnus aptes à en profiter.

A dix-sept ou dix-huit ans, les études proprement intellectuelles s'interrompent pour deux ou trois ans consacrés « au service obligatoire de gymnastique [120] », allusion certaine à l'usage contemporain de l'éphébie qui, à Athènes par exemple, imposait deux années de service militaire aux jeunes citoyens. « Pendant ce temps, nous dit Platon [121], il leur est impossible de rien faire d'autre : fatigue et sommeil s'opposent à toute étude. » Vue pertinente, que je dédie à certains apologistes de l'éducation physique, trop pressés d'invoquer le patronage du grand philosophe ! L'éducation, sans doute, ne s'interrompt jamais : le service militaire, l'épreuve de la guerre, toujours présente à l'horizon de la cité grecque, permettent de pousser très avant la formation et l'épreuve du caractère : soucieux, comme tous les éducateurs antiques, de souligner le rôle des éléments moraux, Platon fait entrer ces expériences en ligne de compte dans la sélection à laquelle il soumet le groupe déjà restreint de ses aspirants philosophes lorsque leur démobilisation les rend, à vingt ans révolus, disponibles pour les hautes études [122].

C'est alors que commence proprement l'enseignement supérieur : il n'est pas question d'entrer de plain-pied dans la philosophie proprement dite. Pendant dix ans encore, on continue à faire des sciences, mais à un niveau supérieur : par une vue d'ensemble [123], une coordination [124], une combinaison de leurs apports, l'esprit s'habituera peu à peu à dégager l'unité que supposent leurs rapports mutuels, la nature de la réalité fondamentale qui est leur objet commun.

---

120. *Id.* 537 b. — 121. *Rsp.* VII, 537 b. — 122. *Id.* 537 ab. — 123. *Id.* 537 bc. — 124. *Leg.* VII, 818 d.

A trente ans seulement, au bout de ce cycle de mathématiques transcendantes, et après une dernière sélection, on pourra enfin aborder la méthode proprement philosophique, la dialectique, qui permet d'atteindre, renonçant à l'usage des sens, jusqu'à la vérité de l'Etre. Et là encore, que de précautions! Ces esprits auront beau avoir été rendus, et éprouvés « bien équilibrés et fermes », κοσμίους καὶ στασίμους [125], ce n'est que progressivement qu'ils seront initiés au maniement de cet art, fécond, certes, mais si dangereux, de la dialectique. Il faudra bien encore cinq années de travail pour les mettre en pleine possession de cet instrument qui seul conduit à la vérité totale [126] : là encore se fait jour le souci d'épargner à la vraie philosophie les accidents que l'imprudence sophistique avait provoqués.

Tel est le long cursus d'études que prévoit Platon. Et, encore la culture proprement dite du philosophe n'est pas achevée : pendant quinze ans, il se mêlera à la vie active de la cité, pour y acquérir un supplément d'expérience et achever, par la lutte contre les tentations, sa formation morale. C'est à cinquante ans seulement que ceux qui auront survécu, et surmonté toutes ces épreuves, arriveront enfin au but : la contemplation du Bien en soi [127] : « Il faut cinquante ans pour faire un homme... »

On comprend pourquoi Platon, pour caractériser sa méthode pédagogique, emploie si volontiers les termes de « grand détour », « vaste circuit » [128], μακρὰ (ou μακρότερα) περίοδος (19). La culture, comme nous disons (le mot, sinon la métaphore [129], est latin et non grec), c'est tout autre chose que les « jardins d'Adonis », qui fleurissent en huit jours et se fanent aussi vite [130] : c'est, comme l'art du vrai paysan, un travail sérieux qui exige les labours profonds, un choix des semences, un labeur continu et ardent. Nous sommes là en présence d'une des exigences essentielles du platonisme : à huit siècles de distance, lorsque saint Augustin esquissera pour son compte, dans le *De Ordine,* un schéma parallèle de culture philosophique, il retrouvera et le même programme (mathématiques et dialectique) et la même exigence : *aut ordine illo eruditionis, aut nullo modo,* « ou suivre ce long itinéraire, ou renoncer à tout [131] ».

---

125. *Rsp.* VII, 539 d. — 126. *Id.* 537 d; 539 de. — 127. *Id.* 539 e-540 a. — 128. *Rsp.* IV, 535 d; VI, 503 e-504 a; *Phaedr.* 274 a. — 129. PLUT. *Lib. educ.* 2 B. — 130. PLAT. *Phaedr.* 276 b. — 131. *Ord.* II, 18 (47).

Grandeur et solitude du philosophe. C'était tout de même un peu effrayant et en un sens absurde : un tel programme paraissait un défi à l'esprit pratique des Athéniens que la propagande des Sophistes n'avait pas pleinement convertis à la nécessité d'une haute technicité en matière de travail intellectuel : le Périclès de Thucydide ne se risque à louer publiquement le peuple d'Athènes de son goût pour la culture de l'esprit qu'en ajoutant aussitôt, « mais sans aller jusqu'à l'excès », jusqu'à ce raffinement de culture où la sagesse traditionnelle voit de la « mollesse », ce symptôme inquiétant de décadence : φιλοσοφοῦμεν ἄνευ μαλακίας [132].

Car enfin le problème posé à la pensée pédagogique par la société du IVe siècle était : comment éduquer les cadres de cette société. Le plan, si ambitieux, si exigeant, de Platon laisse sans solution ce problème concret : il n'a d'autre objet que de sélectionner et de former une petite équipe de gouvernants-philosophes aptes à se saisir, pour le bien de l'Etat, des rênes du gouvernement. Mais sur la possibilité de cette prise effective de pouvoir, Platon lui-même ne se faisait guère d'illusions : elle exigeait une conjonction de la puissance et de l'esprit que, tout le premier, il jugeait si improbable qu'elle apparaissait comme quasi miraculeuse (20).

Si, comme on semble d'accord pour l'admettre, la *République* a été achevée vers 375, c'est-à-dire avant les deux derniers voyages en Sicile et l'échec définitif des tentatives du maître pour instaurer la philosophie sur le trône de Syracuse, c'est dès avant cette déconvenue suprême que Platon avait prévu, et comme construit *a priori,* l'échec nécessaire du philosophe. Reprenant, et cette fois à son compte, les sarcasmes de Calliclès (dans le *Gorgias* [133]), il nous montre cette grande âme, trop pure, jetée sans défense dans un monde livré à l'injustice, trop corrompu pour lui faire confiance : elle est sûre de périr, sans profit, si elle s'avise de vouloir réformer l'Etat; aussi le philosophe renoncera à cette ambition inutile et, se repliant sur lui-même, il se tournera « vers la cité intérieure qu'il porte en lui-même », πρὸς τὴν ἐν αὑτῷ πολιτεαν [134], mot admirable et profond, le dernier mot (s'il y a jamais un dernier mot), amer et résigné, de la grande sagesse platonicienne.

Au temps où il écrivait le *Gorgias,* il n'en était peut-être pas encore arrivé là, il n'avait peut-être pas encore renoncé à cette volonté de

---

132. THC. II, 40, 1. — 133. 486 ac. — 134. *Rsp.* IX, 591 e.

puissance qui avait animé ses ambitions de jeunesse (n'y a-t-il pas quelque complaisance dans le portrait si fougueux, si vivant qu'il trace de son Calliclès, ce politicien amoral, mais efficace ?). Maintenant, le pas est fait : il sait que le philosophe, essentiellement conduit par son idéal de perfection intérieure, est vaincu d'avance. Il sera toujours un raté parmi les hommes : étranger à la vie politique et mondaine, la pensée absorbée par son objet sublime, il fera figure de niais, tel Thalès tombant dans le puits en observant les astres, d'impuissant; et pourtant lui seul est libre... [135].

Platon maintenant voit clair en lui : son enseignement vise à former *un* homme, tout au plus un petit groupe d'hommes réunis en école, formant une secte fermée, un îlot culturel sain au milieu d'une société pourrie. Le Sage, car c'est déjà à une sagesse de type personnaliste qu'aboutit le platonisme, passera sa vie « à s'occuper de ses propres affaires », τὰ αὐτοῦ πράττων [136]. Ainsi, la pensée platonicienne, mue au départ par le désir de restaurer l'éthique totalitaire de la cité antique, arrive, en dernière analyse, à transcender définitivement les cadres de celle-ci et à jeter les fondements de ce qui restera la culture personnelle du philosophe classique.

---

135. *Thaeet.* 173 c-176 a. — 136. *Rsp.* VII, 496 b; cf. 500 d.

CHAPITRE VII

Les maîtres de la tradition classique : 2. Isocrate

Ainsi le philosophe s'enferme, à la poursuite de son idéal de perfection intérieure, dans une héroïque solitude. Que devient pendant ce temps la cité réelle ? Faut-il l'abandonner aux mauvais bergers ? Le platonisme, visant trop haut, laissait le problème sans réponse. C'est du moins le jugement qu'Isocrate a porté. L'enseignement de celui-ci se donne un objectif d'intérêt immédiat et en un sens bien terre à terre : former l'élite intellectuelle dont a besoin, *hic et nunc,* la Grèce de son temps (1).

Etudier à la suite Platon et Isocrate conduit nécessairement à mettre celui-ci en mauvaise posture et à le sacrifier, plus ou moins, à son brillant rival (2). De quelque point de vue qu'on se place : puissance de séduction, rayonnement de la personnalité, richesse du tempérament, profondeur de la pensée, art même, Isocrate ne saurait être mis sur le même plan que Platon : son œuvre paraît plate et monotone, son influence superficielle ou fâcheuse... Mais l'historien de la pédagogie, et l'historien tout court, se doivent de réagir contre les dédains du philosophe et du lettré (le lecteur entend bien que je plaide ici par devoir professionnel et contre mon propre penchant).

Sans doute, de Cicéron[1] à nos jours (Burnet, Barker, Drerup, Burk, G. Mathieu...), Isocrate n'a pas manqué d'apologistes : on lui a volontiers décerné le titre de « Père de l'humanisme (3) », ce qui, à mon avis, est tout de même excessif ; car il est permis de souhaiter une définition plus profonde et plus large de l'humanisme, quelque chose de moins académique et de moins scolaire, de plus viril et de plus exigeant que ce mol atticisme, fleuri, mais un peu énervé. Il est du moins certain, et c'est déjà là un beau titre de gloire, qu'Isocrate a été le maître par excellence de cette culture oratoire, de cette éducation littéraire qui vont s'imposer, comme caractères

---

1. *De Or.* II, 94.

dominants, à la tradition classique, en dépit de la tension dialectique que crée, au sein de cette même tradition, la présence permanente de l'option ouverte par la critique philosophique. A prendre les choses en gros, c'est Isocrate, ce n'est pas Platon, qui a été l'éducateur de la Grèce du IVe siècle et, après elle, du monde hellénistique puis romain : c'est d'Isocrate que sont sortis, « comme d'un cheval de Troie [2] », ces innombrables pédagogues et ces lettrés, animés d'un noble idéalisme, moralistes ingénus, amoureux de belles phrases, diserts et volubiles, auxquels l'antiquité classique doit, en qualités et en défauts, tout l'essentiel de sa tradition culturelle.

Et non l'antiquité seulement : comme je l'ai suggéré dans les premières pages de ce livre, dans la mesure où les trois Renaissances ont repris l'héritage du classicisme, dans la mesure où cette tradition s'est prolongée dans nos propres méthodes pédagogiques, c'est Isocrate, beaucoup plus qu'aucun autre, qui porte l'honneur et la responsabilité d'avoir inspiré l'éducation à dominante littéraire de notre tradition occidentale. En fait, il n'est aucun de nous qui, à mesure qu'il recompose la figure du vieux pédagogue athénien, ne voie se profiler en filigrane celle de tel ou tel de nos anciens professeurs de collège, à qui nous devons tant, et quelquefois tout l'essentiel de ce que nous sommes et dont nous conservons un souvenir ému, même s'il est quelquefois nuancé d'ironie.

Là est la vraie grandeur d'Isocrate : ce rôle historique est assez considérable pour qu'il soit inutile de contester ses limites et ses faiblesses. Encore une fois, il n'est pas question d'en faire, spirituellement, l'égal d'un Platon. Ce n'est pas un philosophe. Ne lui reprochons pas toutefois de revendiquer, avec tant de constance et d'âpreté, les termes et le titre de φιλοσοφία, φιλοσοφεῖν (4); c'était son droit strict : dans la bouche d'un Athénien du Ve siècle, comme nous l'avons vu par exemple chez Thucydide [3], ces mots évoquaient de façon très générale les notions d'activité intellectuelle, désintéressée, de culture; Isocrate pouvait s'indigner de voir Platon tirer à lui, en le spécialisant, ce beau nom d' « ami de la sagesse ». Il reste qu'il n'a rien d'un philosophe, au sens où, depuis Platon, nous prenons le mot.

Ce n'est pas un « héros de la pensée » : la tradition rapporte [4] que les Athéniens firent sculpter sur sa tombe une sirène symbolique honorant par là la « perfection de sa culture », εὐμουσία : hommage mérité, mais qui reste bien en deçà de l'héroïsation proprement dite,

2. CIC. *Ibid.* — 3. II, 40, 1. — 4. V. *Isoc.* 178-182.

du culte quasi divin que Platon reçut de ses disciples fanatiques. La vie, la pensée, l'œuvre d'Isocrate se déroulent sur un plan beaucoup plus humble que le splendide drame platonicien : il reste beaucoup plus près de l'intellectuel athénien moyen, — de l'homme moyen.

Carrière d'Isocrate. Essentiellement, Isocrate a été un professeur d'éloquence : il a enseigné pendant près de cinquante-cinq ans (393-338); avant d'aborder cette carrière, il avait exercé, de 403-402 à 391-390 environ, celle de « logographe », rédacteur à façon de discours judiciaires; il l'a doublée, à partir de 380, d'une activité d'écrivain, de publiciste, politique.

Il importe de souligner en passant la signification historique de celle-ci : développant un genre amorcé par les premiers Sophistes, Isocrate a été le véritable créateur du « discours d'apparat »; avec lui ce λόγος ἐπιδεικτικός cesse d'être simplement, comme il était surtout chez eux, un instrument de réclame, un échantillon-type d'éloquence : il devient un instrument d'action, surtout politique, le moyen, pour le penseur, de mettre ses idées en circulation et d'agir, par elles, sur ses contemporains; c'est à partir d'Isocrate que ce genre de la conférence publique prend l'importance décisive, qu'il conservera dans la culture hellénistique et romaine et qui aura tant d'influence sur l'orientation des études. Le rôle d'initiateur joué par Isocrate s'étend à des détails : son *Evagoras,* éloge funèbre du roi de Chypre († v. 365), père de son élève et ami Nicoclès, est le premier exemple connu d'éloge en prose d'un personnage réel; Isocrate, qui n'hésite pas à se poser en rival de Pindare [5], a voulu transposer en prose un genre jusque-là réservé aux poètes lyriques. Il a été imité, très vite, avec enthousiasme, si bien que l'*éloge* deviendra un des genres littéraires les plus en faveur à l'époque hellénistique et par suite occupera dans l'enseignement une place de choix.

En fait, à cause de ses propres insuffisances, Isocrate n'a pas prononcé effectivement ses discours-conférences : il les a publiés. C'étaient des œuvres d'art longuement mûries (aussi, bien souvent, « sentent-elles l'huile »!) : on parle de dix ou quinze ans pour la composition du *Panégyrique* (5). Mais elles sont toujours présentées

---

5. ISOC. *Ant.* 166.

sous la forme de vrais discours : même lorsqu'il s'agit d'une plaidoirie entièrement fictive, comme celle *Sur l'Échange,* Isocrate feint d'interpeller le greffier [6], fait allusion à l'eau de la clepsydre qui mesurait le temps de parole [7], etc. Par là, il a contribué à transposer l'art oratoire sur le plan de la littérature artistique et, d'autre part, à conserver à celle-ci ce caractère oral qui, l'usage de la lecture à haute voix aidant, restera un des traits dominants des lettres antiques.

Quant à son enseignement proprement dit, il conserva toujours un vif souci d'efficacité pratique : comme Isocrate nous l'a lui-même expliqué [8], il formait soit d'autres professeurs comme lui (n'est-ce pas là un des traits permanents de notre tradition classique : l'enseignement de nos classes de lettres sélectionne ses meilleurs sujets pour les y ramener en qualité de maîtres), soit des techniciens de la discussion, ἀγωνισταί, soit enfin, et surtout, des hommes cultivés, aptes à bien juger et à participer avec aisance aux conversations de la vie mondaine : il s'adressait bien, on le voit, à la moyenne des Athéniens cultivés.

Professionnels ou hommes privés, tous les élèves d'Isocrate sont avant tout entraînés à bien parler. Si l'éducation platonicienne est fondée, en dernière analyse, sur la notion de Vérité, celle d'Isocrate repose sur l'exaltation des vertus de la parole; disons mieux du Logos, car j'entends bien que, pour lui, la parole est déjà un Verbe. Relisons l'hymne au λόγος qu'il a placé dans son *Nicoclès* [9] et reproduit littéralement, quelque quinze ans plus tard (353) dans l'*Antidosis* [10] : la parole est ce qui distingue l'homme de l'animal; elle est la condition de tout progrès : qu'il s'agisse des lois, des arts, des inventions mécaniques; elle donne à l'homme le moyen de réaliser la justice, d'exprimer la gloire, de promouvoir la civilisation et la culture. Isocrate systématisait de la sorte, justifiait, légitimait aux yeux de la conscience morale ce goût de l'éloquence qui avait pris à Athènes la place éminente que j'ai rappelée : elle dominait tyranniquement la vie politique et la vie judiciaire et voici que son empire achevait, précisément grâce à Isocrate, d'annexer la vie littéraire. Désormais toute la culture, toute l'éducation de l'homme antique vont (encore une fois dans la mesure où elles surmontent l'objection du philosophe) se tendre vers cet unique idéal, l'idéal de l'orateur, celui du « bien dire », τὸ εὖ λέγειν.

C'était déjà, on s'en souvient, celui des grands Sophistes. A

6. *Ant.* 29. — 7. *Id.* 320. — 8. *Id.* 204. — 9. 5-9. — 10. 253-257.

première approximation, il est bien vrai qu'Isocrate, leur élève, apparaît comme leur continuateur. La tradition, influencée sans doute par le *Phèdre* de Platon [11], a voulu qu'il ait été aussi un disciple de Socrate [12], mais nous estimons qu'il n'a dû avoir de celui-ci qu'une connaissance indirecte, livresque, encore que son exemple, de plus en plus profondément médité, ait fini par exercer sur sa pensée une influence qu'on ne saurait minimiser (6). Ses vrais maîtres ont été les Sophistes Prodicos et surtout Gorgias [13], qu'Isocrate était allé rejoindre en Thessalie et auprès de qui il passa, loin d'Athènes, les années terribles de 415-410 à 403 (7). Sans doute, encore une fois, il serait trop simple de s'en tenir à cette filiation : Isocrate ne se fait pas faute de critiquer le « nihilisme philosophique » de son maître [14] et nous analyserons plus loin le redressement qui a finalement orienté, dans un sens tout autre, sa pédagogie et son enseignement. Mais, à un degré suffisant de généralité, on peut soutenir qu'Isocrate, techniquement, continue la Sophistique.

Comme les Petits Socratiques, c'est un éducateur professionnel : il a ouvert une école à Athènes, ou du moins dans sa banlieue immédiate, tout près de ce gymnase du Lycée où viendra s'installer Aristote [15] (8), école ouverte à la clientèle, qui n'avait rien du caractère de secte fermée de l'Académie [16]; école payante [17] : on traitait, comme chez les Sophistes, à forfait pour un cycle complet d'études qui s'étendait sur trois ou quatre années [18]; le tarif est de mille drachmes [19] : les prix, on le sait, ont bien baissé depuis Protagoras et restent menacés par la concurrence [20]; cela n'empêcha pas Isocrate de faire fortune, aidé, il est vrai, par les cadeaux, pleins de munificence, dont le comblèrent tels de ses élèves : Timothée, par exemple, ou Nicoclès [21]; il perdit bel et bien, en 356, un procès en « échange de biens [22] », ce qui prouve qu'il fut reconnu par le tribunal comme étant au nombre des douze cents plus riches citoyens d'Athènes, à qui incombait, aux termes de la loi de Periandros, la charge de la triérarchie. On mesure par là quel fut le succès de son école (on lui attribue une centaine d'élèves [23]), succès dont, bien entendu, il tirait avantageusement vanité : il faut l'entendre parler de ces étudiants, originaires des extrémités du monde grec, de

---

11. 278 d-279 b. — 12. *V. Isoc.* 8. — 13. [PLUT.] *Isoc.* 836 E; DH. *Isoc* I. — 14. *Hel.* 3; *Ant.* 268. — 15. *V. Isoc.* 116-117. — 16. ISOC. *Ant.* 193. — 17. [PLUT.] *Isoc.* 837 E; V. *Isoc.* 40-41. — 18. ISOC. *Ant.* 87. — 19. [PLUT.] *Isoc.* 837 E; V. *Isoc.* 43. — 20. ISOC. *Soph.* 3. — 21. [PLUT.] *Isoc.* 838 A. — 22. ISOC. *Ant.* 5. — 23. [PLUT.] *Isoc.* 837 C; DH. *Isoc.* 1.

Sicile ou du Pont-Euxin, accourus à grands frais et à grand-peine écouter ses leçons à Athènes [24].

L'enseignement secondaire. — L'enseignement d'Isocrate était une sorte d'enseignement supérieur qui venait couronner, à la fin de l'adolescence, un cycle d'études préparatoires auquel les discours du maître ne font que des allusions fugitives, les supposant connues et comme allant de soi.

Au même titre que Platon, et presque dans les mêmes termes, Isocrate accepte et loue la vieille éducation traditionnelle qui vient des ancêtres, à laquelle cependant il annexe les principales innovations pédagogiques introduites de leur temps [25] : éducation qui s'adresse à l'homme complet, corps et âme, menant de front gymnastique et culture intellectuelle, comme deux disciplines conjointes et symétriques [26].

Beaucoup mieux que Platon, que ses prétentions de réformateur utopiste rendent suspect, il est, pour l'historien, un témoin intéressant de la pratique courante de son temps : on sent, à la manière dont il se réfère brièvement à cette éducation préliminaire, qu'il la considère comme un donné, très généralement admis. Sur la gymnastique, affaire du pédotribe, il ne nous apprend rien ; la « philosophie », comme il dit, pour désigner la culture de l'esprit, ce que Platon appelait de son côté « musique », revêt un aspect beaucoup plus étroitement intellectuel que chez celui-ci : il n'y est pour ainsi dire presque jamais question de l'élément artistique, musical, au sens strict [27] ; le fondement en est représenté par la grammaire [28] qui implique l'étude des auteurs classiques. Il est regrettable qu'Isocrate ne se soit jamais expliqué, comme il l'avait promis de le faire [29], « sur l'étude des poètes dans ses rapports avec l'éducation » : on sait seulement [30] qu'il critiquait la manière dont les autres professeurs commentaient Homère ou Hésiode ; la querelle portait sans doute sur des questions de méthode, non (comme chez Platon) sur le principe même, car Isocrate recommande à Nioclès [31] « de n'ignorer aucun des poètes célèbres » — ni, d'ailleurs, des « Sophistes », c'est-à-dire sans doute des philosophes. Il lui

---

24. ISOC. *Ant.* 224-226. — 25. *Panath.* 26. — 26. *Ant.* 180-185. — 27. *Id.* 267. — 28. *Ibid.* — 29. *Panath.* 25. — 30. *Id.* 18-25. — 31. *Ad Nic.* 13 ; cf. 42-44.

prescrit aussi, l'addition est intéressante, « la connaissance du passé, des événements et de leurs conséquences [32] ». C'est sans doute un reflet du progrès de la culture contemporaine qui avait inclus dans son domaine l'œuvre des historiens et promu au rang de classiques Hérodote et Thucydide.

Aux études littéraires, Isocrate joint les mathématiques : ici sa dépendance à l'égard de Platon est manifeste, à moins qu'ils ne soient l'un et l'autre un écho de la pratique spontanée de leur génération. Il recommande à son futur élève de consacrer quelque temps à ces sciences [33] qu'il loue, comme le fait Platon, pour leur valeur formatrice : abstraites et difficiles, ces études habituent l'esprit au travail soutenu, l'exercent et l'aiguisent [34].

Mais, et ici Platon n'était plus d'accord, Isocrate annexe encore à cette « gymnastique intellectuelle, préparation à la haute culture », γυμνασία τῆς ψυχῆς καὶ παρασκευὴ φιλοσοφίας [35], ce qu'il appelle l'« éristique », l'art de la discussion, tel qu'il s'enseigne par le dialogue [36] et où il faut reconnaitre la dialectique, disons, de façon plus générale encore, la philosophie [37]. Ces dernières études, qui, chez Platon, étaient le couronnement de la plus haute culture, jalousement réservées à des esprits de choix, mûris par de longues années de probation, se voient reléguées assez dédaigneusement par Isocrate au niveau de l'enseignement secondaire : plein d'ironie pour ceux qui les continuent à l'âge mûr [38], il ne les admet que pour les seuls jeunes gens et encore à condition qu'ils n'y consacrent qu'un certain temps, sans risquer de s'y dessécher ni de s'y perdre [39], — disons de les approfondir!

L'enseignement de la rhétorique. Ces jeunes gens, en effet, n'ont pas de temps à perdre : l'enseignement supérieur les attend, essentiellement consacré, chez Isocrate, à l'apprentissage de l'art oratoire. Alors que chez Platon, comme on le voit par le *Phèdre*, la rhétorique n'était qu'une simple application de la dialectique, elle est pour Isocrate un art propre, — l'art suprême.

Elle se présente chez lui de façon déjà bien différente de ce qu'elle était chez Gorgias : dès ses débuts [40], Isocrate critique âpre-

---

32. *Id.* 35. — 33. *Ant.* 268; *Panath.* 26-27; cf. *Bus.* 23. — 34. *Ant.* 265. — 35. *Id.* 266. — 36. *Id.* 261. — 37. *Id.* 268; *Panath.* 26-27. — 38. *Id.* 28-29. — 39. *Ant.* 268. — 40. *Soph.* 19.

ment la rhétorique formelle, celle des auteurs de manuels théoriques, τεχναί : pour ceux-ci, trop sûrs d'eux-mêmes, la méthode était une machine parfaite, fonctionnant sans ratés, quel que fût le cas particulier et l'esprit chargé de l'appliquer. Avec un gros bon sens, Isocrate réagit contre l'optimisme outrancier de ce formalisme : il insiste, en outre, sur l'utilité de la pratique, sur la nécessité des dons innés, des qualités personnelles (dont certaines lui faisaient si cruellement défaut) : invention, aptitude au travail, mémoire, voix, aplomb...[41].

Néanmoins, son enseignement débutait bien par une théorie, au moins élémentaire, un exposé systématique de ce qu'il appelait ἰδεαῖ, les principes généraux de composition et d'élocution. Mais, plus avisé en cela que ses successeurs hellénistiques, il réduisait au minimum cette initiation, qu'il débarrassait de toute minutie[42]. On discute seulement, et on discutait déjà dans l'antiquité[43], pour savoir s'il avait publié ou non un traité en bonne et due forme, une τεχνή (9).

Très tôt son élève abordait la pratique par des exercices d'application mettant en œuvre, en les reliant entre eux, les éléments étudiés d'abord dans l'abstrait, et cela en fonction des exigences d'un sujet donné[44]. Il n'était pas abandonné à ses seules forces : l'essentiel de son apprentissage consistait dans l'étude et le commentaire de beaux modèles. Héritier de la plus lointaine tradition, Isocrate transposait sur le plan littéraire les concepts fondamentaux de l'éducation homérique, l'« exemple » et l'« imitation », παράδειγμα, μίμησις. Par là, à son tour, il inaugurait une tradition, qui devait être durable : on sait quelle longue fortune a eue cette notion classique d'imitation littéraire.

Mais aux vieux poètes, il s'agissait de substituer des modèles nouveaux, plus directement utiles à l'orateur. Dans l'école d'Isocrate, les textes de base ne sont autres que les chefs-d'œuvre mêmes du maître. A voir le vieux pédagogue se citer, se commenter complaisamment[45], on éprouve par moment quelque gêne, tant il évoque Mascarille ou Trissotin! D'autres fois, on lui sait gré de nous introduire dans l'intimité même du séminaire[46]; nous l'écoutons, soumettant à trois ou quatre familiers le *Discours* en chantier depuis des années : on examine sa structure, on discute en commun du meilleur achèvement à lui donner...

---

41. *Id.* 10; *Ant.* 189-192. — 42. *Soph.* 16. — 43. *V. Isoc.* 149; [PLUT.] *Isoc.* 838 E. — 44. *Ant.* 184. — 45. *Id.* 195. — 46. *Panath.* 200; cf. *Phil.* 17 s.

Enseignement pratique et réaliste : Isocrate veut que son élève mette la main à la pâte, participe au travail de création. De la sorte, il lui fait découvrir peu à peu l'idéal qui anime son art : l'idéal même que tant de vieux rhétoriciens ont perpétué, de siècle en siècle, jusqu'à nos jours : un style aisé, facile à comprendre à première vue, mais révélant au lecteur attentif un trésor de merveilles, sous-tendu qu'il est de toute sorte d'allusions historiques ou philosophiques, de fictions et d'ornements [47].

Sa valeur éducative. Si le but de cet enseignement était, comme celui des Sophistes, la maîtrise de la parole, de l'expression, l'éloquence isocratique n'est plus une rhétorique irresponsable, indifférente à son contenu réel, un simple instrument de succès. Certainement préoccupé de répondre au défi porté, depuis Socrate et le *Gorgias,* par la philosophie, Isocrate a voulu lester son art d'un contenu de valeurs : son éloquence n'est pas indifférente au point de vue moral; elle a, en particulier, une portée civique et patriotique.

Pour bien apprécier sa signification, il faut ici rappeler qu'Isocrate combat tour à tour sur deux fronts : il n'est pas seulement opposé à Platon, et avec lui à tous les autres Socratiques et notamment à Antisthène, il se distingue aussi des vrais continuateurs des Sophistes, d'un Alcidamas par exemple (10) : élève, comme Isocrate, de Gorgias, c'était un pur praticien, uniquement préoccupé du succès, de l'efficacité de la parole réelle, telle qu'on l'emploie à l'assemblée ou au tribunal; grand expert en fait d'improvisations, αὐτοσχεδιαστικοὶ λόγοι, il n'avait qu'ironie pour ceux qui, à la façon d'Isocrate, écrivent pesamment leurs discours : « Ce sont des poètes, estime-t-il [48], non des Sophistes », — entendez : ils font de la littérature, ce ne sont pas des hommes d'action.

Isocrate n'était pourtant pas, je l'ai dit, un pur rêveur. Comme Platon, il est bien un homme de son temps, de ce IVe siècle qui voit s'effectuer le passage de l'idéal collectif de la cité antique à l'idéal plus personnel qui triomphera à l'ère suivante. Lui aussi a une vocation politique refoulée, non comme Platon par des raisons historiques et sociales, mais pour des motifs tout autres : la faiblesse de sa voix, son manque d'assurance, cette timidité maladive qu'on a pu appeler son agoraphobie. Lui aussi a dérivé cette

47. *Panath.* 246. — 48. ALCID. *Soph.* 1.

ambition sur son enseignement, se fixant pour tâche d'éduquer des hommes capables de réaliser un jour son propre idéal en matière de bon gouvernement.

Son succès, sur ce plan, a été plus grand encore que celui de Platon : comme l'Académie, et plus encore, son école a été un centre de formation d'hommes politiques. Isocrate a été, pour ses élèves, un maître, au sens plein du mot. N'imaginons pas son école comme un vaste établissement encombré d'auditeurs : on peut calculer facilement (11) que le nombre d'élèves présents n'a jamais dû dépasser le chiffre maximum de neuf et qu'il s'établissait en moyenne autour de cinq à six, dont trois ou quatre en plein effort. C'est dire dans quelle atmosphère d'intimité s'établissaient les rapports entre maître et étudiants. Isocrate a su en profiter pour exercer sur ses disciples cette influence personnelle et profonde sans laquelle il n'est pas d'action pédagogique réelle. Il y réussit aussi bien que Platon à l'Académie : il nous assure que la vie commune qu'on menait dans son école avait tant de charmes pour ses élèves que ceux-ci avaient de la peine, parfois, à s'en détacher, leurs études finies [49]; Timothée dédia une statue d'Isocrate à Eleusis « pour honorer non seulement sa grande intelligence, mais aussi le charme de son amitié [50] ».

Nous retrouvons là l'atmosphère caractéristique de l'éducation grecque : aussi ne faut-il pas s'étonner de voir Isocrate, comme jadis Socrate, soupçonné de corrompre la jeunesse [51] : son influence était si profonde! On le voit bien, dans le cas précisément de Timothée, ou encore dans celui de Nicoclès, dynaste de Salamine en Chypre : elle s'exerçait au-delà des années d'études pour se prolonger sur la vie entière.

Aussi que de belles réussites : il faut entendre le vieux maître feuilleter le palmarès de son école et nous énumérer les plus brillants de ses élèves, en commençant par les plus anciennes promotions [52] : des hommes politiques, bien connus de leur temps, honorés nous dit-il, de couronnes d'or par la cité d'Athènes : Eunomos, Lysitheidès, Calippos, Onêter, Anticlès, Philonidès, Charmantidès [53], et, avant tous, l'enfant chéri, la gloire de l'école, son cher Timothée, fils de Conon, le grand stratège, en qui Isocrate vit son idéal incarné, avec qui il collabora de façon efficace, mettant toujours sa plume au service de la politique de son élève [54]. Il y en eut

---

49. *Ant.* 87-88. — 50. [PLUT.] *Isoc.* 838 D. — 51. *Ant.* 30. — 52. *Id.* 87 s. — 53. *Id.* 93. — 54. [PLUT.] *Isoc.* 837 C.

bien d'autres encore, comme nous l'apprennent les biographes antiques [55] : sans parler de lettrés comme le poète tragique Théodectès, le critique Asclèpias, l'atthidographe Androtion, les historiens à tendance philosophique Théopompe et Ephore, il faut inscrire les plus grands noms de l'éloquence politique athénienne : Hypéride, Isée, Lycurgue; Démosthène, lui aussi, aurait bien voulu s'inscrire au nombre des élèves d'Isocrate, mais il en fut empêché, dit-on, par la pauvreté [56]. Oui, Isocrate pouvait être fier de son œuvre; arrivé à la fin de sa carrière, il avait en un sens réalisé son rêve : être l'éducateur d'un personnel politique nouveau, doter sa patrie athénienne des cadres dont elle avait besoin pour achever ce difficile redressement national qu'elle esquissait depuis la défaite de 404, pour jouer le rôle de grande puissance auquel elle ne voulait pas renoncer.

Bien entendu, comme toute vie humaine, la vie d'Isocrate s'achevait néanmoins sur un échec : si brillants qu'ils fussent, ses élèves n'avaient pas réalisé complètement son idéal. On sait quelles étaient ses idées politiques (12). En politique intérieure, il représentait ce qu'on pourrait appeler la « nouvelle droite constitutionnelle », l'aristocratie éclairée : instruite par les dures leçons de la défaite, profitant de l'expérience de la première génération qui avait suivi celle-ci, elle renonce à une attitude factieuse d'opposition et accepte de composer avec les progrès de la démocratie, non sans l'espoir d'en limiter les dégâts, dût-elle pour cela pratiquer quelque surenchère démagogique : la tendance, en somme, qui triomphera un moment avec Euboulos; mais dans l'ensemble n'a-t-elle pas, au fond, échoué ?

En politique étrangère, la position, en apparence si hésitante, d'Isocrate s'explique par une préoccupation fondamentale : l'idéal d'unité pan-hellénique. Il veut mettre fin au déchirement fratricide qui, depuis la guerre du Péloponèse, ne cesse d'opposer les peuples grecs dans des guerres inexpiables; il veut résoudre ce problème de la paix, à la solution si nécessaire et pourtant inaccessible, qui rend la Grèce du IVe siècle si fraternelle à notre propre angoisse, tant ce problème est demeuré le nôtre. Isocrate n'a jamais varié sur la solution : unir tous les Grecs dans une tâche commune, la lutte contre les Barbares. Mais cette unité ne lui paraissait réalisable que dirigée par un élément « conducteur ». C'est à la recherche de cet « hègemôn » qu'il a louvoyé, songeant d'abord, en bon patriote, à sa

---

55. *Id.* 837 CD; *V. Isoc.* 99-105. — 56. [PLUT.] *Isoc.* 837 D.

chère Athènes [57], puis à Jason de Phères, à Denys de Syracuse, à Archimados de Sparte [58], sinon même à un Nicoclès de Salamine [59], à Athènes derechef [60], puis, pour finir, à celui qui, de fait, devait vaincre, le roi Philippe de Macédoine [61], décision en apparence inattendue et qui parut une trahison de la cause nationale : elle n'allait pas, certes, sans illusions ni naïveté, mais Isocrate n'était pas un traître : une tradition veut (et ce serait, si elle était vraie, un beau symbole) qu'il se soit laissé mourir de douleur à la nouvelle de la défaite de Chéronée...

L'humanisme d'Isocrate. Mais l'idéal politique d'Isocrate ne nous intéresse ici qu'à cause des rapports très étroits qui le rattachent à son idéal pédagogique et culturel. Sur quoi fonde-t-il, pour commencer, son sentiment, si aigu, de l'unité entre les Grecs ? Elle ne se limite pas à une communauté de race; si elle présuppose un idéal commun de « liberté et d'autonomie », ce climat politique n'est qu'un aspect particulier d'un idéal plus vaste, de toute une conception de l'homme. Ce qui fait le Grec, ce n'est pas seulement la race — condition nécessaire en quelque sorte mais non plus désormais suffisante —, c'est l'esprit (13) : « Nous appelons Grecs ceux qui ont en commun avec nous la culture, plutôt que ceux qui ont le même sang [62]. »

Ici encore nous avons le sentiment de parvenir au seuil d'une époque et d'un monde nouveaux : dans une prise de position aussi formelle, c'est tout l'idéal des temps hellénistiques qui s'exprime déjà : la culture comme bien suprême... Il y a plus : cette culture nationale est sans doute l'œuvre de tous les Grecs, de toute l'histoire, de toutes les cités grecques; mais elle est à un degré éminent l'œuvre d'Athènes, « école de la Grèce », comme Isocrate aime à le répéter [63] à la suite de Thucydide [64]. Sa vraie grandeur réside dans cette supériorité sur le plan culturel [65]; d'où l'attitude politique d'Isocrate : une Athènes en proie aux démagogues, qui se fait l'ennemie de ses meilleurs fils, de cette élite sur qui repose sa culture et donc sa gloire, une Athènes dégénérée ne serait plus Athènes, n'aurait plus rien à défendre, ne mériterait plus d'être défendue (14).

Ainsi l'idéal culturel d'Isocrate, et l'éducation qu'il requiert,

---

57. *Pan.* — 58. *Arch.* — 59. *Ad. Nic.; Nic.; Evag.* — 60. *Panath.* — 61. *Phil.* — 62. *Pan.* 50. — 63. *Ant.* 295-297. — 64. THC. II, 41. — 65. *Ant.* 293-299; 302.

pouvaient au départ nous sembler bien frivoles : cette « philosophie » n'était-elle pas essentiellement « philologie », amour du beau parler [66] ? Elles aboutissent pourtant, et se transcendent, en un magnifique idéal de valeur universelle : car ce langage, λόγος, nous le savons, c'est le Verbe qui fait de l'homme un Homme, du Grec un civilisé, digne de s'imposer, comme en fait il s'imposera par la geste d'Alexandre, au monde barbare subjugué et conquis par sa supériorité. Nous mesurons ici toute la distance qui sépare la rhétorique formelle et le pragmatisme cynique des Sophistes de l'honnête et sérieuse éducation d'Isocrate. Dans la pensée et dans l'enseignement de celui-ci, forme et fond apparaissent inséparables.

A supposer qu'au départ l'orateur ne soit animé que d'une ambition d'ordre purement littéraire, s'il veut vraiment faire une œuvre d'art, s'il veut être grand, intéresser, émouvoir son public, il ne pourra se contenter de sujets insignifiants ou frivoles : il lui faudra choisir un thème ayant du fond, humain, beau, élevé, possédant une portée générale [67] : nous retrouvons ici, et cette fois justifiée en raison, la tendance que j'ai signalée comme étant l'une des plus caractéristiques de la tradition classique : élargir le sujet par amplification progressive de manière à atteindre l'universel, les idées générales, les grands sentiments généreux; tendance dont il faudra plus tard dénoncer les ravages, car elle est la cause de cette banalité creuse qui dépare tant d'œuvres issues de l'académisme classique. Mais nous ne sommes encore qu'à son début, et chez Isocrate elle apparaît comme un remarquable progrès, élargissant l'horizon et l'ambition de l'orateur : elle s'oppose chez lui non seulement à la virtuosité pure du Sophiste, mais aussi au métier terre à terre du logographe [68], au discours judiciaire qui ne traite que de sordides intérêts particuliers; Isocrate milite en faveur du discours « politique », susceptible d'intéresser le plus vaste public parce qu'il met en œuvre des thèmes d'intérêt général, d'intérêt humain.

Il y a plus, cette formation possède par elle-même une vertu morale : à supposer toujours que l'orateur ne cherche qu'à réussir, à persuader, à faire une belle œuvre, il sera naturellement amené à choisir pour cela, nous assure l'esprit candide et droit du vieux maître [69], les sujets les plus conformes à la vertu. Mieux encore, il sera nécessairement amené à faire passer la vertu de sa parole dans ses mœurs, dans sa vie, car c'est la personnalité tout entière de l'ora-

---

66. *Id.* 296. — 67. *Id.* 275-276; cf. 46; *Phil.* 10; *Panath.* 246. — 68. *Ant.* 46. — 69. *Id.* 277.

teur qui s'incarne dans ses discours [70] : l'autorité personnelle que lui confère une vie vertueuse leur donne plus de poids que n'en peuvent donner les procédés de l'art le plus consommé.

Ainsi, peu à peu, entre les mains d'Isocrate, la rhétorique se transmue en éthique. Sans doute, il se refuse à partager ce qu'il croit être l'illusion des Socratiques, à savoir que la vertu puisse s'enseigner et qu'elle soit de l'ordre de la connaissance [71] : il est du moins persuadé qu'appliquer la pensée à quelque grand sujet digne d'elle est un sûr moyen de contribuer à l'éducation du caractère, du sens moral, de la noblesse d'âme : « Une parole véridique, conforme à la loi et juste, est l'image d'une âme bonne et loyale [72]. » Par ce glissement insensible de la littérature à la vie (estimant que les habitudes morales assumées dans l'une passent nécessairement dans l'autre [73]), par tout ce naïf idéalisme, cette confiance illimitée dans les pouvoirs du verbe (nous sommes à mille lieues des problèmes angoissés que débattent autour de nous, au sujet du langage, des hommes comme J. Paulhan ou B. Parain), Isocrate apparaît bien comme la source de tout le grand courant de l'humanisme scolaire.

Isocrate contre Platon. — Nous voici parvenus bien loin de la philosophie, et en particulier de la philosophie platonicienne. L'attitude d'Isocrate à l'égard de celle-ci, et du plan d'éducation qu'elle suppose, me rappelle le jugement sommaire de Pascal sur Descartes : « Inutile et incertain ! » Pour la comprendre, il faut, bien entendu, se placer sur le plan qu'Isocrate ne consent jamais à quitter, celui de la vie quotidienne et de l'efficacité pratique. Platon prétend nous imposer un immense cycle d'études, si complexe, si difficile qu'il élimine en chemin le plus grand nombre des postulants, et cela dans le but chimérique de nous faire parvenir à la science parfaite. Mais dans la vie pratique, il n'y a pas de science possible, au sens précis qu'a chez Platon ce mot, ἐπιστήμη : la connaissance rationnelle et démontrée [74]. Plaçons-nous en face d'un problème concret : il s'agit de savoir que faire et que dire. Il n'existera jamais de science théorique assez précise pour nous dicter la conduite à tenir. L'homme « vraiment cultivé », πεπαιδευμένος, professe Isocrate, est celui qui a le don de « tomber sur » la bonne solution, ἐπιτυγχά-

---

70. *Id.* 278. — 71. *Id.* 274; *Soph.* 21. — 72. *Nic.* 7. — 73. *Ant.* 277. — 74. ISOC. *Ant.* 184.

νειν, ou du moins la moins mauvaise, la mieux accordée à la conjoncture, καιρός, et cela parce qu'il a une « opinion » juste, δόξα [75]. Ce mot, honni par Platon, définit au contraire pour le modeste Isocrate l'horizon pratiquement accessible, la seule ambition que l'homme puisse réaliser.

Si la science est inaccessible, à quoi bon, pour un résultat si incertain, se donner tant de mal, afficher tant de prétentions ! De l'aveu même de Platon, la science du philosophe est inutile, puisque celui-ci, faute d'une cité véritable, saine, est condamné à se replier sur la cité idéale, ce rêve qu'il porte au-dedans de son âme, puisque dans la cité réelle, il est, nous l'avons vu, voué au ridicule, à l'échec, à la persécution, — à la mort !

Isocrate, lui, choisit de se vouer à une tâche d'une efficacité plus sûre et dont l'urgence, au demeurant, est immédiate : il forme ses élèves à l'expérience, à la pratique de la vie politique, préférant leur apprendre à se faire une opinion raisonnable sur les choses utiles, au lieu de leur faire couper des cheveux en quatre, à propos de certitude, sur des sujets parfaitement inutiles [76], entendez la duplication du cube ou la classification dichotomique du pêcheur à la ligne [77]. Il ne s'agit pas de remonter au ciel des Idées, de jongler avec des paradoxes : la conduite de la vie demande non des idées surprenantes et nouvelles, mais du bon sens éprouvé, celui de la tradition [78].

Esprit de finesse, esprit géométrique. Au fond des choses, l'opposition d'Isocrate à Platon est celle de l'esprit de finesse à l'esprit géométrique. Isocrate cherche à développer chez son disciple l'esprit de décision, le sens de l'intuition complexe, la perception de ces impondérables qui guident l' « opinion » et la rendent juste. La culture littéraire, l'art (et non la science) de la parole constituent l'instrument qui peut servir à affiner ce sens du jugement. L'instrument à lui seul ne suffit pas, il faut encore le don, car dans ce domaine de la réalité morale et humaine, il ne peut exister de procédé contraignant qui permette d'obtenir de tout esprit, pourvu qu'il soit rationnel, un résultat assuré. Rien de plus absurde, aux yeux d'Isocrate, que la prétention socratique de faire de la « vertu » une connaissance, une

---

75. *Id.* 271; *Panath.* 30-32. — 76. *Hel.* 5. — 77. Cf. PLAT. *Soph.* 218 e s. — 78. ISOC. *Ad. Nic.* 41.

science, du type des mathématiques, susceptible, par suite, d'être enseignée [79].

Il faut approfondir ici le lien empirique que nous avons établi entre rhétorique et morale et reprendre, en un sens beaucoup plus subtil, le rapport intime qui s'établit, dans l'art oratoire, entre la forme et le fond. Ces deux aspects, disions-nous, sont inséparables. Oui, car l'effort pour atteindre à l'expression adéquate exige et développe une finesse de pensée, un sens des nuances que la pensée conceptuelle n'expliciterait pas sans effort et n'est peut-être pas toujours capable d'expliciter. L'idée est familière à tout lecteur de Valéry ou de Bremond : il y a des choses que le poète sent et fait sentir d'emblée, et que le savant, d'un pas boiteux, cherche en vain à rejoindre. Si bien que cette éducation oratoire, en apparence tout esthétique, ne visant qu'à former des « virtuoses de la phrase », est en réalité la plus efficace qui soit pour développer la finesse de la pensée.

« La parole convenable est le signe le plus sûr de la pensée juste [80] » : cette idée, fondamentale chez Isocrate, a une profondeur et une portée qu'il n'a peut-être pas soupçonnées lui-même. Il aurait fallu qu'il fût doué d'encore plus d'esprit de finesse, qu'il fût moins prosaïque et plus conscient des valeurs proprement poétiques de la prose d'art : il aurait pu alors invoquer contre Platon l'exemple de Platon lui-même, opposer au scientisme intransigeant de sa théorie la pratique de l'écrivain; nous avons vu tout ce que, sous la plume de Platon, expriment de valeurs le mythe, la poésie, l'art pur, — celui de la préparation psychologique, du rythme des dialogues, l'art de la phrase, du mot. N'est-ce pas là, souvent, plus que dans les passes de dialectique desséchée et laborieuse, que Platon a placé l'essence même de son message, ce qu'il y a de plus subtil, de plus fin, — de plus vrai, dans toute sa pensée ?

Les deux colonnes du temple. — Tels sont les deux types fondamentaux d'éducation, les deux orientations rivales que Platon et Isocrate ont proposés à la pédagogie grecque, à ce qui va devenir la tradition classique. Pour les définir, j'ai été amené à schématiser, et à durcir quelque peu, leur opposition. En fait, leurs enseignements, parallèles et

---

79. *Soph.* 21; *Ant.* 274. — 80. *Nic.* 7 = *Ant.* 255.

contemporains, ne se sont pas toujours affrontés avec une telle rigueur comme rivaux et adversaires.

Il serait extrêmement intéressant, mais, dans l'état actuel de notre documentation, il est, je crois, réellement impossible, de retracer l'histoire, probablement complexe et nuancée, de leurs rapports (15). Ceux-ci ont pu évoluer. Chacun d'eux n'avait pas que ce seul adversaire. Isocrate n'était pas toute la rhétorique : on l'a vu s'opposer à la sophistique pure d'un Alcidamas. Platon n'était pas toute la philosophie : les « éristiques » que combat Isocrate peuvent être aussi, ou surtout, les Mégariques ou Antisthène. Entre les deux chefs de parti ont pu se conclure des rapprochements, des alliances pour faire face à un même ennemi : front commun des Dogmatiques, contre la critique dissolvante de l'école de Mégare, voire des « Idéologues », des apôtres de la haute culture, contre l'esprit étroit des politiciens réalistes.

On retiendra surtout que ces rapprochements tactiques se sont certainement doublés d'échange réciproque, d'influences. Isocrate paraît bien subir l'influence de Platon quand il prévoit une place si honorable aux mathématiques et à la philosophie dans sa culture préparatoire. N'y a-t-il pas comme une concession à Isocrate de la part de Platon, une reconnaissance de la légitimité de l'art littéraire dans ce manifeste en faveur d'une rhétorique philosophique que constitue le *Phèdre* et que, au sein même de l'Académie, le jeune Aristote, « *privat-docent* » de rhétorique, sera précisément chargé d'appliquer ? (16)

Entre l'un et l'autre, il y a donc non seulement rivalité, mais émulation, et la chose importe à la suite de notre histoire : aux yeux de la postérité, la culture philosophique et la culture oratoire sont bien apparues comme deux rivales, mais aussi comme deux sœurs; elles ont non seulement une commune origine, mais aussi des ambitions parallèles et par moment confondues; ce sont, disions-nous, deux variétés d'une même espèce : leur débat a enrichi la tradition classique sans compromettre son unité. A la porte du sanctuaire où nous allons pénétrer se dressent de part et d'autre, comme deux piliers, comme deux robustes atlantes, les figures de ces deux grands maîtres, « se faisant équilibre et comme se répondant », ἀντιστρόφους καὶ σύζυγας [81].

---

81. Cf. ISOC. *Ant.* 182.

DEUXIÈME PARTIE

TABLEAU DE L'ÉDUCATION CLASSIQUE A L'ÉPOQUE HELLÉNISTIQUE

CHAPITRE PREMIER

La civilisation de la « Paideia »

Nous voici parvenus au cœur même de notre sujet : l'étude de l'éducation antique va devenir maintenant véritablement fructueuse. Ce qui justifie et récompense le lent travail de l'historien, quel que soit l'objet qu'il a choisi d'étudier, c'est moins la reconstitution des étapes de sa genèse que l'analyse et la compréhension de l'objet lui-même sous sa forme adulte, pleinement évoluée, chargée de valeurs. C'est seulement à partir de la génération qui suivit celle d'Aristote et d'Alexandre le Grand que l'éducation antique est vraiment devenue elle-même, qu'elle est parvenue à sa Forme classique, et en somme définitive. Elle ne changera pour ainsi dire plus, ou, du moins, si son histoire enregistre encore une sorte d'évolution (dont malheureusement, faute d'une documentation assez dense et assez régulièrement répartie, il est difficile de fixer la chronologie), celle-ci ne représente guère que l'achèvement d'un processus bien amorcé dès le début, que le déploiement, l'épanouissement de caractères déjà virutellement acquis.

Au cours des siècles qui suivront, l'éducation classique achèvera de perdre beaucoup de ce qui pouvait lui rester de son caractère noble (encore qu'elle dût toujours demeurer par elle-même un facteur d'aristocratie); le rôle de la culture physique continue de s'effacer progressivement (non, ici et là, sans retards et résistances) au profit des éléments proprement spirituels, et, à l'intérieur de ceux-ci, l'aspect artistique et notamment musical cède définitivement le pas aux éléments littéraires : l'éducation, tout en restant au premier chef morale, devient plus livresque et, par une conséquence naturelle, plus scolaire; l'école, qui s'affirme et se développe en tant qu'institution, supplante lentement le milieu, naturel ou électif, du club de jeunesse avec son atmosphère caractéristique de relations plus ou moins passionnelles entre aîné et cadet. Le passage achève de s'accomplir vers ce que j'ai appelé une éducation de scribes.

L'ÉDUCATION HELLÉNISTIQUE

Mais, encore une fois, cette évolution est donnée dès le début comme acquise : si le gymnase, comme centre sportif, reste d'abord le cadre symbolique de la phase finale de l'éducation, s'il faut attendre le Bas-Empire romain pour voir les petits écoliers recevoir comme modèle d'écriture des maximes du type : « Bien apprendre ses lettres est le commencement de la sagesse », Ἀρχὴ μεγίστη τοῦ φρονεῖν (ou : τοῦ βίου) τὰ γράμματα [1], le principe, que les mœurs n'ont réalisé que progressivement, est acquis dès le début; Aristote déjà l'a nettement formulé [2] : l'étude des lettres, nous dit-il, joue un rôle de premier plan dans l'éducation, car, outre leur utilité pratique sur le plan de la vie professionnelle, familiale et politique, elles sont l'instrument « par lequel on peut acquérir une foule d'autres connaissances », et se placent par conséquent à la base de toute formation.

L'éducation hellénistique est bien ce que nous devons appeler l'éducation classique : elle est celle de tout le monde grec, lorsqu'il se stabilise après les grandes aventures de la conquête d'Alexandre et des guerres de succession qui suivirent sa mort. Elle demeure en usage, dans tout le monde méditerranéen, aussi longtemps que celui-ci mérite d'être considéré comme antique. Elle déborde en effet l'ère proprement hellénistique pour s'étendre sur la période romaine.

Il n'y a pas eu, disons-le dès maintenant, d'éducation, ni même de civilisation autonomes proprement romaines : l'Italie, puis, par elle, tout l'Occident latinisé, ont été annexés à l'aire de la civilisation hellénistique qui mérite d'être connue sous le nom, qu'avec leur commode pédantisme lui donnent les érudits allemands, de *hellenistisch-römische Kultur*. Il y a bien, sans doute, une originalité latine, mais elle ne constitue qu'un faciès secondaire de cette civilisation, non une civilisation distincte : l'éducation romaine que j'étudierai dans la Troisième Partie n'est qu'une adaptation de l'éducation hellénistique aux milieux d'expression latine. Pour l'Orient grec, la conquête romaine, la substitution à l'autorité des divers dynastes de celle du peuple-roi, représenté par un proconsul tout-puissant, en attendant qu'il le soit par l'empereur-dieu, n'a sérieusement influencé ni la civilisation, ni la vie culturelle, ni en particulier la tradition éducative.

Si un classement chronologique attentif des données épigra-

---

1. *P. Bouriant* I, 169; CRUM, *Epiph.* II, 615; PREISIGKE, *SB.* 6218. — 2. *Pol.* VIII, 1338 a 15-17, 36-40.

phiques et papyrologiques atteste que certaines innovations pédagogiques n'apparaissent qu'à l'époque impériale, il ne s'agit que de menus détails dont l'ensemble ne saurait suffire à caractériser une éducation spécifique de l'époque romaine. En fait, dans toute la moitié orientale du monde méditerranéen, l'éducation hellénistique s'est perpétuée, sans solution de continuité, pendant tout l'âge romain, et même au-delà, puisque, nous le verrons, le triomphe du christianisme n'a pas entraîné la révolution pédagogique à laquelle un esprit moderne s'attendrait : c'est à travers toute l'histoire byzantine que se prolonge la destinée de l'éducation classique.

L'état de la question. Nous sommes donc bien au cœur du sujet. Malheureusement, l'insuffisance des travaux d'approche rend très malaisé le tracé du tableau attendu : une synthèse rapide, comme celle-ci, suppose acquis les résultats d'un patient travail d'analyse suffisamment avancé. Or l'éducation hellénistique a été beaucoup moins étudiée que celle de la période antérieure ou que l'éducation romaine (1). Non que les matériaux fassent défaut : ils surabondent au contraire; à l'apport de la tradition littéraire (où se multiplient les traités et manuels pédagogiques) se joignent maintenant un riche matériel épigraphique, précieux pour l'étude des institutions (écoles et concours), et l'inappréciable contribution des fouilles d'Egypte dont les papyrus, ostraka et tablettes (2) nous font pénétrer dans l'intimité même de la vie scolaire : nous pouvons étudier celle-ci sur des documents directs, livres et devoirs d'écolier. Mais ces matériaux, pourtant très accessibles et en somme déjà rassemblés, sont encore bien loin d'avoir été jusqu'ici exploités comme ils le méritent. Aussi l'exposé que je vais tenter est-il pour le moins prématuré : puisse l'inévitable imperfection d'une telle esquisse provoquer la légitime émulation d'un spécialiste et le décider à combler enfin cette regrettable lacune (3).

On mesure ici ce qu'il y a d'anarchique dans la conduite de la recherche scientifique : quel que fût le mérite des travaux dont la période hellénistique avait été l'objet depuis sa découverte par Droysen, il a fallu attendre ces toutes dernières années pour voir paraître des études enfin satisfaisantes sur sa civilisation (4). Si entre temps on avait consacré à son étude un dixième des efforts dépensés en France à raffiner sur la définition du purisme de l'âge d'or, du siècle de Périclès, en Allemagne à exalter les vertus de l'archaïsme et du dorisme, en Italie à poursuivre la chimère d'une autonomie de la latinité, nous n'en serions pas à déplorer une lacune aussi grave dans notre connaissance du passé, dans celle de notre propre tradition occidentale.

J'insiste encore, car c'est le fait essentiel à saisir : si l'antiquité a fécondé toute notre tradition européenne, si cet archaïsme, cet atticisme tour à tour si vantés, si l'esprit proprement romain ont pu agir sur une si longue suite de générations, c'est dans la mesure où leur apport créateur a été recueilli, intégré et transmis par cette tradition classique à laquelle la civilisation hellénistique a conféré sa Forme et dont l'éducation hellénistique représente la synthèse et comme le symbole.

L'éducation au centre de la civilisation hellénistique. Même sans tenir compte des perspectives lointaines où nous venons de l'insérer, cette éducation mérite l'attention de l'historien : l'importance qui lui revient dans l'histoire de la période hellénistique est si grande qu'on doit la considérer comme le centre même de tout tableau sincère de cette civilisation.

Il est banal de constater le brusque changement d'échelle que la conquête d'Alexandre fait subir à la carte de l'aire occupée par l'hellénisme : sa frontière Est recule d'un bond de quatre mille kilomètres, de la frange bordière de l'Égée au Syr-Daria et à l'Indus; la guerre aura désormais pour enjeu de vastes empires et non plus quelques pieds d'oliviers dans les plaines minuscules du Lélante ou de Crissa.

Dans cet horizon immensément élargi, le cadre traditionnel de la cité antique éclate ou du moins s'efface au second plan. Certes, il y a toujours des cités de type grec, il y en a plus que jamais : sauf en Egypte, la politique d'hellénisation des monarques successeurs d'Alexandre se traduit par la création ou le développement de centres urbains organisés à la mode grecque. Sans doute aussi, la vie « politique » demeure active, même sur le plan extérieur : il y a toujours, à l'époque hellénistique, des guerres entre cités, des alliances, des traités (nous voyons même deux rivales recourir à l'arbitrage non du souverain, mais d'une tierce cité) : c'est que le royaume hellénistique reste encore une superstructure, surimposée, dont les rouages ont tendance à se réduire au minimum et à se reposer, le plus possible, sur les institutions déjà existantes des cités ; nous retrouverons la même attitude, bien longtemps encore, au Haut-Empire romain.

Néanmoins, cette activité de la cité n'a plus guère qu'une importance municipale (vitale peut-être pour ses membres, bien entendu) : la cité n'est plus que la petite patrie; elle n'est plus la catégorie fondamentale, la norme suprême de la pensée et de la culture.

En dépit des apparences, et par moment de ses exigences, ce n'est pas l'Etat monarchique qui lui succède : inorganique, incertain de lui-même, démembré et remembré au gré des aventures guerrières ou dynastiques, jouet de la Fortune, Τύχη (qui devient la grande déesse, au détriment des vieilles divinités poliades), l'Etat n'a pas l'ascendant nécessaire pour imposer à l'homme une discipline fondamentale, celle qui donne un sens au monde et à la vie. Plutôt que sujet lagide ou séleucide, le Sage héllénistique se pense et se proclame κοσμοπολίτης, « citoyen du monde (5) », et (du moins jusqu'à l'apogée de l'Empire) ce terme implique une négation, un dépassement de la cité bien plus que l'affirmation positive d'une unité concrète de l'humanité, dont la réalité est encore impensable [3].

Le véritable héritier de la cité antique, ce n'est pas, comme on le dit souvent avec une nuance péjorative, l'individu, mais bien la personne humaine qui, libérée du conditionnement collectif, de l'encastrement totalitaire que lui imposait la vie de la cité, prend maintenant conscience d'elle-même, de ses possibilités, de ses exigences, de ses droits. La norme, la justification suprême de toute existence, communautaire ou individuelle, réside désormais dans l'homme, entendu comme personnalité autonome, justifiée en elle-même, trouvant, peut-être au-delà du Moi, mais à travers le Moi et sans renoncer jamais à son individualité, la réalisation de son être. Plus que jamais, l'homme grec se pense comme le centre et « la mesure de toutes choses », mais cet humanisme a maintenant pris conscience de son exigence personnaliste : pour l'Hellénistique, l'existence humaine n'a pas d'autre but que d'atteindre à la forme la plus riche et la plus parfaite de personnalité; comme le coroplaste modèle et décore ses figurines d'argile, chaque homme doit se fixer comme tâche fondamentale de modeler sa propre statue; j'ai déjà cité cette formule fameuse : elle est du tardif Plotin, mais l'idée est sous-jacente à toute la pensée hellénistique.

3. TERT. *Apol.* 38,3.

L'ÉDUCATION HELLÉNISTIQUE

Se faire soi-même : dégager de l'enfant qu'on a d'abord été, de l'être mal dégrossi qu'on risque de demeurer, l'homme pleinement homme dont on entrevoit la figure idéale, telle est l'œuvre de toute la vie, l'œuvre unique à laquelle cette vie puisse être noblement consacrée.

Mais qu'est-ce là, sinon transposer à la limite, en la consacrant comme absolu, la notion même d'éducation : celle-ci, la παιδεία, n'est plus seulement la technique propre à l'enfant, παῖς, qui l'équipe, le prépare hâtivement à devenir un homme; par une amplification remarquable, αὔξησις, le même mot, en grec hellénistique, sert à désigner le résultat de cet effort éducatif, poursuivi au-delà des années scolaires pendant toute la vie pour réaliser plus parfaitement l'idéal humain : παιδεία (ou παίδευσις) en vient à signifier la culture, entendue non pas au sens actif, préparatoire, d'éducation, mais au sens perfectif que le mot a aujourd'hui chez nous : l'état d'un esprit pleinement développé, ayant épanoui toutes ses virtualités, celui de l'homme devenu vraiment homme; il est remarquable de constater que lorsque Varron et Cicéron auront à traduire παιδεία, ils choisiront de dire en latin *humanitas* [4] (6).

Cette transfiguration de la notion, si humble à l'origine, d'éducation se reflète aussi sur le plan collectif. Qu'est-ce qui fait, désormais, l'unité de ce monde grec, ainsi dilaté aux proportions de l'οἰκουμένη, de l'« univers habité » (entendez : par des hommes dignes de ce nom, par des civilisés) ? Moins que jamais, c'est le sang : Isocrate déjà l'avait suggéré, mais cela est plus vrai encore à l'époque hellénistique où l'hellénisme s'incorpore et s'assimile tant d'éléments d'origine étrangère, Iraniens, Sémites, Egyptiens! Ce n'est pas non plus l'unité politique, qui n'a guère survécu à la mort d'Alexandre : ce ne peut être que le fait de communier en un même idéal, dans la même pensée concernant la finalité essentielle de l'homme et les moyens d'atteindre celle-ci, en un mot la communauté de civilisation ou, pour mieux dire, de culture.

Je souligne, une fois de plus, la nuance personnaliste que ce mot possède en français, où le génie de la langue l'oppose nettement à la notion collective de civilisation (la « culture » n'est pas du tout l'équivalent de l'allemand *Kultur*). Or, ce que les Grecs possèdent en commun, c'est précisément un tel idéal de vie personnelle; ce n'est pas nécessairement telle forme de vie sociale, la cité par exemple. Si le cadre municipal, avec ses institutions

---

4. GELL. XIII, 16, 1.

caractéristiques, reste le cadre le plus favorable au plein épanouissement de la vie civilisée, le cadre normal de la vie grecque, il n'en est plus le cadre nécessaire, puisqu'il y a des Grecs, et qui vivent à la grecque, en dehors de cités organisées, ainsi dans la χώρα, le « plat pays » d'Egypte. Non, ce qui unit tous les Grecs sans exception, Grecs de la Grèce propre, émigrants essaimés du désert de Libye aux steppes d'Asie centrale, Barbares enfin récemment hellénisés, c'est le fait de chercher à se conformer à un même type idéal d'humanité, le fait d'avoir reçu la même formation orientée à cette fin commune, — la même éducation.

Partout où apparaissent et s'installent des Grecs, que ce soit dans les villages du Fayoûm où les Ptolémées amènent une colonisation militaire [5], que ce soit à Babylone [6] ou dans la lointaine Susiane [7], on les voit aussitôt mettre en place leurs institutions, leurs établissements d'enseignement, écoles primaires et gymnases. C'est que l'éducation a pour eux une importance primordiale : isolés dans cette terre étrangère, ils veulent avant tout, malgré l'influence du milieu, conserver à leurs fils ce caractère d'Hellènes auquel ils tiennent par-dessus tout; l'éducation classique est essentiellement une initiation à la vie grecque qui modèle l'enfant et l'adolescent en fonction des coutumes nationales et les plient à ce style de vie caractéristique qui distingue l'homme de la brute, l'hellène du barbare.

Si nous cherchons à déterminer comment ils expriment cette notion que rend chez nous, sous son acception abstraite, le mot de « civilisation », nous avons la surprise de constater que c'est encore, au prix d'une seconde amplification, ce même mot de παιδεία (παίδευσις). Si bien que, s'il fallait définir l'originalité de la civilisation hellénistique par rapport à celle de la cité antique qui l'a précédée dans le temps et par rapport à celle de la Cité de Dieu qui la suit (la civilisation chrétienne du Bas-Empire constantinien, de la chrétienté médiévale, occidentale ou byzantine), je dirais qu'entre la civilisation de la πόλις et celle de la Θεόπολις, elle nous apparaît comme une civilisation de la παιδεία.

Il suffit de constater quelle place croissante prennent dans la pensée grecque les notions d'éducation. Platon, on l'a vu, Aristote encore après lui [8] ne traitent toujours de l'éducation que dans le cadre et en fonction du problème politique; les philosophes hellé-

---

5. *Aeg.* XI (1930-31), 485. — 6. *SEG.* VII 39. — 7. *Id.* 3. — 8. *Pol.* VII-VIII.

L'ÉDUCATION HELLÉNISTIQUE

nistiques, au contraire, lui consacrent volontiers un traité autonome, περὶ παιδείας ou περὶ παίδων ἀγωγῆς : après Aristippe [9], ce précurseur, ce fut notamment le cas des élèves d'Aristote, Théophraste [10] et Aristoxène [11], et des grands Stoïciens, ces champions de l'hellénisme, Cléanthe [12], Zénon [13], Chrysippe [14]; d'autres encore : Cléarque de Soloi [15] ou Cléomène

Pour les hommes de cet âge, la culture personnelle, telle que l'éducation classique permet de l'acquérir apparaît comme « le bien le plus précieux qui soit donné aux mortels » : la formule reprise de Platon [17] est de Ménandre [18]; elle sera constamment répétée dans les mêmes termes, huit siècles durant [19], jusqu'à ces lointains mais fidèles héritiers que sont le païen Libanios [20] ou saint Grégoire de Nazianze [21].

Le premier de tous les biens : en un sens le seul bien. Je retiendrai cette anecdote caractéristique : après la prise de Mégare, Démétrios Poliorcète voulut indemniser le philosophe Stilpon des dommages qu'il avait pu subir par suite du pillage; il lui demanda d'en dresser un inventaire estimatif. Stilpon répondit « qu'il n'avait rien perdu de ce qui lui appartenait, car nul ne lui avait ravi sa culture, παιδεία, puisqu'il conservait éloquence et savoir » : λόγος, ἐπιστήμη [22].

La religion de la culture. C'est pourquoi aussi nous trouvons sur tant de monuments funéraires, épitaphes, bas-reliefs ou statues, une évocation de la culture intellectuelle des défunts. Que cela soit dû à leur volonté expresse ou à l'initiative de leurs héritiers, ils nous sont montrés sous les traits d'hommes de lettres, d'orateurs, de philosophes, d'amateurs d'art, de musiciennes (7).

Ces monuments n'appartiennent pas nécessairement, comme on l'avait cru d'abord, à des intellectuels de métier, professeurs, artistes ou écrivains : nous savons aujourd'hui qu'ils ont été, le plus souvent, dédiés à des particuliers dont l'activité professionnelle pouvait s'être exercée dans un tout autre domaine, ce sont des médecins, des officiers, des marchands; mais, quels qu'ils

9. DL II, 85. — 10. ID. V, 42. — 11. ID. VIII, 15. — 12. ID. VII, 175. — 13. ID. VII, 4. — 14. QUINT. I, 11, 17. — 15. DL. I, 9. — 16. ID. VI, 75. — 17. *Leg.* I, 644 b. — 18. *Monost.* 275. — 19. PLUT. *Lib. educ.* 5 D; CLEM. *Paed.* I, 16, 1. — 20. *Or.* LII, 13. — 21. *Or.* XLIII, 11, 1. — 22. DL II, 115; cf. PLUT. *Lib. educ.* 5 F-6 A.

aient été, tous ont voulu rappeler sur leur tombe une seule chose : qu'ils avaient été initiés à la science des Muses, qu'ils avaient eu accès à ce trésor incomparable, la culture de l'esprit.

Le témoignage de ces monuments s'est révélé assez précis pour évoquer toute une gamme de croyances singulières, qu'ils nous ont permis de mieux connaître et dont ils nous ont révélé la large diffusion : toutes ces croyances expriment à leur façon une même surélévation métaphysique des valeurs culturelles.

La civilisation hellénistique attache tant de prix à celles-ci qu'à ses yeux le bonheur suprême ne peut se concevoir autrement que sous la forme de la vie du lettré ou de l'artiste. L'image épurée qu'on se fait désormais de la vie éternellement bienheureuse que goûtent les âmes des héros dans les Champs-Elysées nous les montre s'adonnant aux joies suprêmes de l'art et de la pensée; au sein d'un printemps éternel, parmi les prairies émaillées de fleurs et rafraîchies d'eaux courantes, ils trouvent « des discussions pour les philosophes, des théâtres pour les poètes, des chœurs de danse et des concerts; des entretiens bien réglés autour de la table des banquets » : ainsi parle le rhéteur inconnu qui écrivit, au Ier siècle avant notre ère, le dialogue pseudo-platonicien de l'*Axiochos* [23].

Si bien que la vie culturelle apparaissait comme un reflet sur cette terre, un avant-goût de la vie heureuse des âmes favorisées de l'immortalité. Mieux encore, elle était le moyen d'obtenir ce privilège : le travail de l'intelligence, la pratique des sciences et des arts, était un sûr instrument d'ascèse qui, purifiant l'âme des souillures de la passion terrestre, la dégageait peu à peu des liens accablants de la matière. Après une vie tout entière consacrée au service des Muses, on pouvait avec assurance compter sur le patronage de ces déesses qui appelleraient à elles et introduiraient dans les sphères astrales les âmes ainsi préparées à devenir dignes d'un tel honneur.

Cette doctrine singulière de l'immortalité méritée par la culture est très ancienne : elle apparaît nettement à l'occasion de la mort de Pythagore à qui Métaponte et Crotone rendirent les honneurs divins réservés jusque-là aux héros fondateurs ou sauveurs de cités. A l'époque classique, l'héroïsation par la culture demeure le privilège d'êtres exceptionnels, grands savants, fondateurs de sectes : après Pythagore, Platon, nous l'avons vu en bénéficia.

---

23. [PLAT.], *Ax.* 371 cd.

Mais à l'époque hellénistique et romaine, il s'étend largement : l'héroïsation devient d'ailleurs chose banale et il paraît désormais normal que tout poète, tout penseur, tout artiste, tout lettré, tout disciple des Muses puisse y aspirer : tous peuvent revendiquer le beau titre de μουσικὸς ἀνήρ, « homme des Muses [24] », sanctifié et sauvé par elles.

Sans doute un tel mysticisme n'était pas professé de façon consciente et avec une foi aussi intrépide par tous les lettrés; mais quelque chose en irradiait, plus ou moins, sur la culture de tous : chose divine, passe-temps céleste, noblesse de l'âme, la παιδεία se revêtait d'une sorte de lumière sacrée qui lui conférait une éminente dignité, d'ordre proprement religieux. Dans le désarroi profond né du brusque écroulement des antiques croyances, elle demeurait la seule valeur inébranlée, authentique, à laquelle l'esprit de l'homme pût se raccrocher : érigée à la hauteur d'un absolu, la culture hellénistique finit par devenir pour beaucoup l'équivalent d'une véritable religion.

24. *IG.* XIV. 2000.

CHAPITRE II

Les institutions éducatives

Sous sa forme la plus complète, l'éducation hellénistique suppose un ensemble complexe d'études allant de sept à dix-neuf ou vingt ans. On utilisera, pour en préciser les étapes, la vieille division d'Hippocrate (sans être dupe de sa rigueur symétrique : on sait combien l'antiquité, de Pythagore aux allégories bibliques des Pères de l'Eglise, a aimé spéculer sur les nombres). Hippocrate, nous dit-on [1], partageait la vie humaine en huit périodes de sept ans : l'éducation classique réclamait pour elle les trois premières, que désignent les noms de παιδίον, « petit enfant » (au-dessous de sept ans), παῖς, « enfant » (de sept à quatorze ans), et μειράκιον, « adolescent » (de quatorze à vingt et un). Aristote utilise en somme un cadre analogue, et l'analyse qu'il en donne nous permet de serrer de plus près son contenu réel.

Jusqu'à sept ans, l'enfant reste dans sa famille, aux mains des femmes; les Anciens, si préoccupés de la finalité humaine de l'éducation (l'enfant en tant que tel ne les intéresse pas), ne s'occupent guère de cette première phase, qui pour eux ne fait pas encore partie de la παιδεία au sens plein du mot. A partir de sept ans, et théoriquement jusqu'à quatorze (Aristote dit plus vaguement jusqu'à la puberté, ἥβη), s'étend la période scolaire : l'équivalent de notre enseignement primaire. La période suivante est en quelque sorte couronnée par un stage de formation civique et militaire, l'éphébie.

Mais sauf dans quelques cas exceptionnels (celui de l'Egypte, pays colonial, où l'éphébie se place précisément à quatorze ans; celui aussi, nous l'avons vu, de l'excessive Sparte, où l'éphébie occupe toute l'adolescence), ce stage se situe seulement à la fin de la troisième période : le plus souvent, il n'exige qu'un an,

---

[1]. POLL. II, 4; CENSOR. XIV, 3-4; ARSTT. *Pol.* VII. 1336 a 23-24; VIII, 1338 b 39-1339 a 8; PHILO, *De opificio mundi*, 103-105; ANAT. *Déc.* 7.

157

beaucoup plus rarement deux, voire trois; mais toujours entre la dix-huitième et la vingtième année.

Ainsi, entre la sortie des basses écoles et l'entrée dans l'éphébie s'étendait une période pour laquelle l'ancienne tradition n'avait rien prévu : c'était une période creuse, l'âge trouble où l'on s'initiait aux sales amours. Mais à l'époque hellénistique, ces années d'adolescence sont mises à profit et consacrées à ces « autres études », ἄλλοις μαθήμασι, comme dit Aristote [2], dont Platon et Isocrate avaient proclamé la nécessité : l'équivalent de notre enseignement secondaire, assurant aux jeunes gens une solide culture générale leur permettant de suivre plus tard avec profit un enseignement d'ordre supérieur.

Celui-ci correspond, chronologiquement, à l'éphébie; non que l'enseignement, essentiellement sportif, que reçoivent au gymnase les éphèbes, puisse représenter l'équivalent de notre enseignement universitaire; mais à l'ombre du gymnase, et s'adressant à des jeunes gens d'âge éphébique, se développe un véritable enseignement supérieur, d'une haute technicité et offrant comme la nôtre diverses spécialités, rivales et parallèles : rhétorique, philosophie, médecine.

Enfin, couronnant le tout, apparaissent dans certains centres privilégiés, à Alexandrie d'abord, puis à Pergame, plus tard sous l'Empire, à Athènes, des établissements scientifiques tels que le Musée, où les savants les plus qualifiés s'adonnent librement à la recherche et groupent autour d'eux de jeunes disciples dans de véritables séminaires de hautes études.

Bien entendu, sous cette forme complète, ce cycle d'études n'a jamais été parcouru jusqu'au bout que par une petite élite favorisée des dons de la fortune et de l'esprit; seuls les degrés élémentaires s'ouvraient à la plus large clientèle; bien que l'éducation classique fût en principe un privilège de l'homme libre, les petits esclaves n'en étaient pas toujours exclus (1). Quant aux jeunes filles, elles fréquentent désormais, au même titre que les garçons, les écoles primaires et secondaires ou (même ailleurs qu'à Sparte) la palestre et le gymnase. L'idéal de la femme hellénistique n'est plus celui de l'Ischomachos de Xénophon qui décrit ainsi, avec une naïve satisfaction, ce qu'était, au moment de leur mariage, l'épouse qu'il s'était choisie [3] :

---

2. *Pol*. VIII, 1339 a 5; TEL. 98, 72; [PLAT.], *Ax*. 366 e-367 a. — 3. XEN. *Œc*. 7.

« Elle n'avait que quinze ans quand elle entra chez moi. Elle avait vécu jusqu'à cet âge soumise à une extrême surveillance, afin qu'elle ne vît, n'entendît et ne demandât presque rien. Que pouvais-je souhaiter de plus : trouver en elle une femme qui sût tisser, filer la laine pour en faire un manteau, qui eût appris à distribuer leur tâche aux fileuses servantes ? Quant à la sobriété, on l'y avait très bien formée : excellente chose, n'est-ce pas ? »

L'instruction publique. A l'époque hellénistique, l'éducation cesse d'être abandonnée à l'initiative privée et fait normalement l'objet d'une réglementation officielle. C'est là un fait nouveau, au moins par sa généralité : Aristote, sans doute [4], fait au législateur un devoir strict de légiférer sur l'éducation, νομοθετητέον περὶ παιδείας, mais ici, comme il arrive, le grand philosophe parle en précurseur de l'époque hellénistique (2), car de son temps [5] l'existence d'une véritable « instruction publique », assumée par l'Etat, demeurait une originalité des cités « aristocratiques » (Sparte, Crète), dont nous avons constaté les tendances totalitaires (3). Au contraire, pour les Hellénistiques, la législation scolaire est devenue chose normale, un des attributs nécessaires de l'Etat civilisé : d'où leur étonnement lorsqu'ils rencontrent dans la Rome républicaine un stade d'évolution demeuré archaïque où l'éducation est encore négligée par l'Etat [6].

Elle est chose municipale. Il faut sans doute apporter tout de suite quelques précisions. D'abord, l'Etat, en l'espèce, c'est la cité, la municipalité, non le royaume. Le royaume hellénistique n'est pas, comme le Bas-Empire romain, un Etat aux prétentions totalitaires : en un sens, c'est un Etat « libéral », qui réduit ses responsabilités au strict minimum, ne possède que les rouages indispensables, tout heureux de se décharger en confiant le plus possible de services publics à l'échelon inférieur des municipalités : c'est en particulier le cas des institutions éducatives.

Nous verrons quelquefois le souverain hellénistique intervenir

---

4. *Pol.* VIII, 1337 a 33; cf. 11; X, 1180 a 24 s. — 5. *Pol.* IV, 1300 a 4-6. — 6. POL. *ap.* CIC. *Resp.* IV, 3.

dans l'administration ou la politique scolaires, mais c'est toujours à titre privé, comme « bienfaiteur », nous dirions comme mécène. Il faut attendre l'Empire romain pour voir le souverain intervenir dans ce domaine en tant que législateur, et nous verrons que ce fut d'abord essentiellement pour rappeler les cités à leur devoir, non pour se substituer à elles.

L'exception, l'Egypte, confirme en quelque sorte la règle. On sait le développement tardif qu'y connurent les institutions municipales; en dehors d'Alexandrie, l'Egypte lagide ne possède que deux ou trois véritables cités : Naucratis, Ptolémaïs, peut-être Paraetonion. Mais les institutions caractéristiques de l'éducation grecque, écoles et gymnases, qui, avec l'hellénisme même, s'étaient très largement répandues dans le pays, n'y furent pas plus qu'ailleurs revendiquées par le roi, sans cependant qu'elles fussent abandonnées à des entreprises privées de caractère commercial : la chose, du moins, est certaine pour la plus importante de ces institutions, le gymnase, pièce maîtresse du système éducatif. Dans la mesure où nous le connaissons, le gymnase de l'Egypte lagide paraît avoir été administré et soutenu financièrement par une association, peut-être celle des anciens élèves, οἱ ἐκ τοῦ γυμνασίου[7], association elle-même en rapport étroit avec l'organisation groupant les Grecs habitant une localité donnée, là où une telle organisation existait, comme dans les garnisons où les soldats grecs se constituaient en πολίτευμα ; mieux encore, là où elle n'existait pas au début, il semble que ce soit autour du gymnase qu'une telle organisation para-, puis quasi-municipale, ait pris naissance et se soit peu à peu développée : l'évolution ne s'achèvera que sous l'Empire romain; lorsqu'elle sera complète, le gymnase égyptien aura abandonné le statut d'association privée pour prendre, comme partout ailleurs dans le monde grec, celui d'un établissement public (4).

Ce caractère municipal des institutions éducatives rend difficile un exposé synthétique qui soit à la fois exact et précis. On sait quel attachement passionné témoignèrent les Grecs à l'idéal de la liberté et de l'autonomie : les cités hellénistiques, qui ne purent même pas s'accorder pour adopter un calendrier commun, n'ont pas suivi une politique scolaire uniforme. Les choses se compliquent comme à plaisir : les mêmes titres désignent dans telle et telle cité des magistratures différentes, tandis que dans d'autres

---

7. *APF.* II, 528, 26; *SEG.* VIII, 504; 531; 694.

cas des fonctions homologues sont remplies par des personnages revêtus de titres différents...

Il faut donc procéder avec précautions : il n'est pas vrai, pour commencer, que dans toutes les cités hellénistiques l'éducation soit devenue, purement et simplement, une institution d'Etat. Service d'intérêt général auquel l'Etat ne veut plus demeurer indifférent, elle est, à peu près partout, l'objet de la sollicitude des cités, mais elle ne l'est pas toujours au même degré, ni de la même manière à tous ses échelons.

De toutes les institutions éducatives, la plus officielle, la seule même qui soit toujours une institution publique, c'est l'éphébie. Elle est très générale et apparaît partout où l'hellénisme s'implante ou cherche à s'implanter. Nous ne connaissons bien à vrai dire que l'histoire de l'éphébie athénienne, mais celle-ci semble bien avoir servi de modèle à celle des autres cités hellénistiques; on peut en tout cas la retenir comme type.

L'éphébie attique. Quoi qu'il en soit de ses origines, probablement lointaines, ou de la date, contestée, de son apparition, l'éphébie attique se présente comme une adaptation aux mœurs et au régime démocratiques du « dressage » spartiate de l'hoplite : c'est un système de formation, civique et surtout militaire, du soldat-citoyen. Attestée en gros dès 372 environ [8], cette institution paraît bien n'avoir reçu sa forme définitive qu'à une date très tardive : une hypothèse séduisante, — mais, il faut le reconnaître, aucun témoignage ne vient explicitement l'appuyer —, placerait cette (ré)organisation au lendemain de la bataille de Chéronée (338), sous l'effet du sursaut patriotique qui suivit cette défaite, dont on ne pouvait savoir qu'elle sonnait le glas de la liberté. Ce serait en vertu d'une loi attribuée à un certain Epicratès [9] qui se situerait entre 337 et 335. Mais nous ne la connaissons bien qu'à partir du moment (334/3) où apparaissent les inscriptions qui nous la montrent fonctionnant régulièrement [10], et par l'analyse détaillée d'Aristote [11], qui la décrit telle qu'il a pu l'observer vers 325 (5).

Elle correspond alors très exactement au service militaire obligatoire, telle qu'il a été organisé par nos Etats modernes. Chaque

8. ESCHN. *Amb.* 167. — 9. HARPOCR. s. v. — 10. *IG.* ² II, 1156. — 11. *Ath.* 42.

année, les dèmes dressaient, sur la foi des documents de l'état civil, la liste des jeunes gens atteignant la majorité civile, soit dix-huit ans. Cette liste était soumise au contrôle, à la révision de la Boulè. Leur titre à jouir du droit de cité dûment vérifié, les jeunes conscrits étaient enrôlés, encadrés par un corps d'officiers élus, et effectuaient deux années de service : la première se passait dans les casernes du Pirée, où ils recevaient une instruction physique et militaire; pendant la seconde, ils se livraient à des manœuvres de service en campagne, tenaient garnison dans les postes fortifiés de la frontière et remplissaient les fonctions de « miliciens ». Les éphèbes sont nourris par l'Etat et portent un uniforme [12] : un grand chapeau, πέτασος, sur les cheveux coupés courts, et une chlamyde noire (qu'ils échangeront pour une blanche en 166-168 de notre ère, au moins pour les cérémonies religieuses, à la suite d'une libéralité d'Hérode Atticus [13]).

Ainsi l'éphèbe athénien est alors, avant tout, un jeune soldat; mais, pour être prépondérant, ce caractère militaire n'est pas unique : l'éphébie du IVe siècle est aussi une sorte de noviciat civique, de préparation morale et religieuse au plein exercice des droits et des devoirs du citoyen. Il est difficile, d'ailleurs, de discerner, dans l'état actuel de notre documentation, ce qui, dans ce domaine, peut être un héritage d'un lointain passé ou au contraire appartient aux innovations moralisatrices du milieu réformateur groupé autour de l'orateur Lycurgue. Les éphèbes commencent leur temps de service par un pèlerinage officiel aux principaux sanctuaires de de la cité [14] et à la fin de la première année, au moment où, devenus de vrais soldats, ils reçoivent leurs armes, ils prêtent le serment fameux :

Je ne déshonorerai pas ces armes sacrées, ni n'abandonnerai mon compagnon là où je serai en ligne; je combattrai pour les dieux et les foyers et je ne laisserai pas la patrie diminuée, mais (je la laisserai) plus grande et plus forte que je ne l'ai reçue, cela dans la mesure de mes forces et avec l'aide de tous... [15]

qui se continue par ces mentions si remarquables au point de vue politique (l'accent démocratique y a été certainement souligné à une époque récente si, pour l'essentiel, ce serment est bien, comme il semble, archaïque) :

12. POLL. X, 164. — 13. PHILSTR. *V. S.* II, 1, 550; *IG.*² II, 2090; 2606. — 14. ARSTT. *Ath.* 42. — 15. BEHE, 272, 302-3.

et je serai docile à ceux qui successivement auront autorité (sur moi et l'exerceront) avec sagesse, et j'obéirai aux lois existantes, et à celles que la sagesse des chefs pourra établir

(le texte conservé par Stobée [16] dit de façon plus précise : et à celles que le peuple établira d'un commun accord);

si quelqu'un cherche à les renverser ou à leur désobéir, je ne le souffrirai pas, mais je combattrai pour elles [17], de toutes mes forces et avec l'aide de tous; et je vénérerai les cultes de mes pères. (En soient) témoins : Aglauros, Hestia, Enyô, Enyalios, Arès et Athèna Aréia, Zeus, Thallô, Auxô, Hégémonè, Héraclès, les frontières de la patrie, ses blés, orges, vignes, oliviers et figuiers!

Mais quelle tragique ironie! Athènes organise méticuleusement le recrutement de son armée nationale au moment précis où la victoire de Philippe et l'hégémonie macédonienne viennent de mettre fin à l'indépendance hellénique, au régime de la cité libre. Comme il arrive si souvent dans l'histoire des institutions, celle de l'éphébie n'a été définitivement mise au point qu'à la date où, pratiquement, elle cessait d'avoir sa raison d'être.

On sait comment l'évolution de la politique internationale anéantit les espérances d'un redressement national qui avaient soutenu l'effort réformateur de Lycurgue (337-326) : dès l'issue désastreuse de la guerre « hellénique » (322), il devint clair qu'Athènes, comme d'ailleurs toutes les autres cités de la Grèce propre, ne serait plus qu'un pion sur l'échiquier diplomatique où se heurtaient les ambitions des rois successeurs d'Alexandre. De 323/2 à 256-229, Athènes sera successivement soumise à sept maîtres différents et connaîtra six « libérations » et leurs joies éphémères; elle n'est plus un acteur mais un objet du jeu politique et cela jusqu'au moment où après Pydna (168) elle tombera, comme tout l'Orient, sous la domination romaine.

Avec la perte de l'indépendance, l'armée civique n'a plus de sens (Athènes, ou du moins la position-clef du Pirée, est souvent occupée par une garnison étrangère) : l'éphébie, telle que nous venons de la décrire, cesse de fonctionner régulièrement. Elle ne disparaîtra pas, mais, par une évolution paradoxale, cette institution, conçue pour être mise au service de l'armée et de la démocratie, se transforme dans cette Athènes nouvelle où triomphe

16. XLIII, 48. — 17. STOB. *id.* ; POLL. VIII, 105-6.

l'aristocratie en un pacifique collège où une minorité de jeunes gens riches vient s'initier aux raffinements de la vie élégante.

> *Son évolution à l'époque hellénistique.*

Les inscriptions nous permettent de marquer les étapes de cette dégradation. Pendant la période qui va de 334 à 325, le contingent annuel des éphèbes se situait entre trois cent quatre-vingts ou quatre-vingt-dix dans les années creuses, et six cent cinquante ou sept cents dans les années favorables au point de vue démographique. En 306/5, ce chiffre est de l'ordre de quatre cents [18] : année creuse sans doute; il est peu probable qu'une réforme soit déjà intervenue, moins de trente ans après la loi attribuée à Epicratès. Pendant près de 35 ans, les inscriptions nous font défaut; lorsqu'elles réapparaissent, l'effectif a diminué de façon spectaculaire : trente-trois conscrits seulement en 267/6 [19], et le chiffre s'abaisse encore dans les années suivantes : vingt-neuf en 247/6 [20], vingt-trois en 244/3 [21]. Il est évident qu'une transformation profonde a été introduite dans le régime de l'éphébie, sans doute au début du IIIe siècle (6) : elle est devenue annuelle, onéreuse (au IVe siècle les éphèbes recevaient une solde de quatre oboles par tête [22]), facultative, réservée de fait aux jeunes gens fortunés. Une page est tournée : à l'éphébie militaire succède une autre éphébie, de type éducatif celle-là, qui prospère bientôt. L'effectif annuel des éphèbes remonte à soixante-dix ou dix-neuf dès 162/1 [23], atteint cent sept en 128/7 [24]; leur nombre s'élèvera encore : cent quarante et un en 119/8 [25], cent soixante-sept en 117/6 [26], pour se stabiliser entre cent vingt et cent quarante pendant plusieurs générations (7).

Mais dans ce total, les jeunes Athéniens ne sont plus seuls à compter : à partir de 119-118, les étrangers sont admis dans le corps éphébique (8), fait paradoxal qui montre bien que l'institution n'a plus rien du caractère national qu'elle possédait à l'origine : ces étrangers paraissent avoir été d'abord les fils des riches marchands syriens et italiens installés à Délos, mais bientôt leur recrutement ne dépend plus des colonies de résidents établis dans l'Attique ou dans ses dépendances : ce sont des jeunes gens venus

---

18. *IG.*² II, 478. — 19. *IG.* ² II, 665. — 20. *IG.*² II, 681. — 21. *IG.*² II, 700; *Hesp.* 7 (1938), p. 110-114, n° 20. — 22. ARSTT. *Ath.* 42, 3. — 23. *Hesp.* 2 (1933), p. 503-504, n° 16. — 24. *Hesp.* 24 (1955), p. 288 s. — 25. *IG.*² II, 1008. — 26. *IG.*² II, 1009; *Hesp.* 15 (1946), p. 213; 16 (1947), p. 170.

des villes de la Grèce d'Asie, de Syrie, de Thrace ou même de l'Euxin, de Cyrène ou de Rome, qui viennent à Athènes achever leur formation, sinon à proprement parler leurs études, attirés par le renom d'élégance qui s'attache à la cité glorieuse et en particulier à son collège éphébique. Celui-ci est devenu un des luxes d'Athènes, et visiblement un certain snobisme s'attache à sa fréquentation. On le comparera volontiers aux collèges des Universités britanniques du XIXe siècle : comme eux, l'éphébie athénienne s'adresse à une clientèle noble et riche ; elle ne prétend plus à rien d'autre qu'à la préparer à une vie de loisirs élégants.

Longtemps, sans doute, subsisteront des traces de sa finalité première, militaire et civique. Les étrangers ne sont pas admis sur le même pied que les citoyens : sur les catalogues, ils sont « inscrits à la suite », en supplément, ἐπέγγραφοι, et ne sont pas admis à prendre part aux concours. Ils continuent à recevoir une préparation militaire : en 123-122, nous les voyons se vanter d'avoir fait restaurer une vieille catapulte, oubliée en quelque coin de l'arsenal, pour pouvoir reprendre les exercices d'artillerie[27] ; en 102-101, ils s'honorent d'avoir « un peu plus souvent », πλεονάκις, effectué des manœuvres en campagne[28] : mais le caractère exceptionnel de telles mentions prouve qu'il n'y avait là plus rien de sérieux. L'état-major d'instructeurs militaires (professeurs de javelot, d'arc, d'artillerie, etc.) se réduit à un seul maître d'escrime, dont le rôle d'ailleurs est bien effacé (9).

Celui du maître de gymnastique, du pédotribe, par contre, ne fait que grandir : il devient un personnage de plus en plus considérable et considéré ; à partir du IIe siècle de notre ère, il est nommé à vie et sa charge est assez lourde pour qu'il soit nécessaire de lui donner un adjoint, l'hypo-pédotribe (10). Visiblement, il est maintenant la cheville ouvrière du collège, c'est sur lui que repose l'essentiel de la formation donnée aux éphèbes : l'éphébie athénienne, à l'époque hellénistique et romaine (nous la voyons fonctionner jusqu'en 260-270 de notre ère[29]), est en somme devenue un Institut supérieur d'éducation physique.

Elle n'en est pas moins un collège où la jeunesse dorée d'Athènes et d'ailleurs vient recevoir un dernier complément à sa formation. Par là se perpétue, au moins pour un milieu étroit et fermé, ce caractère fondamental de la plus ancienne éducation grecque :

27. *IG.*² II, 1006, 34-5 ; 81. — 28. DITT. *Syll.* 717, n. 18. — 29. *IG.*² II, 2245 ; *Hesp*, 2 (1933), p. 505-511 ; 11 (1942), p. 71, n° 37.

pour ces jeunes gens, comme pour leurs lointains prédécesseurs de l'époque homérique ou aristocratique, le sport reste le fondement de la haute culture, de la vie élégante, et par suite de l'éducation.

Cependant, les temps sont changés; si importante que soit la place reconnue au sport, elle n'est plus exclusive. Dès le IIe siècle avant Jésus-Christ, à côté de l'éducation physique, apparaît un enseignement proprement intellectuel qui vise à donner aux éphèbes au moins une teinture de lettres et de philosophie. Nous étudierons plus loin cette culture générale éphébique dont le niveau se situe assez bas : l'éphébie s'adresse à une clientèle de jeunes désœuvrés, peu soucieux de conquérir une haute technicité dans les différents domaines des sciences de l'esprit.

Beaucoup plus qu'à ces leçons, simples conférences de vulgarisation, ils attachent du prix aux relations amicales qui se nouent entre eux, à l'expérience de la vie de société qu'ils acquièrent au sein de cette petite communauté : celle-ci s'organise d'ailleurs comme une cité en miniature, avec assemblée, magistrats élus [30], séances de discussion, vote de motions, etc. Ici on pourrait voir une autre survivance de l'éphébie primitive, conçue comme noviciat civique; mais ces jeux parlementaires, qui évoquent les exercices de notre Conférence Molé-Tocqueville, se déroulent dans l'atmosphère très aristocratique qui devient de plus en plus, surtout à l'époque romaine, celle de la vie municipale d'Athènes, et relèvent, comme tout le reste de la vie éphébique, du même apprentissage de la vie noble.

L'éphébie hors d'Athènes. Nous retrouvons l'éphébie dans plus d'une centaine de cités hellénistiques, dispersées dans toute l'étendue du monde grec, de Marseille au Pont-Euxin (11); elle s'y présente partout sous les mêmes traits qu'à Athènes, à quelques nuances près : ainsi dans certaines cités doriennes, où l'institution pouvait se rattacher à une vieille tradition locale, les éphèbes portaient des noms particuliers : comme ils s'appelaient *irènes* à Sparte, on les connaissait à Cyrène sous celui de τριαχάτιοι [31], en Crète sous celui de ἀπόδρομοι ou d'ἀγέλαοι [32]. La durée de leur entraî-

---

30. *IG.*² II, 2130. — 31. HESCH. *s. v.*, *A. I.* III (1930), 189. — 32. AR. BYZ. *Onom.* 429; DITT. *Syll.* 527, n. 6.

nement, en général fixée à un an, pouvait s'élever à deux, exceptionnellement comme à Cyzique [33], normalement comme à Apollonis [34], voire à trois, semble-t-il, à Chios [35] (12).

Comme à Athènes, on rencontre souvent des traces, plus ou moins accusées, des caractères originaires de l'éphébie : sous l'Empire, dans un tel coin perdu d'Achaïe, à Pellène, on se souvient encore que le passage par l'éphébie a été jadis une condition nécessaire au plein exercice des droits de citoyen [36]. Souvent les éphèbes, en corps, figurent dans les processions [37], chantent en chœur des hymnes aux dieux [38], jouent un rôle dans la vie religieuse officielle de la cité (13). Au moins jusqu'à la fin du IIIe siècle, les exercices militaires figurent encore au programme normal des études, comme on le voit par le programme des concours [39] ou la composition du corps des instructeurs [40].

Mais à prendre les choses dans leur ensemble, on peut dire que l'éphébie hellénistique est partout devenue, comme à Athènes, plus aristocratique que civique, plus sportive que militaire. En dépit des apparences, en effet, ses caractères sont bien analogues dans les vieilles cités helléniques de la Grèce propre ou de l'Asie Mineure et dans les pays neufs, où l'hellénisme fait figure de puissance colonisatrice. On croit saisir parfois un lien assez étroit entre les gymnases éphébiques et les armées royales, mais ce lien paraît bien demeurer toujours indirect (14) : l'éphébie n'est pas organisée en vue de préparer des soldats, mais comme les grands royaumes hellénistiques recrutent de préférence leurs mercenaires parmi la population grecque (ou macédonienne), par la force des choses, beaucoup d'anciens éphèbes font une carrière militaire, et inversement les garnisons forment des noyaux de population grecque dont les enfants fréquentent à leur tour le gymnase : la chose en particulier a été bien observée en Egypte (15).

Mais ce que ces Grecs, perdus en pays barbare, demandent avant tout à l'éphébie, c'est moins de préparer leurs fils à une carrière déterminée, la carrière militaire par exemple, que de les initier à la vie grecque, et d'abord à ce goût des exercices athlétiques qui en est le caractère le plus apparent. Facteur d'hellénisme, l'éphébie est par là même, dans ces pays « coloniaux », un facteur d'aristocratie. On le voit bien dans l'Egypte romaine

33. *CIG.* 3665, 11. — 34. *BCH.* (1887), 86, n° 6, 1. 4. — 35. DITT. *Syll.* 959. — 36. PAUS. VII, 27, 5. — 37. *IGR.* IV, 292; DITT. *Syll.* 870; 885. — 38. F. *Éph.* II, n° 21, 535. — 39. DITT. *Syll.* 958, 245. — 40. *Id.* 578, 21-24.

où l'évolution qui s'amorçait au temps des Ptolémées est parvenue à son terme : l'éphébie y est devenue une institution officielle, intégrée dans la nouvelle organisation municipale (16). Son rôle est d'initier les jeunes Hellènes à cette vie sportive qui fera d'eux de vrais civilisés, distincts des indigènes, ces Αἰγύπτιοι (on peut déjà transcrire « Coptes »), méprisés comme barbares : c'est pourquoi elle se place à quatorze ans [41], au seuil de l'adolescence. Mais, à supposer, comme il semble, que l'éphébie proprement dite ne dure qu'un an, ses effets se font sentir pendant la vie entière : des associations groupent encore, dix ou quatorze ans plus tard, les anciens camarades de la même classe, αἵρεσις [42] (17). C'est une aristocratie privilégiée que celle des Grecs qui, dans les déclarations officielles, peuvent faire suivre leur nom et celui de leurs ascendants mâles de la mention « anciens élèves du gymnase », ἀπὸ γυμνασίου, ἐκ τοῦ γυμνασίου [43] (18). Un papyrus d'Oxyrhynque, daté de l'an 260 ap. J.-C. [44], nous montre un père de famille qui, demandant l'inscription de son fils âgé de quatorze ans, énumère les années d'éphébie de ses ancêtres, en remontant, du côté paternel, jusqu'à la septième génération, où l'on a déjà « un ancien du gymnase » en 4/5 ap. J.-C. C'est pourquoi des parents précautionneux tiennent parfois à faire inscrire à l'avance leurs enfants sur la liste des éphèbes, même s'ils n'ont que douze, sept, trois [45], voire un an [46] (19). Le rôle social de l'éphébie condition indispensable à l'exercice des droits civiques, est tel que les adolescents empêchés par quelque infirmité physique — une mauvaise vue par exemple — de participer aux exercices sportifs n'en obtiennent pas moins d'être inscrits au nombre des éphèbes : une classe spéciale (τάξις) est prévue pour eux (20).

Facteur d'hellénisme, l'éphébie est par là même un puissant instrument d'hellénisation : est Grec qui a reçu la culture grecque; lorsque le grand Pontife Jason veut introduire l'hellénisme à Jérusalem, son premier acte est d'y organiser un corps d'éphèbes, recrutés parmi les jeunes nobles, qui, coiffés du pétase, s'exerceraient dans un gymnase aux exercices athlétiques [47]. L'éphébie accompagne partout les progrès de l'hellénisme; là où celui-ci ne s'implante que tardivement, elle n'apparaît que très tard, à la fin du second siècle, dans telle cité de la lointaine Paphlagonie [48];

---

41. WILCKEN, Chrest. 143; 146. — 42. Id. 141, 142; BSAA. VII (1929), 277, 3. — 43. P. Fior. 79, 24; P. Oxy 2186. — 44. P. Oxy. 2186. — 45. P. Tebt. II, 316. — 46. BGU. 1084. — 47. 2 Mac. 4, 9; 12; 14. — 48. IGR. III, 1446.

LES INSTITUTIONS

elle persiste aussi longtemps que la vie antique elle-même : en 323 après Jésus-Christ, au lendemain du triomphe définitif de Constantin sur son dernier adversaire, Licinius, alors que depuis plus de cinquante ans l'éphébie athénienne a cessé de faire parler d'elle, il y a encore des éphèbes à Oxyrhynque [49].

Les magistratures éphébiques. L'intégration de l'éphébie au cadre officiel de la cité, qui s'explique par les origines mêmes de l'institution, se traduit concrètement par l'existence de magistrats chargés du contrôle, de la surveillance et de la direction effective de ce collège. De toutes ces fonctions, la plus généralement représentée est celle, au nom caractéristique, de « chef du gymnase », γυμνασίαρχος (21) : elle est toujours confiée à un personnage très considéré, qui est quelquefois « le premier de la cité [50] », choisi, on verra bientôt pourquoi, parmi les citoyens les plus influents et surtout les plus riches. Au moins dans l'Egypte romaine, tant à Alexandrie que dans les métropoles des nomes, la gymnasiarchie se situe au faîte des honneurs municipaux (22).

Attestée dans plus de deux cents cités, cette magistrature est si répandue qu'on peut la considérer comme générale. En dehors des cités proprement dites, on trouve des gymnasiarques dans les petits centres urbains de l'Egypte intérieure, métropoles de nomes ou même simples bourgades (23). Là où on ne trouve pas le mot (ou bien là où le mot désigne une autre chose), la fonction elle-même n'est pas absente : c'est le cas à Athènes où elle est remplie par le magistrat appelé κοσμήτης, « gardien de l'ordre ».

Ce haut personnage se fait aider dans sa tâche par un adjoint, l'hypo- (ou, plus rarement, l'anti-) gymnasiarque. A Athènes, on voit également s'introduire à côté du cosmète un, quelquefois deux sous- (ou anti-) cosmètes; au IVe siècle, l'administration éphébique est en outre assurée par un comité de « contrôleurs de la sagesse », σωφρονισταί, au nombre de dix, élus à raison d'un par tribu; disparu à une date incertaine au cours de la période hellénistique, ce comité réapparaît sous l'Empire : il est alors composé de six sophronistes doublés d'autant de sous-sophronistes. Dans les cités populeuses ou bien organisées, les gymnases se multiplient en se spécialisant par classes d'âge, la fonction se

---

49. *P. Oxy.* 42. — 50. *IG*, XII, 5, 292.

dédouble : au-dessus des gymnasiarques préposés à chaque établissement, un gymnasiarque général contrôle l'ensemble de tous ceux de la cité (24).

Le gymnasiarque domine de haut : ce n'est pas lui qui s'occupe de l'instruction des éphèbes, dont a la charge un praticien, le pédotribe à Athènes, le cosmète dans les gymnases d'Égypte. Souvent un officier, qui lui est normalement subordonné, prend le commandement direct de la troupe des jeunes conscrits : c'est le « chef des éphèbes », ἐφήβαρχος, ἀρχέφηβος, ἐφηβοφύλαξ, choisi quelquefois parmi les éphèbes eux-mêmes. Le gymnasiarque est donc une sorte de directeur général ou, mieux, de contrôleur, d'inspecteur de l'éphébie.

Je m'excuse auprès du lecteur d'accumuler tant de précisions fastidieuses : elles peuvent servir à lui faire entrevoir tout le soin dont les cités hellénistiques continuaient à entourer cette institution de l'éphébie bien que désormais elle eût perdu sa première finalité militaire pour se transformer en un instrument de haute éducation. Mais si l'éphébie, à cause de ses origines, est de beaucoup l'institution la plus « étatisée », les autres institutions ne sont cependant pas toujours rejetées en dehors de la sphère officielle. Dans un assez grand nombre de cités, notamment dans cette Asie Mineure qui va devenir, sous l'Empire, le cœur du pays grec, nous trouvons un magistrat spécial, chargé des écoles inférieures, le « pédonome », παιδόνομος; ce titre n'y désigne pas, comme à Sparte, un commissaire général à la jeunesse, mais un simple inspecteur des écoles primaires et secondaires. Inférieur au gymnasiarque dans la hiérarchie des honneurs, il remplit, dans son domaine propre, des fonctions analogues à celles du gymnasiarque vis-à-vis des éphèbes : les chartes épigraphiques des écoles de Milet ou de Téos [51] nous le montrent chargé, par exemple, de présider au choix des maîtres, de régler les contestations qui peuvent s'élever entre ceux-ci. La tâche peut devenir assez lourde pour qu'il soit parfois nécessaire de dédoubler la fonction : il y a non plus un, mais plusieurs pédonomes à Milet, à Priène, à Magnésie du Méandre, à Cyrène. Là où, comme à Téos par exemple [52], la coéducation est de règle, leurs attributions s'étendent à l'éducation des filles; ailleurs, un inspecteur est prévu pour celles-ci : tel est à Pergame [53], sinon à Smyrne [54], le « préposé à la bonne tenue des

---

51. DITT. *Syll.* 577; 578. — 52. *Id.* 578, 9. — 53. *AM.* 1912, p. 277; *Ins. Perg.* II, 463. — 54. ROBERT, *Ét. Anat.* 56, 19.

jeunes filles », ὁ ἐπὶ τῆς εὐκοσμίας τῶν παρθένων, à moins qu'elles ne relèvent de la juridiction des gynéconomes, comme à Magnésie du Méandre [55] (25).

Pas d'écoles d'Etat. La logique du système aurait voulu que l'Etat, si préoccupé de la bonne marche des établissements d'éducation, en assumât lui-même la direction et l'entretien. C'est cette logique que les érudits hellénistiques ont projetée dans le passé en attribuant [56] au vieux législateur Charondas de Catane (confondu pour la circonstance avec son confrère Zaleucos de Locres) l'institution d'écoles obligatoires, gratuites et publiques (26).

Mais à cette logique faisait obstacle la structure économique de la cité, demeurée si frêle et somme toute si archaïque. Elle ne possède ni les ressources, ni les services administratifs nécessaires pour assumer directement la charge d'un enseignement public. Seule l'éphébie, encore une fois à cause de ses origines, et par suite les gymnases qui en dépendent, étaient normalement (27) fondés et entretenus par la collectivité. Quant aux écoles plus élémentaires, elles étaient, nous l'avons vu, à l'origine, privées, et le plus souvent le demeurèrent.

Mais le sens accru de l'importance sociale qui s'attachait à l'éducation souffrait de cet abandon : la solution pratique consista à faire appel à la générosité des particuliers pour assurer le financement de ce service d'intérêt général. C'est l'appel au mécène, disons, pour parler grec, au « bienfaiteur », Εὐεργέτης (on sait quelle fut la faveur de ce surnom, recherché des souverains, prodigué aux particuliers par tant de décrets honorifiques) : il fut érigé en système et caractérise toute la civilisation hellénistique et romaine; son usure annoncera le déclin de cette civilisation personnaliste et libérale : lorsque le patriotisme et l'amour de la gloire ne suffiront plus à inciter une bourgeoisie aux ressources amoindries à multiplier ses générosités, l'Etat (entendez désormais l'Empire) sera amené à réagir par des mesures de coercition contre cette fuite devant les charges municipales, et son intervention, de jour en jour plus exigeante, précipitera l'évolution du monde romain vers l'étatisme totalitaire du Bas-Empire.

---

55. DITT. *Syll.* 589. — 56. DS. XII, 12.

L'ÉDUCATION HELLÉNISTIQUE

Fondations scolaires. Le système de l' « évergétisme » s'est matérialisé dans l'institution, si caractéristique, des fondations par lesquelles un particulier assure à la cité, par le don d'un capital convenable, les revenus nécessaires à l'entretien ou du moins à l'amélioration d'un service public. Il y en avait de toute sorte : pour assurer le ravitaillement, la construction ou l'entretien de monuments publics, les frais des cérémonies religieuses (28). Nous en connaissons au moins quatre qui ont eu pour objet l'établissement et la dotation d'écoles élémentaires et secondaires.

Vers la fin du IIIe siècle, un certain Polythrous donna à sa cité de Téos une somme de 34.000 drachmes qui, placées à 11,5 % environ, devaient produire un intérêt de 3.900 drachmes destiné à assurer le salaire d'un corps professoral dont la charte de fondation spécifie la composition et les traitements [57].

En 200-199, Eudèmos de Milet lègue pareillement à sa ville natale 60.000 d. qui, placées à la Banque d'Etat, rapporteront, à 10 %, 6.000 d., dont un peu plus de la moitié, 3.360 d., seront consacrées au paiement du personnel enseignant, dont le statut est également très minutieusement prévu, le reste servant à assurer les frais de divers sacrifices [58].

Les deux autres fondations sont dues à des princes, agissant non point en tant que souverains, à l'intérieur de leur royaume, mais à titre particulier dans des Etats étrangers (non, bien entendu, sans un arrière-souci de propagande) : en 160-159 (29), le futur Attale II de Pergame, déjà associé à la couronne par son frère Eumène II, donne à la cité de Delphes, qui avait appelé la monarchie pergaménienne au secours de ses finances en détresse [59], une somme de 18.000 d. « pour l'éducation des enfants » [60] : placée à 7 %, elle devait rapporter 1.260 d. qui serviraient à payer les « maîtres », παιδευταί.

Sans doute vers le même temps, ou un peu auparavant, c'était Eumène II qui avait offert aux Rhodiens une donation de 28.000 médimnes de blé dont la valeur, capitalisée, devait servir à payer le personnel enseignant de la cité, donation que Polybe reproche aux Rhodiens d'avoir acceptée, au mépris de l'indépendance et de la fierté nationales [61].

57. DITT. *Syll.* 578. — 58. *Id.* 577. — 59. *Id.* 671. — 60. *Id.* 672, 4. — 61. POL. XXXI 31, 1.

Les inscriptions de Téos et de Milet, méticuleuses à souhait, nous font connaître non seulement le nombre et les appointements des maîtres, mais encore leur mode de recrutement. A Milet, ils seront élus, pour chaque année, par l'assemblée des citoyens, parmi les candidats qui auront déposé leur nom entre les mains des pédonomes [62]. A Téos il en est de même, sauf pour les instructeurs militaires qui seront embauchés directement par le pédonome et le gymnasiarque, sous réserve de confirmation par l'assemblée du peuple [63]. Bien qu'à Milet le généreux fondateur ne se désintéresse pas de la vie des écoles ainsi dotées (il participe, et après sa mort l'aîné de ses descendants après lui, à la procession quinquennale prévue par la charte [64]), il n'intervient pas dans leur administration : rien de comparable au rôle des *trustees* dans les fondations scolaires ou universitaires des pays anglo-saxons; ces fondations hellénistiques aboutissaient, on le voit, à la création d'une véritable école publique, tout entière entre les mains de la cité.

Mais, si remarquables, si originales que soient ces « écoles de fondation », *Stiftungsschulen*, il serait excessif d'en faire le trait dominant de l'éducation hellénistique. Nous n'en connaissons, somme toute, que ces quatre exemples, et qui appartiennent tous au même temps (200-160). Faute d'avoir été entretenues ou renouvelées, il y a bien des chances pour que, même dans ces quatre cités, leur effet, à la longue, se soit effacé.

Ecoles privées. Quoi qu'il en soit, dans notre tableau des institutions scolaires, il faut réserver la place la plus importante à l'école privée, entretenue par les redevances payées par les élèves au maître et fonctionnant sur un plan strictement commercial. Les documents en attestent l'existence de la façon la plus constante et la plus naturelle, qu'il s'agisse d'écoles littéraires, comme celle où nous introduit si pittoresquement le mime d'Hérondas [65], ou d'établissements d'éducation physique comme ces palestres qu'on désignait familièrement par le nom de leur propriétaire ou *manager* : palestres de Timéas [66] ou d'Antigénès [67] à Athènes, palestres de Staséas, de Nicias ou des Nicoratos, père et fils, à Délos [68].

62. DITT. *Syll.* 577, 25 s. — 63. *Id.* 578, 7 s.; 22-23. — 64. *Id.* 577, 57 s.; 73-75. — 65. HER. *Did.* — 66. DITT. *Syll.* 67, 60-62; *IG*², II, 957, 47. — 67. *Id.* 958, 60. — 68. DURRBACH, *Choix*, 117.

Encore une fois, seule l'éphébie est normalement assumée par l'Etat; il est exceptionnel de trouver un établissement officiel d'enseignement secondaire comme est le « collège de Diogène » à Athènes, Διογένειον (30) : tel du moins que nous le connaissons sous l'Empire, c'est un établissement d'État, fréquenté par des jeunes gens se destinant à l'éphébie; l'enseignement, physique et intellectuel à la fois, y est sanctionné par des examens qui se passent sous la présidence d'un stratège [69]; le corps professoral et les employés sont assimilés aux fonctionnaires de l'éphébie proprement dite, à la suite desquels ils apparaissent sur les inscriptions.

Liturgies et fondations d'entretien. D'ailleurs, même pour le bon fonctionnement de cette éphébie officielle, on avait fréquemment recours à la générosité des riches citoyens. Le droit public grec avait en quelque sorte réglementé cet appel normal à la fortune privée par l'institution des prestations appelées liturgies. Leur usage se multiplie à l'époque hellénistique et romaine.

Il arrive, c'est notamment le cas à Athènes, que le titre de gymnasiarque ne désigne pas le magistrat chargé du contrôle de l'éphébie (on sait qu'il s'appelle à Athènes le cosmète), mais un riche citoyen, chargé, pour un an, d'assurer à ses frais les dépenses inhérentes au bon fonctionnement de l'institution (ce peut être un éphèbe). Là même où la gymnasiarchie est une véritable magistrature, ἀρχή, il ne faut pas croire que l'élément « liturgique » en soit absent. Sans doute, en principe, le budget de la cité allouait à ce magistrat une somme déterminée, mais il était entendu qu'on comptait sur sa générosité pour arrondir cette somme, de telle sorte qu'il pût parer soit à des dépenses extraordinaires, telles que la restauration ou la construction d'un gymnase, soit même aux dépenses normales de l'exercice : fournitures, frais d'entretien, traitements des professeurs.

C'est pourquoi on recherche pour la fonction de gymnasiarque les citoyens non seulement les plus honorables, mais aussi les plus riches et les plus généreux. Cette considération financière l'emporte sur toute autre : c'est pourquoi on voit la gymnasiarchie reportée plusieurs années de suite sur le même dignitaire, attribuée à vie à tel docile bienfaiteur, voire devenir héréditaire; peu importe

---

69. PLUT. *Qu. Conv.* 736 D.

la qualification personnelle du titulaire : on associe les femmes à l'honneur, comme à l'effort financier, de leur mari ou de leur fils ; on leur décerne même quelquefois personnellement la gymnasiarchie, qui peut échoir, pour les mêmes raisons, à un tout jeune enfant, riche héritier (31).

Ici encore des fondations privées viennent aider au financement de l'institution. Certaines ont pour but d'aider, de façon générale, le gymnasiarque à remplir dignement l'ensemble de ses obligations ; d'autres, ce sont les plus nombreuses, sont spécialement affectées à celle de ses dépenses qui était la plus lourde : la fourniture de l'huile nécessaire aux exercices athlétiques ; nous en connaissons une vingtaine, échelonnées du IIIe siècle avant Jésus-Christ au IIe siècle après (32).

Les jeux et les fêtes, sanction officielle. Mais si la faiblesse financière de la cité ne lui permettait pas d'assumer de façon directe l'ensemble de la fonction éducative, elle intervenait encore en ce domaine et soumettait en quelque sorte l'éducation de la jeunesse à un contrôle officiel par l'institution de jeux ou concours, tant athlétiques que « musicaux » : ces jeux, intégrés aux fêtes nationales de la cité, étaient entourés d'un prestige tel qu'ils constituaient pour les études une efficace sanction ; au prix de quelque anachronisme, nous pourrions dire que le système d'éducation hellénistique se définit par un enseignement libre (une fois réservé le cas des écoles de fondation devenues publiques) sanctionné par des examens d'Etat.

Le même rôle de sanction morale par l'intégration à la vie officielle était joué par la participation des enfants et, nous l'avons vu, des éphèbes aux processions solennelles et aux sacrifices offerts aux dieux de la cité. Leur présence y était requise par la loi (ainsi à Tamynai d'Eubée [70] ou à Amorgos [71]) : c'est même là seulement que nous trouvons quelque équivalent à notre législation sur l'obligation scolaire.

Organiser ces processions, s'assurer que la jeunesse y figurera avec ordre ou dignité et fera honneur à la cité, constituent une des charges majeures des magistrats spécialisés dans l'éducation, gymnasiarques et pédonomes. Dans la mesure où nous pouvons reconstituer le calendrier scolaire des villes hellénistiques, nous

70. *IG.* XIII, 9, 154. — 71. *IG.* XII, 7, 515.

sommes frappés de la place qu'y occupent les jours « fériés » : ce ne sont pas des jours de vacances, mais de cérémonies officielles où la jeunesse, enfants des écoles et éphèbes du gymnase, participe à des manifestations d'un caractère à la fois civique et religieux, l'équivalent de ces grands rassemblements auxquels les régimes totalitaires de notre temps ont commencé à nous habituer de nouveau (33).

CHAPITRE III

L'éducation physique

Abordons l'étude du contenu même de cette éducation : comme je l'ai déjà signalé à propos de l'éphébie, la gymnastique reste encore, au moins au début de la période hellénistique, l'élément, sinon prépondérant, du moins caractéristique, de la formation du jeune Grec. Le goût et la pratique des sports athlétiques demeurent, comme à l'époque archaïque, un des traits dominants de la vie grecque, qui définissent celle-ci par rapport aux barbares : plaçons-nous à Jérusalem, vers 175 avant Jésus-Christ ; adopter « les usages des goyim [1] », c'est essentiellement, pour les Juifs de ce temps, s'exercer, nus, sur un terrain de sport [2]. Partout où s'implante l'hellénisme apparaissent gymnases, stades, aménagements sportifs ; nous les retrouvons partout, de Marseille [3] à Babylone [4] ou Suse [5], de l'Egypte méridionale [6] à la Crimée [7] et non seulement dans les grandes cités, mais jusque dans les plus petits villages de colonisation, par exemple au Fayoûm [8]. Le sport n'est pas seulement pour les Grecs un divertissement apprécié ; c'est quelque chose de très sérieux, qui se relie à tout un ensemble de préoccupations, hygiéniques et médicales, esthétiques et éthiques à la fois.

Aussi l'éducation physique reste-t-elle un des aspects essentiels de l'initiation à la vie civilisée, — de l'éducation. D'où la place naturellement prépondérante qui lui est faite dans le programme de l'éphébie, échelon supérieur de l'éducation aristocratique. Mais il ne semble pas qu'elle soit réservée à ces grands adolescents et que ceux-ci ne la découvrent qu'à la veille de leur entrée dans la vie adulte. On se souvient que dès l'époque archaïque la Grèce a connu des concours athlétiques et par suite une éducation phy-

1. *1 Mac.* 1, 15. — 2. *2 Mac.* 4, 9-14. — 3. *IG.* XIV, 2466. — 4. *SEG.* VII, 39. — 5. *Id.* 3. — 6. *Id.* VIII, 531. — 7. *IOSPE.* II, 299 ; 360 ; IV 459. — 8. *Aeg.* (1930-31), XI, 485.

177

sique concernant les enfants : le point qui demeurait obscur était de savoir quel était l'âge de ces derniers. Les documents, plus nombreux et plus précis, de l'époque hellénistique permettent de préciser davantage.

Il est certain d'abord que les enfants d'âge secondaire recevaient cette formation sportive : c'est évidemment le cas de l'Egypte où, nous l'avons vu, ils entraient dans l'éphébie à quatorze ans. Mais il en est de même ailleurs : nous trouvons à Pergame un gymnase des enfants, distinct de ceux que fréquentent les adultes, les *néoi* et les éphèbes [9]; à Lapethus [10], un gymnasiarque spécial s'occupe d'eux; ailleurs, à Erétrie [11], à Attaleia par exemple [12], le gymnasiarque général étend sa sollicitude sur les enfants. Un peu partout, à Chios [13], Téos [14], Larissa [15], Tamynai d'Eubée [16], et bien entendu Athènes [17], des compétitions sportives leur sont ouvertes : il s'agit de concours municipaux, s'adressant à la jeunesse de la cité; je ne parle pas ici des grands concours panhelléniques où désormais n'entrent guère en lice que des athlètes professionnels, spécialisés dès leur jeune âge [18].

Mais, dans ces concours, apparaissent souvent plusieurs catégories d'enfants : à Thespies, des « seniors », πρεσβύτεροι, s'y distinguaient sans doute de « juniors » [19], à Larissa [20], à Oropos [21], ailleurs encore [22], les enfants s'opposent, comme plus jeunes, aux « imberbes », ἀγένειοι; à Coronée [23], à Chalcis [24], la distinction est faite entre les « enfants », παῖδες, et les « enfants pleinement enfants », πάμπαιδες. On est en droit d'en conclure que la gymnastique était aussi pratiquée par des enfants d'âge très tendre (1) : ce n'est pas seulement à Sparte, où les petits *mikkikhizomènes* de neuf ou dix ans disputent des concours sportifs (2), mais très généralement dans le monde grec, que l'éducation physique accompagnait l'éducation littéraire dès sept ou huit ans; je suis frappé de la convergence des témoignages les plus divers : chartes épigraphiques des écoles de Téos et de Milet [25], textes littéraires [26], inscriptions funéraires [27], sans parler des monuments figurés (3).

De même, à l'époque hellénistique, Sparte n'est plus la seule

---

9. GAL. *San. tu.* II, 1 ; 12. *Ins. Perg.* 467, 7. — 10. *IGR*. III, 933. — 11. DITT. *Syll.* 714. — 12. *IGR*. III, 777; 783. — 13. DITT. *Syll.* 959. — 14. MICHEL, 897. — 15. DITT. *Syll.* 1058-59. — 16. MICHEL, 897. — 17. DITT. *Syll.* 667, n. 9; *IG.*² II, 957-964. — 18. *P. Cairo-Zenon* I, 59060 ; *PSI.* 340, 23 s. — 19. *IG.* VII, 1765. — 20. DITT. *Syll.* 1058. — 21. MICHEL, 889. — 22. *IG.* XIV, 738. — 23. MICHEL, 893. — 24. ID. 896. — 25. DITT. *Syll.* 577; 578. — 26. TEL. ap. STOB. 98, 72 ; [PLAT.] *Ax.* 366 a. — 27. *RPh.* 23 (1909), 6.

cité où l'éducation physique s'adresse aux fillettes et aux jeunes filles au même titre qu'aux garçons. Ecartons, bien entendu, ici aussi, l'athlétisme professionnel [28] : un texte nous apprend (mais ce n'est peut-être qu'une plaisanterie) qu'à Chios, par exemple, non seulement les jeunes filles recevaient la même formation sportive que les jeunes gens, mais qu'elles s'exerçaient avec eux sur les mêmes terrains [29]. On trouve, semble-t-il, quelque chose d'analogue à Téos [30] et, sans que la coéducation soit poussée jusqu'à cette limite, à Pergame [31].

L'éducation physique hellénistique s'adressait donc à une clientèle aussi vaste que variée ; il ne semble pas toutefois que sa pédagogie fût très diversifiée suivant l'âge et le sexe : tout au plus nous dit-on que les enfants étaient soumis à des exercices « plus légers », κουφότερα [32], que ceux des éphèbes ; les épreuves sportives des jeunes filles étaient, de même, moins dures que celles des garçons : à Olympie, par exemple, la course féminine des Heraia s'effectuait sur un parcours d'un sixième plus court que la piste normale des hommes [33].

Education physique et sport.

Nous pouvons donc nous contenter d'analyser de façon globale la pratique de cet enseignement, sans nous soucier de distinguer celui qui s'adresse plus particulièrement aux jeunes enfants de celui destiné aux éphèbes. A prendre les choses en gros, le cadre et l'esprit de cet enseignement demeurent à l'époque hellénistique ce qu'ils étaient à la période antérieure. Héritage de l'archaïsme, la gymnastique grecque a été fixée très tôt dans sa forme définitive et n'a pas été profondément modifiée sous l'influence du développement ultérieur de la civilisation. Sans doute, je l'ai rappelé à propos des Sophistes, il existe désormais un sport professionnel, de plus en plus distinct du sport des amateurs et par suite du sport scolaire ; sans doute aussi, d'Herodicos de Selymbria aux médecins de l'époque romaine (4), voyons-nous la science hygiénique se faire plus précise et plus exigeante, revendiquer pour elle le domaine de l'éducation physique. Celle-ci, néanmoins, reste fidèle à sa tradition propre. Elle ne s'oriente

28. DITT. *Syll.* 802 A. — 29. ATH. XIII, 566 E. — 30. DITT. *Syll.* 578, 14 ; cf. 9. — 31. *Ins. Perg.* 463 B ; cf. A. — 32. ARSTT. *Pol.* VIII, 1338 b 40. — 33. PAUS. V, 16, 3.

guère dans le sens d'un développement formel et désintéressé du corps ; elle a connu, nous le verrons, l'usage d'exercices analogues à ceux de notre gymnastique « suédoise », mais leur rôle est resté longtemps secondaire et subordonné. Comme à l'époque archaïque, l'éducation physique reste essentiellement sportive, dominée par la noble émulation de l'esprit de compétition : elle prépare l'enfant, puis l'adolescent, à figurer avec honneur dans des concours consacrés aux différentes épreuves d'athlétisme au sens strict.

Les autres sports sont nettement à l'écart. Même au Ve siècle, les sports hippiques, on s'en souvient, étaient l'apanage d'une minorité de grands propriétaires fonciers, d'un milieu aristocratique. C'est dans le même milieu qu'à l'époque hellénistique l'équitation continue à faire partie de l'éducation de la jeunesse : connaissant le caractère mondain qu'a pris le collège éphébique d'Athènes, on ne s'étonne pas de voir les exercices hippiques placés sur le même plan que la gymnastique ou les armes dans des inscriptions le concernant et qui datent des années 47-46 à 39-38 avant Jésus-Christ[34]. Comme aujourd'hui dans la bonne société britannique, on commençait très tôt l'apprentissage du cheval : dès la première adolescence[35], voire dès l'enfance, dès sept ans, concédait le médecin Galien[36] (5).

Habitués que nous sommes à considérer les Grecs comme un peuple de marins, nous nous étonnons de voir combien ils avaient peu développé la pratique des sports nautiques. Sans doute, rien n'est plus répandu chez eux que la pratique de la natation : « Il ne sait ni lire ni nager » est une façon reçue de désigner un imbécile[37], mais ce n'est pas là du sport. Les Anciens ne nous apprennent l'existence de concours de nage (ou de plongeon : le mot κόλυμβος est ambigu) que dans un seul endroit : au sanctuaire de Dionysos à l'égide noire, près de la petite ville d'Hermionè, en Argolide[38] (6).

Moins exceptionnelles sont les régates : on trouve des épreuves d'aviron aux Panathénées[39], à Corcyre (7) et, au moins à partir d'Auguste, à Nicopolis[40]. Aussi les éphèbes d'Athènes disputaient-ils, à l'époque hellénistique[41] et romaine[42], des courses de canots dans les eaux de Salamine et de Mounychie. Je crois qu'il faut

---

34. *IG.*[2] II, 1040, 29 ; 1042, ab 21 ; c 9 ; 1043, 21. — 35. TEL. *ap.* STOB. 98, 72 ; LUC. *Am.* 45. — 36. *San. tu.* I, 8. — 37. PLAT. *Leg.* III, 689 d ; SUID. III, M, 989. — 38. PAUS. II, 35, 1. — 39. *IG.*[2] II, 2311, 78. — 40. STEPH. BYZ. *s. v. Aelia.* — 41. DITT *Syll.* 717, n. 11. — 42. *IG.*[2] II. 1906, 9 ; 2024, 136 ; 2119, 223 ; 2130, 49 ; 2167 ; 2208, 146 ; 2245, *fin.*

voir dans cet effacement, au moins relatif, un héritage des origines très lointaines : les Grecs sont devenus, pour la plupart du moins, un peuple de marins; ils ne l'étaient pas tout d'abord : leurs lointains ancêtres sont venus du Nord, du continent, et la culture aristocratique dont le sport était un héritage vient tout droit de la tradition chevaleresque de ces envahisseurs, elle n'a pas été profondément contaminée par les survivances de la civilisation minoenne, beaucoup plus maritime, qu'ils sont venus supplanter en Egée.

L'éducation physique grecque s'intéresse donc surtout à l'athlétisme, entendez à l'athlétisme pur. Elle connaît bien des jeux de balle, de divers types : balle au mur, ἀπόρραξις, balle au voleur, φαινίνδα, à l'époque romaine ἁρπαστόν, balle en triangle, balle en l'air [43], voire une sorte de hockey, joué avec une crosse (8); ils étaient normalement pratiqués par les jeunes athlètes [44], concurremment avec les autres sports; mais ils n'étaient considérés que comme des amusements, au même titre que les osselets [45], tout au plus comme des exercices, et on ne s'étonne pas qu'un médecin leur ait consacré, du point de vue de leur portée hygiénique, un traité tout entier [46]. Mais ce n'étaient pas là de vrais sports; ils n'ont jamais conquis dans la faveur des Grecs la place qu'occupent chez les peuples modernes le rugby ou le base-ball. Nous ne les voyons nulle part figurer au programme des jeux, qu'il s'agisse des grands concours panhelléniques ou des concours municipaux. Le programme de ces derniers n'a pas varié depuis le VIe siècle et il définit le cadre de tout l'enseignement de la gymnastique; la liste en est bien connue : elle comprend la course à pied, le saut, le lancer du disque, celui du javelot, la lutte, la boxe et le pancrace.

Je caractériserai brièvement chacun de ces exercices, m'attachant surtout à les définir par rapport à ceux de l'athlétisme moderne dont, on va le voir, ils se rapprochent et se distinguent tour à tour (9).

Course à pied. — La course à pied pour commencer : pas de courses d'obstacles ni de cross-country. Les Grecs ne connaissaient que les courses sur piste plate et rectiligne. L'épreuve caractéristique, qui est non seulement la plus

---

43. ATH. I, 14 F-15 B; POLL. IX, 103-107. — 44. MFM. ap. PLAUT. *Bacch.* 428.   45. POLL. IX, 103-107. — 46. GAL. *Parv. pil.*

en faveur parmi les diverses espèces de courses, mais aussi, dans une certaine mesure, l'épreuve sportive par excellence (son vainqueur, par exemple, donne son nom à l'Olympiade) est la course du stade, στάδιον : le même mot désigne et la course et la piste qu'elle utilise et la distance sur laquelle elle est courue : six cents pieds, ce qui correspond à une distance variable (car le pied-étalon n'est pas le même dans toutes les cités) s'approchant de 200 mètres : le stade olympique a 192 m. 27, celui de Delphes 177 m. 5, celui de Pergame (cette dimension est exceptionnelle) 210 mètres. Ils ne connaissaient pas de distance plus courte et c'est pour nous un étonnement : notre athlétisme n'ignore pas tout à fait la course de 200 yards, mais il ne lui accorde pas grande faveur, la vraie course de vitesse, pour nous, étant de 100 mètres. La technique antique différait assez de la nôtre : le départ à genoux, par exemple, n'était pas pratiqué; le coureur grec prenait le départ debout, le torse penché en avant, les pieds très rapprochés l'un de l'autre. Pour éviter l'encombrement de la piste, dès que les concurrents devenaient trop nombreux, on pratiquait comme chez nous le système des éliminatoires et de la finale [47].

Avec le stade simple, on disputait des courses plus longues : la course double, δίαυλος, sur 2 stades, soit à Olympie 385 mètres, à peu de chose près notre 400 yards; la course de 4 stades, ἵππιος, était plus rare; on trouve partout au contraire une course de fond δολιχός, dont la longueur est de 7, 12, 20, ou, comme à Olympie, de 24 stades, soit un peu plus de 4 km. 6. Mais ici une surprise nous attend : quelle que fût leur longueur, ces diverses courses se disputaient sur la piste-standard d'un stade et supposaient donc, comme dans les courses hippiques, une série de parcours aller et retour : le coureur, parvenu à une extrémité, retournait sur ses pas, sans doute (mais la chose n'a pas été absolument éclaircie) en contournant un pilier placé sur la ligne de départ ou d'arrivée : c'est là, on le voit, une technique très différente de la nôtre. Le programme de la plupart des jeux comprend aussi la course en armes, ὁπλίτης, où les coureurs portent casque et bouclier (depuis 450 ils ont renoncé aux cnémides); la distance variait suivant les pays : 2 stades à Olympie et Athènes, 4 à Némée, peut-être davantage à Platée (où les règles étaient particulièrement sévères : armure complète, etc. [48]). Un peu en marge du sport proprement dit se situent les courses au flambeau, elles aussi bien représentées.

47. PAUS. VI, 13, 2. — 48. PHILSTR. *Gym.* 8.

L'ÉDUCATION PHYSIQUE

Saut en longueur. L'athlétisme grec ne connaît qu'une espèce de saut : le saut en longueur avec élan : on ne pratique ni saut en hauteur, ni saut en profondeur, ni saut à la perche; le saut sans élan n'intervient qu'à titre d'exercice préparatoire. Ici encore la technique n'est pas la nôtre : l'élan est plus court et moins rapide. L'athlète s'enlève sur un seuil ferme, βάτηρ (on utilisait sans doute les aménagements de la ligne de départ du stade), et retombe sur un sol ameubli et aplani, σκάμμα; la performance n'était valable qu'autant que l'empreinte des pieds était nettement imprimée sur le sol, ce qui excluait les glissades, chutes et même, semble-t-il, la retombée sur un pied plus avancé que l'autre [49]. Mais surtout l'athlète sautait en tenant dans les mains des haltères (le mot est grec : ἁλτῆρες, de ἅλλομαι, sauter), de pierre ou de bronze; leur forme est de deux types : soit un secteur sphérique (creusé pour faciliter la préhension), soit une masse arrondie pourvue d'un manche; leur poids pouvait aller de un à cinq kilos. Le poids des haltères servait à renforcer le jeu du balancement des bras, qui était assez analogue à celui que nous pratiquons dans notre saut en longueur sans élan.

Lancement du disque. A la différence du disque actuel, qui est en bois cerclé de fer, le disque grec, depuis la fin du Ve siècle, est en bronze; il semble avoir été plus lourd que le nôtre (1 kg. 293) : à vrai dire les exemplaires conservés varient considérablement et appartiennent à des types divers, pesant environ 1 kg. 3, 2 kg. 1, 2 kg. 8 ou 4 kilos (nous en possédons même un de 5 kg. 707, mais c'est peut-être un disque votif sans rapport avec ceux en usage). Sans doute le type variait suivant les lieux, les époques (les plus légers sont les plus anciens, VIe siècle avant J.-C.) et les catégories : les enfants lançaient un disque plus léger que celui des adultes [50].

Le style employé paraît avoir été assez différent de ceux que les modernes ont réinventés en rétablissant ce sport aux premières Olympiades d'Athènes en 1896. On a beaucoup discuté à ce sujet, aussi bien parmi les archéologues que dans les milieux sportifs : il s'agissait d'interpréter de façon correcte un certain nombre de

---

49. *Id.* 55. — 50. PAUS. I, 35, 3.

monuments figurés, peintures de vases, statues, discobole debout de Naucydas et surtout le célèbre bronze de Myron qui, n'étant plus connu que par des copies de marbre, imparfaites et souvent maladroitement restaurées, a souvent égaré l'hypothèse.

La base de départ, βαλβίς [51], n'était pas comme chez nous un cercle, mais n'était limitée que par-devant et sur les côtés, ce qui laissait plus de liberté à l'athlète. Pour être valable, le jet devait être opéré suivant une direction déterminée : comme pour le saut, sans doute utilisait-on aussi l'aménagement du stade, la ligne de départ servant de βαλβίς. Le discobole élevait le disque au niveau de la tête avec les deux mains, puis, le retenant avec la main serré contre l'avant-bras droit, il rejetait ce bras violemment en bas et en arrière : le corps et la tête suivaient le mouvement et se tournaient dans la même direction. Tout le poids du corps reposait sur le pied droit, servant de pivot : pied et bras gauches n'entrent en jeu que pour assurer l'équilibre. Puis vient la détente en avant : la force du lancer ne vient pas du bras, mais de la détente de la cuisse et du brusque redressement du corps ployé. Le disque était frotté de sable pour éviter qu'il ne glissât entre les doigts.

Lancement du javelot. — Le javelot n'était pas seulement, chez les Anciens, un sport, mais aussi une arme d'usage courant, aussi bien à la chasse qu'à la guerre; toutefois, dans l'athlétisme, on s'attachait uniquement à la distance atteinte, suivant une direction donnée : pour l'usage pratique, on s'exerçait autrement, cherchant à atteindre une cible tracée sur le sol, horizontalement. Le javelot sportif, de la longueur du corps et de la grosseur d'un doigt, était sans pointe, lesté à l'extrémité, et paraît avoir été extrêmement léger [52].

Quant au style de lancement, il diffère lui aussi beaucoup de notre javelot moderne : les Anciens utilisaient en effet un type de propulseur à lacet, ἀγκύλη, en latin *amentum,* que l'ethnographie a pu observer encore en usage de nos jours, particulièrement en Nouvelle-Calédonie (où il est connu sous le nom d'*ounep*) : c'était un lacet de cuir de 30 à 45 centimètres de long, attaché près du centre de gravité, faisant un ou plusieurs tours autour du fût et se terminant par une boucle où le lanceur introduisait l'index et le majeur de la main droite. L'utilité du propulseur (qui a pu être

51. PHILSTR. *Im.* I, 24. — 52. LUC. *Anach.* 32.

facilement vérifiée par l'expérience : il double ou triple la portée du jet) est fondée sur deux principes : d'une part, il donne au javelot un mouvement de rotation autour de son axe, assurant ainsi sa stabilité le long de sa trajectoire (comme les canons rayés de nos armes à feu), et, d'autre part, il augmente de façon notable la longueur du bras de levier, prolongeant le bras, et des doigts allongés (les athlètes antiques s'ingéniaient à utiliser la longueur maximum : on sélectionnait les champions de javelot parmi les athlètes possédant des doigts très longs [53]). Comme pour le disque, le lancer était précédé d'un court élan et d'une torsion générale du corps : le torse et la tête accompagnant le bras droit qui était rejeté aussi loin que possible vers l'arrière sur la droite.

La lutte. La lutte l'emportait peut-être sur la course à pied en popularité : que le mot de παλαίστρα, proprement « terrain pour la lutte », πάλη, ait servi à désigner de façon générale le terrain de sport ou l'école d'éducation physique en est un témoignage assez net. La lutte proprement dite, ou « lutte debout », ὀρθὴ ou σταδιαία πάλη, se déroulait sur un terrain ameubli au pic, comme le saut ; les athlètes y étaient opposés par paires après tirage au sort ; le but était de projeter son adversaire à terre sans y tomber soi-même (sinon le coup était nul) : qu'il touchât le sol du dos, de l'épaule ou de la hanche, peu importait ; s'il s'affaissait simplement à genoux, l'objectif n'était pas atteint. Le match se disputait en trois manches : le croc en jambe paraît avoir été permis, mais non les prises de jambes ; seules les prises de bras, du cou et du corps étaient autorisées.

On sait que les cinq exercices que nous venons d'examiner, course du stade, saut en longueur, lancer du disque et du javelot, lutte, étaient combinés pour former, dans les concours, l'épreuve complexe du *pentathlon* qui visait en somme à couronner l'athlète complet. L'érudition moderne a beaucoup débattu l'ordre des épreuves (il paraît assuré qu'on commençait par la course et terminait par la lutte) et le principe du classement : on admet le plus communément qu'était proclamé vainqueur celui qui avait été classé premier dans au moins trois épreuves sur les cinq.

---

53. PHILSTR. *Gym.* 31.

La boxe. Depuis le début du IVe siècle, on a substitué, pour la boxe, aux « bandages doux », ἱμάντες μαλακώτεροι, des « bandages durs », ἱμάντες ὀξεῖς ou σφαῖραι, qui se présentaient sous la forme de gants, ou plutôt de mitaines (car les doigts sont à découvert), sans doute de cuir, couvrant le poignet et presque tout l'avant-bras, où ils se terminaient par un bracelet de fourrure de mouton; l'articulation des doigts était renforcée par un bandage supplémentaire de trois ou cinq bandes de cuir dur, maintenu en place par des lacets.

La boxe antique était quelque chose d'assez différent de la boxe moderne [54] : l'absence de ring limité décourageait le corps à corps et développait au contraire la tactique et le jeu des jambes. Pas de rounds : on combat jusqu'à ce qu'un des concurrents soit épuisé ou reconnaisse sa défaite en levant le bras; cela entraînait un rythme beaucoup plus lent que celui d'aujourd'hui. Comme dans la boxe à mains nues du XVIIIe siècle anglais, on portait surtout des coups à la tête [55], ce qui entraînait la garde haute et le bras tendu : on nous rapporte l'exploit d'un champion du temps de l'empereur Titus qui pouvait tenir sa garde deux jours durant et épuisait son adversaire sans que celui-ci parvînt à lui porter jamais un seul coup [56].

Le pancrace. Enfin, l'exercice le plus violent et le plus brutal de l'athlétisme antique était le pancrace, qu'on définit d'ordinaire comme une combinaison de boxe et de lutte. C'est en réalité quelque chose d'assez différent et de bien original, qu'on pourrait peut-être rapprocher de notre « catch ». Il s'agit de mettre l'adversaire hors de combat, soit qu'il défaille, soit que, levant le bras, il s'avoue vaincu. Pour cela, tous les coups sont autorisés : non seulement les coups de poing et les prises admises par la lutte régulière, mais aussi toute espèce d'attaques : coups de pied dans l'estomac ou le ventre, torsions de membres, morsures, étranglement, etc. N'est interdit que le fait d'enfoncer les doigts dans les yeux ou les orifices du visage de l'adversaire.

En général, après quelques passes, les deux combattants, agrippés l'un à l'autre, roulent au sol : c'est à terre que le match se poursuit et trouve normalement sa phase conclusive, mais les passes

54. THCR. 22. — 55. PHILSTR. *Gym.* 9. — 56. D. CHR. *Or.* XXIX.

de lutte qu'il provoque mettent en jeu une technique très différente de celle de la « lutte debout » : c'est l'art tout différent appelé κύλισις ou ἀλίνδησις.

Ce qui achève de donner à ce sport un caractère de sauvagerie assez grossière est le fait qu'il se dispute sur un terrain non seulement ameubli à la pioche, mais arrosé au préalable : les concurrents pataugent, glissent et se roulent dans la boue dont ils sont bientôt tout recouverts.

L'enseignement de la gymnastique. Tel est le programme que l'éducation physique hellénistique devait progressivement mettre l'enfant, puis l'adolescent, en état de parcourir. Cet enseignement était confié à un maître spécialisé qui conserve le vieux nom de pédotribe, παιδοτρίβης ; c'était bien plus qu'un moniteur de gymnastique : un véritable éducateur qui, à sa compétence sportive, devait joindre une connaissance approfondie des lois de l'hygiène et de tout ce que la science médicale grecque avait élaboré en fait d'observations et de prescriptions concernant le développement du corps, les effets des divers exercices, les régimes convenant aux divers tempéraments. L'éducation physique offerte à la jeunesse se trouvait profiter du développement considérable qu'avait pris la science de la gymnastique par suite de l'importance accordée au sport professionnel : il faut relire chez Philostrate, par exemple [57], l'analyse minutieuse des qualités requises dans chacune des spécialités athlétiques pour mesurer à quel degré de raffinement et de précision le génie analytique de la raison grecque avait pu parvenir dans ce domaine. Sans doute le simple pédotribe ne poussait pas les choses aussi loin que son confrère l'entraîneur des athlètes professionnels, appelé normalement gymnaste, γυμναστής [58], mais son enseignement ne pouvait pas ignorer les progrès réalisés dans ce domaine voisin et réussissait à en profiter.

C'était un véritable enseignement qui formait un tout, systématiquement organisé : là où le pédotribe n'était pas rétribué à tant par mois, comme dans les écoles publiques de Téos ou de Milet [59], les parents traitaient à forfait avec lui pour l'ensemble du cours d'éducation physique : ce forfait, vers 320 avant Jésus-Christ, était

---

57. *Gym.* 28-42. — 58. *Id.* 14 ; GAL. *San. tu.* II, 9. — 59. DITT. *Syll.* 578, 14 ; 577.

de l'ordre de cent drachmes[60]. Nous ne connaissons pas l'art « pédotribique » de façon aussi précise que celui des professeurs de lettres, mais ce que nous en entrevoyons suffit à nous montrer que les mêmes méthodes pédagogiques s'y étaient exercées : la gymnastique ne s'apprenait pas seulement par l'exemple et la pratique; là comme ailleurs, les Grecs avaient tenu à s'élever au-dessus du pur empirisme; leur goût pour la pensée claire exigeait une prise de conscience, une analyse réfléchie des différents mouvements mis en jeu par les exercices athlétiques. Dans ce domaine, comme dans celui de l'enseignement littéraire, leur pédagogie avait poussé très loin l'élaboration d'une théorie que le maître dispensait à l'élève sous forme d'instructions[61].

C'est surtout l'enseignement de la lutte qui nous est bien connu : le pédotribe enseignait successivement les différentes positions ou figures, σχήματα, que le lutteur aurait à utiliser plus tard au cours du combat. Un papyrus du IIe siècle après Jésus-Christ nous a conservé un fragment d'un manuel à l'usage des maîtres de gymnastique; nous assistons ainsi à une leçon de lutte donnée à deux élèves :

Présente le torse de côté et fais une prise de tête avec le bras droit.
Toi, ceinture-le. — Toi, saisis-le par en dessous. — Toi, avance et étreins-le.
Toi, saisis-le par en dessous avec le bras droit. — Toi, ceinture-le par là où il t'a saisi par en dessous; avance la jambe gauche contre son flanc. — Toi, éloigne-le avec la main gauche. — Toi, change de place et étreins-le. — Toi, retourne-toi, — Toi saisis-le par les testicules.
Toi, avance le pied. — Toi, saisis-le à bras-le-corps. — Toi, pèse en avant et courbe-le en arrière. — Toi, porte le corps en avant et redresse-toi; [jette-toi] sur lui et riposte...[62]

Je me suis risqué à traduire (10) : en fait, ce texte est très obscur, car pour les besoins de cet enseignement sportif, le grec hellénistique avait élaboré tout un vocabulaire technique d'une extraordinaire richesse dont nous avons peine à pénétrer les secrets; mais il était si familier au public cultivé que des auteurs grivois pouvaient s'en servir pour décrire, en termes tout à fait directs, les diverses phases de la mêlée amoureuse[63].

---

60. ATH. XIII, 584 C. — 61. TH. *Char.* 7. — 62. *P. Oxy.* 466. — 63. LUC. *As.* 8-10; *Anth.* XII, 206.

L'ÉDUCATION PHYSIQUE

Exercices d'assouplissement. Le même effort de réflexion avait conduit le pédotribe à prescrire à son élève toute une série d'exercices d'assouplissement destinés à préparer de façon indirecte aux épreuves du programme d'athlétisme. Là encore la pédagogie grecque avait déployé un grand effort d'analyse et d'invention; le répertoire de ces exercices, progressivement enrichi au cours des siècles, apparaît en plein épanouissement aux IIe et IIIe siècles de notre ère [64]. Marche en terrain varié, course sur un espace limité (une trentaine de mètres), course en cercle, course en avant et en arrière, course et sautillement sur place, les pieds heurtant les fesses (c'était l'exercice favori des femmes spartiates [65]), coups de pieds en l'air, mouvements des bras, χειρονομία [66], sans parler d'exercices plus complexes, tels que de monter à la corde, ou de jeux, comme la balle ou le cerceau [67].

Il est facile de comprendre comment ces exercices se sont développés : beaucoup sont apparus naturellement en marge des sports athlétiques, puis, par un glissement naturel de moyen à fin, sont devenus quelque chose d'autonome. Ainsi la nécessité de préparer un sol meuble, σκάμμα, pour la lutte ou le saut amenait naturellement l'athlète à piocher (en fait le pic fait partie de la panoplie du gymnase : il est souvent figuré sur les peintures de vases du Ve siècle représentant des scènes athlétiques) : on s'aperçut à la longue que piocher était un exercice salutaire et il fut catalogué parmi les autres « exercices violents » propres à fortifier les muscles [68].

De même la préparation à la boxe développa les exercices des bras : tenir les bras étendus, les poings serrés et rester ainsi longtemps en garde, résister à l'effort d'un partenaire qui essaie de vous obliger à abaisser le bras [69]. Ainsi que l'usage du *punching-bag,* κώρυκος : un sac de cuir rempli de petites graines ou de sable, suspendu au plafond d'une salle de manière à être à la hauteur de la poitrine. Il servait d'ailleurs non seulement aux pugilistes, mais aussi aux pancratistes : ils s'exerçaient à en recevoir le choc en retour sur la tête ou sur le corps, de manière à fortifier leur équilibre [70].

La préparation du saut amena la pratique d'exercices sur place

---

64. LUC. *Anach.* 4 ; GAL. *San. tu.* II, 9-10 ; ANTYLL. ap. ORIB. VI, 22; 35. — 65. ID. VI, 31. — 66. ID. VI, 30. — 67. ID. VI, 26; 32; GAL. *San. tu.* II, 9. — 68. GAL. *San. tu.* II, 9-10. — 69. GAL. *San. tu.* II, 9, p. 141. — 70. PHILSTR. *Gym.* 57; SOR. I, 49; ANTYLL. ap. ORIB. VI, 33.

comportant des mouvements des bras avec des haltères [71] : on connut bientôt tout un répertoire, analogue à celui que nous pratiquons encore aujourd'hui : flexion du torse en avant en touchant successivement chaque pied avec la main opposée, etc. [72].

Ce qui est plus spécifiquement grec, c'est que tous ces exercices s'exécutaient au son du hautbois : un *aulète* était attaché à chaque établissement et il était chargé de rythmer les mouvements de l'athlète; chose curieuse, il intervenait non seulement pour ces exercices d'assouplissement, mais aussi dans les épreuves sportives du *pentathlon* (11).

Au bout de cette évolution, la gymnastique grecque se trouva en quelque sorte dédoublée, ayant juxtaposé à la technique purement sportive qu'elle avait héritée de ses origines toute une gymnastique hygiénique qui rappelle de très près la « méthode analytique » chère à la gymnastique suédoise du XIXe siècle. Nous connaissons surtout ce deuxième aspect par la littérature médicale de l'époque romaine, mais ce serait une erreur de penser qu'il n'a été utilisé que par les médecins et sous forme de gymnastique curative (celle-ci, bien entendu, existait : on soignait ophtalmies et constipation par la marche sur la pointe des pieds [73], la gonorrhée par la course [74], l'hydropisie par la natation [75]) : le témoignage de Galien lui-même atteste que cette gymnastique hygiénique était conçue en vue de l'éducation des jeunes gens de quatorze ans et plus, ou même plus jeunes [76].

Les soins du corps. A tout âge, l'athlète grec s'exerce complètement nu : c'est là un des usages qui continuent à définir le plus nettement l'originalité de l'hellénisme en face des barbares. Il s'était établi, on s'en souvient, dès le VIIIe siècle [77] : nous sommes surpris de voir présenter comme un progrès technique le fait d'avoir renoncé au petit caleçon collant des Minoens; la nudité totale ne facilite pas tellement l'effort athlétique et peut présenter des inconvénients ! (12)

On gardait les pieds nus, même pour le saut et la course : il est vrai que celle-ci utilisait une piste beaucoup moins ferme que les nôtres : le sol, en effet, après avoir été désherbé, était ameubli

---

71. PHILSTR. *Gym.* 55; ANTYLL. ap. ORIB. VI, 34. — 72. GAL. *San. tu.* II, 10, p. 145. — 73. ANTYLL. ap. ORIB. VI, 21, 9. — 74. ID. VI, 22, 3. — 75. ID, VI. 27, 2. — 76. GAL. *San. tu.* II, 1 p. 81; II, 2, p. 91. — 77. TCD. I, 6, 5; PLAT. *Rsp.* V, 452 cd; PAUS .I, 44, 1.

à la pioche, aplani et recouvert d'une épaisse couche de sable [78], où le pied s'enfonçait [79] : ceci encore oppose l'athlétisme grec à nos usages actuels.

Tête nue, même sous l'ardent soleil d'été [80]; quelques délicats, cependant, se protégeaient des intempéries par un curieux petit bonnet, en peau de chien semble-t-il [81], attaché par un lacet noué sous le menton, très analogue à celui que les sculptures gothiques nous montrent en usage chez les paysans français du XIIIe siècle (13).

Mais la pratique peut-être la plus caractéristique de la gymnastique grecque est celle des frictions avec onction d'huile. Ici encore il faut recourir à la littérature médicale pour se faire une idée de l'importance que la science hygiénique attachait à cet usage, de la précision et de la minutie des prescriptions qui le concernaient : on frictionnait le corps tout entier avant tout exercice, dans une pièce à température tiède. Après une première friction modérée à sec, on appliquait de l'huile, qui jouait le rôle de notre embrocation, et on frictionnait avec la main nue, doucement d'abord, puis de façon plus énergique (en tenant compte, bien entendu, de ce que pouvait supporter l'âge de l'enfant [82]). A la friction préparatoire s'opposait la friction « apothérapeutique » qui terminait tout exercice et était destinée à reposer les muscles et à évacuer la fatigue, comme la première avait servi à les assouplir [83]. Elle n'était pas moins minutieusement réglementée que la précédente et utilisait également l'onction d'huile. Aussi la fourniture de l'huile nécessaire était-elle une des grosses dépenses d'entretien qu'avait à assumer tout bon gymnasiarque et le petit flacon d'huile fait partie de la trousse qui accompagne le jeune athlète.

Cet usage général de la friction à l'huile avait un but avant tout hygiénique; c'est très secondairement qu'on pouvait lui reconnaître quelque autre avantage, comme de rendre la peau glissante et par suite plus difficile à saisir pour le pancarce [84]. C'est qu'en effet cet usage se combinait avec un autre, dont l'effet en ce sens était contradictoire : dûment massé, l'athlète se recouvrait d'une mince couche de poussière qu'il laissait tomber sur la peau en fine pluie à travers les doigts écartés de la main [85]. On nous dit parfois que ce revêtement avait au contraire pour but de rendre, à la lutte, la prise de corps plus assurée en rendant la peau moins

78. *BCH.* 23 (1899), 566, 5 s. — 79. LUC. *Anach.* 27. — 80. *Id.* 16. — 81. POLL. X, 64. — 82. GAL. *San. tu.* II, 2; 3; 7 (= ORIB. VI, 13). — 83. GAL. *id.* III, 2 (= ORIB. VI, 16; cf. 17-20). — 84. LUC. *Anach.* 28. — 85. PHILSTR. *Gym.* 56.

glissante [86]. Mais le plus souvent, c'est encore par l'hygiène qu'on justifie l'emploi de la poussière : elle règle l'émission de la sueur et protège la peau contre les intempéries (songeait-on aux coups de soleil, ou au contraire au vent froid ? [87]). Là encore intervenaient des distinctions et des prescriptions minutieuses : Galien paraît voir dans l'usage de la poussière un traitement assez énergique qu'il ne veut pas appliquer à des enfants trop jeunes [88]. Philostrate en énumère cinq qualités diverses, possédant chacune ses vertus propres : la poussière de boue est détersive, celle de poterie fait transpirer (chez Lucien, au contraire, l'usage de la poussière nous est présenté comme devant arrêter la sueur trop abondante), la poussière d'asphalte réchauffe, celle de terre noire ou jaune est excellente pour le massage et la nutrition, la jaune a de plus l'avantage de rendre le corps brillant et agréable à voir [89]. D'où, une fois l'exercice achevé, la nécessité d'un nettoyage soigné, qui commence par un décapage énergique de la peau au moyen d'une étrille de bronze, στλεγγίς [90].

Ainsi, lorsque nous cherchons à imaginer

> les athlètes nus sous le ciel clair d'Hellas,

il convient de se méfier de la transposition immatérielle que nous en donnent les poètes néo-classiques : il faut les voir sous le soleil et dans le vent qui soulève la poussière [91], la peau graissée, recouverte d'un enduit de terre colorée, sans parler des pancratistes qui se roulent dans la boue, tachés de sang... [92]

Au milieu circule le pédotribe : il n'est pas nu, mais avantageusement drapé dans un manteau de pourpre [93], ce qui souligne le caractère dogmatique de son enseignement (il est vrai qu'il pouvait d'un coup d'épaule rejeter son *himation* et donner telle démonstration qu'il jugeait nécessaire). Son autorité est renforcée par l'insigne curieux qu'il tient dans la main : une longue gaule fourchue qui lui sert moins à indiquer ou rectifier la position d'un membre qu'à asséner une correction vigoureuse à l'élève maladroit ou à celui qui, au cours d'un match, triche ou tente un coup irrégulier (14). Nous verrons, à propos de l'école de lettres, quelle était la brutalité de la pédagogie antique : on pense bien que l'école

86. LUC. *Anach.* 2; 20. — 87. *Id.* 29. — 88. GAL. *San. tu.* II, 12, p. 162. — 89. PHILSTR. *Gym.* 56; cf. 42. — 90. *Id.* 18. — 91. LUC. *Am.* 45. — 92. LUC. *Anach.* 1-3. — 93. *Id.* 3.

de gymnastique ne devait pas manifester de délicatesse particulière sur ce point!

Gymnases et palestres. Quant à l'école elle-même, nous la trouvons désignée tantôt sous le nom de palestre, tantôt sous celui de gymnase. Les deux mots n'étaient certainement pas synonymes, mais l'usage hellénistique en mêle les diverses acceptions de façon si inextricable que l'érudition moderne renonce à tirer la distinction au clair (qu'on se souvienne des difficultés analogues que nous avons rencontrées à propos des titres de cosmète, gymnasiarque, etc.; il n'y a pas *un* grec hellénistique : les mots changent de sens suivant les temps et les lieux). On oppose quelquefois, mais pas toujours, la palestre, école pour enfants, au gymnase où s'exercent éphèbes et adultes; ou bien la palestre, école privée, au gymnase institution municipale. Je retiendrai plus volontiers la distinction qui oppose l'une à l'autre comme la partie du tout : le gymnase serait l'ensemble formé par la réunion de la palestre, terrain d'exercice entouré d'aménagements divers, et du stade, piste pour la course à pied (15).

Palestres ou gymnases, ces établissements étaient si nombreux dans le monde hellénistique que les fouilles de nos archéologues en ont retrouvé un grand nombre : fait particulièrement précieux, ces ruines sont d'un type très uniforme; elles s'éclairent l'une l'autre, et surtout grâce au commentaire qu'en fournit un chapitre de Vitruve [94], sans parler des textes épigraphiques comme tel inventaire d'un gymnase de Délos [95].

Je choisirai comme exemple le gymnase inférieur de Priène, qui a été fouillé et publié de façon très satisfaisante : il date du IIe siècle avant Jésus-Christ (antérieur à 130), son plan, très clair, est bien caractéristique : il n'a pas encore subi les déformations que présentent les gymnases construits sous l'influence romaine (16).

Ce gymnase se trouve dans la partie sud de la petite cité, immédiatement au-dessus du rempart; il est construit en terrasse, soutenu par un mur aux puissantes assises, accroché au flanc de la colline en pente rapide sur laquelle Priène est bâtie. L'entrée, à laquelle des gradins et des colonnes donnent un caractère de Propylée monumental, s'ouvre sur une rue en escaliers. Nous pénétrons par le côté ouest dans une cour, sensiblement carrée et orientée, entourée de

---

94. VITR. V, 11. — 95. *BCH*, 54 (1930), 97-98.

portiques, qui constituait ce que nous appellerons proprement la palestre. Elle mesure 34-35 mètres de côté (soit une centaine de pieds : un peu moins que le modèle-type décrit par Vitruve). Cette cour, dont le sol devait être ameubli et sablé, était le terrain de sport où se faisaient la plupart des exercices.

Sur le côté ouest se trouve l'entrée; au nord de celle-ci, une exèdre ouverte sur deux colonnes; au sud, trois salles où je placerais (en les confrontant avec l'inventaire épigraphique d'un gymnase de Délos [96]) le vestiaire, ἀποδυτήριον. Conformément au précepte de Vitruve, le portique nord a une profondeur double et présente deux rangées de colonnes « pour que, par orage de vent du sud, les rafales ne puissent pénétrer jusqu'à l'intérieur ». C'est en arrière de ce portique nord que s'élevaient, adossées à la colline, les constructions les plus importantes; elles devaient comporter un étage, dont il ne reste rien. Au rez-de-chaussée, nous trouvons cinq pièces; deux ont une signification bien claire.

C'est d'abord, au centre, une belle salle, plus large que profonde (environ 9 m. 5 sur 6 m. 6), au plafond surélevé, ouverte sur deux colonnes et dont les murs sont luxueusement revêtus de marbre sur plus de trois mètres de hauteur; au-dessus, sur le mur du fond, une série de pilastres et au milieu une arcade abritant la statue d'un homme drapé, debout (sans doute quelque bienfaiteur de la cité et spécialement du gymnase). Il faut évidemment y reconnaître l'*ephebeum* prévu par Vitruve, salle de réunion et de conférences pour les éphèbes : sur les murs on a retrouvé, par centaines, des graffiti tracés par les éphèbes, du type : « C'est la place d'un tel, fils d'un tel [97]. » Une telle salle se retrouve toujours, à la même place : dans les beaux gymnases d'époque romaine, comme celui de Pergame par exemple, elle s'est développée sous la forme d'un petit théâtre en gradins sur plan semi-circulaire. A Priène, elle paraît bien désignée sous le nom d' « exèdre des éphèbes » par une inscription [98] rapportant la dédicace de deux hermès destinés à l'orner : statues et hermès, offerts par de généreux donateurs, étaient en effet le décor normal de la palestre et de ses portiques (17).

Dans le coin nord-ouest du portique s'ouvre l'installation de bains froids, *frigida lauatio*, λουτρόν, dont parle Vitruve. A l'époque romaine ce système se double de thermes, bains chauds, qui bientôt s'hypertrophient au point qu'en pays latin la palestre n'est plus

96. *Id.* 97. I. 123; 125. — 97. *Ins. Priene*, 313. — 98. *Id.* 112, I. 114-5.

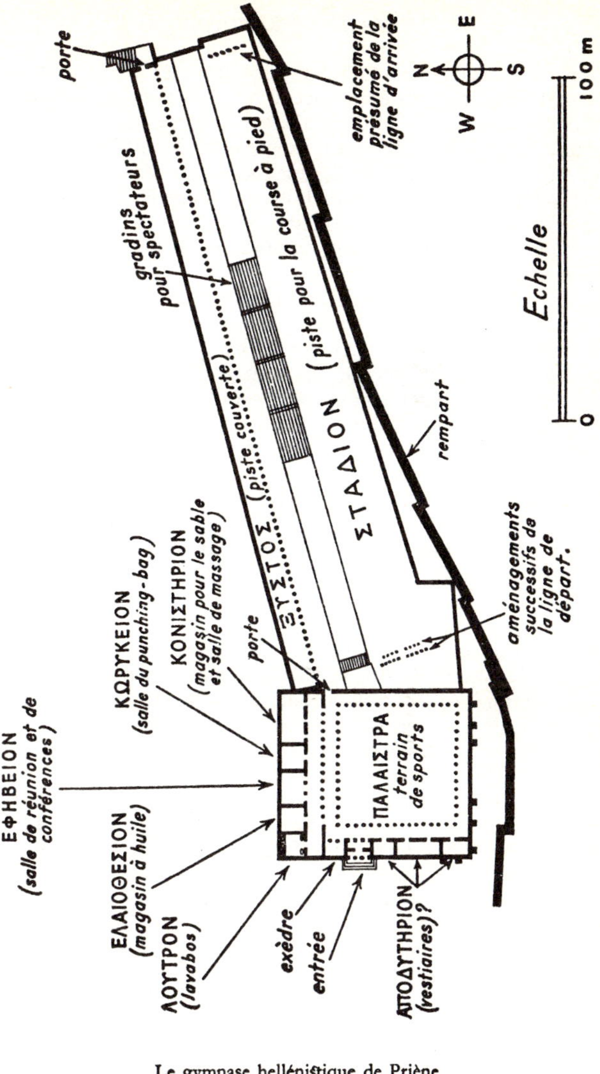

Le gymnase hellénistique de Priène
(d'après Th. Wiegand et H. Schrader, *Priene*, Berlin, 1904, pl. hors-texte)

qu'une dépendance secondaire et que les thermes y deviennent l'essentiel. Ici, nous sommes encore proches des origines et nous retrouvons une simplicité d'installation analogue à celle que nous montrent les peintures de vases du ve siècle : le long du mur court, à hauteur d'appui, une auge dans laquelle une série de masques de lions crachaient l'eau, quelque chose qui rappelle les lavabos sommaires de tant de nos vieux collèges ou de nos casernes ; la finesse des moulures et des mascarons y ajoute quelque élégance, mais pas plus de confort !

Quant aux trois autres salles, il faut y retrouver les trois annexes que décrit au même lieu Vitruve : la seule incertitude réside dans l'emplacement qu'il faut attribuer à chacune d'elles. Je verrais à droite de l'*ephebeum,* comme le prévoit Vitruve, le *coryceum,* la salle du punching-bag (la boxe est le seul sport qui se pratiquait en salle ; certains gymnases plus complets, ainsi à Dèlos, en réservaient une pour le ring, le *sphairistèrion*) ; les deux autres pièces sont l'*elaeothesium,* le magasin où était distribuée l'huile, et le *conisterium,* magasin pour le sable ou les poussières nécessaires, au même titre que l'huile, on l'a vu, pour les soins de la peau. A Priène, l'une de ces deux salles, celle du coin nord-est (le *conisterium* ?), est nettement plus spacieuse que l'autre : c'est là, semble-t-il, qu'on procédait aux massages, à l'abri, comme le recommandaient les médecins.

Dans le même coin nord-est de la palestre s'ouvre une petite porte qui donne accès aux installations prévues pour la course à pied et, accessoirement, pour le lancement du disque et du javelot, peut-être aussi pour le saut. A cause de la pente de la colline, elles se développent ici sur trois niveaux : en bas, cinq mètres au-dessous de la palestre, c'est la piste proprement dite, στάδιον ou δρόμος, large de 18 mètres, longue d'environ 191 mètres. On n'a malheureusement pas retrouvé de traces de la ligne d'arrivée, ce qui ne permet pas de mesurer la longueur précise du parcours. Par contre, nous pouvons étudier l'aménagement de la ligne de départ. Les fouilles ont mis à jour les restes de deux installations, qui ont dû se succéder : la plus claire, et la plus simple, se trouve à l'intérieur : huit bases ayant dû recevoir chacune un pilier ; c'était entre ces piliers que prenaient place les coureurs au départ, les pieds sur une double ligne tracée dans le sable, et c'était, nous le supposons, autour de ces piliers que chacun venait tourner dans les courses de fond avant de repartir en sens opposé. La seconde installation, plus à l'ouest, était d'un caractère plus monumental :

elle a été retrouvée en trop mauvais état pour qu'une restauration sûre en soit possible; on entrevoit que, comme à Olympie, ou à Epidaure ou à Delphes, la ligne de départ était matérialisée par un seuil en pierre, la place de chaque coureur étant ici aussi délimitée par des piliers; peut-être, dans cette installation plus perfectionnée, le signal du départ n'était-il plus donné à la voix par le héraut, mais par l'ouverture d'une barrière.

Plus haut, au nord, se trouve l'aménagement pour le public : une rangée de douze gradins qui n'occupent que le tiers de la longueur de la piste; s'ils étaient plus nombreux, les spectateurs devaient s'accommoder de sièges de bois ou même de la pente naturelle du terrain. A Priène, les conditions topographiques imposaient de se contenter d'une seule rangée de gradins; lorsque le stade est construit en terrain plat ou dans le creux d'un vallon, on trouve le plan normal : deux lignes de gradins réunis par une courbe ou σφενδόνη.

Enfin, tout à fait en haut, de niveau avec la porte d'entrée, se trouve un portique de 7 m. 75 de large et de même longueur que le stade, avec une issue à l'extrémité nord-est : c'est une piste couverte, ξυστός, permettant de s'exercer à la course même par mauvais temps et accessoirement s'offrant à la promenade ou au repos (18).

Le déclin de la gymnastique. Telle est sommairement évoquée dans son programme, ses méthodes et son cadre, cette éducation physique dans laquelle l'historien moderne est d'accord avec les Anciens eux-mêmes pour voir la grande originalité de l'éducation grecque. Mais si remarquable que demeure encore, au moins dans les premiers siècles de la période hellénistique, la place occupée par le sport dans la formation de la jeunesse, il faut bien se rendre compte qu'il n'en représente déjà plus le secteur le plus vivant : c'est un héritage venu du passé, pieusement recueilli sans doute, ce n'est plus l'axe de la culture en devenir. L'éducation physique hellénistique est stabilisée : elle reste, en gros, ce qu'elle avait été aux siècles précédents (le seul développement notable, on l'a vu, est celui de la gymnastique hygiénique de type « suédois »). Elle ne progresse plus; sur son propre terrain, elle souffre de la concurrence de l'athlétisme professionnel : techniquement, le sport scolaire ne peut plus soutenir la comparaison avec l'athlétisme de métier qui, soumettant dès l'enfance ses futurs champions à un entraînement spécialisé, est en mesure d'obtenir des performances d'une qualité tout à fait supérieure. Mais surtout l'éducation physique subit les contre-coups du développement que nous allons bientôt constater dans les autres branches de l'enseignement, et spécialement dans l'étude des lettres. Celles-ci représentent maintenant la partie vraiment dynamique de la culture : elles tendent à accaparer l'intérêt, l'énergie et le temps de la jeunesse.

Je crois que la gymnastique a lentement vu son prestige s'amoindrir et a progressivement perdu l'importance qu'elle avait à l'origine dans l'éducation grecque. Il est sans doute difficile de décrire avec précision ce déclin, et en particulier d'en dater les premières étapes (19); sa réalité, cependant, ne me paraît pas contestable. Un tel jugement, je le sais, ne sera pas accepté sans débat par les spécialistes de la Grèce hellénistique et romaine. Sans doute, la continuité des institutions voile souvent, dans ce domaine, les phénomènes nouveaux. Dans les dernières années du second siècle après Jésus-Christ, Termessos en Pisidie faisait toujours disputer aux enfants des écoles des épreuves de saut, de course, de pancrace et de lutte (20) : ses inscriptions [99] nous présentent des catalogues de vainqueurs tout à fait analogues à ceux que nous avions trouvés quatre siècles plus tôt, un peu partout dans le monde grec, et notamment en Ionie.

La tradition conservatrice a pu se maintenir avec une opiniâtreté particulière dans telles régions ou dans tel secteur de la société. Ainsi dans les milieux coloniaux du plat pays d'Egypte où, soucieux de se distinguer des Barbares qui les entourent, les Grecs se sont cramponnés à la gymnastique qui, mieux et plus facilement que le sang, constituait un sûr critère de l'hellénisme. C'est aussi le cas du milieu aristocratique et riche où se recrute désormais l'éphébie, à Athènes notamment et en Asie Mineure : ici, à en juger par tels documents numismatiques ou épigraphiques d'époque impériale, on croirait presque, par moments, que rien n'a changé depuis Pindare : nous voyons toujours les athlètes vainqueurs dans les grands jeux couverts d'honneurs par leur cité; ils appartiennent souvent aux familles les plus nobles et les plus riches, et celles-ci s'honorent de leur exploits... (21).

Mais à ces témoignages, il faut opposer ceux de la tradition

---

99. *TAM*. III, 1, 201-210; 4.

littéraire où s'expriment parfois des sentiments tout autres à l'égard des champions sportifs. L'admiration que provoquent leurs performances se mélange, il faut bien le constater, au mépris qu'ils méritent au point de vue personnel : tous, il s'en faut, ne se recrutent pas dans l' « aristocratie ploutocratique » : beaucoup sont de basse origine; ce sont des hommes brutaux et incultes à qui un régime très sévère interdit tout développement spirituel ou intellectuel [100]. Les types sauvages d'athlètes que nous présente l'art de l'époque romaine [101] nous attestent combien était oublié l'idéal archaïque d'un parfait équilibre entre le développement du corps et celui de l'esprit.

Pour pouvoir porter un jugement valable sur le jeu de ces tendances contrastées, il faut prendre quelque recul. Plaçons-nous à la fin de l'époque antique : alors qu'en pays grec l'éducation littéraire de type classique survit au triomphe du christianisme, l'éducation physique disparaît sans laisser de traces. Nous avons déjà rencontré la dernière en date des manifestations sportives où apparaissent des éphèbes, en Egypte, à Oxyrhynque, en 323 de notre ére [102]. Au même lieu, deux générations plus tard, en 370, nous entendons parler, pour la dernière fois, d'un gymnasiarque [103]. C'est vers le même temps que nous rencontrons, sous la plume de saint Basile, une dernière mention des gymnases [104], sous celle d'Himerios, de la palestre [105] un peu plus tard, peu après 400, sous celle de Synésios, d'un pédotribe [106]. Allusions fugitives, qui ne nous permettent guère d'imaginer des institutions vraiment florissantes. Et il ne s'agit pas ici d'un usage abusif de l'argument *a silentio* : nous connaissons très bien, par des témoignages très précis, la vie des étudiants grecs de ce IVe siècle après Jésus-Christ; nous savons quels étaient leurs occupations, leurs plaisirs. Le sport, au sens strict du mot, n'y apparaît pas : bien entendu, comme toute jeunesse, ils connaissent des jeux de plein air, ils jouent à la balle par exemple [107], mais ce ne sont plus que des jeux : leur éducation est tout intellectuelle, l'athlétisme n'y est plus intégré.

Nul ne conteste que l'éducation physique ne soit morte à l'époque chrétienne, et qu'elle ait péri de sa belle mort, sans révolution violente (l'histoire en eût parlé), — comme une institution vieillie

---

100. PLUT. *San. pr.* 133 BD; GAL. *Protr.* 13 s. — 101. *RPGR.* 280-283. — 102. *P. Oxy.* 42. — 103. *Id.* 2110. — 104. *Ep.* 74, 448 A. — 105. *Or.* XXII, 7. — 106. SYN. *Ep.* 32. — 107. LIB. *Or.* I, 22.

dont la vie s'était depuis longtemps progressivement retirée. C'est ce que me paraît démontrer l'attitude des moralistes et des polémistes chrétiens. On imagine sans peine tout ce qu'ils auraient pu objecter, au nom de leurs principes, à l'ancienne gymnastique, — école d'impudeur, d'immoralité sexuelle et de vanité. Or, chose curieuse, je ne vois pas qu'ils l'aient fait. Sans doute il y a, chez les Pères de l'Eglise, de nombreuses pages consacrées à détourner les chrétiens de tout engouement pour les sports athlétiques, mais il est remarquable que cette critique atteigne le sport en tant que spectacle, le sport des professionnels, et non celui qu'auraient pu pratiquer des amateurs. Ainsi, vers 384-390, saint Grégoire de Nazianze, s'adressant à son petit-neveu Nicobule, dénonce la vanité de ceux qui perdent leur temps et leur argent au stade, à la palestre ou au cirque [108], mais cette critique s'insère entre celle des autres spectacles, ceux des combats sanglants de l'amphithéâtre [109] et des mimes indécents du théâtre [110]. C'était déjà l'attitude des Apologistes du IIe et du IIIe siècles, de Tatien [111] à Tertullien [112]. C'est en tant que spectacle que le sport posait un problème à la conscience chrétienne, non en tant que système d'éducation.

Que les compétitions sportives, disputées par des professionnels, aient joué un grand rôle dans la vie grecque, pendant tout le Haut-Empire et jusqu'à une date avancée dans le IVe siècle, c'est ce qu'atteste l'extraordinaire abondance des métaphores athlétiques chez les auteurs chrétiens, de saint Paul [113] à saint Jean Chrysostome (22), mais cette vogue persistante a pu tout naturellement coïncider avec le recul de la gymnastique dans l'enseignement dispensé à la jeunesse. Notre temps connaît lui aussi ce contraste, et souvent cette opposition, entre le sport comme spectacle et le sport éducatif : la jeunesse française, dans son ensemble, se passionne pour les sports, et pourtant le rôle que jouent ces derniers dans notre éducation n'est pas, aux yeux de bien des juges, de premier plan.

---

108. *Carm.* II, 11, 4, 154-157. — 109. *Id.* 149-153. — 110. *Id.* 157-162. — 111. TAT. 23. — 112. TERT. *Spect.* 11; cf. 5-10; 12; [CYPR.], *Spect.* 2, 2-4. — 113. 1 *Cor.* 9, 24-26, etc.

CHAPITRE IV

L'éducation artistique

Par éducation artistique, il faut, bien entendu, comprendre, conformément à la tradition, éducation musicale. La musique, cependant, n'est plus toujours seule à représenter les beaux-arts dans l'éducation grecque : celle-ci, reflétant, comme il est naturel, le développement de la culture, avait fait une place aux arts plastiques en introduisant dans ses programmes l'enseignement du dessin (1).

Le dessin. Celui-ci fit son apparition dans l'éducation libérale au cours du IVe siècle, à Sicyone d'abord (sous l'influence du peintre Pamphilos, un des maîtres d'Apelle [1]), d'où il se répandit dans toute la Grèce. Pour Aristote, ce n'est encore qu'une matière à option que certains seulement joignent au programme normal (lettres, gymnastique et musique [2]); un siècle plus tard, vers 240, le professeur de dessin, ζωγράφος, fait régulièrement partie du corps enseignant auquel est confiée la jeunesse [3] et son art, la ζωγραφία, figure au programme des concours scolaires de Téos [4] et de Magnésie du Méandre [5] au second siècle avant notre ère.

Nous avons peu de renseignements sur cette discipline : l'enfant apprenait à dessiner (au charbon) et sans doute aussi à peindre sur une tablette de buis [6]; les termes de ζωγράφος, ζωγραφία proprement « dessin d'après le modèle vivant », semblent suggérer, et la chose n'aurait rien que de naturel, qu'on s'attachait surtout à la figure humaine. Il ne faut sans doute pas trop forcer le sens étymologique d'un terme devenu banal, mais c'est bien à la beauté des corps que pense Aristote dans un texte précieux [7] où il définit

1. PL. *N. H.* XXXV, 77. — 2. *Pol.* VIII, 1337 b 25. — 3. TEL. ap. STOB. 98, 72. — 4. MICHEL, 913, 10. — 5. DITT. *Syll.* 960, 13. — 6. 92. *N. H.* XXXV, 77. — 7. *Pol.* VIII, 1338 a 40 s.

l'orientation que doit prendre cet enseignement du dessin : son but n'a rien de pratique ; il visera à affiner le sens de la vue, le goût des lignes et des formes.

En principe, et cela jusqu'à la basse époque romaine, il demeurera toujours entendu que les arts plastiques ont leur place dans la haute culture [8] : Porphyre rapportant la légende de Pythagore imagine tout naturellement que son héros a pris des leçons de dessin [9]. Mais pratiquement nous ne pouvons pas affirmer que cet enseignement continua à être généralement donné et reçu : les témoignages font défaut. Il est probable que, venu trop tard et n'ayant pu pousser dans la routine pédagogique d'assez profondes racines, ce nouvel enseignement n'a pas pu soutenir la concurrence des techniques littéraires alors en plein essor et dont je montrerai bientôt la marche conquérante.

La musique s'est mieux, et plus longtemps, défendue : elle tenait, on l'a vu, à l'essence même de la plus ancienne tradition culturelle de la Grèce.

Musique instrumentale : la lyre. — Au moins autant qu'à la gymnastique, la culture, et par suite l'éducation traditionnelle, attachaient de l'importance à la musique. Musique instrumentale d'abord : au ve siècle, si nous en jugeons par les délicieux tableaux de genre que nous présentent des peintures de vases signées Douris, Euphronios, Hiéron, Euthymédès (2), les jeunes Athéniens apprenaient à la fois à jouer des deux instruments essentiels à l'art musical antique, la lyre et l'*aulos* (mot qu'il ne faut pas, comme on le fait trop souvent, traduire par « flûte » : c'est un hautbois) (3).

Plus tard, l'*aulos* perdit sa faveur à Athènes : une anecdote célèbre nous montre déjà le jeune Alcibiade se refuser à l'apprendre sous prétexte que son jeu déformait le visage [10] ; on ne l'abandonna pas aussitôt : il a dû continuer à être enseigné au IVe siècle [11], mais Aristote l'exclut formellement de son plan d'éducation [12], et si on peut supposer que sa pratique a pu se maintenir plus longtemps dans des régions comme la Béotie où il faisait figure d'instrument national, la pédagogie hellénistique paraît, dans

---

8. VITR. I, 1 ; GAL. *Protr.* 14 ; PHILSTR. *Gym.* 1. — 9. *V. Pyth.* 11. — 10. PLUT. *Alc.* 2 ; GELL. XV, 17. — 11. XEN. *Mem.* I, 2, 27. — 12. *Pol.* VIII, 1341 a 18.

son ensemble, avoir suivi l'opinion d'Aristote : un témoignage vague en sens inverse de Strabon [13] ne peut prévaloir contre le silence des palmarès épigraphiques ; l'*aulos* est absent des compétitions scolaires du IIe siècle avant Jésus-Christ.

Dès lors, l'enseignement de la musique instrumentale se réduit à la lyre, la vieille lyre à sept cordes de Terpandre : cet enseignement, en effet, très conservateur, n'avait pas adopté les perfectionnements techniques et les raffinements » harmoniques qu'à l'école des compositeurs « modernes » avait successivement adoptés la grande cithare de concert (4). C'était un instrument à cordes à vide, comme notre harpe, dont les possibilités étaient, par suite, très limitées, vu le petit nombre de cordes ; celles-ci étaient touchées soit avec les doigts, soit par l'intermédiaire d'un *plectre* d'écaille, l'équivalent du médiator de notre mandoline : c'étaient là deux techniques assez différentes pour faire l'objet de deux épreuves distinctes dans les concours, comme on le voit par les palmarès du IIe siècle, provenant de Chios [14] ou de Téos [15], qui distinguent avec soin ψαλμός (jeu avec le plectre) et κιθαρισμός (jeu avec les doigts).

Nous possédons à vrai dire peu de renseignements précis sur la pédagogie musicale hellénistique. L'enfant apprenait à jouer de la lyre chez un maître approprié, κιθαριστής, distinct, sauf exception [16], du maître d'école chez qui il étudiait les lettres. Son enseignement paraît avoir été purement empirique. La théorie musicale grecque, qui dès le temps d'Aristoxène de Tarente avait atteint un si haut degré de perfection (c'est en fait une des plus belles conquêtes du génie grec) (5), s'était nettement détachée de la pratique artistique : c'était une science, intégrée depuis Pythagore au *corpus* des sciences mathématiques : nous l'y retrouverons, mais dans un contexte qui la rend tout à fait étrangère à l'enseignement artistique (6).

Mieux encore : il n'est même pas sûr que le citharisse ait cru nécessaire de commencer par apprendre à son élève à lire la notation musicale (7). Si du moins nous en jugeons par les peintures de vases du Ve siècle (8), le maître, sa propre lyre à la main, et l'élève, tenant de son côté la sienne, s'asseyaient face à face : le maître jouait et l'élève, l'oreille et les yeux fixés sur lui, s'efforçait de l'imiter de son mieux. L'instruction se faisait directement,

---

13. I, 15. — 14. DITT. *Syll.* 959, 10. — 15. MICHEL, 913, 6-7. — 16. EUPOL. 10-11 ; QUINT. I, 10, 17.

sans musique écrite, *ad orecchio,* comme on dit à Naples ou j'ai pu connaître encore, dans les années 1930, un maître enseignant de la sorte le piano à des illettrés. Dans le cas de la musique grecque, le caractère monodique de cette musique rendait plus facile l'effort de mémorisation : la chose, étrange pour nous, n'a rien de surprenant; on sait que toute la musique arabe s'est transmise ainsi de mémoire jusqu'à notre époque.

Le chant accompagné et choral. — Avec la musique instrumentale, les jeunes Grecs apprenaient aussi le chant; les deux étaient souvent associés car, à la différence de l'aulos, la lyre rend facile au même musicien de chanter en s'accompagnant : les concours scolaires de Téos [17] et de Magnésie du Méandre [18] associaient au IIe siècle avant notre ère, une épreuve de « chant accompagné », κιθαρῳδία, à celles de lyre solo.

Mais surtout, les écoliers hellénistiques étaient amenés à pratiquer le chant choral : musicalement, il s'agit de quelque chose d'extrêmement simple, la musique grecque ne connaît pas la polyphonie vocale; les chœurs chantent à l'unisson, ou dans le cas de chœurs mixtes à l'octave [19], et toujours d'ailleurs guidés par le jeu d'un instrument, qui est normalement l'aulos.

De tels chœurs étaient l'accompagnement obligé d'un grand nombre de cérémonies religieuses où s'incarnait le culte officiel de la cité : on sait avec quel soin, dans l'Athènes du Ve ou du IVe siècle, était organisée la participation des citoyens, adultes ou enfants, à ces manifestations (9). Elles donnaient lieu, à l'occasion de plusieurs fêtes, Dionysies, Thargélies, Panathénées, à des concours entre tribus : chacune de celles-ci était représentée par un chœur, recruté par les soins et entraîné aux frais d'un riche citoyen, le *chorège;* cette prestation onéreuse ou liturgie, la *chorégie,* était considérée comme très honorable : plus d'un chorège vainqueur a tenu à éterniser le souvenir de sa victoire en faisant élever un monument destiné à abriter le trépied de bronze reçu en prix (nous retrouvons toujours cet amour de la gloire, cet orgueil un peu ostentatoire, si caractéristique de l'âme grecque). Plusieurs de ces gracieux monuments chorégiques ont subsisté

---

17. MICHEL, 913, 8. — 18. DITT. *Syll.* 960, 9. — 19. ARSTT. *Probl.* XIX, 918 a 6 s.; b 40.

jusqu'à nos jours : le plus célèbre est celui de Lysicrate, dédié en 335-334 :

> Lysicrate, fils de Lysitheidès, du dème de Kikynna, étant chorège, la tribu Akamantis fut victorieuse au concours des enfants. Hautbois : Théôn. Instructeur : Lysiadès d'Athènes. Sous l'archontat d'Euainétos [20].

A l'époque hellénistique, précisément à cause de l'importance attachée à la bonne exécution, à la qualité artistique de la cérémonie, ces chœurs furent souvent confiés non plus à des amateurs recrutés pour la circonstance parmi les citoyens (et dont les inscriptions quelquefois prenaient soin de perpétuer les noms [21]), mais à des troupes d'artistes professionnels, de ces *technites*, τεχνῖται, groupés en collèges ou syndicats qui étaient apparus en Grèce vers le temps d'Alexandre. Ainsi lorsque la cité d'Athènes reprit en 138-137 l'usage, interrompu depuis le IVe siècle, d'envoyer à Delphes un pèlerinage officiel ou théorie, la *Pythaïde* (10), sa délégation officielle comprenait encore un chœur de jeunes enfants [22]; à la Pythaïde suivante, en 128-127, nous retrouvons les mêmes « Pythaïstes enfants [23] », mais leur rôle est devenu muet : le soin de chanter le péan en l'honneur du dieu est confié à un chœur de trente-neuf artistes professionnels [24], faisant partie de la nombreuse troupe de technites athéniens (ils sont une soixantaine en tout) qui accompagnent cette fois la délégation et dont la participation brillante aux cérémonies leur vaut la reconnaissance des Delphiens [25] : on sait que nous pouvons juger, sur pièces, de l'intérêt de leur contribution, puisque nous avons retrouvé, gravé sur les murs du Trésor des Athéniens, le texte littéraire et musical de deux des hymnes à Apollon qui furent chantés à cette occasion [26].

Néanmoins, que ce soit par scrupule religieux, fidélité conservatrice aux vieux usages, ou tout simplement encore par économie (11), il arrive encore souvent que la jeunesse de la cité soit toujours chargée d'assurer l'exécution de ces chœurs : les témoignages abondent, du IIIe ou du IIe siècle avant Jésus-Christ jusqu'à l'époque romaine. Ce sont exceptionnellement des chœurs d'éphèbes, comme à Ephèse en 44 après Jésus-Christ [27], ou à Athènes en 163-164 après Jésus-Christ [28] ; le plus souvent des chœurs

---

20. DITT. *Syll.* 1087; cf. 1081 s. — 21. *Id.* 1091. — 22. F. *Delph.* III, 2, 11. — 23. *Id.* 12. — 24. *Id.* 47, 9. — 25. *Id.* 47. — 26. *Id.* 137; 138. — 27. F. *Eph.* II, 21, 53 s. — 28. *IG.*² II, 2086, 30.

de jeunes garçons, comme à Delphes ou à Délos [29] au IIIe siècle avant notre ère, en Arcadie au IIe [30], sous l'Empire à Pergame [31] ou à Stratonicée [32], — ou de jeunes filles comme à Magnésie du Méandre au IIe siècle avant Jésus-Christ [33], — ou les deux à la fois, comme, toujours au IIe siècle, à Téos [34] (où les jeunes filles joignent la danse au chant [35]).

Nous savons déjà quelle importance était attachée à cette participation officielle, prévue par la loi et d'une obligation sanctionnée, des enfants des écoles et des formations de jeunesse aux cérémonies du culte ; nous verrons bientôt la place considérable que celles-ci occupaient dans le calendrier scolaire. On peut donc dire que de telles cérémonies jouaient un rôle qui n'est pas négligeable dans l'éducation de la jeunesse hellénistique, mais il n'en faudrait pas conclure que l'enseignement du chant choral y était, par suite, une des matières fondamentales du programme des études. Vu, encore une fois, le caractère très élémentaire de la musique utilisée, un enseignement régulier n'était pas nécessaire : il suffisait de confier pour quelques répétitions les jeunes gens désignés pour faire partie d'un chœur à un maitre de chant, χοροδιδάσκαλος [36], qui avait tôt fait de les préparer à la cérémonie. Reprenons par exemple le cas de la Pythaïde de 138-137 : les jeunes garçons d'Athènes ont été dirigés par deux maîtres de chœur, Elpinikios et Kléôn [37], qui n'étaient pas des professeurs à proprement parler, mais des artistes lyriques que nous retrouvons, dix ans plus tard, dans la troupe des technites de la IIe Pythaïde [38].

La danse. Au chant choral, n'oublions pas qu'était intimement associée la danse : le mot grec χορός évoque à la fois l'un et l'autre. En fait, suivant les cas (les lieux, les fêtes et les genres), le rôle de l'un ou de l'autre élément prenait plus ou moins d'importance : tantôt le chant l'emporte (comme dans les chœurs dramatiques) et la danse se réduit à quelques sobres mouvements d'ensemble, tantôt au contraire, comme dans l'hyporchème de Délos [39], c'est elle qui devient l'essentiel : c'est, comme disent nos paysans, une « danse aux chansons » ; les plus habiles seuls interprètent par leurs mouvements

---

29. DITT. *Syll.* 450; MICHEL, 902-904. — 30. POL. IV, 20, 5. — 31. ARSTD. XLVII K., 30. — 32. ROBERT, *Et. Anat.* 29. — 33. DITT. *Syll.* 695, 29. — 34. MICHEL, 499, 8-12. — 35. ROBERT, *Et. Anat.* 19. — 36. DITT. *Syll.* 450, 5. — 37. F. *Delph.* III, 2, 11, 20-22. — 38. *Id.* 47, 15; 14. — 39. LUC. *Salt.* 16.

L'ÉDUCATION ARTISTIQUE

l'air que le reste du chœur se contente de chanter. Bien entendu, la Grèce connaissait aussi tout un répertoire de danse pure, exécutée au son des instruments (12).

Mais il en est de la danse comme du chant : la place qu'elle occupe dans l'éducation n'apparaît pas, à l'époque hellénistique, bien importante. Nous pouvons, j'imagine, en parler comme nous ferions du théâtre d'amateurs dans l'éducation que reçoivent les jeunes Français d'aujourd'hui : il n'est pas question de lui réserver une place officielle dans les programmes d'études et on se contente d'un entraînement ou d'une préparation en vue d'une performance bien déterminée. Nous ne trouvons d'enseignement proprement dit de la danse, régulièrement organisé que dans des cas exceptionnels, comme au temps de Polybe, l'Arcadie [40], ou plus tard encore sous l'Empire, Sparte [41].

Deux régions dont la culture présente un caractère archaïsant : on ne saurait s'en étonner; nous avons souligné combien, d'Homère à Platon, la danse se rattachait étroitement à la plus vieille tradition aristocratique. L'évolution des mœurs tend à l'écarter de la culture libérale. Nous pouvons marquer quelques étapes de cet effacement progressif : au IVe siècle, le programme des Panathénées prévoyait des concours de danse guerrière ou pyrrhique, avec des épreuves distinctes pour les hommes, les jeunes gens et les enfants [42]; à la fin du IIe siècle, suivant le témoignage d'Aristoclès [43], la pratique de la pyrrhique est tombée en désuétude, non seulement à Athènes, mais chez tous les Grecs, les Spartiates encore une fois exceptés, chez qui elle se relie au maintien obstiné d'une orientation prémilitaire de l'éducation.

Sous l'Empire, quelques exceptions locales mises à part, comme en Ionie où la pratique de la danse dionysiaque reste en faveur auprès de l'aristocratie [44], la danse a été éliminée de la culture libérale : elle n'est plus qu'un spectacle, objet d'un grand engouement, mais qu'un homme du monde rougirait de pratiquer pour son compte; il l'abandonne à des professionnels qu'il apprécie pour leurs talents, tout en les méprisant pour eux-mêmes [45].

---

40. POL. IV, 20, 5. — 41. LUC. *Salt.* 10. — 42. *IG.*² II, 2312, 72-74. — 43. Ap. ATH. XIV, 631 A. — 44. LUC. *Salt.* 79. — 45. *Id.* 1-2.

Recul de la musique dans la culture et l'éducation. Il s'agit là d'un fait plus général, qui intéresse non seulement la danse, mais l'art musical dans son ensemble : héritage de l'ère archaïque, la musique apparaît dans la culture hellénistique comme un caractère non plus dominant, mais récessif; elle a peine, par suite, à maintenir sa place dans le plan des études et dans l'éducation de la jeunesse : peu à peu, nous la voyons céder du terrain, comme la gymnastique, au profit des études littéraires en plein progrès. Les dates sont significatives : c'est du IIᵉ siècle au plus tard que datent les palmarès épigraphiques, comme ceux de Chios, Magnésie ou Téos [46] où nous avons rencontré la mention d'épreuves musicales dans les concours scolaires. Et déjà le repli s'est amorcé : relisons les termes de la fondation scolaire de Polythrous qui fixe la structure de l'enseignement public à Téos précisément au IIᵉ siècle. La musique déjà n'y est plus placée, comme à la bonne époque, sur le même plan que les deux autres branches traditionnelles de l'enseignement, les lettres et la gymnastique.

Alors que le règlement prévoit pour l'ensemble des écoles trois professeurs de lettres et deux de gymnastique, un seul maître de musique suffira [47]. Sans doute est-il particulièrement bien traité : son salaire annuel est de 700 drachmes, alors que celui de ses collègues s'échelonne entre 5 et 600; c'est un spécialiste, mais il est un peu à part. Son enseignement, en effet, ne s'adresse pas à tous les enfants des divers âges, mais seulement aux grands élèves des deux années précédant l'entrée dans l'éphébie et aux éphèbes proprement dits; et le programme est strictement délimité : aux premiers, il enseignera le double jeu de la lyre, avec et sans plectre, ainsi que « la musique », τὰ μουσικά (est-ce à dire la théorie mathématique, ou simplement le chant?); aux éphèbes, la musique simplement [48]. Ainsi les jeunes Téiens n'auront fait en tout que deux années de lyre : cela sans doute aurait paru bien insuffisant deux ou trois siècles plus tôt!

Le cas est général : la fondation parallèle d'Eudèmos à Milet ne songe même pas à prévoir un enseignement de la musique. Dans l'Athènes hellénistique ou romaine, seuls les « melléphèbes », les aspirants à l'éphébie, du Diogénéion, apprennent la musique [49]

---

46. DITT. *Syll.* 577, 578; MICHEL, 913. — 47. DITT. *Syll.* 578, 9; 13; 15. — 48. *Id.* 578, 16-19. — 49. PLUT. *Quaest. Conv.* IX, 736 D.

et encore faudrait-il être sûr qu'il ne s'agit pas uniquement de sa forme mathématique ; elle n'apparaît pas dans les concours si nombreux que disputent les éphèbes et où, nous le verrons, les disciplines littéraires ont conquis une place à côté des épreuves athlétiques.

Il s'est passé pour la musique un phénomène analogue à celui que nous avons brièvement évoqué à propos de la gymnastique : le progrès technique a entraîné la spécialisation et celle-ci un décalage par rapport à la culture commune et à l'éducation. A l'époque archaïque, disons jusqu'à la fin du premier tiers du Ve siècle, il y a un parfait équilibre entre l'art musical, encore pauvre de moyens, sobre et simple, la culture et l'éducation. Cet équilibre est brusquement rompu lorsque les grands compositeurs que furent Melanippidès, Cinèsias, Phrynis et Timothée [50] introduisirent dans l'écriture musicale toute une série de raffinements concernant la structure harmonique aussi bien que le rythme, accompagnés de perfectionnements parallèles dans la facture des instruments. Très vite, sous leur influence, la musique grecque se complique, devient une technique si élaborée que sa maîtrise échappe au commun des amateurs, que son apprentissage exige désormais un effort soutenu dont seuls un petit nombre de spécialistes pourront être capables. L'évolution commencée dans la dernière partie du Ve siècle se poursuit au cours du IVe, quelles que soient les critiques que les esprits chagrins et conservateurs, de Sparte ou d'Athènes [51], adressent à cette « corruption » du goût : le divorce est accompli à l'aube des temps hellénistiques où, nous l'avons vu, une corporation de musiciens professionnels (ces *technites* que nous avons rencontrés à Delphes) monopolisent le grand art et rejettent en marge, réduisent au rôle de simples auditeurs les dilettanti du milieu simplement cultivé, exactement comme les athlètes surclassent dans le sport de compétition les performances des simples amateurs.

Il en est résulté un grave problème d'adaptation pour l'éducation artistique : devait-elle, pouvait-elle suivre, fût-ce de loin, l'évolution de l'art « moderne » ? Si elle y renonçait, ne cessait-elle pas, par là même, d'être une initiation efficace à la culture vivante de son temps ? Nous pouvons mesurer, grâce à Aristote, qui lui consacre presque tout le VIIIe livre de sa *Politique* [52], avec

---

50. ID. *Mus.* 1141 D-1142 A. — 51. ARISTOX. ap. ATH. XIV, 632 A. — 52. VIII, 1337 b 29 s. ; 1339 a 11 s.

quelle acuité ce problème s'est posé à la conscience de la pédagogie antique.

Pour son compte, Aristote s'arrête à une solution d'une remarquable finesse : de même que l'éducation physique, loin de viser à sélectionner des champions, doit se proposer pour but un développement harmonieux de l'enfant [53], de même l'éducation musicale rejettera toute prétention à rivaliser avec les professionnels [54] : elle n'aspirera qu'à former un amateur éclairé, qui n'aura pratiqué la technique musicale lui-même que dans la mesure où une telle expérience directe est utile pour former son jugement [55]. Vue profonde, que plus d'un musicien d'aujourd'hui reprendra volontiers à son compte (13) : le véritable amateur est celui qui ne s'est pas seulement formé en écoutant de la musique au concert, à la radio et aux disques, mais qui en a fait lui-même, avec ses mains, sur le piano ou le violon, — même s'il n'est jamais devenu un virtuose.

Mais comme il arrive souvent chez les théoriciens de la pédagogie, Aristote n'a pas su tirer de cette doctrine, d'une vérité formelle si profonde, les conséquences pratiques qui l'eussent rendue féconde. Et ses successeurs hellénistiques pas davantage. Il eût fallu, en effet, que l'enseignement musical, rompant avec la routine, se détournât de la tradition fanatique qui l'enfermait dans le cercle étroit de la vieille musique du temps d'Olympos (VIIe siècle) et acceptât de refléter, fût-ce avec du retard et une nécessaire transposition, les progrès de l'art vivant : ne faisons-nous pas apprendre très tôt à nos enfants des pièces faciles, disons de Ravel ou de Honegger, pour les familiariser avec la langue nouvelle que parlent les musiciens d'aujourd'hui ? Mais, résolument conservateurs, ni Aristote, ni les Hellénistiques n'en firent rien : l'éducation musicale s'arrêta sur ses positions archaïques. Comment s'étonner si la vie s'en retira ?

Ce n'est pas seulement au point de vue technique que la tradition, transmise aux siècles suivants par Platon et Aristote, se montrait archaïsante. Elle véhiculait des idées naïves sur l'efficacité de la musique comme agent de formation morale, de discipline personnelle et sociale [56]. Pendant toute la période hellénistique et romaine se colportèrent les mêmes anecdotes édifiantes : comment Pythagore, par un simple changement de mode ou de rythme, réussit à apaiser la fureur érotique d'un jeune homme

---

53. *Id.* 1338 b 38 s. — 54. *Id.* 1341 b 9-19. — 55. *Id.* 1340 b 20-40; cf. 1339 a 35 s. — 56. PLUT. *Mus.* 1140 Bs.

ivre [57] ; comment Pythagore encore [58], à moins que ce ne fût son disciple Cleinias [59], ou Empédocle [60], ou quelque autre grand musicien d'autrefois, Damon par exemple [61], calmait par le jeu de la lyre les mouvements de colère qui pouvaient soulever son cœur; que sais-je encore : comment les héros de la guerre de Troie surent par le choix d'un musicien approprié développer chez leurs épouses la vertu de la fidélité ! [62]

Ces idées s'étaient incarnées dans tout un corps de doctrine relatif à la valeur expressive et morale, à l'*ethos* des différents modes, dorien, phrygien, etc. (14) Ici encore, fidèle à l'exemple de Platon [63], d'Aristote [64], toute la tradition hellénistique et romaine, à partir d'Héraclide le Pontique, n'a pas cessé de dogmatiser sur les vertus, virile, grave, majestueuse, du mode dorien, sur l'hypodorien hautain et fastueux, le phrygien agité et enthousiaste, le lydien dolent et funèbre, l'hypolydien voluptueux... [65]

Bien entendu, cette doctrine était absurde, un peu comme celle, qui s'esquissait chez nous à la fin du XVIIIe siècle, du caractère plaintif et attendri du mineur : la valeur expressive d'un mode est relative à l'usage qu'on en fait, à une certaine fixité de cet usage; elle est d'ordre en quelque sorte sociologique et non pas proprement musical (comme lorsqu'on dit que le cantique monodique est catholique, la polyphonique protestant). Absurde, cette doctrine ne l'avait pas toujours été : elle avait eu un sens à l'époque archaïque quand le mode, il vaut mieux dire alors le nome, νόμος [66] (15), n'était pas encore défini abstraitement comme un certain type d'échelle, mais demeurait incarné dans un certain nombre d'œuvres-types, légitimement considérées comme classiques, et qui possédaient en commun non seulement une même structure harmonique, peut-être très originale, mais un même style, souvent même un même usage social : il était légitime alors de leur attacher un certain nombre de valeurs morales caractéristiques. Mais à l'époque hellénistique, ce n'était plus que verbalisme : la pratique musicale s'était éloignée de la tradition antique, la structure des échelles modales s'était profondément transformée, rapprochant les modes les uns des autres au détriment de leur originalité expressive; mieux encore, la nomenclature avait parfois subi de tels changements qu'il n'était plus certain que telle ancienne

---

57. SEXT. M. VI, 8. — 58. SEN. Ir. 3, 9. — 59. ATH. XIV, 624 A. — 60. *Schol. Hermog.* 383. — 61. GAL. *Plat. Hipp.* IX, 5. — 62. SEXT. M. VI, 11. — 63. *Rsp.* III, 398 d s. — 64. *Pol.* VIII, 1340 b 1 s.; 1342 a 30 s. — 65. PLUT. *Mus.* 1136 C s.; ATH. XIV, 624 D s. — 66. PLUT. *Mus.* 1133 BC.

définition éthique s'appliquât bien à tel mode alors pratiqué. C'est donc moins une doctrine qu'un folklore, et un folklore souvent puéril : car les vertus des modes n'étaient pas toutes d'ordre éthique ; sur la foi de Théophraste, Athénée nous rapporte gravement que pour guérir un accès de sciatique il suffit de jouer, au-dessus de la partie malade, un air d'aulos en mode phrygien ! [67].

Cette sclérose de la pédagogie musicale antique, ce divorce toujours croissant entre la musique scolaire et l'art vivant, expliquent comment, peu à peu, cet aspect musical de l'éducation grecque, si original et si savoureux, s'est amenuisé au cours de la période hellénistique. Il ne reste bien attesté que dans les cantons conservateurs de la vieille Grèce : Laconie, Arcadie, Achaïe, mais n'y représente qu'un aspect de la sclérose de ces cités en marge du grand mouvement culturel [68]. Bien entendu, on peut encore, ici et là, en retrouver quelques survivances : aussi tard qu'en 163-164 après Jésus-Christ, nous voyons les éphèbes athéniens s'entraîner, sous la direction d'un maître de chœur, à chanter des hymnes en l'honneur du divin Hadrien [69]. Il n'en reste pas moins vrai que, dans l'ensemble, la musique tend à s'effacer de l'éducation libérale. Non qu'elle disparaisse de la culture : au contraire, elle est plus en faveur que jamais [70], mais autre chose est de l'écouter, autre chose d'en faire. De plus en plus, elle est abandonnée aux virtuoses professionnels ; ceux-ci, je l'ai dit d'un mot à propos des danseurs, sont l'objet de sentiments mélangés. On les admire, certes, pour leur talent, et on n'hésitera jamais à payer leurs services d'un bon prix, mais en même temps on les dédaigne : ils n'appartiennent pas normalement au milieu mondain où se recrutent les gens cultivés ; leurs mœurs, sans doute, ne sont pas aussi suspectes que celles des pantomimes ; néanmoins, le caractère mercantile de leur activité suffit à les disqualifier : ce sont des gens de métier, βάναυσοι. Ce dédain, dont Aristote déjà témoigne avec force [71], ne cessera de s'affirmer, de plus en plus nettement, à mesure qu'on avance dans la période hellénistique et romaine. Quand la malignité alexandrine affublera Ptolémée XI (80-51 avant Jésus-Christ) du surnom d'*Aulète,* ce ne sera pas pour lui en faire un titre d'honneur : le mot avait quelque résonance du genre « saltimbanque » : que nous sommes loin du temps où Thémistocle,

---

67. ATH. XIV, 624 AB. — 68. PLUT. *Mus.* 1142 E ; POL. IV, 20, 5. — 69. *IG.*² II, 2086, 30. — 70. ATH. XIV, 623 E s. — 71. *Pol.* VIII, 1339 b 9-10 ; 1340 b 40 s.

ce parvenu, était déshonoré pour s'être montré incapable, au cours d'un banquet, de se servir de la lyre qu'un convive lui passait... [72].

Gymnastique, musique, deux caractères archaïques de l'éducation grecque, deux caractères en train de s'effacer à l'époque hellénistique : l'éducation est en passe de devenir à dominante littéraire ; c'est dans les écoles de lettres que nous allons rencontrer son vrai visage et son aspect le plus vivant.

---

72. CIC. *Tusc.* I, 4.

CHAPITRE V

L'école primaire

L'éducation proprement dite, παιδεία, ne commence toujours qu'à sept ans révolus, l'âge où l'enfant est envoyé aux écoles. Jusque-là il n'est question que d'élevage, (ἀνα)τροφή : l'enfant est « nourri » à la maison [1] et demeure aux mains des femmes, sa mère d'abord, mais surtout (dans toutes les familles qui accèdent à un standard de vie au moins aisé) la bonne d'enfant, τροφός, que la langue distingue, au moins chez les puristes, de la nourrice proprement dite, τίτθη [2]; comme celle-ci [3], c'est en général une esclave [4], parfois une femme libre [5], comme il arrive aussi [6] pour la nourrice, qui vieillit dans la maison, entourée d'un respect attendri de la part de son ancien nourrisson [7] (1).

Pas d'école maternelle. En un sens, bien entendu, l'éducation commence dès ces premières années (2) : l'enfant s'initie déjà à la vie sociale, sous la forme des bonnes manières à acquérir, de la civilité puérile et honnête; déjà on cherche à lui imposer une certaine discipline morale : nous savons que certaines « nourrices » s'appliquaient à réprimer les caprices de l'enfant et à dresser sa jeune volonté au moyen de règles strictes et, déjà, de beaucoup de sévérité [8].

Au point de vue intellectuel, ces années de nursery sont consacrées à l'acquisition du langage : les éducateurs les plus scrupuleux, comme le stoïcien Chrysippe, insistent [9] sur la nécessité de choisir avec soin des bonnes d'enfants dont la pureté de diction et de langage éviteront à l'enfant de contracter des habitudes vicieuses dont il faudrait plus tard le guérir.

1. ARSTT. *Pol.* VIII, 1336 b 1; [PLAT.] *Ax.* 366 d. — 2. EUSTH. *Il.* VI, 399. — 3. *IG.*² II, 9079; 9112; 12996. — 4. *Id.* 12563. — 5. *IG.* IV, 3553 b. — 6. *IG.*² II, 5514; 7873. — 7. [DEM.] *Euerg.* 52 s. — 8. TEL. ap. STOB. 98, 72. — 9. QUINT. I, 1, 4; PLUT, *Lib. educ.* 3 E; 4 A.

L'ÉDUCATION HELLÉNISTIQUE

Et déjà, aussi, commence l'initiation à la tradition culturelle : l'enfant grec, comme le nôtre, pénètre dans le monde enchanté de la musique par les berceuses, βαυκαλήματα, dans celui de la « littérature » par les contes de nourrices : fables à personnages animaux (tout le répertoire d'Esope), histoires de sorcières, évoquant les figures redoutables, μορμολυκεία, de Mormô, Lamia, Empousa ou Gorgô, récits de toutes sortes : dans la mesure où la vieille religion traditionnelle survit à l'époque hellénistique, c'est à cet âge que les mythes et les légendes des dieux et des héros devaient être révélés. Mais nul effort ne se manifeste pour systématiser tout cela en un enseignement régulier.

Car ces années sont avant tout consacrées au jeu : les textes, les monuments figurés (peintures de vases et terres cuites), les jouets retrouvés dans les tombes nous permettent d'évoquer les jeux de l'enfant grec; ce sont les jeux éternels, dans lesquels le « petit d'homme » épanche son trop-plein d'énergie, découvre et discipline ses réactions motrices, puis imite, à son échelle, les occupations des grands. Il se servait alors, comme il se sert encore, de hochets, de poupées, souvent articulées, de chevaux à roulettes et de petites voitures, de petite vaisselle et de petits outils pour la dînette ou le jardinage; de balles et surtout d'osselets pour les jeux d'adresse.

Rien que de banal dans tout cela, et, pour le Grec, rien de bien sérieux : ce n'est là que παιδιά; « enfantillage ». Les Anciens se seraient bien moqué de la gravité avec laquelle nos spécialistes du Jardin d'enfants ou de l'école maternelle, disons Froebel ou Mme Montessori, scrutent les jeux les plus élémentaires pour en dégager la vertu éducative. Bien entendu, il n'est pas question en Grèce d'écoles maternelles à proprement parler : c'est là une institution toute moderne, apparue au plus sombre de la barbarie industrielle, quand le travail des femmes rendit nécessaire l'organisation de garderies destinées à assurer aux mères la « liberté » de répondre à l'appel de l'usine (3). La famille demeure, dans l'antiquité, le cadre de la première éducation.

Je sais bien qu'il y avait aussi chez les Grecs des gens graves : leurs philosophes s'inquiétaient du temps perdu pendant ces premières années, Platon voudrait orienter les jeux d'enfants vers l'initiation professionnelle [10] ou même scientifique [11]; il voudrait aussi hâter le début du travail scolaire, le faire commencer à

10. *Leg.* VI, 793 e. — 11. *Id.* VIII, 819 bc.

L'ÉCOLE PRIMAIRE

six ans [12]; à cinq, dira Aristote [13]; à trois ans, renchérit Chrysippe [14] : aucun âge ne doit rester sans travail! Mais c'étaient là propos de théoriciens, des positions-limite que le public savait apprécier comme telles.

En fait, les mœurs sont restées rebelles à ces appels : la petite enfance se développe dans l'antiquité sous le signe de la plus aimable spontanéité : l'enfant est laissé à ses instincts et se développe librement; on a pour lui une indulgence amusée : tout cela a si peu d'importance! Développer, comme nos pédagogues s'évertuent à le faire, l'enfant pour lui-même et en tant que tel aurait paru aux Anciens un souci vraiment inutile.

A l'âge de sept ans, l'école : l'éducation collective est devenue depuis longtemps la règle; en fait, à l'époque hellénistique, seuls des fils de rois ont pu, comme déjà Alexandre, recevoir les soins de précepteurs particuliers.

Le gouverneur ou pédagogue.

Notons, cependant, la persistance d'un élément privé : au nombre des maîtres qui contribuent à la formation de l'enfance figure le « pédagogue », παιδαγωγός, le serviteur chargé d'accompagner l'enfant dans ses trajets quotidiens entre la maison et les écoles (4). Son rôle est en principe modeste : c'est un simple esclave, chargé de porter le petit bagage de son jeune maître ou la lanterne qui doit servir à l'éclairer en chemin, voire l'enfant lui-même s'il est fatigué (je renvoie le lecteur aux charmantes terres cuites qui nous le montrent en action).

Mais ce rôle avait aussi un aspect moral : si on faisait accompagner l'enfant, c'est qu'il était nécessaire de le protéger contre les périls de la rue, et on sait quels ils étaient; le pédagogue exerce sur son pupille une surveillance continuelle, souvent ressentie, à la longue, à l'âge de l'adolescence, comme une insupportable tyrannie [15]. Tout naturellement, malgré son caractère servile et le peu de prestige dont, trop souvent, il jouissait [16], il étend son rôle au-delà de cette protection négative : il dresse l'enfant aux bonnes manières, forme son caractère et sa moralité. Si bien qu'à côté de l'instruction d'ordre technique qu'assurent les divers maîtres (et à laquelle il

---

12. *Id.* I, 643 bc. — 13. *Pol.* VII, 1336 a 23-24; b 35-37. — 14. QUINT. I, 1, 16. — 15. PLAUT. *Bacch.* 422-423; TER. *Andr.* I, 24 s. — 16. PLUT. *Lib. educ.* 4 A; 12 A; PLAT. *Lys.* 233 ab.

contribue aussi souvent en qualité de répétiteur [17], chargé de faire apprendre les leçons, etc.), c'est toute l'éducation morale qui est confiée au « pédagogue » dont le rôle perpétue ainsi dans la bourgeoisie hellénistique celui du « gouverneur » des héros homériques. La langue reflète cette importance de fait : en grec hellénistique, παιδαγωγός perd assez fréquemment son sens étymologique d'esclave « accompagnateur » pour prendre l'acception moderne de pédagogue, d'éducateur au sens plein (cependant il restera toujours distinct du « maître » dispensateur de science).

Diffusion de l'école primaire. La langue reflète aussi l'importance, désormais prépondérante, qu'a prise l'enseignement des lettres dans l'éducation : quand on dit absolument « le maître », διδάσκαλος [18], c'est l'instituteur, le maître d'école qui apprend à lire, γραμματιστής, γραμματοδιδάσκαλος [19], qu'on désigne ainsi, et l' « école » tout court, διδασκαλεῖον, c'est l'établissement où il enseigne.

De telles écoles, on en trouve dans tout le monde hellénistique : déjà très répandues dans les cités grecques à l'époque précédente, elles apparaissent partout où s'implante l'hellénisme. Que les rois Ptolémées établissent des « clérouques », des soldats laboureurs, comme colons dans les terres récupérées sur le désert au Fayoûm, et aussitôt, jusque dans les plus petits centres ruraux, apparaissent non seulement palestres et gymnases, mais aussi les écoles primaires (5). Les papyrus nous montrent que sans être générale l'écriture est fort répandue même en dehors de la classe dirigeante (6) : or il s'agit là d'un pays de colonisation, où les Grecs ne sont qu'une minorité noyée dans la masse barbare. En pays vraiment grec, on peut admettre que normalement tous les enfants de condition libre fréquentent les écoles : c'est ce que supposent les lois scolaires de Milet ou de Téos [20]. Celle-ci tient à préciser que l'enseignement s'adresse au même titre aux garçons et aux filles [21]. Progrès remarquable vis-à-vis de l'ère antérieure, et qui paraît bien général : des terres cuites de Myrina ou d'Alexandrie aiment à nous montrer de petites écolières au travail (7); nous trouverons même, dans un bon nombre de cités de l'Égée ou d'Asie Mineure, un enseignement secondaire féminin florissant. Tout cela bien avant l'époque

17. QUINT. I, 3, 14 (cf. I, 2, 25); LIB, *Ov.* 58, 6-14; *Ep.* 139, 2. — 18. HER. *Did.* — 19 TEL. ap. STOB. 98,72. — 20 DITT. *Syll.* 577; 578. — 21. *Id.* 578, 9.

romaine, où nous voyons, en Egypte, le stratège Apollonios chargé de procurer à sa petite fille Heraïdous le « livre de lecture » dont elle a besoin [22].

Les locaux scolaires. Nous ne savons rien de bien précis sur les locaux occupés par les écoles primaires. Comme si longtemps chez nous, comme aujourd'hui encore en pays musulman, ce devait être une salle quelconque, que rien ne prédisposait spécialement à l'usage scolaire. Une seule pièce suffisait : il ne paraît pas établi, comme on l'a parfois avancé (8), qu'elle était précédée d'une salle d'attente où les pédagogues se seraient retirés pendant la durée de la leçon : il est plus probable qu'ils assistaient à celle-ci, assis à l'écart, comme nous les montrent déjà les vases du Ve siècle.

Nous savons mieux comment elle était aménagée : rien de plus simple; le mobilier se réduit à des sièges : une chaire, θρόνος [23], fauteuil à dossier et aux pieds recourbés, d'où pontifie le maître, des tabourets de bois sans dossier, βάθρα [24], pour les élèves; pas de tables : les tablettes rigides permettent d'écrire sur les genoux. Comme il est de règle dans l'ameublement antique, on attachait plus d'importance à la décoration artistique qu'aux considérations d'utilité ou de confort. Nos sources, si discrètes sur l'installation de ces écoles, ne nous laissent pas ignorer qu'elles étaient décorées, ainsi qu'il convenait à ces sanctuaires des Muses, de l'image de ces « vénérables déesses [25] », ou encore de masques, scéniques ou dionysiaques [26], appendus au mur.

Condition du maître. C'est là qu'enseigne le maître; il est généralement seul à assumer la responsabilité d'une classe : à l'époque pré-romaine, on ne voit pas fréquemment apparaître de « maître-adjoint », ὑποδιδάσκαλος [27] (9), ni de répétiteurs fournis par les grands élèves. Quant au maître lui-même, nous avons la surprise de découvrir combien la société antique faisait peu de cas de cette fonction enseignante que la nôtre considère, ou prétend considérer, avec respect et honneur.

22. P. *Giessen* 85. — 23 *Anth.* IX, 174, 5. — 24. PLAT. *Prot.* 315 c; 325 e; DEM. *Cor.* 258. — 25. HER. *Did.* 97; 71 E; ATH. VIII, 348 D. — 26. CALL. *Epigr.* 48. — 27. DL. X, 4.

L'ÉDUCATION HELLÉNISTIQUE

Le métier de maître d'école demeure, pendant toute l'antiquité, un métier humble, assez méprisé, qui sert à décrier ceux, comme Eschine [28] ou Epicure [29], dont le père a été réduit à le pratiquer. Comme le métier d'institutrice ou de gouvernante dans l'Angleterre victorienne, c'est la profession-type pour l'homme de bonne famille qui a eu des revers de fortune : exilés politiques, apatrides errants « réduits par la misère à enseigner [30] », tyrans détrônés, comme jadis Denys de Syracuse... [31] Qu'on se souvienne des rois de Lucien qui, aux enfers, dépouillés de leur fortune, se voient contraints de se faire marchands de salaisons, maîtres d'école ou savetiers [32] : « Ou il est mort, ou il est instituteur quelque part », fait dire un comique de quelqu'un dont on était sans nouvelles [33].

Pourquoi ce mépris ? D'abord, sauf le cas des cités où, comme Milet ou Téos, les écoles sont devenues publiques et où le maître, élu par l'assemblée des citoyens, participe à la dignité de magistrat public, c'est un « métier », au sens commercial et servile du mot, que d'être instituteur : il faut courir la clientèle, se faire payer, toutes choses déshonorantes aux yeux de ces aristocrates que sont restés les Grecs.

Métier payé et, qui pis est, mal payé (10) : les documents les plus précis à ce sujet sont les chartes épigraphiques de Milet et de Téos : la première fixe le salaire des maîtres d'école à quarante drachmes par mois [34], la seconde à cinq cents drachmes par an (11), année normale (il est proportionnellement augmenté pour celles où s'ajoute un mois intercalaire [35]) : dans les deux cas, ce salaire est un peu plus élevé que celui d'un ouvrier qualifié, dont la paye, on le sait, était normalement d'une drachme par jour, mais il ne l'est pas assez pour représenter une élévation réelle du standard de vie.

Encore fallait-il être sûr d'être régulièrement payé. Le cas de Téos et de Milet est exceptionnel : là, le salaire des maîtres, assuré par les revenus d'une fondation, est inscrit au budget de la cité et payé par les trésoriers municipaux conformément à un règlement minutieux. Partout ailleurs, les maîtres doivent compter avec les aléas inévitables de la clientèle privée ; en principe, ils étaient comme les instituteurs publics de Milet et Téos, payés à la fin de chaque mois [36], mais les parents besogneux les faisaient parfois attendre, sans parler d'Harpagons, comme celui de Théophraste qui cherche

---

28. DEM. *Cor.* 258. — 29. DL. X, 4. — 30. ATH. IV, 184 C. — 31. CIC. *Tusc.* III, 27; TR. P. XXI, 5. — 32. LUC. *Menipp.* 17. — 33. *FCG.* IV, 698, 375. — 34. DITT. *Syll.* 577, 52-3. — 35. *Id.* 578, 11; 20-21. — 36. HER. *Did.* 8-11.

à économiser un mois sur douze en faisant manquer l'école à son fils pendant le mois d'Antesthérion, sous prétexte que les vacances y sont si longues qu'il ne reste plus de jours scolaires assez nombreux pour mériter la dépense [37].

Mais surtout le métier d'instituteur n'est pas considéré, parce qu'au fond il ne suppose pas de qualification spéciale. Nulle part il n'est question d'exiger des maîtres une formation professionnelle analogue à celle que dispensent nos écoles normales actuelles : la loi scolaire de Milet, si précieuse par sa minutie, nous montre comment se faisaient les élections à ce poste ; on ne demande aucun titre aux candidats et les électeurs sont simplement tenus de choisir, en conscience, « les plus capables de s'occuper des enfants [38] ». Il semble bien qu'on n'exigeait des maîtres nulle garantie, sinon au point de vue moral, caractère, honorabilité [39] (12) : techniquement, quiconque avait lui-même appris à lire était considéré comme capable de s'improviser maître à son tour ; il n'avait qu'à utiliser ses souvenirs d'enfance.

Cela tient au caractère à la fois très élémentaire et routinier de la pédagogie antique. Nous allons bientôt découvrir celle-ci : on verra que la pensée antique, tout entière ordonnée au service de l'homme, ne s'est guère attardée à poser le problème de l'enfant, de sa psychologie originale, de ses besoins et de ses exigences, etc.

Pourtant, je ne voudrais pas laisser mon lecteur sous une impression exagérée : si mal payés qu'ils fussent, les maîtres d'école ont, à Milet du moins, une situation légèrement supérieure à celle de leurs collègues de gymnastique, qui ne reçoivent que trente drachmes par mois [40]. Pour être décriée, leur profession, si utile, n'en reçoit pas moins, ici ou là, des encouragements officiels : au IIIe siècle avant Jésus-Christ, Lampsaque leur accorde l'immunité fiscale [41] et Ptolémée Philadelphe l'exemption de la gabelle [42] ; enfin tels monuments attestent que leurs anciens élèves les entouraient quelquefois d'un respect reconnaissant, comme cette épitaphe d'un vieux magister de Rhodes, décédé après cinquante-deux ans d'enseignement [43].

Ecole et éducation. Il n'en reste pas moins vrai qu'en comparaison de nos idées modernes, l'enseignement du maître d'école n'est pas vraiment apprécié. Je soulignerai

37. TH. *Char.* 30. — 38. DITT. *Syll.* 577, 43-49. — 39. *Id.* 775, 4. — 40. *Id.* 577, 51. — 41. *SAWW.*, 166 (1910), I, 46. — 42. *P. Hal.* I, 260. — 43. *IG.* XII, 1, 141.

le fait, qui importe à l'exacte appréciation de la vie et de la politique scolaire antiques : l'école ne joue pas encore dans l'éducation le rôle prépondérant qu'elle assumera à partir du moyen âge en Occident.

Le maître d'école est chargé d'un secteur spécialisé de l'instruction, il équipe techniquement l'intelligence de l'enfant, mais ce n'est pas lui qui éduque. L'essentiel de l'éducation, c'est la formation morale, celle du caractère, du style de vie. Le « maître » n'est chargé que d'apprendre à lire, ce qui est beaucoup moins important.

L'association, qui nous paraît aujourd'hui naturelle, de l'instruction primaire et de la formation morale est chez nous un héritage du moyen âge, je préciserai : de l'école monastique où un même personnage s'est trouvé opérer la synthèse de deux rôles bien distincts : celui d'instituteur et celui de père spirituel. Dans l'antiquité, le maître d'école est quelqu'un de trop effacé pour que la famille pense à lui déléguer, comme elle le fait si souvent aujourd'hui, sa responsabilité en matière d'éducation.

Si quelqu'un, en dehors des parents, reçoit cette mission, c'est plutôt le pédagogue : un simple esclave sans doute, mais qui du moins appartient à la maison et qui, par le contact quotidien, l'exemple si possible, en tout cas par les préceptes et une surveillance vigilante, contribue à l'éducation, et surtout à l'éducation morale, infiniment plus que les leçons purement techniques du « grammatiste ».

On mesure sans peine toute l'importance de cette constatation : elle établit une grande différence entre nos problèmes modernes et leurs équivalents antiques ; pour nous le problème central de l'éducation est celui de l'école. Rien de pareil chez les Anciens. Voici l'un de ces innombrables traités que l'époque hellénistique et romaine a consacrés « à l'éducation des enfants », celui qui nous a été transmis sous le nom de Plutarque (14) : on est étonné du peu de place qu'y occupent les questions proprement scolaires : éloge de la culture générale secondaire comme préparation à la philosophie [44], éloge des livres, « instruments de l'éducation [45] », allusions au gymnase [46] ou à la valeur de la mémoire [47] : tout le reste, en dehors d'un exposé où l'auteur n'a pu s'empêcher de nous faire part de ses théories littéraires [48], n'est consacré qu'à définir l'atmosphère morale de l'éducation : celle-ci s'intéresse moins à l'instruction

---

44. PLUT. *Lib. educ.* 7 CD. — 45. *Id.* 8 B. — 46. *Id.* 11 CD. — 47. *Id.* 9 DE. — 48. *Id.* 6 C-7 C.

proprement dite qu'à la formation du caractère, et pour cela, ce n'est pas sur l'école qu'on compte ; nous retrouverons ces faits à propos du problème de l'éducation religieuse tel qu'il se trouvera posé par le christianisme.

Horaire des classes. Mais achevons de faire connaissance, de l'extérieur, avec cette école antique. En principe, nous le savons, l'enfant est toujours supposé suivre les cours de trois établissements parallèles : l'école de lettres, celle de musique, celle de gymnastique. Mais la musique, on l'a vu, n'apparaît plus guère qu'à l'échelon secondaire. Restent lettres et gymnastique : le point qui, dans l'état actuel de notre documentation, demeure obscur est de savoir comment les heures de travail étaient réparties, dans la journée, entre ces deux matières. La solution la plus vraisemblable de ce petit problème me paraît être la suivante (15) :

La journée commençait très tôt, le jour à peine levé [49] : en hiver, c'est même à la lueur d'une lanterne, portée par le pédagogue, que l'enfant s'acheminait vers l'école (la scène est volontiers représentée par les coroplastes). Au début de l'ère hellénistique, alors que l'éducation physique conserve encore la place d'honneur qu'elle détenait à l'origine, l'enfant se rend directement à la palestre et y passe la matinée. Après un bain, il regagne la maison pour le repas de midi : c'est dans l'après-dîner qu'il va à l'école prendre sa leçon de lecture. Mais devant l'importance croissante attachée aux lettres, une seconde leçon s'est peu à peu imposée comme nécessaire et c'est par elle, alors, que l'enfant commence sa matinée. A l'origine peut-être simple répétition, donnée à la maison par le pédagogue, cette leçon, qu'on va maintenant prendre également à l'école, devient la plus importante de la journée. L'éducation physique doit se contenter de la fin de la matinée et verra progressivement sa part réduite de plus en plus, jusqu'à disparaître tout à fait, au moins en pays latin.

Calendrier scolaire. L'année grecque ne connaît pas encore l'usage du repos hebdomadaire, que l'influence du judaïsme fera adopter par la société romaine à partir

49. TEL. *ap.* STOB. 98, 72.

du Ier siècle de notre ère. Les écoles hellénistiques ne connaissent pas non plus de périodes de vacances à proprement parler. Elles chôment à l'occasion des différentes fêtes religieuses et civiques, que celles-ci soient d'ordre municipal ou national, sans parler des fêtes propres au milieu scolaire lui-même.

La répartition assez irrégulière de ces fêtes peut, lorsqu'un grand nombre en est rassemblé pendant la même période, donner à celle-ci un caractère un peu analogue à celui de nos mois de vacances : c'était, on l'a vu, le cas du mois Antesthérion à Athènes. Bien entendu, ici triomphe le particularisme local : chaque pays, chaque cité a son calendrier propre. A Milet, un jour de vacances est accordé aux enfants le 5 de chaque mois en l'honneur du généreux mécène Eudème [50]; à Alexandrie, au IIIe siècle avant Jésus-Christ, les écoles chôment le 7 et le 20 de chaque mois en l'honneur d'Apollon [51], mais ce ne sont pas là les seules vacances : il faudrait considérer le calendrier dans son ensemble. Voici, par exemple, ce qu'on pourrait appeler le programme universitaire de la cité de Cos vers le milieu du IIe siècle avant Jésus-Christ; il nous donne, pour le mois d'Artamisios, la liste suivante des jours de fêtes et des jours d'examen, où les classes évidemment étaient interrompues [52] :

Le 4 : fête de Poseidôn.
 5 : *épreuves sportives pour les éphèbes.*
 6 : procession en l'honneur du feu roi Eumène II de Pergame.
 7 : fêtes aux sanctuaires d'Apollon Cyparissios et des XII dieux.
 » : *épreuves sportives pour les enfants.*
 10 : fête fondée par Pythoclès en l'honneur de Zeus Sauveur.

(Sans doute Pythoclès est-il un bienfaiteur de la cité, et peut-être spécialement des écoles, comme Eudème à Milet ou Polythrous à Téos.)

 11 : *épreuves sportives pour les éphèbes.*
 12 : fête au temple de Dionysos.
 15 : fête au temple d'Apollon Délien.
 19 : procession en l'honneur des Muses.
 25 : *épreuves sportives pour les éphèbes.*
 26 : procession en l'honneur du roi régnant Attale II (ou III).
 29 : *examens scolaires* (16);

soit au total huit jours de fêtes et, pour les enfants, deux d'examens; le mois précédent, moins favorisé, ne comportait que six fêtes et un seul jour d'épreuves.

50. DITT. *Syll.* 577, 76-79. — 51. HER. *Did.* 53-55. — 52. DITT. *Syll.* 1028.

L'ÉCOLE PRIMAIRE

Aux jours de vacances officielles s'ajoutaient, pour chaque enfant, celles que lui valaient les fêtes de famille, les siennes propres : anniversaire, cérémonie de la coupe des cheveux marquant la fin de la petite enfance, celles de tous les siens et les événements importants, tels que mariages, etc.

Il serait intéressant, enfin, de pouvoir déterminer l'effectif moyen de chaque classe; mais, faute de connaître d'autre part l'effectif total du contingent scolaire, il ne nous sert à rien de savoir que Milet, par exemple, entretiendra quatre maîtres d'école [53] et Téos trois (qui assumeront aussi, il est vrai, l'enseignement secondaire [54]). La répartition des élèves entre les classes y est confiée au pédonome [55], et comme la loi prévoit de la part des maîtres des contestations au sujet « du trop grand nombre des enfants » qui leur seraient imposés [56], c'est donc qu'on préférait des classes peu chargées : indication intéressante, d'un caractère bien actuel. Il faut aller plus loin : nous relevons bien des témoignages qui nous montrent que la pédagogie antique s'orientait vers un enseignement peut-être plus individualisé que le nôtre. L'absence de l'équivalent de notre « tableau noir », instrument caractéristique de la leçon collective (17), n'est pas le moins significatif.

---

53. *Id.* 577, 50. — 54. *Id.* 578, 9. — 55. *Id.* 578, 19-20. — 56. *Id.* 578, 32

CHAPITRE VI

L'instruction primaire

Nous pouvons nous faire une image précise et concrète du travail dans une école primaire hellénistique, grâce surtout aux précieux documents, papyrus, tablettes et *ostraka* que nous a restitués le sol aride de l'Egypte : en fouillant dans les *kôm* de *sebakh,* ces amoncellements d'ordures ménagères accumulés aux portes des agglomérations, on a retrouvé, provenant en quelque sorte des corbeilles à papier antiques, de nombreux textes d'origine scolaire : exercices et cahiers d'écolier, et même, tout récemment, un manuel d'enseignement primaire, presque complet (1). Nous pénétrons ainsi directement dans l'intimité même de l'école.

Lire, apprendre par cœur, écrire [1], — et compter : tel est le programme, très simple, très limité qu'elle avait l'ambition de remplir. Lire d'abord : grosse affaire ! Car la méthode employée exige de longs cheminements.

La lecture. Rien qui rappelle notre « lecture globale », ni notre souci d'intéresser l'enfant en lui faisant assembler de petites phrases élémentaires (« Toto a vu le rat ») dès qu'il a appris les quelques lettres nécessaires. L'école antique dédaigne ces menues industries. Son plan d'études est dressé en fonction d'une analyse *a priori,* purement rationnelle, de l'objet à connaître et ignore délibérément les problèmes d'ordre psychologique que pose le sujet, à savoir l'enfant. L'instruction procède du simple (en soi) au complexe, de l'élément au composé : toute autre façon de procéder aurait paru absurde, comme le soutiennent encore saint Ambroise et saint Augustin [2]. Il faut donc apprendre d'abord les lettres, puis les syllabes, les mots isolés, les phrases, enfin les textes continus [3] : on n'abordera pas une nouvelle

---

1. POLL. IV, 18. — 2. AMB. *Abraham,* I, 4 (30); cf. ORIG. *In Num.* 27, 13; AUG. *Ord.* II, 7 (24); CASS. *Conl.* X, 8. — 3. DH. *Dem.* 52.

L'ÉDUCATION HELLÉNISTIQUE

étape sans avoir épuisé les difficultés de la précédente, et cela ne va pas sans exiger chaque fois beaucoup de temps [4].

L'alphabet. On commence donc par l'alphabet : l'enfant apprend, dans l'ordre, les vingt-quatre lettres, non pas comme nous aimons à le faire aujourd'hui en leur donnant leur valeur phonétique (a, bə, cə, də...), mais en les appelant par leur nom (alpha, bèta, gamma), et, semble-t-il [5], d'abord sans en avoir la forme sous les yeux. Mais bientôt on leur présente un alphabet où les lettres, en capitales, sont disposées en plusieurs colonnes [6]. Ils récitent cette liste, sans doute en chantonnant : dès le Ve siècle on avait, dans ce but, composé un alphabet en quatre vers iambiques : « Il y a alpha, bèta, gamma, et delta, et ei, et aussi zéta... »

> ἔστ' ἄλφα, βῆτα, γάμμα, δέλτα τ', εἶ τε, καὶ
> ζῆτ', ἦτα, θῆτ', ἰῶτα, κάππα, λάμβδα, μῦ,
> νῦ, ξεῖ, τὸ οὗ, πεῖ, ῥῶ, τὸ σίγμα, ταῦ, τὸ ὕ
> πάροντα φεῖ τε, χεῖ τε, τῷ ψεῖ εἰς τὸ ὦ [7].

Cette étude, bien ingrate, est une première étape qu'on s'honore d'avoir surmontée : « connaître ses lettres », γράμματα γιγνώσκειν, c'est déjà quelque chose ! D'où le respect religieux dont sont entourés ces premiers « éléments », στοιχεῖα (n'oublions pas que les lettres servent à noter, outre le langage, les chiffres et les notes musicales) : l'historien se penche avec curiosité sur ces étranges croyances, qui faisaient par exemple des lettres de l'alphabet un symbole des « éléments cosmiques » (les sept voyelles étant associées aux sept notes de la gamme et aux sept Anges présidant aux sept planètes) et les utilisaient dans la confection de charmes et d'amulettes : ces signes capables de révéler la pensée n'étaient-ils pas pleins d'une puissance mystérieuse et magique ? (2).

Il faut attendre l'époque romaine pour voir apparaître quelques efforts destinés à faciliter aux débutants l'acquisition de ces premiers éléments : on raconte ainsi qu'Hérode Atticus, désespérant de la lourdeur d'esprit de son fils qui n'arrivait pas à retenir ces noms d'Alpha, Bèta, etc., avait imaginé de faire élever avec lui vingt-quatre jeunes esclaves de son âge, appelés chacun du nom d'une des

---

4. ID. *Comp.* 25. — 5. QUINT. I. 1, 24. — 6. *ABSA.* 12 (1905-1906), 476, 38; BATAILLE, *Deir el Bahari*, 185. — 7. ATH. X, 453 D.

228

vingt-quatre lettres [8]. Fantaisie de milliardaire; les pédagogues latins nous feront connaître des innovations d'un caractère plus pratique : lettres mobiles en bois, gâteaux alphabétiques...

A cette époque on ne se contentait plus de faire apprendre la suite régulière d'A à Ω : ce premier objectif atteint, on faisait réciter l'alphabet à rebours, d'Ω à A [9], puis des deux manières à la fois, par paires (AΩ, BΨ, ΓΧ... MN [10]), etc.

Les syllabes. Ce premier palier franchi, on attaquait les syllabes : avec la même rigueur systématique on faisait apprendre, et par ordre, la série complète des syllabes; il n'était pas question de passer aux mots avant d'en avoir épuisé toutes les combinaisons [11]. On commençait par les plus simples : βα, βε, βη, βι, βο, βυ, βω...; γα, γε, γη... jusqu'à ψα, ψε, ψη, ψι, ψο, ψυ, ψω [12], qu'on ne vocalisait pas, comme nous faisons be-a-ba, etc., mais, semble-t-il [13] : bèta-alpha-ba, bèta-ei-bé, bèta-èta-bè...

Puis on passait aux syllabes trilittères, étudiant différentes combinaisons : la plus anciennement attestée (dès le IVe siècle avant Jésus-Christ [14]) consiste à ajouter à chacune des syllabes du tableau précédent une consonne, toujours la même, ν par exemple (ou β, λ, ρ, σ) : βαν, βεν, βην, βιν, βον, βυν, βων; γαν, γεν, γην... jusqu'à : ψαν, ψεν, ψην, ψιν, ψον, ψυν, ψων [15]. Ou bien, inversement, c'était la consonne initiale qui était fixe : βαβ, βεβ..., βαγ, βεγ..., βαδ, βεδ; d'autres fois, on associait deux fois la même consonne aux différentes voyelles : βαβ, βεβ, βηβ..., γαγ, γεγ... Puis on s'essayait à des groupements plus complexes : βρας, βρες, βρης..., γρας, γρες... [16]

Les mots. L'école de la syllabe finalement menée à bien, on pouvait passer à l'étude du mot; ici encore, on n'avançait que pas à pas. D'abord, des monosyllabes : les séries que nous en offrent les papyrus scolaires [17] sont inattendues : à côté de mots usuels, nous sommes surpris d'y voir figurer des mots rares, voire introuvables, dont le sens paraît avoir été incon-

8. PHILSTR., *V. S.*, II, 1, 558 — 9. WESSELY, *Studien*, II, LVI; IREN. I, 14, 3. — 10. *JHS.* 28 (1908), 121, 1; cf. QUINT. I, 1, 25. — 11. ID. I, 1, 30. — 12. *P. Guér. Joug.* 1-8; *UPZ.* I, 147, 1-18. — 13. ATH. X, 453 CD. — 14. *IG.*² II, 2784. — 15. *P. Guér. Joug.* 9-15. — 16. *Id.* 16-18; *UPZ.* I, 147, 19-29. — 17 *P. Guér. Joug.* 27-30; *P. Bouriant* I, 1-12.

229

nu des Anciens eux-mêmes (un peu comme ce « travails » que la plupart des Français n'ont jamais rencontré, sinon dans la liste des exceptions à la règle du pluriel des mots en -ail) : λύγξ (lynx), στράγξ (goutte), κλάγξ (hurlement), κλώψ (voleur), κνάξ (sens inconnu : lait ? démangeaison ?). Ils paraissent avoir été choisis pour la difficulté particulière que présentaient leur prononciation et leur lecture (comme chez nous : « pneu », « fruit »...) : ici encore, nous sommes à l'opposé de la pédagogie actuelle; loin de faciliter les choses à l'enfant, par un choix de mots simples, on le mettait tout de suite en présence de la difficulté maxima, estimant qu'une fois celle-ci surmontée, tout le reste irait de soi.

Aux monosyllabes succède une série de mots de deux syllabes : Ὀνόματα δισύλλαβα [18], puis d'autres séries à trois, quatre, cinq syllabes, séparées comme le font encore nos livrets élémentaires :

Κάσ : τωρ	Ὀ : δυσ : σεύς...
Λέ : ων	Ἀν : τί : λο : χος...
Ἔκ : τωρ...	Λε : ον : το : μέ : νης [19]...

Ces listes de mots n'utilisent pas le vocabulaire courant : ce sont uniquement des noms propres, et en particulier homériques; on trouve aussi des listes de divinités, de fleuves, de mois de l'année [20].

C'était peut-être pour préparer de loin l'écolier à la lecture des poètes; mais nous avons l'impression que c'est surtout la difficulté d'énonciation qui les faisait choisir. D'où l'usage, comme à propos des monosyllabes, de mots rares, mais biscornus (l'équivalent de notre « anticonstitutionnellement » utilisé comme test de la p.g.) : κναξζβίχ, un nom de maladie, paraît-il [21], φλεγμοδρώψ, de sens inconnu, sans doute aussi un terme médical. Ces mots rares étaient même associés en formules, où l'absurde le disputait à l'imprononçable, contenant chacune une seule fois les vingt-quatre lettres de l'alphabet :

βέδυ ζὰψ χθὼμ πλῆκτρον σφίγξ [22].

Quintilien [23] nous a conservé le nom technique de ces formulettes, χαλινοί : « freins » (de langue), « bâillons », et l'usage qu'on en faisait : les enfants étaient entraînés à les réciter le plus rapidement

---

18. P. Guér. Joug. 67. — 19. Id. 68-114: P. Bouriant I, 13-140; JHS. 28 (1908), 122, 2. — 20. P. Guér. Joug. 38-47; 58-66; 19-20. — 21. CLEM. Strom. V, 8, 357. — 22. WESSELY, Studien, II, XLV, 2; BATAILLE, Deir el Bahari, 187. — 23. I, 1, 37.

possible ; c'était, estimait-on, un moyen d'assouplir la prononciation et de faire disparaître les éventuels « défauts de langue ».

Textes et anthologies. — Enfin on arrivait à la lecture de petits textes, dont les premiers présentaient encore comme chez nous les syllabes soigneusement séparées. On abordait ensuite la lecture normale, plus ardue chez les Anciens que chez les modernes, à cause de l'usage de la *scriptio continua* : dans les éditions normales, non seulement la ponctuation n'est pas indiquée, mais les mots mêmes ne sont pas séparés.

Peu de souci, la syllabation mise à part, de graduer ces exercices : tel manuel du IIIe siècle fait succéder sans transition aux mots isolés des morceaux choisis d'Euripide, puis d'Homère [24]. On s'étonnera peut-être d'une pédagogie aussi singulière, qui plaçait si vite l'enfant en présence de difficultés qu'il devait être long à surmonter : je trouve un point de comparaison dans l'enseignement de notre musique classique ; qu'on ouvre des recueils élémentaires comme le *Petit Livre de Clavecin d'Anna Magdalena Bach* ou les *Pièces de Clavecin* publiées en 1724 par J.-Ph. Rameau : après une « première leçon » visiblement destinée à des débutants, on passe sans transition à des textes d'exécution bientôt réellement difficile...

L'apprentissage de la lecture continuait par l'étude d'un certain nombre de morceaux poétiques choisis. A mesure que s'enrichit notre documentation papyrologique, nous découvrons que les mêmes fragments réapparaissent souvent, et dans les anthologies scolaires et dans les citations d'auteurs. La tradition, ou pour mieux dire la routine, avait sélectionné une fois pour toutes une série de passages fameux, que des générations d'élèves ont ressassés et qui de la sorte constituèrent la base de l'érudition poétique commune à tous les hommes cultivés : un peu comme chez nous *Avril, Ta douleur Duperrier...* ou le sonnet d'Arvers. Ainsi tel fragment du comique Straton montrant un cuisinier ridicule s'exprimant en termes homériques (comme A. Huxley fait parler en termes shakespeariens le héros de *Brave New World*) avait été sélectionné pour figurer dans un livre de lecture élémentaire, dès le IIIe siècle [25], moins de quatre-vingts ans après avoir été écrit ; cinq siècles plus tard, Athénée le cite encore [26] et de Straton ne cite que ce seul passage. C'était visiblement le seul qui eût survécu ! (3).

---

24. P. *Guér. Joug.* 115-139. — 25. *Id.* 185-215. — 26. ATH. IX, 382 C.

L'ÉDUCATION HELLÉNISTIQUE

Bien entendu, ces exercices de lecture se faisaient à haute voix : pendant toute l'antiquité, et cela jusqu'au Bas-Empire, l'usage de la lecture silencieuse est resté exceptionnel : on lisait soi-même à haute voix, ou, de préférence, on se faisait lire par un serviteur (4).

La récitation. — A la lecture était étroitement associée la récitation : les pièces d'anthologie dont nous venons de constater l'usage étaient non seulement lues, mais apprises par cœur [27] : il semble que les débutants, tout au moins, aient eu l'habitude de psalmodier en chantonnant, syllabe par syllabe : « filtrant goutte à goutte : A-pol-lon ma-ti-nal... [28] »

Telle était la méthode suivie pour apprendre à lire : lorsqu'on compare le manuel scolaire édité par O. Guéraud et P. Jouguet, qui date de la fin du IIIe siècle avant Jésus-Christ, à tel cahier d'écolier copte du IVe siècle de notre ère (*P. Bouriant,* I), on est frappé de l'identité extraordinaire des procédés mis en œuvre : à plus de cinq cents ans de distance, c'est la même méthode.

Les innovations se réduisent à bien peu de chose : la présentation alphabétique, par exemple, des listes de mots ou des textes. Plus intéressant, s'il était assuré qu'il s'agît bien là d'un progrès récent, serait le fait qu'au lieu de lancer immédiatement l'élève dans des textes suivis et difficiles, on intercale, après les mots isolés, de courtes sentences d'une ligne, puis de tout petits textes élémentaires, comme les fables de Babrios [29].

Livres, cahiers et tablettes. — Mais l'emploi de ces petits fragments se comprendra mieux en fonction de l'enseignement de l'écriture qu'on ne peut guère séparer d'ailleurs de celui de la lecture. Cela, essentiellement, pour des raisons pratiques, et qui tiennent à la technique même du livre antique. On sait que le livre, au sens moderne, le *codex* formé de cahiers reliés, n'a fait son apparition que sous l'Empire romain et a d'abord servi à présenter des éditions compactes d'œuvres volumineuses (d'où l'empressement avec lequel les chrétiens l'ont accueilli pour leurs Ecritures) (5).

Auparavant, le livre antique se présentait sous la forme fragile et incommode du rouleau de papyrus : déroulons le précieux manuel

---

27. CALL. *Epigr.* 48. — 28. HER. *Did.* 30-36. — 29. *P. Bouriant* I, 157 s.

scolaire qu'est le *P. Guéraud-Jouguet ;* il commençait par des leçons tout à fait élémentaires, syllabes et probablement même alphabet, pour s'élever à une anthologie de textes poétiques d'une réelle difficulté ; son étude complète devait certainement exiger plusieurs années. Or, matériellement, il est constitué par une longue et fragile bande de papyrus, comportant seize feuilles, κολλήματα, collées bout à bout, dont la longueur totale devait être d'environ 2 m 90(6). Imagine-t-on le sort d'un tel instrument, qu'il fallait dérouler et re-enrouler en même temps sur les baguettes de bois fixées à ses extrémités, entre les mains maladroites et négligentes d'un petit écolier ? Qu'on songe au martyre que nos enfants font subir à leurs livres de classe pourtant si robustes ! C'est pourquoi je suis persuadé que ce document n'est pas, comme l'ont intitulé ses savants éditeurs, un « livre d'écolier », mais bien un « livre du maître », un manuel pédagogique où l'instituteur trouvait rassemblée une série-type de textes à faire étudier.

Ces textes, il devait d'abord les copier pour les mettre à la disposition de ses jeunes élèves ; mais dès que ceux-ci commençaient à savoir écrire, ils pouvaient les copier eux-mêmes et plus tard les prendre sous la dictée. On avait donc intérêt à mener de front l'initiation à l'écriture et à la lecture

En fait, c'est bien ainsi qu'on procédait [30], et cela explique que notre « livre du maître » soit le seul de son espèce : tous les autres documents de caractère scolaire, retrouvés en Égypte ou à Palmyre, sont en effet moins des fragments de livres de lecture que des « pages d'écriture ».

Les matériaux en sont d'ordre divers. Les premiers instruments de l'enfant, l'équivalent de notre ardoise, étaient les tablettes de bois, simples, doubles ou multiples (elles sont reliées entre elles soit par des charnières, soit par une simple ficelle passant en quelque trou [31]. Les unes étaient garnies de cire à l'intérieur d'un cadre creux [32] : on y écrivait au moyen d'un poinçon dont l'autre extrémité, arrondie, pouvait servir à effacer. Fréquemment aussi, on se servait de tablettes pour écrire à l'encre [33] avec une plume faite d'un roseau taillé et fendu ; l'encre, fournie sous une forme solide, comme chez nous l'encre de Chine, était broyée et diluée à l'avance par le maître ou quelque serviteur [34] ; une petite éponge servait alors de gomme [35].

---

30. SEN. *Ep.* 84, 2. — 31. *P. Oxy.* 736. — 32. JHS. 13 (1893), 293 s.; *ABKK.* 34 (1913), 211 s. — 33. *JHS.* 29 (1909), 29-40. — 34. DEM. *Cor.* 258. — 35. *Anth.* VI, 295, 2 ; 65, 7-8 ; 66, 7.

L'usage scolaire du papyrus est également bien attesté : feuilles isolées, ou cahiers in-plano cousus à la ficelle [36]. Mais le papyrus était et resta toujours un matériau relativement rare et cher (7), et bien qu'on utilisât souvent, pour l'usage scolaire, le verso de feuillets déjà utilisés au recto, on faisait aussi volontiers appel à des tessons de poterie, ces *ostraka* si nombreux dans nos collections : l'usage de ces fragments hétéroclites peut surprendre à première vue, mais on s'en servait communément, même en dehors de l'école, pour des brouillons, voire, ce qui devait être peu commode, pour la correspondance privée.

L'écriture.   L'enseignement de l'écriture était conduit comme celui de la lecture : même indifférence à l'égard de la difficulté psychologique, même progression du simple au complexe, lettres isolées, syllabes, mots, courtes phrases, textes suivis.

Nous n'avons pas de précisions sur le ou les types d'écriture enseignés [37] : la cursive, la capitale aux lettres soignées, régulièrement disposées en damier dans l'écriture στοιχηδόν (c'était sans doute pour tracer le quadrillage exigé par celle-ci qu'on utilisait cette étrange règle [38] formée de deux bandes assemblées à angle droit qui apparaît dès le ve siècle sur les peintures de vases représentant des scènes d'école).

Le maître donc commençait par apprendre à l'enfant à tracer, une à une, ses lettres ; on ne connaissait pas d'échelon préparatoire (nos « bâtons » ou nos « barres »), mais on abordait directement le tracé normal des caractères. Le procédé employé paraît avoir été le suivant [39] : le maître dessinait un modèle, probablement d'un trait léger (comme les modèles en pointillé de nos cahiers d'écriture), puis, prenant la main de l'enfant dans la sienne, lui faisait repasser par-dessus, de manière à lui apprendre le *ductus* de la lettre, avant de lui permettre de s'y essayer tout seul [40]. Une fois initié, l'enfant continuait à s'exercer, répétant les mêmes lettres à longueur de lignes ou de pages [41].

Après les lettres venaient les syllabes (si du moins on en juge par la maladresse, évidemment enfantine, avec laquelle ont été recopiés certains syllabaires [42]), puis les mots isolés : sur tel *ostrakon*

---

36. P. *Bouriant* I. — 37. *Schol.* AR. *Ach.* 686. — 38. *Anth.* VI, 63, 2. — 39. PLAT. *Prot.* 326 d. — 40. SEN. *Ep.* 94, 51. — 41. ZIEBARTH, n° 48. — 42. WESSELY, *Studien*, II, LV, LIX.

le magister a tracé des initiales en suivant l'ordre alphabétique et l'enfant a complété les mots en s'ingéniant à choisir des noms ou des formes en -ους :

... Οὖς / Ποὺς / Ῥωμαίους / Σοφούς / Ταύρους / Ὑιούς [43].

Puis venaient de courtes phrases, que le maître écrivait d'abord et que l'enfant recopiait ensuite une, deux ou plusieurs fois. Tout était bon à servir de « phrases à copier », ὑπογραμμοὶ παιδικοί, comme dit Clément d'Alexandrie : phrases d'usage telles qu'une suscription épistolaire [44], aussi bien que ces absurdes χαλινοί à vingt-quatre lettres dont j'ai parlé plus haut [45]. Mais, du moins à partir du IIe siècle de notre ère (8), on a surtout utilisé de petits textes de caractère, si l'on peut dire, plus littéraire : sentences morales, χρεῖαι, volontiers attribuées à Diogène, maximes d'une ligne, γνῶμαι μονόστιχοι, dont nous possédons tout un stock, attribué en bloc à Ménandre.

Nous sommes quelquefois surpris devant le choix de ces textes. Il en est de parfaitement accordés : « Travaille bien, mon petit, sinon le fouet! » Φιλοπόνει, ὦ παῖ, μὴ δαρῇς. [46], ou cet autre, déjà cité : « Apprendre ses lettres est le commencement de la sagesse (ou : le meilleur début dans la vie). » De certaines sentences de Diogène on peut penser qu'elles étaient plaisantes et de nature à éclairer d'un sourire le morne labeur de l'écolier : « Voyant une mouche se poser sur sa table : Même Diogène, dit-il, nourrit des parasites! » Mais que penser de telles maximes, amères ou scatologiques : « Voyant une femme donner des conseils à une autre femme, il dit : L'aspic achète du venin à la vipère, ou encore (le grec dans les mots brave l'honnêteté) : « Voyant un Nègre qui chiait, il dit : Tiens, chaudron fendu! [47] » Les Anciens n'ont pas ignoré la délicatesse, ni qu'elle était due aux enfants [48], mais ils ne se faisaient pas de la délicatesse la même idée que nous.

C'est à ce simple objectif : lire et écrire, que se bornait l'enseignement littéraire du grammatiste : il n'avait rien des prétentions « encyclopédiques » qu'on déplore parfois dans notre enseignement primaire. Même des exercices qui nous paraissent aussi élémentaires que ceux de grammaire et de rédaction étaient réservés, nous le verrons plus loin, aux études au moins « secondaires » :

---

43. JHS. 28 (1908), 124, 4. — 44. WESSELY, Studien, II, L; LVII. — 45. CLEM. Strom. V, 8, 357. — 46. P. Berl. Erman-Krebs, p. 233. — 47. P. Bouriant I, 141-166. — 48. ARSTT. Pol. VII, 1336 b 12-17; JUV. XIV, 47.

l'école primaire ne se croyait pas tenue d'enseigner dogmatiquement la langue grecque, langue vivante, acquise par la pratique quotidienne de la vie.

Le comput. Il n'y avait pas, à l'origine, beaucoup plus d'ambition dans son modeste programme mathématique : il se limitait à apprendre à compter, au sens strict du mot : on apprenait la liste des nombres entiers, cardinaux [49] et ordinaux [50], tant par leur nom que par leur symbole (on sait que les Grecs notaient les chiffres au moyen des lettres de l'alphabet porté à vingt-sept signes par l'adjonction du digamma, du koppa et du sampi, de manière à disposer de trois séries de neuf signes, pour les unités, les dizaines et les centaines [51]). Cette étude était menée de front avec celle du syllabaire ou des dissyllabes [52].

C'est aussi à l'école élémentaire, je le suppose du moins (9), qu'on apprenait à compter sur les doigts, technique bien différente de celle que nous pratiquons sous ce nom : l'antiquité a connu tout un art, rigoureusement codifié, permettant de symboliser, au moyen des deux mains, tous les nombres entiers de 1 à 1.000.000. Avec les trois derniers doigts de la main gauche, suivant qu'ils étaient plus ou moins abaissés et repliés sur la paume, on signifiait les unités, de 1 à 9 ; les dizaines, par la position relative du pouce et de l'index de la même main ; les centaines et les milliers, de la même manière, avec le pouce et l'index d'une part, les trois derniers doigts de l'autre, de la main droite ; les dizaines et les centaines de mille, par la position relative de la main, soit gauche, soit droite, par rapport à la poitrine, au nombril, au femur ; le million, enfin, par les deux mains entrelacées. Cette technique est bien oubliée aujourd'hui parmi nous, mais elle a connu une immense faveur, en Occident, jusque dans les écoles médiévales ; elle persiste encore aujourd'hui dans l'Orient musulman. Attestée comme d'usage courant dans le monde méditerranéen à partir du Haut-Empire romain, elle est peut-être apparue plus tôt, dans les derniers siècles avant Jésus-Christ.

Après les nombres entiers, on apprenait, toujours au double

---

49. ZIEBARTH, n° 51 ; *JHS.* 28 (1908), 131, 16. — 50. *JHS.* 28 (1908), 131, 16. — 51. *PSI.* 250 ; PREISIGKE, *SB.* 6215. — 52. P. *Guér. Joug.* 21-26 ; *ABKK.* 34 (1913), 213 ; 218.

point de vue de la nomenclature et de la notation, une liste de fractions : celles de l'aroure ou de la drachme [53] :

    le 1/8 s'écrit C X X (soit une demi-obole et deux chalques),
    le 1/12 s'écrit X (un chalque), etc. [54].

Comme le montre le choix de ces unités concrètes, nous sortons ici de l'arithmétique pour entrer dans le système métrique : son étude est bien attestée, à partir des IIe et IIIe siècles de notre ère, par divers papyrus contenant des tables métrologiques [55], par exemple les multiples et sous-multiples du pied [56]. Mais c'était là une initiation à la vie pratique, plutôt qu'une étude mathématique à proprement parler.

Ainsi, au début de l'ère hellénistique, l'arithmétique scolaire se limitait à bien peu de choses : le manuel du IIIe siècle auquel j'ai déjà si souvent renvoyé ne contient, en outre, qu'une table des carrés [57], dont le but d'ailleurs est peut-être surtout de compléter, jusqu'à 640.000, la liste des symboles numériques. Il faut attendre le Ier siècle avant notre ère pour voir apparaître dans un papyrus, à la suite de calculs de carrés ($2 \times 2 = 4; 3 \times 3 = 9; 4 \times 4 = 16$), ces excercices d'application sur les fractions de la drachme, dont nous retrouverons l'équivalent dans l'école latine du temps d'Horace [58] : le 1/4 de drachme, c'est 1 obole 1/2; le 1/12, c'est 1/2 obole; $1/4 + 1/12 = 1/3$... [59]. A la suite apparaissent des calculs plus complexes, si bien qu'on se demande si ce papyrus, qui paraît d'origine scolaire, nous introduit bien dans une école primaire. C'est seulement à l'époque copte, aux IVe-Ve siècles de notre ère, qu'on trouve sur des tablettes ayant certainement appartenu à de petits enfants de très élémentaires tables d'addition : « 8 (et) 1 : 9; 8 (et) 2 : 10...; 8 (et) 8 : 16; 2 (fois) 8 : 16; 8 (et) 7 : 15; 7 (et) 8 : 15 [60]. Même à cette époque, dès qu'on rencontre des exercices arithmétiques s'élevant d'un degré au-dessus de ces balbutiements, l'écriture montre, par sa dextérité et sa perfection, qu'ils sont l'œuvre d'un adulte et non plus d'un enfant [61] (10).

Si étrange que la chose puisse paraître d'abord, il faut bien constater que « les quatre opérations », cet humble bagage mathématique dont tout enfant est très tôt lesté chez nous, restent dans

---

53. *JHS.* 28 (1908), 132, 17. — 54. *P. Guér. Joug.* 235-242. — 55. *P. Oxy.* 1669 v. — 56. *P. Ryl.* II, 64. — 57. *P. Guér. Joug.* 216-234. — 58. HOR. *P* 325 s. — 59. *PSI.* 763. — 60. PREISIGKE, *SB.* 6215. — 61. *Id.* 6220-6222.

l'antiquité bien au-delà de l'horizon de l'école primaire. L'usage très général des jetons à calcul et de l'abaque (11) suppose que la connaissance de l'addition n'était pas très répandue dans le public et, en fait, nous constatons qu'elle reste mal possédée, même dans les milieux cultivés et d'époque tardive.

Pédagogie sommaire et brutale. On se souvient que Platon estimait que quatre ans n'étaient pas de trop pour apprendre à lire : la pédagogie hellénistique n'a pas fait de grands progrès. En 234 de notre ère, on trouve encore naturel qu'un enfant de neuf ans ne sache pas écrire son nom [62] (il ne s'agit pas d'un rustre : nous retrouvons le même personnage devenu, à quarante ans, comarque de son canton [63]). En 265, nous rencontrons des enfants de dix, de treize ans, dont on nous dit qu'ils sont encore en train « d'apprendre leurs lettres [64] ». Cela tient à l'insuffisance psychologique des méthodes employées.

Comme dans les anciennes écoles d'Orient, la pédagogie est restée rudimentaire : le maître ne sait pas faciliter à l'enfant l'accès à la connaissance; il ne s'élève pas au-dessus de l'endoctrinement passif : l'école antique est le type de cette « école réceptive » honnie par les pédagogues d'aujourd'hui. La tradition ayant déterminé, et on a vu comment, l'ordre des connaissances à absorber, l'effort du maître se borne à rabâcher et à attendre que l'esprit de l'enfant ait surmonté la difficulté qui l'arrête. Pour triompher de ce qu'il estime être de l'indocilité, il ne lui reste qu'une ressource, et il ne se fait pas faute d'y recourir : les châtiments corporels.

En dehors de la crainte, le seul ressort psychologique utilisable était l'émulation, dont j'ai dit combien elle était puissante sur le cœur du Grec. Mais, chose curieuse, parmi tous les concours que les cités hellénistiques et leurs mécènes avaient dotés à l'envi, bien peu étaient ouverts aux jeunes élèves de l'école primaire (encore une preuve du peu de cas qu'on en faisait) : même les concours de calligraphie [65] et de lecture [66] que mentionnent les « palmarès » de Pergame, Téos ou Chios, paraissent, d'après le contexte, s'être adressés à des enfants, filles ou garçons, d'âge

62. *P. Fior.* 56, 22. — 63. *Id.* 2, 150. — 64. WESSELY, *Studien*, II, 27, 5; 7. — 65. *AM.* 35 (1910), 436, 20; MICHEL, 913, B, 4. — 66. *AM.* 37 (1912), 277, b, 7; DITT. *Syll.* 959, 8; MICHEL, 913, A, 3; 6; B, 3.

« secondaire » (12) : je ne vois guère à citer que les « jeux des Muses », célébrés au sanctuaire d'Orthia à Sparte et où étaient couronnés de jeunes mikkikhizomènes de neuf ou dix ans (13).

L'image caractéristique qui, pour les hommes de ce temps, s'attache au souvenir de la petite école n'est pas celle de l'ἀγών et de sa noble rivalité, mais celle du terrible magister, la trique à la main, et de la terreur qu'il inspirait. Voyez la scène qu'a choisie Hérondas pour évoquer l'école : la mère du petit Coccalos, un paresseux qui fait l'école buissonnière, amène son garnement au maître Lampriscos pour qu'il le punisse. La verve réaliste du poète ne nous laisse rien ignorer de la technique usitée en pareil cas : le coupable est hissé sur le dos d'un de ses camarades; puis le maître lui-même entre en scène :

Où est le cuir dur, ma queue de bœuf dont je bats les réfractaires mis aux fers ? Qu'on me la donne avant que ma colère éclate!

Là-dessus, Coccalos :

Non, je t'en supplie, Lampriscos, par les Muses et la vie de ta (petite) Coutis, pas le dur! Prends l'autre pour me battre[67]!

Éducation et châtiments corporels apparaissent aussi inséparables pour un Grec hellénistique qu'ils l'avaient été pour un scribe pharaonique ou juif : c'est tout naturellement que pour traduire l'hébreu *mûsar* (éducation et châtiment) les traducteurs alexandrins de l'Écriture utiliseront παιδεία, qui sous leur plume finit par signifier tout simplement « punition ». On sait que l'association d'images ainsi forgée sera durable : sans parler d'Abélard et de Montaigne, qu'il me suffise d'invoquer le témoignage, vieux d'un siècle à peine, de Béranger ou de Stendhal!

Sans doute, au cours de la période hellénistique et romaine, une certaine évolution de la sensibilité s'est accomplie et la conscience antique commence à éprouver des scrupules : de Chrysippe[68], on nous dit qu'il ne désapprouvait pas l'emploi des coups : c'est la preuve du moins qu'il se posait déjà le problème, ou qu'on le posait autour de lui. Sous l'Empire, les milieux romains se relâchent de leur sévérité première et commencent à souhaiter une pédagogie moins brutale, à récompenser les efforts de l'enfant par de menus présents, tels que des gâteaux. Mais s'il y a progrès,

67. HER. *Did.* 59-73. — 68. QUINT. I, 3, 14.

il est d'ordre moral plus que pédagogique : on critique l'inhumanité plus que l'efficacité de l' « orbilianisme », et la pratique de l'enseignement n'en est pas vraiment modifiée. Jamais l'école antique ne partagera les illusions de notre « école joyeuse » : « pas de progrès sans un pénible effort », μετὰ λυπῆς γὰρ ἡ μάθησις [69].

---

69. ARSTT. *Pol.* VIII, 1339 a 28.

CHAPITRE VII

Les études littéraires secondaires

A chacun des trois degrés, primaire, secondaire et supérieur, correspond, pour l'enseignement des lettres, un maître spécialisé : à l'instituteur primaire, γραμματιστής, succède le « grammairien », γραμματικός, et à celui-ci le rhéteur, σοφιστής ou ῥήτωρ. La distinction théorique s'estompe quelquefois dans la pratique : sans parler des pays coloniaux où l'enseignement n'était peut-être pas organisé de façon complète, il pouvait arriver qu'un même professeur eût intérêt à pratiquer deux clientèles : le cas, semble-t-il, était normal à Rhodes, la grande ville universitaire du Ier siècle avant Jésus-Christ : Aristodème de Nysa, par exemple, y enseignait la rhétorique le matin et la grammaire l'après-midi [1] (1).

De plus, il faut tenir compte d'une loi générale qui veut que de génération en génération les programmes scolaires aient tendance à s'alourdir par le haut, ce qui entraîne une lente descente dans les degrés élémentaires des techniques d'abord réservées au degré supérieur. Lorsqu'une civilisation connaît un développement homogène et prolongé, l'apport des générations successives ne cesse d'enrichir le trésor de sa culture : celle-ci, de plus en plus complexe, plus difficile à assimiler, exige un développement parallèle des programmes de l'enseignement. C'est d'abord l'enseignement supérieur, reflet immédiat de la culture, qui annexe les disciplines nouvelles, mais, comme sa durée ne peut s'accroître de façon sensible, il est bientôt amené à se décharger sur les degrés inférieurs.

La chose est souvent ressentie comme un abus, une prétention inacceptable de la part de ces derniers; elle est pourtant inévitable. Le phénomène s'observe de nos jours : nous avons vu notre enseignement primaire s'enfler de prétentions « encyclopédiques » à l'imitation du secondaire; celui-ci, de son côté, a emprunté au

1. STRAB. XIV, 650.

supérieur le programme de ses classes scientifiques et les méthodes philologiques de son enseignement littéraire. Nous constatons quelque chose de semblable à l'époque hellénistique et romaine : les grammairiens ont fini par annexer une partie du domaine propre des rhéteurs, et peut-être, à son tour, le grammatiste a-t-il empiété sur le terrain de son collègue secondaire.

Nous voyons aujourd'hui les parents pousser leurs enfants à gravir le plus tôt possible les échelons de la carrière des examens, au risque de compromettre le plein épanouissement de leur esprit. De même nous voyons l'écolier grec, inquiet de l'immense programme qui l'attend, s'essayer de plus en plus tôt à des exercices que ses prédécesseurs n'abordaient que plus tard. Nous entendons souvent déplorer la surcharge des programmes scolaires : les Anciens en ont souffert avant nous ; mais c'est là une conséquence inévitable du progrès de la culture.

Comme il s'agit d'un développement continu, il est difficile de saisir et de dater les différentes étapes de cette évolution (nos sources latines [2] nous permettent seulement de constater que l'« usurpation » des grammairiens sur les rhéteurs était un fait accompli dès le milieu du 1er siècle avant notre ère) : aussi notre analyse des études littéraires propres à l'échelon secondaire doit-elle conserver un certain flou sur ses frontières. La durée de ces études, l'âge même où elles commencent, ne peuvent être fixés avec précision.

Je dirai donc, sans trop préciser : l'enfant, s'il doit poursuivre ses études, aborde le second degré au moment où il sait enfin lire et écrire couramment ; il quitte l'école élémentaire et va suivre les cours du « grammairien », appelé généralement en grec γραμματικός [3], quelquefois φιλόλογος [4], ou (dans certains milieux philosophiques d'obédience cynique) κριτικός [5]. L'objet spécifique de son enseignement, sa matière principale (nous verrons plus loin qu'il en existe d'autres), c'est l'étude approfondie des poètes et des autres écrivains classiques : c'est là son objet propre, qui différencie la « grammaire », entendue au sens secondaire, de l'enseignement du grammatiste primaire.

---

2. CIC. *de Or.* III, 108 ; SUET. *Gram.* 4 ; QUINT. II, 1, 1. — 3. LIDDELL-SCOTT, s. v. ; cf. PHIL. *Congr.* 148. — 4. DITT. *Syll.* 714, n. 2. — 5. [PLAT.] *Ax.* 366 e ; SEXT. *M.* I, 49.

Les classiques. En dépit des efforts de Platon, la haute culture hellénistique, fidèle à la tradition archaïque, reste fondée sur la poésie, non sur la science; l'éducation, par suite, est moins orientée vers le développement de la raison que vers la transmission du patrimoine littéraire représenté par les grands chefs-d'œuvre. J'ai souvent déjà employé, pour désigner l'une ou l'autre, l'épithète de « classique » : il faut peut-être expliquer ce mot.

Classique, la civilisation hellénistique s'oppose aux cultures révolutionnaires et novatrices tendues en avant dans un grand élan créateur : elle se repose dans la paisible possession d'un trésor considéré, pour l'essentiel, comme acquis. Il ne faut pas dire, comme le font souvent ses détracteurs, que la culture classique « est née la tête tournée en arrière », regardant vers le passé : elle n'est pas un automne, torturé d'un regret nostalgique pour le printemps disparu. Elle se pense plutôt comme fermement établie dans un immobile présent, dans la pleine lumière d'un chaud soleil d'été. Elle sait, elle détient; les maîtres sont là. Peu importe qu'ils soient apparus à tel ou tel moment du passé, sous l'effet de telle ou telle force historique : l'important est qu'ils existent, qu'ils soient redécouverts, de la même manière, par chacune des générations successives, qu'ils soient reconnus, admirés, imités. Une culture classique se définit par un ensemble de grands chefs-d'œuvre, fondement reconnu de la table des valeurs.

L'époque hellénistique est allée très loin dans la canonisation officielle de ses classiques; la tradition scolaire avait dressé des listes-types de grands hommes : législateurs, peintres, sculpteurs, inventeurs [6]. Ces listes finirent par être codifiées, sans doute dans les milieux universitaires de Pergame, peut-être dès le milieu du IIe siècle avant Jésus-Christ (2), et on eut ainsi, fixé *ne varietur,* le « canon » des dix orateurs attiques, celui des dix historiens, des dix peintres et des dix sculpteurs, des poètes, des philosophes, des médecins...

A l'intérieur de l'œuvre, souvent considérable, de chacun de ces grands écrivains, un même effort de canonisation tendit à sélectionner les œuvres qui méritaient d'être inscrites aux programmes scolaires : on a souvent souligné l'influence de ces « choix » sur notre tradition manuscrite (3). Sur quarante ou

---

6. *APAW.* 1904, II, 1; *P. Oxy.* 1241.

quarante-quatre comédies d'Aristophane connues des Anciens, nous ne possédons que les onze qu'un grammairien Symmaque édita vers 100 de notre ère comme « théâtre choisi » pour les classes. De l'œuvre immense d'Eschyle ou de Sophocle nous ne conservons également que les sept pièces retenues pour l'enseignement (le choix a été fait sous Hadrien pour le premier, beaucoup plus tard peut-être pour Sophocle) : on aimait beaucoup ces chiffres symboliques : n'y avait-il pas sept Sages de la Grèce, sept merveilles du monde, sept arts libéraux ? Pour les auteurs mineurs s'exerçait parallèlement l'effort des florilèges, experts, nous l'avons vu, à immobiliser pour les siècles le souvenir d'un écrivain, par le sort fait à tel extrait de lui (4).

Nous pouvons reconstituer la liste de ces classiques étudiés par les grammairiens, grâce, essentiellement, aux papyrus, qui nous rendent ici les mêmes services que pour les études primaires, grâce aussi aux catalogues de bibliothèques scolaires que nous révèlent la tradition littéraire [7] ou les inscriptions [8].

Homère. Au premier rang, dominant de haut, il faut placer, bien entendu, Homère : sa faveur n'a pas diminué pendant toute la période hellénistique. Il est facile d'en accumuler les preuves : qu'on se souvienne d'Alexandre le Grand emportant avec lui, en campagne, son *Iliade*, conservée avec un soin pieux; ou de ces villes perdues aux extrémités du monde grec, Marseille, Sinope, cités de Chypre, qui, pour affirmer leur fidélité au patrimoine hellénique en face ou au milieu des Barbares, se font établir des éditions particulières de l'*Iliade* (5). Homère domine toute la culture grecque, aussi longtemps que sa tradition se perpétue : c'est ce que nous montrera, de façon éclatante, l'exemple du Moyen Age byzantin, à qui nous devons, il faut s'en souvenir, la conservation de tout l'apport de l'érudition homérique de l'antiquité.

Dès l'école primaire [9], son ombre gigantesque se profile à l'horizon : « Homère n'est pas un homme, c'est un dieu », copiait déjà l'enfant dès l'une de ses premières leçons d'écriture [10]; apprenant à lire, il déchiffrait, nous l'avons vu, des listes de noms où défilaient les héros d'Homère; dès les premiers textes suivis, il

---

7. ATH. IV, 164 BD. — 8. *IG.*² II, 2363. — 9. PLUT. *Alc.* 7. — 10. *JHS.* 13 (1893), 296.

rencontrait quelques vers choisis de l'*Odyssée*[11], introduits solennellement par la rubrique ἔπη, « vers épiques [12] ». Aussi devait-il ressentir comme un grand honneur d'aborder la lecture approfondie de l'œuvre du poète ; une mère était fière lorsque, demandant au précepteur de son fils où en était l'enfant, elle s'entendait répondre : « Il étudie le VIe », τὸ ζῆτα, — entendez le chant Z de l'*Iliade* [13].

Par centaines, le sol de l'Egypte nous a restitué papyrus, tablettes et ostraka contenant des fragments d'Homère : il n'est pas de lot un peu considérable de tels documents qui n'en renferme quelques-uns ; tous, sans doute, ne sont pas d'origine scolaire et il peut être pratiquement difficile de discerner avec certitude ceux qui le sont (6), mais leur nombre assuré est assez grand pour témoigner de la place que tenait Homère dans l'enseignement de l'Egypte grecque.

Les mêmes papyrus nous renseignent sur l'intérêt inégal que l'on portait aux différentes parties de l'œuvre immense du maître : si, chez les philosophes, l'*Odyssée* l'emportait en valeur, chez les lettrés, et d'abord dans les écoles, l'*Iliade* occupait la place d'honneur : elle est deux ou trois fois mieux représentée que l'*Odyssée* dans les papyrus (7). On peut croire qu'en principe on étudiait l'épopée entière, chant après chant [14], mais une particulière faveur s'attachait à certains livres, qui reviennent beaucoup plus fréquemment : les premiers chants de l'*Iliade* et ces chants X et Ω qui, aujourd'hui encore, existent à l'état séparé en éditions scolaires ; de même certains épisodes, comme le duel de Pâris et Ménélas ou la description du bouclier d'Achille.

Les autres classiques.   Homère n'était pas cependant le seul poète épique étudié dans les écoles : il faut y joindre Hésiode, dont l'enfant faisait parfois également connaissance dès l'école primaire [15], « Orphée », et aussi des modernes : Choirilos, auteur d'une épopée sur les guerres médiques et surtout Apollonios de Rhodes dont les *Argonautiques* paraissent avoir été particulièrement prisées ; d'autres encore... (8).

Les poètes lyriques continuent, comme à l'époque archaïque, à jouer un rôle essentiel dans l'éducation ; on étudie toujours les

---

11. P. *Guér. Joug.* 131-139. — 12. *Id.* 130. — 13 P. *Oxy.* 930. 15. — 14. *Id.* — 15. *JHS.* 13 (1893), 302.

L'ÉDUCATION HELLÉNISTIQUE

vieux maîtres, Alcman, Alcée, Sapho et bien entendu Pindare, mais l'école hellénistique accueille aussi les auteurs plus récents, Callimaque et les Epigrammatistes. Bien que nous retrouvions par fragments des éditions d'œuvres complètes, c'est sans doute surtout par des anthologies que ces poètes étaient connus. En principe, ces lyriques, destinés à être chantés, étaient étudiés en relation étroite avec la musique; mais déjà il arrivait qu'on se contentât de les déclamer [16].

Vient enfin le théâtre : Eschyle et Sophocle ne sont pas tout à fait exclus des programmes, mais leur rôle est éclipsé par celui d'Euripide, le grand classique en matière de tragédie (9). Parmi les comiques, le rôle parallèle est tenu par Ménandre, qui ne sera supplanté par Aristophane, dans la faveur des grammairiens, qu'à partir du Bas-Empire. Triomphe tardif, mais si complet que la tradition manuscrite médiévale a totalement abandonné Ménandre, que seuls les papyrus commencent à nous restituer. Là encore, à côté des grands noms, l'école faisait place à d'autres auteurs, comme Epicharme, sans parler des *minores* dont les fragments figurent dans les recueils de morceaux choisis.

Les poètes conservent la place souveraine qu'ils détenaient en vertu des origines; l'école hellénistique accepte cependant la prose, mais à une place nettement secondaire. Il s'agit essentiellement des historiens (car Esope, comme son confrère Babrius, relève plutôt du primaire) : ce sont Hérodote, Xénophon, Hellanicos et surtout Thucydide.

Bien entendu, tout homme cultivé avait aussi étudié les orateurs attiques (parmi lesquels Démosthène l'emportait de beaucoup sur ses rivaux, y compris Isocrate), mais il n'est pas sûr qu'ils aient été laissés entre les mains des grammairiens : leur étude paraît avoir été réservée aux rhéteurs et, comme telle, relevait de l'enseignement supérieur [17].

En résumé, Homère (et d'Homère, surtout l'*Iliade*), Euripide, Ménandre et Démosthène : tels sont les quatre piliers de la culture classique; mais cette prédominance n'a rien d'exclusif : plus peut-être que la nôtre, l'école antique s'ouvrait aux écrivains de second plan et même aux « contemporains ».

---

16. DITT. *Syll.* 1059, II, 47. — 17. Cf. QUINT. II, 5.

Philologie savante et enseignement. — Voyons maintenant la méthode suivie dans l'étude de ces classiques. Le microcosme de l'école reflète le macrocosme de la culture : l'enseignement littéraire a tout naturellement profité de ce prodigieux développement de la science philologique qui constitue un des caractères dominants de la culture hellénistique. J'apporterai à ce sujet quelques précisions.

Il ne faut pas exagérer l'influence exercée sur la culture et surtout sur l'école par l'œuvre des grands critiques alexandrins, Zénodote, Aristophane de Byzance et Aristarque; l'étude de la tradition manuscrite d'Homère montre que les leçons proposées par les Alexandrins n'ont été accueillies que dans une faible mesure par notre Vulgate et par les papyrus (10) : en particulier la tradition, plus conservatrice et plus routinière, n'a pas suivi les savants du Musée dans les exclusions, les « athétèses », prononcées par eux contre tant de vers, au nom d'un parti pris d'épuration sévère.

Quant à l'œuvre exégétique des mêmes savants, elle n'a pas davantage régenté en maîtresse la pratique scolaire : on retrouve sans doute quelque écho de son influence dans les scolies de nos manuscrits ou des papyrus [18], mais trop uniquement critique, trop « scientifique », elle ne pouvait guère alimenter l'explication du grammairien.

Beaucoup plus qu'à l'érudition alexandrine, j'attacherai d'importance à l'œuvre de l'école stoïcienne qui, surtout à partir de Chrysippe, s'est tant préoccupée de pédagogie et d'exégèse homérique; son influence s'est exercée en particulier par l'intermédiaire des écoles philologiques rivales d'Alexandrie, celles de Pergame, puis de Rhodes : Cratès de Mallos et Panaitios méritent, plus qu'Aristarque, de figurer dans la galerie des grands pédagogues classiques (11).

Résolument conservateurs, soucieux avant tout d'intégrer à leur culture la totalité du patrimoine hellénique, ils se sont moins préoccupés d'expurger Homère, au nom de principes rigoureux, que d'expliquer le texte reçu qu'on en possédait. D'où, au lieu de rechercher les vers à condamner et les interpolations à rejeter, un effort permanent pour comprendre, pour justifier la présence de tel épisode ou de tel détail, dût-on, pour y réussir, faire appel à toutes les ressources d'une dialectique apologétique. De cette

18. P. *Oxy.* 1086-1087.

tendance, l'enseignement classique a reçu une empreinte profonde et durable : nos lycéens ne sont-ils pas dressés, aujourd'hui encore, à justifier, au prix de quelle gymnastique intellectuelle, les moindres chevilles de Corneille ou de Molière, et à y découvrir intentions cachées et « beautés » secrètes !

Plan et méthode de l'étude des auteurs. Mais voyons la méthode en action : l'enfant n'abordait pas immédiatement le texte des poètes; on lui proposait d'abord des résumés, ποιητικὰς ὑποθέσεις [19] : arguments de l'épopée entière [20] ou de tel chant [21], des pièces de théâtre [22] ou des discours; ces mémentos jouaient dans l'école antique le rôle que les *Tales from Shakespeare* de Lamb jouent souvent dans l'initiation à l'étude du grand classique anglais. Le maître s'aidait, semble-t-il, de tableaux muraux, de bas-reliefs représentant, sculptés en miniature, les épisodes principaux de la légende héroïque, accompagnés d'un texte résumé et de légendes permettant l'identification des personnages ou des scènes : nos musées conservent une dizaine de ces Tables Iliaques, qui en fait représentent non seulement l'*Iliade*, mais d'autres légendes : celles du cycle thébain ou des XII Travaux d'Hercule (12).

Quant à l'explication proprement dite, elle mit longtemps à se dégager des tâtonnements de la pratique et à aboutir à sa formule définitive : au début du Ier siècle avant notre ère, le manuel de Denys le Thrace, dont je soulignerai bientôt l'importance historique, répartit encore, de façon assez confuse, le travail du grammairien entre des rubriques multiples : c'est seulement aux alentours de notre ère, après Denys [23] et avant Quintilien [24], qu'apparaît [25] la définition classique à laquelle s'arrêtera la tradition antique : le travail du grammairien sur un auteur se divise en quatre opérations : la critique du texte, la lecture, l'explication, le jugement, διόρθωσις, ἀνάγνωσις, ἐξήγησις, κρίσις.

Je me suis expliqué ailleurs sur ce qu'était la διόρθωσις (13), l'équivalent de notre critique textuelle : traduction peut-être un peu forcée, car cette « correction » du texte était, dans l'antiquité, quelque chose de beaucoup moins systématique et de moins

---

19. PLUT. *Aud. poet.* 14 E. — 20. P. Ryl. I, 23. — 21. P. *Achmim* 2; P. *Erlangen* 5 (P. Erl. 3 R.); cf. P. *Schwartz.* — 22. P. Oxy. 1235, 1286, 2455, 2457. — 23. D. THR. 1. — 24. QUINT. I, 4, 3. — 25. *Schol.* D. THR. 10, 8.

rigoureux que ce qu'est devenue l'ecdotique aux mains d'un Lachmann, d'un J. Havet ou d'un D. Quentin. Aussi bien, au niveau des classes de grammaire, n'avait-elle qu'un but pratique : l'imprimerie, qui diffuse en nombre illimité des copies identiques, permet aujourd'hui de réserver à l'éditeur savant le soin d'établir le texte critique d'un classique ; mais dans l'antiquité la tradition manuscrite, incertaine et mouvante, faisait qu'il n'existait pour ainsi dire pas deux copies identiques ; d'où la nécessité, pour commencer, de confronter celles que maître et élèves avaient entre les mains et de les corriger les unes sur les autres.

Lecture et récitation. Ce n'était là qu'une préface : l'étude proprement dite des auteurs ne commençait vraiment qu'avec la « lecture expressive [26] ». Ce sont encore les servitudes du livre manuscrit qui expliquent la présence de cet exercice, pour nous élémentaire, au niveau des études secondaires : l'absence de séparation entre les mots et de ponctuation rendait la lecture beaucoup plus difficile qu'elle ne l'est aujourd'hui ; il fallait couper les mots, ce qui ne va pas toujours sans ambiguïtés, séparer membres et périodes, donner aux phrases interrogatives ou affirmatives le ton approprié, scander les vers conformément aux lois de la prosodie et de la métrique.

Une lecture soignée exigeait donc une étude attentive du texte, toute une préparation, dont nos papyrus conservent parfois la trace : nous voyons l'écolier séparer vers et mots par des accents (14), couper les syllabes en vue de la scansion [27]. Le but cherché était, nous dit Denys le Thrace [28], une déclamation expressive, qui tînt compte du sens du texte, de la mesure du vers et du ton général de l'œuvre : héroïque pour la tragédie, réaliste pour la comédie, etc. Les élèves dialoguaient sans doute les pièces de théâtre et l'épopée elle-même, comme le suggèrent, sur nos papyrus, les indications de personnages sur lesquelles V. Bérard a justement attiré l'attention, mais qui peuvent être simplement un écho de la pratique scolaire et non, comme il l'aurait voulu, un souvenir des origines.

Une étude aussi minutieuse du texte rendait facile la mémorisation : tout semble indiquer que chez le grammairien, comme à l'école primaire, la récitation du texte appris par cœur succédait à

26. D.THR. 2. — 27. *PH.* (1905), 146, 2. — 28. D. THR. 2.

la lecture. Cet exercice figure en particulier au programme de plusieurs des concours officiels organisés par les cités hellénistiques, pour servir de sanctions aux études. Aux IIe et Ier siècles avant Jésus-Christ, on voit des enfants d'âge secondaire concourir à Téos en lecture, déclamation suivie d'Homère (chaque concurrent reprenant le texte au point où son prédécesseur l'avait laissé [29], récitation de poètes tragiques, comiques et lyriques (ceux-ci probablement chantés [30]); à Larissa, au contraire, on concourt en déclamation non chantée de poètes lyriques, tant classiques que modernes [31]; à Chios, les garçons se disputent des prix de lecture et de déclamation solennelle d'Homère [32], comme à Pergame les filles, qui y joignent la poésie élégiaque [33].

L'explication du texte. C'est toutefois l'explication du texte, ἐξήγησις, qui constitue la partie prépondérante du travail, au point qu'ἐξηγητής devient parfois presque le synonyme de γραμματικός [34]. Comme aujourd'hui, elle se divisait en explication littérale et explication littéraire [35].

Il fallait d'abord comprendre le sens même du texte, et lorsqu'il s'agissait de poètes, d'Homère en particulier, à la langue archaïque et spéciale (il y a en grec un vocabulaire particulier réservé à la poésie), les difficultés n'étaient pas négligeables. Aussi le premier travail de l'écolier était-il de faire sa « préparation », ou, comme on disait, le « mot à mot d'Homère », ὀνομαστικὸν Ὁμήρου [36]. Il disposait cet exercice, comme font encore nos écoliers, sur deux colonnes : à gauche les mots homériques, à droite l'interprétation :

A1	Πηληϊάδεω	παιδὶ τοῦ Πηλέως
	Ἀχιλῆος	τοῦ Ἀχιλλέως
2	οὐλομένην [2]	ὀλεθρίαν
	ἥ	ἥτις
	μυρία	πολλὰ
	Ἀχαιοῖς	τοῖς Ἕλλησι
	ἄλγεα	κακὰ
	ἔθηκεν	ἐποίησεν [37].

29. DL. I, 57. — 30. DITT. *Syll.* 960, n. 1. — 31. *Id.* 1059, ll, 13; 47. — 32. *Id.* 959, 8; 9. — 33. *AM.* 37 (1912), 277. — 34. LIDDELL-SCOTT, s. v. — 35. *Schol.* D. THR., 10, 9. — 36. *P. Oslo* 12. — 37. *ABKK.* 34 (1913), 220; *P. Berl. Erman-Krebs* 232; *P. Oslo* 12; *P. Hombert-Préaux.*

Il cherchait à préciser la construction, la valeur des cas, transcrivait les formes poétiques et traduisait les mots difficiles dans la langue commune de son temps ; il pouvait s'aider de lexiques alphabétiques dont quelques spécimens fragmentaires nous sont parvenus.

C'est surtout le vocabulaire spécial aux poètes, ce que désignait le terme technique de « gloses », γλῶσσαι, qui exigeait beaucoup d'efforts [38] : dans l'antiquité, un homme cultivé, c'est d'abord, c'est quelquefois surtout, celui qui sait que πίσυρες est la forme homérique de τέσσαρες, « quatre », que ῥιγεδανός veut dire « (mort) affreuse », βῆσσα ou ἄγκος « ravin creux » [39] : c'est une des portes par où l'érudition, qu'on va voir si envahissante, pénétrait dans la culture et l'enseignement littéraires.

Mais l'étude de la langue des classiques ne se limitait pas à la lexicographie : la morphologie retenait aussi l'attention, et de plus en plus, à mesure que se développaient l'étrange manie de l'atticisme, la recherche méticuleuse et la restitution des formes attiques au détriment des formes de la langue commune. De là on s'élevait à la connaissance des tours et des figures, du mode d'expression proprement poétique. Il se dépensait aussi beaucoup d'érudition, authentique ou fallacieuse, à propos de la recherche des étymologies : λύχνος, « lampe », vient de λύειν τὸ νύχος, « effacer la nuit », προσκεφάλαιον, « oreiller », signifie proprement « ce qu'on place sous la tête », de πρός et de κεφαλή [40].

Après la forme, le fond, ou, pour parler comme les grammairiens grecs, après le γλωσσηματικόν, l'ἱστορικόν [41]. Les « histoires », ἱστορίαι, c'est tout ce que raconte le poète, les personnes, les lieux, les temps et les événements [42]. Une pédagogie à la fois enfantine et pédante avait comme à plaisir multiplié divisions et subdivisions : Asclépiade de Myrléa, au Ier siècle avant Jésus-Christ, distinguait par exemple les récits vrais, possibles et imaginaires ; dans les récits vrais, les caractères (dieux, héros, hommes), les temps, les lieux et les actions [43].

Le lecteur aura, en passant, remarqué la place que tiennent dans les exercices de lecture à l'école primaire les listes de noms propres empruntés à la tradition littéraire : noms de dieux et de héros, noms de fleuves, etc. C'était une préparation lointaine, et peut-être voulue,

---

38. D. THR 1 ; *Schol.* D. THR. 10, 9. — 39. SEXT. *M.* I, 78 ; 59. — 40. *Id.* I 243-244. — 41. *Schol.* D. THR., 10, 9. — 42. EUSTH. *ap.* DP. p. 81. — 43. SEXT. *M.* I, 253.

à l'explication des classiques : plus que sur les sentiments et les idées, le commentaire s'appesantissait sur les questions d'onomastique ; l'homme cultivé, et déjà l'enfant bien éduqué, avaient à savoir qui était tel personnage, tel lieu mentionnés par le poète : « Brilessos et Arakynthos sont des montagnes de l'Attique, Akamas un promontoire de Crète [44]. » Nous avons retrouvé deux exemplaires d'un catéchisme homérique, procédant par demandes et par réponses (associé, les deux fois, dans un même cahier, au manuel classique de grammaire de Denys le Thrace [45]) :

Q. Quels étaient les dieux favorables aux Troyens ?
R. (Par ordre alphabétique.) Arès, Aphrodite, Apollon, Artémis, Lèto, Skamandros.
Q. Qui était le roi des Troyens ?
R. Priam.
Q. Leur général ?
R. Hector.
Q. Leurs conseillers ?
R. Polydamas et Agènor.
Q. Leurs devins ?
R. Helènos et Cassandre, enfants de Priam.
Q. Leurs hérauts ?
R. Idaios et Eumèdès, père de Dolôn ; et aussi Dolôn lui-même...

Tel était le commentaire « historique » d'Homère. Sur l'histoire au sens moderne du mot, sur l'étude des historiens, nous avons peu d'informations ; il est remarquable que pour une fois que nous découvrons un renseignement s'y rapportant, il est lui aussi de caractère onomastique. Sur un mur du gymnase hellénistique de Priène, parmi d'autres graffiti, nous lisons, introduite par la mention τῶν ἐφόρων, « (noms) des éphores », une liste de quinze personnages célèbres de l'histoire spartiate, où se succèdent, sans ordre, le roi Cléomène, le poète Tyrtée, Lysandre, Gylippe, etc. L'auteur a visiblement rassemblé tout ce que sa mémoire lui fournissait en fait de héros lacédémoniens : hélas ! en fait d'éphores, il n'y en a qu'un sur les quinze, Brasidas [46].

Plus qu'à l'histoire réelle, c'était à la mythologie qu'on s'intéressait, aux innombrables légendes mises en œuvre par les poètes, à tout leur personnel de héros : on appelait cela la « généalogie [47] »,

---

44. *Id.* I, 258. — 45. *PSI.* 19 ; *P. Schwartz.* — 46. *Ins. Priene*, 316 a. — 47. SEXT. *M.* I, 253.

parce qu'en fait les filiations mythiques y jouaient un grand rôle, comme d'ailleurs dans la prosopographie proprement historique [48]; mais il s'y agissait de bien autre chose encore : l'érudition, de toute part, envahissait l'enseignement et la culture; il fallait savoir, par exemple, la liste des personnages ressuscités par l'art d'Asclèpios [49], ou qu'Héraclès était ressorti chauve du monstre marin qui l'avait un moment englouti quand il voulut en délivrer Hésione... [50].

Les philosophes, comme Sextus Empiricus, railleront volontiers cette frénésie de savoir, un peu absurde en effet. Il faut bien constater qu'à mesure que les siècles se déroulent, les raisons pour lesquelles il convient d'étudier les poètes s'estompent peu à peu dans la conscience grecque, au point que cela devient un sujet sur lequel s'exercer, de Plutarque [51] à saint Basile [52]. Le moyen, comme il arrive si souvent, s'est érigé en fin : la connaissance des classiques devient un but en soi, et l'on ne sait plus très bien pourquoi il importe tant de les connaître.

Portée morale de l'étude.

En principe, l'étude grammaticale doit être couronnée par le « jugement », la critique littéraire, « ce qu'il y a de plus beau dans l'art du grammairien [53] »; pourtant son orientation n'est pas, au premier chef, esthétique (c'est plutôt le rhéteur qui cherchera, dans les classiques, les secrets de la perfection du style, — afin de les leur emprunter) : sa finalité serait plutôt d'ordre moral, et en cela le grammairien hellénistique reste bien dans la ligne de la vieille tradition, à la recherche, dans ces annales du passé, d'exemples héroïques de « perfection humaine » (je cherche, une fois de plus, à traduire ἀρετή).

Seulement, à mesure qu'on avance, il semble que les Anciens aient de moins en moins pris conscience de ce qui faisait la sublime portée de cette pédagogie homérique. L'abus de l'érudition a suffoqué le sens de la poésie pure. Leurs pédagogues ont voulu expliciter rationnellement les leçons de sagesse que leurs élèves devaient retenir. De telles déformations sont peut-être fatales : il y a une inévitable médiocrité dans tout monnayage scolaire de la grandeur poétique : je me souviens d'une édition scolaire d'*Hamlet* où le prudent commentateur s'efforçait ingénument de

---

48. *Id.* 258. — 49. *Id.* 261. — 50. *Id.* 255. — 51. PLUT. *Aud. poet.* 14 D s. — 52. BAS. *Hom.* XXII. — 53. D. THR. 1.

persuader ses jeunes lecteurs que le véritable héros de la pièce, le modèle que Shakespeare entendait nous proposer, était le vertueux, moral et *successful* Fortinbras !

La pédagogie hellénistique a voulu tirer des poètes, et surtout d'Homère, une morale en bonne et due forme. Les Stoïciens ont joué ici un rôle prépondérant : entre leurs mains, Homère est devenu « le plus sage des poètes », un sage de type romantique, dissimulant à dessein, sous le voile du mythe, toute une doctrine précise dont l'exégèse allégorique permettrait de retrouver les leçons (15). Ulysse, symbole du sage, nous enseigne par exemple, en échappant aux Sirènes, à fuir les tentations, charnelles ou spirituelles... Cela n'allait pas sans puérilités : quel que fût le nombre des vers à tournure gnomique que renfermaient les classiques et que multipliaient peut-être des interpolations bien intentionnées (16), trop de choses, chez le divin Homère, choquaient le sens moral affiné des « modernes ». N'importe, on parvenait toujours à lui faire flétrir le vice, punir l'impiété, récompenser la vertu. A défaut du volumineux commentaire d'Eustathe, il suffit de relire le naïf traité que Plutarque a consacré à « la manière dont le jeune homme doit écouter les poètes » : si Homère [54] nous montre l'adultère et impudique Pâris, oublieux du combat, rejoindre en plein jour Hélène sur sa couche, c'est, n'en doutons pas, pour couvrir de honte un tel dévergondage [55] !

Mais cet effort, si grossier, demeure bien extérieur à l'essence même de l'éducation hellénistique. Si les classiques sont étudiés avec un soin aussi pieux, ce n'est pas tant pour ces leçons si contestables ! C'est surtout, et d'abord, parce que la connaissance des poètes est un des attributs principaux de l'homme cultivé, une des valeurs suprêmes de la culture. Il suffit de feuilleter les auteurs anciens pour réaliser combien était réelle, obsédante, la présence des poètes dans la vie des lettrés. Que ce soit dans la conversation, dans la correspondance familière ou dans les circonstances graves, propices aux mots historiques, partout et toujours intervient la citation topique : elle est attendue, accueillie, nécessaire ! Cette culture classique ne connaît pas le besoin romantique de se renouveler, d'oublier, d'être original : fière de son trésor traditionnel, elle est volontiers pédante, affectée (dira le pédantisme moderne, dont le seul progrès est d'avoir remplacé l'érudition littéraire par la technicité « scientifique ») du complexe de culture...

---

54. hom., *Il.* III, 447. — 55. *Aud. poet.* 18 F; clem. *Paed.* II, 114, 4; III, 41, 4.

La science grammaticale. — Mais à partir du Ier siècle avant notre ère, l'étude littéraire des poètes n'est plus seule à occuper les études grammaticales secondaires : sans la détrôner, elles la complètent par ce que l'on appelle la « technique [56] », c'est-à-dire l'étude méthodique des éléments du langage, ce qu'aujourd'hui nous appelons proprement la grammaire.

L'introduction de celle-ci dans l'enseignement est un remarquable exemple de la tendance naturelle qu'a l'éducation à refléter, en suivant ses progrès, l'évolution de la culture. La grammaire est une des dernières conquêtes de la science grecque : c'est le fruit d'une longue série d'efforts, commencés, nous l'avons vu, autour de Protagoras, continués dans les écoles de Platon et de ses successeurs (l'apport créateur du Stoïcisme, et notamment de Chrysippe, est particulièrement remarquable) : son élaboration définitive est un des titres de gloire de la culture hellénistique; elle correspond bien à l'esprit réfléchi, plus critique que créateur, de l'époque. C'est seulement, en effet, au début du Ier siècle avant Jésus-Christ que la science grammaticale trouva sa consécration lorsque Denys le Thrace, un des maîtres qui firent la gloire des écoles de Rhodes, rédigea le célèbre manuel, Τέχνη, qui en codifiait les résultats.

Il n'en faut pas surestimer le mérite : dans son analyse rationnelle de la structure du langage, le génie grec n'a pas été aussi heureux que dans l'élaboration de la géométrie euclidienne ou de l'acoustique pythagoricienne; c'est même un des rares domaines où il se soit laissé distancer par d'autres peuples : Denys n'atteint pas la profondeur inégalée de la grammaire sanscrite (dont on sait l'influence sur le développement de la philologie moderne). Tel qu'il est, ce court traité (il tient en quelques pages) a connu un succès extraordinaire : aussitôt adopté par l'enseignement, sans cesse recopié, réédité, étoffé d'appendices [57], de scolies et de commentaires, il resta le manuel de base non seulement pendant toute la période romaine, mais longtemps encore à l'époque byzantine (il faut attendre le XIIe siècle pour le voir remplacé par une espèce de catéchisme par demandes et par réponses, Ἐρωτήματα; mais si la matière est présentée autrement, le fond reste le même). Mieux

---

56. *Schol.* D. THR. pp. 6, 20; QUINT. I, 9, 1; SEXT. M. I, 91 s. — 57. *PSI.* 18; *P. Schwartz* ; cf. *P. Amh.* II, 21; *P. Oslo* 13; *P. Jonda* 83 a (*Aeg.*, 19 (1939), 211).

encore, son influence s'est étendue au-delà des milieux de langue grecque : sans parler des transpositions paradoxales qui en ont été faites en syriaque et en arménien, Denys le Thrace, par Varron et Remmius Palaemon, a donné naissance à la grammaire latine, et par là son influence s'est propagée plus loin et plus tard encore, — jusqu'à nous. Il est bon de savoir, en effet, que la « grammaire française », telle que l'enseigne encore notre école primaire, n'est qu'une forme abâtardie de la vieille τέχνη rhodienne, lentement vulgarisée par deux mille ans d'usage. On entend souvent critiquer notre enseignement grammatical, trop formel, sans fécondité pratique. C'est un trait qui remonte à l'origine : la grammaire n'a pas été créée dans un but pédagogique, pour faciliter à l'enfant la prise de conscience du mécanisme de sa langue maternelle; c'est une science de haute culture, l'équivalent de notre linguistique générale, et, comme il convient à une science hellène, elle est purement spéculative, théorique.

La grammaire de Denys se ramène essentiellement à une analyse abstraite, toute formelle, de la langue grecque qu'elle décompose et résout en éléments simples, soigneusement classés et définis. Il est facile de donner un aperçu rapide de ce traité, dont la contexture squelettique étonne et déçoit un peu le lecteur moderne; on se demande comment un si maigre festin a pu si longtemps rassasier tant de curiosités !

Après quelques définitions générales : grammaire, lecture, etc. [58], on étudie successivement : les lettres (voyelles et consonnes; voyelles longues, brèves, mixtes, diphtongues; consonnes muettes, etc. [59]) et les syllabes (longues, brèves, communes; une syllabe peut être longue de huit manières : trois par nature, cinq par position, etc. [60]). On aborde alors l'essentiel du sujet : les huit parties du discours : nom, verbe, participe, article, pronom, préposition, adverbe, conjonction [61]. Les deux premières font seules l'objet d'une étude détaillée, qui ne consiste d'ailleurs jamais qu'en définitions et classifications. Pour le nom, par exemple, on considère successivement les trois genres, les deux espèces (mots primitifs et mots dérivés : sept variétés de dérivation), les trois formes (mots simples, composés, surcomposés), les trois nombres, les cinq cas de la déclinaison; puis s'introduit une autre classification des noms, rangés en vingt-quatre classes : noms propres, appellatifs, adjectifs, etc. [62]. Le verbe à son tour est considéré sous huit caté-

---

58. D. THR. 1-5. — 59. *Id.* 7. — 60. *Id.* 8-10. — 61. *Id.* 11 s. — 62. *Id.* 12.

gories : mode, voix, espèce, figure, nombre, personne, temps, conjugaison [63]. Les autres parties du discours sont étudiées beaucoup plus brièvement, mais toujours d'une manière aussi formelle [64] : sur la préposition, par exemple, tout ce que Denys trouve à dire, après une brève définition, c'est : « Il y a dix-huit prépositions : six monosyllabes (et qui ne se postposent pas), douze dissyllabes [65]. »

Rien de plus, la grammaire de Denys, purement analytique, décompose, sans jamais opérer la synthèse ; d'où l'absence totale de rien qui corresponde à la syntaxe. Les siècles suivants ne trouveront à y ajouter que quelques notions générales de prosodie [66] et de métrique [67], ainsi qu'un tableau complet de la conjugaison d'un verbe régulier (le modèle choisi est τύπτω [68]). Ces suppléments paraissent dater de la période qui s'étend du IIIe au Ve siècle de notre ère.

C'est précisément au IIIe siècle qu'apparaissent dans les papyrus scolaires des exercices pratiques de morphologie : telle tablette nous montre, au verso, le verbe νικῶ consciencieusement conjugué à toutes les formes (voix, temps, personnes, nombres) de l'optatif et du participe [69]. Un tel exercice nous paraît digne, tout au plus, de l'enseignement primaire ; pourtant le recto de la même tablette est occupé par la déclinaison d'une « chrie » de Pythagore, exercice que nous allons étudier plus loin et qui, lui, relève certainement de l'enseignement du « grammairien ». C'est pourquoi je rattacherai volontiers à l'enseignement secondaire les exercices analogues que nous rencontrons des IIe-IIIe siècles au VIe : déclinaison d'un nom et d'une épithète accordée avec lui (« le bon père », « le caractère bienveillant » [70]), conjugaison [71], liste de verbes classés plus ou moins suivant le sens avec l'indication du cas qu'ils gouvernent [72]. Bien entendu, il n'est pas impossible qu'à la longue ils aient pu pénétrer dans l'enseignement primaire, en vertu de la tendance générale qu'ont les techniques scolaires à se vulgariser progressivement des degrés supérieurs aux plus élémentaires.

Exercices pratiques de rédaction. En dehors de ces exercices de morphologie, l'enseignement du grammairien s'était complété, à côté de l'étude des auteurs et de la grammaire théorique, d'une troisième série de tra-

---

63. *Id.* 13-14. — 64. *Id.* 15-20. — 65. *Id.* 18. — 66. D. THR. *Suppl.* I. — 67. ID. *Suppl.* III. — 68. *P. Reinach* 81. — 69. *JHS.* 29 (1909), 30 s. — 70. *ABKK.* 34 (1913), 219. — 71. *P. Oxy.* 469; WESSELY, *Studien,* II, LVIII. — 72. *JHS.* 29 (1909), 32 s.

L'ÉDUCATION HELLÉNISTIQUE

vaux, d'ordre pratique ceux-là : des exercices élémentaires de composition littéraire [73].

C'était en principe le rhéteur qui apprenait à parler (ou à écrire : les deux, pour les Anciens, ne font qu'un); avant d'aborder la composition de discours proprement dits, la rhétorique hellénistique faisait parcourir aux étudiants toute une gamme, savamment graduée, d' « exercices préparatoires », προγυμνάσματα. Mais le même phénomène de glissement s'est produit : devant la technicité croissante de la rhétorique supérieure, ses exigences de plus en plus lourdes, il fallut bien que l'enseignement supérieur, débordé, abandonnât au secondaire ces exercices préparatoires qui se trouvèrent ainsi, par la force des choses, « usurpés » par le grammairien. La chose n'est pas allée sans protestations de la part des rhéteurs grecs (les rhéteurs latins, témoins d'un stade postérieur de l'évolution pédagogique, furent moins scrupuleux à retenir leurs prérogatives) : ils ne consentirent jamais à abandonner à leurs humbles rivaux le domaine entier des προγυμνάσματα, mais seulement les plus élémentaires [74].

Ils formaient en effet une pesante série, que nous trouvons méticuleusement codifiée dans les verbeux manuels de l'époque impériale : ceux d'Hermogène et Théon d'Alexandrie (IIe siècle) ou d'Aphtonios (IVe siècle). La liste est établie *ne varietur :* l'adolescent devait s'exercer successivement à la fable, à la narration, à la « chrie », à la sentence, à la confirmation (ou réfutation), au lieu commun, à l'éloge (ou blâme), à la comparaison, à l'éthopée, à la description, à la « thèse » et enfin à la discussion de loi. Mais avec les derniers degrés, nous sommes presque parvenus au discours en bonne et due forme et nous sommes depuis longtemps déjà entrés dans l'école proprement dite de la rhétorique. Seuls les trois ou cinq premiers degrés (Théon réunit en un seul la chrie, la sentence et la confirmation) paraissent avoir été normalement annexés à l'enseignement secondaire.

On est frappé de leur caractère élémentaire : des exercices équivalents sont pratiqués chez nous à l'école primaire, et dès les premières années, mais, après tout ce qui précède, le lecteur ne saurait s'étonner du décalage qui existe entre la pédagogie antique et celle d'aujourd'hui.

La « fable », pour commencer, n'est qu'une brève, toute simple rédaction où l'enfant reproduit par écrit un petit apologue qu'il

---

73. QUINT. I, 9, 1; 3. — 74. ID. I, 9, 6; II, 1, 1.

vient d'entendre raconter ou de lire. Bien que le terme de « paraphrase » appartienne à l'usage antique [75], j'hésite à m'en servir ici, car il ne s'agissait nullement de « développer », mais bien de rapporter le récit le plus fidèlement possible. En voici un exemple, à la vérité tardif (IVe-Ve siècle), retrouvé sur un papyrus du Fayoûm [76] :

Un fils qui avait assassiné son père et qui « craignait de tomber sous les lois, s'enfuit au désert ».

(L'enfant a ici retrouvé dans sa mémoire un vers du texte original et l'a transcrit mot pour mot.)

Et passant par la montagne, il était poursuivi par un lion. Et poursuivi par le lion, il grimpa sur un arbre. Et voyant un dragon qui s'élançait sur l'arbre et qui pouvait y monter... Et fuyant le dragon, il tomba. Le méchant n'échappe pas à Dieu. « La divinité traînera le méchant en jugement. »

(Encore un vers rapporté de mémoire : c'est une des sentences attribuées à Ménandre [77].)

On le voit, ce premier exercice n'exigeait pas beaucoup d'invention de la part de l'enfant, qui se contentait de transposer en prose le récit en vers. Le suivant, la « narration », commençait à en demander un peu, oh! très peu encore. Il ne s'agissait pas, comme nous l'entendons aujourd'hui, d'un récit librement composé par l'enfant : on lui demandait simplement de rapporter à sa manière une « histoire » qu'on venait de lui conter. De rapporter, mais non pas de développer : ces petits récits tiennent en une dizaine de lignes, et parmi les qualités qu'on exige d'eux, les manuels ne manquent pas de mentionner la brièveté, à côté de la clarté, de la vraisemblance et de la correction [78].

Car la pédagogie hellénistique, scrupuleuse et tatillonne, a dépensé un zèle incroyable, un puissant esprit d'analyse, sur ces exercices en apparence si insignifiants. Cette narration de quelques lignes devait non seulement posséder les quatre qualités susdites, mais mettre en œuvre six éléments (l'agent, l'action, le temps, le lieu, la manière et la cause [79]), choisir entre cinq genres [80] et trois ou quatre espèces (mythique, poétique, historique ou civile [81]). Les

---

75. *Rhet. Gr.* II, 62, 10 (THEON). — 76. [BABR.] p. 437 Cr. — 77. [MEN.] *Monost.* 14. — 78. *Rhet. Gr.* II, 79, 20; 83, 14 s. (THEON), 22, 11 (APHT.). — 79. *Id.* II, 78, 16 s. (THEON); 22, 9 s. (APHT.). — 80. *Id.* II, 5, 1 s. (HERM.). — 81. *Id.* II, 4, 27 s. (HERM.); 22, 5 s. (APHT.).

papyrus nous présentent en effet quelques exemples de narrations historiques : lettre d'Alexandre aux Carthaginois [82], lettre supposée d'Hadrien à Antonin, ce qui relevait de l'histoire la plus contemporaine, puisque le document qui nous l'a conservée date du IIe siècle [83].

Mais les narrations les plus pratiquées étaient les narrations poétiques, en rapport étroit avec l'étude littéraire des classiques. Cette étude commençait par la présentation, faite par le professeur, du sujet du poème ou de la pièce de théâtre. Résumer cet argument représentait un sujet tout trouvé de narration : nous voyons ainsi les petits écoliers d'Egypte s'exercer en quelques lignes sur l'histoire de Philoctète, d'Énée ou d'Achille [84], d'Iphigénie à Aulis [85], d'Adraste et de ses filles [86], de Lycurgue fils de Dryas [87] ou de Patrocle sauvant Eurypyle [88].

Montons encore d'un degré : la « chrie », χρεία, est une anecdote morale attribuée nommément à quelque personnage célèbre : Esope, [89] Anacharsis [90], Pythagore ou quelque ancien Sage; parmi les modernes, c'est Diogène surtout qu'on invoquait. Il peut s'agir (toujours le souci méticuleux de classer!) soit d'une action symbolique, soit d'un mot historique, soit d'une combinaison des deux. Bien que la brièveté soit toujours de règle [91], on commence ici à s'exercer au développement : le sujet est donné en deux lignes, le devoir complètement rédigé peut atteindre une petite page [92]. Mais combien timidement encore! L'élève n'avance que pas à pas, guidé par un règlement rigide qu'il doit suivre, article par article. Soit à développer la chrie suivante :

Isocrate a dit : « La racine de l'éducation est amère, mais les fruits en sont doux. »

Il faudra lui consacrer successivement huit paragraphes, κεφάλαια :

1. présenter Isocrate et faire son éloge;
2. paraphraser en trois lignes son aphorisme;
3. justifier brièvement son opinion;
4. l'établir, par contraste, en réfutant l'opinion contraire;
5. l'illustrer d'une comparaison;

82. *JHS*. 28 (1908), 130. — 83. *P. Fay.* 19. — 84. *JHS*. 28 (1908), 128-129; *P. Tebt* 683 r. — 85. *ASFNA.* 3. (1868), XLVIII s. — 86. *P. Oxy.* 124. — 87. *PSI.* 135. — 88. *P. Oxy.* 154. — 89. O. *Wilcken*, II, 1226. — 90. *BCH.* 28 (1904), 201. — 91. *Rhet. Gr.* II, 61. 22 (HERM). — 92. *Id.* II, 23, 19 s. (APHT.).

LES ÉTUDES LITTÉRAIRES

6. puis d'une anecdote, empruntée par exemple à Démosthène;
7. citer des autorités à l'appui, empruntées aux Anciens (Hésiode...);
8. conclure : « Telle est la belle pensée d'Isocrate au sujet de l'éducation [93]. »

Je n'insisterai pas sur les exercices suivants : la « sentence, γνώμη, qui ne se distingue guère de la chrie que par son caractère anonyme (je simplifie : la théorie catalogue quatre différences [94]!), la confirmation (ou réfutation) d'une opinion ou d'un mythe... Il me suffit d'avoir illustré la méthode suivie. Le lecteur moderne est frappé du caractère méticuleux, légaliste, réglé à l'excès de ces exercices : ce caractère s'affirme davantage à mesure que nous montons dans l'échelle; il deviendra dominant dans l'enseignement de la rhétorique proprement dite.

Nous touchons là à l'essence même du classicisme : nous sommes bien loin du romantisme des modernes, de notre recherche systématique de l'originalité. L'écolier antique n'avait pas à être original : on lui demandait d'apprendre à rédiger et à commenter conformément à certaines normes. Il lui fallait donc apprendre d'abord quelles étaient ces normes : apprendre par cœur les trois qualités, les six éléments ou les neuf paragraphes prévus, et cela demandait du temps!

Mais l'école antique savait se hâter lentement. Chaque étape nouvelle n'était abordée qu'après un séjour prolongé à l'échelon inférieur : on ressassait à loisir. D'autant plus que, dans ces premiers exercices, le grammairien devait se préoccuper de développer la maîtrise et l'usage de la langue autant que la faculté de composition. D'où la pratique étrange qui consistait à faire décliner, à tous les nombres et cas, les petits textes proposés comme fable [95], narration [96] ou chrie [97] : exercice si étrange qu'on aurait peine à en croire les auteurs de théorie. Il a pourtant bien été pratiqué : une tablette égyptienne nous montre un écolier déclinant vertueusement une chrie de Pythagore, au singulier d'abord :

Le philosophe Pythagore, ayant débarqué et enseignant les lettres, conseillait à ses disciples de s'abstenir de viandes saignantes. On rapporte l'avis du philosophe Pythagore... (et la suite : après le nominatif, le génitif!). Il parut bon au philosophe Pythagore... (datif). On dit que le philosophe Pythagore... (proposition infinitive : accusatif). O philosophe Pythagore... (vocatif)

93. *Id.* II, 23, 14 s. (APHT.). — 94. *Id.* II, 96, 24 (THEON). — 95. *Id.* II, 74, 22 s. (THEON). — 96. *Id.* II, 85, 28 s. — 97. *Id.* II, 101, 3 s.

puis, et au mépris de toute logique, au duel :

Les (deux) philosophes Pythagores...

enfin au pluriel :

Les philosophes Pythagores ayant débarqué et enseignant les lettres, conseillaient à leurs disciples...

et successivement aussi à tous les cas [98].

Gymnastique verbale, sinon intellectuelle : on mesure, une fois de plus, la lourdeur de l'appareillage pédagogique antique, qui n'était supportable qu'en raison des programmes très limités et de l'horizon culturel plus limité encore qui étaient les siens, par comparaison avec l'enseignement d'aujourd'hui.

---

98. *JHS.* 28 (1909), 30 s.

CHAPITRE VIII

Les études scientifiques

Mais les études littéraires n'étaient pas seules, en principe, à constituer le programme de l'enseignement secondaire : Platon et Isocrate, pour une fois d'accord, recommandaient, on s'en souvient, à l'exemple d'Hippias, l'étude des mathématiques, si précieuses pour la formation de l'esprit.

Enseignement des mathématiques. — Divers indices nous permettent d'entrevoir que ces conseils n'étaient pas restés sans écho à l'époque hellénistique. Telès, dans le tableau qu'il a tracé, vers 240 avant Jésus-Christ, des ennuis de la vie humaine [1] (tableau que deux siècles plus tard devait reprendre à son tour l'auteur de l'*Axiochos* [2]), choisit précisément les professeurs d'arithmétique et de géométrie, ἀριθμητικός, γεωμέτρης, pour caractériser, avec le moniteur d'équitation, le degré secondaire de l'éducation, intercalé entre l'école primaire et l'éphébie.

Un catalogue des vainqueurs aux concours scolaires de Magnésie du Méandre, datant du IIe siècle avant Jésus-Christ, mentionne une compétition en arithmétique [3], à côté d'épreuves de dessin, de musique et de poésie lyrique, dans un contexte qui, par conséquent, évoque l'enseignement du second degré. De même dans le collège du Diogénéion, à Athènes, les (futurs) éphèbes apprenaient, nous dit Plutarque [4] (1), la géométrie et la musique en même temps que les lettres et la rhétorique. A Delphes, au Ier siècle avant Jésus-Christ, un astronome vient faire des conférences au gymnase [5].

Ces témoignages, on le voit, sont assez clairsemés, et il faudra

1. Ap. STOB. 98, 72. — 2. [PLAT.] *Ax.* 366 e. — 3. DITT. *Syll.* 960, 17. — 4. *Quaest. conv.* IX, 736 D. — 5. *BEHE*, 272, 15.

nous demander si leur rareté relative n'est pas précisément un indice du peu d'intérêt que, dans la pratique, l'enseignement hellénistique accordait aux sciences.

L'idéal de l'ΕΓΚΥΚΛΙΟΣ ΠΑΙΔΕΙΑ. Pour ce qui est de la théorie, du moins, le principe n'a jamais été mis en question : les sciences mathématiques n'ont jamais cessé de figurer, à l'égal des disciplines littéraires, dans le programme idéal de la « culture générale » des Grecs hellénistiques, l'ἐγκύκλιος παιδεία (2).

On trouve en effet, chez les écrivains d'époque hellénistique et romaine, de nombreuses allusions à ce terme, qu'il ne faudrait pas transcrire littéralement par « encyclopédie », notion toute moderne (le mot ne date que du xvıe siècle) (3) qui ne correspond nullement à l'expression antique. « Encyclopédie » évoque pour nous un savoir universel : si élastiques qu'aient pu être ses limites, l'ἐγκύκλιος παιδεία n'a jamais prétendu embrasser la totalité du savoir humain : en fait, conformément au sens que reçoit normalement ἐγκύκλιος en grec hellénistique, ἐγκύκλιος παιδεία signifie tout simplement « éducation vulgaire, courante, communément reçue », — d'où la traduction que j'ai proposée : « culture générale ».

Elle demeura toujours une notion aux contours assez vagues : l'usage qu'on en fait hésite entre deux conceptions : c'est tantôt la culture générale qui convient à l'honnête homme, sans référence explicite à l'enseignement, et qui réunit l'apport de toute l'éducation, secondaire et supérieure, scolaire et personnelle ; c'est, d'autres fois, la culture de base, la propédeutique, les προπαιδεύματα [6] qui doivent préparer l'esprit à recevoir les formes supérieures de l'enseignement et de la culture, en un mot le programme idéal de l'enseignement secondaire. Cette conception est en particulier celle des philosophes soit qu'ils dénoncent l'inutilité de l'ἐγκύκλιος παιδεία pour la culture philosophique, comme font Epicure [7] et avec lui les cyniques [8] et sceptiques [9] de toute nuance, soit qu'ils insistent sur sa nécessité, comme s'accordent à le faire la plupart des sectes [10] et notamment, depuis Chrysippe [11], les Stoïciens [12].

---

6. PHIL. *Congr.* 9; ORIG. *Greg.* I. — 7. DL. X, 6. — 8. [CEB.]. — 9. SEXT. *M.* — 10. DL. II, 79; IV, 10; V, 86-88; IV, 29-33... — 11. *Id.* VII, 129; cf. QUINT I, 10, 15. — 12. SEN. *Ep.* 88, 20.

Par suite, les frontières en demeurent assez mal définies : entendue au sens perfectif du mot « culture », l'ἐγκύκλιος παιδεία a eu tendance à absorber non seulement la philosophie elle-même, mais encore diverses techniques, en nombre variable suivant les auteurs : médecine, architecture, droit, dessin, art militaire (4). Mais l'essentiel de son programme, celui auquel se restreignent les philosophes, reste toujours constitué par l'ensemble des sept arts libéraux, que le Moyen Age devait hériter de la tradition scolaire de la basse antiquité et dont la liste, arrêtée définitivement vers le milieu du 1er siècle avant Jésus-Christ, entre Denys le Thrace et Varron, comprenait, on le sait, avec les trois arts littéraires, le *Trivium* des Carolingiens, grammaire, rhétorique et dialectique, les quatre disciplines mathématiques du *Quadrivium* : géométrie, arithmétique, astronomie et théorie musicale, dont la répartition était traditionnelle depuis Archytas de Tarente[13], sinon depuis Pythagore lui-même (5).

Nous pouvons nous faire une idée précise de ce que pouvait être l'initiation d'un jeune étudiant grec à chacune de ces sciences grâce à l'abondante série de manuels que l'époque hellénistique nous a légués (6). Bien que, d'Archimède à Pappus et Diophante, les âges hellénistiques et romains aient vu la science grecque accomplir encore de grands progrès, le trait dominant de cette période est constitué par un effort de mise au point, de maturation des résultats obtenus par les générations qui s'étaient succédées à partir de Thalès et de Pythagore. C'est alors que la science grecque atteint à cette forme parfaite qu'elle ne devait plus dépasser.

La géométrie. Pour la géométrie, la science grecque par excellence, le grand classique est bien entendu Euclide (v. 330-275) dont les *Eléments* ont connu la gloire que l'on sait : directement ou indirectement, ils ont été à la base de tout l'enseignement de la géométrie non seulement chez les Grecs, mais chez les Romains et les Arabes, puis chez les modernes (on sait que jusqu'à une date récente les écoliers britanniques ont continué à utiliser une traduction à peine retouchée des *Eléments* comme manuel de géométrie).

Il n'est donc pas nécessaire d'analyser longuement ici le contenu et la méthode de ce livre fameux : l'un et l'autre nous sont toujours

13. ARCHT. Fr. 1.

familiers. L'essentiel de l'exposé est formé par la suite des théorèmes aux démonstrations enchaînées à partir d'une série de définitions et d'αἰτήματα (terme qui groupe ce que nous distinguons aujourd'hui en axiomes et postulats). Je soulignerai, après tant d'autres, la rigueur logique de ces démonstrations, le caractère strictement rationnel de la science : le géomètre raisonne sur des figures intelligibles et procède avec une extrême défiance de tout ce qui rappelle l'expérience sensible. A la différence de la pédagogie mathématique d'aujourd'hui, Euclide évite autant que possible (pour échapper aux difficultés théoriques que soulevait

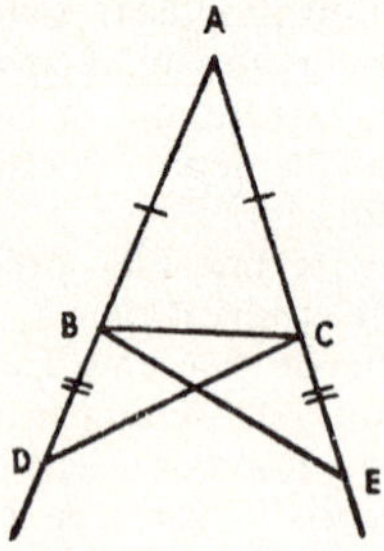

la critique éléate de la notion de mouvement) les procédés qui nous sont familiers de la rotation et de la superposition : ainsi ayant à démontrer que dans un triangle isocèle ABC les angles à la base B̂ et Ĉ sont égaux, propriété fondamentale que nous démontrons sans effort par simple retournement, Euclide n'y parvient qu'au prix de longs détours; il porte, sur AB et AC prolongés, des segments égaux BD et CE, de manière à faire apparaitre deux paires de triangles égaux ABE et ACD, BCD et BCE... [14].

A la méthode synthétique des démonstrations enchaînées, l'enseignement grec associait intimement ce que nous appelons l'analyse, c'est-à-dire les problèmes et en particulier les problèmes de construction; les *Eléments* s'ouvrent sur un exemple caractéristique : construire un triangle équilatéral sur une base donnée [15]. L'importance méthodologique des problèmes est en effet considé-

14. EUCL. *Elem.* I, pr. 5. — 15. *Id.* I, pr. 1.

rable (seuls des Platoniciens comme Speusippe, retranchés dans leur apriorisme, pouvaient la mettre en question [16]) : la construction permet de démontrer l'existence réelle de la figure considérée. La méthode généralement suivie était celle qui est restée la nôtre : supposer le problème résolu et par ἀπαγωγή ramener le problème à des propositions déjà établies. On sait que l'histoire de la science grecque est jalonnée par l'étude de tels problèmes qui très vite, après l'élémentaire duplication du carré, se heurtèrent à des difficultés considérables ou insolubles : duplication du cube, trisection de l'angle, quadrature du cercle.

Bien entendu, ces problèmes restent d'ordre strictement spéculatif : les applications numériques et pratiques, calculs de surfaces ou de volumes ne relèvent pas de la géométrie, mais d'autres disciplines, géodésie ou métrique, qui, elles aussi, étaient l'objet d'un enseignement : nous possédons des manuels, comme ceux de Hiéron d'Alexandrie (IIe siècle avant Jésus-Christ [17]), et, par les papyrus, des exemples concrets des exercices proposés aux élèves [18]; mais cet enseignement ne s'adressait qu'aux futurs praticiens, arpenteurs, entrepreneurs, ingénieurs ou maçons; c'était un enseignement technique, il ne faisait pas partie de l'éducation libérale et demeurait étranger à l'enseignement proprement dit des mathématiques.

L'arithmétique. L'arithmétique prête aux mêmes observations : science théorique du nombre, elle dédaigne, fidèle aux conseils de Platon, les problèmes réalistes chers à notre enseignement primaire : problèmes de bénéfices, de prix de vente ou de revenus; l'antiquité louait le grand Pythagore d'avoir su, le premier, élever l'arithmétique au-dessus des besoins des marchands [19].

Faute d'un système de symboles appropriés, l'arithmétique grecque n'a pu s'élever à un niveau de généralité et de perfection aussi grand que la géométrie. On sait (nous l'avons rappelé plus haut) que les Grecs utilisaient des symboles alphabétiques : trois séries de neuf signes correspondant aux unités, aux dizaines et aux centaines. Avec un iota souscrit à gauche, on notait les milliers : le système permettait ainsi théoriquement de noter tous les nombres entiers de 1 à 999.999.

16. PROCL. *In Eucl.* I. p. 77, 15 s. — 17. *Geom., Geod., Stereom.* — 18. P. *Ayer* (*AJPh.* 19 1898), 25 s.; *Mizraim* 3 (1936), 18 s. — 19. STOB. 1, 19, 2.

Moins souple que notre système « arabe » de position (que la civilisation maya sut de son côté découvrir aussi), la notation grecque, très commode pour l'usage pratique, ne permettait pas de noter les grands nombres. En fait, les Grecs n'ont pas aimé noter directement les nombres supérieurs à 100.000 (à la différence des mathématiciens de l'Inde du IVe ou du Ve siècle de notre ère qui aiment à spéculer sur des nombres énormes, tel que 1.577.917.828, devant lesquels un Grec eût éprouvé le frisson de l'ἀπείρον, du redoutable infini). Chose plus grave, cette notation ne permettait pas d'introduire les nombres fractionnaires ou irrationnels : c'est sous la forme géométrique que les mathématiques grecques poussaient le plus loin l'étude de la notion de grandeur : on le voit en particulier par le livre X des *Eléments* d'Euclide consacré aux grandeurs irrationnelles.

L'arithmétique grecque doit donc être comprise comme la science de l'ἀριθμός au sens précis du mot, c'est-à-dire du nombre *entier*. Ce sont encore les *Eléments* d'Euclide [20] qui nous en fournissent un commode exposé, quoique le manuel qui ait eu le plus grand rôle historique soit l'*Introduction arithmétique* de Nicomaque de Gérasa (vers 100 après J.-C.) : aussitôt adopté par l'enseignement, abondamment commenté, traduit en latin (et plus tard en arabe), son influence fut si profonde que l'arithmétique dès lors supplanta la géométrie et devint, à la place de celle-ci, la base et la partie la plus importante de l'enseignement des mathématiques.

On étudiait donc les propriétés du nombre entier, distinguant les nombres pairs et impairs, puis dans les premiers les nombres pairement pairs (du type 2^n), pairement impairs (2 multiplié par un nombre impair), impairement pairs, $2^{n+1} (2m+1)$. D'un autre point de vue, on distinguait les nombres premiers, composés, premiers entre eux, à facteurs communs ; les nombres égaux et inégaux, multiples et sous-multiples, superpartiels et sous-superpartiels (c'est-à-dire les nombres de la forme $\frac{m+1}{m}$), etc. Les proportions et les moyennes (arithmétique, géométrique, harmonique, celle-ci définie par la relation : $\frac{a}{b} = \frac{m-a}{b-m}$)...

A cette étude, curieusement poussée dans le détail, mais qui relève en effet de la science mathématique, s'ajoutait, de façon bien étrange pour nous, des considérations qualificatives et esthétiques sur les propriétés des nombres. Je ne parle pas ici de la

---

20. EUCL. *Elem.* VII-IX; cf. II.

LES ÉTUDES SCIENTIFIQUES

classification des nombres composés (c'est-à-dire des nombres constitués par le produit de plusieurs facteurs), classification d'origine pythagoricienne, mais que l'arithmétique hellénistique, comme on le voit par Nicomaque, avait portée à un haut degré de précision : nombres plans (produits de 2 facteurs) et nombres solides (produits de 3 facteurs), et parmi les premiers : nombres carrés, triangulaires, rectangles (on distinguait les hétéromèques, de la forme $n\,(m+1)$, et les promèques, $m\,(m+n)$, $n>1$); parmi les nombres solides, les cubes, les pyramidaux, les parallélipipèdes : $m^2\,(m+1)$, etc. Cette nomenclature était parfaitement légitime : les Anciens se représentant le nombre (entier) comme une collection d'unités, de monades, représentées par des points matériels, il devenait légitime d'en étudier les modes d'assemblage et de relier ainsi arithmétique et géométrie.

Je veux parler de l'intrusion de jugements de valeur, d'ordre esthétique et quelquefois moral, qui se manifeste par exemple dans l'appellation de nombres parfaits attribuée aux nombres comme 28 qui sont égaux à la somme de leurs parties aliquotes ($28 = 1 + 2 + 4 + 7 + 14$), de nombres amiables, φίλιοι, comme 220 et 284, dont chacun est égal à la somme des parties aliquotes de l'autre ($220 = 1 + 2 + 4 + 71 + 142$ et $284 = 1 + 2 + 4 + 5 + 10 + 11 + 20 + 22 + 44 + 55 + 110$). Et plus encore des spéculations, d'une puérilité parfois désarmante, dont étaient l'objet les propriétés merveilleuses des dix premiers nombres, de cette décade à laquelle se ramène toute la série numérique : on s'extasiait sur les vertus de l'unité, principe de toute chose, indivisible et immuable, qui ne sort jamais de sa propre nature par la multiplication ($1 \times 1 = 1$)... Sur la « perfection » du nombre trois, le premier à être composé d'un commencement, d'un milieu et d'une fin, représentés chacun par l'unité ($1 + 1 + 1 = 3$); sur la structure harmonieuse et la puissance du quaternaire, de la τετρακτύς : $1 + 3 = 2 \times 2 = 4$, et la somme $1 + 2 + 3 + 4 = 10$, le quaternaire engendre la décade... Tout naturellement, on en venait à associer à chacun de ces premiers nombres une valeur symbolique : on sait que les Pythagoriciens juraient par le quaternaire, « source de la nature éternelle [21] ». L'unité, la monade, était l'objet d'une véritable mystique : « C'est en elle que réside tout l'Intelligible et l'Inengendré, la nature des Idées, Dieu, l'Esprit, le Beau, le Bien et chacune des essences intelli-

---

21. [PYTH.] V. *Aur.* 47-48.

gibles... [22] »; le nombre Sept est Athèna, la déesse qui n'a point de mère et n'est pas mère elle-même : n'est-il pas le seul nombre qui n'engendre aucun des nombres de la décade et n'est engendré par aucun autre [23] ? Mais il est aussi bien (et j'en passe) Arès, Osiris, la Fortune, l'Occasion, le sommeil, la voix, le chant, Klio ou Adrastée [24].

Tout cela provient du vieux pythagorisme, mais jamais la science grecque n'a réussi à dépouiller sa conception du nombre de ces éléments qualitatifs : c'est le même Nicomaque de Gérasa qui, à côté de son *Introduction arithmétique,* avait consacré un ouvrage spécial à cette arithmologie, à cette théologie du nombre, les *Theologoumena arithmetica ;* il ne nous en reste que l'analyse, d'ailleurs détaillée, du patriarche Photius [25], mais nous en retrouvons l'écho dans plusieurs traités de la basse époque romaine [26].

La musique. — C'est aussi à Pythagore que remonte la troisième des sciences mathématiques, celles des lois numériques qui régissent la musique. Nous possédons une abondante littérature, échelonnée d'Aristoxène à Boèce, qui nous permet de connaître avec précision l'étendue des connaissances antiques en ce domaine (7). La science « musicale » comprenait deux parties : l'étude de la structure des intervalles et celle de la rythmique. La première, l'harmonique ou canonique, analysait les rapports numériques qui caractérisent les divers intervalles de la gamme : $\frac{2}{1}$ pour l'octave, $\frac{3}{2}$ pour la quinte, $\frac{4}{3}$ pour la quarte, $\frac{5}{4}$ et $\frac{6}{5}$ pour les tierces, majeure et mineure, et ainsi de suite : $\frac{9}{8}$, l'excès de la quinte sur la quarte $\left(\frac{3}{2} : \frac{4}{3} = \frac{9}{8}\right)$ mesure le ton (majeur); la théorie était poussée très avant : pour rendre compte des nuances subtiles d'accord que les musiciens grecs appelaient χροαί, il fallait en arriver à mesurer le douzième de ton.

Tous ces nombres se retrouvent aujourd'hui encore dans nos traités d'acoustique : nous savons qu'ils représentent le rapport des fréquences caractérisant la hauteur de chaque son. Les Anciens

---

22. THEON SM. *Arith.* 40. — 23. *Id.* 40. — 24. PHILO. *Opif.* 100; NICOM. ap. PHOT. *Bibl.* 187, 600 B. — 25. *Id.* 187, 591 s. — 26. ANAT. *Dec.*; THEON SM. *Arith.* 37-49; [JAMBL.] *Theol. arith. ;* AUG. *Mus.,* I, 11 (18)-12 (26).

n'avaient pas le moyen de mesurer directement la fréquence des vibrations sonores; ils les atteignaient indirectement en mesurant au monocorde la longueur de la corde vibrante, ou encore la longueur du tuyau sonore (ces longueurs sont inversement proportionnelles à la fréquence des vibrations). La découverte de ces rapports reste un des plus beaux exploits de la science grecque et l'on comprend que non seulement l'école pythagoricienne, mais toute la pensée antique en soit demeurée fascinée : n'avait-on pas réussi à faire correspondre un nombre, défini et au demeurant simple, 2, 3/2..., à l'impression subjective et à la valeur esthétique que constitue la notion d'intervalle juste, de consonance (octave, quinte...) ? Comment douter après cela que le nombre ne soit l'armature secrète du kosmos, que tout dans l'univers ne soit nombre ?

Moins compliquée dans son élaboration numérique, mais non moins précise et non moins féconde était la théorie du rythme : assemblage de durées déterminées, celui-ci se laissait plus facilement encore ramener à des combinaisons simples de valeurs arithmétiques, égales, doubles ou sesquialtères (exactement comme nous parlons encore de rythmes binaires et ternaires). A la différence de la nôtre, la rythmique musicale (et poétique) des Grecs procédait non par division et subdivisions d'une valeur initiale (notre ronde), mais par l'addition de valeurs unitaires indivisibles, le « temps premier », χρόνος πρῶτος, d'Aristoxène : système plus souple et permettant de rendre raison de rythmes plus riches et plus complexes que la maigre théorie de notre solfège. Là encore le clair génie rationnel de l'Hellade a su construire un monument impérissable, κτῆμα ἐς ἀεί, qui appartient au trésor de notre tradition occidentale : rappellerai-je que l'étude des fragments conservés des *Eléments rythmiques* d'Aristoxène a permis à Westphal une analyse suggestive et profonde du rythme des fugues du *Clavecin bien tempéré ?* (8).

L'astronomie. Plus tardive peut-être dans son développement, l'astronomie mathématique grecque réalisa, elle aussi, de remarquables conquêtes, notamment pendant la période hellénistique, d'Aristarque de Samos (310-250) et d'Hipparque (fin du IIe siècle avant J.-C.) à Ptolémée (IIe siècle après J.-C.) : ses résultats se trouvent rassemblés et comme codifiés dans la Somme que représentent les treize livres de l'*Almageste* de ce dernier (9).

Ce grand livre, dont la fortune, dans le moyen âge byzantin, arabe et latin, devait être si considérable, a été utilisé dans l'enseignement, par exemple dans l'école néo-platonicienne d'Athènes au Bas-Empire, mais, pour l'initiation élémentaire, les écoles grecques disposaient de manuels plus modestes, comme (sans parler de l'œuvre d'Aratos sur laquelle je vais revenir) l'*Introduction aux Phénomènes* du stoïcien Geminos de Rhodes (1er siècle avant J.-C.) : un petit traité sans prétention qui s'ouvre par un exposé sur le zodiaque et les constellations, continue par l'étude de la sphère céleste : axe, pôles, cercles (arctique, tropique, équateur...), du jour et de la nuit, des mois, des phases de la lune, des planètes, et s'achève par un calendrier des levers et des couchers des étoiles, tout en donnant, chemin faisant, pas mal de précisions numériques.

Un tel manuel n'est pas seul de son espèce : nous connaissons l'existence ou possédons les restes d'une assez nombreuse série; certains ont été retrouvés sur papyrus comme le traité élémentaire en vingt-trois colonnes que contient le *Papyrus Letronne I*[27] et qui se présente comme un résumé des principes d'Eudoxe, ainsi que nous l'apprend le titre acrostiche, Εὐδόξου τέχνη.

Des quatre disciplines mathématiques, l'astronomie était la plus populaire, l'objet de la curiosité la plus vive : cet intérêt n'était pas purement spéculatif et doit être mis en rapport avec la faveur toujours croissante que rencontra l'astrologie dans la société hellénistique et romaine. Astrologie et astronomie étaient de fait inséparables (les deux mots apparaissent pratiquement interchangeables) : un authentique savant comme Ptolémée a signé non seulement un traité d'astronomie mathématique comme l'*Almageste*, mais aussi un manuel d'astrologie, la célèbre *Tétrabiblos*. Aucun indice toutefois ne nous permet d'affirmer que l'astrologie avait pénétré dans les écoles et qu'elle figurait au programme de l'enseignement libéral.

Recul de l'étude des sciences. Comme on le voit, il nous est assez facile de nous faire une idée du contenu et des méthodes de l'enseignement des sciences à l'époque hellénistique. Le véritable problème qui se pose à la sagacité de l'historien est moins de savoir ce qu'était cet enseignement, mais bien qui en profitait.

27. NEMBN. XVIII, 2, 25-76.

LES ÉTUDES SCIENTIFIQUES

La théorie, telle qu'elle avait été formulée par Platon et Isocrate et qu'exprimait, à l'époque hellénistique, la formule de l'ἐγκύκλιος παιδεία, voulait que les mathématiques fissent partie de toute éducation vraiment libérale. Qu'en était-il au juste dans la pratique ? A qui s'adressait l'enseignement des mathématiques : à tous, ou à une élite de spécialistes ? Etait-il intégré, comme le voulait la théorie, à l'enseignement secondaire ou était-il réservé aux seules études supérieures ?

Problème délicat à résoudre. Le lecteur n'aura pas manqué d'être frappé du petit nombre des témoignages directs que j'ai pu rassembler au début de ce chapitre. On pourrait sans doute les étoffer en y joignant quelques autres données, celles notamment que nous fournissent les fiches biographiques et bibliographiques concernant un certain nombre d'écrivains ou de personnages connus. Diogène Laërce nous retrace les années de formation du philosophe Arcésilas, ce qui nous reporte au milieu du IIIe siècle avant Jésus-Christ [28]. Sa culture, comme il est naturel, avait une solide base littéraire, il admirait Pindare et ne manquait jamais, matin et soir, de commencer sa journée et de l'achever par une lecture d'Homère ; il s'était exercé lui-même à la poésie et à la critique littéraire. Mais il avait aussi étudié les mathématiques, et on nous donne le nom de ses maîtres, Autolycos, le musicien Xanthus, le géomètre Hipponicos ; mieux encore, l'historien précise, à propos des deux premiers, qu'il avait suivi leurs cours *avant* d'effectuer le choix décisif entre philosophie et rhétorique, les deux formes rivales de l'enseignement supérieur : ces études mathématiques se situent donc, pour Arcésilas, dans la période qui correspond à notre enseignement secondaire.

Nicolas de Damas, l'historien contemporain d'Auguste, nous apprend lui-même, dans un passage autobiographique [29], qu'il avait étudié d'abord la grammaire, puis la rhétorique, la musique et les mathématiques, avant d'aborder enfin la philosophie. Le médecin Galien, né à Pergame en 129 après Jésus-Christ, nous apprend également, dans l'intéressant traité qu'il consacre à *Ses propres Ecrits,* qu'il avait étudié dans sa jeunesse non seulement la grammaire, la dialectique et la philosophie, disciplines auxquelles il a plus tard consacré bien des ouvrages [30], mais aussi la géométrie, l'arithmétique et ses applications pratiques (logistique) [31].

---

28. DL. IV, 29-33. — 29. Ap. SUID. III, p. 468. — 30. GAL. *Lib. propr.* 11-18, pp. 39-48. — 31. *Id.* 11, p. 40.

L'ÉDUCATION HELLÉNISTIQUE

On pourrait sans doute apporter quelques autres témoignages du même genre : je ne crois pas qu'ils puissent être assez nombreux pour modifier notre impression d'ensemble : il paraît bien, à mesure qu'on avance dans les temps hellénistiques et romains, que l'étude des sciences cède de plus en plus du terrain aux disciplines littéraires. J'en appelle, parmi mes lecteurs, à tous les humanistes : la lecture des classiques de cette époque prouve combien la culture hellénistique était devenue à dominante littéraire, quelle faible place y tenaient les mathématiques. Il faut croire que celles-ci ne jouaient plus de rôle bien actif dans la formation des esprits.

Sur le plan de l'éducation, je ne crois pas qu'on puisse contester cette conclusion : les études littéraires ont fini par éliminer pratiquement les mathématiques du programme de l'enseignement secondaire. Bien entendu, on continue à étudier les sciences, mais les milieux qui s'y intéressent, qu'il s'agisse des spécialistes ou des philosophes pour qui les mathématiques sont une propédeutique indispensable, ne peuvent plus compter sur les écoles secondaires : ils doivent intégrer l'étude de ces disciplines à l'enseignement supérieur.

C'est un fait significatif qu'un Théon de Smyrne, au début du IIe siècle de notre ère, ait jugé nécessaire d'écrire un abrégé de mathématiques en cinq livres (arithmétique, géométrie plane, géométrie dans l'espace, astronomie et « musique ») sous le titre *Des connaissances mathématiques utiles à la Connaissance de Platon* : comme il l'explique lui-même en commençant [32], bien des gens qui voulaient étudier Platon n'avaient pas eu la possibilité de s'exercer comme il l'eût fallu aux sciences mathématiques dès leur enfance.

Le témoignage des néo-platoniciens du Bas-Empire est encore plus significatif : ils sont trop fidèles à l'enseignement de la *République* pour ne pas maintenir fortement la nécessité d'une « purification préliminaire » de l'esprit, προκαθαρσία, par les mathématiques ; mais les jeunes gens qui viennent s'asseoir à leur école n'ont reçu qu'une formation strictement littéraire et c'est à l'intérieur même de l'école qu'il faut leur instiller cette initiation scientifique (10). Je citerai par exemple la propre expérience de Proclus, dont nous connaissons bien les années d'études par la biographie de Marinos de Néapolis. Sa formation première avait été purement littéraire : grammaire et rhétorique [33]; c'est seulement après sa

---

32. THEON SM. *Arith.* 1. — 33. MARIN. *V. Procl.* 8.

LES ÉTUDES SCIENTIFIQUES

conversion à la philosophie qu'il aborda l'étude des mathématiques, sous la direction de Héron, en même temps que, sous Olympiodore, celle de la logique d'Aristote [34].

Aratos et l'étude littéraire de l'astronomie.

Nous pouvons saisir dans un cas particulièrement significatif cet envahissement des disciplines scientifiques par la technique littéraire du « grammairien »

L'astronomie, comme je l'ai noté, était l'objet d'une particulière prédilection ; mais si nous cherchons à déterminer sous quelle forme cette science était représentée dans les écoles hellénistiques (11), nous constatons avec surprise que son étude avait pour point de départ non pas un de ces manuels élémentaires de caractère mathématique dont j'ai donné deux exemples, mais le poème en 1.154 hexamètres qu'Aratos de Soles avait composé, vers 276-274 avant Jésus-Christ, sous le titre de *Phénomènes* (car il n'en faut pas disjoindre la seconde partie [35], consacrée aux *Prognostics*).

Ce texte a connu une extraordinaire diffusion, une persistante faveur dans les milieux scolaires, comme l'attestent à l'envi commentaires, scolies, traductions, sans parler des monuments figurés : pour l'art hellénistique, Aratos est l'Astronome, comme Homère symbolise la poésie (12). Pourtant Aratos n'était pas un savant, un technicien de l'astronomie : sa culture était d'ordre essentiellement littéraire et philosophique ; il faisait partie du cercle de beaux esprits rassemblés à la cour d'Antigone Gonatas. Son rôle n'a consisté qu'à mettre en vers, bout à bout, deux travaux en prose, les *Phénomènes* d'Eudoxe de Cnide et, pour la deuxième partie, le médiocre Περὶ σημείων de Théophraste. Tel qu'il se présente, le poème d'Aratos n'a rien de mathématique ; pas de chiffres, quelques indications bien sommaires concernant la sphère céleste, son axe, les pôles [36] ; l'essentiel est la description, minutieuse et « réaliste », des figures traditionnellement prêtées aux constellations : il nous montre [37] Persée, soutenant sur ses épaules son épouse Andromède, tendant la main droite vers la couche de sa belle-mère (Cassiopée), s'élançant d'un pas rapide en soulevant un nuage de poussière (il s'agit en fait d'un amas d'étoiles que présente cette région du ciel)... Même anthropomorphisme dans la description des levers et des couchers des constellations [38] qui fait suite à une brève évocation

34. *Id.* 9. — 35. ARAT. *Ph.* 733 s. — 36. *Id.* 19-27. — 37. *Id.* 248-253. — 38. *Id.* 559-732.

275

des planètes et des cercles de la sphère céleste [39]. Les erreurs d'observation ne manquent pas : comme le relevait déjà le commentaire d'Hipparque [40], Aratos ignore que les Pléiades comptent bien sept et non six étoiles visibles à l'œil nu (encore que la plus petite soit difficilement perceptible [41]). Les erreurs sont encore plus graves dans la seconde partie, les *Prognostics,* qui véhicule bien des superstitions populaires.

Ce caractère exotérique était encore exagéré par la manière dont était conduite l'étude d'Aratos dans les écoles hellénistiques. Bien que mathématiciens et astronomes n'aient pas dédaigné de commenter les *Phénomènes* (comme on le voit, au IIᵉ siècle avant Jésus-Christ, par Attalos de Rhodes et Hipparque), c'était en fait, le plus souvent, des grammairiens qui expliquaient ce poème. Scientifiquement parlant, leur commentaire se bornait à une introduction très sommaire à la sphère, définissant ce qu'étaient l'axe, les pôles, les cercles (arctique, tropiques, équateur, écliptique); ils pouvaient utiliser pour cette démonstration un modèle de la sphère céleste, mais cette initiation n'allait pas très avant dans la précision mathématique, autant que nous pouvons en juger par les scolies conservées. Le commentaire était avant tout littéraire et s'étendait complaisamment sur les étymologies et surtout sur les légendes mythologiques suggérées par la description d'Aratos.

Nous touchons là à un fait capital : si l'astronomie figure en bonne place dans le programme des écoles secondaires, c'est à Aratos qu'elle le doit, et c'est sous la forme d'une explication de texte, d'une explication essentiellement littéraire, qu'elle était représentée. Il semble bien, malgré quelques résistances de la part des mathématiciens [42], que le grammairien, le professeur de lettres, ait pratiquement réussi à éliminer le géomètre et autres professeurs spécialisés dans les sciences. Les mathématiques ne sont plus représentées dans l'enseignement que par des remarques de détail, jetées en passant dans un commentaire, ou par des introductions générales, extrêmement sommaires, que donnaient quelques grammairiens vaguement teintés de sciences, comme ce Mnaséas de Corcyre dont nous avons retrouvé l'épitaphe et qui est si fier de nous dire qu'il s'adonnait à l'astronomie [43] et à la géométrie [44] aussi bien qu'au commentaire des poèmes homériques [45].

A l'époque hellénistique, l'éducation classique achève par cette

---

39. *Id.* 454-558. — 40. *In Arat.* I, 6, 12. — 41. *Ph.* 254-258. — 42. *Schol.* ARAT. 19; 23. — 43. *IG.* IX, 1, 880, 6-8. — 44. *Id.* 8-9. — 45. *Id.* 9-13.

LES ÉTUDES SCIENTIFIQUES

évolution d'acquérir un des traits qui vont caractériser son visage définitif. Rien, en effet, n'est plus caractéristique de la tradition classique (nous pouvons le mesurer par l'influence qu'elle a exercée, qu'elle exerce encore sur notre éducation) que cette dominante littéraire, cette répugnance à placer les mathématiques à la base de la formation générale des esprits : on les respecte, on les admire, mais il est entendu qu'elles sont réservées aux seuls spécialistes, qu'elles réclament une vocation particulière.

C'est à l'époque hellénistique que ce caractère apparaît : nous sommes désormais loin d'Hippias et de Platon, ou même d'Isocrate. Sans doute, je l'ai rappelé, les mathématiques, en tant que sciences, continuent à fleurir et à progresser; leur étude, sinon leur enseignement, continue à être largement répandue; grâce aux papyrus, nous pouvons mesurer leur diffusion en Egypte : on retrouve des fragments des *Eléments* d'Euclide à Oxyrhynque, ou au Fayoûm [46], des traités de science musicale [47], d'astronomie [48], des problèmes de géométrie. Mais ce sont là désormais choses de spécialistes : les mathématiques ne sont plus véritablement représentées dans la culture commune, et d'abord dans cette assise profonde, qui fait l'unité de toutes les variétés de la culture d'une époque, qu'est la formation première de l'adolescent : l'enseignement secondaire.

---

46. *P. Oxy.* 29; *P. Fay.* 9. — 47. *P. Tebt.* 694; *P. Reinach* 5; *P. Oxy.* 9; 667; *P. Hibeh* I, 13. — 48. *P. Letronne* 1.

CHAPITRE IX

L'enseignement supérieur :
1. Formes mineures

Comme il est naturel, les études supérieures présentaient un caractère moins uniforme que les degrés inférieurs de l'enseignement : s'élevant au-dessus de ce dénominateur commun, plusieurs formes rivales de culture supérieure, correspondant à des vocations différentes, se partageaient la faveur de la jeunesse studieuse. Une première forme s'offre à notre examen dans le cadre de l'éphébie.

La culture générale de l'éphèbe. Dans la mesure où l'éphébie hellénistique cesse d'être uniquement ou principalement obligatoire, la culture intellectuelle n'est plus étrangère à son programme. L'éducation physique, certes, en reste, nous l'avons vu, la partie essentielle; elle ne suffit plus : les jeunes gens riches qui fréquentent le collège éphébique aspirent à recevoir une initiation complète à la vie élégante du milieu aristocratique auquel ils appartiennent; la culture de l'esprit n'en peut demeurer exclue. Aussi voyons-nous la formation sportive de l'éphèbe doublée par des leçons, conférences et auditions, σχολαί, ἐπιδείξεις, ἀκροάσεις (1).

Ces cours ont lieu au gymnase même, dans cette salle à exèdre, l'*ephebeum* de Vitruve, ouverte sur le portique nord de la palestre, qui est, de la part des architectes, l'objet des soins les plus attentifs : à l'époque romaine l'exèdre s'est agrandie, garnie de gradins, et pour finir est devenue un véritable petit théâtre couvert, comme nous pouvons le constater à Pergame, à Ephèse, à Epidaure ou à Philippes (2). Mais dès l'époque hellénistique, comme l'attestent des inscriptions du IIe [1] ou du Ier siècle [2], cette salle avait cessé d'être considérée essentiellement comme une salle de réunion : on l'appelait ἀκροατήριον, « auditorium », la salle de conférences.

1. ROBERT, *Et. Anat.* 74 s. — 2. *IGR.* IV, 1703.

L'ÉDUCATION HELLÉNISTIQUE

Ces exercices faisaient partie intégrante du programme : toute une série d'inscriptions athéniennes, échelonnées de 123/2 à 39/8 avant Jésus-Christ, nous ont conservé des décrets de l'ecclésia en l'honneur des éphèbes d'une promotion donnée : on félicite ces jeunes gens [3] (ou leur cosmète [4]) pour leur assiduité « aux cours des grammairiens, des philosophes et des rhéteurs, ainsi qu'aux autres conférences ». Des conférences analogues sont attestées en dehors d'Athènes, un peu partout, à Sestos par exemple [5], à Pergame [6], ou à Perge [7].

Leur programme est très large : parler, à leur sujet, d'enseignement supérieur n'est légitime que si on songe à l'âge des éphèbes et à la place de l'éphébie à la fin du cursus scolaire, car ces conférences cherchaient aussi à assurer aux jeunes gens un complément à cette culture littéraire qui nous est apparue comme le cœur même de l'enseignement secondaire hellénistique (3). Ce n'est pas seulement à Athènes que nous voyons intervenir des γραμματικοί, professeurs de lettres, dont la tâche propre est l'explication des classiques, mais également à Delphes [8], à Priène [9], à Erétrie, on précise même qu'il s'agit d'un ὁμηρικὸς φιλόλογος, d'un philologue chargé d'expliquer Homère [10]. Cet enseignement critique est complété, à l'occasion, par des auditions de poètes [11] ou de musiciens [12]. Les mathématiques paraissent bien moins représentées : je ne puis guère que citer de nouveau le cas de cet astronome romain venu, au Ier siècle avant Jésus-Christ, faire des conférences au gymnase de Delphes [13]; il est plus fréquent de voir un médecin faire, toujours au gymnase, une série de causeries : nous le constatons à Elatée, à Perge, à Séleucie [14].

Mais, bien entendu, le programme porte essentiellement sur les deux disciplines caractéristiques de l'enseignement supérieur, celles qu'enseignent les philosophes d'une part et de l'autre les rhéteurs. Nous avons vu les uns et les autres mentionnés régulièrement côte à côte à Athènes : on les retrouve ailleurs : un philosophe parle aux éphèbes d'Haliarte [15], des rhéteurs enseignent à

---

3. *IG.*² II, 1006, 19-20; 1011, 22; 1028, 32-33, 85; 1029, 19-22; 1030, 29-31; 1039, 17, 18, 47; 1040, 24-25; 1041, 10-11; 1042 c, 7-8. — 4. *IG.*² II, 1006, 64; 1008, 55-56; 1009, 35, 59; 1039, 16-19; 1042, 18; 1049, 19. — 5. MICHEL 327, 74 s. — 6. *AM.* 1908, 380, 14, 376, 11-15; 1907, 279, 9; 1910, 404, 8. — 7. *SEG.* VI, 725. — 8. DITT. *Syll.* 739. — 9. *Ins. Priene* 112; 113. — 10. DITT. *Syll.* 739. — 11. F. *Delph.* III, 1, 273. — 12. *SEG.* II, 184. — 13. *BEHE*, 272, 15. — 14. *SEG.* III, 416; *SAWW*, 179 (1916), 6, 54, 5-9; 55, 34-35. — 15. *IG.* VII, 2849.

280

Delphes [16], à Érétrie [17] ; et cela jusqu'aux extrémités du monde grec : à Istros (Histria) en Dobrogea sur la mer Noire, un médecin vient de Cyzique donner des conférences sur sa discipline aux éphèbes de la cité (1re moitié du IIe siècle avant Jésus-Christ) (4).

Le problème délicat est de déterminer le niveau, le degré de sérieux de cet enseignement. A en juger par les documents qui nous en parlent, on utilisait volontiers les services (d'ailleurs souvent bénévoles) d'un conférencier de passage dans la cité, à qui l'on demandait une ou plusieurs causeries pour les éphèbes, quitte à l'en remercier par un beau décret ou quelque autre récompense honorifique. Rien n'est plus caractéristique de la civilisation hellénistique que l'existence de cette catégorie de « poètes errants », d'artistes, philosophes, rhéteurs, médecins hygiénistes, allant de ville en ville, à travers le monde grec, porter leur bonne parole, sûrs de rencontrer partout un auditoire empressé (5) : la conférence est devenue le genre littéraire le plus vivant, celui qui, à nos yeux d'historiens modernes, définit le mieux l'originalité de la culture de ce temps. Au point que la nuance devient indiscernable qui sépare la leçon adressée à des adolescents encore étudiants de la conférence pour adultes du milieu cultivé.

Mais, à côté de ces visiteurs d'occasion qui se contentaient souvent d'une exhibition isolée, nos documents semblent bien mentionner aussi des professeurs proprement dits, recrutés par les soins et souvent aux frais du gymnasiarque [18], qui paraissent attachés au gymnase au même titre que les instructeurs militaires [19] et font aux éphèbes des cours suivis pendant toute l'année (6) : il y aurait donc eu un véritable enseignement, plus efficace que de simples conférences de vulgarisation données au hasard des rencontres.

Les éphèbes disposaient aussi de bibliothèques d'étude : nous connaissons en particulier celle du Ptoléméion d'Athènes, alimentée ou entretenue par les éphèbes eux-mêmes : au IIe, au Ier siècle avant Jésus-Christ, chaque promotion paraît avoir dû lui procurer un lot de cent volumes [20] ; c'étaient, par exemple entre 47 et 42, des œuvres d'Homère et d'Euripide [21]. Nous avons la bonne fortune de posséder, malheureusement mutilé, un catalogue de cette bibliothèque ; j'ai déjà eu l'occasion de le citer, car elle contenait d'abord des

---

16. BEHE, 272, 13 s. — 17. DITT. Syll. 714. — 18. Id. 714 (et n. 2). — 19. Ibid., I, 9. — 20. Hesp. 16 (1947), p. 170-171, n° 67 ; IG.² 1029, 25 ; 1009, 8 ; 1041, 23 ; 1043, 50. — 21. Id. 1041, 24.

textes ou des commentaires de poètes classiques, Eschyle, Sophocle et autres tragiques, des comédies de Ménandre; elle avait aussi des orateurs et des historiens, Démosthène, Hellanikos, et des philosophes (*Dialogues* d'Euclide de Mégare [22]). Mais il y en avait un peu partout ailleurs (7), à Téos [23], par exemple, ou à Cos; ici, trois inscriptions nous parlent de bibliothèques (on peut supposer qu'il s'agit de la même) : rattachée au gymnase [24], construite et alimentée par de généreux donateurs (les uns donnant une somme déterminée, la même pour tous, deux cents drachmes, les autres la même somme et en sus un lot de cent volumes [25]), elle possédait, elle aussi, un catalogue dont une inscription nous a conservé quelques restes [26] : il paraît avoir été classé par matières (philosophie, politique et rhétorique) et à l'intérieur de chacune de ces sections par ordre alphabétique d'auteurs. Les titres qui nous restent attestent le caractère scientifique élevé de cette collection : dialogues et traités politiques de Démétrios de Phalère, d'Hegésias de Magnésie, de Théopompe, un manuel de rhétorique en quatre livres de Théodecte de Phasélis...

Ce qui prouve enfin que ces études étaient parfois véritablement prises au sérieux et ne se ramenaient pas toujours à quelques conférences de vulgarisation est le fait qu'elles étaient sanctionnées par des concours officiels : ainsi, à Priène, au Ier siècle avant Jésus-Christ, un généreux gymnasiarque organise des compétitions « portant sur les matières d'enseignement relevant de la philologie », et bien entendu aussi sur la gymnastique [27]. A Athènes, à la fin du IIe siècle après Jésus-Christ, au programme de la plupart des fêtes qui jalonnent le calendrier éphébique, figurent, avant les épreuves sportives, deux concours littéraires : un « éloge » en prose et un « poème », consacrés, semble-t-il, l'un et l'autre à la gloire du dieu, du héros ou de la personnalité impériale en l'honneur de qui la fête est célébrée [28] (8).

Toutefois, gardons-nous de majorer la portée de tels témoignages : même à Athènes et à cette époque-là, c'est le sport qui occupe la place d'honneur dans le palmarès éphébique; partout ailleurs et, pour Athènes elle-même, aux autres époques, il représente pratiquement l'unique objet des compétitions; si d'autres concours s'ajoutent aux concours athlétiques, leur caractère est

---

22. *Id.* 2363. — 23. *SEG.* II, 584. — 24. *RF.* 1936, 40; cf. 1935, 219. — 25. *BCH.* 59 (1935), 421. — 26. *RF.* 1935, 214 s. — 27. *Ins. Priene* 113, 28-29; 114, 21. — 28. *IG.*² II, 2119, 131-133; 177; 189; cf. 2115, 46-47; 2116, 12.

d'ordre moral et non proprement intellectuel : je citerai par exemple (on a pu grouper un bon nombre de faits analogues, provenant de tout le monde grec, de Marseille [29] à Héraclée du Pont [30]) (9), les jeux éphébiques fondés, vers 125 avant Jésus-Christ, par le gymnasiarque Ménas dans sa cité de Sestos sur l'Hellespont : avec les épreuves banales d'ordre militaire et athlétique, figurent trois concours de « bonne conduite », « amour du travail » et « vigueur », εὐταξία, φιλοπονία, εὐεξία [31], mais il n'est pas question d'épreuves proprement intellectuelles.

Replacées dans l'ensemble des activités éphébiques, les études dont nous venons de retrouver la trace disparaissent un peu au second plan. Si l'on songe à l'atmosphère de frivolité élégante qui était devenue celle de l'éphébie hellénistique, si on tient compte en outre que l'éphébie ne durait qu'une seule année, on est amené à conclure que la culture générale ainsi procurée ne devait pas atteindre à un niveau bien élevé. De l'immense programme embrassé (littérature, rhétorique, philosophie, sans parler des sciences), l'éphèbe ne pouvait acquérir que des notions très générales, une initiation élémentaire : des clartés sur tout, mais sans rien pousser à fond.

Le Musée et le haut enseignement scientifique.

A l'autre bout de l'échelle des valeurs scientifiques, nous rencontrons un type d'enseignement hautement qualifié au point de vue technique au Musée d'Alexandrie. On sait que la monarchie lagide, dès la fin du règne de Ptolémée I Soter (323-285) [32], avait institué dans sa capitale une remarquable organisation de la recherche scientifique (10); la faveur royale attirait et retenait à Alexandrie, venus de toutes les parties du monde grec, non seulement des poètes et des lettrés, mais des savants, les plus remarquables chacun dans sa catégorie : géomètres, astronomes, médecins, historiens, critiques et grammairiens. Exempts d'impôts et de toutes charges, nourris aux frais du roi, les « pensionnaires du Musée », οἱ ἀτελεῖς σιτούμενοι ἐν τῷ Μουσείῳ, vivaient en communauté à l'ombre du Palais [33], somptueusement logés : ils disposaient d'une promenade, d'exèdres pour les discussions, d'une vaste salle à manger où ils prenaient leurs

29. *IG.* XIV, 2445. — 30. *BCH.* 22 (1898), 493, 12; 15-17. — 31. MICHEL 327, 83. — 32. PLUT. *Non posse suav.* 1095 D. — 33. STRAB. XVII, 793-794.

repas en commun. Bien entendu (l'*odium philologicum* n'est pas propre aux savants modernes), cette vie collective n'allait pas sans quelque tension dialectique dont s'égayait la malignité alexandrine : « Dans la populeuse Egypte, écrit Timon dans ses *Silles,* on donne la pâtée à de nombreux gratte-papier, grands liseurs de bouquins, qui se chamaillent à n'en pas finir dans la volière du Musée [34]. » Des fonctionnaires appointés par le roi veillaient aux besoins matériels des savants qui, défrayés de tout, pouvaient s'adonner librement à leurs études, en profitant des admirables instruments de travail mis à leur disposition, comme le Jardin botanique et zoologique et surtout la fameuse Bibliothèque, avec son annexe du Sérapéum, bibliothèque unique dans l'histoire de l'antiquité par sa richesse, en nombre et en qualité : le catalogue qu'en dressa son troisième conservateur, Callimaque, entre 260 et 240, ne comprenait pas moins de cent vingt mille volumes (11).

Le Musée était, on le voit, une institution d'une efficacité remarquable; elle n'était pas sortie du néant : le Musée d'Alexandrie ne fait que réaliser sur un plan plus large et d'un caractère officiel la communauté philosophique créée par les premiers Pythagoriciens et reprise successivement par l'Académie, le Lycée et plus récemment (306) par le Jardin d'Epicure : le nom même de Μουσεῖον avait été employé par les écoles de Platon et d'Aristote qui se présentaient, on le sait, comme un thiase des Muses. Si, comme on le suppose volontiers, Ptolémée Soter a écouté les conseils de Démétrios de Phalère, réfugié à sa cour depuis 294, l'influence du Lycée sur la fondation alexandrine a dû être assez directe : Démétrios, en effet, était un élève de Théophraste, le premier successeur d'Aristote [35].

Mais le Musée était en principe un centre de recherche scientifique, non un établissement d'enseignement supérieur : les savants et érudits pensionnés par les Lagides n'étaient pas astreints à donner des cours. Cependant ils ont, en fait, été amenés à enseigner : le Bien est diffusif de soi; la possession du savoir tend spontanément à se communiquer, on peut admettre que c'est là une tendance fondamentale de la nature humaine : vigoureuse en particulier chez les Grecs, qui, nous l'avons vu, introduisaient la volonté pédagogique jusque dans leur conception de l'amour! Nous constatons en effet que les savants du Musée ont attiré, retenu et formé des disciples (12) : la tradition nous apprend, par exemple, de tels

---

34. ATH. I, 22 D. — 35. DL. V, 75; STRAB. IX, 398.

L'ENSEIGNEMENT SUPÉRIEUR

grammairiens, comme Denys d'Alexandrie ou Apiôn, qu'ils ont été les *élèves* de maîtres du Musée, Aristarque pour le premier, Apollonios pour le second[36]. Cet enseignement a été assez actif pour donner naissance, dans les diverses disciplines, non seulement à une, mais à plusieurs écoles rivales : on nous parle, en philologie, des Aristarquiens et des Aristophaniens, en médecine des écoles d'Hérophile et d'Erasistrate.

La difficulté est de déterminer l'étendue du public d'étudiants à qui s'adressait ce haut enseignement. Peut-être faudrait-il faire intervenir une évolution progressive : à l'origine, il n'y a pas de doute que le Musée n'ait été une Académie plus qu'une Université; ce second aspect se serait développé dans les siècles suivants. Ainsi, à la fin du IIIe siècle après Jésus-Christ, Alexandrie possède, comme Athènes, des chaires professorales consacrées à chacune des grandes sectes philosophiques : du moins nous constatons que, vers 279, un savant chrétien, Anatolios, le futur évêque de Laodicée, est appelé à succéder régulièrement à la chaire de philosophie aristotélicienne (13). Au IVe siècle, Alexandrie est une grande ville universitaire qui, en particulier pour la médecine, attire de très loin les étudiants, d'aussi loin que la Cappadoce, comme nous le constatons dans le cas de Césaire, le frère de saint Grégoire de Nazianze[37] : rien ne recommandait plus un médecin aux yeux de sa clientèle que le fait d'avoir fait ses études à Alexandrie[38].

On pourrait peut-être se demander si cette activité universitaire se développait dans le cadre du Musée, car aucun témoignage ne le précise; non, certes, qu'il ait disparu : le fisc impérial avait continué l'œuvre des rois lagides et le Musée a certainement continué à exister, replié au Sérapéum à partir d'Aurélien, jusqu'à la destruction du célèbre sanctuaire par le patriarche Théophile, en 391 (14). D'autre part, l'évolution sémantique du mot même de Μουσεῖον paraît bien attester que sous l'Empire il était bel et bien devenu un établissement d'enseignement supérieur.

L'épigraphie, en effet, nous révèle l'existence de Musées en dehors d'Alexandrie (15), et ces Musées sont des institutions universitaires : la chose est claire pour Ephèse, dont nous connaissons bien, au IIe siècle après Jésus-Christ, la Faculté de Médecine : les professeurs y portent les titres caractéristiques de « médecins du Musée », « maîtres au Musée », οἱ ἀπὸ τοῦ Μουσείου ἰατροί[39],

---

36. SUID. S. VV. (II, 1173; I, 3215). — 37. GREG. NAZ. *Or.* VII, 6, 2; 8, 3. — 38. AMM. XXII, 18; cf. 16-22. — 39. *JOE AJ*, VIII (1905), 135.

οἱ περὶ τὸν Μουσεῖον παιδευταί [40]. Pour Smyrne, nous avons moins de détails : le fait que le Musée local ait eu, au moins une fois, un juriste comme président permet de conjecturer l'existence d'une école de droit qui s'y serait développée, comme plus tard à Beyrouth, à l'ombre d'un dépôt d'archives [41]. Pour finir, au IVe siècle, μουσεῖον prend sous la plume de rhéteurs comme Libanios [42] ou Themistios [43] le sens banal d'école en général.

Il reste qu'à l'origine, à l'époque ptolémaïque, l'activité pédagogique du Musée n'était pas encore bien affirmée : il devait s'agir d'un enseignement ésotérique de type encore très archaïque, d'une formation personnelle que le maître consentait à octroyer à un petit groupe de disciples, d'esprits d'élite soigneusement choisis, jugés dignes d'accéder à la révélation d'un savoir supérieur.

Pas de véritable enseignement technique.

Entre ces deux extrêmes : la culture superficielle de l'éphébie et les hautes études des séminaires du Musée, se situent les formes normales de l'enseignement supérieur. L'historien a la surprise de constater que, la médecine exceptée, aucune discipline technique (correspondant à l'exercice d'un métier déterminé) n'a fait l'objet d'un système d'études régulières à l'époque hellénistique. Prenons le cas du droit : nous connaissons bien, surtout dans l'Égypte ptolémaïque, l'existence d'avocats professionnels, συνήγοροι, sinon déjà d'avoués, νομικοί (ils ne sont attestés qu'à l'époque romaine) : ils sont officiellement reconnus par la loi qui délimite leur compétence (les excluant, par exemple, des tribunaux fiscaux [44]), leur impose un impôt spécial, l'« impôt des avocats », συνηγορικόν [45]. Mais nous ne constatons nulle part l'existence d'écoles de droit : l'enseignement de cette discipline sera une des innovations caractéristiques de l'Empire romain. Il faut supposer qu'avocats et juristes se formaient par l'expérience et la routine, en s'attachant au cabinet de quelque praticien (16). Le silence des documents nous conduit à la même conclusion pour tous les autres techniciens : ingénieurs (du génie civil comme du génie militaire), arpenteurs, marins, si bien représentés dans la société hellénistique et si curieusement absents de

40. F. *Eph.* II, 65; III, 68. — 41. *IGR.* IV, 618. — 42. LIB. *Or.* LXIV, 112. — 43. THEM. *Or.* XXIV, 303 A (Hard.). — 44. P. *Amh.* 33. — 45. *UPZ.* 172.

son enseignement. C'est eux, certainement, qui pouvaient s'entraîner à la pratique du calcul arithmétique ou géométrique dont les papyrus nous attestent l'existence et qui nous a pourtant paru étranger aux programmes de l'enseignement secondaire proprement dit [46] : mais nous ne voyons pas qu'il ait existé, à proprement parler, des écoles supérieures où ces disciplines auraient été régulièrement enseignées. La formation du technicien garde, comme celle du savant, un caractère très simple, encore tout archaïque : lien personnel entre maître et disciple; l'apprenti se forme au contact d'un homme de l'art.

L'enseignement de la médecine. Dans une certaine mesure, cela reste vrai de l'enseignement de la médecine, beaucoup mieux connu et bien mieux attesté, parce qu'en fait il était plus répandu et plus organisé. La médecine grecque avait réalisé de grands progrès depuis ses origines et jouait un rôle très actif dans la vie hellénistique : à côté des médecins privés, cités et royaumes entretenaient un corps de médecins publics, constituant un véritable service de santé officiel, sous la direction de « médecins-chefs », ἀρχίατροι (17). Il était donc nécessaire d'assurer la formation d'un grand nombre de spécialistes : en fait, nous constatons l'existence de nombreuses écoles de médecine non seulement à Alexandrie, mais un peu partout dans le monde grec : les vieilles écoles de Cnide et de Cos font encore parler d'elles (la seconde connaît, à partir du Ier siècle avant Jésus-Christ, un renouveau qui s'épanouit sous les Julio-Claudiens)(18); d'autres apparaissent : ce seront, au IIe siècle de notre ère, celles de Smyrne, de Laodicée, d'Éphèse, celle surtout de Pergame qui, grandie à l'ombre du célèbre sanctuaire d'Asklèpios, supplantera même la glorieuse école de Cos illustrée jadis par Hippocrate.

Nous pouvons nous faire quelque idée (19) de l'enseignement qui s'y donnait grâce à l'abondante littérature médicale que l'antiquité nous a transmise : au premier rang vient le *Corpus* des écrits attribués à Hippocrate, qui véhicule, on le sait, bien des écrits plus tardifs, mais qui, pratiquement achevé au début du IIIe siècle avant Jésus-Christ, demeura la Bible de l'ancienne médecine; il faut y joindre l'œuvre non moins considérable des médecins d'époque romaine. Galien surtout, ou Soranus, qui totalise

---

46. *PSI.* 186; 763; *ABKK.* 37 (1916), 161-170.

l'apport de plusieurs siècles d'expérience. Il suffit de feuilleter ces volumineuses collections pour voir le génie pédagogique grec s'y donner libre cours : la médecine antique était vraiment devenue un « art », τέχνη, c'est-à-dire un corps de doctrine formulant, codifiant les règles d'une pratique. Rien ne montre mieux jusqu'où pouvait aller ce penchant pour la systématisation que les petits traités hippocratiques consacrés à la déontologie, à la conduite à tenir par le médecin vis-à-vis du malade : tel ce curieux traité *Sur la bonne manière de se comporter,* περὶ εὐσχημοσύνης (ce qu'un érudit allemand traduisait *Ueber den Chic*), qui contient tant de conseils d'une psychologie si fine sur la manière de se présenter et de se tenir dans la chambre du malade, soigneusement catalogués de façon à ce que l'étudiant puisse s'en remémorer la liste sans trop d'effort (« en entrant, penser à : la manière de s'asseoir, de tenir ses vêtements », — la draperie flottante du vêtement antique demandait en effet une attention particulière : le médecin ne doit pas trop se découvrir inconsidérément [47], — la dignité de l'attitude, la brièveté du langage, le sang-froid, etc. [48]), sur les visites [49], la psychologie du malade [50]; tels encore les *Préceptes,* avec leurs remarques sur la question des honoraires (ne pas en parler trop tôt... [51]), ou celle des consultations (il n'est pas déshonorant d'appeler des confrères en consultation en cas d'embarras; les consultants ne doivent pas se chamailler en public; il ne faut jamais critiquer l'avis d'un autre médecin... [52]).

Par contre, cet enseignement, techniquement si élaboré, se donnait sous une forme encore très peu évoluée, très archaïque. Il faut bien s'entendre lorsqu'on parle d'écoles médicales hellénistiques : on signifie par là la présence en une même cité d'un certain nombre de professeurs attirant des élèves; parler à ce propos, comme on aime à le faire, d'une « Faculté » d'Alexandrie, de Cos, etc., n'est légitime que si on évoque essentiellement sous ce terme une organisation corporative unissant entre eux les professeurs. C'est le cas, en particulier, des médecins du Musée d'Ephèse, sous l'Empire, qui formaient un syndicat, συνέδριον, qui disputaient entre eux chaque année un concours médical, sous la présidence d'un « gymnasiarque (!) des médecins », concours qui durait deux jours et comportait quatre épreuves :

---

47. [HPC]. *Hab.* 12 (IX, 236). — 48. *Id.* 12 (IX, 238 s.). — 49. *Id.* 13 (240). — 50. *Id.* 14 *(Ibid.).* — 51. ID. *Praec.* 4-5 (IX, 254 s.). — 52. *Id.* 8 (262 s.).

chirurgie, instruments, thèse et problème. Ce n'était pas un examen ouvert à des débutants, mais un concours auquel participaient les médecins les plus qualifiés, les « archiatres [53] » : on mesure jusqu'où pouvait aller l'esprit agonistique des Hellènes! Par contre, il ne serait pas correct de parler d'une Faculté d'Ephèse si on entend par là un établissement d'enseignement supérieur régulièrement organisé où un corps professoral spécialisé se partagerait les diverses branches du programme d'enseignement.

La réalité était beaucoup plus humble : faire des études de médecine, à l'époque hellénistique ou romaine, consistait toujours à se faire admettre dans le cercle des familiers d'un médecin traitant et à recevoir de lui une initiation pratique. Sans doute, cet enseignement présentait un aspect théorique : lecture et commentaire des classiques (Hippocrate...), discussions sur les principes de la biologie et de la thérapeutique : on passait en fait (ou on perdait [54]) beaucoup de temps à ces prolégomènes. L'atmosphère dialectique de la philosophie hellénistique avait envahi le domaine de la médecine, où les sectes rivales des Dogmatiques, Empiriques, Méthodiques et Pneumatiques se déchiraient et se réfutaient à coups d'arguments.

Mais l'enseignement de l'art médical proprement dit était avant tout clinique : peu d'études anatomiques (ce fut toujours le point faible de la médecine antique : la pratique de la dissection resta toujours assez exceptionnelle et ne sortit jamais du domaine de la haute recherche scientifique pour pénétrer dans celui de l'enseignement), une théorie réduite au minimum, si nous en jugeons par tel fragment de manuel, sous forme de questions et réponses, parvenu jusqu'à nous grâce à un papyrus [55], et avant tout de la pratique. Le médecin faisait ses visites accompagné de son groupe d'élèves, qui examinaient après lui et avec lui le malade [56]; peu à peu, d'apprenti l'étudiant devenait, pour son maître, un aide, puis un suppléant : on le laissait au chevet d'un malade pour suivre l'évolution de la maladie et l'effet de la cure [57], on lui confiait des remplacements... Méthode assez lente, sans doute : seuls des charlatans comme les Empiristes prétendaient former un praticien en six mois [58] : Galien n'a pas étudié moins de onze ans. Il est vrai que, étudiant particulièrement scrupuleux, il ne s'est pas

---

53. JŒAI. VIII (1905), 128, 5; 7... — 54. PL. N. H. XXVI, 11. — 55. P. Gen. III (APF, II, 2). — 56. MART. V, 9; PHILSTR. V. Ap. VIII, 7. — 57. [HPC]. Hab. 17 (IX, 242). — 58. GAL. Met. med. I, 83; X, 5; 19.

contenté de recevoir l'enseignement d'un maître et d'une école : nous le voyons tour à tour étudier à Pergame, sa ville natale, sous trois maîtres successifs, puis à Smyrne, à Corinthe, à Alexandrie [20]. Méthode efficace : ce n'était pas seulement la science, mais toute l'expérience du maître que le disciple assimilait peu à peu. Le caractère personnel d'un tel enseignement compensait ce qu'il pouvait avoir de moins institutionnel que le nôtre.

CHAPITRE X

L'enseignement supérieur :
2. La rhétorique

Mais le médecin est encore un spécialiste, un technicien. Bien qu'on trouve chez « Hippocrate » et chez Galien l'idée intéressante et juste, et d'accent si moderne, qu'une technique comme la médecine, bien conduite et poussée à fond, peut représenter une forme parfaite de culture supérieure, se suffisant à elle-même (le médecin en un sens peut devenir lui aussi « philosophe [1] » et le médecin-philosophe est un demi-dieu [2]), ce n'est pas là une opinion reçue par la conscience commune hellénistique. Le pur technicien n'est pas normalement considéré comme un homme cultivé. Galien lui-même, qui tient beaucoup à se présenter comme un esprit accompli, universel, ne manque pas de nous faire savoir qu'il a étudié autre chose que la médecine : après de fortes études secondaires (qui, fait remarquable, n'avaient pas dédaigné les mathématiques), il a, avant même d'aborder la médecine, commencé à se mettre à l'école des philosophes; ensuite il a mené les deux études de front : à Smyrne, par exemple, il suivait à la fois les cours du médecin Pelops et du platonicien Albinos. Il n'a jamais cessé de s'intéresser, en dehors de son art, à la grammaire et à la logique... [3]

En fait, ce qui définit l'homme vraiment cultivé, ce ne sont pas les études scientifiques ou médicales, qui n'intéressent qu'un nombre restreint de spécialistes : c'est le fait d'avoir reçu l'une ou l'autre des deux formes, tour à tour rivales ou conjuguées, d'enseignement supérieur qui demeurent les plus répandues et sont les plus caractéristiques de la culture classique : celles-là mêmes que nous avons vues définies par Platon et par Isocrate, la culture philosophique et la culture oratoire.

---

1. GAL. *Med. phil* ; *Protr.* 14. — 2. HPC. *Hab.* 5 (IX, 232). — 3. GAL. *Lib. prope.* 11 s.

L'ÉDUCATION HELLÉNISTIQUE

L'enseignement-roi :   Celle des deux qui domine, c'est, incon-
la rhétorique.   testablement, la seconde; elle marque
d'une empreinte profonde toutes les
manifestations de l'esprit hellénistique. Pour la très grande majorité des étudiants, faire des études supérieures signifie écouter les leçons du rhéteur, s'initier avec lui à l'art de l'éloquence.

C'est là un phénomène dont il faut, pour commencer, souligner l'importance. Sur le plan historique, Platon a été vaincu : il n'a pas réussi à imposer à la postérité son idéal pédagogique; c'est Isocrate qui, en gros, l'a emporté, qui est devenu l'éducateur de la Grèce, puis de tout le monde antique. Déjà sensible à l'époque même des deux grands maîtres, ce succès n'a fait que s'affirmer, toujours plus accusé, de génération en génération : la rhétorique est restée l'objet spécifique du haut enseignement grec, de la haute culture.

Le premier réflexe de l'historien est de s'en étonner : il lui paraît d'abord surprenant de voir le prestige de l'art oratoire survivre aux conditions sociales qui l'avaient fait naître et lui avaient donné son rôle de premier plan : c'est le régime politique de la cité, et surtout de la cité démocratique, qui, nous l'avons vu, explique le développement, à partir du Ve siècle, de l'éloquence et de sa technique. Mais, à l'époque hellénistique, c'en est fait de la cité libre et autonome; le cadre véritable de la vie politique est maintenant la monarchie absolue : l'âge de l'orateur semble révolu. Désormais, l'homme politique efficace, c'est plutôt le conseiller aulique, qui sait gagner la confiance du maître et qui, par l'influence qu'il exerce sur lui, influe sur les décisions du gouvernement : bien des intellectuels hellénistiques se sont risqués à jouer ce rôle; ce fut un moment (je l'ai indiqué à propos de l'Académie) comme une spécialité stoïcienne... Des trois *genres de cause* que, depuis Aristote, distingue la théorie : délibératif, judiciaire, épidictique, les deux premiers, sans disparaître, se sont trouvés repoussés au second plan par le déclin du système de la cité : il y a toujours des assemblées qui délibèrent, mais, sauf exception (par exemple lorsqu'une cité, en période de troubles, est amenée à prendre parti pour tel roi contre tel autre), les affaires qui s'y discutent n'ont plus d'importance, sinon à l'échelle municipale. Il y a toujours des tribunaux, mais, ici encore, les procès, même s'ils ont encore parfois un aspect politique, ne mettent en jeu que des intérêts locaux. Ce n'est plus là, comme au VIe ou au Ve siècle, le centre nerveux de la vie humaine, de la civilisation. Seul subsiste, florissant, le troisième genre, l'éloquence « épidictique » ou d'apparat : disons, en meilleur français, l'art du conférencier.

Mais celui-ci fait plus que subsister : il se développe, s'enrichit, déborde sur les disciplines voisines, envahit tout. Nous l'avons rencontré dans les gymnases des éphèbes : même l'astronome et le médecin se font conférenciers ! Que dire alors de la littérature ? A cause de la pratique de la lecture à haute voix, il n'y a pas de frontière entre la parole et le livre ; aussi l'éloquence impose-t-elle ses catégories à toutes les formes de l'activité de l'esprit : poésie, histoire, et même (nous le verrons) philosophie. La culture hellénistique est au premier chef une culture oratoire dont le genre littéraire type est la conférence publique.

Par un curieux choc en retour, le prestige artistique ainsi reconnu à l'orateur aboutira à investir indirectement celui-ci d'une certaine efficacité politique. A l'époque romaine, lorsqu'une cité possède parmi ses fils un de ces artistes du verbe, un de ces conférenciers professionnels dont la réputation est bien établie, elle en fait volontiers son porte-parole. Je ne veux pas dire seulement que l'on compte sur lui pour relever l'éclat des cérémonies publiques, des fêtes et des jeux : c'est encore là de l'éloquence d'apparat, sans grande portée ; il s'agit de services plus réels. Lorsque la cité ou la province est en difficulté avec le souverain ou avec un autre pays, c'est tout naturellement qu'elle choisit un rhéteur célèbre comme ambassadeur (21), non seulement, comme on l'aurait pensé au temps de Démosthène, parce que ainsi sa cause sera mieux défendue, ses arguments développés de façon plus persuasive, mais aussi parce que l'autorité personnelle de l'orateur, autorité qui tient au prestige universellement reconnu à son art, l'impose *a priori* à l'attention, à la bienveillance et au respect : l'expérience montre que le calcul n'était pas mauvais. C'est là un trait curieux, bien caractéristique, de la culture hellénistique et romaine dont on pourrait énumérer de nombreux exemples, échelonnés à travers les siècles jusqu'à l'extrême fin de l'antiquité (22).

Mais prenons garde ici à ne pas renverser l'ordre des facteurs en prenant l'effet pour la cause ; ce caractère oratoire de la culture hellénistique n'est pas un fait premier et paradoxal qui aurait imposé à l'éducation de donner à la rhétorique la place de premier plan que nous lui voyons occuper. C'est un phénomène secondaire et dérivé. Le fait premier, c'est que, depuis les Sophistes et depuis Isocrate, l'éloquence n'a jamais cessé, malgré toutes les révolutions politiques et sociales, d'être l'objectif principal de la culture supérieure, le couronnement de toute éducation libérale qui se voulait complète.

Sans doute, ce n'est pas sans difficulté que nous recomposons l'histoire des anciennes écoles de rhétorique (23), notre documentation présente des lacunes; nous en savons assez cependant pour pouvoir affirmer que la tradition ne s'en est jamais interrompue : depuis Isocrate, la rhétorique n'a jamais cessé d'être pratiquée comme la forme normale de l'éducation supérieure.

Pourquoi ? On invoquera, si l'on veut, la routine : la pédagogie est un domaine où l'on n'innove pas volontiers; les usages s'y perpétuent par tacite reconduction, même lorsqu'ils ont perdu leur première raison d'être. Mais la faveur exceptionnelle de la rhétorique dans l'école antique peut et doit trouver une justification plus directe : je rappellerai à mon lecteur l'enseignement d'Isocrate et sa remarquable doctrine du Verbe. Apprendre à bien parler, c'était en même temps apprendre à bien penser, et même à bien vivre. L'éloquence possédait, aux yeux des Anciens, une valeur proprement humaine qui transcendait les applications pratiques que les circonstances historiques pouvaient en permettre : elle véhiculait ce qui faisait l'homme vraiment homme, tout le patrimoine culturel qui distinguait le civilisé du barbare; de Diodore de Sicile [4] à Libanios [5], l'idée est partout sous-jacente. Comment s'étonner dès lors que la rhétorique soit demeurée la partie centrale de toute l'éducation, de toute la culture ?

Παιδεία! Il faut méditer sur l'ambiguïté essentielle de ce mot, qui désigne à la fois éducation et culture : elle nous fait comprendre cet aspect caractéristique de la civilisation hellénistique et romaine dans lequel les modernes voient si volontiers un symptôme de décadence (24) : je veux parler du caractère scolaire de la vie littéraire. La culture hellénistique est avant tout, ai-je dit, une culture de conférenciers; mais ces récitations publiques dont s'enchantent les lettrés ne sont pas substantiellement différentes des exercices scolaires de rhétorique que nous allons apprendre à connaître. Nous sourions de ce bon public « qui ne se lasse pas de faire sa classe de rhétorique », nous manifestons quelque ennui devant cette « littérature de professeurs et de bons élèves » : mais, dans la mesure où l'enseignement de l'éloquence était une conquête du Verbe, il atteignait à la valeur absolue et deve-

---

4. I, 2, 5-6. — 5. *Ep.* 369, 9.

nait en quelque sorte une Fin en soi. On ne pouvait rien concevoir de plus grand, et la distinction, si tranchée parmi nous, entre « culture » et « éducation », tendait nécessairement à s'effacer.

La pratique de la rhétorique. — Nous pouvons nous faire une idée très précise de ce qu'était l'enseignement de cette rhétorique tant prisée. Ses études littéraires achevées, l'adolescent quittait le grammairien pour l'école d'un maître spécialisé dans l'éloquence, le rhéteur, σοφιστής, ῥήτωρ (25). De tels maîtres, il devait s'en rencontrer partout dans le monde grec, dans toute ville digne de ce nom : nous avons vu un mécène en procurer un aux éphèbes d'Erétrie[6] ; ils étaient plus nombreux, et mieux cotés, dans les grands centres « universitaires » dont les écoles renommées attiraient les étudiants étrangers. Il pouvait arriver, comme pour les médecins, qu'un étudiant soucieux de se perfectionner passât successivement d'un maître à un autre, mais le principe, si cher à la pédagogie antique, d'un lien personnel entre professeur et disciples, n'en subsistait pas moins : le groupe des condisciples d'un même maître est volontiers désigné par les noms poétiques de chœur, de thiase, de fraternité, χορός, θίασος, ἀγέλη, φρατρία, qui donnent une couleur presque sacrée à l'unité spirituelle qui les rassemble (26).

Le contenu de cet enseignement n'avait pas subi de transformations profondes depuis Isocrate : il avait simplement continué à se développer suivant sa ligne propre, dans le sens d'une technicité de plus en plus précise. La chose apparaît nettement dans le premier des trois éléments que comportait cet enseignement : théorie, étude des modèles, exercices d'application.

Isocrate, on s'en souvient, aurait voulu ramener à un minimum l'initiation théorique : son enseignement, sur ce point, n'a pas été écouté. Déjà, Aristote introduisit dans sa *Rhétorique* des distinctions et des définitions nouvelles. Il pouvait croire que sa puissante synthèse, appuyée sur une enquête systématique groupant tous les traités antérieurement publiés, la Συναγωγὴ τεχνῶν[7], stabiliserait la technique de l'enseignement. Il n'en fut rien : de génération en génération la pédagogie se compliqua encore, pour aboutir à ces traités d'une prolixité minutieuse et fatigante que nous feuilletons avec étonnement dans les collections des *Rhetores Graeci*.

6. DITT. *Syll.* 714. — 7. ARSTT. Fr. 136-141 (Rose).

Depuis 1885, date où la rhétorique a disparu des programmes de notre enseignement secondaire, nous avons si bien oublié ce que pouvait être cette codification des procédés oratoires que nous avons peine à imaginer jusqu'où l'esprit d'analyse, cher au génie grec, avait étendu ses conquêtes en ce domaine (27). En un sens, cet oubli est fâcheux : faute de connaître cette discipline si familière à tous les Anciens, les lettres classiques nous deviennent moins accessibles; beaucoup de choses, chez les auteurs grecs ou latins, nous échappent ou nous étonnent qui s'expliquent par cet arrière-plan scolaire.

Déjà l'enseignement du grammairien nous a fait entrevoir un penchant presque maladif pour la systématisation, la réglementation; il se donne libre carrière dans ce domaine privilégié de l'éloquence. L'initiation à la rhétorique procédait par classifications et définitions : l'étudiant avait d'abord à assimiler tout un vocabulaire technique et à découvrir les ramifications inattendues de l'analyse. L'étude de la rhétorique comprenait cinq parties : l'invention, la disposition, l'élocution, la mnémotechnie et l'action. L'invention fournissait un répertoire de moyens ingénieux pour découvrir des idées : c'est la célèbre théorie des « lieux », τόποι, lieux intrinsèques, lieux extrinsèques, etc. La théorie était poussée très loin dans le détail, fournissant des schémas de questionnaires valables tantôt pour toute espèce de question donnée, tantôt pour telle ou telle espèce de discours, pour telle ou telle manière d'aborder le sujet.

Pour donner au lecteur une idée, au moins partielle, du raffinement auquel la rhétorique pouvait atteindre, je choisirai comme exemple le cas de l'éloge, ἐγκώμιον : on sait déjà qu'il figurait dans le programme des exercices préparatoires, προγυμνάσματα; c'est avec lui, nous a-t-il semblé, que commençait le domaine propre que le rhéteur défendait contre les empiètements du grammairien. L'éloge constituait, on l'a vu aussi, l'épreuve littéraire type des concours éphébiques à Athènes sous l'Empire. Mais l'éloge est beaucoup plus qu'un exercice scolaire (encore une fois, il n'y a pas de frontière nette entre l'école et la vie) : non seulement il entre comme partie essentielle (accompagné de la « consolation ») dans le plan de l'oraison funèbre, genre dont les diverses espèces connaissent tant de faveur, mais il constitue à lui seul un type de discours littéraire souvent cultivé : dans un bon nombre de concours publics, et parmi les plus célèbres : Panathénaïques, Pythiques, Isthmiques, le programme prévoit des compétitions d'éloges soit en prose, soit en vers; ils apparaissent officiellement au 1er siècle avant Jésus-Christ et leur vogue ne cesse de croître sous l'Empire (28).

Soit donc à louer un personnage déterminé, vivant ou mort, réel ou mythique; la théorie nous invite à prévoir une série-type de trente-six développements déterminés, qui se répartissent suivant les divisions et subdivisions du tableau que voici [8] :

I. *Les biens extérieurs* :

    a) célébrer la noble naissance du héros, εὐγενεία;

    b) son milieu :
        1. sa cité natale,
        2. son peuple,
        3. l'excellence de son régime politique,
        4. ses parents et sa famille;

    c) ses avantages personnels :
        1. l'éducation qu'il a reçue,
        2. ses amis,
        3. la gloire qu'il a acquise,
        4. les fonctions publiques qu'il a remplies,
        5. sa richesse,
        6. le nombre ou la beauté de ses enfants,
        7. sa mort heureuse, εὐθανασία.

II. *Les biens du corps* :
    1. la santé,
    2. la force,
    3. la beauté,
    4. la vivacité de la sensibilité, εὐαισθησία.

III. *Les biens de l'âme* :

    a) les sentiments vertueux :
        1. la sagesse,
        2. la tempérance,
        3. le courage,
        4. la justice,
        5. la piété,
        6. la noblesse,
        7. le sens de la grandeur;

---

8. *Rhet. Gr.* II, 109 s. (THEON).

L'ÉDUCATION HELLÉNISTIQUE

b) les actions qui en découlent :
- A) du point de vue de leur objet :
    1. actions altruistes, désintéressées,
    2. en vue du bien, et non pour l'utile ou l'agréable,
    3. dans l'intérêt public,
    4. accomplies malgré risques et dangers;
- B) du point de vue des circonstances :
    1. l'opportunité,
    2. exploits accomplis pour la première fois,
    3. à soi seul,
    4. si le héros a fait plus que les autres,
    5. s'il n'a eu que peu de collaborateurs,
    6. s'il a agi au-dessus de son âge,
    7. contre toute espérance,
    8. non sans peine,
    9. vite et bien.

A ces développements fondamentaux, on peut encore ajouter des considérations tirées de la bonne opinion que des hommes considérables ont eue du héros, — des hypothèses sur les actions d'éclat plus remarquables encore qu'il n'aurait pas manqué d'accomplir si la mort n'était venue l'interrompre; — des remarques ingénieuses fondées sur son nom (à propos de personnages « bien nommés », Démosthène, la « Force du peuple », τοῦ δήμου σθένος), l'homonymie qui le rapproche d'autres figures célèbres, les surnoms qu'il a pu recevoir (Périclès, l'Olympien)...

On conçoit l'aide que pouvait apporter à l'orateur la possession de pareils schémas; mais on conçoit aussi quelle peine exigeait du maître et de l'étudiant l'apprentissage d'un tel réseau de schémas passe-partout. D'autant plus que l'invention, pour être la partie la plus détaillée de l'enseignement oratoire, ne rejetait pas dans l'ombre les quatre autres secteurs : la disposition enseignait à faire un plan, le discours-type devant comprendre six parties :

1. exorde,
2. narration,
3. division,
4. argumentation,
5. digression,
6. péroraison,

chacune faisant l'objet de préceptes appropriés. L'élocution donnait des conseils sur le style : être correct, brillant (grâce à l'usage des figures, figures de pensée, figures de mots), rythmé (ici intervenaient les figures gorgianiques et la théorie, si subtilement élaborée, des clausules rythmiques), enfin adapté au sujet (d'où la distinction des trois genres : humble, tempéré et sublime). La mnémotechnie venait ensuite, fondée le plus souvent sur une méthode d'associations d'images visuelles ; elle jouait un grand rôle dans la pratique, bien qu'en théorie le summum de l'art oratoire fût l'improvisation [9]; mais l'improvisation, qu'elle soit littéraire ou musicale, se trouve toujours bien de s'appuyer sur une mémoire bien fournie (ne le constatons-nous pas dans la pratique de la technique *hot* de notre musique de jazz ?). Enfin venait l'action, l'art de se présenter, de régler le débit et la voix, l'art surtout de doubler la parole de la valeur expressive du geste. Les Grecs, ne l'oublions pas, étaient des Méditerranéens, et la mimique, même véhémente, ne leur répugnait pas. Mais, là encore, ce qui frappe le plus un moderne, c'est la minutie des conseils que prodiguaient les rhéteurs : ils avaient codifié le geste comme les autres éléments de l'art au point que le « jeu des mains », χειρονομία (29), était devenu un véritable langage symbolique dont nous ne retrouvons guère l'équivalent, sinon dans les conventions de la plastique indienne : « L'admiration s'exprime en tournant la main légèrement vers le ciel et en fermant les doigts les uns après les autres, à commencer par le petit doigt, puis par un mouvement inverse, la main est à la fois ouverte et dirigée en sens contraire [10]... »

Le danger, et l'école hellénistique ne manqua pas d'y succomber, était que la possession d'une technique aussi poussée n'inspirât une confiance trop absolue dans son efficacité : en possession d'un tel arsenal de règles, de formules et de recettes, où se trouvaient catalogués tous les aspects possibles de tout discours concevable, le rhéteur pouvait se croire, et se crut souvent en fait, équipé d'une méthode sûre, fonctionnant sans raté, permettant d'enseigner à tout élève, quel qu'il fût, les secrets du grand art.

Sans doute, l'apprentissage de la théorie trouvait en principe son contrepoids dans l'étude des modèles, offerts à l'admiration et à l'imitation des débutants. Comme Isocrate, comme avant lui les premiers Sophistes, les professeurs d'éloquence font volontiers travailler leurs élèves sur leurs propres productions, surtout lorsque, comme les grands orateurs de l'époque impériale, ils ne

---

9. PHILSTR. *V. S. I.* 25, 537. — 10. QUINT. XI, 3, 100.

sont pas seulement des professeurs, mais aussi des conférenciers applaudis. Néanmoins, la tradition classique, dans ce domaine également, tendit à imposer un choix de modèles-types, de chefs-d'œuvre sélectionnés par une admiration unanime : l'enseignement de l'éloquence disposa, comme celui des poètes, d'un *canon,* d'une liste fixe d'auteurs, celui des Dix Orateurs Attiques (30), dont l'influence ne fut pas moins tyrannique sur la transmission manuscrite que celle des Tragiques. Il semble bien que l'étude littéraire de ces grands discours, et peut-être celle des historiens, qui pouvaient offrir eux aussi de beaux spécimens d'art oratoire, ne fut pas abandonnée aux grammairiens, ou du moins aux seuls grammairiens : c'était bien chez le rhéteur qu'on « lisait » orateurs et historiens ; le commentaire, que le professeur confiait volontiers à un sous-maître [11], s'orientait sans doute moins vers la critique littéraire et l'érudition que vers l'étude des procédés oratoires, la mise en application des préceptes de la technique.

Chaque école, chaque maître s'attachait à tel de ces classiques qui lui paraissait incarner plus particulièrement son idéal de l'éloquence : celui-ci faisait de Démosthène son modèle préféré, tel autre mettait l'accent sur l'élégance et la sobriété d'un Lysias, etc.

Il faut malheureusement souligner que cette étude ne fut pas toujours conduite de manière à en retirer le bénéfice le plus étendu : on sait qu'à partir de Denys d'Halicarnasse, un courant toujours plus accusé porta les écoles de rhétorique dans la voie d'une imitation de plus en plus consciente et appliquée des grands écrivains attiques de l'âge d'or. Mais si nous cherchons à préciser ce que les orateurs de l'époque impériale, les maîtres de ce qu'il est convenu d'appeler la Seconde Sophistique, appellent « atticisme » (31), on s'aperçoit avec une surprise mêlée de quelque désillusion qu'il s'agit d'un phénomène d'ordre moins littéraire que grammatical. Il s'agit moins d'un effort pour retrouver les qualités de style et de goût des grands écrivains d'Athènes que d'une mode visant à restaurer le vocabulaire, la morphologie et la syntaxe du dialecte classique dans sa « pureté » passée, en éliminant de la langue littéraire tout ce qui était une innovation du grec parlé à l'époque hellénistique. Le problème était de n'employer que des mots ou des formes déjà utilisés par les classiques [12], d'être prêt à citer à propos de chacun d'eux un nom d'auteur recommandable pour en justifier l'emploi [13]. Mode assez ridicule, que

11. ID. II, 5, 3. — 12. [ARSTD.] *Rhet.* II, 6. — 13. PHILSTR. *V. S.* II, 8, 578

Lucien déjà s'amusait à persifler : « Choisis une quinzaine de mots attiques, vingt au plus ; exerce-toi souvent à les prononcer pour les avoir à ta disposition ; aie toujours sur le bout de la langue ces formes rares pour en saupoudrer tes discours comme d'un assaisonnement... Fais-toi un recueil de termes étrangers à l'usage et qu'on ne trouve employés que chez les auteurs anciens et décoche-les en toute occasion sur ceux qui conversent avec toi [14]. » Habitués que nous sommes par l'étude de la linguistique à considérer les langues comme des êtres toujours en évolution, cet effort pour remonter le courant, rejeter la langue artistique hors de la vie, nous paraît condamné à l'absurdité : il faut voir cependant qu'il se rattachait tout naturellement à l'idéal classique d'une perfection définie une fois pour toutes *ne varietur* et qu'on peut essayer de retrouver, mais non de dépasser.

Après la théorie et l'imitation venait le troisième aspect de l'étude de l'éloquence, les exercices d'application. Prenant la suite du travail amorcé par le grammairien, le rhéteur continuait à faire parcourir à son élève la série complète et graduée des « exercices préparatoires », προγυμνάσματα, dont chacun faisait l'objet de la même réglementation minutieusement codifiée : nous venons de le vérifier pour l'éloge (auquel on joignait, avec les mêmes schémas, son contraire, le blâme) ; puis venaient, par ordre, la comparaison (exemple : mettre en parallèle Achille et Hector [15]), l'*éthopée* (exemple : Plaintes de Niobé devant les cadavres de ses enfants [16]), la *description* (exemple : l'Acropole d'Alexandrie [17]), la *thèse*, discussion de portée générale (l'exemple classique [18] est celui de la fameuse question : « Faut-il se marier ? » dont les variations rhétoriques, avant d'alimenter la verve de Rabelais, serviront à étoffer les traités sur la Virginité composés par les Pères de l'Eglise), la *proposition de loi* : soutenir, ou au contraire attaquer un texte de loi, par exemple : « Il est interdit de tuer un adultère pris en flagrant délit [19]. »

Les derniers de ces exercices préparatoires se rapprochent déjà beaucoup de véritables discours délibératifs ou judiciaires : l'étudiant abordait finalement la composition de ceux-ci, toujours appuyé sur une série de conseils et de règles précises, analysant les différents aspects, éléments, variétés de chaque type de discours. Là encore, je ne puis que signaler au lecteur l'incroyable complexité

---

14. LUC. *Rh. Pr.* 16 ; cf. 20 ; *Lex.* 16. — 15. *Rhet. Gr.* II, 43, 7 (APHT.). — 16. *Id.* 45, 20. — 17. *Id.* 47, 9. — 18. *Id.* 50, 5. — 19. *Id.* 54, 4.

de ce système d'enseignement : nous restons stupéfaits devant le déploiement d'abstractions qu'avait pu provoquer par exemple l'analyse des « états de causes », στάσεις, un des éléments fondamentaux de la préparation des discours judiciaires. L'accusé a-t-il tué ? Question de fait : c'est l' « état de cause conjectural ». Ce meurtre est-il un crime ? C'est l'état de « définition », etc.; suivant les écoles, on distinguait un, deux, trois (c'est la position classique), quatre et jusqu'à neuf états de cause [20]. Les genres de l'éloquence d'apparat étaient eux aussi l'objet d'une étude et d'une codification : le rhéteur fournissait à son élève des plans-types d'épithalames, de discours d'anniversaire, d'oraisons funèbres, de discours d'ambassade ou d'adieu... [21]

Mais le trait le plus caractéristique de l'enseignement de la rhétorique hellénistique, c'est qu'il perd de vue peu à peu le souci de préparer le futur orateur à la vie réelle, aux discours qu'il sera véritablement amené à composer pour des raisons sérieuses. La place principale, dans cet enseignement, est occupée par ces discours fictifs que nos érudits continuent à appeler *déclamations,* du mot qui a servi aux rhéteurs latins à traduire le terme technique de μελέται. Il est remarquable que ce type de discours d'école, qui tourne délibérément le dos à la vie, ait fait son apparition au temps de Démétrios de Phalère [22], qui fut maître d'Athènes, pour le compte de Cassandre de Macédoine, de 318-317 à 307 (32), c'est-à-dire précisément au moment où la perte de la liberté politique enlève toute signification profonde à l'éloquence réelle; l'éloquence d'école subsiste, mais, découronnée de sa fin, elle devient un but par elle-même et s'organise en conséquence.

Ces « exercices » (c'est le sens propre de μελέται) comprenaient deux variétés principales : je ne sais, tant ce vocabulaire est aujourd'hui oublié, si je serai d'un grand secours à mon lecteur en employant les termes techniques de *controverses* et de *suasoires*. D'abord, les « plaidoyers fictifs », ὑποθέσεις δικανικαί, en latin *controversiae*. C'était en principe un apprentissage direct de l'éloquence judiciaire : il est normal d'exercer le futur avocat à composer des plaidoiries fictives avant de l'envoyer se risquer devant un tribunal dans un procès réel. Mais alors que l'enseignement des Sophistes du Ve siècle (comme on le voit par Antiphon) s'efforçait de se rapprocher le plus possible des conditions réelles de la vie

---

20. QUINT. III, 6. — 21. *Rhet. Gr.* III, 331 s. (MEN.), 339; 412; 418; 423; 430. — 22. QUINT. II, 4, 41.

judiciaire, les rhéteurs hellénistiques proposent à leurs élèves des procès non seulement fictifs, mais hautement fantaisistes, des cas saugrenus appliquant des lois bizarres forgées pour la circonstance : ce ne sont que tyrans, pirates, rapts, viols, fils déshérités dans des conditions invraisemblables ; ces thèmes de controverses nous rappellent les intrigues romanesques et tout autant irréelles chères à la Comédie Nouvelle (ce sont bien des créations contemporaines : Ménandre était l'ami de Démétrios de Phalère). En veut-on quelque exemple ? (33) La loi condamne à mort l'étranger qui ose monter sur les remparts de la cité ; pendant un siège, un étranger est monté sur le rempart et par sa valeur a contribué à repousser l'attaque ennemie ; faut-il, conformément à la lettre de la loi, le condamner [23] ? Ou encore : un philosophe a réussi à persuader le tyran de se suicider ; il réclame la récompense promise par la loi au tyrannicide ; y a-t-il droit [24] ? Un jeune homme, déshérité par son père, a appris la médecine et il guérit son père devenu fou et abandonné par ses médecins. Le père, reconnaissant, lui rend ses droits à l'héritage. Plus tard, le jeune médecin refuse de soigner sa belle-mère devenue folle à son tour ; il est déshérité pour la seconde fois et en appelle au juge [25]. Tout se passe comme si la pédagogie hellénistique, à l'inverse de la nôtre, si préoccupée de rapprocher l'école de la vie, tournait délibérément le dos au réel : ces sujets invraisemblables, ἄδοξοι, expliquait complaisamment le rhéteur Favorinus d'Arles (IIe siècle après J.-C.), étaient fort propres à exciter l'imagination, à aiguiser la dialectique, à habituer aux cas difficiles [26].

La même orientation s'observe dans la deuxième catégorie de μελέται, les suasoires (notons qu'à la différence de ce que nous observerons en milieu latin, l'école grecque les préférait aux controverses) : elles relèvent non plus du genre judiciaire, mais du genre délibératif, συμβουλευτικὸν γένος. Mais loin de se placer dans des cas réels, empruntés à la vie contemporaine, les sujets proposés se situent dans le cadre d'une fiction historique ou mythologique (l'un ne se distingue pas de l'autre : la pensée antique ne possède pas la catégorie moderne — ou chrétienne — de l'historicité, de la temporalité : elle s'intéresse à la valeur pittoresque ou pathétique de l'anecdote, non au fait qu'elle ait pu être réelle, vécue). S'agissait-il, par exemple, de s'essayer au genre du dis-

23. *Rhet. Gr.* II, 140, 30 s. (HERM.). — 24. *Id.* 153, 18 s. (ID.). — 25. LUC. *Abd.* — 26. GELL. XVII, 12.

cours d'ambassade, πρεσβευτικὸς λόγος : on refaisait, après Homère, les discours des envoyés d'Agamemnon auprès d'Achille, au chant IX de l'*Iliade* [27].

De même pour l'éloquence politique : tantôt c'était Solon qui prenait la parole pour demander le rappel de ses lois, après que Pisistrate eut obtenu une garde du corps [28], d'autres fois c'était le peuple athénien qui discutait la question de savoir s'il fallait envoyer des renforts à Nicias pendant l'expédition de Sicile [29], ou Démosthène s'offrant lui-même en victime expiatoire après le désastre de Chéronée [30]. Mais, de toute l'histoire grecque, c'étaient les guerres Médiques qui fournissaient les thèmes les plus débattus : « Il te faut avant tout du Marathon et du Cynégire : sans cela, rien ne va! Traverse à la voile le mont Athos, passe à pied l'Hellespont; que le soleil soit obscurci par les flèches des Perses... parle-moi de Salamine, de l'Artemision, de Platées! ». C'est Lucien qui fait parler ainsi son *Maître de Rhétorique* [31], et il se moque; mais la réalité méritait bien de tels sarcasmes : écoutons le rhéteur Polémon (IIe siècle après J.-C.) célébrer avec un lyrisme amphigourique l'héroïsme légendaire de Cynégire, cet hoplite athénien qui, à la bataille de Marathon, avait essayé de retenir un vaisseau perse avec la main droite [32], puis, la main droite tranchée (ce n'est plus Hérodote ici qui parle, mais la légende [33]), avec la gauche, enfin avec ses dents! « Le premier, Cynégire a livré un combat naval sans quitter la terre ferme... Chacun de ses membres donne lieu à une violente bataille... [34] » Que sais-je encore : « O roi, disent les Perses, nous avons rencontré des hommes d'acier qui ne se soucient pas qu'on leur coupe les mains, des mains droites qui valent des vaisseaux entiers! [35] » Il y eut là tout un répertoire qui, une fois fixé, se transmit dans les écoles, de génération en génération, jusqu'à la fin de l'antiquité.

Si sommaire que soit cette évocation, elle suffira pour donner une idée de la complexité de cet apprentissage de la rhétorique, sans cesse alourdi et accru de préceptes et d'exigences nouvelles. On ne s'étonnera plus qu'il ait fallu de longues années pour en venir à bout. Au IVe siècle après Jésus-Christ, nous voyons des étudiants venus de Cappadoce achever leur formation oratoire à Athènes, — il s'agit de saint Basile de Césarée et de saint Grégoire

27. ARSTD. LII D. — 28. PHILSTR. *V. S.* I, 25, 542. — 29. ARSTD. XXIX-XXX D. — 30. PHILSTR. *V. S.* I, 22, 522; 25, 542. — 31. LUC. *Rh. Pr.* 18. — 32. HDT. VI, 114. — 33. TR. P. VIII, 9. — 34. POLEM. I, 5-6. — 35. *Id.* 15.

de Nazianze, — prolonger leur séjour à l'école l'un pendant quatre ans, l'autre pendant cinq et peut-être huit! (34) A vrai dire, on n'avait jamais fini d'étudier la rhétorique : comme je l'ai dit, il n'y avait pas de limite entre l'école et la vie littéraire; un lettré antique ne cessait jamais de composer des déclamations, μελέται : le passage de l'exercice scolaire à la conférence publique s'effectuait de façon insensible. En fait, nous constatons que les orateurs les plus célèbres de la Seconde Sophistique n'ont pas rougi de pratiquer ces genres scolaires, y compris celui, encore tout élémentaire, de l'*éloge*. Bien entendu, pour faire preuve de l'acuité de leur esprit, ils choisissaient les sujets les plus inattendus : Lucien a écrit l'éloge de la mouche [36], Dion celui du perroquet [37], Favorinus celui de la fièvre quarte [38] (35). Mais, en dehors de la composition de ces œuvres littéraires, on peut dire qu'un lettré hellénistique ne cessait jamais, tel un étudiant, de s'exercer à la déclamation, pour se faire la main, se maintenir en forme : on déclamait, on déclamait encore, jusqu'à la vieillesse, jusqu'au tombeau : Philostrate nous conte avec le plus grand sérieux comment le grand sophiste Polémon, mourant, avait exigé qu'on le portât au tombeau sans attendre qu'il rendît le dernier soupir; la tombe close, comme déjà ses familiers pleuraient sur lui, on l'entendit s'écrier d'une voix forte : « Donnez-moi un corps et je déclamerai encore! [39] »

Nous avons peine à comprendre un tel zèle : pour nous, modernes, la rhétorique est synonyme d'artifice, d'insincérité, de décadence. C'est peut-être simplement parce que nous ne la connaissons plus et que nous sommes redevenus des Barbares. Oui, bien sûr, la rhétorique constituait un système de lois conventionnelles; mais, une fois ces lois admises et assimilées, la liberté de l'artiste pouvait jouer à l'intérieur du système : parfaitement maître de ses procédés, le rhéteur pouvait s'en servir pour exprimer ses sentiments ou ses idées personnelles, sans que sa sincérité en souffrît. Loin de faire obstacle à l'originalité ou au talent, les contraintes formelles fournissent au contraire l'occasion des effets les plus subtils et les plus raffinés. Il faut comparer la rhétorique à d'autres systèmes de conventions qu'en d'autres périodes classiques ont connu d'autres arts : on pensera aux lois de la perspective dans la peinture, à celles de l'harmonie dans notre musique,

---

36. LUC. *Musc.* — 37. PHILSTR. *V. S.* I. 7, 487. — 38. GELL. XVII, 12. — 39. PHILSTR. *V. S.* I, 25, 544.

de Bach ou Rameau à Wagner, à celles de la versification encore : jusqu'au Symbolisme, les poètes français ont accepté de se soumettre à des règles aussi arbitraires et aussi strictes que celles de la rhétorique et ils ne semblent pas en avoir pâti.

La rhétorique fournissait aux Anciens un système de valeurs formelles qui définissait une esthétique de la prose d'art, parallèle à celle de la poésie, et dont les valeurs n'étaient pas moins authentiques (36).

En dehors de tout jugement de valeur intrinsèque, il faut d'autre part reconnaître qu'un tel système, inculqué à tous par l'éducation, paisiblement installé au cœur d'une tradition qui se prolongeait de génération en génération pendant des siècles, constituait une commune mesure, un dénominateur commun entre tous les esprits, unissant, dans une complicité et une compréhension mutuelles, écrivains et public, classiques et « modernes ». L'humaniste d'aujourd'hui, perverti par l'anarchie romantique, le regrette et déplore cette monotonie qu'en reçoit la production littéraire antique. Pourtant, si l'on songe au désordre présent, à l'absence entre nous de doctrine commune (que dis-je ? l'unité même de langage est par moment en question), comment ne pas regarder quelquefois avec nostalgie du côté du classicisme et de la belle unité de sa culture ?

Je n'oublie certes pas les reproches qu'on peut, néanmoins, faire à la rhétorique : comme toute culture à finalité proprement esthétique, elle peut être accusée de vanité essentielle, de formalisme et de frivolité. Mais ces critiques lui sont déjà formulées, à l'intérieur même de la tradition antique, par sa vieille rivale, la philosophie.

CHAPITRE XI

L'enseignement supérieur :
3. La philosophie

La conversion à la philosophie. La culture philosophique ne s'adresse qu'à une minorité, à une élite d'esprits qui, pour la préférer, consentent à faire l'effort nécessaire. Elle suppose en effet une rupture avec la culture commune, dont nous venons de définir l'orientation littéraire, oratoire et esthétique. Elle suppose plus encore : la philosophie hellénistique n'est pas seulement un type déterminé de formation intellectuelle, mais aussi un idéal de vie qui prétend informer l'homme tout entier; devenir philosophe, c'est adopter un mode de vie nouveau, plus exigeant au point de vue moral, impliquant un certain effort d'ascétisme, qui se traduit de façon visible dans le comportement, l'alimentation et le costume : on reconnaît le philosophe à son manteau court, grossier et sombre, τρίβων [1]. Chez les Cyniques, cette volonté de rupture est poussée jusqu'au paradoxe et au scandale : hirsutes, déguenillés et sales, ils vivent d'aumônes à la façon des mendiants et affectent d'être en marge de la société cultivée (37). Mais ce n'est là qu'un passage à la limite : chez tous, la philosophie implique bien un idéal de vie (38) en opposition avec la culture commune, et suppose une vocation profonde, je dirai même une conversion.

Le mot n'est pas trop fort : les Anciens ont aimé rapporter l'anecdote caractéristique du jeune Polémon faisant irruption, ivre, la couronne sur la tête, au sortir d'une orgie, dans la salle de cours du philosophe Xénocrate : celui-ci était précisément en train de discourir sur la tempérance; il poursuit son sermon d'un ton si persuasif, si émouvant que Polémon renonce à sa vie de débauche, s'éprend de la philosophie et mérite de succéder plus tard à son maître à la direction de l'Académie [2]. Hipparchia, jeune, noble, riche et belle, quitta tout pour s'attacher à l'ensei-

---

1. D. CHR. XXXII, 22. — 2. DL. IV, 16.

gnement de Cratès [3]; car les femmes que la rhétorique n'attire ou n'admet guère ne sont pas étrangères à la philosophie : de telles vocations, pour n'être pas très communes, ne sont pas exceptionnelles (39). Souvent, dans cette « conversion » à la philosophie, dont l'analogie formelle avec notre conception moderne de la conversion religieuse (40) est éclatante, la rupture avec la forme oratoire de la culture est nettement soulignée; l'exemple classique est celui de Dion de Pruse : sophiste en renom, il avait environ cinquante-cinq ans lorsque Domitien l'envoya en exil en 85; au sein des épreuves et de la misère, il subit une profonde transformation morale, renonça aux vanités de la Sophistique et adopta la vie austère et militante du philosophe... (41).

D'où le rôle que joue, dans l'enseignement des maîtres de philosophie, le « discours d'exhortation », λόγος προτρεπτικός, leçon inaugurale qui cherche à recruter des disciples, à attirer la jeunesse à la vie philosophique : Aristote était le créateur du genre; son *Protreptique* [4] adressé au prince chypriote Themison fut souvent imité, à commencer par les Épicuriens [5], pour finir par Cicéron dont l'*Hortensius* fut l'occasion de la première conversion du jeune rhéteur africain qui devait devenir saint Augustin [6].

L'enseignement philosophique.   Car il existait un enseignement, régulièrement organisé, de la philosophie. On peut le rencontrer sous trois formes principales : il y a d'abord l'enseignement, en quelque sorte officiel, qu'on peut recevoir à l'intérieur des *écoles* proprement dites, de chacune des sectes, organisées sous la forme de confréries, fondées par un maître dont l'enseignement se perpétuait de génération en génération aux mains d'un chef d'école, σχολάρχης, régulièrement investi par son prédécesseur : comme Platon avait choisi son neveu Speusippe, celui-ci choisit Xénocrate, qui choisit Polémon à qui succéda Cratès... Aristote, de même, légua la direction du Lycée à Théophraste, de préférence à Aristoxène et au grand dépit de celui-ci : nous pouvons reconstituer, presque sans lacune, la succession, διαδοχή, des quatre grandes écoles pendant toute la période hellénistique et jusqu'à la fin de l'anti-

---

3. ID. VI, 96. — 4. ARSTT. Fr. 50-61 (Rose); *P. Oxy.* 666. — 5. *P. Herc.*² X, 71-80. — 6. AUG. *Conf.* III, 4 (7).

quité (42). Le siège de toutes ces écoles est en principe à Athènes, mais elle peuvent avoir des filiales au dehors.

En second lieu, nous trouvons des maîtres isolés, enseignant sous leur propre responsabilité dans la cité où ils se sont établis : ainsi Epictète, chassé lui aussi de Rome par Domitien, s'installe à Nicopolis en Epire, ouvre une école et ne tarde pas à y attirer, et à y retenir, des disciples (43). A l'imitation d'Athènes, d'autres cités obtiennent, elles aussi, de stabiliser cet enseignement : nous l'avons rencontré à Alexandrie, nous le constaterons aussi à Constantinople, sinon à Rome; mais le fait se place à la fin du IIIe siècle ou au IVe après Jésus-Christ.

Enfin il y a les philosophes errants, conférenciers populaires ou mieux prédicateurs, qui, en plein air, au coin d'une place publique ou dans un carrefour, s'adressant à l'auditoire que le hasard et la curiosité rassemblent devant eux, l'interpellent, improvisent avec lui un dialogue familier (c'est de là que sortira le genre fameux de la *diatribe*) (44) : les cyniques s'en font une spécialité, mais bien des stoïciens, en coquetterie avec le cynisme, les imitent à leur tour. Je ne mentionne ce troisième aspect que pour mémoire : car il n'est pas question de considérer ces prédicants, généralement méprisés, mal vus, et souvent en difficulté avec la police, comme des professeurs d'enseignement supérieur. Ils ont pu contribuer à faire naître des vocations; sauf exception, ils n'ont pas assuré un enseignement régulier et complet de la philosophie.

Cet enseignement présente plusieurs aspects d'une technicité progressive. Il suppose, au départ, un étudiant ayant achevé sa formation secondaire. Toutes les sectes ne sont pas également exigeantes sur ce point : épicuriens et sceptiques affectent de s'en désintéresser; celles qui, par contre, maintiennent fidèlement la nécessité d'une propédeutique à base de mathématiques doivent, devant le déclin des études scientifiques, assurer elles-mêmes cette initiation, pourtant en soi étrangère au programme propre du philosophe : ce sera le cas, nous l'avons dit, des néo-platoniciens à la fin de l'antiquité.

L'étude proprement dite de la philosophie commence par une initiation assez élémentaire : quelle que soit l'école à laquelle on se rattache, on commence par acquérir quelques notions générales d'histoire de la philosophie : l'étudiant grec, comme aujourd'hui les nôtres, apprenait que la pensée avait commencé sa carrière dans l'Ionie, avec les grands « physiciens », que le « principe des choses » était l'eau pour Thalès, l'indéfini pour Anaximandre, l'air pour Anaximène et pour Héraclite le feu [7]; — et, comme nos jeunes gens, il n'en savait pas beaucoup plus long : ces éléments lui étaient transmis à travers des manuels sans originalité, indéfiniment recopiés les uns sur les autres; l'érudition moderne s'attache à reconstituer l'histoire de cette tradition doxographique qui, commencée avec Théophraste, avait abouti aux recueils d'Arios Didyme et d'Aetios, dont nous retrouvons les restes chez Plutarque, Stobée et l'*Histoire Philosophique* transmise sous le nom de Galien (45).

Puis venait un cours, encore exotérique, sur la doctrine propre de l'école : grâce, par exemple, à Apulée [8] et Albinos [9], nous pouvons nous faire une idée de la manière dont le scholarque Gaïos initiait ses étudiants au platonisme à Athènes, vers 140 après Jésus-Christ. Le studieux Apulée a aussi rédigé le cours de philosophie péripatéticienne qu'il a écouté parallèlement [10] : la chose ne doit pas étonner; il n'est pas nécessaire, pour l'expliquer, d'invoquer la tendance générale à l'éclectisme qui caractérise l'ère hellénistique et romaine : il ne s'agit toujours là que d'une initiation élémentaire, qui n'implique pas une adhésion profonde, ni même nécessairement la conversion à la philosophie; acquérir quelques clartés sur l'ensemble des doctrines philosophiques était un simple complément de culture générale : comme nous le constatons dans le cas de Galien (20), il pouvait paraître normal de prendre de la sorte successivement contact avec les quatre grandes traditions de la philosophie hellénistique.

L'enseignement véritable de l'école ne commençait qu'après. Il présentait lui aussi un double aspect : en premier lieu le commentaire des classiques de la secte, et d'abord des œuvres du grand ancêtre, du fondateur, Platon, Aristote, Epicure, Zénon ou plus souvent Chrysippe (chez les Stoïciens). Comme le rhéteur expliquait les Orateurs inscrits au Canon, chez les philosophes on « lisait », c'est-à-dire expliquait et commentait les textes *classiques* (46) : quelquefois le penchant, bien caractéristique, de l'esprit hellénistique pour l'érudition, se donnait là libre cours et la philosophie était en passe de devenir, elle aussi, philologie, — pour reprendre le mot de Sénèque [11].

Mais l'enseignement avait un second aspect, plus personnel et

---

7. PLUT. *Placit.* I, 521 D s.; STOB. I, 10. — 8. APUL. Plat. — 9. ALBIN. *Isag.*; *Epit.* — 10. APUL. *Mund.* — 11. SEN. *Ep.* 108, 23-24.

plus vivant : le professeur parlait aussi, directement, en son nom, et communiquait à ses disciples le fruit de sa propre pensée et sa sagesse (47). Ses leçons pouvaient varier quant à leur caractère et leur destination : c'étaient tantôt des cours très largement ouverts, car les philosophes aussi « déclamaient », faisaient, comme les rhéteurs, des conférences pour le grand public; tantôt des conférences fermées : à en juger par les œuvres littéraires qui paraissent refléter un tel enseignement [12], il ne faut pas imaginer un cours suivi, construisant pièce à pièce le puissant système d'une *Lebens- und Weltanschauung* à la manière d'un professeur hégélien de l'ancienne Allemagne! Il s'agissait d'entretiens plus libres, d'un ton familier, qui prenaient occasion d'un texte qu'on venait de commenter, d'un incident de la vie quotidienne, d'une question soulevée en passant, pour s'élever à des considérations doctrinales. Enfin, et peut-être surtout, il y avait les conversations personnelles, entre le maître et le disciple, en tête-à-tête, — ou en présence d'un troisième compagnon et ami : j'ai souvent souligné le caractère personnel de l'éducation antique; il se manifeste ici avec une particulière netteté. On demandait au philosophe d'être non seulement un professeur, mais aussi et surtout un maître, un guide spirituel, un véritable directeur de conscience; l'essentiel de son enseignement n'était pas donné du haut de la chaire, mais au sein de la vie commune qui l'unissait à ses disciples : plus que sa parole importait son exemple [13], le spectacle édifiant de sa sagesse pratique et de ses vertus. D'où l'attachement, souvent passionné, qui relie l'élève au maître et auquel celui-ci répond par une affection attendrie : c'est dans les milieux philosophiques qu'a le mieux survécu la grande tradition archaïque de l'*éros* éducateur, source de vertu.

En principe, l'enseignement complet d'un philosophe devait traiter de trois parties : logique, physique, éthique : une théorie de la connaissance, une doctrine sur le monde, une morale. Ce cadre, introduit, semble-t-il, par Xénocrate et les premiers élèves de Platon [14], était accepté sans discussion par toutes les écoles. Mais il s'en faut qu'elles se soient toujours également empressées à en remplir toutes les divisions. Plus on avance dans la période hellénistique et romaine, plus les préoccupations morales passent au premier plan, deviennent l'objet essentiel, sinon exclusif, de la spéculation, de l'activité, de la vie philosophiques. Le philo-

---

12. EPICT.; PLOT.; HERM. TR. — 13. POLL. IV, 40. — 14. SEXT. M. VII, 16.

sophe aspire à définir, à conquérir, posséder et transmettre une Sagesse *personnelle* : un recul certain de l'esprit de spéculation désintéressée correspond au progrès, à l'approfondissement de l'inquiétude et de la conscience morales. Le problème fondamental est désormais moins celui de la Vérité que celui de la Sagesse (la vérité de la doctrine n'est plus qu'un moyen, nécessaire évidemment, non le but fondamental de l'effort de la pensée) : les philosophes hellénistiques sont à la recherche de la Fin que suppose ou exige la nature de l'homme, du Souverain Bien qui, possédé, comble les aspirations de cette nature et assure à l'homme le Bonheur. Tout le reste s'efface devant cette préoccupation fondamentale ou s'ordonne par rapport à elle.

Et cette fin, ce bien, ce bonheur, c'est la Personne humaine, prise en sa singularité, qu'ils intéressent : plus encore que Platon, que nous avons vu, pour finir, se replier sur sa Cité Intérieure, les philosophes hellénistiques se déploient dans une perspective strictement personnaliste. Sans doute, ils ne se désintéressent pas des problèmes politiques et sociaux : nous les retrouvons comme conseillers aux côtés des souverains et des chefs politiques, mais même cette action a revêtu un caractère personnel : on disserte moins désormais *De la République* que *Du Pouvoir royal*, περὶ βασιλείας [15] (48). Mais les philosophes dirigent bien d'autres consciences que les consciences de leurs rois.

Un dernier trait : il n'y a pas une philosophie hellénistique, mais des sectes rivales, qui se disputent âprement le terrain : il n'est pas de doctrine qui puisse s'épanouir, si ce n'est à l'abri d'un puissant tir de barrage dialectique, réfutant les prétentions des doctrines opposées et ripostant à leurs attaques. Ce fait a souvent été signalé par les historiens de la philosophie : la polémique joue un rôle considérable et parfois excessif dans la production littéraire des différentes écoles. Cette atmosphère contentieuse, éristique, hargneuse et tendue, est très caractéristique du climat de la philosophie hellénistique; elle n'a pas peu contribué à discréditer aux yeux de beaucoup ses affirmations : il n'est que de relire Lucien [16] pour mesurer combien le prestige de la philosophie souffrait du spectacle désolant de ces prétentions rivales, de ces réfutations passionnées et réciproques.

---

15. P. Oxy. 1611, 38 s. (TH); RF. 1935, 215, 29; D. CHR. I-IV; LXII; SYN-*Regn.* 1053 s. — 16. LUC. *Herm.*

LA PHILOSOPHIE

Rivalité entre philosophes et rhéteurs. Car, ne l'oublions pas, les philosophes n'avaient pas seulement à se disputer entre eux : il leur fallait faire front d'un autre côté contre leurs rivaux, les rhéteurs. Ce serait se faire une idée fausse de la culture hellénistique et de son haut enseignement que d'imaginer une division paisible entre deux formes parallèles, la jeunesse se partageant entre rhétorique et philosophie, comme la nôtre, au sortir du baccalauréat, opte pour les lettres ou pour les sciences : il s'agissait de deux cultures rivales, se disputant le droit à l'existence avec acharnement.

Tout au long de l'ère hellénistique et romaine la querelle se poursuit, telle qu'elle avait été amorcée par les grands fondateurs de la tradition, Platon et Isocrate (49); elle renaît toujours plus virulente après chaque période d'accalmie : voyez les polémiques épicuriennes contre Nausiphanes, un héritier du vieux confusionnisme des Petits Socratiques, voyez la levée de boucliers des philosophes du second siècle, Critolaos, Diogène, Carnéade..., réagissant contre l'affaiblissement de l'esprit métaphysique de leurs prédécesseurs immédiats. Et c'est bien de la même querelle qu'il s'agit : au IIe siècle de notre ère, les champions de la culture oratoire reprennent, revendiquent avec orgueil le titre de *sophistes*, soulignent la filiation qui les rattache aux grands adversaires de Socrate : Scopélianos s'affirme disciple de Gorgias [17], Aelius Aristide, avec une intrépidité qu'explique sa suffisance, part vaillamment en guerre contre Platon [18]. De génération en génération, la rivalité se perpétue : elle est si caractéristique que j'ai cru pouvoir la retrouver, latente ou avouée, aussi longtemps que persiste ou que réapparaît la tradition classique issue de l'antiquité, qu'il s'agisse de la Gaule à demi barbarisée du Ve siècle, où à Sidoine Apollinaire répond Claudien Mamert, ou de la Renaissance de notre XIIe siècle, où à la culture philosophique d'un Abélard s'oppose l'humanisme, tout littéraire, d'un saint Bernard (50).

Cette lutte obstinée ne contribue pas peu à mettre l'accent sur la dominante dialectique de la culture. Nous pouvons prendre ici le mot dans son sens moderne : l'opposition crée entre les deux rivales une tension créatrice, un échange réciproque d'influences; comme il arrive toujours au cours d'une lutte pro-

---

17. PHILSTR. *V. S.* I. 21, 518. — 18. ARSTD. XLV- XLVII D.

longée, les deux adversaires finissent par déteindre beaucoup l'un sur l'autre.

Comme déjà chez Isocrate, la culture oratoire ne se ferme pas complètement à la philosophie : dans sophiste aussi il y a σοφία. Les plus sages d'entre les « littéraires », un Denys d'Halicarnasse par exemple (51), s'inquiètent de voir la rhétorique se rétrécir à une technique formelle et vide, réduite à un simple système de procédés; ils se préoccupent d'enrichir leur culture de quelque teinture d'idées générales : la philosophie, ainsi comprise, est parfois annexée au programme des arts libéraux, de l'ἐγκύκλιος παιδεία [19], et nous l'avons vue figurer au programme de la formation éphébique.

Par moments, en face du développement inconsidéré de l'appareil éristique de la philosophie, qui elle aussi succombe à la technicité, c'est la culture oratoire qui défend les droits de l'humanisme : comme déjà Isocrate, elle oppose au philosophe, bardé de syllogismes et engoncé dans ses abstractions, le gros bon sens, les vérités premières, le bagage raisonnable de l'honnête homme. Car le rhéteur ne dédaigne pas les idées générales, les problèmes moraux et humains; son enseignement en est tout imprégné : la doctrine de l'invention fait le plus grand cas des précieux « lieux communs », de ces grands développements passe-partout sur le juste et l'injuste, le bonheur, la vie, la mort..., si utiles à l'orateur, parce qu'ils mettent en jeu des données fondamentales. Même au degré élémentaire des « exercices préparatoires », προγυμνάσματα, nous l'avons vu initier l'étudiant au maniement des grands problèmes en lui apprenant à discuter des « thèses » de portée générale. Par là il envahit tant et si bien le domaine propre de la philosophie morale que le philosophe finit par s'en offusquer, qu'il proteste, réclame pour lui, et pour lui seul, la discussion des « thèses », comme le fit Poseidonios au cours d'un débat célèbre qui l'opposa au rhéteur Hermagoras [20] : le rhéteur devrait se contenter des « hypothèses », c'est-à-dire des sujets concrets traitant d'un cas déterminé comme le sont les sujets judiciaires et renoncer à l'idée générale (52).

De façon symétrique, le même philosophe ne prétend pas se désintéresser de la rhétorique. Depuis Aristote, on ne conteste plus sa validité : on ne cherche plus, comme Platon le faisait dans le *Phèdre,* à lui opposer une rhétorique d'essence proprement philosophique. L'art du rhéteur apparaît aux philosophes comme une

---

19. VITR. I, 1 (3-10); GAL. *Protr.* 14; PHILSTR. *Gym.* 1; *Gram. Lat.* VI, 187 (M. VICT.); *Schol.* D. THR., III, 112. — 20. PLUT. *Pomp.* 42.

technique expérimentale, légitime, parfaitement à sa place dans la culture, comme discipline propédeutique, au même titre que la grammaire ou les mathématiques ; ils n'hésitent pas à l'enseigner, comme Aristote lui-même en avait donné l'exemple, à l'Académie d'abord, puis au Lycée ; du moins, pour lui, la rhétorique demeure exclue du domaine propre à la philosophie mais les Stoïciens vont plus loin et prétendent même l'annexer comme une partie intégrante de leur logique, premier échelon de la division tripartite de la philosophie (53).

Mais il y a beaucoup plus grave : le triomphe de la rhétorique avait été si complet, avait marqué d'une empreinte si profonde la culture hellénistique dans son ensemble que les philosophes subirent son influence de façon beaucoup plus insidieuse. Il n'est jamais possible de s'isoler du milieu de civilisation ambiant qui impose à la culture personnelle ses catégories, ses moyens d'expression, ses modes, ses manies... Qu'ils l'aient consciemment admis ou non, les philosophes hellénistiques ont été *aussi* des rhéteurs : eux aussi « déclament » et apprennent à leurs élèves à déclamer ; eux aussi se servent de tous les procédés et de tous les trucs enseignés par la rhétorique : il suffit de les lire pour voir combien leur expression est imprégnée de sophistique, j'en appelle à tous les lecteurs de Sénèque ou d'Épictète ! C'est l'effet d'un phénomène très général : les savants n'en sont pas exempts, un médecin aussi compétent que Galien est sophiste lui aussi à ses heures.

L'influence de la rhétorique est si profonde qu'on aboutit à des formes de culture mixtes, devant lesquelles notre classification hésite à se prononcer : que l'ardeur métaphysique fléchisse un peu, que le talent littéraire s'affirme, et nous voilà en présence d'un type ambigu où paraît survivre ou réapparaître le vieil idéal de la Première Sophistique, encore indifférencié : citerai-je, au IIIe siècle, le cas d'Arcésilas et de Lycon le Péripatéticien ; au Ier, celui de Philon de Larissa dont l'influence devait être si profonde sur la conception cicéronienne de l'idéal d'un « orateur parfait » ? (54) Plus on avance dans le temps, plus complet se fait le triomphe de la rhétorique, moins pur le type du philosophe : même après leur « conversion », Dion de Pruse, Favorinus d'Arles restent à nos yeux plus sophistes que philosophes. Que penser d'un Maxime de Tyr, chez les Latins d'un Apulée ; et plus tard de Themistios (55), de Julien l'Apostat, et même de Synésios de Cyrène ?... Il n'y a pas seulement rivalité, mais mélange inextricable des deux types de culture, et par là se tresse plus solidement l'unité de la tradition classique.

L'ÉDUCATION HELLÉNISTIQUE

Géographie historique des écoles hellénistiques.

Le tableau que je viens d'esquisser du haut enseignement hellénistique paraîtra peut-être un peu statique pour une histoire. Mais, en fait, cette longue période qui commence avec Alexandre et se prolonge à travers les temps romains ne nous fait pas assister à une évolution, au sens plein du mot, c'est-à-dire à une transformation progressive aboutissant à un renouvellement complet; il y a bien des changements à noter, mais ils n'altèrent pas la structure fondamentale. Au cours du long été de la civilisation hellénistique, nous n'observons qu'un mouvement de portée limitée, analogue à celui dont certains biologistes caractérisent l' « évolution » de l'espèce humaine : le type nous est donné d'emblée et demeure substantiellement identique; nous assistons simplement à l'épanouissement de certaines tendances, présentes sans doute, mais seulement esquissées au début, à la lente régression de certains organes, dont le sort était déjà réglé, en principe lui aussi, dès le commencement : c'est ainsi que nous avons vu la gymnastique ou la musique perdre progressivement du terrain (n'étaient-elles pas, dès le temps de Platon, vouées à s'effacer ?); nous avons vu la rhétorique devenir techniquement plus raffinée, plus elle-même en un mot...

On pourrait peut-être introduire utilement quelques précisions chronologiques en essayant, pour achever ce tableau, d'esquisser une distribution géographique des centres principaux de l'enseignement supérieur. À l'époque proprement hellénistique, il n'y a pas, à dire vrai, d'Universités (nous ne pourrons commencer à employer le mot sans trop d'anachronisme qu'à partir du IVe siècle de notre ère), mais il y a des villes où des maîtres plus nombreux et mieux cotés attirent une clientèle plus nombreuse d'étudiants.

Le premier de ces centres est évidemment Athènes, qui restera jusqu'à la fin de l'antiquité un foyer actif de travail intellectuel : même quand elle aura achevé de perdre toute indépendance et toute importance politiques, elle ne sera jamais une ville de province comme les autres, mais demeurera la glorieuse Athènes, la mère des arts, des sciences et des lettres : elle ne sera pas seulement une ville-musée, éclairée par le souvenir de son glorieux passé et visitée pour les monuments qu'elle en conserve; ce sera toujours aussi un centre d'études, où la tradition, jamais interrompue, aura maintenu un climat exceptionnellement favorable au travail de l'esprit.

Mais dans cette continuité, on peut apporter quelques nuances : au début, Athènes apparaît surtout comme le grand centre de l'enseignement philosophique. C'est à Athènes qu'ont été établies toutes les grandes écoles philosophiques, sous la forme institutionnelle d'une confrérie à la fois religieuse et savante : l'Académie dès 387 ; le Lycée, ouvert en 335, n'arriva que plus tard à posséder son organisation définitive, lorsque la faveur de Démétrios de Phalère lui eut enfin permis de surmonter les difficultés légales qu'Aristote et Théophraste avaient rencontrées en leur qualité de métèques ; la réaction démocratique lui donna encore quelques alarmes en 307-306, mais le rappel de la loi de Sophocle de Sounion, au début de 306, écarta définitivement les menaces que, si longtemps, la bigoterie populaire avait fait peser sur la philosophie. Aussi, dès la même année, Epicure installe-t-il à son tour, de façon définitive, le Jardin à Athènes ; en 301-300, c'est, avec Zénon, le tour de l'école stoïcienne. Je ne parle ici que des quatre grandes sectes officielles, mais les autres philosophies, cynique, sceptiques, etc., se sont aussi développées à Athènes (56).

Les études philosophiques attirent dès la fin du IVe siècle, et attireront toujours, beaucoup d'étudiants du dehors : deux des quatre grandes écoles ont été fondées par des métèques et compteront toujours beaucoup d'étrangers parmi leurs membres, à commencer par leurs chefs : il faut attendre la fin du IIe siècle avant Jésus-Christ pour voir un Athénien, Mnésarchos, parvenir à la tête du Portique.

Mais à l'époque romaine, Athènes attire aussi les étudiants par le prestige de ses écoles d'éloquence : au Ier siècle avant notre ère, elles n'ont pas encore une réputation très établie ; Cicéron, cependant, profita du séjour de six mois qu'il y fit dans sa jeunesse pour « déclamer » sous la direction d'un vieux maître « assez renommé », *non ignobilem,* Démétrios le Syrien (il est remarquable qu'il soit venu de si loin s'établir à Athènes [21]). Sous l'Empire, ce prestige s'affirme et atteint au premier rang avec Secundus et surtout avec Hérode Atticus au IIe siècle (57) : dès lors, et cela jusqu'à la fin de l'antiquité, Athènes compte au nombre des capitales de la Seconde Sophistique

Avec Athènes, le grand centre des études est évidemment Alexandrie : nous avons décrit le Musée, fondé dès les années 280 ; il n'est qu'une des manifestations de l'intense activité intellectuelle qui,

---

21. CIC. *Br.* 315 ; PHILSTR. *V. S.* I, 26, 544 s.

très tôt, se développe dans la capitale lagide. A l'ombre et à côté du Musée, des professeurs de toute catégorie s'offrent à la clientèle; il ne s'agit pas seulement de philosophie et d'éloquence, mais aussi de toutes les autres branches du savoir, et notamment, nous l'avons vu, de la médecine. De ce point de vue, le rayonnement d'Alexandrie l'emporte sur celui d'Athènes elle-même; à part quelques brèves crises, il sera toujours aussi vif pendant toute la durée de l'ère hellénistique et jusqu'à la fin de l'antiquité : il n'est pas si faux d'identifier, comme on l'a fait si souvent, civilisation hellénistique et civilisation alexandrine. Ce rôle de métropole intellectuelle, Alexandrie l'a joué en particulier au début de notre période, au temps des Diadoques et de la première génération des Epigones, tandis que tout le reste du monde hellénique, sans en excepter la Grèce propre, était ravagé par les guerres et les révolutions : sous la sage administration des Ptolémées, l'Egypte seule connaît la paix et la sécurité; elle devient comme le conservatoire de la culture grecque en péril, et c'est d'elle que, le moment venu, essaiment les germes d'un renouveau.

Dans la seconde moitié du second siècle paraît « s'être produite, dans tout le monde grec, une renaissance générale des études », ἐγένετο οὖν ἀνανέωσις πάλιν παιδείας ἁπάσης, pour reprendre les termes dont se sert Athénée [22] sur la foi des historiens Ménéklès de Barca et Andrôn d'Alexandrie : la persécution exercée par Ptolémée VII Physcòn (146-145 à 116) contraignit à l'exil un bon nombre des représentants de la classe cultivée de sa capitale, ce qui littéralement « remplit îles et cités de grammairiens, philosophes, géomètres, musiciens, maîtres de dessin et de gymnastique, de médecins et de techniciens de tout ordre, — ceci est un assez bon inventaire des divers aspects de la culture hellénistique —; réduits par la misère à enseigner les disciplines où ils excellaient, ils formèrent ainsi beaucoup d'hommes remarquables ».

En fait, au IIe et au Ier siècle avant notre ère, les écoles paraissent avoir prospéré dans tout le bassin de l'Egée, notamment sur la côte d'Asie Mineure où l'éloquence d'apparat trouve comme sa patrie d'élection, si bien que le terme d' « asianisme » en est venu à désigner l'idéal même d'un style brillant, affecté, boursouflé et tapageur (58). Si nous cherchons à situer sur la carte les centres principaux de cette activité, on pensera d'abord à Pergame dont les rois Attalides développent si bien la bibliothèque qu'elle en arrive à porter ombrage

---

22. ATH. IV, 184 BC.

à celle même du Musée alexandrin. Cependant, c'est surtout hors de leur royaume que nous voyons s'exercer la politique d'évergétisme culturel, de mécénat universitaire de ces rois, à Athènes, à Delphes, à Rhodes... (59).

A partir de la fin du IIe siècle, cette dernière apparaît comme le centre universitaire le plus actif et le plus florissant : contrainte par la victoire romaine d'abandonner l'hégémonie de l'Egée qui, un moment, avait fait sa grandeur et sa fortune (c'est Délos qui lui succède comme grand port international), Rhodes trouve dans la renommée de ses écoles une nouvelle source de gloire : écoles de grammaire (c'est à Rhodes, nous l'avons vu, qu'avec Denys le Thrace la discipline grammaticale atteint son point de maturité), écoles de philosophie, illustrées par Poséidonios, un des maîtres du moyen stoïcisme et l'un des grands noms de la pensée antique, même si son rôle, notamment dans le domaine de l'éducation, a été quelque peu surfait par l'érudition moderne; écoles, surtout, de rhétorique (60) : c'est à Rhodes que les Romains du Ier siècle avant Jésus-Christ, de Cicéron à Tibère, viennent apprendre les secrets du grand art oratoire; ils savent devoir y rencontrer les maîtres les plus qualifiés (tel ce Molon auquel Cicéron, qui fut son élève, a rendu un si fervent hommage [23]), la tradition la plus sûre, car les rhéteurs rhodiens paraissent avoir su se garder des excès du pathos asianiste et avoir eu une conception plus « saine » [24] de l'éloquence, plus proche de l'idéal attique : leur modèle préféré n'était-il pas le calme et froid Hypéride ? (61)

Sous l'Empire, c'est l'Asie proprement dite, la province de terre ferme, qui prend la tête du mouvement culturel : les rapines et dévastations qui avaient marqué l'exploitation éhontée de l'héritage attalide par les politiciens et les financiers de la République, puis les ravages provoqués par les guerres de Mithridate et les guerres civiles, de Sylla à Antoine, avaient longtemps retardé son développement. A partir d'Auguste, la paix, l'ordre et la justice ramènent la prospérité dans cette province qui devient la plus riche, la plus heureuse, — la plus cultivée de l'Empire; dès la fin du Ier siècle après Jésus-Christ, et pendant tout le second, l'âge d'or des Antonins, l'Asie est le milieu d'élection de la culture grecque, le centre le plus actif de l'enseignement des hautes disciplines : Cos, on l'a vu, puis Pergame, Ephèse, voient prospérer leurs écoles de médecine; si la philosophie n'y connaît pas la même faveur qu'à

23. CIC. *Br.* 316. — 24. *Id.* 51.

L'ÉDUCATION HELLÉNISTIQUE

Athènes (62), l'éloquence du moins y rayonne : l'Asie est la patrie de la Seconde Sophistique et Smyrne sa capitale incontestée, de Nicétès à Aelius Aristide (63); si l'Ionie tout entière méritait d'être considérée comme un sanctuaire des Muses, Smyrne y occupait la place dominante, comme le chevalet dans la lyre [25]. Mais, bien entendu, il y a partout, dans l'Orient romain, des écoles supérieures, c'est le pays tout entier qui participe à cette ferveur.

Plus tard, au IVe siècle, il semble que se manifeste une tendance à la concentration du haut enseignement; du moins un certain nombre de centres d'études apparaissent alors au premier plan : Alexandrie, Beyrouth (pour le droit romain), Antioche (64), Constantinople, la nouvelle capitale, et, bien sûr, toujours Athènes. On aime à prononcer à leur sujet le mot d' « Universités », et il n'est pas trop anachronique.

L'afflux d'un grand nombre d'étudiants, venus parfois de provinces lointaines, y crée une atmosphère caractéristique de Quartier Latin : c'est tout une jeunesse, turbulente et indisciplinée, au point de préoccuper la police impériale et le législateur [26]; insouciante et quelquefois frivole : on perd son temps à jouer à la balle [27], on se passionne pour les courses de chevaux et autres spectacles [28], on combine de mauvaises farces (Libanios nous raconte comment de mauvais garnements s'amusèrent un jour à passer un pédagogue à la couverture [29]). Bien entendu, tout cela ne va pas sans quelque immoralité, mais il ne faut pas se faire une image trop sombre de ces étudiants du Bas-Empire : à côté des noceurs, il y avait de bons jeunes gens pleins de piété et de vertu; saint Grégoire de Nazianze et saint Basile, au IVe siècle à Athènes [30], Zacharie le Scolastique et Sévère d'Antioche, à la fin du Ve à Beyrouth [31], n'ont laissé que des souvenirs édifiants.

C'était aussi une jeunesse studieuse, qui se passionnait pour ses études, pour ses maîtres, dont elle épousait volontiers les querelles et les rivalités : nouvelle occasion, il est vrai, de chahuts et de rixes [32]. C'est à l'occasion de ces mouvements que nous apercevons un groupement des étudiants non seulement d'après les maîtres (chacun d'eux a son « chœur » de disciples fidèles, voire fanatiques), mais aussi d'après les pays d'origine : quelque chose d'analogue aux « nations » des universités du Moyen Âge occi-

25. PHILSTR. *V. S.* I, 21, 516. — 26. Cf. *C. Theod.* XIV, 9, 1; JUST. *Omnem*, 9-10. — 27. LIB. *Or.* I, 22. — 28. *Id.* I, 37-38. — 29. *Id.* LVIII. — 30. GREG. NAZ. *Or.* XLIII, 19-22. — 31. ZACH. *V. Sev.* p. 14 s., 46 s. — 32. LIB. *Or.* I, 19.

dental [33]. Il y a vraiment alors une vie estudiantine organisée, avec ses rites, à commencer, bien entendu, par les brimades qui marquent l'initiation des nouveaux arrivés [34] (65).

D'autre part, nous verrons que l'Etat exerce sur le recrutement et l'organisation du corps professoral une influence très directe : l'Etat du Bas-Empire est un Etat tentaculaire qui s'avance très loin dans la voie du totalitarisme ; mais nous sommes alors dans un contexte de civilisation très différent qui n'a plus rien de commun avec celui de l'époque proprement hellénistique.

33. EUN. *Prob.* 486. — 34. GREG. NAZ. *Or.* XLIII, 16.

CONCLUSION

L'humanisme classique

Nous connaissons maintenant les principaux éléments de l'éducation classique. Eclairé par les esquisses historiques présentées dans notre première partie, le lecteur n'aura pas eu de difficulté à situer chacun de ces aspects par rapport à ses antécédents sur la courbe de l'évolution technique : il y a des caractères rémanents et bientôt récessifs, comme la gymnastique et la musique, qui proviennent de l'ancienne éducation noble; d'autres, d'apparition plus tardive, comme l'étude des lettres, s'affirment maintenant comme dominants, non sans se compliquer, se différencier, voire se métamorphoser en chemin : l'art oratoire voit sa finalité pratique le céder à la valeur esthétique de l'éloquence d'apparat, puis retrouver par là-même un rôle et une efficacité politiques...

Est-ce à dire que notre étude soit parvenue à son terme, en ce qui concerne la période hellénistique, et que nous n'ayons plus qu'à passer aux générations suivantes pour y examiner les phases ultérieures de l'évolution ainsi amorcée ?

Histoire et valeur. Mais l'histoire ne doit pas se limiter à ce défilé monotone des devenirs enchaînés en série, se succédant d'étape en étape au long du temps inexorable. Il ne suffit pas de savoir que l'éducation hellénistique a revêtu telle forme, à la suite de tels précédents et avant telles transformations ultérieures. Il faut aussi s'arrêter à la considérer pour elle-même, car cette éducation-là n'a pas fait que passer, elle a *été* et nous ne serons quittes envers elle qu'après avoir tenté de considérer son essence et d'en comprendre les valeurs.

Le travail en vaut l'effort : l'éducation hellénistique n'est pas seulement une forme transitoire, un instant quelconque dans une évolution continue; elle est la Forme, stabilisée en sa maturité, selon laquelle s'est épanouie la tradition pédagogique de l'antiquité.

CONCLUSION

Point d'aboutissement d'un effort de création poursuivi durant sept siècles, elle marque comme un palier au sommet de la courbe, un long palier qui va se prolonger pendant toute une suite de générations, au cours desquelles les méthodes de l'éducation classique jouiront paisiblement d'une autorité indiscutée.

Son empire s'étale dans l'espace comme dans le temps : ce qu'on appelle l'éducation romaine n'est en somme, nous le verrons bientôt qu'une extension, au milieu linguistique de l'Occident latin ou latinisé, de l'éducation hellénistique. Il faut dire plus : la signification de celle-ci déborde l'antiquité et l'histoire elle-même. On n'a peut-être pas assez souligné que c'est sous sa forme hellénistique que la culture antique a été connue, conservée ou retrouvée, par la tradition ou les « Renaissances » byzantines ou occidentales. Enfin, et surtout, elle ne relève pas seulement du passé comme une grandeur ou une force disparue : en un sens, elle ne se contente pas d'avoir été, mais demeure toujours présente, toujours vivante au sein de notre pensée. Forme idéale, transcendante à toutes ses réalisations empiriques, support de valeurs éternelles.

Non, certes, que je prétende faire de cet idéal classique la norme de toute éducation possible, le modèle qui s'imposerait nécessairement à notre imitation. Personnellement, je n'en suis nullement assuré et, d'ailleurs, puisqu'il s'agit ici de faire un travail d'historien, tout jugement à ce sujet importe peu. Je veux dire que cet idéal n'a pas cessé d'être présent parmi nous : qu'il apparaisse suivant les cas comme le modèle prestigieux ou comme l'erreur à éviter, il existe du moins pour l'homme cultivé qui a su le redécouvrir et le connaître, comme une Idée par rapport à laquelle se pose ou s'oppose la pensée des modernes ; son contact est toujours enrichissant, que nous acceptions la leçon proposée ou que, la tentation surmontée, nous ayons fait sur elle l'épreuve de notre décision et de notre volonté propres.

C'est pourquoi notre étude ne sera vraiment parvenue à son terme que si elle dégage, pour finir, une idée claire des valeurs que véhiculait, sous des aspects variés, cette Forme classique de l'éducation antique. Le lecteur philosophe exigera peut-être que je rassemble sous un terme unique l'intuition de cette essence ; je lui proposerai de reprendre pour cela le mot, à la vérité bien prodigué, d'*humanisme :* suffisamment commenté, il peut encore servir. Oui, on peut définir l'idéal de l'éducation hellénistique comme un humanisme, et cela de plusieurs points de vue différents qu'il n'est pas interdit de superposer.

L'homme contre l'enfant.   En premier lieu, cette éducation est tout entière ordonnée comme à sa fin vers la formation de l'homme adulte, et non vers le développement de l'enfant. Ne nous laissons pas égarer par l'étymologie : j'entends bien que dans παιδεία il y a παῖς, mais il faut traduire « le traitement qu'il convient d'appliquer à l'enfant [1] », — pour en faire un homme; les Latins, comme on l'a vu plus haut (p. 156), avaient finement traduit παιδεία par *humanitas*.

D'où, on l'aura noté chemin faisant, une méconnaissance absolue, un parfait dédain de la psychologie de l'enfant en tant que tel : absence de tout enseignement organisé à l'échelon de notre école maternelle, caractère abstrait de l'analyse servant de base à la progression des exercices, violence barbare des procédés disciplinaires. Rien n'est plus loin que l'éducation antique des méthodes prônées autour de nous par les partisans de l' « école nouvelle ».

Mais que le moderne ne se hâte pas de triompher : ne parlons pas de l'ignorance archaïque des Grecs. Quand il s'agit d'une culture aussi raffinée que la leur et qui, en tant d'autres domaines, a donné tant de preuves de son génie créateur, une lacune comme celle-là doit être considérée comme voulue : elle traduit un refus, inconscient peut-être, mais formel.

Il n'est pas sûr que les Grecs, s'ils avaient pu connaître l'effort dépensé, depuis l'*Émile,* par la psychologie et la pédagogie pour s'adapter à l'enfant et aux formes propres de son esprit, eussent éprouvé , à notre adresse, autre chose qu'un étonnement moqueur. A quoi bon, semblent-ils nous dire, s'attarder à l'enfant comme s'il constituait une fin en soi ? Hors le cas des malheureux condamnés à une mort prématurée, la seule justification de l'enfance est de se dépasser et de conduire à l'homme fait : ce n'est ni l'enfant baveux, ni l'adolescent aux mains rouges, ni même le jeune homme anxieux de déboucher dans la vie, mais l'Homme tout court qui constitue l'objet propre de l'éducation; celle-ci ne s'occupe de l'enfant que pour lui apprendre à se transcender.

L'homme tout entier.   Formation de l'homme, l'éducation classique veut l'être de l'homme tout entier : ici par contre nous la trouvons d'accord avec la pédagogie contem-

---

1. CLEM. *Paed.* I, 16, 1.

poraine qui insiste elle aussi sur l'éducation ou la formation « générale », en réaction contre l'intérêt trop exclusif porté à l' « instruction », au seul développement des facultés intellectuelles. Oui, l'homme tout entier, corps et âme, sensibilité et raison, caractère et esprit.

Le corps d'abord : le vieil idéal chevaleresque a si profondément marqué la tradition grecque que le goût de l'éducation physique demeure, au moins au début de l'époque hellénistique, le caractère le plus distinctif de la culture grecque opposée aux Barbares. Sans doute, depuis longtemps (au moins depuis le VIᵉ siècle, on l'a vu, avec Xénophane de Colophon), la pensée antique avait pris conscience de l'antinomie qui existait entre les exigences contradictoires et, de soi, totalitaires de la culture sportive et la culture de l'esprit. L'équilibre entre ces deux tendances n'a jamais pu être réalisé dans la pratique que de façon précaire. Mais autre chose est de rechercher les modalités de réalisation empirique, autre chose de définir, comme je tente ici de le faire, l'essence d'un idéal. Il n'y a pas de doute : la pensée antique n'a jamais renoncé à l'idéal, devenu peu à peu pratiquement irréalisable, d'un homme complet, développant également les puissances de son corps et de son âme.

La formule classique où s'exprime cet idéal se rencontre sous la plume d'un poète latin, à une date aussi tardive que le IIᵉ siècle après Jésus-Christ : « Nous demanderons dans nos prières la santé de l'esprit jointe à celle du corps »,

Orandum est ut sit mens sana in corpore sano [2].

Si le type de culture à dominante sportive de l'athlète professionnel est parfois l'objet d'une critique véhémente, c'est moins en vertu des préjugés de l'intellectuel pur qu'en fonction de l'idéal traditionnel de l'homme complet, harmonieusement équilibré, que méconnaît le dressage spécialisé du champion en quête de performances.

Cette aspiration vers l'homme total ne se manifeste pas moins dans les programmes scolaires. En théorie (encore une fois, il ne s'agit ici que de définir un idéal), l'éducation hellénistique ne consent pas à renoncer à son secteur artistique ; elle cherche même à refléter les progrès d'une culture de plus en plus différenciée en ajoutant une initiation aux arts plastiques au programme traditionnel de l'éducation musicale, héritage de l'époque homérique.

2. JUV. X, 356.

De même, le programme théorique de la « culture générale », de cette ἐγκύκλιος παιδεία qui voudrait définir la formation de base de toute intelligence vraiment cultivée, s'efforce de totaliser les avantages d'une préparation littéraire et d'une préparation mathématique.

Cette aspiration nostalgique vers une totalité humaine ne se manifeste nulle part mieux que dans la confrontation passionnée des deux formes rivales de la culture supérieure : l'art oratoire et la philosophie. L'une et l'autre appartiennent au même titre à l'essence de la culture antique : c'est leur dialogue, par moment si âpre, si tendu, qui définit celle-ci. Nous devons nous représenter l'homme hellénistique hésitant en face de cette option difficile; le choix ne se fait pas sans quelque regret ou quelque effort de synthèse.

Nous l'avons observé, chacune de ces deux formes rivales de la culture a toujours cherché à s'approprier quelque chose du prestige, impossible à nier, de sa rivale : de Platon à Thémistios,[3] les philosophes n'ont jamais admis que la Vérité pût se passer des Muses; les rhéteurs de la Seconde Sophistique, comme déjà Isocrate, revendiquaient de leur côté le beau titre de philosophe pour leur idéal de l'orateur.

Il y a dans cette attitude autre chose qu'un besoin de compromis, qu'un désir intéressé d'attirer la clientèle en s'appropriant les avantages de la boutique rivale. Entre ces deux pôles de la culture antique existe une tension dialectique, pathétique et féconde (encore une forme de l'ἀγών, de la rivalité, de la noble Discorde) : ni l'orateur, ni le philosophe ne peuvent se passer l'un de l'autre, ne peuvent renoncer à ce qui fait l'ambition propre de leur rival. L'homme grec veut être à la fois l'artiste et le sage, le lettré à la finesse souriante ou fleurie et le penseur qui connaît le secret du monde ou de l'homme, sait l'établir avec une rigueur géométrique et en tirer une règle de vie : car tout cela c'est l'Homme et choisir, pour lui, c'est se mutiler.

Sans doute, la réalité quotidienne, le plus souvent, un cruel démenti à cette aspiration paradoxale et en quelque sorte désespérée : les progrès techniques réalisés dans tous les domaines par la culture grecque, précisément à l'époque hellénistique, faisaient éclater les limites qu'imposent à la personne humaine les possibilités réduites de son système nerveux et la durée limitée de

3. THEM. *Or.* XXIV, 302 D-303 A; cf. SYN. *Dion*, 4, 1125 A.

sa vie. La civilisation antique a déjà pu connaître quelque chose des difficultés au milieu desquelles se débat notre monstrueuse civilisation moderne, dont les constructions colossales ne sont plus à l'échelle de l'homme, mais de la planète (quel physicien, aujourd'hui, peut prétendre connaître la totalité de la science physique ?) : déjà, l'homme hellénistique se sentait déchiré entre l'aspiration totalitaire que nous appelons, en notre mauvais grec, la tendance encyclopédique et le besoin, qui n'est pas moins essentiel à l'humanisme, de conserver à la culture humaine sa forme et en quelque sorte sa dimension personnaliste.

On l'a vu, le seul type de culture hellénistique qui ait réussi à totaliser gymnastique, musique, lettres, sciences et arts, celui de l'éphébie aristocratique, n'y est parvenu qu'en substituant à la connaissance véritable une teinture superficielle et frivole, caricature de l'humanisme véritable. Mais la fécondité d'un idéal ne se mesure pas seulement au pourcentage plus ou moins élevé de ses réalisations pratiques : la nostalgie, l'inquiétude, le remords que laisse au fond du cœur la Forme entrevue, encore qu'imparfaitement réalisée, est aussi un mode de présence. Si, pratiquement, l'homme hellénistique n'est jamais devenu cet homme total, il s'est toujours souvenu qu'il aurait voulu le devenir et n'y a jamais renoncé de bon gré.

Primat de la morale. Sur un plan tout au moins, cette aspiration humaniste vers l'éducation intégrale a toujours triomphé : celui du primat de la formation morale. Le classicisme ne veut pas se contenter de former un lettré, un artiste, un savant : il cherche l'homme, c'est-à-dire d'abord un style de vie conforme à une norme idéale. Son exemple possède ici, pour nous modernes, une haute valeur exemplaire, car c'est un point que notre système d'éducation, progressivement sécularisé à partir de la Réforme et de la Contre-Réforme, avait fini par perdre de vue.

Quand le Grec parle de « la formation de l'enfance », τῶν παίδων ἀγωγή, c'est d'abord, c'est essentiellement de la formation morale qu'il s'agit.

Bien significative à cet égard est l'évolution sémantique (amorcée dès la période hellénistique) qui a conduit le mot de « pédagogue » à son sens actuel d' « éducateur » : c'est qu'en fait cet humble esclave jouait, dans la formation de l'enfant, un rôle plus

L'HUMANISME CLASSIQUE

important que celui du maître d'école; celui-ci n'est qu'un technicien qui s'occupe d'un secteur limité de l'intelligence; le pédagogue au contraire est aux côtés de l'enfant pendant la journée entière, l'initie aux bonnes manières et à la vertu, lui apprend à se tenir dans le monde et dans la vie (ce qui importe plus que de savoir lire)... Chez nous c'est l'école qui est le facteur décisif de l'éducation; chez les Grecs, c'est le milieu social où grandit l'enfant : famille, domesticité, entourage.

La même préoccupation dominante se fait jour dans les degrés supérieurs de l'enseignement : le grammairien qui explique Homère, le rhéteur qui apprend à bien parler insistent à temps et à contretemps sur la vertu moralisatrice de leurs auteurs ou de leurs exercices. Pour ne rien dire du philosophe qui, à l'époque où nous sommes parvenus, aspire moins à révéler la nature profonde de l'univers ou de la société qu'à enseigner, de façon plus pratique même que théorique, un idéal éthique, un système de valeurs morales et le style de vie approprié qui permet de les réaliser.

D'où l'idée que toute formation supérieure implique un lien profond, total et personnel entre le maître et son disciple, — un lien où, on le sait, l'élément affectif, sinon passionnel, joue un rôle considérable. Cela explique le long scandale causé par la commercialisation de l'enseignement inaugurée par les premiers Sophistes, l'absence, dans l'antiquité, d'établissements d'enseignement supérieur à proprement parler, qui fussent l'équivalent de nos Universités modernes, ces grands magasins de la culture : l'école, pour les Grecs, c'est le petit groupe fervent rassemblé par le prestige d'un maître et qui approfondit son unité dans un régime de vie plus ou moins communautaire qui multiplie les rapports étroits.

L'homme en tant que tel. L'homme tout entier, mais l'homme en tant que tel, et non sous l'une de ses formes ou l'un de ses rôles particuliers. Je souligne en passant que la différenciation sexuelle tend à s'effacer dans l'éducation hellénistique, alors qu'elle était si prononcée à l'époque archaïque où, nous l'avons vu, l'éducation saphique s'opposait à la formation virile si profondément marquée par la pédérastie. Désormais les jeunes filles sont normalement élevées comme leurs frères, même si la logique du système n'aboutit pas partout à une co-éducation rigoureuse comme celle que nous avons pu noter à Téos [4] ou à Chios [5].

L'homme contre le technicien. — Mais, surtout, la pédagogie classique s'intéresse à l'homme en soi, non au technicien équipé pour une tâche particulière. C'est ici, peut-être, qu'elle s'oppose le plus nettement à l'éducation de notre temps, contrainte de former avant tout les spécialistes que réclame une civilisation prodigieusement différenciée et à la technique envahissante.

Il ne suffit pas, pour nous débarrasser de l'objection que représente pour nous la position antique, de l' « expliquer » en fonction des origines aristocratiques de la culture classique : il est bien vrai, certes, que l'existence de l'esclavage permettait aux Grecs d'identifier l'homme (libre) au noble désœuvré, libéré par le travail d'autrui de toute tâche avilissante, disponible pour une vie de loisirs élégants et de liberté spirituelle.

Mais, je le répète, les formes contingentes de l'histoire véhiculent et incarnent des valeurs qui les transcendent; cherchons moins à expliquer qu'à « comprendre » : cela devient d'autant plus profitable que c'est plus difficile. Là encore, il faut constater que la pensée antique a délibérément refusé de s'engager sur la voie où la civilisation moderne s'est si aveuglément précipitée.

Elle dédaigne (car c'est un refus plus qu'une ignorance) l'orientation technique. Son éducation aspire à former l'homme en soi, disponible ultérieurement pour n'importe quelle tâche, mais que rien ne limite par avance à une spécialisation déterminée.

Seule la médecine, plus nécessaire socialement, plus tôt différenciée comme discipline autonome, a réussi à faire admettre, pour ses adeptes, un type de formation propre. Et encore, on sent les médecins sans cesse guettés par un complexe d'infériorité : d'Hippocrate à Galien, nous les avons entendu répéter « que le médecin est aussi philosophe »; ils ne veulent pas se laisser enfermer dans leur culture particulière, mais aspirent à rejoindre la culture commune sur le plan proprement humain. Le médecin ne se repose pas pour cela sur sa formation technique, mais, comme on le voit à l'époque romaine dans le cas de Galien, s'efforce d'être, lui aussi, un homme cultivé, qui connaît ses classiques, qui sait

---

4. DITT. *Syll.* 578, 9. — 5. ATH. XIII, 566 E.

parler comme un vrai rhéteur et discuter comme un philosophe.

C'est des Anciens que nous vient la notion traditionnelle de culture générale (un des sens, on l'a vu, du terme ambigu d'ἐγκύκλιος παιδεία) : l'éducation classique se flatte de dispenser une formation-type, à la fois générale et commune. Elle cherche à développer, sans en atrophier aucune, toutes les virtualités de l'être humain, et le rend ainsi capable de remplir au mieux la tâche, quelle qu'elle soit, que la vie, les exigences sociales ou sa libre vocation exigeront plus tard de lui. Le produit idéal d'une telle éducation est en quelque sorte un tissu humain indifférencié, mais de très haute qualité intrinsèque, prêt à obéir à toutes les injonctions de l'esprit ou de la conjoncture, καιρός. Les Anciens ont eu une claire conscience de cette indétermination féconde de leur idéal culturel : nul ne l'a mieux exprimé que Julien l'Apostat, dans un passage lyrique où il oppose l' « Hellénisme » traditionnel à ce qu'il croit être la barbarie des Chrétiens. L'homme bien doué, nous dit-il [6], qui a reçu l'éducation classique devient capable de tout genre d'exploit; il peut tout aussi bien faire avancer la science, devenir un chef politique, un homme de guerre, un explorateur, un héros : il est comme un présent des dieux parmi les hommes...

Culture générale, mais aussi culture commune : précisément parce qu'elle mène à tout, elle convient à tous et constitue par suite un puissant facteur d'unité parmi les hommes. D'où l'accent, surprenant au premier abord, mis sur la notion de Parole, Λόγος, la dominante littéraire de cette éducation. C'est que le Verbe est l'instrument privilégié de toute culture, de toute la civilisation, car il est le moyen le plus sûr de contact et d'échange entre les hommes : il brise le cercle enchanté de la solitude où sa compétence tend inévitablement à enfermer le spécialiste.

Et c'est encore cela l'humanisme : l'attention attirée sur le caractère social de la culture, le danger de toute activité qui se renfermerait sur elle-même, se refusant à l'interéchange de la vie commune. Nous touchons ici à la justification profonde du refus opposé par la tradition antique à la grande idée de Platon qui voulait faire des mathématiques l'instrument essentiel de la formation des esprits. Sans doute, puisqu'elles sont purement rationnelles et que la raison est commune entre tous les hommes, les mathématiques paraissent convenir à tous; mais dès qu'on s'élève

---

6. JUL. *Galil.* 229 E.

au-dessus de leur degré le plus élémentaire, le climat dépouillé, abstrait, dans lequel elles s'épanouissent devient bientôt insupportable à la majorité des esprits : Platon lui-même en convient, qui souligne la valeur de sélection que détiennent ainsi ces sciences difficiles.

Humanisme littéraire et non scientifique. Quand il s'agit de former non plus une petite équipe de dirigeants, mais toute l'élite d'une société, il vaut mieux se maintenir au niveau plus modeste de la parole, dans le domaine plus concret des lettres, dans cette zone moyenne des idées générales, des grands sentiments généreux qu'affectionne la tradition classique et où elle voit le terrain par excellence d'une culture commune à l'ensemble des bons esprits.

Bien entendu, elle ne renonce pas aux mathématiques (elle voudrait n'être conduite à renoncer à rien), mais il est remarquable qu'elle ne retienne guère de celles-ci que leur valeur de culture formelle et préparatoire : dans le programme idéal de l'éducation hellénistique, les quatre sciences mathématiques ne figurent qu'au titre de l'enseignement secondaire; la haute culture scientifique est une spécialité, l'objet d'une vocation exceptionnelle et, comme toute spécialité, bien vite suspecte de s'égarer hors de l'humain.

J'insiste, car la chose importe : en définitive, Isocrate l'a, aux yeux de la postérité, emporté sur Platon. La culture classique est essentiellement une formation esthétique, artistique, littéraire et non scientifique. Homère est resté l' « éducateur de la Grèce », les philosophes n'ont pas réussi à le chasser hors de la République, ils ont même renoncé à s'y essayer; Euclide n'a pu se substituer à lui.

L'initiation au degré supérieur de la vie de l'esprit se réalise par la poésie, cet instrument merveilleux qui enchante l'âme des hommes et, par des voies secrètes, induit dans leur cœur une certaine connaissance intuitive du vrai, du beau et du bien; expérience infiniment nuancée, subtile et complexe qui laisse loin derrière elle les démonstrations rigoureuses et les concepts purs du géomètre : l'esprit de finesse, pour l'humanisme, importe plus que celui de géométrie. L'homme cultivé, aux yeux du classicisme, est celui dont l'enfance a été bercée par les adieux d'Hector ou les récits chez Alkinoos; qui a découvert les passions de l'homme et son cœur profond dans « une fin de chœur chez Euripide », ou telle anecdote des historiens : et qui a acquis ainsi une certaine expérience psychologique, un sens affiné des valeurs morales, du réel et du possible, — de l'Homme et de la vie.

Valeur de la tradition. La vertu propre de la poésie opère par elle-même : il importe peu ici que les pédagogues hellénistiques aient souvent perdu de vue cette justification profonde ; nous les avons vus souvent embarrassés pour expliquer le rôle éminent reconnu à Homère dans l'éducation. Leurs tentatives pour faire de lui soit un maître de morale, soit un maître d'éloquence sont pitoyables, mais l'expérience poétique se passait de leurs obligeantes explications. Elles sont risibles peut-être, mais il est essentiel qu'on ait maintenu intacte la continuité de la tradition.

Car l'humanisme repose en définitive sur l'autorité d'une tradition qu'on reçoit de ses maîtres et qu'on transmet à son tour, indiscutée. D'où un autre bienfait, je le souligne en passant : entre tous les esprits, ceux d'une même génération comme ceux de toute une histoire, une homogénéité foncière qui rend plus facile la communication, la communion. Bienfait dont nous mesurons tout le prix, dans l'anarchie présente où se débat notre culture : au sein d'une culture classique, tous les hommes ont en commun un même trésor d'admirations, de modèles, de règles, et d'abord d'exemples, de métaphores, d'images, de mots : un commun langage. Qui, parmi les modernes, peut sans nostalgie évoquer un tel climat ?

Polyvalence indifférenciée. Mais revenons à la technique : l'idéal de la culture classique est en somme à la fois antérieur et transcendant à toute spécification technique. Antérieur : l'esprit une fois formé est une force admirable, parfaitement libre, totalement disponible pour n'importe quelle tâche particulière.

L'éducation hellénistique connaît bien, je l'ai signalé, un enseignement professionnel, celui qu'assure à un apprenti le maître qui l'accepte comme assistant. Mais l'esprit classique implique une certaine disqualification de cette adaptation, limitée en sa portée, des virtualités de l'esprit : il demeure entendu, comme allant de soi, que l'important est d'être un homme intelligent, sachant voir clair et juger droit. Quant au métier, ce n'est l'affaire que d'un effort d'initiation rapide : n'importe qui, pourvu qu'il soit de qualité, est pratiquement capable de faire n'importe quoi.

D'autre part, l'idéal classique transcende la technique : humain au départ, l'homme cultivé, même s'il devient un spécialiste hautement qualifié, doit se préoccuper de rester avant tout un homme. Ici, de nouveau, le dialogue avec l'esprit antique se révèle instructif pour le moderne. Nous souffrons d'une évidente surévaluation métaphysique de la technique : il est peut-être utile d'entendre les Grecs insister sur la finalité humaine qui seule peut légitimer toute activité spéciale.

Il y a un terrible impérialisme au sein de toute technique : en vertu de sa logique propre, elle tend à se développer selon sa ligne en elle-même et pour elle-même, et finit par asservir l'homme qui l'exerce : qui ne mesure aujourd'hui à quelle inhumanité peut conduire la science chez le savant, la biologie chez le médecin qui oublie qu'il doit guérir des hommes, la science politique chez l'homme d'État qu'une doctrine trop sûre rend si facilement implacable ? Les classiques nous répètent que toute institution, toute connaissance, toute technique ne doivent jamais devenir une fin en soi : maniées par des hommes, au service de l'homme, elles doivent toujours se subordonner et dans leur exercice et dans leurs résultats à cette valeur suprême : l'humain.

Au-delà de l'humanisme. La richesse d'un idéal s'obtient au détriment de la logique : il n'est pas facile de schématiser l'essence du classicisme, car sa réalité vécue n'est pas l'incarnation d'*une* idée : n'est-ce pas, précisément, une des revendications fondamentales de son esprit de finesse que d'insister sur le danger que représente l'Idée poussée trop loin, sans correctifs suffisants, dans la voie de sa réalisation empirique ?

En fait, par exemple, la pensée hellénistique n'a jamais formellement renié le vieil idéal totalitaire de la cité antique, celui d'une consécration fondamentale de l'homme à sa société, même si en fait cet idéal était bien dépassé : ses survivances ont contribué à lester de sérieux l'image un peu flottante que la formation classique donne de l'homme; en même temps, elles servaient de pierres d'attente et comme de préparation à la nouvelle civilisation totalitaire qui devait fleurir à la *Spätantike,* dans le Bas-Empire, et à Byzance; l'histoire de la civilisation nous montre constamment ce curieux phénomène de superposition : les survivances attardées d'un stade archaïque sont aussi le germe d'un développement futur.

Il reste vrai que, dans l'ensemble, l'humanisme classique est profondément marqué par l'idéal personnaliste, si caractéristique de cette période hellénistique où le classicisme a pris sa Forme définitive. L'éducation classique cherche à former l'homme en tant qu'homme et non en tant qu'élément au service d'un appareil politique, en tant qu'abeille dans la ruche.

C'est la tendance propre à l'esprit hellénistique que de faire de l'homme une valeur suprême, — entendons de l'homme libre, riche et cultivé, que l'éducation a rendu pleinement homme, que la παιδεία a conduit à l'*humanitas*. Libre, totalement libre devant les murs écroulés de sa cité, abandonné par ses dieux, l'homme hellénistique cherche en vain, face à un monde illimité et à un ciel vide, quelque chose à quoi se rattacher, par rapport à quoi s'ordonner : il ne trouve d'autre solution que de se replier sur lui-même et de chercher en lui-même le principe de son accomplissement.

On peut voir là un rétrécissement de perspective et un péril. Non sans raison : on peut craindre que l'humanisme classique ne serve surtout à former l'homme de goût, l'homme de qualité, le lettré et l'artiste; qu'il cultive surtout les possibilités de l'âme qui conduisent au raffinement de l'expérience intérieure, aux plaisirs délicats, à la douceur de vivre. Et il est bien vrai qu'il a parfois été surtout cela, et en particulier à l'époque proprement hellénistique.

Mais c'est qu'alors les conditions historiques (politiques, économiques, sociales et techniques) laissaient en quelque sorte inemployé l'admirable capital humain ainsi préparé. Encore une fois, l'éducation classique fournit la matière première d'un type humain supérieur, apte à tout, — si toutefois il découvre à quoi, à Qui se consacrer. S'il ne parvient pas à s'accomplir en se dépassant, l'humanisme classique se replie sur une perfection immanente, s'absorbe dans une contemplation esthétique égoïste, qui peuvent bien paraître frivoles et vaines aux yeux d'une culture plus sévère ou plus ambitieuse : ce fut souvent le cas pendant la période hellénistique.

Mais la fécondité du système ne se limite pas à ses premières réalisations historiques, empiriques et contingentes. L'humanisme

CONCLUSION

classique peut aussi atteindre, et a en fait atteint, une grandeur supérieure en se mettant au service d'une cause plus grande à laquelle la personne humaine accepte de se consacrer pour s'y accomplir en se dépassant. Car l'humanisme n'est pas nécessairement clos et comme replié sur lui-même. Sans sortir de l'antiquité, la suite de cette *Histoire* va nous en offrir deux remarquables exemples, en nous montrant l'éducation classique se mettre au service, d'abord, de l'Etat, dans cette Rome où l'idéal ancien de la cité s'épanouit dans un contexte de civilisation hellénistique, puis, plus tard, dans l'Empire chrétien, au service de Dieu.

NOTES COMPLÉMENTAIRES

INTRODUCTION

I

Bibliographie : Sur l'éducation antique, prise en général, le livre de base est resté jusqu'à ce jour :

L. Grasberger, *Erziehung und Unterricht im klassischen Alterthum, mit besonderer Rücksicht auf die Bedürfnisse der Gegenwart, nach den Quellen dargestellt* ; t. I, *Die leibliche Erziehung bei den Griechen und Römern*, 1, *Die Knabenspiele*, Wurzbourg, 1864 ; 11, *Die Turnschule der Knaben*, 1866 ; t. II, *Die musische Unterricht oder die elementarschule bei den Griechen und Römern*, 1875 ; t. III, *Die Ephebenbildung oder die musische und militärische Ausbildung der Griechischen und Römischen Jünglinge*, 1880.

Ouvrage déjà ancien, et qui porte bien sa date : volumineux, touffu et incommode ; surtout, comme Fustel de Coulanges dans *La Cité Antique,* Grasberger juxtapose les témoignages de provenances et de dates les plus diverses : il étudie l'éducation antique comme un bloc, sans en décomposer les étapes historiques. D'autre part, en dépit des promesses du titre, il ne cite pas toujours, à l'appui de ses opinions, des sources antiques, mais renvoie à des érudits antérieurs à lui, aujourd'hui oubliés et devenus peu accessibles.

Tel qu'il est, ce pesant ouvrage dispense pratiquement de remonter aux travaux plus anciens de F. H. C. Schwarz (Leipzig, 1829), J. Naudet (Paris, 1831), F. Cramer (Elberfeld, 1833), J. H. Krause (Halle, 1851) ; on lira cependant encore avec profit le petit livre de :

J. L. Ussing, *Erziehung und Jugendunterricht bei den Griechen und Römern*[2] ; Berlin, 1885, traduction allemande de deux programmes de Copenhague (la première édition, Altona, 1870, avait paru sous le titre : *Darstellung des Erziehung und Unterrichtswesen bei den Griechen und Römern*).

Je ne connais que par ouï-dire le gros volume (530 pp.) de :

P. Monroe, *Source-book of the history of education for the Greek and Roman period*, Londres, 1902.

Le Daremberg et Saglio, *Dictionnaire des Antiquités grecques et romaines*, contient un bel article, *Educatio*, brillant, pas toujours très sûr, d'E. Pottier : t. II, 1 (1892), p. 462 a-490 b. Par contre, le Pauly-Wissowa, *Realencyclopädie des Altertumswissenschaft*, n'a qu'un bref article *Schulen*, d'E. Ziebarth : II R., II, 1 (1923), c. 763-768 ; le t. IX A1 est paru en 1961 sans contenir l'article *Unterricht*, attendu. Un peu trop

INTRODUCTION

rapides également, les pages consacrées au sujet dans les manuels de la série :

I. von Müller, *Handbuch der (klassischen) Altertumswissenschaft* : t. IV, 1, 2, I. von Müller-A. Bauer, *Die Griechischen Privat und Kriegsaltertümer*, Munich, 1893 (la refonte attendue d'E. Pernice n'est pas parue), pp. 312-342; 11, 2, H. Blümner, *Die Römischen Privataltertümer* (1911), pp. 312-342.

Le besoin d'une mise au point, au courant des recherches récentes, s'est fait sentir également à l'étranger :

J. F. Dobson, *Ancient Education and its meaning to us, our debt to Greece and Rome*, Londres, 1932.

M. Lechner, *Erziehung und Bildung in der Griechische-römischen Antike*, Munich, 1933.

H. Franz, *Die Erziehung bei den Griechen und den Römern*, ap. Schroeteler, *Die Pädagogik der nichtchrislichen Kulturvölker*, Munich, 1934.

Sur l'**éducation grecque,** un livre excellent :

P. Girard, *L'Education athénienne*[2], Paris, 1891.

Voir aussi (mais il dépend largement de Grasberger et Girard) :

K. J. Freeman, *Schools of Hellas, an essay on the practice and theory of ancien Greek education from 600 to 300 B. C.*[3], Londres, 1932. Et :

Fr. A. G. Beck, *Greek Education, 450-350 B. C.*, Londres, 1964.

Auxquels il faut joindre, pour les vues qu'il ouvre en profondeur sur l'idéal de la culture grecque, et par suite de l'éducation, le chef-d'œuvre de :

W. Jäger, *Paideia, die Formung der griechischen Menschen* : nous avons cité le t. I d'après la trad. française, Paris, 1964, les t. II-III d'après l'éd. originale anglaise, Oxford, 1944-1945, mais il faut utiliser maintenant les dernières éditions allemandes : I[3], II-III[2], Berlin, 1954-1955.

Notre documentation est complétée par l'apport des monuments figurés, et notamment des peintures de vases :

A. E. Klein, *Child Life in Greek Art*, New York, 1932.

Fr. Beck, *op. cit., Appendix*, p. 320-346; et pour l'éducation physique :

E. Norman Gardiner, *Greek athletic Sports and Festivals*, Londres, 1910, pp. 511-517 (bibliographie) et l'illustration de ses :

Athletics of the ancient world, Oxford, 1930. Cf. aussi :

C. A. Forbes, *Greek physical education*, New York, 1929.

C. Diem, *Weltgeschichte des Sports und der Leibeserziehung*, Stuttgart, 1960.

Sur l'**éducation romaine,** deux livres de base :

E. Jullien, *Les Professeurs de littérature dans l'ancienne Rome*, Paris, 1885.

A. Gwynn, *Roman Education from Cicero to Quintilian*, Oxford, 1926.

Un exposé rapide dans :

NOTES DES PAGES 11 ET 12

J. Marquardt, *La Vie privée des Romains* (ap. Th. Mommsen et J. Marquardt, *Manuel des Antiquités romaines*, traduction française, XIV, 1), Paris, 1892, pp. 96-157.

L. Friedländer, 10e ed., procurée par G. Wissowa, de : *Darstellungen aus der Sittengeschichte Roms in der Zeit von August bis zum Ausgang der Antonine*, Leipzig, 1921 s., t. I, pp. 175-188; II, pp. 191-214.

Pour la documentation archéologique :

H. I. Marrou, Μουσικὸς ἀνήρ, *Etude sur les Scènes de la Vie intellectuelle figurant sur les Monuments funéraires romains*, 2e éd., Rome 1964.

Les écoles du Bas-Empire ont été l'objet d'études particulières :

G. Rauschen, *Das griechische-römische Schulwesen zur Zeit des ausgehenden Heidentums*, programme de Bonn, 1900.

P. R. Cole, *Later Roman Education in Ausonius, Capella, and the Theodosian Code*, New York, 1902.

T. Haarhoff, *Schools of Gaul, a study of pagan and christian Education in the last century of the Western Empire*, 2e éd., Johannesburg, 1958.

Beaucoup de matériaux dans l'article *Ecoles* de Dom H. Leclercq, ap. F. Cabrol-H. Leclercq, *Dictionnaire d'Archéologie chrétienne et de Liturgie*, t. IV, 2 (1921), c. 1730-1883.

Peu de choses à retenir de : M. Pavan, *La crisi della scuola nel IV. secolo d. C.*, Bari, 1952.

La mise à jour de la présente 6e édition a été grandement facilitée par la synthèse, élégante et rapide mais riche d'informations, de Ch. Piétri, *L'Educazione classica*, dans le volume collectif : *Questioni di storia della pedagogia*, Brescia, 1963, p. 13-62.

2

Sur l'*histoire de l'Education du Moyen-Age occidental*, qu'il me suffise de renvoyer d'abord et surtout à :

P. Riché, *Education et Culture dans l'Occident barbare*, Paris, 1962 (*Patristica Sorbonensia*, 4); puis successivement à :

L. Maitre, *Les Ecoles épiscopales et monastiques en Occident avant les Universités (768-1180)*, Paris, 1924 (2e éd. de *Les Ecoles épiscopales et monastiques de l'Occident depuis Charlemagne jusqu'à Philippe Auguste*, Paris, 1866).

E. Lesne, *Histoire de la propriété ecclésiastique en France*, t. V, *Les Ecoles de la fin du VIIIe siècle à la fin du XIIe*, Lille, 1940.

G. Paré, A. Brunet, P. Tremblay : *La Renaissance du XIIe siècle, les Ecoles et l'Enseignement, refonte complète de l'ouvrage de G. Robert (1909)*, Paris-Ottawa, 1933.

L. J. Paetow, *The Arts course at mediaeval universities, with special reference to Grammar and Rhetoric*, Champaign, 1910.

M. Grabmann, *Geschichte der scholastischen Methode*, Fribourg-en-Brisgau, 1909-1911.

S. d'Irsay, *Histoire des Universités françaises et étrangères depuis les origines jusqu'à 1860*, t. I, *Moyen-Age et Renaissance*, Paris, 1933.

INTRODUCTION

3

Le caractère néo-classique de notre pédagogie française :
F. de Dainville, *Les Jésuites et l'éducation de la Société française, la naissance de l'humanisme moderne*, t. I, Paris, 1942.
P. D. Bourchenin, *Etude sur les académies protestantes en France au XVIe et au XVIIe siècle*, Paris, 1882.

4

Le mot *culture* : il faut lui conserver le sens spécifiquement français de « forme *personnelle* de la vie de l'esprit », en évitant de le prendre comme font abusivement nos ethnographes, au sens de l'allemand *Kultur*, qui signifie *civilisation* : cf. mon article *Culture, Civilisation, Décadence*, Revue de Synthèse, XV (= Revue de Synthèse Historique, LVII), 1938, pp. 133-160.

5

Sur le *Livre des Proverbes* comme « Miroir des Scribes », qu'il me suffise de renvoyer aux brèves indications d'A. Moret, *Histoire de l'Orient* (= G. Glotz, *Histoire Générale*, I), II, Paris, 1936, p. 786, plutôt qu'à l'ouvrage, d'une prolixité fatigante, de Dom H. Duesberg, *Les Scribes inspirés* [I], *le Livre des Proverbes*, Paris, 1938.

6

Sur les plus anciennes tablettes sumériennes connues (niveau IV des fouilles d'Uruk) : J. Jordan, *Abhandlungen* de l'Académie des Sciences de Berlin, *Phil.-hist. Kl.*, 1932, 2, pp. 11-12; A. Falkenstein, *Archaische Texte aus Uruk*, Berlin, 1936; V. Gordon Childe, *L'Orient préhistorique*, trad. fr., Paris, 1935, p. 150 : elles paraissent bien relatives à l'administration du temple.

7

Pour cette notion, toujours utile de « monarchie orientale », voir le livre important de K. A. Wittfogel, *Oriental Despotism*, Yale University Press, 1957; les discussions qu'il a soulevées et les problèmes qu'il pose ont été bien mis en lumière par P. Vidal-Naquet dans sa *Préface* à la traduction française (Paris, 1964), parue d'abord dans : *Annales E. S. C.*, 1964, p. 531-549.

8

Les *Enseignements d'Akhthoy* (titre conventionnel : le même texte est aussi désigné, à la suite de J. Maspéro, *Du Genre épistolaire chez les Egyptiens de l'époque pharaonique*, Paris, 1872, sous le nom de *Satire des métiers*), ont été traduits par A. Erman, *Die Literatur der Aegypter*, Leipzig, 1923, pp. 100-105 (trad. anglaise de A. H. Blackman, Londres, 1927) sous le titre *Die Lehre des Duauf* : le nom complet de l'auteur a été lu tantôt Douaouf fils de Kheti (ou Akhti, Akhthoy), tantôt Akhthoy fils de Douaouf.

NOTES DES PAGES 12 À 18

Le texte du scribe Amenemope, la *Satire du Cultivateur*, se trouve également traduit par Erman, *ibid.*, pp. 246-247.

9

Sur les dieux protecteurs des scribes : G. Contenau, *Manuel d'Archéologie orientale*, I, Paris, 1927, p. 232; A. Erman, *La Religion des Egyptiens*, trad. fr., Paris, 1937, p. 81. A Thoth est associée la déesse Seshat. La vénération des scribes s'adressera aussi à des « héros », des scribes divinisés, comme le célèbre Imhotep, ministre et architecte du vieux roi Djézer, constructeur de la pyramide à degrés de Saqqarah (XXVIIIe siècle), ou, plus tard, Amenhotep, fils de Hapou, un scribe d'Amenophis III (1405-1370) : Erman, *ibid.*, pp. 372-373; P. Gilbert, *La Naissance et la carrière du dieu Asclépios-Imouthès*, thèse de Bruxelles, 1929; W. R. Dawson, *Amenophis, the son of Hapu*, *Aegyptus*, VII (1926), pp. 122-138.

R. Labat me signale l'intérêt d'un texte cunéiforme (*Vorderasiatische Bibliothek*, VII, 256, 18) où Assurbanipal se glorifie de son habileté de scribe autant que de ses conquêtes. Il prétend « surpasser sur ce point tous les rois ses prédécesseurs et pouvoir lire les pierres du temps du déluge et comprendre les tablettes en obscur sumérien et l'akkadien difficile à maîtriser ». A l'en croire, il aurait écrit lui-même les textes de sa bibliothèque; il se fit représenter sur les bas-reliefs avec un style passé dans sa ceinture.

10

Sur l'école du palais de Mari : A. Parrot, *Syria*, XVII (1936), p. 21; pl. III, 3-4.

11

Sur l'éducation dans la Mésopotamie ancienne : B. Meissner, *Babylonien und Assyrien* (*Kulturgeschichtliche Bibliothek herausgegeben von* W. Foy), Heidelberg, 1925, II, pp. 324 s.; S. Landesdorfer, *Schule und Unterricht in alten Babylonien*, *Blätter f. d. Gym.-Schulwesen*, XLV, pp. 577-624.

Pour son parallèle chez les Juifs : L. Dürr, *Das Erziehungswesen im Alten Testament und in antiken Orient*, Leipzig, 1932.

Pour l'Egypte, le travail classique est le mémoire d'A. Erman, *Die Aegyptischen Schulerhandschriften*, *Abhandlungen* de l'Académie des Sciences de Berlin, *Phil.-hist. Kl.* 1925, 2; cf. B. van de Walle, *Les Exercices d'écoliers dans l'ancienne Egypte*, *Revue des Questions scientifiques* (Louvain), 4, XXIV (1933), pp. 219-247.

12

Les textes cités sur la pédagogie sévère des Egyptiens (*Papyrus Anastasi* V, 3, 9, et IV, 8, 7) ont été traduits par A. Erman, *Literatur der Aegypter*, pp. 243 et 267.

13

Sur l'enseignement oral qui se reflète en Mésopotamie dans les textes appelés *Commentaires* (cf. R. Labat, *Commentaires assyro-babyloniens sur les présages*, Bordeaux, 1933, pp. 9 s.), voir un bel exemple dans la conversation littéraire entre un maître et son disciple, ap. *Keilschrifttexte aus Assur religiösen Inhalts*, nº 111 (traduit en partie par B. Meissner, *Babylonien und Assyrien*, II, pp. 326-327).

14

Sur la littérature sapientielle des Egyptiens, souvent analysée à la suite d'A. Erman, *Literatur der Aegypter*, voir par exemple l'ouvrage cité de H. Duesberg, *Les Scribes inspirés*, I, pp. 59-68.

15

Pour son influence sur la sagesse juive : A. Erman, *Sitzungsberichte* de l'Académie des Sciences de Berlin, 1924, pp. 86-93; P. Humbert, *Recherches sur les sources égyptiennes de la littérature sapientiale des Hébreux*, Neuchâtel, 1929.

16

Sur la sagesse mésopotamienne : B. Meissner, *Babylonien und Assyrien*, II, pp. 419 s.; S. Langdon, *Babylonian Wisdom*, Babyloniaca, VII (1923), pp. 137 s.; E. Ebeling, *Reste akkadischen Weisheitsliteratur*, Mitteilungen altorient Gesellschaft, IV, pp. 21-29; une brève évocation ap. E. Dhorme, *La Littérature babylonienne et assyrienne*, Paris, 1937, pp. 85-90.

17

La culture des scribes est attestée, sous les deux premières dynasties égyptiennes par des sceaux de fonctionnaires portant des titres aussi caractéristiques que « chancelier de toutes les écritures du Sud » ou « chef du sceau de tous les écrits » (J. Pirenne, *Histoire des Institutions et du Droit privé de l'ancienne Egypte*, I, Bruxelles, 1932, pp. 121-125, 301-304.) Naturellement, à mesure qu'on avance dans le temps, les documents se font plus explicites : dès la IIIe dynastie (XXVIIIe siècle), nous trouvons des inscriptions biographiques qui permettent de reconstituer la filière administrative et la hiérarchie des fonctionnaires (J. Pirenne, *ibid.*, pp. 139-144).

18

Pour les tablettes de Jemdet-nasr, S. Langdon, *Oxford editions of cuneiform texts*, VII (1928), *Pictographic inscriptions from Jemdet-nasr*. Pour celles d'Uruk III, cf. les publications citées ci-dessus, n. 6, et Gordon Childe, *L'Orient préhistorique*, pp. 145, 148-150.

19

Sur l'écriture chypriote, nous disposons maintenant de la belle thèse de O. Masson, *Les inscriptions chypriotes syllabiques*, recueil critique et commenté, Paris, 1961.

Il est plus difficile de se faire une idée précise de l'état de la question concernant les écritures minoennes, tant ce secteur de la science est encore mouvant; on pourra prendre contact avec les tentatives qui se multiplient en feuilletant la revue *Minos* qui paraît à Salamanque depuis

1951; v. par ex. E. Peruzzi, *Chronique bibliographique* sur le *linéaire A*, *Minos*, 5 (1957), p. 99-102.

Sur l'administration de la monarchie minoenne au temps de l'hégémonie de Cnosse, on peut relire les pages, évidemment vieillies, de G. Glotz, *La civilisation égéenne*, Paris, 1923, p. 174-182.

20

Nous ne savons rien de certain jusqu'ici sur les écoles minoennes : la « salle de classe » du palais de Cnosse n'est qu'une désignation publicitaire attribuée par Evans à une salle (un magasin ?) de l'aile nord-est (*The Palace of Minos*, I, pp. 365-366). F. Chapouthier a trouvé à Mallia une tablette portant un graffito d'enfant : la présence de cet informe « bonhomme » ne suffit pas à en faire *Une Ardoise d'écolier à l'époque minoenne*, *Revue des Etudes Grecques*, XXXIII (1925), pp. 427-432.

21

Le déchiffrement du « linéaire B » fut annoncé au monde savant par l'article retentissant de M. Ventris et J. Chadwick, *Evidence for Greek Dialect in the Mycenaean Archives*, *JHS*. 73 (1953), p. 84-103, et mis en application par les mêmes dans leurs *Documents in Mycenaean Greek*, Cambridge, 1956; le chantier depuis n'a pas chômé : v. les chroniques bibliographiques de M. S. Ruipérez, dans *Minos*, 3 (1954-1955), p. 157-167; 6 (1958-1960), p. 67-73; 7 (1961-1963), p. 161-171.

22

Ceci malgré S. Oświecimski, « Le problème de la continuité dans la civilisation et l'écriture grecques » (en polonais), dans *Archeologia*, 11 (1959-1960), p. 66-79, qui ferme les yeux de façon paradoxale sur une évidente discontinuité.

PREMIÈRE PARTIE

I. L'ÉDUCATION HOMÉRIQUE

1

L'éducation homérique : on trouve, bien entendu, sur ce sujet, comme sur tous les sujets possibles, l'*Inaugural-dissertation* allemande de type classique : R. F. Klötzer, *Die Griechische Erziehung in Homers Iliad und Odyssee, ein Beitrag zur Geschichte der Erziehung im Altertum*, diss. Leipzig, 1911; mais les pages les plus suggestives que j'ai rencontrées sont celles de W. Jäger, *Paideia*, I, pp. 46-105 (ital.). V. Benetti-Brunelli, *L'Educazione in Grecia*, I. *L'Educazione della Grecia eroica. Il problema*

Ire PARTIE : L'ÉDUCATION HOMÉRIQUE

(*Publicazioni della Scuola di filosofia della R. Università di Roma*, XIII), Florence, 1939, ne contient que des prolégomènes et n'aborde pas le sujet annoncé.

2

Nous disposons maintenant d'un guide très riche et tout à fait à jour dans le recueil collectif publié sous la direction de A. J. B. Wace et F. H. Stubbings, *A Companion to Homer*, Londres, 1962; il faut cependant l'utiliser avec précaution, comme va l'indiquer la note 6. Peut-être faut-il lui préférer la remarquable synthèse que vient de nous donner G. S. Kirk, *The Songs of Homer*, Cambridge, 1962. Le lecteur français ne doit pas renoncer à relire pour commencer P. Mazon, *Introduction à l'Iliade*, Paris, 1942 : ouvrage bien informé, si raisonnable et, l'avouerai-je, si reposant après les orgies conjecturales de l'érudition romantique, surtout allemande, dont l'*Odyssée* de V. Bérard, Paris, 1924, est encore, quoi qu'il en ait, un si curieux héritage.

3

Etat présent de la question d'Homère : P. Vidal-Naquet écrit dans *Annales S. E. C.*, 1963, p. 706 : « Les conclusions adoptées (par J. A. Davidson, dans *A Companion to Homer*, p. 259) sur la date du poème : fin du VIIIe pour l'*Iliade*, début du VIIe pour l'*Odyssée*, même si on les juge un peu tardives, correspondent en gros au *consensus* actuel. »

Il n'y aura jamais en philologie, de *consensus omnium* : on trouvera toujours des esprits aventureux pour proposer des hypothèses risquées (l'équivalent de ce que les chimistes appellent « expériences pour voir ») : mais il n'est pas nécessaire de les retenir, ni même de les réfuter longuement.

4

Je suis, et cite P. Mazon, *Introduction à l'Iliade*, p. 266.

5

Les Anciens hésitaient, pour cette date, entre 1159 avant Jésus-Christ (Hellanicos) et 686 (Théopompe) : Pauly-Wissowa, VIII, c. 2207-2210, s. v. *Homeros*.

6

Valeur historique du témoignage d'Homère : le lecteur trouvera, sur cette *quaestio uexata* une mise au point d'une parfaite rigueur critique dans l'article très largement informé et très fouillé de P. Vidal-Naquet, *Homère et le monde mycénien, à propos d'un livre récent* (il s'agit du Wace-Stubbings) *et d'une polémique ancienne*, paru dans *Annales E. S. C.*, 1963, p. 703-719; avec raison, l'auteur reproche aux collaborateurs du *Companion* de voir dans les poèmes homériques un miroir de l'époque mycénienne : « pareille vision relève de la mythologie » ! Pour l'état antérieur de la polémique, voir H. Jeanmaire, *Couroi et Courètes, essai sur l'Edu-*

NOTES DES PAGES 25 À 30

cation spartiate et sur les Rites d'adolescence dans l'Antiquité hellénique, Travaux et Mémoires de l'Université de Lille, n° 21, Lille, 1939, p. 12, n. 1.

7

Chevalerie homérique : j'adopte ici les conclusions du premier chapitre (qui porte ce titre) de la thèse citée de H. JEANMAIRE, *Couroi et Courètes*, pp. 11-111.

8

Le sport dans les loisirs homériques : cf. encore B 773-775 (les guerriers d'Achille, au repos, s'amusent sur la grève à lancer le disque et le javelot, ou à tirer à l'arc).

9

Joutes d'éloquence ? Si du moins on accepte (mais j'hésite à le faire) l'interprétation de H. JEANMAIRE, qui prend au sens fort les vers O 283-284, où le poète dit de Thoas :

ἀγορῇ δὲ ἑ παῦροι Ἀχαιῶν
νίκων, ὁππότε κοῦροι ἐρίσσειαν περὶ μύθων,

« et sur l'agora peu d'Achéens l'emportent sur lui quand les jeunes guerriers contestent sur les mythes », — et non : « ... discutent les avis dans l'assemblée » (thèse citée, p. 42).

10

Boxe minoenne : E. N. GARDINER, *Athletics of the ancient world*, pp. 11-14. Je ne puis ici que soulever le difficile problème des survivances créto-mycéniennes dans les jeux grecs classiques, qu'ils soient sportifs ou musicaux : cf. PAUS., XVIII, 4, 1 ; 23, 2 ; HÉS. *Op.*, 655 (GARDINER, *ibid.*, p. 30 ; W. D. RIDINGTON, *The Minoan-Mycaenian background of Greek athletics*, dissert. de Philadelphie, 1935).

11

Chiron, éducateur d'Achille : cf. V. SYBEL, s. v. *Cheiron*, ap. W. H. ROSCHER, *Ausf. Lexikon der gr. u. röm. Mythologie*, I, c. 888-892 ; DE RONCHAUD, s. v. *Chiron*, ap. DAREMBERG-SAGLIO, I, 2, pp. 1105 a-1106 a. Les textes les plus intéressants sont ceux de PINDARE, témoin privilégié de la tradition aristocratique : *Pyth.*, III, 1-5 (cf. IV, 101-115) ; VI, 20-27 ; *Nem.*, III, 43-58. Parmi les monuments figurés, on retiendra un beau stamnos à figures rouges du Louvre, où l'on voit Pélée amenant Achille enfant à Chiron (*C. V. A., Louvre*, fasc. 2, III, 1 c, pl. 20, fig. I), une peinture souvent reproduite d'Herculanum au musée de Naples, Chiron enseignant la lyre à Achille (O. ELIA, *Pitture murali e mosaici nel Museo Nazionale di Napoli*, Rome, 1932, n° 25 (9019), fig. 5, p. 25) et les reliefs de la *tensa capitolina*, Chiron enseigne à Achille la chasse et le javelot (S. REINACH, R.R.G.R., I, 377, 11, a).

Il a existé un poème archaïque, les *Enseignements de Chiron*, Χίρωνος Ὑποθῆκαι, dont il nous reste quelques fragments gnomiques, transmis

347

Iʳᵉ PARTIE : L'ÉDUCATION HOMÉRIQUE

sous le nom d'Hésiode (voir par exemple dans l'édition Didot de celui-ci, pp. 61-69 et J. Schwartz, *Pseudo-Hesiodea*, Leiden 1960, pp. 228-244).

12

Combiner les rôles respectifs de Phoinix et de Chiron présente quelques difficultés. Les Anciens (si j'en juge par Lucien, *Dial. Mort.*, xv, 1) n'y voyaient pas malice et parlaient simplement « des deux maîtres » d'Achille, τοῖν διδασκάλοιν ἀμφοῖν. J. A. Scott, *American Journal of Philology*, XXXIII (1912), p. 76, s'efforce de montrer qu'Achille a pu avoir Phoinix comme gouverneur pendant sa petite enfance avant d'aller étudier sous Chiron : mais Homère ne réduit pas Phoinix au seul rôle de « nourrice sèche » (cf. 438 s., 485). Pour W. Jäger, *Paideia*, I, pp. 52-55, Phoinix est un doublet humanisé du personnage mythique de Chiron que le poète ne pouvait décemment mettre en scène, vu le réalisme de son épopée : le chant I peut avoir été composé à part et raccordé ensuite, plus ou moins tardivement, et non sans quelque dissonance, au reste de l'*Iliade* (cf. dans le même sens, Mazon, *Introduction*, p. 178).

13

Homère, comme poète non religieux, d'esprit noble, laïc, anti-sacerdotal : cf. là-dessus les fécondes observations d'O. Spengler, *Le Déclin de l'Occident*, trad. fr., II, 11, p. 418, — ce monument d'erreurs sombres, parsemées d'éblouissantes étincelles. *Contra*, l'hypothèse, bien aventureuse et mal assise, de C. Autran, *Homère et les Origines sacerdotales de l'Epopée grecque*, t. I-III, Paris, 1938-1944; cf. de même M. P. Nilsson et contra E. Ehnmark : ap. A. Passerini, *IXᵉ Congrès intern. des Sciences historiques*, Paris, 1950, t. I, p. 125, n. 28; p. 126, l'opinion de Passerini lui-même.

14

La Tristesse d'Achille : cf. l'article, assez décevant d'ailleurs, publié sous ce titre par G. Méautis, ap. *Revue des Etudes Grecques*, XLIII (1930), pp. 9-20.

15

L'épithète homérique : c'est ici surtout que je me fais l'écho de la forte pensée de W. Jäger, *Paideia*, I, pp. 64 s. Cf. aussi, sur un mode mineur, P. Mazon, *Introduction*, pp. 296 s. : « La morale de l'*Iliade* », et une jolie page du P. A.-J. Festugière, *L'Enfant d'Agrigente*, pp. 13-14.

16

L'idéal agonistique : J. Burckhardt, *Griechische Kulturgeschichte, pass.* (ainsi II, pp. 365 s.; IV, pp. 89 s.) et, pour un rappel sommaire, G. Andler, *Nietzsche*, I, pp. 299 s.

II. L'ÉDUCATION SPARTIATE

1

Sparte, ville à demi illettrée : E. Bourguet, *Le Dialecte laconien, Collection linguistique publiée par la Société linguistique de Paris*, XXIII, Paris, 1927, pp. 13 s. (étude remarquable : l'observation des faits linguistiques conduit à une histoire de la civilisation).

2

L'éducation crétoise et ses analogies avec l'éducation spartiate : Lois de Gortyne, ap. Dareste-Haussoulier-Th. Reinach, *Inscriptions juridiques grecques*, I, 3, pp. 406-408 ; Strabon, X, 483 ; Jeanmaire, *Couroi et Courètes*, pp. 421-444.

3

Chronologie de la civilisation archaïque de Sparte : R. M. Dawkins, *The Sanctuary of Artemis Orthia at Sparta, Journal of Hellenic Studies, Supplementary Paper*, n° 5, Londres, 1929, notamment p. 49, fig. 28.

4

L'originalité de Sparte tient à son archaïsme conservateur : l'hypothèse raciste qui l'explique au contraire par le caractère dorien a été formulée par K. O. Müller dans son célèbre ouvrage *Die Dorier* (1re éd., Breslau, 1824) et a toujours été l'objet d'un traitement de faveur en Allemagne : cf. V. Ehrenberg, *Spartiaten und Lakedaimonier, Hermes*, LIX (1924), pp. 23-72 ; H. Berve, *Sparta*, Leipzig, 1939 ; Th. Meier, *Wesen der Spartanischen Staatsordnung, Klio, Beiheft* XLII (1939). Elle est cependant fortement attaquée, même en Allemagne ; K. J. Beloch va jusqu'à nier la réalité même d'une invasion dorienne : *Griechische Geschichte*, I, 11, Berlin-Leipzig, 1926, pp. 76-93 ; U. Kahrstedt, *Griechisches Staatsrecht*, I. *Sparta und seine Symmachie*, Göttingen, 1922, pp. 369 s. ; et, en France : P. Roussel, *Sparte*, Paris, 1939, pp. 19-22 ; H. Jeanmaire, *Couroi et Courètes*, pp. 422, 474 s.

5

Renaissance du nationalisme spartiate à l'époque romaine : cf. encore Bourguet, *Le Dialecte laconien*, pp. 20 s.

6

L'hoplite spartiate dans l'art archaïque : scène de combat sur un magnifique *pithos* (datant de 600-550), orné de reliefs imitant le style des vases de métal : Dawkins, *Artemis Orthia*, pl. XV-XVI, p. 92 ; statuette de bronze de l'hoplite Carmos : Ch. Picard, *Manuel d'Archéologie grecque*, I, p. 464, fig. 136, g. Plus près de l'art classique : beau buste casqué de « Léonidas » (peu après 480) : *Id.*, II, 1, pp. 163-164, fig. 75.

Iʳᵉ PARTIE : L'ÉDUCATION SPARTIATE

7

Conséquences politiques de la nouvelle tactique de l'infanterie lourde : J. HASEBROEK, *Griechische Wirtschafts- und Gesellschaftsgeschichte bis zur Perserzeit*, Tubingen, 1931, p. 158; H. JEANMAIRE, *Couroi et Courètes*, pp. 130-131.

8

Tyrtée comme témoin de l'idéal nouveau de la cité : cf. le mémoire fondamental de W. JÄGER, *Tyrtaios, über die wahre Arete*, Sitzungsberichte de l'Académie des Sciences de Berlin, *Phil.-hist. Klasse*, 1932, pp. 537-568; *Paideia*, I, pp. 119-132.

9

L'éthique patriotique et guerrière de Tyrtée me paraît refléter un moment caractéristique de l'évolution de la conscience politique grecque, plutôt qu'un tempérament spécifique de la race dorienne : nous allons retrouver la même inspiration, en pleine Ionie, chez un Callinos d'Éphèse, au moment de l'invasion cimmérienne, soit peu de temps avant Tyrtée (première moitié du VIIᵉ siècle).

10

Champions spartiates aux jeux olympiques : E. Norman GARDINER, ap. G. DICKINS, *Journal of Hellenic Studies*, XXXII (1912), p. 19, n. 106; *Athletics of the ancient world*, p. 34.

11

Sportives spartiates : petits bronzes archaïques (600-530) : Ch. PICARD, *Manuel d'Archéologie grecque*, I, fig. 135, p. 460, lointains prototypes de la célèbre *Coureuse Barberini*, d'un charme équivoque si prenant, copie romaine d'un bronze de 460 environ : *Id.*, II, 1, pp. 161-162.

12

Les premiers textes spartiates connus sont de brèves inscriptions votives tracées sur des vases à la fin du VIIᵉ siècle : DAWKINS, *Artemis Orthia*, p. 76, fig. 54; p. 111, fig. 86, 3.

13

Glaucos de Rhègion (deuxième moitié du Vᵉ siècle) comme source de l'histoire musicale de Plutarque : Th. REINACH, ap. WEIL-REINACH, éd. de PLUTARQUE, *De Musica, introduction*, pp. XI-XII, 37, ad § 89.

14

Calendrier des fêtes spartiates : ZIEHEN, ap. PAULY-WISSOWA, II R, III, 2, c. 1508-1520, s. v. *Sparta*.

15

Sur les masques votifs trouvés en grand nombre (plus de 600) dans les fouilles du sanctuaire d'Artemis Orthia : DAWKINS, *Artemis Orthia*, pp. 163-185, pl. 47-52 (les plus anciens remontent au début du vII^e siècle, *akmè*, vers 600).

16

Sur l'interprétation, difficile, du *Partheneion* d'Alcman, cf. la bibliographie rassemblée par E. Diehl, *Anthologia lyrica Graeca*[2], II, 1942, pp. 7-8, et notamment B. A. van Groningen, *The Enigma of Alcman's Partheneion, Mnemosyne*, 3, III (1936), pp. 241-261.

17

La révolution réactionnaire du milieu du VIe siècle : G. Glotz, *Histoire grecque*, I, pp. 349, 372-373 ; Ehrenberg, ap. Pauly-Wissowa, s. v. *Sparta*, c. 1381 ; H. Jeanmaire, *Couroi et Courètes*, p. 548.

18

Après 576, les victoires spartiates aux jeux olympiques cessent brusquement : on n'en signale qu'une en 552, puis, clairsemées, douze, échelonnées entre 548 et 400 ; une enfin en 316 ; ce sont en majorité des victoires remportées par les attelages des écuries royales, comme celle du roi Démaratos ou celle de Cynisca, la fille d'Archidamos : cf. Gardiner et Dickins, cités ci-dessus, n. 10.

19

Tableau de l'éducation spartiate classique : W. Knauth, *Die spartanische Knabenerziehung im Lichte der Völkerkunde, Zeitschrift für Geschichte der Erziehung und des Unterricht*, XXIII (1933), pp. 151-185 ; T. R. Harley, *The Public schools of Sparta*, ap. *Greece and Rome*, 1934, III, pp. 124-139 ; P. Roussel, *Sparte*, pp. 59-65 ; K. M. T. Chrimes, *Ancient Sparta, a Re-examination of the Evidence*, Manchester, 1949 (Public. of the Univ. of Manchester, Historical Series, 84) ; W. den Boer, *Laconian Studies*, Amsterdam, 1954, p. 238-298 (« Aspects of the Spartan *Agoge* »). Mais rien ne dispense de relire Xénophon, *Lac.*, 2 ; Plutarque, *Lyc.*, 16-17 ; Platon, *Leg.*, I, 633 ac.

20

Innovations tactiques d'Iphicrate : R. Cohen, *La Grèce et l'hellénisation du Monde antique* (collection *Clio*), pp. 309-310 ; — de Gorgias, Epaminondas et Pélopidas, cf. s. vv. Pauly-Wissowa, VIII, c. 1619-1620 ; V, c. 2678-2679, 2683-2684 (Swoboda) ; XIX, 1, c. 380 (G. Reincke).

21

Recevoir l'éducation d'Etat était certainement une condition nécessaire pour l'exercice du droit de cité à Sparte : Xen., *Lac.*, 10, 7 ; Plut., *Inst. Lac.*, 238 F, 21. Etait-elle suffisante ? Jeanmaire le croit (*Couroi et Courètes*, p. 490), mais n'avance pas de preuve suffisante : Plut., *ibid.*, 22.

Ire PARTIE : L'ÉDUCATION SPARTIATE

22

Les classes d'âge de la jeunesse spartiate, voir sous ce titre, avec l'article classique de M. P. Nilsson, *Grundlagen des spartanischen Lebens, Klio*, 1912, pp. 308-340, mon mémoire ap. *Revue des Etudes anciennes*, XLVIII, 1946, pp. 216-230. Cette reconstitution peut-être trop ingénieuse n'a pas convaincu tous mes lecteurs : v. par ex. Chr. Pélékidis, *Histoire de l'Ephébie attique*, Paris, 1952, p. 58, n. 4.

23

Βουαγός, chef de patrouille ; les inscriptions votives commémorant les victoires des jeunes garçons aux jeux d'Artemis Orthia ne manquent jamais de mentionner ce grade, soit que le vainqueur l'ait porté, soit qu'il puisse faire état d'un lien de parenté (ou peut-être, suggérerai-je, d'amitié, au sens le plus « grec » du mot) avec un βουαγός : A. M. Woodward, ap. Dawkins, *Artemis Orthia*, pp. 290-291.

24

Les éphores condamnèrent les musiciens qui avaient ajouté des cordes supplémentaires à la lyre classique de Terpandre, qui était heptacorde : C. del Grande, *Espressione musicale dei poeti greci*, Naples, 1932, pp. 89-100 ; K. Schlesinger, *The Greek aulos*, Londres, 1939, p. 143 ; I. Düring, *Studies in musical terminology in 5th century literature, Eranos*, XLIII (1945), 176 s., surtout 190-192. L'aventure serait arrivée à Phrynis de Mitylène d'après Plutarque, *Prof. in. virt.*, 84 A ; *Agis*, 10 ; à Timothée de Milet suivant Pausanias, III, xii, 10 ; Cicéron, *De Leg.*, II, 39, et Boèce, *De Mus.*, I, 1 ; celui-ci nous a conservé le texte grec du décret qui aurait été porté contre le malheureux musicien. Mais un examen attentif de la langue de ce document semble montrer qu'il s'agit d'un faux, dû à quelque grammairien du temps de Trajan ou d'Hadrien : Bourguet, *Dialecte laconien*, pp. 154-159.

25

L'aulos rythmait les mouvements d'ensemble non seulement dans l'armée spartiate, mais aussi dans la marine de guerre athénienne, où la chiourme ramait au son de l'instrument du τριηραύλης (Pauly-Wissowa, s. v. *Nautae*, XVI, 2, c. 2031).

26

Machiavélisme spartiate au IVe siècle : on pensera à Phoibidas enlevant par surprise la Cadmée, en 382, à la faveur d'une fête ; au raid de Sphodrias sur le Pirée, en pleine paix, en 378 : Xen., *Hell.*, V, 2, 25-36 ; 4, 20-33.

27

Sur la cryptie : H. Jeanmaire, en dernier lieu, ap. *Couroi et Courètes*, pp. 550-588.

NOTES DES PAGES 47 À 55

28

Danseuses spartiates : reliefs du musée de Berlin, reflétant une création du sculpteur Callimachos (fin du ve siècle) : Ch. PICARD, *Manuel d'Archéologie grecque*, II, 11, pp. 624-626, fig. 252, 253.

29

Philolaconisme dans la tradition grecque : F. OLLIER, *Le Mirage spartiate*, 2 vol., Paris, 1932-1943.

30

Timaia, femme d'Agis II : EHRENBERG, ap. PAULY-WISSOWA, II R, VI, 1, c. 1074-1075. Femmes d'affaires dans la Sparte du IIIe siècle : je pense à la mère d'Agis, Agésicrate, à son aïeule Archidamie « qui possédaient à elles seules plus de richesses que tout le reste des Lacédémoniens », à sa femme Agiatis, à Cratésilea, mère de Cléomène : PLUT., *Agis*, 5, 23, 29.

31

Sur les gymnopédies, le texte classique est celui de PLATON, *Leg.*, I, 633 c; cf. BÖLTE et ZIEHEN, ap. PAULY-WISSOWA, II R, III, 2, c. 1372, 1510. Que la flagellation devant l'autel d'Orthia ne soit pas le rite « primitif » sur lequel a rêvé l'imagination morbide des sociologues modernes est un fait aujourd'hui bien établi : JEANMAIRE, *Couroi et Courètes*, pp. 513-523; la « joute des fromages » ne fait place à la flagellation qu'à partir du témoignage de CICÉRON, *Tusc.*, II, 34. La cérémonie attire encore les touristes en plein IVe siècle après Jésus-Christ : LIBANIOS, *Or.*, I, 23.

On maintiendra cette interprétation malgré l'impertinente critique de W. DEN BOER, *Laconian Studies*, p. 269-270, qui m'assimile « to the clique of younger (hélas! *ter*) too self-confident historians »... Ma conviction se fonde sur les précisions chronologiques de JEANMAIRE, que néglige W. DEN BOER.

III. DE LA PÉDÉRASTIE COMME ÉDUCATION

1

L'amour grec : les études fondamentales restent celles de K. O. MÜLLER, *Die Dorier*[2], Breslau, 1844, pp. 289-298, et de M. H. E. MEIER, ap. J. S. ERSCH, J. G. GRUBER, *Encyclopädie der Wissenschaften und Künsten*, IX, Leipzig, 1837, qu'il convient de lire dans la traduction française de L.-R. DE POGEY-CASTRIES, *Histoire de l'Amour grec dans l'Antiquité, par M. H. E. Meier, augmentée d'un choix de documents originaux* (précieuse anthologie de textes historiques et littéraires) *et de plusieurs dissertations complémentaires*, Paris, 1930. Le sujet, bien entendu, a souvent

Ire PARTIE : LA PÉDÉRASTIE

été repris : L. Dugas, *L'Amitié antique d'après les Mœurs populaires et les Théories des Philosophes*, Paris, 1894; H. Hoessli, *Eros, dit Männerliebe der Griechen*[3], Munster-Berlin, 1924; D. H. Robinson, E. J. Fluck, *A Study of Greek love-names, including a discussion of paederasty*, Johns Hopkins University Studies in Archaelogy, XXIII, Baltimore, 1937; S. Wikander, *Der arische Männerbund*, Lund, 1938, et dernièrement par J.Z. Eglinton, *Greek Love*, New York, 1964. Mais je n'ai rien lu sur ce sujet qui m'ait autant appris que l'enseignement de L. Massignon.

2

La langue grecque traduit une réprobation formelle de l'inversion; on la désigne par des termes qui signifient : déshonorer, outrager, action honteuse, conduite infâme, impureté, mœurs ignobles; le mépris est surtout explicite pour le patient : celui qui subit des choses honteuses, abominables : de Pogey-Castries, pp. 176, 307-311.

3

L'homosexualité et les lois : elle ne paraît avoir été légalement admise qu'en Elide : Xen., *Lac.*, 2, 12; Plut., *Pel.*, 19. Ailleurs, même en Crète ou à Sparte, où pourtant elle s'affirmait au grand jour, le viol de l'éphèbe et les relations charnelles sont interdits, et, théoriquement sanctionnés : Strab., X, 483; Dareste, Haussoulier, Reinach, *Inscriptions juridiques grecques*, I, pp. 358-359, 451; Xen., *Lac.*, 2, 13; *Conv.*, 8, 35; El., *V. H.*, III, 12. A Athènes, la loi punit l'esclave pédéraste et, chez les citoyens, la prostitution, le proxénétisme et le viol d'un adolescent. Les règlements de police attribués à Solon interdisent aux adultes l'accès des écoles (de lettres ou de gymnastique ?) fréquentées par les jeunes garçons : cf. les textes rassemblés par de Pogey-Castries, pp. 284-290.

4

Pédérastie pure : les Anciens déjà ont voulu, par exemple, justifier les usages de la Crète ou de Sparte en assurant qu'ils n'autorisaient que des relations chastes (textes cités dans la note ci-dessus); mais les limites permises s'étendaient assez loin et cette « pureté » nous paraît aussi équivoque et trouble que celle de l'amour courtois tel qu'André le Chapelain l'a codifié au XIIIe siècle : l'amour sage, σώφρων, permettait bien des faveurs : baisers, attouchements, en un mot, précise Cicéron, *Omnia praeter stuprum..., complexus enim concubitusque permittunt palliis interjectis* (*De Rep.*, IV, 4). Il n'est pas nécessaire d'avoir de la nature humaine une conception janséniste pour prévoir que ces frêles barrières ne devaient pas résister beaucoup au déchaînement de la concupiscence charnelle. La tradition antique est assez riche en anecdotes qui contredisent cette tentative d'apologie : ainsi l'histoire d'Aristodèmos, harmoste d'Oréos, enlevant de force un adolescent (Plut., *Amat. narr.*, 773-774).

Cela ne signifie pas que nous ne trouvions chez les meilleurs, Platon par exemple, un effort pour transcender la chair : v. à ce sujet le charmant mémoire de F. Daumas, « Sous le signe du gattilier en fleurs », *REG.* 74 (1961), p. 61-68.

5

La pédérastie paraît absente d'Homère : Ganymède n'y est que l'échanson, non le mignon, de Zeus; entre Achille et Patrocle n'existe qu'une amitié d'enfance et une fraternité de combat. On peut se demander si cette amitié ne dissimule pas une passion plus charnelle : les modernes inclinent parfois à le penser (ainsi J. A. Symons, *The Greek poets*, III, p. 80, cité par A. Gide, *Corydon, Œ. C.*, IX, p. 299); les Anciens n'ont pas hésité à le faire, comme déjà, semble-t-il, Eschyle dans ses *Myrmidons* (*fr.* 128; cf. Luc., *Am.*, 54).

Homère a pu vouloir ignorer une institution connue de son temps : le tableau qu'il retrace de la vie héroïque ne va pas sans omissions (on l'a noté en particulier pour la religion et le culte). Mais ce silence, voulu ou non, est susceptible de deux interprétations opposées : une survivance de la civilisation minoenne qui aurait rejeté avec horreur la brutalité de ces mœurs guerrières importées dans l'Egée par les envahisseurs nordiques; ou bien au contraire : l'effet d'un développement plus précoce de la conscience morale dans cette Grèce d'Asie où, à l'époque classique, la pédérastie sera plus sévèrement jugée que dans le reste du monde hellénique (cf. Plat., *Conv.*, 182 bc). A l'appui de la première hypothèse, cf. S. Wikander, *Der arische Männerbund*, Lund, 1938, qui reporte l'origine de nos fraternités guerrières jusqu'aux lointains arrière-plans européens.

6

Des mythes canonisent l'inversion : amours de Zeus et Ganymède, Héraklès et Iolaos (ou Hylas), Apollon et Hyacinthe, etc. Mais il est difficile de dater leur apparition. L'épopée sur Héraklès attribuée à Pisandre, et qui évoquait le viol du jeune Chrysippe par Laïos ne saurait, comme le prétendait certaine tradition antique, être antérieure à Hésiode (Keydell, ap. Pauly-Wissowa, XIX, 1, c. 144, s. v. Peisandros). La pédérastie est célébrée de façon normale par les grands lyriques à partir de la fin du VIIe siècle, d'Alcée à Pindare.

7

La pédérastie comme spécialement dorienne : cf. K. O. Müller, *Die Dorier* (ci-dessus, note 1); E. Bethe, *Die dorische Knabenliebe, ihre Ethik, ihre Idee, Rheinisches Museum*, LXII (1907), pp. 438-475.

8

La pédérastie comme initiation magique : l'étude qui a ouvert la voie dans ce curieux domaine est celle d'E. Carpenter, *Beziehungen zwischen Homosexualität und Prophetentum*, ap. *Jahrbuch für sexuelle Zwischenstufen unter besonderer Berücksichtigung der Homosexualität, Suppl.*, 1911.

1re PARTIE : LA PÉDÉRASTIE

9

La cité grecque, un club d'hommes : Barker, *Greek political theory*, p. 218. Pédérastie et fraternité guerrière : L. Dugas, *l'Amitié antique*, p. 87; en Crète (Strab., X, 483) et à Thèbes (Plut., *Amat.*, 930) l'usage voulait que l'amant offrît à son jeune aimé une armure, son équipement complet de combattant.

10

La pédérastie comme rite de passage : le mémoire fondamental est celui de Bethe (cité note 7) dont la thèse, âprement critiquée pourtant dès son apparition : A. Semenov, *Zur dorischen Knabenliebe*, *Philologus*, N. F., XXIV (1911), pp. 146-150; A. Ruppersberg, Εἰσπνήλας, *ibid.*, pp. 151-154, vient d'être reprise chez nous par H. Jeanmaire, *Couroi et Courètes*, notamment pp. 456-460, « les antécédents de la théorie platonicienne de l'Amour ».

Bethe et Jeanmaire font grand état des inscriptions rupestres archaïques (VIIe siècle) relevées à Théra par Hiller von Gärthringen : *I. G.*, XII, 3, 536 s.; en dernier lieu, ap. Pauly-Wissowa, II R, V, 2, c. 2289. On y lit des formules telles que celle-ci : « Krimôn ici a sailli Amotiôn » (*I. G.*, XII, 3, 538). « Par Apollôn, certes, c'est bien ici que Krimôn a sailli (son) garçon, le frère de Bathyklès » (*ibid.*, 537; pour la restitution et la ponctuation, voir Hiller von Gärthringen, Pauly-Wissowa, *loc. cit.*). Je ne vois là que des graffiti obscènes, du type de ceux que nous lisons à Pompéi : *Hic ego cum veni futui, fututa sum hic...* (cf. n° 536 : une main plus récente a ajouté : πόρνος·). Aucun des arguments invoqués ne me paraît suffire à transformer ces exploits sexuels en cérémonies religieuses marquant solennellement l'entrée de l'éphèbe dans la confraternité des hommes : que les caractères soient de grande dimension ne suffit pas à faire de ces graffiti des inscriptions votives. Le rocher sur lequel on les trouve est tout de même à 60 mètres au moins à l'ouest du sanctuaire d'Apollon Carneios et au sud-ouest de l'emplacement des dédicaces religieuses (*I. G.*, XII, 3, 351-373) dont Jeanmaire les rapproche arbitrairement; et s'il domine l'emplacement du gymnase des éphèbes, celui-ci est de cinq ou six cents ans postérieur!

11

La pédérastie et les attentats contre les tyrans : voir l'ensemble des faits rassemblés par Meier-de Pogey-Castries, *Histoire de l'Amour grec*, pp. 160-168.

12

La signification culturelle de Théognis de Mégare a été remarquablement mise en lumière par W. Jaeger, *Paideia*, I, pp. 227-247; J. Carrière, *Théognis de Mégare*, thèse de Paris, Gap, 1948, pp. 155-162.

13

Sur le roman des amours de Théognis pour Cyrnos, voir les extraits des *Élégies* rapportés par de Pogey-Castries, *Histoire de l'Amour grec*, pp. 235-237.

14

Pédérastie « philosophique », ou lien passionnel entre maître et disciple : témoignages ap. Meier-de Pogey-Castries, *ibid.*, p. 84.

15

Sur les lesbiennes de Baudelaire, ses prédécesseurs romantiques et ses contemporains (Th. Gautier, de Banville, etc.), cf. l'édition critique des *Fleurs du Mal* de J. Crépet-G. Blin, Paris, 1942, pp. 271-275.

16

Défense et illustration de Sapho : U. von Wilamowitz-Möllendorf, *Sappho und Simonides*, Berlin, 1913; Th. Reinach, édition (posthume, procurée par A. Puech) d'*Alcée et Sapho*, Paris, 1937, pp. 168-176; et, bien entendu, l'œuvre de Renée Vivien.

IV. L'ANCIENNE ÉDUCATION ATHÉNIENNE

1

Quand fut instituée l'éphébie attique ? C'est une question très controversée. Comme nous le verrons plus loin (2ᵉ partie, ch. II), l'éphébie, sous sa forme classique d'un service militaire obligatoire de deux ans, ne nous est bien connue qu'à partir de 337-335. U. von Wilamowitz-Möllendorf, *Aristoteles und Athen*, I, Berlin, 1893, pp. 193-194, et à sa suite, A. Brenot, *Recherches sur l'Éphébie attique et en particulier sur la date de l'Institution*, BEHE. 229, Paris, 1920, ont prétendu qu'elle n'avait pas existé avant. Hypothèse irrecevable, qui fait un usage illégitime de l'argument *a silentio* et minimise par hypercritique la portée d'un témoignage comme celui d'Eschine, *Amb.*, 167, qui nous dit avoir au sortir de l'enfance, vers 370, servi comme « milicien » pendant deux ans : cf. V. Chapot, *Quand fut instituée l'Éphébie attique*, Revue de Synthèse historique, 34 (1922), pp. 105-111; J. O. Lofberg, *The Date of Athenian ephebia*, Classical Philology, 20 (1925), pp. 330-335. La question a rebondi lorsque L. Robert publia un texte épigraphique du serment éphébique, que nous ne possédions jusque-là que par Stobée et Pollux : *Études épigraphiques et archéologiques*, même BEHE, 272, Paris, 1938, pp. 296-307. Ce serment est prêté au nom d'une série de divinités de caractère archaïque, ce qui paraît nous reporter très loin dans le passé. H. Jeanmaire, *Couroi et Courètes*, pp. 464-507, croit en effet ce serment très ancien, et par suite l'éphébie aussi, mais celle-ci, d'abord simple « rite de passage », n'aurait pris son caractère définitif que pendant la guerre du Péloponèse, à l'imitation de l'ἀγωγή spartiate. Serment archaïsant plutôt qu'archaïque, reprend A. PIGANIOL, *Les Origines de l'Ephébie attique, Annales d'Histoire (économique et) sociale*, XI, 1939, pp. 212-213, critiquant G. MATHIEU, *Remarques sur l'Ephébie attique, Mélanges Desrousseaux*, Paris, 1937, pp. 311-318, pour qui l'éphébie serait une généralisation du régime existant dès le Vᵉ siècle pour les orphelins de guerre « pupilles de la nation » : l'institution serait bien née de l'imitation de Sparte, mais seulement au lendemain de la défaite de 404, tout en ne devenant obligatoire qu'après 338. V. aussi, ci-dessous, p. 539, n. 5.

2

Théognis et Pindare comme expression de l'idéal aristocratique : je suis toujours W. JÄGER, *Paideia*, I, pp. 291-342, et J. CARRIÈRE, *Théognis*, pp. 177-240.

3

Compétitions sportives pour enfants : le point délicat est de déterminer l'âge de ces « enfants » : étaient-ce de grands adolescents de plus de dix-sept ans ou des « juniors » de douze à seize ? Norman GARDINER penche pour la première hypothèse dans le cas d'Olympie, pour la seconde dans celui des jeux Néméens, Isthmiques et Panathénées : *Athletics of the ancient world*, p. 41. Il est remarquable que les expressions Ἰσθμικοί ou Πυθικοὶ παῖδες soient communément utilisées à l'époque hellénistique et romaine pour désigner des catégories d'âge dans des catalogues, ou des listes de victoires, agonistiques : cf. par exemple les textes rassemblés par L. ROBERT, ap. *Revue de Philologie*, 1930, p. 46, n. 1 ; *BEHE*, 272, p. 24.

4

Le skolion comme genre littéraire-type de l'ancienne culture aristocratique : W. JÄGER, *Paideia*, I, pp. 294 s., à la suite de R. REITZENSTEIN, *Epigramm und Skolion, ein Beitrag zur Geschichte der alexandrinischen Dichtung*, Giessen, 1893, et F. JACOBY, *Theognis, Sitzungsberichte* de l'Académie des Sciences de Berlin, *Phil.-hist. Klasse*, 1931, pp. 90-180.

5

Signification éducative des élégies de Solon : le travail fondamental est encore ici de W. JÄGER, *Solons Eunomie*, mêmes *Sitzungsberichte*, 1926, pp. 69-94.

6

Ostracophorie par écrit : J. CARCOPINO, *L'Ostracisme athénien*[2], Paris, 1935, pp. 78-87 ; pl. I-III.

7

Date de l'apparition de l'école : hors d'Athènes, on trouve les témoignages suivants : à Chios, peu avant la bataille de Ladè, en 496, le toit d'une école, s'étant écroulé, ensevelit cent dix-neuf enfants (HDT., VI, 27) ; à Astypalaia, en 492, le pugiliste Cléomède dans un accès de folie massacra soixante enfants dans une école (PAUS., VI, 9, 6).

8

A propos du mythe anti-chrétien d'une Hellade fondant sa culture spirituelle sur l'exaltation des vertus corporelles, qu'il me suffise de renvoyer à l'un des vulgarisateurs en France de la « pensée » nazie : J.-E. Spenlé, *Nietzsche et le Problème européen*, Paris, 1943, p. 239.

V. L'APPORT NOVATEUR DE LA PREMIÈRE SOPHISTIQUE

1

Caractère élémentaire de l'éducation attique au temps de Périclès : O. Navarre, *Essai sur la rhétorique grecque avant Aristote*, Paris, 1900, pp. 25-26; M. Delcourt, *Périclès*, Paris, 1939, pp. 65-69.

2

Les plus anciennes écoles de médecine : R. Fuchs, ap. Th. Puschmann, M. Neunburger, J. Pagel, *Handbuch der Geschichte der Medizin*, I, Iéna, 1902, pp. 191-193.

3

Pas d' « école » à proprement parler chez les vieux Physiciens de Milet : A. J. Festugière, *Contemplation et Vie contemplative selon Platon*, Paris, 1936, p. 32-33 et App. I, pp. 461-463.

L'école philosophique comme confrérie religieuse : ce fait, signalé en premier lieu par G. Lumbroso, *Ricerche alessandrine*, ap. *Memorie* de l'Académie de Turin, 1873, p. 268, a été l'objet d'une étude pénétrante de la part de P. Boyancé, *Le Culte des Muses chez les Philosophes grecs, Etudes d'Histoire et de Psychologie religieuses*, Paris, 1936, pp. 232-241 (école pythagoricienne), 261-267 (l'Académie), 299-300, 310-322 (le Lycée), 322-327 (école épicurienne).

4

Je ne préjuge pas de l'identité d'Antiphon de Rhamnous, auteur de quinze discours judiciaires et politicien de droite, avec Antiphon le Sophiste dont il nous reste d'importants fragments de philosophie politique (Diels, *Vorsokratiker*, § 80, ou mieux Gernet, à la suite des *Discours* du précédent, collection « Budé », Paris, 1923) : il me suffit pour faire ici une place au premier qu'il ait été un technicien de la rhétorique. Faut-il identifier ou distinguer les deux personnages ? Vaine querelle, faute d'éléments suffisants pour l'alimenter : les tenants de chacune des deux hypothèses rejettent sur leurs adversaires l'*onus probandi*.

Ire PARTIE : LES SOPHISTES

5

Chronologie et carrière des sophistes : en voir les données par exemple dans K. Prächter, ap. F. Ueberweg, *Grundriss der Geschichte der Philosophie*, I¹², pp. 112-129.

Protagoras, né à Abdère en Thrace vers 485, *akmè* vers 446-440; plusieurs séjours à Athènes; meurt vers 411.

Gorgias de Leontinoi en Sicile, né vers 483; vient pour la première fois à Athènes en 427 en qualité d'ambassadeur; meurt en 376 (à la cour du tyran Jason de Phères ?) en Thessalie.

Antiphon, fils de Sophilos du dème de Rhamnous, né vers 480, logographe et rhéteur, condamné à mort en 411 pour sa politique d'extrémisme oligarchique et de trahison dans le gouvernement réactionnaire des Quatre-Cents.

Prodicos de Céos dans les Cyclades, né vers 465; Socrate aurait été son élève, s'il faut en croire Platon : *Men.* 96 d; *Prot.* 341 a; *Charm.* 163 d.

Hippias d'Elis dans le Péloponèse paraît avoir été sensiblement du même âge que Prodicos.

6

Sur les Sophistes, cf. dans les histoires générales de la pensée grecque : F. Zeller, W. Nestle, *Die Philosophie der Griechen in ihre geschichtliche Entwicklung dargestellt*, I, II⁶, Leipzig, 1920, pp. 1278-1441; Th. Gomperz, *Les Penseurs de la Grèce* (traduction française)³, I, Paris, 1928, pp. 452-536. Le travail fondamental, pour notre étude présente, est celui de H. Gomperz, *Sophistik und Rhetorik, das Bildungsideal des ΕΥ ΛΕΓΕΙΝ in seinem Verhältnis zur Philosophie des V. Jahrhunderts*, Leipzig-Berlin, 1912, avec les premières pages de H. von Arnim, *Sophistik, Rhetorik, Philosophie in ihrem Kampf um die Jugendbildung*, introduction de son livre *Leben und Werke des Dio von Prusa*, Berlin, 1898, pp. 4 s.

Du point de vue de l'histoire des sciences : A. Rey, *La Science dans l'Antiquité* (III), *la Maturité de la pensée scientifique en Grèce*, Paris, 1939, pp. 46-67; et de l'éducation : W. Jäger, *Paideia*, I, pp. 425-489.

7

Sur le relativisme phénoméniste de Protagoras : P. Natorp, *Forschungen zur Geschichte der Erkenntnissproblems im Alterthum : Protagoras...*, Berlin, 1884, et, en partie (relativisme objectif et non plus subjectivisme), V. Brochard, *Etudes de Philosophie ancienne et de Philosophie moderne*, Paris, 1912, pp. 23-29, malgré Th. Gomperz, *Penseurs de la Grèce*, pp. 494-505.

Sur le nihilisme philosophique de Gorgias, Ueberweg-Praechter, p. 89, et la critique de H. Gomperz, *Sophistik und Rhetorik*, pp. 1-35.

Pour une majoration analogue de la pensée d'Hippias, cf. ci-dessous, note 11.

NOTES DES PAGES 86 À 98

8

La thèse d'O. Navarre, *Essai sur la Rhétorique grecque avant Aristote*, Paris, 1900, reste nécessaire pour compléter sur le plan technique l'analyse de H. Gomperz, *Sophistik und Rhetorik*.

9

Dépendance de Gorgias vis-à-vis d'Empédocle : H. Diels, *Gorgias und Empedokles*, Sitzungsberichte de l'Académie des Sciences de Berlin, Phil.-hist. Kl., 1884, pp. 343-368; E. Grimal, *A propos d'un passage du Ménon : une définition tragique de la couleur*, Revue des Etudes grecques, LV (1942), pp. 1-13.

10

Les figures gorgianiques ont pu être étudiées par exemple chez saint Augustin ou Sidoine Apollinaire : M. Comeau, *La Rhétorique de saint Augustin d'après les Tractatus in Iohannem*, Paris, 1930, pp. 46-70; A. Loyen, *Sidoine Apollinaire et l'esprit précieux en Gaule aux derniers jours de l'Empire*, Paris, 1943, pp. VIII, 133-134.

11

Le sérieux d'Hippias : il est généralement contesté; ainsi : L. Robin, *La Pensée grecque et les Origines de l'Esprit scientifique*, Paris, 1923, p. 172. De toute façon, l'effort d'E. Dupréel, *La Légende socratique et les sources de Platon*, Bruxelles, 1922, pour gonfler ses mérites et en faire un très grand esprit, l'équivalent d'un Pic de la Mirandole, voire d'un Leibniz, paraît injustifié : cf. par exemple les sévères critiques d'A. Diès, *Autour de Platon*, Paris, 1927, I, pp. 229-237.

12

L'acoustique : je traduis ainsi, pour faire bref, le μουσικήν de *Prot.* 318 e. Rapproché des λογισμοί (les problèmes d'arithmétique), de l'astronomie et de la géométrie, le mot ne désigne plus la « chose des Muses », la culture intellectuelle prise dans son ensemble, mais bien la science mathématique inaugurée par Pythagore, l'étude de la structure numérique des intervalles et du rythme : cf. mon *Saint Augustin et la Fin de la Culture antique*, Paris, 1937, pp. 40-44.

13

Sur les études littéraires des Sophistes, cf. toujours Navarre, *Essai sur la Rhétorique grecque*, pp. 40-44.

14

Recherche scientifique et éducation : pour l'état présent du problème voir le livre, paru en français sous ce titre de J. Strzygowski, *Les Documents bleus*, 5, Paris, 1932, et ma note : *Manque de tradition et erreur de méthode*, ap. Foyers de notre Culture (Rencontres, 9), Paris, 1942, pp. 134-140.

15

Témoignages des comiques sur Socrate : E. Cavaignac, *Musée Belge*, XXVII (1923), pp. 157-167.

16

La question socratique : on trouvera une discussion serrée de ses avatars, de J. Joëll (1893) à E. Dupréel (1922), H. von Arnim (1923) et H. Gomperz (1924) dans le recueil cité d'A. Diès, *Autour de Platon, Essais de critique et d'histoire*, Paris, 1927, I, pp. 127-143. Elle n'a pas cessé d'être reprise : voir notamment W. D. Ross, *The Problem of Socrates, Proceedings of the Classical Association*, Londres, 1933, pp. 7-24; A. E. Taylor, *Socrates*, Londres, 1932; H. Kuhn, *Sokrates, ein Versuch über den Ursprung der Metaphysik*, Berlin, 1934; G. Bastide, *Le Moment historique de Socrate*, Paris, 1939; Th. Deman, *Le Témoignage d'Aristote sur Socrate*, Paris, 1943; W. Jäger, *Paideia*, II, Londres, 1945, pp. 13-76.

Je cite en passant une formule de A. E. Taylor, *Varia Socratica*, Oxford, 1911, p. 30.

17

L'école de Socrate comme communauté ascétique et savante : H. Gomperz, *Die Sokratische Frage als geschichtliches Problem, Historisches Zeitschrift*, CXXIX, 3 (1924), pp. 377-423, recensé par A. Diès, *Autour de Platon*, I, pp. 229-237.

18

Développement du sport professionnel : Norman Gardiner, *Athletics of the ancient world*, pp. 99-106; A. H. Gilbert, *Olympic decadence*, *Classical Journal*, XXI (1925-1926), pp. 587-598.

VI. LES MAITRES DE LA TRADITION CLASSIQUE : PLATON

1

Signification des Petits Socratiques au point de vue de l'histoire de la pédagogie : je résume ici l'apport des fortes pages consacrées à ce sujet par H. von Arnim dans l'introduction déjà citée de son *Dio von Prusa* : pp. 21 (Eschine), 21-25 (écoles de Mégare et d'Elis-Erétrie), 25-32 (essentielles : Aristippe), 32-43 (Antisthène et les Cyniques).

2

Conférences de propagande : Aristippe avait publié six livres de *Conférences*, Διατριβαί (DL., II, 84-85); von Arnim (*ibid.*, p. 30), montre qu'elles font la transition entre les exhibitions-réclame des premiers Sophistes et les sermons populaires des cyrénaïques et cyniques du IIIe siècle : Théodore, Bion, etc., qui auront tant d'imitateurs.

3

Prix des leçons d'Aristippe : les textes hésitent entre 1000 (PLUT., *Lib. educ.*, 4 F) et 500 drachmes (DL., II, 72); le comique Alexis parlait de 6000, mais c'est une exagération bouffonne (ATH., XII, 544 E) : VON ARNIM, *ibid.*, p. 25.

4

Platon comme éducateur : J. A. ADAMSON, *The Theory of Education in Plato's Republic*, Londres, 1903; R. L. NETTLESHIP, *The Theory of Education in the Republic of Plato*, Chicago, 1906; P. FRIEDLÄNDER, *Plato*, I. *Eidos, Paideia, Dialogos*, Leipzig, 1928; II. *Die Platonischen Schriften*, Leipzig, 1930, pp. 363 s.; 670 s.; J. STENZEL, *Plato der Erzieher*, Leipzig, 1928; W. JÄGER, *Paideia*, II-III, Londres, 1945.

5

J'accepte l'authenticité des *Lettres* VII et VIII de Platon : cf. les notices de l'éd. SOUILHÉ, collection « Budé », Paris, 1926, où on trouvera l'historique de la question, si disputée : cf. la bibliographie que donne G. GLOTZ (-R. COHEN), *Histoire Grecque*, III, Paris, 1936, p. 409, n. 102; ajouter : G. R. MORROW, *Studies in the Platonic epistles, Illinois Studies in Language and Litterature*, XVIII, University of Illinois, 1935; G. PASQUALI, *Le Lettere di Platone*, Florence, 1938; E. DES PLACES, *Un Livre nouveau sur les Lettres de Platon*, Revue de Philologie, 1940, pp. 127-135.

6

Platon contre Tyrtée (*Leg.*, I, 628 e-630 e) : ce texte a été bien mis en valeur et finement commenté par E. DES PLACES, *Platon et Tyrtée*, Revue des Etudes grecques, LV (1942), pp. 14-24.

7

Le IVe s., siècle des mercenaires : H. W. PARKE, *Greek mercenary soldiers from the earliest times to the battle of Ipsos*, Oxford, 1933.

8

Qu'était l'Académie : P. BOYANCÉ, *Le Culte des Muses chez les Philosophes grecs*, p. 261, résume le débat : une association de savants (U. VON WILAMOWITZ-MÖLLENDORF, *Platon*[2], Berlin, 1920, pp. 270 s.; *Antigonos von Karystos, Philologische Untersuchungen*, IV, Berlin, 1881, pp. 279 s.; H. USENER, *Organisation der Wissenschaftlichen Arbeit, Vorträge und Aufsätze*, Leipzig-Berlin, 1907, pp. 67 s.), ou bien une Université (E. HOWALD, *Die Platonische Akademie und die moderne Universitas litterarum*, Berne 1921) ?

9

L'Académie comme thiase des Muses : P. BOYANCÉ, *ibid.*, pp. 261-267; sur l'héroïsation de Platon, *ibid.*, pp. 259-261, 267-275, et O. REVERDIN, *La Religion de la Cité platonicienne*, Paris, 1945.

Ire PARTIE : PLATON

10

Sur *Les Procès d'impiété intentés aux Philosophes à Athènes aux Ve-IVe siècles*, cf. le travail paru sous ce titre d'E. Derenne, ap. *Bibliothèque de la Faculté de Philosophie et Lettres de l'Université de Liége*, XLV, Liége, 1930.

11

Caractère sacré du site de l'Académie : Ch. Picard, *Dans les Jardins du héros Académos, Institut de France. Séance publique annuelle des cinq Académies du jeudi 25 octobre 1934, Discours*, Paris, 1934. Sur l'initiative, et avec le patronage de P. Aristophron (*L'Académie de Platon*, Paris, 1933), l'Académie d'Athènes avait entrepris sur le site des fouilles qui malheureusement ont été interrompues au moment où elles commençaient à devenir fructueuses : en voir la chronique ap. *Bulletin de Correspondance hellénique*, de 1930 (t. LIV, pp. 459-460) à 1937 (t. LXII, pp. 458-459), ou *Jahrbuch des Deutschen archäologischen Instituts, Archäologischer Anzeiger*, notamment 1934, c. 137-140 (plan : *Abb.* 8).

12

L'exèdre de Platon : pour aider le lecteur moderne à la « composition de lieu », je rappellerai les mosaïques (romaines, mais reproduisant un original hellénistique) du musée de Naples et de la ville Torlonia-Albani, représentant une assemblée de philosophes (les VII Sages ?) : G. W. Elderkin, *American Journal of Archaeology*, XXXIX (1935), pp. 92-111 ; O. Brendel, *Römische Mitteilungen*, LI (1936), pp. 1-22, et derechef Elderkin, *ibid.*, LII (1937), pp. 223-226.

13

Tableaux muraux utilisés dans l'Académie pour les exercices pratiques de classification (cf. Arstt., *P. A.*, I, 639 a) : A. Diès, *Notice* à son édition du *Politique*, collection « Budé », Paris, 1935, p. xxvii.

14

Influence de la médecine et notamment de la science hygiénique sur la pensée de Platon : cf. W. Jäger, dans l'admirable chapitre qui ouvre le tome III de sa *Paideia*, pp. 3-45, « la médecine grecque comme paideia ».

15

Les problèmes d'arithmétique élémentaire : Platon ne fait que les signaler d'un mot : τὸ λογισμόν (*Rsp.*, VII, 522 c), λογιστική (525 a), λογισμοί (*Leg.*, VII, 809 c, 817 e). De façon un peu plus précise, dans *Leg.*, VII, 819 c, il décrit les jeux arithmétiques qu'il prétend en usage dans les écoles égyptiennes et qui, tout en s'orientant vers l'arithmétique pure, mettent en œuvre les « applications des opérations arithmétiques indispensables », τὰς τῶν ἀναγκαίων ἀριθμῶν χρήσεις.

Dans *Leg.*, VII, 809 c, il associe l'étude du calcul à l'ensemble des

NOTES DES PAGES 111 À 122

connaissances qu'il est nécessaire d'acquérir en vue de la guerre, des affaires domestiques, de l'administration de la cité. Ce caractère pratique et concret apparaît plus nettement *e contrario* dans les passages où Platon, définissant l'orientation abstraite, scientifique et désintéressée, qu'il convient de donner à sa propédeutique mathématique, l'oppose à l'usage exotérique généralement reçu (et qu'il admet lui-même au premier degré, élémentaire, à l'usage de la masse : *Leg.*, VII, 818 a) : chez les apprentis-philosophes, l'arithmétique pure ne servira pas, comme chez les négociants et marchands, à calculer vente et achat (*Rsp.*, VII, 525 c), n'introduira pas dans ses raisonnements des nombres représentant des objets visibles ou matériels (525 e), éliminera ce qu'il y a d'illibéral et de cupide dans ces applications (*Leg.*, VII, 747 b).

16

Papyrus mathématiques égyptiens : A REY, *La Science dans l'antiquité* (I), *la Science orientale avant les Grecs*, Paris, 1930, pp. 201-287.

17

Conception rationnelle, géométrique de l'astronomie platonicienne : cf. avec les pages classiques de P. DUHEM, *Le Système du monde, Histoire des doctrines cosmologiques de Platon à Copernic*, t. I, Paris, 1913, pp. 94-95; t. II, pp. 59 s. (bibliographie antérieure, p. 67, n. 1), A. RIVAUD, *Le Système astronomique de Platon*, Revue d'Histoire de la Philosophie, II (1928), pp. 1-26. On en rapprochera utilement la conception non moins a-priorétique de l'acoustique : A. RIVAUD, *Platon et la Musique*, même *Revue*, III (1929), pp. 1-30.

18

Le cursus platonicien des études. Je dois justifier brièvement la solution adoptée, qui peut d'abord paraître dépasser en précision ce qu'autorise le témoignage des textes (mais cf., à peu près dans le même sens : F. EGERMANN, *Platonische Spätphilosophie und Platonismen bei Aristoteles*, Hermes, 87 (1959), p. 133-142).

Il y a en effet quelque difficulté à accorder les deux tableaux de l'éducation que nous fournissent *La République* (II-III et VII) d'un côté et de l'autre *Les Lois* (II et VII). Je sais quelle défiance il faut garder à l'égard de toute tendance à établir artificiellement une harmonisation entre les différentes œuvres de Platon : chacune d'elles, en un sens, constitue un tout irréductible aux autres; néanmoins, il me semble que, malgré leur perspective différente, ces deux tableaux sont bien complémentaires. *Les Lois* décrivent en détail l'éducation plus élémentaire, en un sens plus « populaire », que les livres II-III de *La République* n'esquissaient que sommairement et qu'ils destinaient à l'ensemble de la classe noble des φύλακες : cette « petite éducation », σμικρὰ παιδεία (*Leg.*, V, 735 a), *Les Lois* elles-mêmes l'opposent à une « éducation plus soignée », ἀκριβεστέρα παιδεία (*Leg.*, XII, 965 b), prévue pour les seuls membres du Conseil Nocturne (*Leg.*, XII, 961 a s.), les chefs de l'Etat, donc l'équivalent des gouvernants-philosophes de *La République,* qui décrit leurs hautes-études précisément sous le nom de παιδεία ἡ ἀκριβεστάτη (*Rsp.*, VII, 503 d). Si ce cycle supérieur d'études n'est pas explicitement analysé par *Les Lois,* elles prévoient son existence, soulignant que l'étude approfondie de l'ensemble des sciences mathématiques doit être réservée à un petit nombre seulement d'esprits d'élite, τινες ὀλίγοι, ce qui nous renvoie à la sélection prévue par *Rsp.,* VII, 537 ac; cette étude aboutit, toujours d'après *Les Lois* (*Leg.,* VII, 818 d), à la même vue d'ensemble, à la même étude comparée que celle que prévoit *La République* (VII 537 bc).

L'équivalence une fois posée : éducation des *Lois* = éducation des φύλακες dans *La République,* reste à surmonter certaines discordances apparentes et à préciser les étapes chronologiques. D'après *Rsp.,* II, 376 e-377 a, l'éducation commence par la μουσική (incluant les γράμματα), avant la gymnastique. A celle-ci sont réservées deux ou trois années de service obligatoire qui s'achèvent à vingt ans (VIII, 537 b). *Les Lois* (VII, 795 d) présentent inversement la gymnastique avant la musique. Comme d'une part elles ont fait sortir les enfants du Kindergarten à six ans révolus (VII, 794 c) et qu'elles prescrivent d'autre part (809 e) de les mettre aux études littéraires à dix, on pourrait être tenté de conclure que, contrairement à *La République,* *Les Lois* placent la période réservée à la gymnastique de sept à neuf ans révolus, soit au début, et non plus à la fin, du cycle scolaire.

Mais cela n'est pas légitime : (1) l'exposé de *Leg.,* VII, 795 d s. consacré à la gymnastique est présenté après coup (797 e) comme faisant suite à celui que les livres I-II (641 c-673 e) ont déjà attribué (à propos de la réglementation des banquets) au rôle de la μουσική dans l'éducation.

(2) Après avoir repris l'étude des γράμματα (809 e s.) et de la musique (812 b s.), Platon, dans *Les Lois,* revient sur l'éducation physique (813 a s.), retrouvant ainsi l'ordre suivi dans *La République.*

(3) Dans le premier exposé sur la gymnastique, *Les Lois* (VII, 795 d s.) incluent (796 e) les défilés en armes et à cheval, lors des processions solennelles, qui font certainement partie, dans la pensée de Platon comme dans l'usage athénien de son temps, des attributions des grands éphèbes et non des petits enfants de sept à neuf ans.

(4) Il est très vraisemblable que si, dans *Leg.* comme dans *Rsp.,* c'est surtout à l'éphébie que pense Platon à propos de la gymnastique (j'ai noté l'accent mis sur la préparation militaire : ainsi *Leg.,* VII, 794 c, 804 c...), celle-ci, entendue au sens d'éducation physique, devait accompagner toute l'éducation, à commencer par l'enfance, sans occuper exclusivement de période propre, sinon encore une fois les deux ou trois ans de service militaire. Ce qui le prouve, c'est que le programme des jeux athlétiques (*Leg.,* VIII, 832 d s.) prévoit trois catégories de concurrents masculins (833 s) : les enfants, les garçons impubères, les hommes faits, deux pour l'athlétisme féminin (833 cd) : moins de treize ans, plus de treize ans (femmes mariées exclues).

On tiendra donc pour assuré que *Les Lois* veulent que l'athlétisme soit pratiqué aussi bien à l'âge « secondaire » (de dix à dix-sept ans) qu'au « primaire ». Mais celui-ci, de six à neuf ans révolus, était-il tout entier consacré à la seule éducation physique ? Si *Les Lois* consacrent expressément trois ans, de la dixième à la treizième année, à l'étude des γράμματα, comme il s'agit sous ce nom de l'explication des auteurs (la polémique de *Leg.*, VII, 810 c s., reprend, nous l'avons vu dans le texte, celle de *Rsp.*, II, 377 a s.; X, 595 a s.), domaine réservé à l'enseignement secondaire, ces études supposent déjà acquis l'apprentissage de la lecture et de l'écriture.

Ce n'est pas trop de trois années (de la septième à la dixième) pour cela, vu l'état arriéré de la technique pédagogique de l'école primaire antique : Platon fait allusion à cette technique : on apprend d'abord les lettres, puis les syllabes, en épuisant toutes les combinaisons (*Rsp.*, III, 402 ab; *Pol.*, 227 e-278 b).

Je m'explique dans le texte sur la répartition des études secondaires en trois cycles : (1) de dix à treize ans, dominante littéraire; (2) de treize à seize ans, dominante artistique; (3) de seize à dix-sept ou dix-huit ans, dominante mathématique. Mais, on l'a vu, Platon veut que l'enfant s'initie aux mathématiques dès l'enfance (*Rsp.*, VII, 536 d; 537 a; *Leg.*, VII, 819 b); le rôle qu'il leur attribue dans la sélection assure que leur étude ne doit pas s'interrompre à partir de ces premiers rudiments reçus à l'école primaire. Il est donc probable, comme je l'ai supposé, que la distinction entre les trois cycles n'est pas aussi tranchée qu'il semble d'abord : c'est surtout une question de plus ou de moins, de répartition entre trois ordres de disciplines toujours plus ou moins étudiées côte à côte.

19

Μακροτέρα ὁδός : voir la note de WILAMOWITZ : *Platon* [2], II, pp. 218-220.

20

En montrant que la philosophie platonicienne aboutit en dernière analyse à une Sagesse contemplative d'ordre personnel et non plus collectif, je ne fais que reprendre à mon compte les profondes observations de W. JÄGER, *Paideia,* II, pp. 271-278, 353-357; cf. III, pp. 197-212.

VII. LES MAÎTRES DE LA TRADITION CLASSIQUE : ISOCRATE

I

Sur Isocrate : F. BLASS, *Die attische Beredsamkeit* [2], II, Leipzig, 1892; MÜNSCHNER, ap. PAULY-WISSOWA, IX, 2, c. 2146-2227, s. v. Isokrates, 2; G. MATHIEU, *Les Idées politiques d'Isocrate,* Paris, 1925; A. BURK

Iʳᵉ PARTIE : ISOCRATE

(élève d'E. Drerup), *Die Pädagogie des Isokrates, als Grundlegung des humanistischen Bildungsideals im Vergleich mit den zeitgenössischen und den modernen Theorien*, ap. *Studien zur Geschichte und Kultur des Altertums*, XIV, 3/4, Wurtzbourg, 1932; W. Jäger, *Paideia*,III, pp. 46-155; W. Steidle, *Redekunst und Bildung bei Isokrates*, *Hermes*, 80 (1952), p. 257-296; J. de Romilly, *Eunoia in Isocrates or the political importance of creating good will*, JHS. 1958, p. 92-101; S. Cecchi, *La pedagogia di Isocrate*, *Rivista di Studi Classici*, 1959, p. 118-133.

2

Isocrate sacrifié à Platon : c'est ce que je reproche à W. Jäger d'avoir fait, dans ma note : *Le Siècle de Platon, à propos d'un livre récent*, *Revue Historique*, CXCVI (1946), pp. 142-149.

3

Isocrate père de l'humanisme : voir les auteurs cités, et critiqués, par W. Jäger, *Paideia*, III, p. 300, n. 2.

4

Φιλοσοφία et φιλοσοφεῖν chez Isocrate : cf. les textes rassemblés par S. Preuss, *Index Isocrateus*, Leipzig, 1904, p. 104.

5

Composition du *Panégyrique :* témoignages ap. G. Mathieu, E. Bremond, *Notice* à leur édition, t. II, p. 5, n. 7.

6

Isocrate et Socrate : H. Gomperz, *Isokrates und Sokratik*, *Wiener Studien*, XXVII (1905), pp. 163 s.; XXVIII (1906), p. 1 s.

7

Dates du séjour d'Isocrate auprès de Gorgias en Thessalie : en dernier lieu, G. Mathieu, *Introduction* à l'édition « Budé » d'*Isocrate*, t. I, p. 11, n. 1.

8

La *Vie d'Isocrate* du Ps. Plutarque (837 B) rapporte « qu'au dire de certains il ouvrit d'abord une école ἐπὶ Χίου »; on traduit d'ordinaire « à Chios » (cf. *ibid.*, 837 C : il aurait donné une constitution à cette île); mais l'expression ἐπὶ Χίου est bizarre (pour ἐν Χίῳ ?) : ne cacherait-elle pas une date, fournie par un nom d'archonte, malencontreusement défiguré ? Cf. W. Jäger, *Paideia*, III, p. 302, n. 32.

9

Isocrate avait-il rédigé un Traité théorique de l'art oratoire ? Il semble que non : celui qui avait circulé dans l'antiquité sous son nom devait être inauthentique : [PLUT.] *Isoc.* 838 E; *V. Isoc.* 148, 151; CIC. *Inv.* II, 7; QUINT. II, 15, 4; O. NAVARRE, *Essai sur la Rhétorique grecque avant Aristote*, p. 117.

10

Alcidamas : J. VAHLEN, *Der Rhetor Alkidamas, Gesammelte Schriften*, I, pp. 117 s. (= *Sitzungsberichte* de l'Académie des Sciences de Vienne, Phil.-Hist. Cl., XLIII (1863), pp. 491-528); C. REINHARDT, *De Isocratis aemulis*, dissertation de Bonn, 1873, pp. 6-24.

11

Nombre moyen des Elèves présents dans l'Ecole d'Isocrate : il a eu en tout une centaine d'élèves ([PLUT.] *Isoc.*, 837 C); la durée des études pouvait aller jusqu'à trois ou quatre ans (ISOC., *Ant.*, 87 : « Sur tant d'élèves, et il y en a parmi eux qui ont passé trois ans avec moi, d'autres quatre ») : prenons trois ans, chiffre déjà sans doute supérieur à la moyenne; Isocrate a enseigné pendant cinquante-cinq ans (393-338), ce qui donne une moyenne de : 100 x 3 : 55 = 5,45 élèves par an.

Le chiffre maximum de neuf nous est fourni à propos de sa première tentative d'enseignement ἐπὶ Χίου [PLUT.] *Isoc.* 837 B. Isocrate parle lui-même de « trois ou quatre » élèves de choix associés au travail de « séminaire » (*Panath.*, 200).

De même : R. JOHSON, *A Note on the Number of Isocrate's pupils*, *AJPh.* 1957, p. 25-36.

12

Idées politiques d'Isocrate : voir la thèse de G. MATHIEU, citée ci-dessus note 1 et W. JÄGER, *Paideia*, III, pp. 46-155.

13

Isocrate abandonne Athènes où la démocratie ruine la culture pour passer à Philippe, champion de l'hellénisme : je résume le jugement, un peu optimiste, de W. JÄGER, *ibid.*, pp. 152-155.

14

J'ai légèrement infléchi l'interprétation traditionnelle de *Pan.* 50 pour tenir compte des justes observations d'A. AYMARD, *Isocrate, IV (Panég.), 50*, dans *Mélanges V. Magnien*, Toulouse 1949, p. 3-9; v. déjà W. JÄGER, *Paideia*, II, p. 79-80.

15

Les rapports d'Isocrate et de Platon ont fait l'objet d'études nombreuses et contradictoires : on en trouvera la liste ap. A. DIÈS, *Autour de Platon*, II, p. 407, n. 1; MATHIEU, BREMOND, *Introduction* à leur édition d'*Isocrate*, t. I, p. IX, n. 3. (cf. pp. 155-157); G. MÉRIDIER, dans son édition de l'*Euthydème*, pp. 133 s., p. 137, n. 1; DIÈS, *Introduction* à *La*

Iʳᵉ PARTIE : ISOCRATE

République, pp. LVI s.; L. ROBIN, dans son édition du *Phèdre*, p. XXII s., CLXI s.; ajouter : R. FLACELIÈRE, *L'Eloge d'Isocrate à la fin du Phèdre*, *Revue des Etudes grecques*, XLVI (1933), pp. 224-232; G. MATHIEU, *Les Premiers Conflits entre Platon et Isocrate et la date de l'Euthydème*, *Mélanges G. Glotz*, Paris, 1932, II, pp. 555-564; *Notice* à son édition de l'*Antidosis*, édition « Budé » d'Isocrate, III, Paris, 1942, pp. 90-94; W. JÄGER, *Paideia*, III, Londres, 1945, *pass.* (cf. p. 364, s. v. *Isocrates and Plato*); etc. (car le débat ne cesse de rebondir).

Je n'ose considérer comme acquises à la science les conclusions d'aucun de ces érudits. Il faut voir ce qui rend la recherche hasardeuse et, jusqu'à nouvel ordre, la condamne à l'insuccès : (1) Imprécision de la chronologie respective des œuvres des deux auteurs; quels que soient les progrès réalisés, en particulier en ce qui concerne les *Dialogues* platoniciens depuis Campbell et Lutoslawski, bien des incertitudes subsistent : le *Busiris* est-il antérieur ou postérieur à *La République* ? Cf. A. DIÈS, *Autour de Platon*, II, p. 247.

(2) Imprécision des allusions d'Isocrate : c'est un des traits caractéristiques de son esthétique (et il sera trop souvent imité par ses successeurs!) que d'éviter les désignations précises : il parle de ses adversaires en employant des formules vagues telles que « ceux qui s'adonnent aux discussions » ou « à la philosophie ». S'agit-il de Platon ? D'Antisthène ? Ou des deux à la fois ? Les paris sont ouverts. Il peut aussi se faire qu'Isocrate dessine un portrait composite dont il emprunte les traits tantôt à tel groupe de philosophes, tantôt à tel autre, voire à des sophistes du type d'Alcidamas.

(3) Incertitude enfin sur la valeur à attribuer aux jugements de Platon. Ainsi, à la fin du *Phèdre* (278 d-279 b), il fait prononcer à Socrate un éloge d'Isocrate : faut-il le prendre au sérieux (FLACELIÈRE, et déjà Isocrate lui-même, *Ep.* V) ? Mais s'il est ironique (ROBIN) ? Et même à le prendre tel qu'il est, que signifie-t-il au juste ? Est-ce un éloge de ce qu'Isocrate est devenu à la date où Platon écrit (WILAMOWITZ, *Platon*[2], II, p. 212), ou un regret s'adressant aux belles promesses qu'Isocrate donnait dans sa jeunesse, au moment où Socrate est censé parler (disons vers 410) et qu'il n'aurait pas tenues (Th. GOMPERZ, *Penseurs de la Grèce*, II, p. 438) ?

16

Aristote et l'enseignement de la rhétorique au sein de l'Académie : cf. en dernier lieu, W. JÄGER, *Paideia*, III, pp. 147, 185-186, qui renvoie au travail de son disciple F. SOLMSEN, *Die Entwicklung der aristotelischen Logik und Rhetorik*, *Neue Philologische Untersuchungen*, IV, Berlin, 1929.

NOTES DES PAGES 143 À 149

DEUXIÈME PARTIE

I. LA CIVILISATION DE LA « PAIDEIA »

1

Sur l'éducation hellénistique, le travail fondamental reste le petit livre d'E. Ziebarth, *Aus dem griechischen Schulwesen, Eudemos von Milet und Verwandtes* [2], Leipzig, 1914; il faut y joindre maintenant M. P. Nilsson, *Die hellenistische Schule,* Munich 1955; cf. aussi les pages, nourries, mais forcément sommaires de P. Wendland, *Die hellenistisch-römische Kultur in ihren Beziehungen zu Iudentum Christentum* [2-3], *Handbuch zum Neuen Testament*, I, 2, Tubingen, 1912, et de A.-J. Festugière, *Le Monde gréco-romain au temps de Notre-Seigneur*, I. *Le cadre temporel*, Paris, 1935, pp. 64-94, et l'ouvrage de M. Rostovtseff cité plus bas, note 4.

2

Documents scolaires d'origine égyptienne (la plus grande partie est datée de l'Empire romain, mais il y en a assez d'époque ptolémaïque pour qu'on puisse vérifier le principe, posé ici, d'une parfaite homogénéité de la tradition pédagogique, de la conquête d'Alexandre aux temps byzantins) : un choix en a été commodément rassemblé par E. Ziebarth, *Aus der antiken Schule, Sammlung griechischer Texte auf Papyrus, Holztafeln, Ostraka* [2], *Kleine Texte für Vorlesungen und Uebungen herausgegeben von* H. Lietzmann, nº 65, Bonn, 1913; pour une première élaboration : P. Beudel, *Qua ratione Graeci liberos docuerint, papyris, ostracis, tabulis in Aegypto inventis, illustrantur*, dissertation de Munster, 1911. Il faut tenir ces relevés à jour : un catalogue complet à sa date (il pèche plutôt par excès, recensant comme scolaires des documents d'ordre plutôt scientifique que pédagogique, notamment en ce qui concerne les mathématiques) a été compilé par P. Collart, *Les Papyrus scolaires*, *Mélanges Desrousseaux*, Paris, 1937, pp. 69-80. Y ajouter les découvertes récentes : O. Guéraud-P. Jouguet, *Un livre d'écolier du IIIe siècle avant Jésus-Christ, Publications de la Société Royale Egyptienne de Papyrologie, Textes et Documents*, II, Le Caire, 1938, dont le riche commentaire renvoie à beaucoup de textes importants (tenir compte des précisions qu'apporte le compte rendu d'A. Körte, *Archiv für Papyrusforschung*, XIII (1938-1939), pp. 104-109 : notamment pour la date : après 217, avant 200).

3

Je dédie ce vœu et ces excuses à L. Robert, plus qualifié que quiconque pour nous donner l'étude de première main qui nous manque encore

IIe PARTIE : PAIDEIA

sur l'éducation grecque à l'époque hellénistique et romaine : cf. en attendant les recherches qu'il nous a déjà présentées sur le domaine connexe des concours, notamment ap. *Etudes épigraphiques et philologiques, Bibliothèque de l'Ecole pratique des Hautes-Etudes (Sciences historiques et philologiques)*, t. 272, pp. 7-112 : *Fêtes, musiciens et athlètes*.

Entre temps l'excellent connaisseur qu'est Martin NILSSON nous a donné une rapide et brillante synthèse : *Die hellenistische Schule,* Munich, 1955 (le singulier s'explique parce que l'auteur s'intéresse principalement à ce qui est à ses yeux « l'école » par excellence, c'est-à-dire le gymnase des éphèbes; les études littéraires sont expédiées en quelques pages). Sur les questions qui nous opposent, et notamment le régime de l'éphébie (ici pp. 165-175), voir ma discussion dans *L'Antiquité Classique*, 1956, pp. 235-240.

4

Synthèses récentes sur la civilisation hellénistique : je pense moins à la compilation, médiocre, de A. H. M. JONES, *The Greek city from Alexander to Justinian,* Oxford, 1940 (sur l'éducation, voir entre autres pp. 220-225, 285, et les notes correspondantes : pp. 351-353, 365), qu'au grand livre de M. ROSTOVTSEFF, *The Social and economic history of the Hellenistic world,* 3 vol., Oxford, 1942 (pour nous : cf. pp. 1084-1095, 1058-1060, et *pass.*; les notes : pp. 1588-1590, 1596-1600); on la consultera maintenant dans l'édition allemande, posthume : *Die hellenistische Welt, Gesellschaft und Wirtschaft,* 3 vol., Stuttgart, 1955-1956. Les livres dont nous disposions jusqu'ici étaient beaucoup trop superficiels, notamment en ce qui concerne l'éducation, et n'étaient plus à jour; on peut voir cependant W. W. TARN, *Hellenistic Civilization,* 3. Ed. revised by the Author and G. T. GRIFFITH, Londres, 1951; M. HADAS, *Hellenistic Culture, Fusion and Diffusion,* New York, 1959.

Sur l'hellénisation de l'Orient, cf. la note d'E. BIKERMAN, *Sur une Inscription grecque de Sidon* (honorant un fils de suffète vainqueur dans la course de chars aux Jeux Néméens, vers 200 avant Jésus-Christ), ap. *Mélanges syriens offerts à M. R. Dussaud,* Paris, 1939, I, pp. 91-99.

5

La notion de « citoyen du monde », promise à un si grand destin, notamment dans la pensée stoïcienne, apparaît au prologue des temps hellénistiques chez Diogène de Sinope et a été préparée par Antiphon et Théophraste : cf. J. MEWALDT, *Das Weltbürgertum in der Antike, Die Antike,* II (1926), pp. 177-190.

6

Παιδεία = *humanitas* = culture : cf. ma note ap. *Saint Augustin et la Fin de la Culture antique,* Paris, 1938, pp. 552-554, citant P. DE LABRIOLLE, *Pour l'Histoire du mot Humanitas, Les Humanités, Classes de Lettres,* VIII (1931-1932), pp. 427, 478-479.

7

La παιδεία et la vie d'outre-tombe : je résume ici la thèse établie (avec quelques nuances) par les recherches menées de front par P. Boyancé, *Le Culte des Muses chez les Philosophes grecs, Etudes d'Histoire et de Psychologie religieuses*, Paris, 1936; F. Cumont, *Recherches sur le Symbolisme funéraire des Romains*, Paris, 1942; et moi-même, Μουσικὸς Ἀνήρ, *Etude sur les scènes de la Vie intellectuelle figurant sur les monuments funéraires romains*, Grenoble, 1938 (tenir compte des utiles compléments apportés par A.-J. Festugière dans son compte rendu, *Revue des Etudes grecques*, LII (1939), pp. 241-243, et de la *Post-face*, ajoutée, p. 315-323, à la réimpression anastatique, Rome, 1954; v. aussi : *Le Symbolisme funéraire des Romains*, Journal des Savants, 1944, pp. 23-37, 77-86.

II. LES INSTITUTIONS ÉDUCATIVES

1

L'éducation des esclaves grecs n'avait pas fait l'objet d'une enquête systématique (cf. les quelques indications fournies par E. Ziebarth, *Aus dem griechischen Schulwesen*[2], p. 39, n. 1; M. Rostovtseff, *The Social and economic history of the hellenistic world* (I), p. 1106; (III), p. 1600, n. 51) quand notre première édition a paru : nous disposons maintenant d'une bonne enquête : Cl. A. Forbes, *The Education and Training of Slaves in Antiquity*, dans les *Transactions of the Amer. Philol. Society*, 86 (1955), p. 321-360.

Déjà Aristote conseille aux maîtres de faire éduquer les esclaves dont ils veulent attendre un service égal à celui des hommes libres (Œc., A, 1344, a 23 s.); il sait qu'il existe à Syracuse de véritables écoles « ménagères » pour esclaves (*Pol.*, A. 1255, b 22 s.) : une comédie de Phérécrate (deuxième moitié du Vᵉ siècle) portait le titre Δουλοδιδάσκαλος, « le professeur d'esclaves » (Ath., VI, 262 B).

D'après la correspondance de Zénon (IIIᵉ siècle avant Jésus-Christ), il semble que de jeunes esclaves aient reçu, dans des palestres, une éducation sportive en vue de les rendre capables de devenir des champions professionnels : *PSI.*, 418, 340, et à ce sujet : M. Rostovtseff, *A Large estate in Egypt, in the third century B. C.*, Madison, 1922, pp. 60, 172-173; C. Préaux, *Lettres privées grecques relatives à l'Education*, ap. *Revue belge de Philologie et d'Histoire*, VIII (1929), pp. 757-800. A Dorylée, à l'époque impériale romaine, nous trouvons un « gymnasiarque des hommes libres et des esclaves » (Ditt., *Or.*, 479, 9), ce qui prouve que ces derniers fréquentaient le gymnase et prenaient part aux distributions gratuites d'huile. Un rescrit de Vespasien (*SPAW.*, 1935, p. 968, *l.* 25) paraît interdire l'enseignement de la médecine aux esclaves (cf. R. Herzog, *ibid.*, p. 1013) : c'est donc que jusque-là on le leur donnait.

Mais il y a mieux à faire que de multiplier de telles inférences indirectes :

il faudrait rassembler les témoignages positifs. Ils existent : cf. le mémoire consacré, ap. *Ægyptus,* XV (1935), pp. 1-66, par A. Zambon aux Διδασκαλικαί, aux « contrats d'apprentissage » de l'Egypte grecque, que nous ont conservés des papyrus : certains sont contractés par des maîtres au profit de tel de leurs jeunes esclaves et il ne s'agit pas uniquement de leur apprendre un métier « servile » : ainsi n° 29 (*BGU.,* 1125), un an d'instruction pour apprendre le jeu du hautbois double, διαυλεῖν (13 avant Jésus-Christ), n° 30 (*P. Oxy.,* 724), deux ans pour apprendre la sténographie (155 après Jésus-Christ).

2

Aristote et l'éducation : le lecteur pourrait s'étonner que cette *Histoire* se contente, sans lui consacrer d'étude particulière, d'invoquer ainsi au passage le témoignage du grand philosophe. C'est que l'œuvre pédagogique d'Aristote ne me paraît pas présenter le même caractère d'originalité créatrice que celles de Platon ou d'Isocrate. Ses idées, sa pratique (comme fondateur du lycée, une confrérie philosophique financièrement entretenue par les libéralités de Philippe et d'Alexandre) ne font que refléter celles de son temps et si, plus d'une fois, elles paraissent préfigurer celles de l'ère hellénistique, c'est que, précisément, la carrière d'Aristote se situe à la charnière chronologique où s'effectue le passage entre les deux phases de l'histoire grecque.

La meilleure étude reste : M. Defourny, *Aristote et l'Education, Annales de l'Institut supérieur de Philosophie* (de Louvain), IV (1920), pp. 1-176.

3

Législation sur l'obligation scolaire. Ce qu'Aristote *(loc. cit.)* considère comme caractéristique des cités aristocratiques, c'est l'existence de la magistrature appelée παιδονομία, qu'il ne rencontrait qu'à Sparte et en Crète; mais elle symbolise et implique toute l'organisation étatisée de l'éducation. L'absence de cette magistrature spécialisée, dans les autres cités grecques et à Athènes en particulier, entraînait comme conséquence (en privant l'Etat de tout instrument régulier de contrôle et donc de coercition) la liberté totale de l'éducation.

Je reste sceptique sur les efforts tentés pour établir l'existence d'une législation athénienne sur l'obligation scolaire (ainsi : P. Girard, *L'Education athénienne,* pp. 39-41) : le texte fondamental qu'on invoque est celui de la Prosopopée des Lois dans le *Criton,* où Platon leur fait dire (50 d) : « Parle, as-tu quelques critiques à faire à celles d'entre nous... qui concernent l'élevage de l'enfance et l'éducation ? N'étaient-elles pas bonnes, celles de nous qui étaient établies à ce propos et qui prescrivaient à ton père de t'éduquer en musique et en gymnastique ? » Mais, sans parler du caractère oratoire de ce texte, il suffit pour en rendre compte d'estimer que Platon pense ici aux Lois non écrites, à la Coutume, sans qu'il soit besoin d'imaginer l'existence d'une loi édictant (contre quelle sanction ?) l'obligation, pour le père de famille, d'envoyer son fils aux écoles de lettres et de gymnastique.

NOTES DES PAGES 159 À 161

La force de la coutume suffit également à expliquer qu'on pût comme Démosthène, *Aph.*, 1, 46, reprocher à un tuteur négligent d'avoir frustré de leurs honoraires les professeurs de son pupille.

Quant aux lois de Solon sur les écoles, citées par Eschine (*Tim.*, 9-12), si elles ne sont du tout imaginaires, elles ne concernent que la police des mœurs et ne visent qu'à réprimer le développement de la pédérastie, sans se préoccuper de réglementer positivement l'éducation.

En ce qui concerne les magistratures, seule la stratégie a pu jouer un rôle dans la surveillance de l'éducation, mais seulement en fonction de l'éphébie, en tant que celle-ci était une institution militaire. La fameuse inscription Ditt., *Syll.*, 956, dans laquelle le dème d'Eleusis honore le stratège Derkylos pour « la générosité dont il a fait preuve en ce qui concerne l'éducation des enfants du dème », ne prouve pas que l'instruction primaire faisait partie des attributions normales de la stratégie : Derkylos est peut-être félicité pour un acte d'évergétisme qu'il aura accompli envers le dème, non comme magistrat, mais à titre personnel (date : 350 ? 320 ? Cf. Ditt., *ad loc.*; P. Girard, *L'Education athénienne*, 51-53). Le seul acte législatif qui à Athènes ait eu un lien direct avec la pédagogie est le décret, célèbre dans les annales de l'épigraphie, pris sur l'initiative d'Archinos sous l'archontat d'Euclide (403/2), prescrivant l'adoption de l'alphabet ionien (Ephore, fr. 169 *Didot*) : la prescription s'étendait à l'enseignement, nous apprend un scholiaste à Denys le Thrace (E. Bekker, *Anecdota Graeca*, II, p. 783, où il faut corriger παρὰ Θηβαίοις en παρὰ Ἀθηναίοις).

4

Sur les gymnases dans l'Egypte hellénistique : P. Jouguet, *La Vie municipale dans l'Egypte romaine*, Paris, 1911, pp. 67-68; Th. A. Brady, *The Gymnasium in Ptolemaic Egypt, Philological Studies in honor of Walter Miller* (= *The University of Missouri Studies*, XI, 3), Columbia (Miss.), 1936, pp. 9-20; M. Rostovtseff, *The Social and Economic history of the Hellenistic world* (III), pp. 1395, 1588, n. 23.

5

Voir maintenant : Chr. Pélékidis, *Histoire de l'Ephébie attique des origines à 31 avant Jésus-Christ*, Paris, 1962, étude précise et poussée qui nous dispense de renvoyer à la bibliographie antérieure; sur le problème des origines, v. pp. 7-79 (cependant l'auteur n'accepte pas l'hypothèse de Wilamowitz sur la loi qu'aurait fait voter Epicratès : pp. 9-14). Mlle Pélékidis nous promet un autre travail, conduisant l'histoire de l'éphébie athénienne jusqu'à son terme; en attendant, il faut toujours se reporter à P. Graindor, *Etudes sur l'Ephébie attique sous l'Empire*, ap. *Musée Belge*, XXVI (1912), pp. 165-208; M. Rostovtseff, *Hellenistic World* (III), p.1 505,[2]n. 12.

Sur *Les Chlamydes noires des Ephèbes athéniens*, cf. la note de P. Roussel, ap. *Revue des Etudes anciennes*, XLIII (1941), pp. 163-165.

Sur le serment des éphèbes, voir maintenant G. Daux, « *Deux stèles* d'*Acharnes, Mélanges Anastasios K. Orlandos*, Athènes, 1964, t. I, pp. 79-84.

6

Réforme de l'éphébie au IIIe siècle : Chr. Pélékidis, *op. laud.*, pp. 170-172 : elle se place certainement entre 303/2 et 267/6, peut-être en 295 ou mieux en 292/1.

7

Notre première édition présentait ici une longue note où nous avions essayé de suivre, à partir du matériel épigraphique, l'évolution numérique de l'effectif des éphèbes. Le travail a été repris, sur une base élargie, par Chr. Pélékidis et nous n'avons pu que suivre ses conclusions : v. notamment ses tableaux pp. 165, 184 et les pp. 147, 283-287.
Voir aussi : F. M. Mitchell, *The Cadet Colonels*, dans : *Transactions of the Amer. Philol. Society*, 92 (1961), pp. 347-357 (rapports entre éphébie et officiers de l'armée civique); A. W. Yehya, *The Athenian Ephebeia towards the End of the fourth Century B. C.*, dans *Proceedings of the African Classical Association* (Salisbury), 1 (1958), pp. 44-47 (une autre cause a pu contribuer au déclin de l'éphébie militaire : le rôle croissant des mercenaires).

8

Les étrangers dans l'éphébie attique : Chr. Pélékidis, *op. cit.*, pp. 186-196 (et le tableau de cette dernière page : origine géographique de ces éphèbes) : il envisage d'autres hypothèses que celle que nous avons retenue : fils de métèques ? candidats au droit de cité ?
Ces éphèbes étrangers sont inscrits à part sur les catalogues sous la rubrique ξένοι, « étrangers » à partir de 119/8 av. J.-C., « Milésiens » (en 84/5-92/3, ap. J.-C., 111/2 et 115/6), ἐπέγγραφοι, « inscrits à la suite » (à partir de 141/2). Sur le problème que pose ce terme de « Milésiens », cf. aussi, L. Robert, *Hellenica*, II, p. 76, n. 6.

9

Effacement des instructeurs militaires : les moniteurs de javelot et d'arc ont disparu dès 39/8 avant notre ère (*IG*², II, 1043); celui de catapulte à la fin de ce même Ier siècle. L'hoplomaque subsiste, mais son prestige baisse : nommé d'abord au troisième rang, il cède la place à l'hégémon, au pédotribe et même au secrétaire, par exemple sur *IG*², II, 1973 (40/1-53/4 après Jésus-Christ).

10

Sur le *Paidotribes* des éphèbes athéniens, cf. J. Jülicher, Pauly-Wissowa, s. v., XVIII, 2, 2390-2391. Il apparaît dès 269/8 avant Jésus-Christ. (*IG*² II, 665, 25) : à la différence du cosmète, magistrat annuel choisi surtout pour son autorité morale (cf. par exemple *IG*² II, 1106, 25 s.), c'est un professionnel qui reste en service plusieurs années à la suite (exemple : *IG*², II, 1969, 4 : 45/6 après Jésus-Christ); à partir

NOTES DES PAGES 164 À 167

du IIe siècle, il est confirmé dans ses fonctions « à vie », διὰ βίου. Nous connaissons ainsi la carrière d'un certain Ariston fils d'Aphrodeisias, sans doute le petit-fils d'un homonyme qui avait déjà été pédotribe des éphèbes en 61/2 (*IG*², II, 1990) : il apparaît en fonction peu après 102 (*IG*², II, 2017), nommé « à vie » en 118/9 (*IG*² II, 2030), toujours en service en 125/6 (*IG*², II, 2037). Plus remarquable encore est la carrière d'Abascantos fils d'Eumolpe : d'abord simple « instructeur », παιδευτής, sous le pédotribat du précédent, en 125/6 (*IG*², II, 2037), il fut promu pédotribe en titre en 136/7 et ne mourut qu'après avoir exercé sa charge au moins pendant trente-quatre ans (*IG*², II, 2097, 190; cf. son épitaphe *IG*², II, 6397).

Un hypopédotribe apparaît en 36/7 de notre ère (*IG*², II, 1967). Son prestige d'abord modeste ira croissant; lui aussi est nommé à vie, à partir de la fin du IIe siècle (*IG*², II, 2113, 30 : v. 183/4-191/2).

11

Cet apprentissage de la vie sportive, mondaine et civique se poursuivait, au-delà du passage de l'éphébie, dans des clubs de jeunes hommes, νέοι, dont l'institution est bien attestée (pas à Athènes), notamment en Asie-Mineure : cf. F. POLAND, PAULY-WISSOWA, s. v. *Neoi*, XVI, c. 2401-2409; C. A. FORBES, *Neoi, a contribution to the Sudy of Greek Associations, Philological Monographies published by the American Philological Association*, Middleton, 1933. Ils avaient souvent un gymnase propre et développaient beaucoup leurs activités quasi-parlementaires : assemblée, conseil, magistrats.

12

L'éphébie hors d'Attique : cf. la vieille thèse latine de M. COLLIGNON, *Quid de collegiis epheborum apud Graecos, excepta Attica...*, Paris, 1877; l'article de ŒHLER, PAULY-WISSOWA, V, 2741-2746, A. H. M. JONES, *The Greek city*, pp. 220-225, 351-353; C. A. FORBES, *Greek physical education*, pp. 179-257; M. P. NILSSON, *Die hellenistische Schule*, pp. 34-42 (et nos observations à ce propos : *L'Antiquité Classique*, 25 (1956), pp. 236-240 : l'âge de l'éphébie variait beaucoup de cité à cité : 14 ans en Égypte, 18 à Athènes; et aussi la durée : trois ans à Chios, deux à Apollonis ou Cyzique, un dans l'Athènes hellénistique et en Égypte, comme nous l'avons marqué p. 172). Éphébie à Éphèse, J. KEIL, *Anzeiger* de l'Acad. des Sc. de Vienne, *Philol.-hist. Kl.*, 1951, pp. 331-336; à Chypre, T. B. MITFORD, *Opuscula Archaeologica*, VI (*Skrifter Svenska Institut Rom*, XV, 1950), n. 12; en Cyrénaïque : S. APPLEBAUM, *Journal of Roman Studies*, 1950, p. 90.

13

Participation des éphèbes aux fêtes religieuses : M. P. NILSSON, *op. cit.*, pp. 61-75.

14

L'éphébie était-elle organisée, dans les royaumes hellénistiques, en vue de préparer le recrutement de l'armée ? M. ROSTOVTSEFF le soutient,

IIe PARTIE : LES INSTITUTIONS

pour le royaume de Pergame (*The Social economic history of the Hellenistic World*, pp. 809-810, 1524, n. 82), mais les textes qu'il cite ne suffisent pas à établir que la préparation militaire y était l'objet d'une insistance particulière (cf. dans le même sens que nous, L. ROBERT, ap. *Revue des Etudes grecques*, 1935, p. 332) : nous constatons bien, comme à Athènes, la persistance d'exercices guerriers : javelot, arc (DITT., *Or.*, 339, 37; L. ROBERT, *Etudes anatoliennes*, Paris, 1937, pp. 201-202), mais je ne vois pas que cette survivance ait plus de signification en pays pergaménien qu'en Attique. Quant aux οἱ διὰ τῶν ὅπλων ἀγῶνες de DITT., *Or.*, 764, 24, ce peut être simplement une course à pied « en armes », plutôt que des combats d'escrime : cf. pour Athènes, P. GRAINDOR, *Musée Belge*, XXVI (1922), p. 166, et maintenant, en général M. LAUNEY, *Recherches sur les armées hellénistiques*, I-II, Paris, 1949-1950.

15

Liens indirects, mais étroits, entre l'éphébie et l'armée ptolémaïque : cf. toujours M. LAUNEY, *op. cit.*, avec les faits rassemblés par Th. A. BRADY, *Mélanges Miller* (cités ci-dessus, note 4), pp. 15-16, et M. ROSTOVTSEFF..., *Hellenistic World* (III), p. 1588, n. 23 : par exemple : des officiers remplissent volontiers les fonctions de gymnasiarque, PREISIGKE, *S. B.*, 2264; 7456... De même à Cyrène : *Africa Italiana*, III (1930), p. 189.

16

L'éphébie égyptienne : P. JOUGUET, *La Vie municipale dans l'Egypte romaine*, Paris, 1911, pp. 67-68, 150-160 (reprenant *Revue de Philologie*, 1910, pp. 43-56); E. BICKERMANN, même *Revue*, 1927, pp. 367-368; Th. A. BRADY, art. cité, note 4; M. ROSTOVTSEFF..., *Hellenistic World* (III), p. 1395; M. P. NILSSON, *Die hellenistische Schule*, pp. 85-98; Et. BERNAND, *Epitaphes métriques d'un Pédotribe* (Hermoupolis Magna, fin IIe - début IIIe s. ap. J.-C.), *BIFAO*, 60 (1960), pp. 131-150.

17

J'ai choisi à dessein, pour traduire le terme technique αἵρεσις, le mot ambigu de « classe » : les papyrologues hésitent entre deux sens (cf. P. JOUGUET, *Vie municipale*, p. 155) : « classe » au sens militaire, la promotion annuelle, « *alumni* of particular years » (ainsi : M. ROSTOVTSEFF, *Hellenistic World*, p. 1059), ou, au sens scolaire, équipe, « small groups in order to facilitate instruction » (Th. A BRADY, *Mélanges Miller*, pp. 12-13). Les textes entre nos mains sont obscurs : WILCKEN, *Chrest.*, I, 141, 142; *Bulletin de la Société Archéologique d'Alexandrie*, XXIV (1929), p. 277, n. 3; M. P. NILSSON, *op. cit.*, p. 91, insiste sur le fait que le mot *hairesis* est normalement suivi d'un nom propre au génitif : « Name des Stifters oder des Obmannes ? »

18

Sur les « ἀπὸ γυμνασίου » de l'Egypte romaine, cf. P. JOUGUET, *La Vie municipale*, pp. 79-86. J'admets que pratiquement cette expression équivaut à ἀπὸ ἐφηβείας (*BGU.*, 1903, 2), bien que P. Jouguet (p. 83) réserve la possibilité d'une distinction (mais qui donc fréquentait le gymnase, sinon les éphèbes ?), et, d'autre part, qu'elle est synonyme de celle de οἱ ἐκ τοῦ γυμνασίου (cf. Rostovtseff, *Hellenistic World*, p. 1059) : Brady (*Mélanges Miller*, p. 11) hésitait à les confondre, mais la publication récente de *P. Oxy.*, 2186, lève la difficulté ; l'expression ἐκ τοῦ γ. paraissait limitée à l'époque lagide (*APF.*, II, 548, 26 ; V. 415-416, 13, 17 ; *SEG.*, VIII, 504, 531, 641, 694), or on a vu que *P. Oxy.*, 2186, énumère, à la date de 260 après Jésus-Christ, neuf générations de ἐκ τοῦ γυμνασίου ; cf. *P. Ahm.* 75 ; *PSI.* 457. V. toujours Nilsson, *op. cit.*, p. 92 : c'est un titre distinctif qui indique la classe sociale : l'Hellène en face du Copte.

19

Ephèbes inscrits longtemps à l'avance : ne pensons pas trop vite à comparer cette façon de faire à celle des parents britanniques qui retiennent à l'avance une place pour leur fils dans quelque public-school renommée ; comme le suggère P. Jouguet, ce peut être simplement une générosité, spontanée ou sollicitée : les parents participant aux dépenses de l'éphébie au nom de leur petit enfant, éphèbe honoraire (*Vie municipale*, p. 152). Cf. encore *PSI.* 1223-1224.

20

Il s'agit d'une inscription du British Museum, publiée par M. N. Tod, *An ephebic Inscription from Memphis*, *Journal of Egyptian Archaeology*, 37 (1951), pp. 86-99, et bien commentée par J. L. Robert, *Bull. Epigr*, (*REG.*), 1952, n° 180 : elle proviendrait plutôt de Leontopolis (Tel. Moqdam).

21

Magistratures hellénistiques contrôlant l'éducation : voir les matériaux rassemblés dans les articles consacrés par le Daremberg-Saglio et le Pauly-Wissowa aux mots : *gymnasiarchia* (G. Glotz, *D. S.*, II, 2, pp. 1675 *a*-1684 *b*), γυμνασίαρχος (J. Œhler, *P. W.*, VII, c. 1969-2004), *kosmetes* (P. Girard, *D. S.*, III, 2, p. 865 *ab*), κοσμητής (Preisigke, *P. W.*, XI, c. 1490-1495), *sophronistes* (P. Girard, *D. S.*, IV, 2, pp. 1399 *b*-1400 *b*), σωφρονισταί (J. Œhler, *P. W.*, II R., III, c. 1104-1106), ἐφήβαρχος (Id., *P. W.*, V, 2, c. 2735-2736), *paidonomos* (P. Girard, *D. S.*, IV, 1, pp. 276 *b*-227 *a*), παιδονόμοι (O. Schulthess, *P. W.*, XVIII, 2, c. 2387-2389), γυναικονόμοι (Boerner, *P. W.*, VII, 2, c. 2089-2090).

22

La gymnasiarchie, magistrature suprême en Egypte : cf. P. Jouguet, *La Vie municipale*, pp. 68, 83, 167. Rien d'analogue en Grèce : sans doute on a retrouvé dans vingt-neuf cités des inscriptions datées du nom du gymnasiarque (J. Œhler, ap. Pauly-Wissowa, VII, 2, c. 1981), mais il ne s'agit que d'une éponymie relative à la sphère d'activité du magistrat ;

IIᵉ PARTIE : LES INSTITUTIONS

quoi qu'en ait pensé G. GLOTZ (ap. DAREMBERG-SAGLIO, II, 2, 1676 *b*), il n'y a pas d'exemple sûr d'éponymie « absolue », faisant du gymnasiarque l'éponyme des actes officiels de la cité tout entière : ainsi à Larissa (*IG*, IX, 2, 517), à Krannon (*ibid.*, 460-461), la gymnasiarchie ne vient qu'au second rang, après les *tagoi*, qui sont les vrais éponymes.

23

Gymnases et gymnasiarques dans les villages d'Egypte : F. ZUCKER, Γυμνασίαρχος κώμης, *Aegyptus*, XI (1930-1931), pp. 485-496.

24

Gymnasiarque général : il porte des titres divers, tels que « gymnasiarque des quatre gymnases », c'est-à-dire sans doute des enfants, des éphèbes, des νέοι et des adultes (à Iasos : *Revue des Etudes grecques*, VI (1893, p. 175, nº 9), « gymnasiarque de tous les gymnases » ou « de tous » (à Milet *CIG*, 2885 ; DITT., *Or.*, 472, 6 ; à Pergame : *Athenische Mitteilungen*, XXXII, p. 330, nº 61). Il faut prendre garde que le titre « gymnasiarque de la cité », τῆς πόλεως (à Cos par exemple : PATON-HICKS, *Inscriptions of Cos*, nº 108, 9), paraît signifier « gymnasiarque τῶν πολιτῶν, des adultes », par opposition à « gymnasiarque des éphèbes » ou « des νέοι », et non gymnasiarque « général ».

25

Le *gynéconome* paraît avoir été surtout chargé de faire appliquer les lois somptuaires et de veiller à « la bonne tenue », et sans doute par là même aux bonnes mœurs, des femmes adultes (cf. BOERNER, PAULY-WISSOWA, s. v. ; J. BINGEN, *Chronique d'Egypte*, 32 (1957), pp. 337-339 ; C. WEHRLI, *Museum Helveticum*, 19 (1962), pp. 33-38). Mais le règlement édicté à Magnésie en 196 avant Jésus-Christ pour les fêtes de Zeus Sôsipolis confie aux gynéconomes un rôle si exactement parallèle à celui des pédonomes qu'on est en droit de conclure que leur ressort s'étendait à la direction de la jeunesse féminine (ils devront désigner les uns neuf fillettes, les autres neuf garçons « aux deux parents vivants », pour prendre part à la cérémonie) : DITT., *Syll.*, 589, 15-20.

26

La loi scolaire de Charondas : DIODORE DE SICILE (XII, 12 *fin*) prétend que les fondateurs de Thourioi choisirent comme législateur de leur colonie Charondas de Locres *(sic)*, qu'il paraît croire contemporain de la fondation (445), alors que Charondas et Zaleucos ont vécu au VIIᵉ siècle : « Il édicta que tous les enfants de citoyens apprendraient les lettres, la cité faisant les frais des salaires des maîtres. » Le but de la loi étant d'établir l'égalité des citoyens, quelle que soit leur fortune, devant l'accès à la culture littéraire, dont Diodore (c. 13) entame le panégyrique. Les historiens modernes paraissent d'accord pour voir là un anachronisme : si une telle loi eût existé, son caractère extraor-

NOTES DES PAGES 169 À 175

dinaire pour l'époque n'aurait pu manqué d'attirer l'attention d'Aristote; le silence de la *Politique* est inquiétant (G. Busolt, *Griechische Staatskunde*, I³, pp. 378-379; E. Ziebarth, *Aus der griechisches Schulwesen*², p. 33).

27

Des gymnases ont été aussi fondés par des mécènes, qu'ils fussent simples particuliers ou souverains : c'est du moins l'interprétation que suggèrent des noms comme « gymnase de Philippe » à Halicarnasse (E. Ziebarth, *ibid.*, pp. 49-50).

28

Fondations dans les cités hellénistiques et romaines : cf. l'étude et le dossier, bien incomplet d'ailleurs, de B. Laum, *Stiftungen in der griechischen und römischen Antike, ein Beitrag zur antiken Kulturgeschichte*, 2 vol., Leipzig-Berlin, 1914; voir à son sujet F. Poland, *Berliner Philologische Wochenschrift*, 1915, c. 427-435.

29

La date de la donation d'Eumène a été précisée par G. Daux, *Craton, Eumène II et Attale II*, Bulletin de Correspondance hellénique, LIX (1935), pp. 222-224.

30

Sur le Diogénéion d'Athènes, cf. Ditt., *Syll.*, 497, n. 5; Wachsmuth, Pauly-Wissowa, V, c. 734-735, et surtout, P. Graindor, *Etudes sur l'Ephébie attique sous l'Empire*, II, ap. *Musée belge*, XXVI (1922), pp. 220-228. Le nom de Diogénéion paraît avoir été choisi pour honorer un personnage du nom de Diogène, sans doute le chef de la garnison macédonienne de qui Aratos avait obtenu, moyennant 500 talents, l'évacuation à l'amiable de l'Attique en 229 avant Jésus-Christ, au lendemain de la mort de Démétrios II.

La discussion qui a opposé S. Dow à O. W. Reinmuth sur le sens de l'expression οἱ περὶ τὸ Διογένειον, — pour le premier (*Harvard Studies in Philol.*, 63, 1958, *Mélanges W. Jaeger*, pp. 423-426; *Transactions Amer. Philol. Ass.*, 91, 1960, pp. 381-409), « fonctionnaires subalternes attachés à l'établissement », pour le second (mêmes *Transactions*... 90 (1959), pp. 209-223), « les melléphèbes » —, ne nous a pas fait modifier notre définition de ce gymnase.

31

La gymnasiarchie comme liturgie : G. Glotz a voulu (Daremberg-Saglio, II, 2, p. 1678 *b*) distinguer nettement deux espèces de gymnasiarchies : la g. — magistrature (équivalant au cosmétat athénien) et la g. — liturgie. Mais c'est là une de ces constructions juridiques comme les ont trop aimées les sociologues en quête de « lois » rigoureuses : la réalité historique se refuse à une telle distinction. J. Œhler (Pauly-Wissowa, VII, c. 1976) a bien montré comment les deux aspects sont, de

IIe PARTIE : LES INSTITUTIONS

fait, inséparables. Sur la gymnasiarchie exercée par des femmes ou des enfants ou à titre héréditaire, cf. GLOTZ, *D. S.*, p. 1681 *b*; ŒHLER, *P. W.*, c. 1983.

32

Fondations destinées à financer la gymnasiarchie : B. LAUM, *Stiftungen*, t. I, p. 97; t. II, 1, n° 49, 102, 114, 127, 162; ou des distributions d'huile pour l'athlétisme : *ibid.*, I, pp. 88-90; II, 1, n° 9, 16, 23, 25, 61, 68, 71-73 a, 121-125, 136, 177; II, 11, n° 87, 94, 109; L. ROBERT, *Études Anatoliennes*, pp. 317, 381; *Bull. Épigr.*, *REG.*, 61 (1948), p. 169, n° 112.

33

Participation de la jeunesse aux fêtes religieuses : voir les matériaux rassemblés par E. ZIEBARTH, *Aus der griechischen Schulwesen*², pp. 42 s., 147 s.; A.-J. FESTUGIÈRE, *Le Monde gréco-romain*, I, pp. 87-92; L. ROBERT, *Études anatoliennes*, pp. 9-20; A. H. M. JONES, *The Greek city*, p. 354, n. 35.

III L'ÉDUCATION PHYSIQUE

1

L'éducation physique commençait-elle dès sept ou huit ans ? Ce n'est pas sans hésitation que j'ai adopté cette opinion (avec raison semble-t-il : cf. M. P. NILSSON, *Die hellenistische Schule*, pp. 35-36); elle n'est pas généralement admise : P. GIRARD, par exemple (*L'Éducation athénienne*, pp. 127-128, 194), la fait commencer vers 12-14 ans et on pourrait trouver bien des textes qui paraissent lui donner raison (ainsi GAL, *San. tu.*, II, 1, p. 81; II, 12, p. 162). La vérité est que les usages ont dû varier selon les lieux et surtout les temps : si, comme je m'efforce de l'établir à la fin de ce chapitre, l'importance de la gymnastique dans l'éducation a lentement décliné au cours de la période hellénistique et romaine, pour finalement s'annuler vers le IVe siècle de notre ère, il a dû venir un moment où l'âge initial a commencé à reculer par suite de l'indifférence croissante qu'on éprouvait pour cet ordre d'enseignement.

2

Jeux sportifs des *mikkikhizomènes* spartiates : A. M. WOODWARD, ap. R. M. DAWKINS, *The Sanctuary of Artemis Orthia*, p. 288; cf. p. 318, n° 41.

3

Nous possédons une série de magnifiques sarcophages d'enfants d'époque romaine représentant le petit défunt (âgé de sept ans au plus, vu sa taille) sous les traits d'un athlète vainqueur : F. CUMONT, *Recherches sur le Symbolisme funéraire des Romains*, Paris, 1942, pp. 469-473; pl. XLVI, 2-3. L'interprétation de ces reliefs est sans doute délicate, car la part du symbolisme peut être grande : cf. les monuments analogues qui nous montrent, héroïsés sous les traits d'un cocher de quadrige, de jeunes enfants qui, leur vie durant, n'avaient dû conduire, au mieux, qu'une voiture à chèvres! (F. Cumont, *ibid.*, pp. 461-465.)

4

Sur la littérature des hygiénistes et des médecins concernant la gymnastique, voir l'étude de J. Jüthner dans l'introduction à son édition de Philostrate, *Ueber Gymnastik,* Leipzig-Berlin, 1909, pp. 3-60.

5

Sur la place de l'équitation dans l'éducation de la jeunesse : G. Lafaye, s. v. *Equitatio,* ap. Daremberg-Saglio, II, 1, pp. 750 b-751 a.

6

Sports nautiques chez les Grecs : à Hermionè, cf. K. Schutze, *Warum kannten die Griechen keine Schwimmwettkämpfe?* ap. *Hermes,* 73 (1938), pp. 355-357, corrigeant les hypothèses aventureuses de M. Auriga, *Gedanken über das Fehlen des Schwimmwettkampfes bei den Griechen,* ap. *Leibesübungen und körperliche Erziehung,* 1938, 8. pp. 206-211; mais j'objecterai à mon tour à Schutze que le rapport qu'il établit entre ces jeux et la pêche de la pourpre ne paraît pas démontré, ni que dans le texte de Pausanias κόλυμβος signifie « plongeon » plutôt que « natation ». En dernier lieu, R. Ginouvès, ΒΑΛΑΝΕΥΤΙΚΗ, *Recherches sur le bain dans l'antiquité grecque,* Paris, 1962, p. 124.

7

A Corcyre et ailleurs : P. Gardner, *Boat-races among the Greeks,* ap. *Journal of Hellenic Studies,* 2 (1881), pp. 90-97; cf. en général Mehl, s. v. *Schwimmen,* ap. Pauly-Wissowa, *Suppl.,* V, c. 847-864; M. A. Sanders, *Swimming among the Greeks and the Romans,* ap. *Classical Journal,* 20 (1924-1925), pp. 566-568.

A Athènes : P. Gardner, *Boat-races at Athens,* ap. *Journal of Hellenic Studies,* 2 (1881), pp. 315-317; P. Graindor, ap. *Musée belge,* 26 (1922), pp. 217-219; et maintenant : C. Pélékidis, *Hist. de l'Ephébie...,* pp. 247-249; 272. Les inscriptions d'époque romaine emploient, pour désigner ces jeux, le terme de ναυμαχία : il ne me paraît pas sûr qu'il faille comprendre : joutes, ou combat naval simulé, au sens romain du mot *naumachia ;* les bas-reliefs malencontreusement mutilés dont sont ornées plusieurs de ces inscriptions ne permettent pas cependant d'établir avec certitude qu'il s'agisse de régates comme à l'époque hellénistique : cf. E. Norman Gardiner, *Athletics of the ancient world,* fig. 66-69.

8

« Hockey » : cf. un des reliefs découverts à Athènes en 1922, par exemple L. Gründel, *Griechische Ballspiele,* ap. *Archäologischer Anzeiger,*

IIᵉ PARTIE : L'ÉDUCATION PHYSIQUE

1925, c. 80-95; en dernier lieu, C. Picard, *Manuel d'Archéologie grecque*, I, pp. 618-632. Le traité de Galien « sur la petite balle » a été traduit et commenté par F. A. Wright, *Greek Athletics*, Londres, 1925, pp. 108-122.

9

L'athlétisme grec : je m'excuse auprès du lecteur de lui fournir si peu de références à l'appui du tableau rapide que j'esquisse des différents sports athlétiques. Les textes épars dans toute la littérature antique sont souvent obscurs et peu significatifs par eux-mêmes : ils prennent toute leur valeur une fois rapprochés des monuments figurés (la plupart — des peintures de vases des VIᵉ et Vᵉ siècles — sont bien antérieurs à la période hellénistique; mais la technique sportive paraît avoir assez peu évolué entre temps). Ce fut l'œuvre de l'érudition moderne de rassembler et confronter ces deux ordres de documents; le travail commencé depuis longtemps (cf. J. H. Krause, *Die Gymnastik und die Agonistik der Hellenen*, Leipzig, 1841) a été mené à bien de notre temps par J. Jüthner, E. Norman Gardiner et J. Delorme.

Du second, j'ai déjà cité les deux livres de synthèses, *Greek Athletic Sports and Festivals*, Londres, 1910 : *Athletics of the ancient world*, Oxford, 1930 (dans le même ordre, voir aussi : B. Schröder, *Der Sport in Altertum*, Berlin, 1927, et. C. A. Forbes, *Greek physical education*, New York-Londres, 1929), mais, au point de vue érudition, il faut surtout se reporter à la belle série d'articles qu'il a donnés au *Journal of Hellenic Studies* : 23 (1903), pp. 54-70, *The Method of deciding the Pentathlon; ibid.*, pp. 261-291, *Notes on the Greek foot-race;* 24 (1904), pp. 70-80, *Phayilus and his record jump; ibid.*, pp. 179-194, *Further notes on the Greek jump;* 25 (1905), pp. 14-31; 263-293, *Wrestling;* 26 (106), pp. 4-22, *The Pancration* (cf. *ibid.*, K. T. Frost, *Greek boxing*); 27 (1907), pp. 1-36, *Throwing the diskos; ibid.*, pp. 249-273, *Throwing the javelin;* 45 (1925), pp. 132-134 (avec L. Pihkala), *The System of the pentathlon*.

De. J. Jüthner, on consultera, avec *Ueber antike Turngeräte*, Vienne, 1896, et sa belle édition, traduite et commentée, de Philostratos, *Ueber Gymnastik*, Leipzig-Berlin, 1909, les nombreux articles qu'il a donnés au Pauly-Wissowa, notamment : *Diskobolia*, V, 1, 1187-1189; *Dolichos* (4), V, 1, 1282-1283; *Dromos* (2), V, 2, 1717-1720; *Gymnastik*, VII, 2, 2030-2085; *Gymnastes*, VII, 2, 2026-2030; *Halma*, VII, 2, 2273-2276; *Halter*, VII, 2, 2284-2285; *Hippios* (5), VIII, 2, 1719-1720; *Hoplites* (3), VIII, 2, 2297-2298; *Skamma*, II R., III, 1, 435-437; *Stadion* (3), II R., III, 2, 1963-1966, et au t. XVIII, *Palè* et *Pankration*. Cf. aussi, toujours au Pauly-Wissowa, les articles de Reisch, dans les premiers tomes : *Akontion* (2), I, 1183-1185; *Balbis*, II, 2819, et, bien entendu, les articles correspondants du Daremberg-Saglio : ainsi A. de Ridder, III, 2, pp. 1340 a-1347 b, s. v. *Lucta*.

Enfin, tout récemment, J. Delorme nous a donné dans sa thèse, *Gymnasion, Etude sur les monuments consacrés à l'éducation en Grèce (des*

NOTES DES PAGES 181 À 191

origines à l'Empire romain), Paris, 1960, une large synthèse dont l'intérêt dépasse beaucoup la seule histoire de l'architecture; nous allons le citer dans ce qui va suivre, nous dispensant du même coup de renvoyer explicitement à la littérature antérieure qu'on y trouvera toujours mentionnée et utilisée.

10

Interprétation du *P. Oxy.* (III), 466, IIe siècle après Jésus-Christ. Ce texte emploie des mots (par exemple des composés de βάλλω ou τίθημι) qui, ambigus ou vagues dans la langue commune, avaient certainement reçu une valeur technique dans la langue sportive. J'ai utilisé la paraphrase et le commentaire de J. JÜTHNER, ap. PHILOSTRATOS, *Ueber Gymnastik*, pp. 26-30; la plupart des termes techniques en question avaient d'autre part déjà été étudiés, de façon approfondie, par E. NORMAN GARDINER, ap. *Journal of Hellenic Studies*, 25, (1905), pp. 262 s., notamment pp. 244-246, 280, 287; cf. aussi *Classical Review*, 1929, pp. 210-212. Là où leurs deux interprétations différaient, j'ai presque toujours donné raison, la cause entendue, à Norman Gardiner contre Jüthner. Ainsi à propos du premier commandement : παράθες τὸ μέσον, Jüthner veut traduire : *Stemme die Mitte an*, « raidis le milieu du corps », mais on ne voit pas en quoi cela prépare la suite, tandis que la traduction de Norman Gardiner : *Turn your body sideways*, « présente le corps par le côté » (scil. droit), conduit tout naturellement au mouvement suivant : prise de tête avec le bras droit; de plus elle s'appuie sur un texte de PLUTARQUE, *Quaest. Conv.*, 638 F, où παραθέσεις paraît bien s'opposer à συστάσεις.

11

Rôle du joueur d'aulos dans les exercices gymnastiques : cf. les textes et monuments figurés rassemblés par J. JÜTHNER, ap. PHILOSTRATOS, *Ueber Gymnastik*, p. 301, n. ad p. 180, 18. On se souvient du rôle analogue qu'il jouait dans l'armée et la marine : *supra*, Ire partie, p. 55 et n. 25.

12

Nudité complète de l'athlète : J. DELORME, *Gymnasion*, pp. 21-22. Les Grecs n'ont pas connu l'usage du suspensoir; la pratique connue sous le nom de κυνοδέσμη et qui consistait à serrer l'extrémité du prépuce avec un cordon attaché à une ceinture, répond à d'autres préoccupations (d'ordre hygiénique et moral à la fois) et n'était guère propice à l'effort athlétique violent : cf. sur cet usage, JÜTHNER, ap. PAULY-WISSOWA, IX, 2, c. 2545, s. v. *Infibulatio* (mais la χυνοδέσμη n'est pas l'*infibulatio*, en grec κρίκωσις, technique beaucoup plus brutale, qui tient le prépuce fermé au moyen d'une broche de métal).

13

Sur le bonnet à brides des athlètes, cf. P. GIRARD, *l'Éducation Athénienne*, pp. 210-211; mais il ne faut pas le confondre, comme il paraît le faire

IIᵉ PARTIE : L'ÉDUCATION PHYSIQUE

(p. 211, n. 2), avec les protège-oreilles, ἀμφωτίδες ou ἐπωτίδες, qu'on portait dans les exercices de boxe (cf. E. Saglio ap. Daremberg-Saglio, I, 1, p. 521 a).

14

Corrections infligées par le pédotribe à l'athlète : cf. par exemple Hdt., VIII, 59 (le coureur qui démarre avant le signal régulier du départ est battu); Luc., *Asin.*, 10 (« Prends garde de recevoir bien d'autres corrections, si tu ne fais pas les mouvements prescrits »); et surtout les monuments figurés, tel ce beau vase à figures rouges du British Museum (E 78) où le maître assène un coup vigoureux de sa verge fourchue sur un pancratiste qui essaie de crever un œil à son adversaire en y enfonçant pouce et index, coup interdit!

15

Sur la distinction γυμνάσιον et παλαίστρα, voir la discussion approfondie de J. Delorme, *Gymnasion*, pp. 253-271, qui ajoute une nuance à notre exposé : le premier s'oppose à la seconde non seulement comme le tout à la partie mais encore par son caractère toujours public : la palestre peut être un établissement privé. D'autres termes, désignant proprement une partie du gymnase, ont aussi servi, ici et là, par synecdoque, à désigner l'ensemble des aménagements sportifs, ainsi ξυστός à Elis (Paus., VI, 23, 1), δρόμος en Crète (Suid, s. v.).

16

Nous avons choisi de donner le plan (p. 199) du gymnase inférieur de Priène (le « gymnase supérieur » est d'époque romaine) : cf. Th. Wiegand-H. Schrader, *Priene, Ergebnisse der Ausgrabungen und Untersuchungen in den Jahren 1895-1898*, Berlin, 1904, pp. 259-275; pl. XIX-XX; M. Schede, *Die Ruinen von Priene, kurze Beschreibung*, Berlin-Leipzig, 1934, pp. 80-90 (jolies restitutions : fig. 96-100).

Un autre exemple au plan également suggestif serait fourni par *Le Gymnase de Delphes*, publié par J. Jannoray, Paris, 1953.

J. Delorme, *Gymnasion*, 1ʳᵉ Partie, *Les Monuments*, pp. 33-242, fournit un bon inventaire des divers gymnases rencontrés dans le monde grec.

Comme type de gymnase d'époque romaine (avec l'hypertrophie caractéristique des thermes, et de façon générale le luxe de l'ensemble), on retiendra surtout le témoignage des somptueux gymnases d'Ephèse : voir les rapports de S. Keil dans les *Jahreshefte* de l'Institut Archéologique Autrichien, *Beiblatt*, t. 24 (1929), c. 25-26; 25 (1929), 23-24; 26 (1930), c. 19-20, 23-24; 27 (1932), c. 16 s.; 28 (1933), c. 7-8, 19-20; 29 (1934), c. 148; cf. aussi, mais il nous reporte pour l'essentiel à la période hellénistique, le grand gymnase de Pergame : P. Schazmann, *Das Gymnasion* (*Altertümer von Pergamon*, VI), Berlin-Leipzig, 1923. Sur ces thermes-gymnases romains d'Asie, v. enfin R. Ginouvès, ΒΑΛΑΝΕΥΤΙΚΗ, Paris, 1962, p. 150.

NOTES DES PAGES 192 À 201

17

Hermès décorant les gymnases et palestres ; il s'agit surtout de bustes d'Hermès et d'Héraklès, divinités protectrices du sport : J. DELORME, *Gymnasion*, pp. 339-340, et tout le ch. XII, pp. 337-361, « Le gymnase, centre religieux et civique ».

18

Sur les différentes parties du gymnase, voir le ch. X de J. DELORME, *Gymnasion*, « Le gymnase, établissement athlétique » : pp. 296-301 *(apodytèrion)*, 304-315 *(loutrôn* ; cf. R. GINOUVÈS, ΒΑΛΑΝΕΥΤΙΚΗ, pp. 125-150), 276-279 *(konistèrion)* et 301-304 (« salles pour l'onction »), 280-281 *(coryceum)*, 281-286 *(sphairistèrion* : salle pour la boxe et non le jeu de balle), 286 (286-296 : dromos, xyste et pistes de saut).

19

On m'a reproché de faire commencer trop tôt ce déclin de l'athlétisme (ainsi J. DELORME, *Gymnasion*, p. 467); voir cependant dans XÉNOPHON, *Hell.* VI, 1, 5, le discours mis dans la bouche de Jason de Phères (375 av. J.-C.) opposant l'armée de mercenaires à l'armée civique dont « peu d'hommes pratiquent journellement la gymnastique ».

20

Concours sportifs scolaires d'époque impériale à Termessos : qu'il me suffise de renvoyer à R. HEBERDEY, ap. PAULY-WISSOWA, II R., V, 1, c. 767-768, s. v. *Termessos, Schulagone*.

21

Athlètes honorés à l'époque impériale, athlètes d'origine aristocratique : cf. L. ROBERT, *Notes de Numismatique et d'Epigraphie grecques*, ap. *Revue archéologique*, 1934, I, pp. 55-56 (cf. 52-54), 56-58.

22

O. A. SAWHILL, *The Use of athletic metaphors in the biblical homelies of St. John Chrysostom*, dissert. Princeton, 1928; C. SPICQ, *L'Image sportive de II Cor.*, IV, 7-9, ap. *Ephemerides Theologicae Lovanienses*, 1937, pp. 209-229; *Gymnastique et Morale, d'après I Tim.*, IV, 7-8, ap. *Revue biblique*, 1947, 229-242 (repris dans *Les Epîtres pastorales*, Paris, 1947, pp. 151-162).

IV. L'ÉDUCATION ARTISTIQUE

1

Sur l'enseignement du dessin, cf. les maigres données colligées par L. GRASBERGER, *Erziehung und Unterricht im klassischen Altertum*, t. II, pp. 343-350. C'est à tort, me semble-t-il, que W. JÄGER, *Paideia*, t. II,

IIᵉ PARTIE : L'ÉDUCATION ARTISTIQUE

p. 228, exclut les arts plastiques de la paideia grecque : l'interprétation traditionnelle du texte d'Aristote, *Pol.*, Θ, 1337 b 25, qu'il repousse, trouve son commentaire naturel dans les palmarès épigraphiques de Théos et Magnésie, sans parler du témoignage de Tel., ap. Stob., 98, 72.

2

L'enseignement conjoint de l'aulos et de la lyre d'après les vases peints : cf. par exemple P. Girard, *L'Education athénienne*, fig. 6, 8, 13, 14, 15, pp. 105, 111, 165, 169, 171.

3

Sur l'aulos, son rôle (qui n'a pas été assez reconnu) dans la musique grecque, cf. le livre, touffu, et souvent discutable de K. Schlesinger, *The Greek aulos, a study of its mecanism and of its relation to the modal system of ancient Greek music*, Londres, 1939 (et le compte rendu que j'en ai donné ap. *Revue des Études grecques*, LIII (1940), pp. 87-92); N. B. Bodley, *The Auloi of Meroë*, ap. *American Journal of Archaeology*, L (1946), pp. 217-240, suit Schlesinger sans assez de critique.

4

Sur l'accord, controversé, de la lyre heptacorde, cf. en dernier lieu I. Düring, *Studies in musical terminology in 5. th century literature*, ap. *Eranos*, XLIII (1945), pp. 190-193. Les textes sur l'histoire des cordes successives ajoutées à la lyre sont groupés par (H. Weil)-Th. Reinach, dans leur édition de Plutarque, *De la Musique*, Paris, 1900, pp. 119-129, ad § 303.

5

La théorie musicale grecque : le meilleur livre reste la belle thèse de L. Laloy, *Aristoxène de Tarente et la Musique de l'Antiquité*, Paris, 1904; pour un exposé rapide, cf. l'*Introduction* de J. F. Mountford au livre cité n. 3 de K. Schlesinger, pp. xv-xxxvii. Voir d'autre part Fr. Lasserre, *L'Education musicale dans la Grèce antique*, introduction à son édition, traduite et commentée de Plutarque, *De la Musique*, Olten, 1954 (*Bibliotheca Helvetica Romana*, 1), pp. 15-95.

6

Sur le double sens du mot *musique*, qui tour à tour, dans l'Antiquité, désigne l'art musical et la science mathématique des intervalles et du rythme, cf. mon *Saint Augustin et la Fin du Monde antique*, Paris, 1937, pp. 197-210; normalement, cette science, l'harmonique, est du ressort des professeurs de mathématiques, et parmi eux (s'ils se spécialisent) d'un ἁρμονικός (cf. Tel., ap. Stob., 98, 72), non du citharistε, ce praticien. Un doute pourtant subsiste dans le cas des écoles de Téos : leur charte, Ditt., *Syll.*, 578, l. 18-19, prévoit que le citharistε enseignera, outre le jeu de la lyre, « la musique », τὰ μουσικά. Comme il s'agit d'élèves d'âge secondaire ou supérieur, ce pourrait bien être la théorie scientifique en question mais, dans ce cas, pourquoi n'a-t-on pas dit tout simplement τὴν μουσικήν ? On traduit parfois τὰ μουσικά par « le solfège » (ainsi : Th. REINACH, *La Musique grecque*, Paris, 1926, p. 135), mais (cf. note suivante) il faudrait d'abord être certain que l'enseignement hellénistique connaissait quelque chose d'équivalent à notre solfège. Τὰ μουσικά désigne peut-être l'apprentissage des divers chants que les grands élèves de Téos auront à exécuter dans les fêtes et cérémonies civiques.

7

On admet communément que l'enseignement de la musique à l'époque hellénistique comprend celui de la dictée musicale, donc à fortiori celui de la notation ; mais cette opinion repose sur une interprétation que j'ai jugée fautive des termes μελογραφία et ῥυθμογραφία, qui apparaissent dans les palmarès des concours scolaires de Téos et Magnésie (MICHEL, 913, 12, 9 ; DITT., *Syll.*, 960, 4) : cf. ma note, sous le titre ΜΕΛΟΓΡΑΦΙΑ, ap. *L'Antiquité classique*, XV, 1946, pp. 289-296.

8

Enseignement *ad orecchio* de la lyre d'après les peintures de vases : P. GIRARD, *L'Éducation athénienne*, fig. 5, 7, 9, 16, pp. 103, 119, 120, 173, et notre pl. II (p. 80-81).

9

Sur la chorégie, cf. par exemple G. BUSOLT-H. SWOBODA, *Griechische Staatskunde* [3], pp. 975 s. ; 1086 s., ou les articles *ad hoc* du PAULY-WISSOWA et du DAREMBERG-SAGLIO (ainsi, dans celui-ci, s. v. *Cyclicus chorus*, t. II, 1, pp. 1691 a-1693 b, etc.) ; A. BRINCK, *Inscriptiones Graecae ad choregiam pertinentes*, ap. *Dissertationes philologicae Halenses*, VII, (1886), pp. 71-274.

10

Sur les Pythaïdes, A. BOËTHIUS, *Die Pythais, Studien zur Geschichte der Verbindungen zwischen Athen und Delphi*, Dissert., Upsal, 1918 ; C. DAUX, *Delphes aux IIe et Ier siècles*, Paris, 1936, pp. 521-583, 708-729.

11

L'inscription *F. Eph.*, II, n° 21, l. 53 s., nous apprend comment, en 44 après Jésus-Christ, sur l'intervention du proconsul Paullus Fabius Persicus, les hymnodes professionnels jusque-là en service durent être remplacés par un chœur d'éphèbes. Le motif invoqué est une raison d'économie (l'entretien de ce chœur aurait absorbé la plus grande partie des revenus de la cité !), mais il n'est pas exclu que la mesure ait eu une arrière-pensée politique : cf. Ch. PICARD, *Éphèse et Claros, Recherches sur les Sanctuaires et les Cultes de l'Ionie du Nord*, Paris, 1922, pp. 252-254 ; en dernier lieu, F. K. DÖRNER, *Der Erlass des Stathalters von Asien Paullus Fabius Persicus*, diss. Greifswald, 1935, pp. 38-39.

IIᵉ PARTIE : L'ÉDUCATION ARTISTIQUE

12

Sur la danse dans l'éducation grecque, cf. la thèse latine de M. EMMANUEL, *De Saltationis disciplina apud Graecos,* Paris, 1896, pp. 15, 73, n. 9, 74...

13

L'éducation du vrai musicien suppose la pratique : j'ai repris à mon compte, et pour notre temps, cette doctrine aristotélicienne, ap. [H. DAVENSON], *Traité de la Musique selon l'esprit de saint Augustin*, Baudry, 1942, pp. 59-63.

14

Sur l'éthos des modes grecs, cf. le livre classique d'H. ABERT, *Die Lehre vom Ethos in der griechischen Musik,* Leipzig, 1899. On avait développé aussi une doctrine parallèle sur l'éthos des rythmes : cf. G. AMSEL, *De Vi atque indole rhythmorum quid veteres judicaverint*, Breslauer philologische Abhandlungen, I, 3, Breslau, 1887. Pour quelques indications rapides sur l'un et l'autre, cf. Th. REINACH, *La Musique grecque*, pp. 44-46, 113-114 et les travaux recensés par R. P. WINNINGTON-INGRAM dans sa revue *Ancient Greek Music 1932-1957*. Lustrum, 1958/3, § VII, 2.

15

Sur la signification profonde du « nomos » à l'époque archaïque, cf. L. LALOY, *Aristoxène de Tarente,* pp. 104-105 ; la chose s'expliquerait mieux encore si, comme le veut K. SCHLESINGER (*op. cit.* ci-dessus, n. 3), les modes grecs se définissaient à l'origine par une succession d'intervalles *tous différents,* facilement réalisés sur des types d'*auloi* aux trous équidistants : leur originalité devait être alors frappante ; elle s'efface au contraire quand les divers modes sont simplement découpés sur l'échelle standard du « grand système parfait ».

V. L'ÉCOLE PRIMAIRE

1

Nourrices et bonnes d'enfant : G. HERZOG-HAUSER, ap. PAULY-WISSOWA, XVII, c. 1491-1500, s. v. *Nutrix ;* A. WILHELM, ap. *Glotta,* XVI (1928), pp. 274-279; L. ROBERT, *Etudes épigraphiques* (BEHE, 272), p. 187.

2

Sur la première éducation, jusqu'à sept ans, le bon chapitre de P. GIRARD, *L'Education athénienne aux Vᵉ et IVᵉ siècles avant Jésus-Christ,* pp. 65-99, reste valable pour l'époque hellénistique; cf. aussi L. GRASBERGER, *Erziehung und Unterricht*, I, pp. 221-235, et surtout, pour les jeux d'enfants, tout le premier fascicule, I, pp. 1-163.

NOTES DES PAGES 207 À 219

3

Le terme d'*école maternelle* n'a été adopté en France qu'en 1881 pour désigner ce qu'on appelait jusque-là les *salles d'asile* : celles-ci ont fait leur apparition à Paris en 1828 (cf. dès 1801 les salles d'hospitalité de Mme de Pastoret), à l'exemple des *Infant schools* que l'Angleterre industrielle connaissait depuis 1819 au moins.

4

Paidagogos : cf. E. SCHUPPE, *s. v.*, ap. PAULY-WISSOWA, XVIII, 2, c. 2375-2385. Pédagogue portant son jeune maître sur l'épaule et tenant une lanterne à la main : cf. par exemple la terre cuite reproduite par M. ROSTOVTSEV,... *Hellenistic world* (1), pl. XXX, 2.

5

Sur la colonisation militaire au Fayoûm, cf. M. ROSTOVTSEFF, *The Social and economic history of the Hellenistic world*, pass. (cf. *Index*, I, *s. v.*, p. 1691 a). Dans les villages de ce Nome Arsinoite, nous trouvons pédotribe (*P. Zen. Cair.*, III, 59326, 28), gymnasiarque (*BGU.*, VI, 1256), gymnase (*PSI.*, IV, 391 a), petite palestre (*PSI.*, IV, 418, 7) et papyrus scolaires (*P. Guér. Joug.*, *O. Michigan*, 656, 657, 658, 661, 662, 693; *P. Varsovie*, 7; *P. Grenf.*, II, 84; *P. Fayûm*, 19; WESSELY, *Stud.*, II, LVIII; *P. Ianda*, 83; ZIEBARTH, *Ant. Sch.*, 29).

6

La connaissance de l'écriture dans les papyrus : E. MAJER-LEONHARD, ΑΓΡΑΜΜΑΤΟΙ, *In Ægypto qui litteras sciverint, qui nesciverint, ex papyris Graecis quantum potest exploratur*, Francfort, 1913, R. CALDERINI, *Gli* ἀγράμματοι *nell'Egitto greco-romana*, dans *Aegyptus*, t. 30, 1950, pp. 14-41.

7

Terres cuites représentant des écolières : E. POTTIER-S. REINACH, *Myrina*, pl. 33, 4; P. GRAINDOR, *Terres cuites de l'Egypte gréco-romaine* (*Werken* de la Faculté des Lettres de l'Université de Gand, 86), n° 54, pp. 135-136, pl. 20; C. LÉGUYER, *Terres cuites antiques*, I, pl. II, 4, n° 5; A. CARTAULT, *Deuxième collection Lécuyer*, pl. LIX, 11; F. WINTER, *Die antiken Terrakoten*, I, 11, p. 123, n°s 6-7; 124, n° 1, etc.

8

Παιδαγωεῖον (DEM., *Cor.*, 258) : salle d'attente pour pédagogues (K. F. Hermann, Cramer) ? Non : un simple synonyme de διδασκαλεῖον, salle de classe (cf. POLL., IX, 41) : P. GIRARD, *L'Education athénienne*, p. 102.

9

Sur le sous-maître, ὑποδιδάσκαλος, cf. L. GRASBERGER, *Erziehung und Unterricht*, II, pp. 144-145.

IIᵉ PARTIE : L'ÉCOLE PRIMAIRE

10

Sur le salaire du maître d'école, cf. C. A. Forbes, *Teachers' pay in ancient Greece*, Lincoln (Nebraska), 1942.

11

La fondation de Polythrous (Ditt., *Syll.*, 578) prévoit trois classes dont les titulaires recevront respectivement 600, 550 et 500 drachmes par an. Je retiens ce dernier chiffre comme représentant le salaire prévu pour l'instituteur, les deux autres classes relevant, comme nous le verrons, de l'enseignement secondaire.

12

On ne demande à l'instituteur qu'une qualification morale, sans attacher d'importance à la compétence pédagogique : dans le même sens, L. Grasberger, *Erziehung und Unterricht*, II, p. 162, 85 ; M. Rostovtseff, *The Social and Economic history of the Hellenistic World*, pp. 1087-1088.

13

IG., XII, 1, 141 : rien ne permet d'identifier le maître d'école en question avec le Hieronymos, fils de Simylinos, auquel est dédié le beau bas-relief funéraire publié par F. Hiller von Gaertringen, ap. *Bulletin de Correspondance hellénique*, 36 (1912), pp. 236-239, comme le voudrait celui-ci.

14

Sur le *De liberis educandis* de Plutarque, cf. F. Glaeser, *De Pseudo-Plutarchi libro* περὶ παίδων ἀγωγῆς, *Dissertationes philologicae Vindobonenses*, XII (Vienne, Leipzig, 1918), 1. Le caractère apocryphe de ce traité, que personne ne conteste plus depuis Wyttenbach (1820), ne me paraît pas tellement démontré.

15

Horaire et calendrier scolaires : L. Grasberger, *Erziehung und Unterricht*, I, pp. 239-240, 242, 291-295 ; II, pp. 244-252 ; P. Girard, *L'Education athénienne*, pp. 249-250 ; E. Ziebarth, *Schulwesen*, pp. 153-155 ; K. Freeman, *Schools of Hellas*, pp. 80-81.

Le point délicat est de préciser la répartition, à l'intérieur de la journée, des heures passées chez le maître d'école et chez le maître de gymnastique. L'hypothèse à laquelle s'est arrêté finalement Grasberger a été généralement reprise par ses successeurs, confiants en son autorité, mais ils n'ont pas pris garde que cette opinion, à laquelle Grasberger lui-même n'est pas parvenu sans hésitation ni repentirs, n'est pas appuyée sur des témoignages assez explicites ni assez homogènes.

Quel est le problème ? (1) Sous l'Empire romain, la chose est assurée pour l'Orient grec comme pour l'Occident latin, la journée scolaire est organisée de la façon suivante : le matin, dès le lever du jour, l'enfant part chez le maître d'école (de l'école littéraire) : cf. la terre cuite montrant l'enfant porté sur l'épaule d'un pédagogue qui tient une lanterne à la main : M. ROSTOVTSEV, ... *Hellenistic world* (1), pl. XXX, 2. Là où la gymnastique continue à figurer à son programme, l'enfant se rend *ensuite* à la palestre pour sa leçon d'exercices physiques; puis : bain, retour à la maison, repas du milieu du jour. Dans l'après-midi, il retourne à l'école pour une *seconde* leçon de lecture-écriture : voir par exemple les textes, si explicites de LUCIEN, *Am.*, 44-45; *Paras.*, 61.

Mais cet horaire était-il déjà pratiqué à l'époque hellénistique proprement dite (IIIe-Ier siècles avant Jésus-Christ) ? Il semble que non, si l'on en juge par les vers des *Bacchides* qui versent au débat le témoignage de PLAUTE ou, pour mieux dire, de MÉNANDRE (mort en 292 avant Jésus-Christ) : les *Bacchides* paraissent avoir été une simple transposition du *Double Trompeur* de celui-ci, sinon même une traduction (autant qu'on peut le conjecturer par le vers cité par STOBÉE, 120, 8, qui se trouve exactement rendu par *Bacch.*, 816-817); de toute façon (cf. E. ERNOUT, *Notice* à son édition, p. 11), la critique ne découvre aucune trace sûre de remaniement ni de « contamination ».

Evoquant sa studieuse et vertueuse jeunesse, un des personnages dit : « Si tu n'étais pas arrivé à la palestre avant le soleil levant, le maître du gymnase t'infligeait une bonne correction » :

Ante solem exorientem nisi in palaestram veneras,
Gymnasi praefecto haud mediocris poenae penderes (v. 424-425).

Suit une évocation des exercices gymniques, puis :

Inde de hippodromo et palaestra ubi revenisses domum,
Cincticulo praecinctus in sella apud magistrum adsideres :
Cum librum legeres, si unam peccavisses syllabam
Fieret corium tam maculosum quam est nutricis pallium (431-434).

Ainsi la journée *commence* par la palestre et la leçon de lecture *suit*.

Comment concilier ces deux ordres de témoignages ? Il ne faut pas s'arrêter à l'idée que Plaute (Ménandre) décrit ici la vie des grands éphèbes de dix-huit ou vingt ans qui, devenus plus sportifs que scolaires, donneraient la matinée entière à la gymnastique et une seule leçon sur deux, celle du soir, aux lettres : les vers 431-434, si précis dans leur pittoresque, ne peuvent s'entendre que de l'école primaire, où l'enfant, vêtu de sa petite tunique, assis sur son tabouret aux pieds du maître, ânonne en syllabant sous la menace de la férule.

Il paraît difficile d'écarter l'autorité du témoignage des *Bacchides* (le texte de PLATON, *Prot.*, 326 b, ne le contredit pas : s'il déclare qu'on envoie l'enfant chez le pédotribe *après* l'avoir confié aux maîtres de lettres et de musique, c'est de la date, peut-être en effet plus tardive, où commençait l'éducation physique, qu'il s'agit, non de l'heure où, chaque jour, l'enfant se rendait chez l'un ou les autres). Dès lors, on est conduit à la solution que j'ai proposée dans le texte : au IIIe siècle

IIe PARTIE : L'ÉCOLE PRIMAIRE

avant Jésus-Christ, l'éducation grecque, fidèle à ses origines guerrières, accorde encore la première place à la gymnastique : c'est par celle-ci que commence la journée de l'enfant ; la matinée entière lui est consacrée ; les lettres se contentent d'une seule leçon, l'après-midi.

Puis, devant l'importance croissante attachée à l'instruction littéraire, une leçon supplémentaire s'introduit au début de la matinée. La transition a pu, comme le conjecture, non sans finesse, GRASBERGER (II, p. 248), être représentée par une répétition donnée à la maison par le pédagogue : n'est-ce pas la scène qu'évoquent ces jolies terres cuites montrant un personnage barbu donnant à l'enfant une leçon de lecture ou d'écriture ? (Cf. par exemple E. POTTIER-S. REINACH, *La Nécropole de Myrina*, pl. XXIX, 3, n° 287 ; A. CARTAULT, 2e collection Lécuyer, pl. XIX, n° 12 : mais n'est-ce pas un faux ?) Puis cette leçon supplémentaire, très matinale (cf. MART., XII, 57, 5 ; IX, 68 ; JUV., VII, 222-225), aurait été transportée à l'école même et serait peu à peu devenue la leçon principale.

Il serait intéressant de pouvoir dater cette innovation pédagogique, indice caractéristique du progrès des lettres et du recul de la gymnastique. Celle-ci ne cessera plus de reculer : au IIe siècle de notre ère, au moins en pays grec, elle occupe encore la deuxième partie de la matinée : LUCIEN nous montre l'enfant s'exerçant sous le chaud soleil de midi (*Am.*, 44-45) ; au IIIe siècle, en pays latin, elle a disparu : l'enfant reste chez le maître d'école jusqu'au repas de midi, y retourne ensuite, le bain est reporté, conformément à l'usage romain, à la fin de la journée de travail, avant la *cena* (*Colloquia* des *Hermeneumata Ps. Dositheana*, C. Gloss. Lat., III, pp. 378, 22 s.).

16

Calendrier scolaire de Cos : la colonne réservée au mois Artamisios se termine par la rubrique suivante (DITT., *Syll.*, 1028, 43-45) :

π(ρ)ο(τριακάδι) ἀπόδειξι[ς] / διδασκάλων / καὶ κεφαλ(α)ὶ γ'.

La dernière mention demeure sibylline. Je traduis hardiment ἀπόδειξις διδασκάλων par « examen scolaire » : le sens d'ἀπόδειξις, examen passé par les élèves, est bien attesté : PLUT., *Quaest. Conv.*, IX, 376 ; DITT., *Syll.*, 578, 32-34 ; 717, 41 ; cf. 1028, n. 16 ; *Ins. Priene*, 114, 20 ; 113, 30. Le génitif διδασκάλων ne doit pas faire penser à un examen subi par les maîtres eux-mêmes : à Athènes, à l'époque impériale, ces épreuves sont passées par les élèves devant la βουλή : elles sont donc l'équivalent d'une inspection, d'une mise à l'épreuve de l'enseignement des maîtres : d'où l'expression que nous trouvons ici. Etant donné le sens spécifiquement intellectuel que prend διδάσκαλος en grec hellénistique, j'estime que ces épreuves s'opposent aux ἀγωνάρια prévus aux 5, 7, 11 et 25 du même mois et qui doivent être des épreuves sportives.

D'autre part aux l. 11 et 25 faut-il traduire avec DITTENBERGER

(n. 5 al loc.) ἡβῶντες par « éphèbes », ou par « adolescents », classe d'âge intermédiaire entre les ἄνηβοι, « enfants » et les éphèbes proprement dits ? V. ma discussion dans *L'Antiquité Classique*, 25 (1956), p. 237, n. 1.

17

Pas de tableau « noir » (à vrai dire, s'il avait été en usage, il se fût agi d'un tableau « blanc », λεύκωμα, *album*) : voir les quelques données colligées par Grasberger, *Erziehung und Unterricht*, II, pp. 223-224. Quelques érudits sont amenés à parler incidemment de « tablettes percées d'un trou pour être suspendues *au mur* » (ainsi P. Beudel, *Qua ratione Graeci...*, p. 40) : il est utile d'avertir le lecteur qu'il s'agit de tablettes individuelles de petites dimensions ; le trou de suspension est disposé de telle sorte que, suspendue, la tablette montrerait les lignes d'écriture verticales (ex. *Journal of Hellenic Studies*, 29 [1909], pp. 39 s.).

VI. L'INSTRUCTION PRIMAIRE

1

Méthodes pédagogiques à l'école primaire : l'analyse la plus précise reste celle de P. Beudel, *Qua ratione Graeci liberos docuerint, papyris, ostracis, tabulis in Ægypto inventis, illustretur*, diss., Munster, 1911, pp. 6-29.

2

Croyances astrologiques et magiques relatives à l'alphabet : Dieterich, *ABC Denkmäler, Rheinisches Museum*, LVI (1901), pp. 77 s.; F. Dornseiff, *Das Alphabet in Mystik und Magik*[2], Leipzig, 1925. L'alphabet dans le rite de la dédicace des églises : H. Leclercq, ap. *Dictionnaire d'Archéologie chrétienne et de Liturgie*, I, 1, c. 56-58; IV, 1, c. 389-390.

3

Histoire des anthologies scolaires hellénistiques : O. Guéraud-P. Jouguet, *Un Livre d'écolier...*, pp. XXIV-XXXI.

4

Lecture à haute voix, lecture silencieuse : bibliographie de la question ap. H.-I. Marrou, *Saint Augustin et la Fin de la Culture antique*, p. 89, n. 3; ajouter : G. L. Hendrickson, ap. *Classical Journal*, 23 (1929-1930), p. 182; W. J. Clark, *ibid.*, 26 (1931), pp. 698-700.

5

Codices et volumina dans les bibliothèques juives et chrétiennes : voir sous ce titre les *Notes d'iconographie* de R. Vielliard, ap. *Rivista di Archeologia*

IIe PARTIE : L'INSTRUCTION PRIMAIRE

cristiana, XVII (1940), pp. 143-148, et, de façon plus générale : F. G. Kenyon, *Books and Readers in ancient Greece and Rome*, Oxford, 1932.

6

Longueur du *Papyrus Guéraud-Jouguet* : il est mutilé au début et au milieu (entre les l. 57 et 58); les éditeurs ont ingénieusement réussi à calculer l'étendue de cette seconde lacune : 6,5 centimètres, ce qui porte l'ensemble du rouleau à 2,485 mètres, plus la lacune initiale. Celle-ci à son tour peut être évaluée : il manque 14 ou 15 colonnes à gauche, pour compléter le tableau des syllabes (suivant qu'il était ou non précédé d'une colonne de voyelles), soit 20 à 22 centimètres; plus, pour l'alphabet dont je conjecture l'existence, 3 ou 4 colonnes, 4 à 6 centimètres; enfin, un espace blanc, destiné à faciliter l'attache au bâtonnet terminal et l'enroulement, comme à la fin du livre où il occupe 14 centimètres. Il nous manque donc une longueur pouvant aller d'un peu plus de 25 centimètres (20 + 4 + x) à 42 centimètres (22 + 6 + 14). La longueur moyenne des feuilles assemblées bout à bout (κολλήματα) est de 15,5 centimètres; la première qui nous soit restée, mutilée, n'a que six centimètres. Il nous manque donc une ou, beaucoup plus vraisemblablement, deux feuilles (car une seule feuille, ajoutée à ce qui manque à la première, ne donne qu'un espace un tout petit peu trop restreint : 15,5 + 9,5 = 25 cm), soit une dimension de : 9,5 + 15,5 × 2 = 40,5 centimètres pour la lacune initiale, et pour le rouleau complet une longueur totale de : 2,485 + 0,405 = 2,89 mètres.

7

Prix du papyrus : N. Lewis, *L'Industrie du Papyrus dans l'Egypte gréco-romaine*, Paris, 1934, pp. 152-157, à qui je reprocherai de réagir de façon excessive contre l'opinion trop pessimiste (prix vingt fois trop élevé, par suite d'une confusion entre feuille et rouleau-type de 20 feuilles) de G. Glotz, *Le Prix du Papyrus dans l'Antiquité grecque*, Bulletin de la Société Archéologique d'Alexandrie, 25 (1930), pp. 83-96 : l'usage, bien étudié par Oldfather, d'utiliser, pour copier des textes scolaires, le *verso* de vieux papyrus d'archives montre assez qu'on y regardait à deux fois avant d'acheter du papier neuf!

8

Usage scolaire de maximes monostiques : des choix de sentences apparaissent dans les papyrus dès l'époque ptolémaïque : *P. Hibeh*, 17 (sentences de Simonide, IIIe siècle avant Jésus-Christ); Wessely, ap. *Festschrift Gomperz*, pp. 67-74 (« chries » de Diogène, Ier siècle avant Jésus-Christ), mais le caractère scolaire de ces premiers documents n'apparaît pas nettement. J'hésite néanmoins à me fonder sur l'ambiguïté de leur témoignage pour affirmer que l'usage de ces maximes est dû à un progrès pédagogique effectué seulement à l'époque impériale.

Voir aussi : J. Barns, *A new Gnomologium, with some Remarks on gnomic*

Anthologies, dans *Classical Quarterly,* 44 (1950), pp. 126-137; sur ce genre littéraire : H. CHADWICK, *The Sentences of Sextius,* Cambridge, 1959.

9

Le comput digital : Cf. D. E. SMITH, *History of Mathematics,* Boston, 1925, t. II, pp. 196-202; E. A. BECHTEL, *The Finger-counting among the Romans,* ap. *Classical Philology,* IV (1909), pp. 25-31; W. FROEHNER, ap. *Annuaire de la Société française de Numismatique et d'Archéologie,* VIII (1884), pp. 232-238; J.-G. LEMOINE, *Les Anciens procédés de calcul sur les doigts en Orient et en Occident,* ap. *Revue des Etudes islamiques,* VI (1932), pp. 1-60; A. CORDOLIANI, *Etudes de comput,* I, ap. *Bibliothèque de l'Ecole des Chartes,* CIII (1942), pp. 62-65, et mon article : *L'Evangile de Vérité et la diffusion du comput digital dans l'antiquité, Vigiliae Christianae,* 12 (1958), pp. 98-103.

Deux problèmes se posent à son sujet : (a) la date de son apparition. Les seuls exposés *ex professo* que nous possédions sont, pour l'Occident, le traité de BÈDE le Vénérable (VIIIᵉ siècle; *P. L.,* t. 90, c. 685-693) : les manuscrits sont accompagnés de curieuses planches illustrées) et, pour l'Orient, quelques pages de RHABDAS (*alias* NICOLAS ARTAVASDOS de Smyrne, XIVᵉ siècle), texte et traduction ap. P. TANNERY, *Mémoires scientifiques,* IV, pp. 90-97. Mais des allusions, techniquement précises, attestent son usage dans la Rome impériale, dès le Iᵉʳ siècle :

PLINE (*N. H.,* XXXIV, 33) parle d'une statue de Janus, dédiée par le roi Numa (?) dont les doigts figuraient le chiffre 365 : quoi qu'il puisse en être de la date réelle de la dédicace et des intentions du statuaire, ce témoignage atteste que les contemporains de Pline l'Ancien interprétaient le geste de ce Janus en fonction des règles du comput. Voir encore JUVÉNAL (X, 248 : un centenaire compte le nombre de ses années sur la main *droite*) et surtout APULÉE (*Apol.,* 89, 6-7), saint JÉRÔME (*Adv. Jovinian.,* I, 3), saint AUGUSTIN (*Serm. 175,* 1), MARTIANUS CAPELLA (VII, 746).

Le procédé n'appartenait pas en propre aux milieux latins : une anecdote rapportée par PLUTARQUE (*Reg. Imp. Apopht.,* 174 B) et AELIUS ARISTIDE (XLVI D., 257; cf. SUIDAS, t. I, p. 339, 3752) le montre connu à tout le moins de son temps (IIᵉ siècle après Jésus-Christ) et, si l'anecdote a un fondement historique, déjà au IVᵉ siècle avant Jésus-Christ : Orontes, gendre du roi Artaxerxès II (404-358) comparait les amis des rois, tour à tour puissants ou misérables suivant qu'ils sont en faveur ou en disgrâce, aux doigts de la main qui tour à tour signifient les dizaines de mille (main gauche appuyée sur telle ou telle partie du corps) ou les simples unités (main gauche tendue en avant du corps); cf. encore *Anth. Pal.,* XI, 72.

PLINE (*N. H.,* XXXIV, 88) connaissait aussi une statue d'un homme (c'était peut-être Chrysippe) comptant sur ses doigts, due au sculpteur Euboulidès (II : cf. C. ROBERT, ap. PAULY-WISSOWA, VI, c. 871-875,

IIe PARTIE : L'INSTRUCTION PRIMAIRE

s. v. Eubulidès n° 10; on la placerait vers 204 avant Jésus-Christ). Hérodote déjà parle de la chose (VI, 63; 65) mais il est douteux qu'il s'agisse déjà du système codifié par Bède. En effet, les vases à figures rouges qui paraissent représenter des joueurs de *morra* ne nous montrent pas une mimique qu'on puisse interpréter en fonction de ces règles (G. Lafaye, ap. Daremberg-Saglio, III, 2, pp. 1889 b-1890 b, s. v. *Micatio*; K. Schneider, ap. Pauly-Wissowa, XV, 2, c. 1516-1517, s. v. *Micare*). Cependant, cf. peut-être l'une des peintures de vases consacrées à la *Représentation de la vente de l'huile à Athènes* (sous ce titre : F. J. M. De Waele, *Revue Archéologique,* 5, XXIII (1926), pp. 282-295) : il s'agit d'une pelikè à figures noires (E. Pernice, ΣΙΦΩΝ, ap. *Jahrbuch d. deutsch. archaeolog. Instituts,* VIII (1893), p. 181) montrant une marchande dont les doigts de la main gauche représenteraient le chiffre 31; cf. encore Ar., *Vesp.,* 656.

Les seuls monuments figurés remontant à l'antiquité et qui attestent l'usage du système Bède-Rhabdas sont ces curieuses tessères du Cabinet des Médailles de la Bibliothèque Nationale signalées pour la première fois par Froehner (*art. cité,* en attendant le catalogue de J. Babelon, *Coll. Froehner,* t. II, n° 316-327, et notre planche). Il doit s'agir de jetons de jeux; on n'en a pas trouvé indiquant un chiffre supérieur à 16. La technique de leur fabrication permet de les rattacher à l'industrie de la bimbeloterie alexandrine d'époque impériale (en fait, la majorité des exemplaires connus provient d'Égypte; quelques-uns de Rome). La date paraît malheureusement difficile à préciser : les numismates sont partagés; j'ai consulté à ce sujet MM. J. Babelon et P. Le Gentilhomme : le premier penche pour le Haut-Empire, le second pour une époque plus tardive, après Constantin.

(b) Où et quand apprenait-on ce comput ? Les textes d'époque romaine nous montrent son usage tout à fait habituel (les avocats s'en servent par exemple au tribunal : Quint., XI, 3, 117; je ne vois pas pourquoi il n'aurait pas été enseigné à l'école primaire : par son caractère qualitatif (un symbole pour chaque nombre entier), il paraît s'accorder naturellement avec l'enseignement de la numération.

10

L'arithmétique à l'école primaire : le classement des papyrus mathématiques doit être fait avec une critique sévère. Il ne faut pas se hâter de cataloguer comme « papyrus scolaires » (ainsi que le fait P. Collart, *Mélanges Desrousseaux,* pp. 79-80) ceux dont le caractère est, pour nous modernes, élémentaire. Il est extrêmement instructif de constater que, en plein IVe siècle après Jésus-Christ, un adulte cultivé, un fonctionnaire comme l'Hermésion des *PSI,* 22, 958, 959, éprouvait le besoin de copier de sa main une table de multiplication dans le même cahier où, tout en rédigeant des horoscopes, il tenait ses comptes administratifs. Cf. de même, au VIe siècle, les grandes tables métrologiques du *P. London,* V. 1718, établissant minutieusement, par exemple, les « conversions » de l'artabe et de chacun de ses sous-multiples, en unités inférieures : on serait tenté d'y voir un manuel d'enseignement primaire (chez nous, les « conversions » du système métrique y jouent un rôle si important!) : or ces tables sont de la propre main de Fl. Dioscore, curieux personnage que nous connaissons bien, « type accompli du gentilhomme campagnard byzantin, grand propriétaire à Aphroditô-Kôm Ishqâw, protocomète, avocat, poète enfin à ses heures » (j'en parle ainsi ap. *Mélanges d'Archéologie et d'Histoire*. LVII (1940), p. 129). Puisque des hommes cultivés, comme ceux-là, éprouvaient le besoin de se confectionner de tels mémentos, c'est que ces connaissances mathématiques élémentaires n'étaient pas réellement acquises à l'école. Il n'y a pas de raison de supposer que ce soit l'effet de la « décadence » : que le Socrate de Xénophon (*Mem.*, IV, 4, 7) demande à Hippias si $2 \times 2 = 5$ ne ne nous prouve rien sur l'enseignement de l'arithmétique à l'école primaire.

Pour en revenir aux papyrus, si beaucoup sont difficiles à classer et de témoignage ambigu (ainsi : *P. London*, III, 737, tables d'addition; *P. Oxy.*, 9 (t. I, p. 77) *verso* ; 669, tables métrologiques), certains sont bien révélateurs : Plaumann (*ABKK.*, XXXIV [1913], c. 223) note, à propos de Preisigke. *Sammelbuch*, 6220-6222, que, dès que les exercices arithmétiques s'élèvent d'un degré au-dessus du très élémentaire (ainsi : tables des fractions, 1/2 ou 1/3, de la série des nombres entiers; multiplication du type $19 \times 55 = 4055$; $78 \times 76 = 5928$; additions de nombres fractionnaires), l'écriture, ici du VIIe siècle, est celle d'un adulte et non plus d'un enfant. De même *P. Michaelidae* 62 : D. S. Crawford, *A mathematical Tablet*, Aegyptus, 33 (1953) = *Mélanges G. Vitelli*, 5, pp. 222-240.

11

Calcul sur l'abaque : cf. E. Guillaume, ap. Daremberg-Saglio, I, pp. 1 b-3 b, s. v. *Abacus*, II; Hultsch, ap. Pauly-Wissowa, I, c. 5-10, s. v. *Abacus*, 9; A. Nagl, *ibid.*, *Suppl.*, III, c. 4-13; 1305.

12

Jeux musicaux pour les enfants : j'ai cité les palmarès épigraphiques qui en mentionnent, mais il ne faut pas se hâter de supposer qu'ils intéressaient de jeunes enfants d'âge primaire. L'épreuve de calligraphie à Pergame apparaît sur un fragment dépourvu de contexte et demeure ambiguë (*AM.*, 35, 1910, p. 436, n° 20); la « lecture » nous est présentée sur une autre inscription en compagnie de l'épopée, de l'élégie et du μέλος (chant ? poésie lyrique ? *AM.*, 37, 1912, p. 277, b, 1, 2-7) : contexte secondaire; la lecture en question peut être la lecture expressive qui, nous le verrons, faisait partie de l'art enseigné par le grammairien, professeur d'enseignement secondaire. Même impression pour Chios (Ditt., *Syll.*, 959) : la lecture (l. 8) y précède immédiatement la « récitation d'Homère », ῥαψῳδία, exercice secondaire, comme probablement la musique, qui fait suite; les παῖδες en question peuvent être, le mot est élastique, des enfants de 12-16 ans. Beaucoup plus net est le cas des concours de Téos (MICHEL, 913) : le catalogue, quelque mutilé qu'il soit, nous apparaît classant les vainqueurs en trois classes d'âge : la lecture figurait dans les trois, la calligraphie dans celle des plus jeunes, mais ceux-ci ne sont pas des « primaires », car parmi leurs épreuves nous trouvons non seulement la poésie (tragique, comique, lyrique), mais aussi la musique instrumentale : or la charte épigraphique des écoles de Téos (DITT., *Syll.*, 578 : fin IIIe siècle; le palmarès MICHEL, 913, est du IIe) prévoit explicitement que l'enseignement de la lyre est limité aux enfants des deux années qui précèdent l'éphébie (l. 17-18) : la « classe des jeunes » de notre palmarès (« jeunes » par rapport à l'éphébie) est donc en réalité une des deux classes supérieures sur les trois prévues par la charte (l. 9).

Cf. cependant *Anth.*, VI, 308 : concours d'écriture où la récompense du vainqueur consiste en quatre-vingts osselets; mais les jeunes enfants n'étaient pas seuls à s'intéresser à ce jeu : cf. les admirables Joueuses d'astragale d'Herculanum, peinture en camaïeu sur marbre, au musée de Naples : O. ELIA, *Pitture murali e mosaici nel Museo Nazionale di Napoli*, p. 40, n° 49 (9562).

13

Les μῶα de Sparte : A. M. WOODWARD, ap. R. M. DAWKINS, *The Sanctuary of Artemis Orthia at Sparta (Journal of Hellenic Studies, Supplementary Paper*, n° 5), Londres, 1929, p. 288 : des vingt-deux inscriptions les mentionnant, six donnent l'âge des vainqueurs et ce sont quatre fois des mikkikhizomènes : n° 2, p. 297 (IIe siècle avant Jésus-Christ); 43, p. 319; 67, p. 332; 68, p. 333.

VII. LES ÉTUDES LITTÉRAIRES SECONDAIRES

1

Carrière mixte (grammaire et rhétorique) des maîtres de Rhodes : F. MARX, *Berliner Philologische Wochenschrift*, 1890, c. 1007.

2

Les canons d'écrivains et d'artistes classiques : en dernier lieu, J. COUSIN, *Etudes sur Quintilien*, t. I, *Contribution à la Recherche des Sources de l'Institution oratoire*, Paris, 1935, pp. 565-570, qui résume l'apport des nombreux travaux consacrés au sujet par l'érudition allemande et notamment des dissertations de J. BRZOSKA, *De Canone decem oratorum atticorum quaestiones*, Breslau, 1883, et d'O. KROEHNERT, *Canonesne poetarum, scriptorum, artificum per antiquitatem fuerunt*, Koenigsberg, 1897. Sur les catalogues d'inventeurs, cf. M. KREMNER, *De Catalogis heurematum*, dissert., Leipzig, 1890.

NOTES DES PAGES 239 À 245

3

Rôle du choix scolaire sur la transmission manuscrite du théâtre classique grec : voir dans l'*Introduction* de leurs éditions (collection « Budé ») : V. COULON pour *Aristophane* (pp. x-xi), P. MAZON pour *Eschyle* (pp. xiv-xv), P. MASQUERAY pour *Sophocle* (p. xiii), L. MÉRIDIER pour *Euripide* (p. xx : Euripide a été plus favorisé : le « théâtre choisi » édité sous Hadrien ne comportait que dix pièces; nos manuscrits L et P nous en ont conservé par ailleurs neuf autres).

4

Les Sept Sages étaient connus dès le temps de PLATON (*Prot.*, 343 a), mais ils ont été popularisés à l'époque hellénistique, notamment par les *Apophtegmes* de DEMETRIOS de Phalère (H. DIELS, *Fragmente der Vorsokratiker*, § 73 a).

Sur l'histoire et le rôle des anthologies, j'ai déjà renvoyé à O. GUÉRAUD-P. JOUGUET, *Un Livre d'Ecolier...*, pp. xxiv-xxxi.

5

Sur les éditions « politiques » d'Homère, voir P. CHANTRAINE, ap. P. MAZON, *Introduction à l'Iliade*, Paris, 1942, pp. 23-25 : elles ne dateraient que de 200 avant Jésus-Christ, suivant BOLLING, *External evidence of interpolation in Homer*, p. 41. La mieux connue (vingt-sept leçons) est celle de Marseille, étudiée par S. GAMBER, *L'Edition massaliotique de l'Iliade d'Homère*, Paris, 1888. Sur celle d'Athènes, G. M. BOLLING, *Ilias Athenensium : the Athenian Iliad of the sixth Century*, B. C., Lancaster, 1950.

6

Papyrus scolaires d'Homère : C. H. OLDFATHER, *The Greek literary texts from Graeco-Roman Egypt, a Study in the history of civilization*, University of Wisconsin Studies in the social sciences and history, 9, Madison, 1923, pp. 66-70; P. COLLART, ap. *Mélanges Desrousseaux*, pp. 76-79, n°s 141-143, 145-162 (le n° 144 n'est pas d'origine scolaire); et ap. P. MAZON, *Introduction à l'Iliade*, pp. 59-60; cf. J. SCHWARTZ, *Papyrus homériques*, dans BIFAO, t. XLVJ, pp. 29-71, surtout les n°s 6, 8, 9. M. HOMBERT, Cl. PRÉAUX, *Une tablette homérique de la Bibliothèque Bodléenne*, AIPhHOS 11 (1951) = *Mélanges H. Grégoire*, III, pp. 161-168.

7

Statistique des papyrus homériques : P. COLLART, ap. *Introduction à l'Iliade*, p. 62 et n. 1 : en 1941, on avait recueilli 372 papyrus de l'*Iliade* contre 104 de l'*Odyssée* ; ils représentaient la presque totalité du poeme, 13.542 vers sur 15. 693, alors que les papyrus odysséens ne contenaient que 5.171 vers sur 12.110. J. SCHWARTZ, *art. cité*, publie 23 papyrus nouveaux, contenant 600 vers d'Homère; 500 environ « sont des vers de l'*Iliade,* des huit premiers chants, dans leur immense majorité ».

401

IIe PARTIE : LES ÉTUDES LITTÉRAIRES

8

Les auteurs du programme scolaire : C. H. Oldfather, *The Greek literary texts from Graeco-Roman Egypt*, pp. 62 s., et son *Catalogue*, pp. 4 s., au nom des divers auteurs; W. N. Bates, *The Euripides Papyri, AJPh*, t. 62 (1941), pp. 469-475; P. Collart, *Les fragments des tragiques grecs sur papyrus*, R. Ph., t. 17 (1943), pp. 5-36, sans parler des enquêtes plus ambitieuses, mais imparfaitement réalisées de Sr. E. Reggers et L. Giabbani (cf. *Chronique d'Egypte*, t. 18 (1943), pp. 312-315; t. 24 (1948), pp. 211-212). Voir surtout maintenant : R. A. Pack, *The Greek and Latin literary texts from Graeco-Roman Egypt*, Ann Arbor, 1952, avec les compléments fournis par M. Hombert, *Bull. Papyr. XXVI, REG.*, 1952, pp. 144-147. D'autre part, l'Egypte n'est pas tout le monde grec, ni les papyrus le seul moyen de pénétrer dans les bibliothèques scolaires : il faut tenir compte des catalogues épigraphiques, tel celui d'Athènes, *IG*², II, 2363, où figurent Sophocle (peu représenté dans le travail d'Oldfather), Eschyle, Eschine, Hellanicos... Le catalogue de Rhodes (N. Segre, *Rivista di Filologia*, 1935, 214-222) n'intéresse que les études supérieures.

9

B. Dubois, *La présence d'Euripide au programme des écoles hellénistiques*, dans *Paedagogica Historica*, 2 (1962), pp. 22-30.

10

La critique alexandrine de la vulgate d'Homère : P. Chantraine et P. Collart, ap. P. Mazon, *Introduction à l'Iliade*, p. 13 (sur 874 leçons connues de l'*Iliade* d'Aristarque, 80 seulement ont passé dans tous nos manuscrits, 160 dans la majorité de ceux-ci, 76 dans la moitié, 181 dans une minorité, 245 dans moins de dix manuscrits, 132 ne figurent dans aucun); 16, 73. Sur les Scholies, P. Chantraine et R. Langumier, *ibid.*, pp. 15-16, 73-88.

11

L'œuvre grammaticale des Stoïciens : J. Stern, *Homerstudien der Stoiker*, Lonach, 1893; C. Wachsmuth, *De Cratete Mallota*, Leipzig, 1860; J. Helck, *De Cratetis Mallotae studiis criticis quae ad Odysseam spectant*, Dresde, 1914.

12

Tables Iliaques : L. Couve, ap. Daremberg-Saglio, III, 1, pp. 372 a-383 a, s. v. *Iliacae (tabulae)*; Lippold, ap. Pauly-Wissowa, II R., IV, 2, 1886-1896; K. Bulas, ap. *Eos, Suppl.*, III (1929), pp. 124 s. Toutes proviennent d'Italie; rien n'indique pourtant qu'elles soient une création de la pédagogie romaine, ni qu'elles aient été spécialement conçues en vue d'initier des enfants latins aux légendes grecques. Leur caractère scolaire a été contesté, à cause de leurs petites dimensions; mais la pédagogie antique est plus individuelle que la nôtre : il n'était pas nécessaire que ces tables, comme nos cartes murales, fussent contemplées de loin par toute une classe. Ce caractère scolaire me paraît établi par l'inscription de la célèbre Table Capitoline (*IG.*, XIV, 1284 : Θεοδώρτον μάθε τάξιν Ὁμήρου), qui permet d'en attribuer la composition à un grammairien, inconnu par ailleurs, du nom de Théodore. Si, comme on y a pensé, nos reliefs étaient de caractère votif ou décoratif, ils pourraient encore reproduire des tables à destination scolaire, d'exécution peut-être moins luxueuse.

13

La critique textuelle (διόρθωσις, *emendatio*) dans l'école antique : H.-I. MARROU, *Saint Augustin et la Fin de la Culture antique*, pp. 21-23.

14

Texte préparé pour la lecture : une tablette de bois (*P. Berlin*, 13839) présente au verso les vers B 146-162 de l'*Iliade*, copiés de la main d'un écolier; les vers sont séparés par un obèle, les mots par un accent : photo. ap. W. SCHUBART, *Einführung in die Papyruskunde*, pl. III, 3; transcription ap. P. BEUDEL, *Qua ratione Graeci liberos docuerint*, p. 41.

15

Exégèse allégorique d'Homère : P. DECHARME, *La Critique des Traditions religieuses chez les Grecs*, Paris, 1904, pp. 270-354; K. MUELLER, ap. PAULY-WISSOWA, *Suppl.*, IV, c. 16-20, s. v. *Allegorische Dichtererklärung*, et les deux grandes thèses de J. PÉPIN, *Mythe et Allégorie*, Paris, 1958, et F. BUFFIÈRE, *Les mythes d'Homère et la pensée grecque*, Paris, 1956.

16

Interpolation de sentences moralisantes dans le texte reçu d'Homère : voir du moins les hypothèses (car ce ne sont que des hypothèses) de V. BÉRARD, *Introduction à l'Odyssée*, II, pp. 237-291 : « la grosse sagesse ».

VIII. LES ÉTUDES SCIENTIFIQUES

I

A quelle époque se rapporte le témoignage de Plutarque sur l'enseignement des sciences au Diogénéion (*Quaest. Conv.*, IX, 736 D) ? Il paraît impossible de la déterminer avec certitude. Plutarque dit simplement : « Ammonios, étant stratège, avait institué un examen au Diogénéion pour les éphèbes (*sic* : en fait, nous l'avons vu, ce collège recevait les « melléphèbes », les jeunes gens qui, l'année suivante, entreraient dans l'éphébie) qui apprenaient les lettres, la géométrie, la rhétorique et la musique. » Bien des personnages ont porté ce nom d'Ammonios et d'aucun nous ne pouvons affirmer qu'il ait été stratège; comme Plutarque ne juge pas nécessaire de préciser, on sera tenté de supposer qu'il s'agit de l'Ammonios le plus connu de notre auteur : le douzième de l'article que le Pauly-Wissowa (I, c. 1862) consacre aux *Ammonios,* soit le philosophe platonicien dont Plutarque a été l'élève à Athènes et dont il parle, ou qu'il fait parler à plusieurs reprises dans son œuvre (cf. l'*Introduction* de R. Flacelière à son édition du traité *Sur l'E de Delphes, Annales de l'Université de Lyon,* 3, Lettres, 11, pp. 8-10) : nous serions ainsi reportés au temps de Néron. Mais ce n'est là qu'une hypothèse.

2

J'ai consacré à l'histoire de l'ἐγκύκλιος παιδεία un chapitre de ma thèse, *Saint Augustin et la Fin de la Culture antique,* Paris, 1937, pp. 211-235. Je tiens à souligner les deux points sur lesquels il me paraît aujourd'hui nécessaire de corriger la doctrine à laquelle je m'étais arrêté alors : (a) l'apparition de cet idéal de la formation de l'esprit ne doit pas être reportée, comme je le voulais, à la génération qui suivit Aristote; nous l'avons vu, il était en somme formulé nettement à la fois par Platon et par Isocrate, d'accord pour joindre les mathématiques à l'instruction littéraire; il n'est donc pas nécessaire de disqualifier (*op. cit.,* p. 221, n. 1) le témoignage de Diogène Laërce (II, 79) sur Aristippe qui comparait ceux qui négligent la philosophie après avoir étudié les ἐγκύκλια μαθήματα aux amants de Pénélope; (b) je ne suis plus aussi sûr que la conception de l'ἐγκύκλιος παιδεία comme « culture générale » par opposition à la « culture propédeutique » soit le résultat d'un « abâtardissement », dû à la décadence de l'enseignement secondaire à l'époque romaine (*op. cit.,* pp. 226-227). Intégrant la rhétorique, le programme de l'ἐγκύκλιος παιδεία débordait, dès l'origine, le domaine de l'enseignement secondaire proprement dit; il pouvait donner toute satisfaction à un disciple d'Isocrate; seuls les philosophes, héritiers de Platon, se voyaient tenus de lui conférer un caractère strictement propédeutique. Je maintiens, par contre, malgré les critiques de A.-J. Festugière (ap. *Revue des Études grecques,* LII [1939], p. 239), que ce programme ne définit guère qu'un idéal, assez rarement et assez imparfaitement réalisé dans la pratique. Voir enfin ce que j'ai eu l'occasion d'opposer à M. P. Nilsson, *Die hellenistische Schule,* dans *L'Antiquité Classique,* 25 (1956), pp. 236-239, et à F. Kuhnert, *Allgemeinbildung und Fachbildung in der Antike,* Berlin, 1961, dans *Gnomon,* 1964, pp. 113-116.

3

Encyclopédie est un concept moderne : cf. encore mon *Saint Augustin,* pp. 228-229 : le grec ne connaît qu'ἐγκύκλιος παιδεία; la forme ἐγκυκλιοπαιδεία ne se rencontre que dans les manuscrits de Quintilien (I, 10, 1) et c'est sans doute une corruption due aux copistes. Le mot *encyclopédie* apparaît au XVIᵉ siècle (en anglais : Elyot, 1531; en français : Rabelais, 1532) et a été recréé, ou du moins repensé, en fonction d'une étymologie le rattachant directement à κύκλος (le cycle

NOTES DES PAGES 264 À 270

complet des connaissances humaines), alors qu'en grec hellénistique l'adjectif ἐγκύκλιος avait une valeur dérivée beaucoup moins forte : « en circulation », d'où « courant », « vulgaire », ou bien « qui revient périodiquement », soit « quotidien », « de tous les jours ».

4

Extension variable du programme de l'ἐγκύκλιος παιδεία : voir les témoignages que j'ai cités ap. *Saint Augustin...*, p. 227, n. 1 : VITR., I, 1, 3-10; GAL., *Protrept.*, 14, pp. 38-39; MAR. VICTOR., ap. KEIL, *Grammatici Latini*, VI, p. 187; *Schol.* à D. THR., ap. HILGARD, *Grammatici Graeci*, III, p. 112; PHILSTR., *Gym.*, 1.

5

Le programme de l'ἐγκύκλιος παιδεία chez les philosophes hellénistiques et romains : voir le tableau dressé ap. *Saint Augustin*, pp. 216-217 : Héraclide le Pontique (DL., V, 86-88), Arcésilas (DL., IV, 29-33), Ps. Cébès *(Pinax)*, Philon *(De Congr., pass.)*, Sénèque *(Ep.*, 88, 3-14), Sextus Empiricus (plan du *Contra Mathematicos*), Origène *(Ep. ad Greg.* 1; cf. EUS., *H. E.*, VI, 18, 3-4), Anatolios de Laodicée (EUS, *H. E.*, VII, 32, 6; HIER., *Vir. Ill.*, 73), Porphyre (TZETZ. *Chil.*, XI, 532), Lactance *(Inst.*, III, 25, 1); cf. *ibid.*, p. 189, pour saint Augustin *(De Ord.*, II, 12, 35 s.; II, 4, 13 s.; *De Quant. an.*, 23, 72; *Retract.*, I, 6; *Conf.*, IV, 16, 30), et le tableau de F. KUHNERT, *op. cit.*, pl. h.-t.

Pour la date de l'apparition du septénaire des arts libéraux, entre Denys le Thrace et Varron, je suis F. MARX, *Prolegomena* à son édition de CELSE, ap. *Corpus Medicorum Latinorum*, I, Leipzig, 1915, p. x (cf. mon *Saint Augustin*, p. 220, n. 2).

6

Histoire de la géométrie et de l'arithmétique grecques : il existe plusieurs livres élémentaires sur le sujet (le meilleur m'a paru : D. E. SMITH, *History of Mathematics*, 2 vol., Boston, 1925), mais il faut toujours relire : J. GOW, *A short history of Greek mathematics*, Cambridge, 1884, que bien des ouvrages plus récents se contentent de démarquer. Bien entendu, une étude plus approfondie ne saurait ignorer les travaux classiques de M. CANTOR, *Vorlesungen über Geschichte der Mathematik*, I[4], Leipzig, 1922, et P. TANNERY, *La Géométrie grecque. Comment son histoire nous est parvenue, ce que nous en savons*, I, Paris, 1887, et les articles rassemblés dans l'édition posthume de ses *Mémoires scientifiques*, t. I-IV, Paris-Toulouse, 1912-1920.

7

Sur la science musicale grecque, cf. outre L. LALOY, *Aristoxène de Tarente*, et Th. REINACH, *La Musique grecque*, auxquels j'ai déjà renvoyé le lecteur : M. EMMANUEL, *Histoire de la Langue musicale*, I, Paris, 1911, pp. 61-165; *Grèce (Art gréco-romain)*, ap. H. LAVIGNAC, *Encyclopédie de la Musique*, 1, I, pp. 377-537.

405

IIᵉ PARTIE : LES ÉTUDES SCIENTIFIQUES

8

R. G. H. Westphal a uni l'étude de la rythmique grecque à celle de la rythmique de notre musique classique : cf. ses travaux bien connus : *Die Fragmente und Lehrsätze der griechischen Rhythmiker* (1861) et *Allgemeine Theorie der musikalischen Rhythmik seit J. S. Bach* (1881).

9

Sur l'astronomie grecque : on a toujours intérêt à reprendre : J.-B. Delambre, *Histoire de l'Astronomie ancienne*, Paris, 1817; voir depuis : P. Tannery, *Recherches sur l'Histoire de l'Astronomie ancienne*, Paris, 1893; J. Hartmann, *Astronomie*, ap. *Die Kultur der Gegenwart*, III, 3, 3, Leipzig, 1921.

10

Sur l'enseignement des sciences dans les écoles néo-platoniciennes : F. Schemmel, *Die Hochschule von Konstantinopel im IV. Jahrhundert*, ap. *Neue Jahrbücher das klassische Altertumsgeschichte und deutsche Literatur*, 22 (1908), pp. 147-168; *Die Hoschschule von Athen im IV. und V. Jahrhundert*, ibid., pp. 494-513; *Die Hochschule von Alexandreia im IV. und V. Jahrhundert*, ibid., 24 (1909), pp. 438-457; O. Schissel von Fleschenberg, *Marinos von Neapolis und die neuplatonischen Tugendgrade*, Athènes, 1928 (et le compte rendu d'E. Bréhier, ap. *Revue d'Histoire de la Philosophie*, 1929, pp. 226-227); C. Lacombrade, *Synesios de Cyrène, hellène et chrétien*, Paris, 1951, pp. 39-46, 64-71.

11

L'enseignement de l'astronomie : cf. H. Weinhold, *Die Astronomie in der antiken Schule*, dissertation de Munich, 1912 : travail excellent, mais l'auteur n'a pas aperçu les conclusions qui se dégagent des faits qu'il a si bien rassemblés; ajouter L. Robert, ap. *Etudes Epigraphiques et Philologiques* (BEHE, 272), Paris, 1938, p. 15.

12

Aratos de Soles figuré en compagnie de la muse Uranie, comme représentant typique de la science astronomique : par exemple sur un skyphos d'argent du trésor de Berthouville : Ch. Picard, *Monuments Piot*, t. XLIV, 1950, pp. 55-60, pl. V., et en général : K. Schefold, *Die Bildnisse der antiken Dichter, Redner und Denker*, Bâle, 1943. Sur la vie et l'œuvre d'Aratos, voir en dernier lieu l'édition critique, avec traduction et commentaire, des *Phaenomena* par J. Martin, Florence 1956; v. aussi V. Buescu, édition de Cicéron, *Les Aratea* Paris-Bucarest, 1941, pp. 15 s.

IX-XI. L'ENSEIGNEMENT SUPÉRIEUR

1

Σχολαί, ἐπιδείξεις, ἀκροάσεις : il est difficile de donner une valeur propre précise à chacun de ces trois mots qui servent tour à tour, ou concurremment, à désigner les conférences faites au gymnase. Ἐπίδειξις (cf. s. v. W. SCHMID, ap. PAULY-WISSOWA, VI, 1, c. 53-56) signifie de façon très générale « conférence » par opposition à « concours » : à l'époque hellénistique le mot a perdu depuis longtemps l'acception technique de « démonstration, exhibition, conférence-échantillon » que nous lui avions reconnue, au temps des premiers Sophistes; chez les rhéteurs le genre épidictique s'oppose à l'éloquence politique et judiciaire. Cf. l'évolution d'ἀπαρχή (ἀπάρχεσθαι), d'abord conférence ou audition offerte en « prémices » au dieu d'un sanctuaire comme Delphes, puis, pour finir, simplement conférence ou concert (L. ROBERT, ap. *Bibliothèque de l'Ecole pratique des Hautes-Etudes (Sciences historiques et philologiques)*, fasc. 272, pp. 38-45.

Ἀκρόασις c'est proprement une « audition », mais on l'emploie aussi bien pour un conférencier que pour un musicien (ex. ap. L. ROBERT, *ibid.*, pp. 14-15; *Hellenica*, II, pp. 35-36). Σχολή aurait peut-être une couleur déjà plus « scolaire » : cf. ci-dessous, n. 6.

2

Salles de conférences dans les gymnases : ici encore qu'il me suffise de renvoyer à J. Delorme, *Gymnasion,* ch. XI, « Le gymnase, institution intellectuelle, » pp. 316-336.

3

Inscription publiée par Em. POPESCU dans *Studii si cercetari di istorie veche,* 7 (1956), pp. 346-349.

4

Enseignement « secondaire » au gymnase : il ne faut pas insister trop sur la distinction que j'ai posée entre l'enseignement « secondaire » et l'enseignement « supérieur », distinction commode pour le classement des matières, mais qui ne correspondait pas toujours, dans la pratique, à une division du travail entre établissements différents : nous voyons ici l'enseignement « supérieur » de l'éphébie assumer encore l'étude « secondaire » des classiques; inversement Plutarque, si j'ai bien interprété son témoignage, nous a montré les élèves du Diogénéion, qui préparait à l'éphébie, aborder déjà le programme « supérieur » avec la rhétorique (n. 1 du chapitre précédent).

Pour établir l'existence d'un enseignement des mathématiques on invoque parfois (ainsi ŒHLER, ap. PAULY-WISSOWA, VII, 2, c. 2014) une inscription copiée à Gallipoli (ap. A. DUMONT, *Mélanges d'Epigraphie et d'Archéologie*, Paris, 1892, p. 435, n° 100 *x* : sic, et non 100 *a*) en l'honneur d'un géomètre Asklèpiade, couronné par les éphèbes, les enfants et leurs maîtres « à cause de sa valeur et de son dévouement à leur égard » : ce texte ne dit pas qu'Asklèpiade leur ait enseigné la géométrie ; il est peut-être simplement un bienfaiteur des écoles et du gymnase de la cité, comme Polythrous à Téos ou Eudèmos à Milet.

5

Conférenciers ambulants : cf. le mémoire classique de M. Guarducci, *Poeti vaganti e conferenzieri dell' età ellenistica, ricerche di epigrafia greca nel campo della letteratura e del costume,* ap. *Memorie* de l'Académie des *Lincei,* Sciences Morales, 6, II, ix (Rome, 1929), pp. 629-665 ; il faut bien entendu compléter son dossier avec les documents publiés ou étudiés depuis, par exemple, par L. Robert, ap. *Bibliothèque de l'Ecole pratique des Hautes-Etudes,* 272, pp. 7 s.

6

Conférences isolées ou cours suivis ? Pour Erétrie, la chose paraît claire : Ditt., *Syll.,* 714, 8-10, félicite le gymnasiarque Elpinikos « d'avoir exercé effectivement ses fonctions pendant l'année entière, d'avoir fourni à ses frais un rhéteur et un moniteur d'escrime, lesquels ont donné leurs leçons dans le gymnase aux éphèbes et aux enfants, sans parler des autres citoyens : ἐμμονεύσας ἐν τῷ γυμνασίῳ δι' ἐνιαυτοῦ, καὶ παρέσχεν ἐκ τοῦ ἰδίου ῥήτορά τε καὶ ὁπλομάχον, οἵτινες ἐσχόλαζον ἐν τῷ γυμνασίῳ τοῖς τε παισὶν καὶ ἐφήβοις καὶ τοῖς ἄλλοις τοῖς βουλομένοις…
A Athènes, je lis bien que le peuple félicite les éphèbes d'avoir assisté pendant toute l'année aux cours des philosophes, etc., dans l'inscription *IG*², II, 1030, 31, mais il s'agit d'une restitution. L'idée d'assiduité, exprimée de façon plus vague, est cependant nettement formulée dans les inscriptions que j'ai utilisées dans le texte. On pourrait aussi noter que l'expression régulièrement employée paraît distinguer les « leçons, σχολαί, des grammairiens, rhéteurs et philosophes » de « ce qu'on appelle les ἀκροάσεις » : je comprendrais volontiers « cours suivis » d'une part, « conférences » supplémentaires, plus ou moins isolées, de l'autre.

7

Bibliothèque des gymnases hellénistiques : cf. E. Ziebarth, *Aus dem griechischen Shulwesen*², pp. 131-132 : Athènes, Halicarnasse, Corinthe, Pergame ; L. Robert, ap. *Bulletin de Correspondance hellénique,* XLIX (1935), p. 425 ; *Etudes anatoliennes,* p. 72, n. 7. J. Delorme, *Gymnasion,* pp. 331-332. M. Rostovtseff a réuni les documents relatifs aux bibliothèques existant en Egypte, ap. *Social and economic History of the hellenistic world,* p. 1589, n. 24, mais il ne me paraît pas établi qu'il s'agisse de bibliothèques scolaires.

NOTES DES PAGES 281 À 285

8

Concours littéraire chez les éphèbes athéniens dans les années 180/181 — 191/192 de notre ère : cf. P. GRAINDOR, *Etudes sur l'Ephébie attique sous l'Empire*, I. *Les concours éphébiques*, ap. *Musée belge*, XXVI (1922), pp. 166-168. Les inscriptions mentionnent aussi les éphèbes qui se sont distingués en prononçant le « discours d'exhortation », λόγος προτρεπτικός, adressé aux concurrents au début du concours (*IG.*², II, 2119, 231, 234; nous possédons même le texte d'un de ces discours, jugé digne des honneurs de l' « impression » : *IG*², II, 2291 a; cf. I. 4). C'est encore une forme d'activité littéraire chez les éphèbes, mais elle ne paraît pas avoir fait l'objet d'une compétition.

9

Concours de morale : voir les inscriptions rassemblées par J. ŒHLER, ap. PAULY-WISSOWA, VII, 2, c. 2014, et M. P. NILSSON, *Die hellenistische Schule*, p. 47.

10

Sur le sujet, si étudié, du Musée d'Alexandrie, qu'il me suffise de renvoyer à l'article synthétique de MÜLLER-GRAUPA, s. v. Μουσεῖον, ap. PAULY-WISSOWA, XVI, c. 801-821. En dernier lieu, M. ROSTOVTSEFF, *The Social and economic history of the hellenistic world*, pp. 1084-1085; 1596, n. 39. G. FAIDER-FEYTMANS, ΜΟΥΣΕΙΟΝ, *Musée*, dans : *Hommages à Joseph Bidez et à Franz Cumont*, Bruxelles, s. d., pp. 97-106; H. I. DE VLEESCHAUWER, *Les bibliothèques ptolémeénnes d'Alexandrie*, Pretoria, 1955; E. G. TURNER, *L'érudition alexandrine et les papyrus*, dans *Chronique d'Egypte*, 37 (1962), pp. 135-152.

11

Sur la succession des bibliothécaires du Musée et leur chronologie, cf. *P. Oxy.*, 1241, et l'article de G. PERROTTA, ap. *Athenaeum*, 1928, pp. 125-156.

12

Nous sommes assez mal renseignés sur l'enseignement donné au Musée : cf. les inductions de MÜLLER-GRAUPA, *art. cité* ci-dessus, c. 809-810; v. aussi M. N. TOD, *Sidelights on Greek Philosophers*, JHS., 1957, p. 138.

13

Sur la carrière, la date et les œuvres du curieux personnage que fut Anatolios de Laodicée, cf. l'ensemble des renseignements que j'ai rassemblés dans mon *Saint Augustin et la Fin de la Culture antique*, p. 217, n. 8.

14

Destruction du Sérapeum : voir les textes rassemblés ap. G. RAUSCHEN, *Jahrbücher der christlichen Kirche unter dem Kaiser Theodosius dem Grossen*,

IIe PARTIE : L'ENSEIGNEMENT SUPÉRIEUR

p. 301-303 ; la date a été rectifiée par O. Seeck, *Geschichte des Untergangs der antiken Welt,* V, p. 534.

15

Musées hors d'Alexandrie : R. Herzog, ap. *Urkunden zur Hochschulpolitik der römischen Kaiser, Sitzungsberichte* de l'Académie de Berlin, *Phil.-Hist. Klasse,* 1935, XXXII, pp. 1005-1006. Sur le site et l'architecture de ces « Musées », voir les précieuses indications de G. Roux, *Le Val des Muses et les Musées chez les auteurs anciens,* ap. *Bulletin de Correspondance hellénique,* t. 78, 1954, I, pp. 38-45. Sur le Musée d'Ephèse, cf. surtout J. Keil, *Aertzeinschriften aus Ephesos,* ap. *Jahreshefte* de l'Institut archéologique autrichien, VIII (1905), pp. 128 s. et P. Wolters, *ibid.,* IX (1906), pp. 295 s. Sur le Musée de Smyrne, L. Robert, *Etudes anatoliennes,* pp. 146-148. Bien entendu, on trouve aussi ailleurs des inscriptions concernant des « membres du Musée », ἀπὸ Μουσείου (cf. le corpus de ces textes ap. P. Lemerle, *Inscriptions de Philippes, Bulletin de Correspondance hellénique,* XLIX (1935), pp. 131-140, corrigé et complété par L. Robert, *Etudes anatoliennes,* p. 146), mais il ne s'agit pas de musées locaux : ce sont des personnages attachés, à titre effectif ou honoraire, au grand Musée d'Alexandrie : c'est notamment le cas pour plusieurs inscriptions d'Athènes. J. H. Oliver, qui les a publiées, a cru qu'elles nous révélaient le nom de l'« Université » d'Athènes : *The Mouseion in late Attic inscriptions,* ap. Hesperia, III (1934), pp. 191-196 ; cf. *ibid.,* IV (1935), p. 63, n° 26 ; mais il a été réfuté par P. Graindor, *Le Nom de l'Université d'Athènes sous l'Empire,* ap. *Revue belge de Philologie et d'Histoire,* 1938, pp. 207-212.

16

Sur les avocats hellénistiques et l'absence de tout enseignement organisé du droit, cf. M. Rostovtseff, *The Social and economic history of the Hellenistic world,* p. 1095 ; 1600, n. 49 (qui souligne la nécessité d'un travail approfondi sur la question).

17

Sur la place de la médecine dans la civilisation hellénistique, cf. encore M. Rostovtseff, *ibid.,* pp. 1088-1094, et les riches matériaux bibliographiques rassemblés pp. 1597-1600, n. 45-48.

Sur les « archiatres » à l'époque hellénistique et au Ier siècle av. J. C. (à ne pas confondre avec ceux du Bas-Empire : ici p. 372), voir L. Cohn-Haft, *The public Physicians of Ancient Greece,* Northampton, Mass., 1956 (*Smith College Studies in History,* 62), et les compléments apportés par J. L. Robert, *Bull. Epigr., REG.,* 1958, n° 85.

18

Sur l'histoire de l'école de Cnide : cf. J. Ilberg, *Die Aertzschule von Knidos,* ap. *Berichte* de l'Académie des Sciences de Leipzig, *Philol.-hist. Kl.,* 76 (1924), 3. Sur celle de Cos, voir la note de R. Herzog dans le

NOTES DES PAGES 285 À 293

Jahrbuch de l'Institut archéologique allemand, 47 (1932), *Arch. Anz.*, c. 274-276, et son livre ancien, *Koische Forschungen und Funde,* Leipzig, 1899, pp. 199-208.

19

L'histoire de la médecine grecque a été bien étudiée (aux travaux énumérés par Rostovtseff (n. 16, ci-dessus), on peut ajouter, en France, A. Castiglioni, *Histoire de la Médecine,* trad. fr., Paris, 1931, et, pour sa magnifique illustration, [M]. Laignel-Lavastine, *Histoire générale de la Médecine, de la Pharmacie, de l'Art dentaire et de l'Art vétérinaire,* I, Paris, s. d. (1936). Celle de l'*enseignement* médical proprement dit l'a été beaucoup moins : il y a moins de faits précis à retenir du vieil ouvrage de Th. Puschmann, *Geschichte des medicinischen Unterrichts,* Leipzig, 1889, pp. 61-70, que de l'article de S. Reinach, ap. Daremberg-Saglio, III, 2, c. 1673 a-1676 b, s. v. *Medicus*.

Sur les petits traités pédagogiques du *Corpus hippocratique* (qui ne dateraient que du Ier-IIe siècle après Jésus-Christ, sauf le π. ἰητροῦ qui remonterait au IIIe siècle avant), cf. U. Fleischer, *Untersuchungen zu den pseudohippokratischen Schriften,* Παραγγελίαι περὶ ἰητροῦ, *und* περὶ εὐσχημοσύνης (*Neue deutsche Forschungen, Abt. klassische Philologie,* X), Berlin, 1939.

20

Les études de Galien : on trouvera les passages autobiographiques des œuvres de Galien rassemblés et mis en ordre par R. Fuchs, ap. Th. Puschmann, *Handbuch der Geschichte der Medizin,* I, Iéna, 1902, pp. 374-378.

21

Choix des ambassadeurs : les orateurs ou sophistes ne sont pas seuls à remplir cette fonction : les cités délèguent volontiers aussi leurs philosophes : en 154, les Athéniens envoyèrent à Rome les chefs de trois de leurs quatre écoles philosophiques, le stoïcien Diogène, le péripatéticien Critolaos et l'académicien Carnéade. On constate des choix plus exceptionnels : Thyatire envoie à l'empereur Elagabale un athlète (*IGR.,* IV, 1251) : L. Robert conjecture ingénieusement que c'est sans doute à cause des relations qu'il avait pu nouer avec le monde de la cour impériale en sa qualité de haut dignitaire du « xyste », c'est-à-dire de l'association générale des athlètes professionnels (ap. *Études anatoliennes,* pp. 119-123). Des causes analogues produisent le même effet : Kos déléguera tout naturellement, pour une ambassade en Crète, tel de ses médecins, dont le renom était bien établi.

22

Rhéteurs envoyés en ambassade : sous la dictature de Sylla, le célèbre rhéteur Molon fut envoyé par sa cité de Rhodes pour régler avec le Sénat romain la question des récompenses dues aux Rhodiens (Cic., *Brut.,* 312); toujours sous la République, Xénoclès vint défendre

IIᵉ PARTIE : LA RHÉTORIQUE

devant le Sénat la province d'Asie accusée de mithridatisme (Strab., XIII, 614); sous Domitien, Scopélianos est député par la même province pour protester contre l'édit impérial interdisant la culture de la vigne hors d'Italie (Philstr., *V. S.*, I, 21, 520); Aelius Aristide obtint de Marc-Aurèle une aide efficace pour la reconstruction de Smyrne éprouvée par le tremblement de terre de 178 (Arstd., XIX-XX N.; cf. A. Boulanger, *Aelius Aristide*, pp. 387-389). Ce ne sont là, bien entendu, que quelques exemples. Au vᵉ siècle encore, Synésios de Cyrène fut élu évêque de Ptolémaïs (v. 410), bien qu'il ne fût pas encore baptisé et que, en bon élève d'Hypatie, ce néo-platonicien convaincu eût beaucoup d'objections contre la foi; n'est-ce pas surtout parce que ses compatriotes comptent sur son prestige et son talent oratoire pour qu'il leur serve d'intercesseur auprès des gouverneurs et de l'empereur ?

23

L'éloquence grecque à l'époque hellénistique et romaine : F. Blass, *Die Griechische Beredsamkeit in dem Zeitraum von Alexander bis Augustus*, Berlin, 1865 (beaucoup moins précis que sa grande *Attische Beredsamkeit*², 4 vol., Leipzig, 1887-1898); E. Norden, *Die Antike Kunstprosa* ³⁻⁴, Leipzig, 1915-1923; A. Boulanger, *Ælius Aristide et la Sophistique dans la Province d'Asie au IIᵉ siècle de notre ère*, Paris, 1923, pp. 37-108; A. Oltramare, *Les Origines de la diatribe romaine*, Genève, 1926; W. Kroll ap. Pauly-Wissowa, *Suppl.*, VII, c. 1039-1138, s. v. *Rhetorik*; et les deux *Berichte* d'E. Richtsteig, ap. C. Bursian, *Jahresbericht*, t. 234 (1932), pp. 1-66; t. 238 (1933), pp. 1-104, complété par celui de K. Gerth, *ibid.*, t. 272 (1941), pp. 72-252.

24

Le caractère scolaire de la culture hellénistique (et romaine) est-il un phénomène de décadence ? Je l'ai cru, après tant d'autres : cf. mon *Saint Augustin et la Fin de la Culture antique*, pp. 89-94; je n'en suis plus autant persuadé (cf. *ibid.*, 4ᵉ éd., *Retractatio*, pp. 672-674).

25

Les termes de rhéteur et de sophiste ne sont pas, en principe, interchangeables (quoique, en fait, ils aient fini par être pratiquement synonymes) : le ῥήτωρ, c'est d'abord (d'Aristophane à Strabon) l'orateur au sens plein, celui qui parle à l'assemblée du peuple et au tribunal; le σοφιστής, par contre, est le technicien, le professeur dont la parole ne sort pas de l'école; sous l'influence de la polémique platonicienne, le titre subit d'abord une certaine disqualification. Puis, à l'époque impériale, la Seconde Sophistique redore en quelque sorte son blason, rend à l'éloquence épidictique du sophiste un contenu et une portée politiques; en face, le rhéteur tend à n'être plus que le professeur qui qui n'est que professeur, celui qui s'attache exclusivement aux règles formelles de l'art : cf. sur cette évolution complexe les indications de

NOTES DES PAGES 294 À 302

LIDDELL-SCOTT-ST-JONES, s. vv.; A. BOULANGER, *Aelius Aristide*, p. 76, n. 3; W. KROLL, ap. PAULY-WISSOWA, *Suppl.*, VII, c. 1040; H. VON ARNIM, *Leben und Werke des Dio von Prusa*, p. 67.

26

« Chœur, Thiase, phratrie » appliquée au cercle des élèves d'un même professeur : cf. L. GRASBERGER, *Erziehung und Unterricht im klassischen Alterthum*, III, pp. 409-410.

27

Nous n'avons plus eu d'exposé en français des lois de la rhétorique depuis A. E. CHAIGNET, *La Rhétorique et son Histoire*, Paris, 1888 (écrit au lendemain de la réforme de 1885, que l'auteur déplore : cf. sa préface, p. VII); pour plus de précision : R. VOLKMANN, *Die Rhetorik der Griechen und Römer im systematischer Uebersicht dargestellt*[2], Leipzig, 1885; W. KROLL, ap. PAULY-WISSOWA, *Suppl.*, VII, c. 1039-1138, s. v. *Rhetorik*.

28

L'éloge dans les concours musicaux : J. FREI, *De Certaminibus thymelicis*, dissertation de Bâle, 1900, pp. 34-41, complété par L. ROBERT, *Bibliothèque de l'Ecole des Hautes-Etudes*, fasc. 272, pp. 17 s., et notamment 21-23.

29

Sur la « chironomie » ou langage symbolique des gestes de la main, cf. J. COUSIN, *Etudes sur Quintilien*, t. I, *Contribution à la recherche des sources de l'Institution oratoire*, Paris, 1935, pp. 625-627, et l'ouvrage classique de C. SITTL, *Die Gebärden der Griechen und Römer*, Leipzig, 1890, *pass.*

30

Canon des orateurs : cf. ci-dessus, p. 520, n. 2 du chapitre VII de la deuxième partie.

31

L'atticisme : le travail de base demeure le puissant ouvrage de W. SCHMID, *Der Atticismus in seinen Hauptvertretern*, 4 vol., Stuttgart, 1887-1896; la question de l'atticisme, de sa nature et de son histoire, a alimenté dans l'Allemagne savante des années 1880-1900 une de ces magnifiques querelles qui comptent dans l'histoire de la philologie : E. ROHDE, W. SCHMID, E. NORDEN, U. VON WILAMOWITZ-MÖLLENDORF s'y mesurèrent tout à tour; en voir le bilan, ap. A. BOULANGER, *Ælius Aristide*, pp. 58-108; W. KROLL, ap. PAULY-WISSOWA, *Suppl.*, VII, c. 1105-1108 : il n'est pas tout positif...

32

Sur Démétrios de Phalère, cf. en dernier lieu E. BAYER, *Demetrios Phalereus der Athener*, *Tübinger Beiträge zur Altertumswissenschaft*, XXXVI, Tübingen, 1942.

IIe PARTIE : LA RHÉTORIQUE

33

Sur les sujets de « controverses » et de « suasoires », cf. le travail classique de H. BORNECQUE, *Les Déclamations et les Déclamateurs d'après Sénèque le Père*, Lille, 1902; *Les Sujets de Suasoria chez les Romains*, ap *Revue d'Histoire de la Philosophie et d'Histoire générale de la Civilisation*, 1934, pp. 1 s.; W. MOREL, ap. PAULY-WISSOWA, XV, 1, c. 496-499, s. v. *Melete*; ibid., II R., IV, 1, c. 469-471, s. v. *Suasoria*; W. KROLL, ibid., Suppl., VII, c. 1119-1124.

34

Séjour à Athènes de saint Basile et saint Grégoire de Nazianze : cf. S. GIET, *Sasimes, une méprise de saint Basile,* Paris, 1941, p. 31, n. 1 (pour Basile : 351-355; pour Grégoire, 351 [semble-t-il]-356); P. GALLAY, *La Vie de saint Grégoire de Nazianze*, Lyon, 1943, pp. 36-37 : « autour de 350 »-« vers 358-359 ». Consacrer huit années à étudier la rhétorique paraît normal à LIBANIOS : *Or.*, I, 26.

35

Sur ces éloges « paradoxaux » (le terme technique serait « adoxaux », car la théorie antique distingue, avec sa minutie habituelle, les éloges ἔνδοξα, ἄδοξα, ἀμφίδοξα, παράδοξα : *Rhet. Gr.*, III, 346, 9-19, MEN,) : cf. A. STANLEY-PEASE, *Things without honor*, ap. *Classical Philology*, XXI (1926), pp. 27-42, d'où : J. COUSIN, *Etudes sur Quintilien*, I, p. 192.

36

Beauté formelle de la rhétorique : j'ai déjà esquissé ce jugement, ap. *Saint Augustin et la Fin de la Culture antique*, p. 83, à la suite de NIETZSCHE et de bien d'autres, par exemple L. PETIT DE JULLEVILLE, *L'Ecole d'Athènes au IVe siècle après Jésus-Christ*, Paris, 1868 (il ne faut pas se hâter de mépriser ces vieux livres), pp. 104-107.

37

Sur les cyniques, voir D. R. DUDLEY, *A History of Cynicism from Diogenes to the sixth century a. d.*, Londres, 1937, notamment pp. 26 s., 59, 122.

38

Sur l'origine et les composantes de cet idéal de la « vie philosophique », cf. le mémoire de W. JÄGER, *Ueber Ursprung und Kreislauf des philosophischen Lebensideals*, ap. *Sitzungsberichte* de l'Académie des Sciences de Berlin, *Philos.-hist. Klasse*, 1928, XXV, pp. 390-421.

39

Sur les femmes philosophes de l'antiquité, il faut toujours lire le vieux travail de G. MÉNAGE, *Historia Mulierum philosopharum* (traduit en français ap. *Vie des plus illustres philosophes de l'Antiquité*, Paris, 1796, II, pp. 379-469); cf. M. MEUNIER, *Prolégomènes* à ses *Femmes pythagoriciennes, Fragments et Lettres*, Paris, 1932.

40

Conversion à la philosophie : cf. les indications de mon *Saint Augustin et la Fin de la Culture antique*, pp. 161 s., et surtout 169-173 ; A. D. Nock, *Conversion, the old and new in religion from Alexander the great to Augustine of Hippo*, Oxford, 1933, pp. 164-186.

41

Sur la conversion de Dion de Pruse, voir le livre classique de H. von Arnim, *Leben und Werke des Dio von Prusa*, Berlin, 1898, pp. 223 s. ; L. François, *Essai sur Dion Chrysostome*, Paris, 1921, pp. 5 s.

42

Succession des scholarques des écoles philosophiques d'Athènes : cf. le tableau que donne K. Prächter, ap. F. Ueberweg, *Grundriss des Geschichte der Philosophie* [11], I, pp. 663-666.

43

Epictète à Nicopolis : voir en dernier lieu, et brièvement : M. Spanneut dans Th. Klauser, *Reallexikon für Antike und Christentum*, s. v. *Epiktet*, col. 600.

44

L'érudition moderne a beaucoup travaillé sur la diatribe, non sans courir le risque d'ossifier un peu ce genre aux contours fuyants : qu'il me suffise ici aussi de renvoyer à l'article *Diatribe* du même *Reallexikon*.

45

L'histoire de la tradition doxographique hellénistique a été reconstituée, non sans quelque complaisance dans l'hypothèse, par H. Diels dans les *Prolegomena* de son édition des *Doxographi Graeci* [2], Berlin, 1929.

46

Explication de textes chez le philosophe, par exemple, à propos d'Epictète : cf. I. Bruns, *De Schola Epicteti*, diss. de Kiel, 1897, pp. 3 s. ; J. Souilhé, *Introduction*, à son édition des *Entretiens* (coll. « Budé »), pp. xxxiii s.

47

Nous connaissons moins directement, de façon moins précise et moins concrète, la vie quotidienne d'une école philosophique que celle des écoles du grammairien ou du rhéteur : cf. les intéressantes inductions de W. Bousset, *Jüdisch-christlicher Schulbetrieb in Alexandria und Rom*, pp. 1-7, et A.-J. Festugière, *Le Logos hermétique d'enseignement*, ap. *Revue des Etudes grecques*, LV (1942), p. 77-108.

48

L. Delatte, *Les traités* de la Royauté *d'Ecphante, Diotogène* et *Sthénidas*,

IIᵉ PARTIE : LA PHILOSOPHIE

Paris, 1942 (*Bibl. de la Faculté de Philosophie et Lettres de l'Université de Liège*, 97).

49

La lutte entre philosophes et rhéteurs pour la direction de l'éducation de la jeunesse a été analysée avec un rare bonheur par H. von Arnim, dans l'introduction de *Leben und Werke des Dio von Prusa*, pp. 1-114 : *Sophistik, Rhetorik, Philosophie, in ihrem Kampf um die Jugendbildung*; pour l'époque qui nous concerne ici, pp. 37 s.

50

Persistance de l'opposition culture philosophique/culture oratoire au moyen âge, cf. les indications que je fournis ap. *Saint Augustin et la Fin de la Culture antique*, p. 173, et ap. *Revue du Moyen Age Latin*, I, 1945, p. 201, où je renvoie, à propos de Sidoine et de Cl. Mamert, le lecteur de A. Loyen, *Sidoine Apollinaire et l'Esprit précieux en Gaule*, Paris, 1943, à P. Courcelle, *Les Lettres grecques en Occident*[2], Paris, 1948, pp. 223 s.

51

Sur la position intéressante et nuancée de Denys d'Halicarnasse, cf. par exemple G. Kaibel, *Dionysios von Halikarnassos und die Sophistik*, ap. *Hermès*, XX (1885), pp. 497-513 ; W. R. Roberts, édition commentée de *Dionysius of Halicarnassus, On literary Composition*, Londres, 1910.

52

Le débat entre philosophes et rhéteurs au sujet des « thèses » a été étudié par H. von Arnim, introduction citée de son *Dio von Prusa*, pp. 93-96.

53

La rhétorique annexée par les Stoïciens à la philosophie : cf. encore von Arnim, *ibid.*, pp. 78-79 (le texte le plus net est : D. L., VII, 41 : « Les Stoïciens enseignent que la logique se divise en deux disciplines, la rhétorique et la dialectique »).

54

Sur Philon de Larissa, dont la philosophie est si accueillante à la rhétorique qu'il apparaît comme un représentant du vieil idéal de la Première Sophistique, cf. toujours von Arnim, *ibid.*, pp. 97 s.

55

Voir notamment pour Themistios : G. Downey, *Education in the Christian Roman Empire : Christian and Pagan Theories under Constantine and his Successors*, dans *Speculum* 37 (1957), pp. 48-61.

56

Etablissement des écoles de philosophie à Athènes à la fin du IVᵉ siècle :

cf. les fines observations de W. S. Ferguson, *Hellenistic Athens, an historical essay*, Londres, 1911, pp. 60-61, 104-107, 129, 214-216.

57

Sur Hérode Atticus, P. Graindor, *Un milliardaire antique, Hérode Atticus et sa Famille*, Recueil des Travaux de l'Université égyptienne, VII, Le Caire, 1930.

58

L'asianisme a le plus souvent été étudié en liaison avec l'atticisme (cf. les travaux auxquels renvoie la n. 31) : la critique, comme il arrive, a parfois durci ces concepts qu'il ne faut tout de même pas traiter comme s'ils étaient des substances chimiques aux propriétés définies !

59

Les rois de Pergame protecteurs des études hors de leur royaume : nous avons étudié, au chapitre II, 2, p. 176, leurs libéralités au profit des écoles de Delphes ou de Rhodes ; W. S. Ferguson, *Hellenistic Athens*, pp. 234-236, nous montre les Attalides couvrant les philosophes athéniens de bienfaits au lieu de chercher à les attirer dans leur propre capitale, comme le font à la même époque les autres rois hellénistiques.

60

Sur les écoles de Rhodes et leur rayonnement : F. della Corte, *Rodi e l'istituzione dei pubblici studî nel II secolo a. C.*, ap. *Atti* de l'Académie de Turin, 74, 2 (1939), pp. 255-272.

A propos de Poseidonios (canonisé par K. Gronau, *Poseidonios*, Leipzig, 1914 ; K. Reinhardt, *Poseidonios*, Munich, 1921 ; J. Heinemann, *Poseidonios*, Breslau, 1921-1928), j'ai montré, pour l'origine du programme des sept arts libéraux, combien la fascination qu'exerçait sur les érudits contemporains le nom du grand philosophe rhodien pouvait conduire à l'aberration, ap. *Saint Augustin et la Fin de la Culture antique*, p. 215 ; je ne suis pas seul à réagir contre le « mythe de Poseidonios » : cf. J. F. Dobson, *The Poseidonius myth*, ap. *Classical Quarterly*, 1918, pp. 179 s., et surtout 181 ; P. Boyancé, *Études sur le Songe de Scipion*, Paris, 1936, p. 87 ; K. Prümm, *Religionsgeschichtliches Handbuch für den Raum der altchristlichen Umwelt*, Fribourg-en-Brisgau, 1943, pp. 158-159 ; et déjà M. Croiset dans son compte rendu de Reinhardt, ap. *Journal des Savants*, 1922, pp. 145-152.

61

Position moyenne de l'éloquence rhodienne, entre asianisme et atticisme : cf. A. Boulanger, *Ælius Aristide*, p. 61.

Pour mémoire, mentionnons aussi, à l'autre extrémité du monde grec, les écoles de Marseille : leur rayonnement, pour être d'un caractère beaucoup plus limité, s'est étendu jusqu'à Rome : au Ier siècle avant Jésus-Christ bien des familles romaines envoient leurs fils s'y initier à la culture grecque, comme dans un centre plus tranquille, moins dispendieux, moralement plus sûr que celui des grandes écoles de l'Egée : cf. M. Clerc, *Massalia, Histoire de Marseille dans l'Antiquité*, II, Marseille, 1929, pp. 314 s., I, 1927, p. 463.

62

A. W. Parsons, *A Family of Philosophers*, — celle de T. Flavios Pantainos, prêtre des Muses philosophes, [fondateur d'une bibliothèque dont nous avons retrouvé le règlement (*Année Epigr.* 1936, n° 79)], à laquelle l'auteur rattache, sans grande vraisemblance, le maître de Clément d'Alexandrie —, *at Athens and Alexandria*, dans *Hesperia, Suppl. VIII (Mélanges Th. L. Shear)*, p. 268-272.

63

Sur *La Sophistique dans la Province d'Asie au IIe siècle de notre ère*, je renvoie une fois de plus à la belle thèse d'A. Boulanger, *Ælius Aristide*, Paris, 1923, qui porte ce sous-titre; cf. notamment, pp. 74-108, 16-19, 37-57.

64

Sur les écoles d'Antioche, voir les deux thèses de P. Petit, *Libanius et la vie municipale à Antioche au IVe siècle après J.-C.*, Paris, 1956, pp. 67-68; *Les Etudiants de Libanius*, Paris, 1956 (*Études Prosopographiques*, 1).

65

Sur la vie des étudiants dans les « universités » du Bas-Empire, voir A. Müller, *Studentenleben im 4. Jahrhundert n. Chr.*, ap. *Philologus*, LXIX (1910), pp. 292-317; il reste toujours à prendre dans L. Petit de Julleville, *L'Ecole d'Athènes au IVe siècle*, Paris, 1868 : à travers l'amplification oratoire, de règle à cette date, on discerne un effort réel pour penser le sujet, élaborer la matière. Par contre, sous prétexte d'objectivité, F. Schemmel se limite à un morne défilé de fiches dans la série d'articles auxquels j'ai déjà renvoyé (ci-dessus, p. 570, n. 10).

Références

Les ouvrages apocryphes sont appelés du nom de l'auteur à qui la tradition les avait attribués, le sigle de ce nom étant placé entre crochets : ainsi, [PLAT.] *Ax.* = Pseudo-Platon, *Axiochos*.

AA. SS. Acta Sanctorum (des Bollandistes).

AA. SS. Hib. C. de Smedt et J. de Backer, Acta Sanctorum Hiberniae ex codice Salmanticensi, Bruges-Edimbourg, 1888.

ABAW. Abhandlungen der bayerischen Akademie der Wissenschaften, Munich.

ABKK. Amtliche Berichte aus den königlichen Kunstsammlungen, monatlich erscheinendes Beiblatt zum Jahrbuch der kgl. Preussischen Kunstsammlungen, Berlin.

Aboth. Traité Pirke Aboth au Talmud de Babylone (IV, 9).

ABSA. Annual of the British School at Athens.

Act. Actes des Apôtres au Nouveau Testament.

Æg. Ægyptus, Rivista di Egittologia e di Papirologia.

Aép. L'Année Epigraphique (tirage à part de la Revue des Publications Épigraphiques relatives à l'antiquité romaine, annexée à la Revue archéologique).

Ai. Africa Italiana.

AIPhHOS. Annuaire de l'Institut de Philologie et d'Histoire Orientales et Slaves.

AJPh. American Journal of Philology.

ALBIN. Albinos.
  Isag. Introduction à la philosophie de Platon.
  Epit. Résumé de la philosophie de Platon.

ALCID. Alcidamas.
  Soph. Contre les Sophistes.

Alcman.
  Fr. Fragments, dans Bergck, Poetae Latini Graeci.

AM. Mitteilungen des deutsches archaeologisches Instituts, Athenische Abteilung.

AMM. Ammien Marcellin.

ANAT. Anatolios de Laodicée.
  Dec. Sur la Décade (P. Tannery, Mémoires scientifiques, III, pp. 12-25).

ANN. COMN. Anne Commène.
  Alex. Alexiade (page de l'éd. Leib).

ANTYLL. Antyllus.

Anth. Anthologie Palatine.

APAW. Abhandlungen der preussischen Akademie der Wissenschaften, Philosophisch-historische Klasse, Berlin.

APF. Archiv für Papyrusforschung und verwandte Gebiete.

APP. Appien.
  Pun. Guerres Puniques.

[AP. TYAN.] Pseudo-Apollonius de Tyane.
  Ep. Lettres.

APUL. Apulée.
  Flor. Florides.
  Mund. Traité du Monde.
  Plat. Sur la doctrine de Platon.

RÉFÉRENCES

AR. Aristophane.
Ach. Acharniens.
Nub. Les Nuées.

ARAT. Aratos de Soloi.
Ph. Les Phénomènes; les vers consacrés aux Météores sont numérotés à la suite.

AR. BYZ. Aristophane de Byzance.
Onom. Sur les Noms d'Age (page de l'éd. E. Miller, Mélanges de littérature grecque, Paris, 1868).

ARCHYT. Archytas de Tarente.
Fr. Fragments dans Diels, Fragmente der Vorsokratiker, § 47 (35).

ARSTD. Ælius Aristide.
D. N° d'ordre des discours dans l'éd. Dindorf.
K. Id., éd. Keil.
Rhet. Rhétorique.

ARISTOX. Aristoxène de Tarente.

ARSTT. Aristote.
Ath. Constitution d'Athènes (chapitre et paragraphe de l'éd. Kenyon).
Fr. Fragments (n° d'ordre, éd. Rose).

Pour les autres œuvres : livre, page, colonne et ligne de l'éd. Bekker.
Met. Métaphysique.
Nic. Morale à Nicomaque.
Œc. Economique.
P. A. Parties des Animaux.
Poet. Poétique.
Pol. Politique.
Probl. Problèmes.
Rhet. Rhétorique.

ASFNA. Annuaire de la Société française de Numismatique et d'Archéologie.

ATH. Athénée, Banquet des Sophistes (page de l'éd. Casaubon).

ATHAN. Saint Athanase d'Alexandrie.
V. Ant. Vie de saint Antoine.

ATHENAG. Athénagore, Apologie pour les chrétiens.

AUG. Saint Augustin d'Hippone.
Civ. Dei. La Cité de Dieu.
Conf. Les Confessions.
Doctr. chr. De la Science chrétienne.
Ep. Lettres.
Mus. De la Musique.
Ord. De l'Ordre.
Qu. div. 83. Sur 83 questions diverses.
Serm. Sermons.
Sol. Soliloques.

AUG. IMP. L'empereur Auguste.
R. G. Res Gestae.

AUS. Ausone.
Ecl. Eclogues.
Ep. Lettres ou Epîtres.
Epigr. Epigrammes.
Grat. act. Remerciement à Gratien, pour son consulat.
Prof. Les Professeurs de Bordeaux.
Protr. Exhortation à son petit-fils (= Epîtres, XXII, Idylles, IV).

BABR. Babrius, Fables (éd. Crusius).

BABELON. E. Babelon.
Monn. Rép. Description historique et chronologique des Monnaies de la République romaine, vulgairement appelées Monnaies consulaires, Paris, 1885-1886.

BAC. G.-B. de Rossi, Bulletino di Archeologia christiana.

BAR HEBR. Bar Hebraeus.
Nomocan. Nomocanon, ap. A. Mai, Scriptorum Veterum Nova Collectio, t. X, Rome, 1838.

BARN. Epitre de Barnabé.

BAS. Saint Basile de Césarée.
Ep. Lettres (n° d'ordre et colonne du t. 32 de la P. G.).
Hom. Sermons (*Hom.* XXII = Aux jeunes gens sur la lecture des auteurs profanes).
Reg. brev. Règles brèves.
Reg. fus. Règles longues.

B. Bathra. Traité Baba Bathra au Talmud de Babylone (IV, 3).

BCH. Bulletin de Correspondance hellénique.

BED. Saint Bède le Vénérable.
H. Abb. Histoire des abbés de Wearmouth et Jarrow (colonne du t. 94 de la P. L.).

BEHE. Bibliothèque de l'Ecole pratique des Hautes-Etudes (section des Sciences historiques et philologiques).

BENED. Saint Benoît de Nursie.
Reg. Règle des Moines.

BGU. Ægyptische Urkunden aus den königlichen (ou : staatlichen) Museen zu Berlin : Griechische Urkunden.

BIFAO. Bulletin de l'Institut Français d'Archéologie Orientale, Le Caire.

BKT. Berliner Klassikertexte herausgegeben von der Generalverwaltung der (königliche) Museen zu Berlin.

RÉFÉRENCES

BSAA. Bulletin de la Société archéologique d'Alexandrie.

BSNAF. Bulletin de la Société nationale des Antiquaires de France.

C. Canon (des conciles cités).

CAES. AR. Saint Césaire d'Arles (page du t. II de l'éd. Morin).
Ep. Lettres.
Mon. Règle des Moines.
Virg. Règle des Moniales.
Vit. Vie de saint Césaire écrite par ses disciples.

CALL. Callimaque.
Ep. Epigramme (n° de l'éd. Cahen).

Callinos d'Ephèse.
Fr. Fragments, selon Bergck, Poetae Lyrici Graeci.

Can. Hipp. Canons (arabes) du pseudo-Hippolyte.

CARCOPINO. J. Carcopino.
Maroc. Le Maroc antique, Paris, 1943.

CASSIEN. Jean Cassien.
Conl. Conférences avec les Pères du Désert.
Inst. Institutions monastiques.

CASSIOD. Cassiodore.
Inst. Institutions.
Var. Lettres variées.

CAT. Caton le Censeur.
Agr. Traité d'agriculture.

CATULL. Catulle.

[CEB.] Pseudo-Cébès, Tableau.

CENSOR. Censorinus, Sur le jour anniversaire.

CHRYS. Saint Jean Chrysostome.
Adv. opp. Contre les détracteurs de la vie monastique (livre, chapitre, colonne du t. 47 de la P. G.).
Inan. gl. Sur la vaine gloire et comment les parents doivent élever leurs enfants (chapitre et paragraphe).

CIC. Cicéron (livre, paragraphe, et non chapitre).
Arat. Traduction d'Aratos.
Att. Lettres à Atticus.
Br. Brutus.
Coel. Pour M. Coelius.
De Or. De l'Orateur.
Div. De la divination.
Fam. Lettres à ses amis.
Har. resp. Sur la réponse des haruspices.
Her. Rhétorique à Herennius.
Inv. De l'Invention.
Leg. Des Lois.
Off. Des Devoirs.
Or. L'Orateur.
Pis. Contre L. Pison.
Resp. De la République.
Sen. De la Vieillesse.
Tim. Traduction du Timée de Platon.
Tusc. Les Tusculanes.
Verr. Seconde action contre Verrès.

C. Gloss. Lat. Corpus Glossariorum Latinorum.

GIG. Corpus Inscriptionum Graecarum.

CIL. Corpus Inscriptionum Latinarum.

C. Just. Code Justinien.

CLAUD. Claudien.
Carm. min. Poèmes mineurs.
Fesc. Epithalame d'Honorius et de Marie.

CLEM. Saint Clément d'Alexandrie.
Paed. Pédagogue.
Strom. Stromates (livre, chapitre et paragraphe de l'éd. Stählin).

CLEM. ROM. Saint Clément de Rome.
I. Cor. Ire Epître aux Corinthiens.

Col. Saint Paul, Epître aux Colossiens.

Conc. merov. Concilia merovingici aevi, éd. Maassen (Monumenta Germaniae Historica, Leges, III, Concilia, I).

Const. Apost. Constitutions apostoliques (dans F. X. Funk, Didascalia et Constitutiones apostolorum).

CONWAY. R. S. Conway, The Italic Dialects, edited with a Grammar and a Glossary, Cambridge, 1897.

I. Cor. Saint Paul, première Epître aux Corinthiens.

CRUM. W. E. Crum (avec H. E. Winlock et H. G. Evelyn White).
Epiph. The Monastery of Epiphanius at Thebes, II, Coptic, Greek ostraca and papyri, New York, 1926.

CSEL. Corpus Scriptorum Ecclesiasticorum Latinorum édité par l'Académie des Sciences de Vienne.

C. Theod. Code Théodosien.

[CYPR.] Pseudo-saint Cyprien de Carthage.
Spect. Sur les Spectacles.

DC. Dion Cassius, Histoire romaine.

D. CHR. Dion Chrysostome (Dion de Pruse).
Or. Discours.

DEM. Démosthène.
Aph. Contre Aphobos.

421

RÉFÉRENCES

Cor. Sur la Couronne.
Euerg. Contre Euergos.

DESSAU. H. Dessau, Inscriptiones Latinae Selectae.

DH. Denys d'Halicarnasse.
(sans indication de titre) Antiquités romaines.
Comp. Sur la Composition littéraire.
Dem. Sur l'éloquence de Démosthène.
Isoc. Vie d'Isocrate.

Didach. La Doctrine des XII Apôtres (dans les éd. des Pères apostoliques).

Didasc. Ap. L'Enseignement des Apôtres (dans F. X. Funk, Didascalia et Constitutiones Apostolorum).

DIDYM. Didyme Chalcentère.

DIEHL. E. Diehl, Inscriptiones Latinae Christianae Veteres.

DIOCL. Dioclétien.
Max. Edit du Maximum, éd. Mommsen.

Dialexeis. Δισσοὶ Λόγοι, ap. H. Diels, Fragmente der Vorsokratiker, § 90 (83).
Dist. Cat. Distiques attribués à Caton, éd. Boas.

DITT. W. Dittenberger.
Or. Orientis Graeci Inscriptiones Selectae.
Syll. Sylloge Inscriptionum Graecarum, troisième édition.

DL. Diogène Laërce, Vies des philosophes (livre, paragraphe, et non chapitre).

DP. Denys le Périégète, Description de la Grèce (page de l'éd. Bernhardy).

DS. Diodore de Sicile, Bibliothèque Historique.

DURRBACH. F. Durrbach.
Choix. Choix d'Inscriptions de Délos avec traduction et commentaire, t. I, Textes Historiques, Paris, 1921.

D. THR. Denys le Thrace, Grammaire (paragraphe de l'éd. Uhlig).
Deut. Deutéronome (Ancien Testament).

Eccli. Ecclésiastique (Ancien Testament).
EL. Elien de Préneste.
N. A. De la Nature des Animaux.
V. H. Histoires Variées.

ENN. Ennius (cité, normalement, d'après la source).

Fr. Sc. Fragments Scéniques dans l'éd. Vahlen.

ENNOD. Ennode de Pavie.
Carm. Poèmes.
Dict. Déclamations.
Ep. Lettres.

Eph. Saint Paul, Epître aux Ephésiens.

Ephore.
Fr. Fragments, n° d'ordre dans l'éd. Didot des Fragmenta Historicorum Graecorum.

EPICR. Epicrate.

EPICT. Epictète, Entretiens rédigés par Arrien.

ESCHN. Eschine.
Amb. Sur la fausse Ambassade.
Tim. Contre Timarque.

EUCH. Saint Eucher de Lyon.
Instr. Instruction.
Laud. er. Eloge de la Solitude.

EUCL. Euclide.
Elem. Eléments de Géométrie.

EUN. Eunape, Vie des Sophistes (page de l'éd. Boissonade).
Lib. Vie de Libanios.
Proh. Vie de Prohairesios.

EUPOL. Eupolis, fragments dans Meinecke, Fragmenta Comicorum Graecorum.

EUR. Euripide.

EUS. Eusèbe de Césarée.
H. E. Histoire ecclésiastique.

EUST. Eustathe de Thessalonique, Commentaire à l'Iliade (cité d'après le lemme).

F. Delph. Fouilles de Delphes, publiées par l'Ecole française d'Athènes.

F. Eph. Forschungen in Ephesos, publiées par l'Institut archéologique autrichien.

FERRAND. Ferrand de Carthage, Vie de saint Fulgence de Ruspe (éd. Lapeyre).

FERREOL. Saint Ferréol d'Uzès.
Reg. Règle monastique (au t. 66 de la P. L.).

FEST. Festus, De la Signification des Mots (page et ligne de l'éd. Lindsay).

FCG. A. Meinecke, Fragments Comicorum Graecorum.

FLOR. L. Annaeus Florus.
Virg. Virgile est-il un orateur ou un poète? (Chapitre et paragraphe de l'éd. H. Malcovati, Rome, 1938.)

RÉFÉRENCES

FORT. Saint Venance Fortunat.
Carm. Poèmes.

Frag. Vat. Fragmenta Vaticana (paragraphe de l'éd. Mommsen).

FRONT. Fronton (éd. Naber).
Amic. Lettres à ses amis.
M. Caes. Correspondance avec Marc-Aurèle.

GAL. Galien (pagination de l'éd. Kühn).
Lib. propr. Sur ses propres écrits (t. XIX, pp. 8 s.).
Med. phil. Que le Médecin est aussi philosophe (t. I, pp. 53 s.).
Met. med. De la méthode médicale (t. X, pp. 1 s.).
Parv. pil. Du jeu de la petite balle (t. V, pp. 899 s.).
Plat. Sur les opinions de Platon et d'Hippocrate (t. V, pp. 181 s.).
Protr. Discours d'exhortation (t. I, pp. 1 s.).
San. tu. Conseils d'hygiène (t. VI, pp. 1 s.).

GELL. Aulu-Gelle, Nuits attiques.

Gesta ap(ud) Zenoph(ilum), en appendice à Optat de Milève, *Contra Parmenianum Donatiflam*, CSEL, t. 26.

Gram. Lat. Grammatici Latini (éd. Keil).
CHAR. Charisius.
CONS. Consentius.
DIOM. Diomède.
DON. Donat.
M. VICT. Marius Victorinus.
POMP. Pompée.
PRISC. Priscien.
SERV. Servius (*sic* : j'identifie à Servius le Sergius des Ms.).

GREG. MAGN. Saint Grégoire le Grand.
Dial. Dialogues.
Reg. Lettres (classement de l'éd. Ewald-Hartmann, Monumenta Germaniae Historica, Epistulae, I-II).

GREG. NAZ. Saint Grégoire de Nazianze.
Carm. Poèmes.
Or. Discours (numéro, chapitre et paragraphe ou colonne des t. 35-38 de la P. G.).

GREG. NYS. Saint Grégoire de Nysse.
C. Eun. Contre Eunomios (livre et paragraphe de l'éd. W. Jäger).

GREG. TH. Saint Grégoire le Thaumaturge.
Pan. Panégyrique d'Origène (paragraphe et colonne du t. 10 de la P. G.).

GREG. TUR. Saint Grégoire de Tours.
Hist. Fr. Histoire des Francs.
V. Patr. Vie des Pères.

HARP. Harpocration, Lexique.

HDT. Hérodote, Histoire.

HER. Hérondas, Mimes.
Did. Le Maître d'école (Mime III).

HERM. Hermas, Le Pasteur.
Sim. Comparaisons.
Vis. Visions.

HERMIAS. Hermias, Persiflage des philosophes païens.

HERM. TR. Corpus Hermeticum.

Hésiode.
Op. Les Travaux et les Jours.

Hesp. Hesperia, Journal of the American School of classical studies at Athens.

HESYCH. Hesychius d'Alexandrie, Lexique.

HIER. Saint Jérôme.
Chron. Chronique (année avant ou après Jésus-Christ).
Ep. Correspondance.
In Is. Commentaire à Isaïe (P. L., t. 24).
In Jer. Commentaire à Jérémie (id.).
Vir. Ill. Des Hommes Illustres.

HIM. Himérios.
Or. Discours (page de l'éd. Dübner).

Hiéron d'Alexandrie.
Geom. Géométrie.
Geod. Géodésie.
Stereom. Stéréométrie.

HIPP. Saint Hippolyte de Rome.
Trad. ap. La Tradition apostolique.

Hipparque.
In Arat. Commentaire aux Phénomènes d'Aratos.

Hippias.
Fr. Fragments selon H. Diels, Fragmente der Vorsokratiker, § 86 (79).

HOM. Homère.
Il. Iliade.
Od. Odyssée.

HOR. Horace.
C. Odes.
C. Sec. Chant Séculaire.
Ep. Epîtres.
P. Epître aux Pisons (Art Poétique).
S. Satires.

HPC. Corpus des Œuvres attribuées à Hippocrate (tome et page de l'éd.

RÉFÉRENCES

Littré).
Hab. Sur la Bienséance.
Praec. Règles.

IG. Inscriptiones Græcæ.

IG², II, Inscriptiones Graecae, editio minor, vol. II-III.

IGR. R. Cagnat, Inscriptiones Graecae ad Res Romanas pertinentes.

ILA. Inscriptions Latines de l'Algérie.

Ins. Perg. M. Fraenkel, Inschriften von Pergamon (Altertümer von Pergamon, t. VIII).

Ins. Priene. F. Hiller von Gaethringen, Inschriften von Priene, Berlin, 1906.

IOSPE. B. Latyschev, E. Pridik, Inscriptiones antiquae orae septentrionalis Ponti Euxeni Graecae et Latinae.

IREN. Saint Irénée de Lyon, Contre les Hérésies.

ISID. Isidore de Séville.
Sent. Livre des Sentences.

ISOC. Isocrate.
Ad Nic. A Nicoclès.
Ant. Sur l'Echange.
Arch. Archidamas.
Areop. Aréopagitique.
Bus. Busiris.
Evag. Evagoras.
Hel. Eloge d'Hélène.
Nic. Nicoclès.
Pan. Panégyrique.
Panath. Panathénaïque.
Phil. Philippe.
Soph. Contre les Sophistes.

JAMBL. Jamblique.
Theol. arith. Théologie des nombres.

JHS. Journal of Hellenic Studies.

JŒAI. Jahreshefte des Œsterreichen archaeologische Instituts in Wien.

JOH. DIAC. Jean Diacre.
V Greg. Vie de saint Grégoire le Grand.

JOS. Josèphe.
C. Ap. Contre Apion.

JUL. Julien l'Apostat.
C. Gal. contre les Galiléens (page et section de page de l'éd. Spanheim de saint Cyrille d'Alexandrie).
Ep. Lettres (n° d'ordre de l'éd. Bidez-Cumont, page de l'éd. Spanheim).

JUNIL. Junillus Africanus, Instituta regularia divinae legis.

JUST. (1). Saint Justin le Martyr.
Act. Actes de son martyre (éd. Franchi de' Cavalieri, Studi e Testi, t. VIII, 2).
Ap. Apologies.
Dial. Dialogue avec Tryphon.

(2). Justinien.
C. Just. Code Justinien.
Dig. Digeste.
Inst. Institutes.
Nov. Novelles.
Omnem. Constitution *Omnem* en tête du Digeste.

JUV. Juvénal. Satires.

LIB. Libanios.
Ep. Lettres (n° d'ordre de l'éd. Förster).
Or. Discours (n° et paragraphe de l'éd. Förster : j'ai rétabli le n° d'ordre des Discours du t. I).

LIDDEL-SCOTT. H. G. Liddel. R. Scott, H. Stuart Jones, R. Mackenzie, A Greek-English Lexikon, new edition.

LIV. Tite-Live.

Luc. Evangile selon saint Luc.

LUC. Lucien.
Abd. Le fils déshérité.
Am. Amours.
Anach. Anacharsis.
As. Lucius ou l'Ane.
Eun. L'Eunuque.
Herm. Hermotime.
Lex. Lexiphane.
M. cond. Sur ceux qui sont aux gages des grands.
Musc. Eloge de la Mouche.
Paras. Le Parasite.
Rh. Pr. Le Maître de rhétorique.
Salt. De la Danse.

LUCR. Lucrèce, De Natura Rerum.

LYD. Lydus.
Mag. Des Magistratures romaines.

1, 2, *Mac.* Premier (Second) Livre des Macchabées.

MACR. Macrobe.
Diff. Comparaison des Verbes grecs et latins.

MALAL. Malalas, Chronique (livre et page de l'éd. Dindorf, au t. XV de la Byzantine de Bonn).

RÉFÉRENCES

MANSI. J. D. Mansi, Sacrorum Conciliorum nova et amplissima Collectio.

MARIN. Marinos de Neapolis.
V. Procl. Vie de Proclus.

MART. Martial, Epigrammes.

Matth. Evangile selon saint Matthieu.

Maxime de Tyr.
Diss. Dissertations.

MEN. Ménandre.
Monost. Sentences monostiques (n° du vers dans l'éd. Meinecke).

MICHEL. Ch. Michel, Recueil d'Inscriptions Grecques.

NEMBN. Notices et Extraits des manuscrits de la Bibliothèque (Impériale, puis :) Nationale.

NEP. Cornelius Nepos.
Epam. Vie d'Epaminondas.

NICOM. Nicomaque de Gerasa, Introduction Arithmétique.

NON. Nonius Marcellus, De Compendiosa Doctrina (pagination de l'ed. minor de Lindsay, coll. Teubner).

NOT. Notitia Dignitatum.
Or. Empire d'Orient.

N. S. Notizie degli Scavi di Antichità, publiées par l'Académie dei Lincei.

ORIB. Oribase, Collections Médicales.

ORIG. Origène.
Greg. Lettre à saint Grégoire le Thaumaturge.
In Num. Homélies sur les Nombres dans la traduction de Rufin.

OROS. Paul Orose, Histoire contre les Païens.

O. Ostraka.

O. *Lond. Hall.* H. R. Hall, Coptic and Greek Texts of the Christian Period from Ostraka, Stelae, etc. in the British Museum.

O. *Wilcken.* U. Wilcken, Griechische Ostraka aus Egypten und Nubien.

OVID. ou OV. Ovide.
AA. L'Art d'Aimer.
Am. Les Amours.
F. Fastes.
Tr. Les Tristes.

P. Papyrus (la tomaison n'est pas indiquée pour les collections dont la numérotation est continue).

P. *Achmim.* P. Collart, Les Papyrus grecs d'Achmim (extrait du Bulletin de l'Institut Français d'Archéologie Orientale, Le Caire, t. 31, 1930, pp. 35-111).

P. *Amh.* B. P. Grenfell, A. S. Hunt, The Amherst Papyri.

P. *Antin.* Papyrus d'Antinoé, dans H. J. M. Milne, Greek Shorthand Manuals.

P. *Berl. Erman-Krebs.* A. Erman, F. Krebs, Aus den Papyrus der königlichen Museen (Handbücher der königlichen Museen zu Berlin).

P. *Bouriant.* P. Collart, Les Papyrus Bouriant, Paris, 1926.

P. *Cairo Zenon.* Catalogue Général des Antiquités Egyptiennes du Musée du Caire, C. C. Edgar, Zenon Papyri.

P. *Colt-Nessana.* L. Casson, E. L. Hettich, Excavations at Nessana, 2, Literary Papyri, Princeton, 1950.

P. *Fay.* B. P. Grenfell, A. S. Hunt, D. G. Hogarth, Fayûm Towns and their Papyri.

P. *Fior.* G. Vitelli, D. Comparetti, Papiri greco-egizii, Papiri Fiorentini.

P. *Fouad I.* Publications de la Société Fouad Ier de Papyrologie, Textes et Documents, III, Les Papyrus Fouad Ier, t. I.

P. *Freib.* W. Aly, M. Gelzer, Mittheilungen aus der Freiburger Papyrussammlung, I-II, dans Sitzungsberichte der Heidleberger Akademie der Wissenschaften (philos.-hist. Klasse), 1914, Abh. 2.

P. *Gen.* Papyrus de Genève (cités d'après des éditions particulières).

P. *Giessen.* E. Kornemann, O. Eger, P. M. Meyer, Griechische Papyri im Museum des oberhessischen Geschichtsvereins zu Giessen.

P. *Guér. Joug.* Publications de la Société Royale Egyptienne de Papyrologie, Textes et Documents, II, O. Guéraud, P. Jouguet, Un Livre d'Ecolier du IIIe siècle avant Jésus-Christ.

P. *Hombert-Préaux.* M. Hombert et Cl. Préaux, *Une tablette homérique de la Bibliothèque Bodléienne*, Mélanges Henri Grégoire, III (*Annuaire de l'Institut de Philologie et d'Histoire Orientales et Slaves,* t. XI, 1951), pp. 161-168.

425

RÉFÉRENCES

P. *Herc.* ᵃ Herculanensium Voluminum quae supersunt collectio altera.

P. *Hal.* Dikaiomata, Auszüge aus alexandrinischen Gesetzen und Verordnungen in einem Papyrus des philologischen Seminars der Universität Halle, Berlin, 1913.

P. *Ianda.* C. Kalbfleisch, Papyri Iandanae.

P. *Letronne.* Papyrus Letronne, dans Notices et Extraits des manuscrits de la Bibliothèque Nationale, t. XVIII, 2, pp. 25 s.

P. *Michaelidae.* D. S. Crawford, Papyri Michaelidae, Aberdeen, 1955.

P. *Milan.* Papiri Milanesi per cura della Scuola di Papirologia dell' Università del Sacro Cuore.

P. *Oslo.* S. Eitrem, L. Amundsen, Papiri Osloenses.

P. *Oxy.* B. P. Grenfell, A. S. Hunt, H. I. Bell, etc. The Oxyrhynchus Papyri.

P. *Reinach.* Th. Reinach, Papyrus Grecs et Démotiques, Paris, 1905.

P. *Ryl.* A. S. Hunt, J. de M. Johnson, V. Martin, Catalogue of the Greek Papyri in the John Rylands Library at Manchester.

PSI. Papiri greci e latini, Pubblicazioni della Società Italiana per la ricerca dei Papiri greci et latini in Egitto.

P. Schwartz. J'ai désigné par ce sigle le papyrus nº 320 des collections de l'Institut Fr. d'Archéologie Orientale publié par J. Schwartz. *Etudes de Papyrologie* de la Soc. Fouad Iᵉʳ de Papyrologie, t. VII (1948), pp. 93-109 sous le titre : *Un Manuel scolaire de l'époque byzantine.*

P. *Tebt.* B. P. Grenfell, A. S. Hunt, J. G. Symly, E. J. Goodspeed, The Tebtunis Papyri.

P. G. Migne, Patrologie Grecque.

P. L. Migne, Patrologie Latine.

Pan. Lat. Panégyriques Latins (nº d'ordre de l'éd. Baehrens).

PAUL. DIAC. Paul Diacre.
 Hist. Long. Histoire des Lombards.
 V. Greg. Vie de saint Grégoire le Grand.

PAUS. Pausanias, Description de la Grèce.

PERS. Perse, Satires.

Pesikta (folio de l'éd. Sal. Buber, Lyck, 1868).

PETR. Pétrone, Le Satyricon.

Ph. Philologus.

PHILO. Philon d'Alexandrie.
 Congr. Sur les Etudes Préparatoires.
 Opif. De opificio mundi.
 V. Moys. Vie de Moïse.

PHILSTR. Philostrate.
 Gym. Sur la Gymnastique.
 Im. Les Statues.
 V. Ap. Vie d'Apollonius de Tyane.
 V. Soph. Vie des Sophistes (livre, chapitre et page de l'éd. Olearius).

PHOT. Photius le Patriarche.
 Bibl. Bibliothèque (nº du codex, colonne du t. 103 ou 104 de la P. G.).

PIND. Pindare.
 Nem. Néméennes.
 Ol. Olympiques.
 Pyth. Pythiques.

PLAT. Platon (page et section de page de l'éd. II. Estienne).
 Ax. Axiochos.
 Charm. Charmide.
 Conv. Le Banquet.
 Crat. Cratyle.
 Ep. Lettres.
 Gor. Gorgias.
 Hipp. ma. Hippias majeur.
 Hipp. mi. Hippias mineur.
 Hipparch. Hipparque.
 Lach. Lachès.
 Leg. Les Lois.
 Lys. Lysis.
 Men. Ménéxène.
 Phaedr. Phèdre.
 Pol. Le Politique.
 Prot. Protagoras.
 Rsp. La République.
 Soph. Le Sophiste.
 Thaeet. Théétète.

PLAUT. Plaute.
 Bacch. Bacchides.

PL. (1) Pline l'Ancien.
 N. H. Histoire Naturelle (livre et paragraphe, et non chapitre).
 (2) Pline le Jeune.
 Ep. Lettres.
 Pan. Panégyrique de Trajan.

PLOT. Plotin.
 Enn. Ennéades.

PLUT. Plutarque.

RÉFÉRENCES

(1) Vies parallèles (chapitre).
Alc. Alcibiade.
Aem. Paul-Emile.
Ag. Cleom. Agis et Cléomène.
Cat. ma. Caton le Censeur.
Cat mi. Caton d'Utique.
C. Grac. Caius Gracchus.
Cim. Cimon.
Dion. Dion.
Lyc. Lycurgue.
Pel. Pélopidas.
Pomp. Pompée.
Rom. Romulus.
Sert. Sertorius.
Them. Thémistocle.
Ti. Gr. Tibérius Gracchus.
(2) Œuvres Morales (page et section de page de l'éd. Estienne-Xylander, 1599).
Adv. Col. Contre Colotès.
Amat. Le Livre de l'amour.
Amat. narr. Histoires d'Amour.
Aud. poet. Sur la manière d'étudier les poètes.
Isocr. Vie d'Isocrate (Vie des Dix Orateurs, IV).
Lib. educ. De l'éducation des enfants.
Mus. De la Musique.
Non posse suav. Qu'on ne peut vivre agréablement en suivant Epicure.
Plac. Opinion des philosophes.
Prof. in virt. Des Progrès dans la Vertu.
Qu. conv. Questions de banquet.
Qu. Rom. Questions romaines.
San. tu. Conseils d'hygiène.

Poet. lat. med. Monumenta Germaniae Historica, Antiquitates, Poetae Latini medii aevi.

POL. Polybe, Histoire Romaine.

POLEM. Polémon de Laodicée, Déclamations (n° d'ordre et page de l'éd. Hinck).

POLL. Pollux, Onomasticon (s. v. ou bien : livre et paragraphe de l'éd. Bethe, Lexicographi Graeci, t. IX).

PORPH. Porphyre.
Abst. De l'Abstinence (chapitre et page de l'édition Nauck).
V. Pyth. Vie de Pythagore.

P. PELL. Paulin de Pella, Eucharisticon.

PREISIGKE. Fr. Preisigke (continué par F. Bilabel, etc.).
SB. Sammelbuch griechischer Urkunden aus Ægypten.

Protagoras.
Fr. Fragments dans H. Diels, Die Fragmente der Vorsokratiker, § 74.

PRUD. Prudence.
Cath. Le Livre d'Heures.

Ps. Le Livre des Psaumes (Ancien Testament).

Michel Psellos.
Epit. Discours funéraires (page de l'éd. K. N. Sathas, Bibliotheca Graeca medii aevi, t. V).

[PYTH.] Pseudo-Pythagore.
V. Aur. Les Vers Dorés.

QUINT. Quintilien, Institution oratoire.

REG. Revue des Etudes grecques.

Reg. Règle monastique (au nom des divers auteurs cités).

Reg. Mag. La Règle du Maître (au t. 88 de la P. L.).

Reg. Pach. Règle de saint Pakhôme (éd. A. Boon, Th. Lefort, Pachomiana Latina).

REL. Revue des Etudes latines.

REM. REM. Saint Remy de Reims.
Ep. Lettres (page de l'éd. des Monumenta Germaniae Historica, Epistulae, III, Epistulae merovingici aevi).

RF. Rivista di Filologia e d'Istruzione classica, Turin.

Rhet. Gr. Rhetores Graeci (tome, page et ligne de l'éd. Spengel).
APHT. Aphtonios.
HERM. Hermogène.
MEN. Ménandre.
THEON. Théon d'Alexandrie.

Rhet. Lat. Min. Rhetores Latini Minores, éd. Halm.
GRILL. Grillius.
M. VICT. Marius Victorinus.
PRISC. Priscien.

RIGI. Rivista indo-greco-italica di Filologia, Lingua, Antichità.

ROBERT. L. Robert.
Et. Anat. Etudes Anatoliennes (Etudes Orientales publiées par l'Institut français de Stamboul, t. V), Paris, 1937.

RPGR. S. Reinach, Répertoire de Peintures grecques et romaines.

R. Ph. Revue de Philologie, d'histoire et de littérature anciennes.

RUFIN. Rufin d'Aquilée.
Apol. Apologie.

RÉFÉRENCES

H. E. Histoire Ecclésiastique.

RUT. NAM. Rutilius Namatianus, Poème sur son Retour.

SUET. Suétone.
Aug. Vie d'Auguste.
Caes. Vie de Jules César.
Cal. Vie de C. Caesar.
Dom. Vie de Domitien.
Gram. Des Grammairiens et des Rhéteurs (les chapitres *de Rhetoribus*, considérés quelquefois comme un livre indépendant, sont numérotés à la suite des précédents).
Ner. Vie de Néron.
Ti. Vie de Tibère.
Tit. Vie de Titus.
Vesp. Vie de Vespasien.

SALL.
Cat. Catilina.
Inv. Invectives.

Sap. Sagesse de Salomon (Ancien Testament Grec).

SAPH. Sapho.
Fr. Fragments (n° d'ordre de l'éd. Reinach).

SAWW. Sitzungsberichte der philosophisch-historischen Klasse der Akademie der Wissenschaften, Wien (tome, année, fascicule, page).

SBAW. Sitzungsberichte der bayerischen Akademie der Wissenschaften, Munich.

SCHIAPARELLI. L. Schiaparelli, Codice diplomatico longobardo, Fonti per la Storia d'Italia, vol. 62.

Schol. Scholies (lemme).
AR. Scholies d'Aristophane.
D. THR. Scholies à Denys le Thrace (page de l'éd. Hilgard, Grammatici Graeci, t. III).
HERMOG. Scholies à Hermogène.

SEG. J. Hondius, etc. Supplementum Epigraphicum Graecum.

SEN. (1) Sénèque le Rhéteur.
Contr. Controverses.
Suas. Suasoires.
(2) Sénèque le Philosophe.
Ep. Lettres à Lucilius.
Ir. De la Colère.

SERV. Servius, Commentaire à l'Enéide (lemme).

SEXT. Sextus Empiricus.
M. Contre les Mathématiciens (livre et paragraphe).

SHA. Les Auteurs de l'Histoire Auguste.
Alex. S. Sévère Alexandre.
Ant. Antonin le Pieux.
Elag. Elagabale.
Gord. Les Gordiens.
Hadr. Hadrien.
M. Aur. Marc-Aurèle.
Ver. Lucius Verus.

SID. Sidoine Apollinaire.
Ep. Lettres.

Simplicius.
Coel. Commentaire au De Coelo d'Aristote, page de l'éd. Heiberg (Commentaria in Aristotelem Graeca, t. VIII).

SOCR. Socrate le Scholastique.
H. E. Histoire Ecclésiastique.

Solon.
Fr. Fragments dans Bergck, Poetae Lyrici Graeci.

SOZ. Sozomène.
H. E. Histoire Ecclésiastique.

SPAW. Sitzungsberichte der preussischen Akademie der Wissenschaften, Berlin.

S. SEV. Sulpice Sévère.
V. Mart. Vie de saint Martin de Tours.

STAT. Stace.
Theb. La Thébaïde.

Stat. Eccl. Ant. Statuts de l'Eglise Ancienne, éd. Ch. Munier, Paris 1960.

STEPH. BYZ. Etienne de Byzance, Dictionnaire Géographique.

STOB. Jean de Stobi, Extraits (livre et paragraphe).

STOKES. W. Stokes.
Tr. Life. The Tripartite Life of Patrick, with other documents relating to that saint (Rerum Britannicarum medii aevi Scriptores, t. 89), Londres, 1887.

STRAB. Strabon, Géographie (livre et page de l'éd. Casaubon).

SUID. Suidas, Lexicon (s. v., tome et page, ou : lettre et article de l'éd. Adler, Lexicographi Graeci, I).

SYN. Synésius de Cyrène.
Ep. Lettres (n°).
Regn. De la Royauté (colonne du t. 66 de la P. G.).
Dion (id.).

TAC. Tacite.

RÉFÉRENCES

Agr. Vie d'Agricola.
Ann. Annales.
D. Dialogue des Orateurs.
Hist. Histoires.

Talmud de Babylone (titre du traité et colonne de la 3ᵉ éd. D. Bomberg).

T.AM. Tituli Asiae Minoris.

TAT. Tatien, Apologie.

TEL. Télès (d'ap. extraits de STOB.).

TER. Térence.
Andr. L'Andrienne.

Terpandre.
Fr. Fragments d'après Bergck, Poetae Lyrici Graeci.

TERT. Tertullien.
Apol. Apologeticum.
Idol. De l'Idolâtrie.
Pall. Du Manteau.
Praescr. De l'Argument de prescription.
Spect. Sur les Spectacles.

Test. D. N. J. C. Le Testament de Notre-Seigneur Jésus-Christ.

TH. Théophraste.
Char. Les Caractères.

THC. Thucydide.

THCR. Théocrite, Idylles.

THEM. Thémistios.
Or. Discours (page de l'éd. Harduin).

THEOD. Théodoret.
H. E. Histoire Ecclésiastique.

THEOGN. Théognis, Elégies, dans Bergck, Poetae Lyrici Graeci.

THEON SM. Théon de Smyrne, Des Connaissances mathématiques nécessaires à la lecture de Platon.
Arith. Arithmétique.

TR. P. Trogue-Pompée, Abrégé (par Justin) de l'Histoire Philippique.

TYRT. Tyrtée.
Fr. Fragments, dans Bergck, Poetae Lyrici Graeci.

TZTZ. Jean Tzetzès.
Chil. Chiliades.

UPZ U. Wilcken, Urkunden der Ptolemäerzeit, ältere Funde.

VAL. MAX. Valère-Maxime, Faits et Dits Mémorables.

VARR. Varron.
L. L. De la langue Latine.
R. R. De l'Agriculture.

VEG. Végèce, Résumé de l'Art Militaire.

VIB. SEQ. Vibius Sequester, Noms des fleuves, des sources, etc., cités par les poètes.

VIRG. Virgile.
En. Enéide.
Epigr. Epigrammes de l'Appendix Vergiliana.
G. Géorgiques.

VIRG. GRAM. Virgile le Grammairien.
Epit. Epitomae.

V. Isocr. Vie anonyme d'Isocrate (ligne de l'éd. G. Mathieu, E. Brémond au t. I de leur éd. d'Isocrate).

VITR. Vitruve, de l'Architecture.

V. Patr. Emer. J. N. Garvin, Vitas Sanctorum Patrum Emeritensium, Washington, 1946.

V. SS. merov. Passiones Vitaeque sanctorum merovingici aevi dans Monumenta Germaniae Historica, Scriptores rerum merovingicarum, t. III-V).

A. SS. O. Ben. Mabillon, Acta Sanctorum Ordinis sancti Benedicti.

V. SS. Hib. C. Plummer, Vitae Sanctorum Hiberniae partim hactenus ineditae, Oxford, 1910.

V. Pers. Vie anonyme de Perse (en tête de l'éd. Cartault).

V. Virg. Biographies anciennes de Virgile, éd. Brummer (ligne de chaque biographie).
Bern. Vie des manuscrits de Berne.
DON. Donat.
PHIL. Philargyrius. Vita prima.
SERV. Servius.

WESSELY. C. Wessely.
Stud. Studien zur Palaeographie und Papyruskunde.

WILCKEN. L. Mitteis, U. Wilcken.
Chrest. Grundzüge und Chrestomathie

Il a paru commode d'utiliser pour les références le classement ou la pagination des éditions de base (H. Estienne pour Platon, etc.), mais, bien entendu, le texte suivi est celui de l'édition critique la plus récente ou la meilleure : le lecteur est invité à s'y reporter. Ainsi, bien que Télès soit cité par Stobée, on prendra son texte dans l'éd. Hense, etc.

RÉFÉRENCES

der Papyruskunde, 1ʳᵉ partie, t. II (n° du papyrus et ligne).

WS. Wiener Studien.

XEN. Xénophon.
 Ath. Constitution d'Athènes.
 Conv. Le Banquet.
 Cyn. De la Chasse.
 Lac. Constitution de Sparte.
 Mem. Les Mémorables de Socrate.
 Œc. L'Economique.

Xénophane de Colophon.
 Fr. Fragments dans H. Diels, Die Fragmente der Vorsokratiker, § 21 (11).

ZACH. Zacharie le Scholastique.
 V. Sev. Vie de Sévère d'Antioche, dans Patrologia Orientalis, t. II, fasc. 1.

ZIEBARTH. E. Ziebarth. Aus der antiken Schule, 2ᵉ éd. (dans H. Lietzmann, Kleine Texte für Vorlesungen und Uebungen, n° 65), Leipzig, 1913 : on ne renvoie à ce recueil que pour les seuls documents qui s'y trouvent publiés de première main.

ZON. Zonaras, Abrégé de l'Histoire romaine de Dion Cassius.

Index [1]

Abaque : 237.
Académie : 84, 107, 109, 292, 317.
académies protestantes : 12.
Acadèmos : 111.
Achille : 26-31, 35, 37, 38, 74, 96, 260, 301, 304.
acoustique : 270.
agapè : 60.
agôgè : 52.
agonistique (esprit) : 36, 42, 58, 100, 327, 387.
agronomie : 72.
aitemata : 266.
akmè : 14, 52.
Alcibiade : 53, 80, 86, 99, 202.
Alcidamas : 135, 143.
Alcman : 40, 43, 44, 48, 246.
Alexandre le Grand : 34, 38, 139, 147, 148, 150, 152, 163, 167, 201, 217, 244, 316, 318, 320.
Alexandrie : 169, 247, 283-285, 287, 288, 290, 309, 317.
allégorique (Exégèse—d'Homère) : 34, 106, 254.
alphabet : 227.
ambassadeurs : 293.
analphabétisme : 39, 43, 48, 78, 350, 351.

anthologies : 117, 230, 243, 244.
Antisthène : 86, 98, 104-106, 135, 143.
Aratos : 109, 275.
archiatres : 287.
aretè : 36, 42, 60, 73, 85, 99, 107, 108, 253.
arguments (résumés) : 248, 260.
Aristide : 61, 87.
Aristippe : 104-107, 154, 363.
aristocratique : 62, 63, 109, 147, 159, 164, 166, 167, 180, 198, 207, 218, 328, 330, 387.
Aristote : 37, 41, 74, 84, 91, 92, 98, 111, 112, 131, 132, 143, 147, 153, 154, 157-159, 161, 197, 202, 203, 209-212, 217, 275, 284, 292, 295, 308, 310, 314, 315, 318.
arithmétique : 119, 235, 236, 263, 269, 405.
arithmologie : 268.
arithmos : 268.
Artémis Orthia : 40, 44, 50, 53.
arts libéraux, voir : enkuklios paideia.
asianisme : 318.
astrologie : 272.
astronomie : 121, 263, 271.
Athènes : 32, 33, 39, 46, 52, 53, 61,

---

1. Lorsqu'un développement s'étend sur plusieurs pages consécutives, la première seule est indiquée ; les notes s'entendent normalement appelées en même temps que le texte correspondant. On rétablira le mot *Éducation* devant les adjectifs.

INDEX

69-73, 78, 85, 86, 88, 94, 97, 101, 107, 112, 123, 125, 130, 131, 136, 138, 163, 165, 166, 167, 169, 170, 173, 178, 180, 182, 183, 198, 202, 204-209, 263, 272, 278, 282, 285, 296, 300, 302, 304, 309, 316-318, 320.
athlétisme : 29, 43, 49, 51, 62, 65, 71, 72, 75, 115, 181.
atticisme : 251, 300, 319.
Augustin (saint) : 124, 226, 308.
aulos : 49, 62, 90, 202.
auteurs classiques : 230, 243, 245.
avocat, voir : barreau.

Balles (jeux de) : 29, 47, 181.
banquet : 28, 61, 62, 76, 102.
Barbares : 14, 56, 153.
barreau : 91, 286.
Barrès : 45, 51, 52.
Basile (saint) : 199, 253, 304, 320.
Baudelaire : 65.
berceuses : 216.
Beyrouth : 321.
bibliothèques : 281, 284, 402.
bienfaiteur, voir : évergète.
bonheur : 155, 312.
bouagos : 352.
boxe : 186, 347.
brimades : 320.
brutalité : 18, 50, 53, 186, 192, 237.
Burckhardt : 36, 80.
byzantine : 14, 335.

Cahiers : 231.
calcul : 118, 237, 287.
Callinos d'Éphèse : 69, 350.
canons d'auteurs classiques : 243, 300, 310.
caractère (formation du) : 49, 62, 328.
chaire : 219.
chant : 29, 43, 49, 51, 116, 204.
Charondas (loi scolaire de) : 171.
chasse : 49, 72, 115.
châtiments corporels : 18, 50, 234, 237.

cheval : 72, 77, 115, 180.
Chilon : 45, 77.
Chine : 64.
Chiron : 30, 74.
chœurs : 167, 204, 212.
chorège : 204.
christianisme : 199.
Chrysippe : 215, 217, 238, 247, 255, 264.
Chrysostome (saint Jean) : 387.
Chypre : 20, 21.
Cicéron : 127, 152, 308, 317, 319.
cité antique : 41, 44, 50, 125, 150, 153, 334.
civilisation : 153.
civilité puérile : 215, 217.
classicisme : 118, 147, 243, 260, 295, 306, 310, 323.
Claudien Mamert : 313.
club : 60, 63, 76.
codex : 231.
Codrides : 28.
comparaison : 258.
complexe de culture : 258.
comput digital : 235.
concours : 29, 42, 116, 120, 175, 178, 198, 282, 289, 293.
conférences : 88, 93, 101, 129, 279, 281, 285, 293, 309, 311.
confréries philosophiques : 65, 84, 111, 131, 308.
conisterium : 196.
conseiller aulique : 109, 292, 312.
Constantinople : 309, 320.
controverse (rhétorique) : 303.
conversion : 307.
Coptes : 168.
cosmète : 169.
cosmopolitisme : 106, 151.
course à pied : 181.
course en armes : 182, 378.
courtoisie : 29.
Crète : 20, 39, 56, 57, 159, 349.
critique littéraire : 253.
culture : 151, 152, 294, 342.
culture générale : 264, 291, 326, 331.

432

INDEX

cursus des études: 122, 157, 407.

Danse: 28, 43, 51, 76, 116, 205-207, 212.
déclamations (rhétorique): 302.
déclinaison: 257, 261.
délicatesse à l'égard des enfants: 234.
Démétrios de Phalère: 282, 284, 302, 303, 317, 401.
démocratie: 32, 74, 85.
Démosthène: 77, 137, 246, 261, 282, 293, 298.
Denys le Thrace: 248, 249, 252, 255-257, 265, 319.
Derkylos: 375.
dessin: 201.
diadokhè: 308.
dialectique: 90, 105, 111, 124, 133.
diamastigôsis: 53, 353.
diatribe: 309.
didaskalos: 78, 218.
Diogène: 234, 260, 313.
Diogénéion: 174, 208, 263.
diorthôsis: 248.
disque (lancer du): 183.
Doriens: 40, 56.
doxa: 141.
doxographie: 310.
droit: 286.
dromos: 196, 386.

École: 61, 73, 78, 147, 215, 294.
écriture: 78, 233.
écuyer: 28, 58.
effectifs scolaires: 225, 376, 402.
Égypte: 16, 119, 149, 157, 160, 167, 169, 199, 245, 260, 277.
elaeothesium: 196.
éloge (rhétorique): 93, 129, 296, 305.
éloquence, voir: oratoire.
embrocation: 191.
encre: 232.
encyclopédie: 264.
enfance (petite): 46, 61, 157.
enkuklios paideia: 264, 265, 273, 314, 331.

ephebeum: 194, 279.
éphébie: 70, 161, 177, 198, 279, 238, 358.
epideiktikos: 129.
epideixis: 88, 93, 292.
éponge: 232.
éristique: 105, 289, 312.
Éros: 60, 66, 311.
érudition: 253, 310.
esclaves: 158.
escrime: 49, 71, 79, 85.
ésotérisme: 64.
État: 46, 77, 115, 159, 171.
état de cause (rhétorique): 302.
éthique opposée à technique: 33, 105.
éthos (musique): 211.
étrille: 192.
étudiants: 320.
eugénisme: 46, 53.
eunomia: 77.
Eustathe de Thessalonique: 33, 35.
évergète: 160, 171, 381.
exégèsis: 252.
exemple: 38, 74, 253.
exemption fiscale: 221.
exercices (gymnastique): 189.
exercices de rédaction, voir: progymnasmata.
explication de textes: 248, 250, 310.
exploit: 38.

Fable: 231, 258.
faculté de médecine: 289.
familiale: 61, 215, 222.
fasciste: 47, 51, 52.
Fayoûm: 153, 177, 218, 277.
féminine: 29, 43, 51, 53, 57, 61, 113, 114, 158, 179, 206, 216, 308, 329, 351, 391, 414.
fêtes: 44, 116, 174, 204, 224, 293.
fondations: 174.
frein de langue, voir: khalinoi.
frictions (gymnastique): 191, 196.
funèbre (oraison): 91, 296.

Galien: 180, 190, 192, 273, 287, 289, 291, 310, 315, 330.

INDEX

généalogie : 252.
générale : 326.
géodésie : 267.
géométrie : 119, 263, 265, 405.
gloire : 36, 37.
glossai : 251.
glossematikon : 250.
Gluck : 44.
Gorgias : 86, 89, 92-94, 97, 104, 131, 133, 313.
grammaire : 96, 135, 242, 255, 274.
grammatikos : 78, 218, 241, 242, 280.
Grégoire de Nazianze (saint) : 154, 200, 304, 320.
gymnase : 61, 73, 75, 115, 160, 187, 193, 279, 386.
gymnasiarque : 169, 174, 178, 281.
gymnasiarque des médecins : 288.
gymnastique : 115, 123, 132, 165, 177, 200, 224, 282, 326.
gymnastique « suédoise » : 190, 197.
gymnopédies : 53.
gynéconome : 171.

Haendel : 44.
haltères : 183.
hellénisme (chez Julien) : 331.
hellénistique : 14, 67, 113, 145.
hellenistisch-römische Kultur : 148.
hermès (dans les gymnases) : 387.
Hérode Atticus : 162, 227, 317.
héroïsation : 38, 155, 383.
Hésiode : 26, 33, 37, 38, 77, 132, 245.
Hippias : 86, 88, 93-95, 97, 100, 110, 120, 263, 277.
historiae, historiacè, historikon : 251.
historiens : 132, 246, 252.
hockey : 181.
Homère : 15, 25, 26, 28-38, 42, 56, 58, 72, 77, 84, 96, 117, 118, 230, 244-247, 250, 252, 254, 273, 275, 280, 281, 304, 332, 333.
honneurs rendus aux professeurs : 221, 293.
hoplites : 41, 46, 70.

hoplomachie : 71.
horaire des classes : 223.
huile pour massages : 191.
humanisme : 97, 138, 151, 313, 323.
humanitas : 152, 325.
hygiène : 115, 179, 181, 187, 191, 281, 383.
hypodidaskalos : 219.

Idées générales : 94, 138, 139, 301, 314.
immortalité : 155.
immunités, voir : exemption fiscale.
impiété : 111.
individu : 151.
infibulatio : 385.
instruction publique, voir : État.
invention (rhétorique) : 93, 296.
invraisemblables (sujets) : 303.
Iphicrate : 46.
Islâm : 15, 64.
Isocrate : 13, 17, 71, 87, 103, 104, 127-143, 152, 158, 260, 263, 273, 291, 294, 299, 313, 314, 332.

Jäger (W.) : 42, 51, 340, 345, 348, 367, 370, 414.
javelot : 184.
jazz-hot : 299.
Jésuites : 12.
jeux (amusements) : 216.
jeux, voir : concours.
juive : 15, 56, 177.
Julien l'Apostat : 315, 331.

Kalokagathia : 79.
khalinoi : 229.
kheironomia : 299.
khreia : 234, 257, 260.
kitharismos : 203.
kitharistès : 76, 78, 203.
kitharôdia : 204.
kôrukôs : 189, 196.
kouroi : 27, 28.
kritikos : 242.
kunodesmè : 385.

INDEX

Laconisme: 48.
La Fontaine: 32, 118.
lecture: 226, 249.
lecture à haute voix: 130, 231, 293.
législation scolaire, voir: État.
Lesbos: 65, 67.
lettres mobiles: 228.
lieux communs: 94, 139, 296.
littéraire: 117, 134, 147, 214, 274.
liturgie: 174, 381.
livre: 231.
locaux scolaires: 18, 78, 81, 112, 131, 194, 219.
logos: 90, 130, 139, 331.
loisirs: 71, 164, 166, 283.
lutte: 185.
lyre: 29, 30, 49, 76, 202.

Macchabées: 56, 177.
machiavélisme: 50.
magistratures: 47, 169.
Marseille: 166, 177, 244, 283, 401, 418.
message, voir: frictions.
mathématiques: 95, 105, 118, 133, 203, 263, 280, 331.
médecine: 83, 115, 177, 190, 280, 285, 287, 318, 330.
meletè: 302.
Ménandre: 154, 234, 246, 259, 282, 303.
mépris pour la fonction enseignante: 219, 221.
mercantile: 63, 87, 104, 131, 329.
mésopotamienne: 16.
métrique (grammaire): 257.
métrique (mathématiques): 236, 267.
militaire: 41, 45, 48, 59, 69, 70, 165, 167, 281.
minoenne: 19.
mnémotechnique: 95.
môa de Sparte: 238.
monastiques (écoles): 62.
mondaine: 62, 76, 101, 166.
monostiques (sentences): 231, 234.

morale: 31, 33, 49, 62, 79, 177, 253, 254, 283, 328.
mots isolés (lectures): 228.
mot à mot: 250.
Müller (K.O.): 40, 51.
municipale: 153, 171.
Musée: 158, 247, 284-286, 317.
Muses: 155, 219.
musique (art): 29, 43, 48, 51, 75, 202, 208, 209.
musique (mathématiques): 203, 270.
mycénienne: 19.
mythologie: 252.

Naples: 204.
narration: 259.
natation: 180.
Nietzsche: 35, 80, 359, 414.
nombre: 268.
nome (musique): 211.
nourrices: 47, 215.
nudité: 43, 80, 190.
numération: 235.

Obligation scolaire: 175, 206, 374, 380.
oliganthropie: 53.
onomastikon: 250.
onomastique: 252.
opérations arithmétiques: 119, 236.
oratoire (art): 133.
oratoire (culture, opposée à la culture philosophique): 103, 114, 139, 142, 304, 313, 327.
orgueil: 37.
osselets: 181, 216.
ostracisme: 78.

Paideia: 152-154, 215, 238, 294, 325.
paidonomia: 47, 374.
palestre: 75, 185, 193, 386.
pancrace: 186.
panèguris: 88.
papyrus: 149, 226, 232, 245, 401.
paradeigma, voir: exemple.
Parain (B.): 140.

INDEX

parole, voir : logos, oratoire (art).
parties du discours : 256.
Pascal : 140.
paternité spirituelle : 60, 222.
Paulhan (J.) : 140.
paysanne : 72.
pédagogue : 128, 217, 222.
pédérastie : 55, 158, 217, 311, 329, 352, 354.
pédonome : 170.
pédotribe : 75, 78, 165, 187.
Péguy : 81.
pentathlon : 185, 190.
Pergame : 67, 170, 172, 243, 247, 279, 280, 287, 289, 317-319.
personnaliste, personnelle : 105, 106, 126, 151, 312, 342.
philologos : 242, 247.
Philon de Larissa : 315.
philosophique : 34, 83, 106, 125, 127, 132, 133, 264, 280, 307, 405.
philosophique (culture), voir : oratoire.
pic (gymnastique) : 185, 187, 189, 191.
Pindare : 73, 93, 99, 101, 246, 273.
Platon : 13, 32, 33, 37, 40, 59-61, 64, 66, 71, 75, 76, 79-81, 84-88, 91, 93-95, 96, 98, 99, 102-125, 127-129, 131-136, 140-143, 153-155, 158, 210, 211, 216, 243, 255, 267, 273, 277, 284, 291, 292, 308, 310-314, 320, 327, 331, 332.
plectre : 203.
plume : 232.
poésie : 76, 96, 117, 230, 254.
Polémon : 64, 304, 305, 307, 308.
politique : 84, 89, 107, 108, 130, 135, 139, 166, 167, 293, 304, 312.
Polybe : 207.
polymathie : 94.
ponctuation : 249.
Poseidonios : 314.
poussière (gymnastique) : 191.
préparation, voir : mot à mot.
primaire : 218, 226.

princière : 109, 217.
privée : 173.
problèmes (mathématiques) : 119.
processions : 44, 167, 175, 204.
Prodicos : 86, 95-97, 131.
professionnel (sport) : 179, 197.
professionnels (musiciens) : 207, 212, 389.
progymnasmata : 258, 296, 301, 314.
prokatharsia : 274.
propédeutique : 264.
propulseur : 184.
prose d'art : 251.
prosodie : 257.
Protagoras : 48, 86-92, 95-97, 101, 105, 111, 131, 255.
protreptikos : 308, 409.
Proverbes (Livre des) : 16.
psalmos : 203.
punching-bag : 189, 196.
pyrrhique : 207.
Pyrrhus : 38.
pythagorisme : 65, 84, 270.
Pythaïde : 205.

Quadriuium : 95, 265.
Quintilien : 74, 248.

Racisme : 40, 56, 138.
recherche scientifique : 97, 283.
récitation scientifique : 97, 283.
récitation scolaire : 249.
récitations publiques : 294.
régates : 180.
règle en équerre : 233.
religieuse : 34, 44, 167, 204, 224.
religion de la culture : 154.
renaissance(s) : 128, 324.
résumés (grammaire) : 248.
rhéteurs : 241, 280, 295.
rhétorique : 91, 133, 291.
Rhodes : 241, 247, 255.
romantisme : 261.
Rome : 56, 148, 159, 165, 309, 336.
Rome, Haut-Empire : 54, 151, 160, 171.

INDEX

Rome, Bas-Empire : 159, 171, 246, 334.
Rousseau : 118, 325.
royaumes hellénistiques : 150, 159.

Sages (les Sept) : 401.
sagesse : 19, 30, 65, 74, 84, 104, 125, 253, 254, 311, 312, 314.
salaire des maîtres : 87, 131, 187, 220.
saut : 183.
science : 97, 141.
scoutisme : 47.
scribes : 39, 69, 78, 147.
scriptio continua : 230, 251.
secondaire (enseignement) : 122, 158, 264, 273, 277, 401.
secte, voir : confréries.
semaine : 223.
séminaire : 134.
sentence : 234, 263.
sévérité, voir : châtiments corporels.
Sidoine Apollinaire : 313.
skolarkhès : 308.
skolion : 77.
Socrate : 57, 60, 61, 64, 69-71, 79-81, 86, 88, 98, 107.
Socratiques (Petits) : 98, 104.
Solon (loi scolaire de) : 375.
sophistès : 241, 295.
Sophistique (Première) : 84, 98, 104.
Sophistique (Seconde) : 300, 313, 317, 327.
sôphronistai : 169.
sorcières (histoires de) : 216.
Sparte : 30, 33, 39-54, 55, 56, 62, 69, 77, 99, 100, 103-105, 107, 110, 111, 113, 114, 135, 159, 166, 178, 207, 209, 238, 313, 382.
Splengler : 348.
stadion : 182, 196.
stoïcisme : 105, 109, 247, 315.
stoikhèdon : 232.
stoikheia : 227.
suasoires : 303.
supérieur (enseignement) : 279.

surcharge des programmes : 242.
syllabaire : 228.
syntaxe : 257.

Tables iliaques : 248.
tableau « noir » : 225.
tablettes à écrire : 219, 231.
technicité : 330, 333, 392.
technique (enseignement) : 286.
technique (grammaire) : 255.
technites : 205, 209.
tekhnè : 32, 92, 105, 134, 255, 288, 295.
Terpandre : 43, 48, 52, 203.
Tertullien : 200.
thébaine : 57.
Théognis : 62, 63, 74, 76, 77, 99.
Theologoumena arithmetica : 270.
Theopolis : 153.
thermes : 73, 194.
thèse (rhétorique) : 301, 314.
totalitaire, voir : cité antique.
tradition : 333.
triuium : 265.
tyrannie : 59.
Tyrtée : 40-44, 48, 68, 73, 77, 108, 252.

Ulysse : 28, 30, 35, 91, 97, 254.
université : 314, 320.

Vacances : 176, 221, 224.
valeur, voir : aretè.
Verlaine : 57.
virilité : 60.
virtù : 36.

Westphal : 271.

Xénophane : 73, 108.
Xénophon : 30, 34, 40, 46, 55, 60, 71, 72, 93, 98, 100, 102, 158, 246.
xyste : 197, 387.

Zôgraphos : 201.

Table du tome I

Préface à la sixième édition 9

Introduction 11
Éducation antique, éducation moderne. — La courbe de son évolution. — Du noble guerrier au scribe. — L'éducation du scribe oriental — Scribes minoens et mycéniens.

I. ORIGINES DE L'ÉDUCATION CLASSIQUE : D'HOMÈRE A ISOCRATE

I. L'éducation homérique 25
Interprétation historique d'Homère. — Chevalerie homérique. — La culture chevaleresque. — Chiron et Phoinix. — Survivances chevaleresques. — Homère, éducateur de la Grèce. — L'éthique homérique. — L'imitation du héros.

II. L'éducation spartiate 39
Culture archaïque de Sparte. — Militaire et civique, — sportive, — et musicale. — Le grand refus. — Éducation d'État. — Instruction pré-militaire. — Une morale totalitaire. — L'éducation des filles. — Le mirage spartiate. — Illusions perdues.

III. De la pédérastie comme éducation 55
L'amour grec, camaraderie guerrière. — La morale pédérastique. — L'amour viril, méthode de pédagogie. — L'éducation noble au vi^e siècle. — Ses survivances : rapports de maître à élève. — Sapho éducatrice.

IV. L'ancienne éducation athénienne 69
N'est plus militaire. — Démocratisation de la tradition aristocratique. — Apparition de l'école. — Éducation physique. — Éducation musicale. — Éducation par la poésie. — Éducation littéraire. — L'idéal de la ΚΑΛΟΚΑΓΑΘΙΑ.

V. L'apport novateur de la première sophistique...... 83
Premières écoles de médecine. — et de philosophie. — Le nouvel idéal politique. — Les sophistes comme éducateurs. — Le métier

de professeur. — La technique politique. — La dialectique. — La rhétorique. — La culture générale. — L'humanisme des Sophistes. — La réaction socratique. — L'intelligence contre le sport.

VI. Les maîtres de la tradition classique : 1. Platon.... 103

Les petits Socratiques. — Carrière et idéal politiques de Platon. — La recherche de la vérité. — Organisation de l'Académie. — Utopie et anticipations. — Éducation élémentaire traditionnelle. — Rôle des mathématiques. — Le cycle des études philosophiques. — Grandeur et solitude du philosophe.

VII. Les maîtres de la tradition classique : 2. Isocrate.. 127

Carrière d'Isocrate. — L'enseignement secondaire. — L'enseignement de la rhétorique. — Sa valeur éducative. — L'humanisme d'Isocrate. — Isocrate contre Platon. — Esprit de finesse et esprit géométrique. — Les deux colonnes du temple.

II. TABLEAU DE L'ÉDUCATION CLASSIQUE A L'ÉPOQUE HELLÉNISTIQUE

I. La civilisation de la « Paideia »................. 147

L'état de la question. — L'éducation au centre de la civilisation hellénistique. — La religion de la culture.

II. Les institutions éducatives 157

L'instruction publique. — Elle est chose municipale. — L'éphébie attique. — Son évolution à l'époque hellénistique. — L'éphébie hors d'Athènes. — Les magistratures éphébiques. — Pas d'écoles d'État. — Fondations scolaires. — Écoles privées. — Liturgies et fondations d'entretien. — Les jeux et les fêtes, sanction officielle.

III. L'éducation physique 177

Éducation physique et sport. — Course à pied. — Saut en longueur. — Lancement du disque. — Lancement du javelot. — La lutte. — La boxe. — Le pancrace. — L'enseignement de la gymnastique. — Exercices d'assouplissement. — Les soins du corps. — Gymnases et palestres. — Le déclin de la gymnastique.

IV. L'éducation artistique........................ 201

Le dessin. — Musique instrumentale : la lyre. — Le chant accompagné et choral. — La danse. — Recul de la musique dans la culture et l'éducation.

V. L'école primaire............................. 215

Pas d'école maternelle. — Le gouverneur ou pédagogue. — Diffusion de l'école primaire. — Les locaux scolaires. — Condition du maître. — École et éducation. — Horaire des classes. — Calendrier scolaire.

VI.	L'instruction primaire	227

La lecture. — L'alphabet. — Les syllabes. — Les mots. — Textes et anthologies. — La récitation. — Livres, cahiers et tablettes. — L'écriture. — Le comput. — Pédagogie sommaire et brutale.

VII.	Les études littéraires secondaires	241

Les classiques. — Homère. — Les autres classiques. — Philologie savante et enseignement. — Plan et méthode de l'étude des auteurs. — Lecture et récitation. — L'explication du texte. — Portée morale de l'étude. — La science grammaticale. — Exercices pratiques de rédaction.

VIII.	Les études scientifiques	263

Enseignement des mathématiques. — L'idéal de l'ΕΓΚΥΚΛΙΟΣ ΠΑΙΔΕΙΑ. — La géométrie. — L'arithmétique. — La musique. — L'astronomie. — Recul de l'étude des sciences. — Aratos et l'étude littéraire de l'astronomie.

IX.	L'enseignement supérieur : 1. Formes mineures ...	279

La culture générale de l'éphèbe. — Le Musée et le haut enseignement scientifique. — Pas de véritable enseignement technique. — L'enseignement de la médecine.

X.	L'enseignement supérieur : 2. La rhétorique	291

L'enseignement-roi : la rhétorique. — La pratique de la rhétorique.

XI.	L'enseignement supérieur : 3. La philosophie	307

La conversion à la philosophie. — L'enseignement philosophique. — Rivalité entre philosophes et rhéteurs. — Géographie historique des écoles hellénistiques

Conclusion : L'humanisme classique 323

Histoire et valeur — L'homme contre l'enfant. — L'homme tout entier. — Primat de la morale. — L'homme en tant que tel. — L'homme contre le technicien. — Humanisme littéraire et non scientifique. — Valeur de la tradition. — Polyvalence indifférenciée. — Au-delà de l'humanisme.

Notes complémentaires 337

Références 419

Index 431

COMPOSITION : MAME IMPRIMEURS À TOURS
IMPRESSION : IMPRIMERIE HÉRISSEY À ÉVREUX (3-91)
DÉPÔT LÉGAL : 4ᵉ TRIM. 1981. Nº 6014-3 (54231)

Collection Points

SÉRIE HISTOIRE

H1. Histoire d'une démocratie : Athènes
Des origines à la conquête macédonienne
par Claude Mossé
H2. Histoire de la pensée européenne
1. L'éveil intellectuel de l'Europe du IXe au XIIe siècle
par Philippe Wolff
H3. Histoire des populations françaises et de leurs attitudes
devant la vie depuis le XVIIIe siècle
par Philippe Ariès
H4. Venise, portrait historique d'une cité
par Philippe Braunstein et Robert Delort
H5. Les Troubadours, *par Henri-Irénée Marrou*
H6. La Révolution industrielle (1770-1880)
par Jean-Pierre Rioux
H7. Histoire de la pensée européenne
4. Le siècle des Lumières, *par Norman Hampson*
H8. Histoire de la pensée européenne
3. Des humanistes aux hommes de science
par Robert Mandrou
H9. Histoire du Japon et des Japonais
1. Des origines à 1945, *par Edwin O. Reischauer*
H10. Histoire du Japon et des Japonais
2. De 1945 à 1970, *par Edwin O. Reischauer*
H11. Les Causes de la Première Guerre mondiale
par Jacques Droz
H12. Introduction à l'histoire de notre temps
L'Ancien Régime et la Révolution
par René Rémond
H13. Introduction à l'histoire de notre temps
Le XIXe siècle, *par René Rémond*
H14. Introduction à l'histoire de notre temps
Le XXe siècle, *par René Rémond*
H15. Photographie et Société, *par Gisèle Freund*
H16. La France de Vichy (1940-1944)
par Robert O. Paxton
H17. Société et Civilisation russes au XIXe siècle
par Constantin de Grunwald
H18. La Tragédie de Cronstadt (1921)
par Paul Avrich

H19.	La Révolution industrielle du Moyen Age *par Jean Gimpel*
H20.	L'Enfant et la Vie familiale sous l'Ancien Régime *par Philippe Ariès*
H21.	De la connaissance historique *par Henri-Irénée Marrou*
H22.	André Malraux, une vie dans le siècle *par Jean Lacouture*
H23.	Le Rapport Krouchtchev et son histoire *par Branko Lazitch*
H24	Le Mouvement paysan chinois (1840-1949) *par Jean Chesneaux*
H25.	Les Misérables dans l'Occident médiéval *par Jean-Louis Goglin*
H26.	La Gauche en France depuis 1900 *par Jean Touchard*
H27.	Histoire de l'Italie du Risorgimento à nos jours *par Sergio Romano*
H28.	Genèse médiévale de la France moderne, XIVe-XVe siècle *par Michel Mollat*
H29.	Décadence romaine ou Antiquité tardive, IIIe-VIe siècle *par Henri-Irénée Marrou*
H30.	Carthage ou l'Empire de la mer *par François Decret*
H31.	Essais sur l'histoire de la mort en Occident du Moyen Age à nos jours, *par Philippe Ariès*
H32.	Le Gaullisme (1940-1969), *par Jean Touchard*
H33.	Grenadou, paysan français *par Ephraïm Grenadou et Alain Prévost*
H34.	Piété baroque et Déchristianisation en Provence au XVIIIe siècle, *par Michel Vovelle*
H35.	Histoire générale de l'Empire romain 1. Le Haut-Empire, *par Paul Petit*
H36.	Histoire générale de l'Empire romain 2. La crise de l'Empire, *par Paul Petit*
H37.	Histoire générale de l'Empire romain 3. Le Bas-Empire, *par Paul Petit*
H38.	Pour en finir avec le Moyen Age *par Régine Pernoud*
H39.	La Question nazie, *par Pierre Ayçoberry*
H40.	Comment on écrit l'histoire, *par Paul Veyne*
H41.	Les Sans-culottes, *par Albert Soboul*
H42.	Léon Blum, *par Jean Lacouture*
H43.	Les Collaborateurs (1940-1945), *par Pascal Ory*

- H44. Le Fascisme italien (1919-1945)
  par Pierre Milza et Serge Berstein
- H45. Comprendre la révolution russe, *par Martin Malia*
- H46. Histoire de la pensée européenne
  6. L'ère des masses, *par Michaël D. Biddiss*
- H47. Naissance de la famille moderne
  par Edward Shorter
- H48. Mythe de la procréation à l'âge baroque
  par Pierre Darmon
- H49. Histoire de la bourgeoisie en France
  1. Des origines aux temps modernes, *par Régine Pernoud*
- H50. Histoire de la bourgeoisie en France
  2. Les temps modernes, *par Régine Pernoud*
- H51. Histoire des passions françaises (1848-1945)
  1. Ambition et amour, *par Theodore Zeldin*
- H52. Histoire des passions françaises (1848-1945)
  2. Orgueil et intelligence, *par Theodore Zeldin* (épuisé)
- H53. Histoire des passions françaises (1848-1945)
  3. Goût et corruption, *par Theodore Zeldin*
- H54. Histoire des passions françaises (1848-1945)
  4. Colère et politique, *par Theodore Zeldin*
- H55. Histoire des passions françaises (1848-1945)
  5. Anxiété et hypocrisie, *par Theodore Zeldin*
- H56. Histoire de l'éducation dans l'Antiquité
  1. Le monde grec, *par Henri-Irénée Marrou*
- H57. Histoire de l'éducation dans l'Antiquité
  2. Le monde romain, *par Henri-Irénée Marrou*
- H58. La Faillite du Cartel, 1924-1926
  (Leçon d'histoire pour une gauche au pouvoir)
  par Jean-Noël Jeanneney
- H59. Les Porteurs de valises
  par Hervé Hamon et Patrick Rotman
- H60. Histoire de la guerre d'Algérie, 1954-1962
  par Bernard Droz et Évelyne Lever
- H61. Les Occidentaux, *par Alfred Grosser*
- H62. La Vie au Moyen Age, *par Robert Delort*
- H63. Politique étrangère de la France (La Décadence, 1932-1939)
  par Jean-Baptiste Duroselle
- H64. Histoire de la guerre froide
  1. De la révolution d'Octobre à la guerre de Corée, 1917-1950
  par André Fontaine
- H65. Histoire de la guerre froide
  2. De la guerre de Corée à la crise des alliances, 1950-1963
  par André Fontaine

H66.	Les Incas, *par Alfred Métraux*
H67.	Les Écoles historiques, *par Guy Bourdé et Hervé Martin*
H68.	Le Nationalisme français, 1871-1914, *par Raoul Girardet*
H69.	La Droite révolutionnaire, 1885-1914, *par Zeev Sternhell*
H70.	L'Argent caché, *par Jean-Noël Jeanneney*
H71.	Histoire économique de la France du XVIIIe siècle à nos jours 1. De l'Ancien Régime à la Première Guerre mondiale *par Jean-Charles Asselain*
H72.	Histoire économique de la France du XVIIIe siècle à nos jours 2. De 1919 à la fin des années 1970 *par Jean-Charles Asselain*
H73.	La Vie politique sous la IIIe République, *par Jean-Marie Mayeur*
H74.	La Grèce archaïque d'Homère à Eschyle, *par Claude Mossé*
H75.	Histoire de la « détente », 1962-1981 *par André Fontaine*
H76.	Études sur la France de 1939 à nos jours *par la revue « L'Histoire »*
H77.	L'Afrique au XXe siècle, *par Elikia M'Bokolo*
H78.	Les Intellectuels au Moyen Age, *par Jacques Le Goff*
H79.	Fernand Pelloutier, *par Jacques Julliard*
H80.	L'Église des premiers temps, *par Jean Daniélou*
H81.	L'Église de l'Antiquité tardive *par Henri-Irénée Marrou*
H82.	L'Homme devant la mort 1. Le temps des gisants, *par Philippe Ariès*
H83.	L'Homme devant la mort 2. La mort ensauvagée, *par Philippe Ariès*
H84.	Le Tribunal de l'impuissance, *par Pierre Darmon*
H85.	Histoire générale du XXe siècle 1. Jusqu'en 1949. Déclins européens *par Bernard Droz et Anthony Rowley*
H86.	Histoire générale du XXe siècle 2. Jusqu'en 1949. La naissance du monde contemporain *par Bernard Droz et Anthony Rowley*
H87.	La Grèce ancienne, *par la revue « L'Histoire »*
H88.	Les Ouvriers dans la société française *par Gérard Noiriel*
H89.	Les Américains de 1607 à nos jours 1. Naissance et essor des États-Unis, 1607 à 1945 *par André Kaspi*
H90.	Les Américains de 1607 à nos jours 2. Les États-Unis de 1945 à nos jours, *par André Kaspi*
H91.	Le Sexe et l'Occident, *par Jean-Louis Flandrin*
H92.	Le Propre et le Sale, *par Georges Vigarello*

- H93. La Guerre d'Indochine, 1945-1954
  par Jacques Dalloz
- H94. L'Édit de Nantes et sa révocation
  par Janine Garrisson
- H95. Les Chambres à gaz, secret d'État
  par Eugen Kogon, Hermann Langbein et Adalbert Rückerl
- H96. Histoire générale du XXe siècle
  3. Depuis 1950. Expansion et indépendance (1950-1973)
  par Bernard Droz et Anthony Rowley
- H97. La Fièvre hexagonale, 1871-1968, *par Michel Winock*
- H98. La Révolution en questions, *par Jacques Solé*
- H99. Les Byzantins, *par Alain Ducellier*
- H100. Les Croisades, *par la revue « L'Histoire »*
- H101. La Chute de la monarchie (1787-1792)
  par Michel Vovelle
- H102. La République jacobine (10 août 1792 - 9 Thermidor an II)
  par Marc Bouloiseau
- H103. La République bourgeoise (de Thermidor à Brumaire, 1794-1799)
  par Denis Woronoff
- H104. La France napoléonienne (1799-1815)
  1. Aspects intérieurs, *par Louis Bergeron*
- H105. La France napoléonienne (1799-1815)
  2. Aspects extérieurs, *par Roger Dufraisse* (à paraître)
- H106. La France des notables (1815-1848)
  1. L'évolution générale, *par André Jardin et André-Jean Tudesq*
- H107. La France des notables (1815-1848)
  2. La vie de la nation, *par André Jardin et André-Jean Tudesq*
- H108. 1848 ou l'Apprentissage de la république (1848-1852)
  par Maurice Agulhon
- H109. De la fête impériale au mur des Fédérés (1852-1871)
  par Alain Plessis
- H110. Les Débuts de la Troisième République (1871-1898)
  par Jean-Marie Mayeur
- H111. La République radicale ? (1898-1914)
  par Madeleine Rebérioux
- H112. Victoire et Frustrations (1914-1929)
  par Jean-Jacques Becker et Serge Berstein
- H113. La Crise des années 30 (1929-1938)
  par Dominique Borne et Henri Dubief
- H114. De Munich et à Libération (1938-1944)
  par Jean-Pierre Azéma
- H115. La France de la Quatrième République (1944-1958)
  1. L'ardeur et la nécessité (1944-1952)
  par Jean-Pierre Rioux

H116.	La France de la Quatrième République (1944-1958) 2. L'expansion et l'impuissance (1952-1958) *par Jean-Pierre Rioux*
H117.	La France de l'expansion (1958-1974) 1. La République gaullienne (1958-1969), *par Serge Berstein*
H118.	La France de l'expansion (1958-1974) 2. Croissance et crise (1969-1974) *par Serge Berstein et Jean-Pierre Rioux* (à paraître)
H119.	La France de 1974 à nos jours *par Jean-Jacques Becker* (à paraître)
H120.	Le XXe Siècle français, documents (à paraître)
H121.	Les Paysans dans la société française *par Annie Moulin*
H122.	Portrait historique de Christophe Colomb *par Marianne Mahn-Lot*
H123.	Vie et Mort de l'ordre du Temple, *par Alain Demurger*
H124.	La Guerre d'Espagne, *par Guy Hermet*
H125.	Histoire de France, *sous la direction de Jean Carpentier et François Lebrun*
H126.	Empire colonial et Capitalisme français *par Jacques Marseille*
H127.	Genèse culturelle de l'Europe (Ve-VIIIe siècle) *par Michel Banniard*
H128.	Les Années trente, *par la revue « L'Histoire »*
H129.	Mythes et Mythologies politiques, *par Raoul Girardet*
H130.	La France de l'an Mil, *collectif*
H131.	Nationalisme, Antisémitisme et Fascisme en France *par Michel Winock*
H132.	De Gaulle 1. Le rebelle (1890-1944) *par Jean Lacouture*
H133.	De Gaulle 2. Le politique (1944-1959) *par Jean Lacouture*
H134.	De Gaulle 3. Le souverain (1959-1970) *par Jean Lacouture*
H135.	Le Syndrome de Vichy, *par Henri Rousso*
H136.	Chronique des années soixante, *par Michel Winock*
H137.	La Société anglaise, *par François Bédarida*
H138.	L'Abime 1939-1944. La politique étrangère de la France *par Jean-Baptiste Duroselle*
H139.	La Culture des apparences, *par Daniel Roche*
H140.	Amour et Sexualité en Occident *par la revue «L'Histoire»*
H141.	Le Corps féminin, *par Philippe Perrot*
H142.	Les Galériens, *par André Zysberg*

H143. Histoire de l'antisémitisme 1. L'âge de la foi
       par Léon Poliakov
H144. Histoire de l'antisémitisme 2. L'âge de la science
       par Léon Poliakov
H145. L'Épuration française (1944-1949), *par Peter Novick*
H146. L'Amérique latine au XXe siècle (1889-1929), *par Leslie Manigat*
H147. Les Fascismes, *par Pierre Milza*
H148. Histoire sociale de la France au XIXe siècle, *par Christophe Charle*
H149. Allemagne de Hitler, *par la revue «L'Histoire»*

H201. Les Origines franques (V^e-IXe siècle), *par Stéphane Lebecq*
H202. L'Héritage des Charles (de la mort de Charlemagne
       aux environs de l'an mil), *par Laurent Theis*
H203. L'Ordre seigneurial (XIe-XIIe siècle), *par Dominique Barthélemy*
H204. Temps d'équilibres, temps de ruptures, *par Monique Bourin-Derruau*
H205. Temps de crises, temps d'espoirs, *par Alain Demurger*

Collection Points

SÉRIE SCIENCES

dirigée par Jean-Marc Lévy-Leblond

S1. La Recherche en biologie moléculaire
ouvrage collectif
S2. Des astres, de la vie et des hommes
par Robert Jastrow (épuisé)
S3. (Auto)critique de la science
par Alain Jaubert et Jean-Marc Lévy-Leblond
S4. Le Dossier électronucléaire
par le syndicat CFDT de l'Énergie atomique
S5. Une révolution dans les sciences de la Terre
par Anthony Hallam
S6. Jeux avec l'infini, *par Rózsa Péter*
S7. La Recherche en astrophysique
ouvrage collectif (nouvelle édition)
S8. La Recherche en neurobiologie (épuisé)
(voir nouvelle édition, S 57)
S9. La Science chinoise et l'Occident
par Joseph Needham
S10. Les Origines de la vie, *par Joël de Rosnay*
S11. Échec et Maths, *par Stella Baruk*
S12. L'Oreille et le Langage
par Alfred Tomatis (nouvelle édition)
S13. Les Énergies du Soleil, *par Pierre Audibert
en collaboration avec Danielle Rouard*
S14. Cosmic Connection ou l'appel des étoiles, *par Carl Sagan*
S15. Les Ingénieurs de la Renaissance, *par Bertrand Gille*
S16. La Vie de la cellule à l'homme, *par Max de Ceccatty*
S17. La Recherche en éthologie, *ouvrage collectif*
S18. Le Darwinisme aujourd'hui, *ouvrage collectif*
S19. Einstein, créateur et rebelle, *par Banesh Hoffmann*
S20. Les Trois Premières Minutes de l'Univers
par Steven Weinberg
S21. Les Nombres et leurs mystères
par André Warusfel
S22. La Recherche sur les énergies nouvelles
ouvrage collectif
S23. La Nature de la physique, *par Richard Feynman*
S24. La Matière aujourd'hui, *par Émile Noël et alii*

- S25. La Recherche sur les grandes maladies
  ouvrage collectif
- S26. L'Étrange Histoire des quanta
  par Banesh Hoffmann et Michel Paty
- S27. Éloge de la différence, *par Albert Jacquard*
- S28. La Lumière, *par Bernard Maitte*
- S29. Penser les mathématiques, *ouvrage collectif*
- S30. La Recherche sur le cancer, *ouvrage collectif*
- S31. L'Énergie verte, *par Laurent Piermont*
- S32. Naissance de l'homme, *par Robert Clarke*
- S33. Recherche et Technologie
  Actes du Colloque national
- S34. La Recherche en physique nucléaire
  ouvrage collectif
- S35. Marie Curie, *par Robert Reid*
- S36. L'Espace et le Temps aujourd'hui, *ouvrage collectif*
- S37. La Recherche en histoire des sciences
  ouvrage collectif
- S38. Petite Logique des forces, *par Paul Sandori*
- S39. L'Esprit de sel, *par Jean-Marc Lévy-Leblond*
- S40. Le Dossier de l'Énergie
  par le Groupe confédéral Énergie (CFDT)
- S41. Comprendre notre cerveau
  par Jacques-Michel Robert
- S42. La Radioactivité artificielle
  par Monique Bordry et Pierre Radvanyi
- S43. Darwin et les Grandes Énigmes de la vie
  par Stephen Jay Gould
- S44. Au péril de la science ?, *par Albert Jacquard*
- S45. La Recherche sur la génétique et l'hérédité
  ouvrage collectif
- S46. Le Monde quantique, *ouvrage collectif*
- S47. Une histoire de la physique et de la chimie
  par Jean Rosmorduc
- S48. Le Fil du temps, *par André Leroi-Gourhan*
- S49. Une histoire des mathématiques
  par Amy Dahan-Dalmedico et Jeanne Peiffer
- S50. Les Structures du hasard, *par Jean-Louis Boursin*
- S51. Entre le cristal et la fumée, *par Henri Atlan*
- S52. La Recherche en intelligence artificielle
  ouvrage collectif
- S53. Le Calcul, l'Imprévu, *par Ivar Ekeland*
- S54. Le Sexe et l'Innovation, *par André Langaney*
- S55. Patience dans l'azur, *par Hubert Reeves*

- S56. Contre la méthode, *par Paul Feyerabend*
- S57. La Recherche en neurobiologie, *ouvrage collectif*
- S58. La Recherche en paléontologie, *ouvrage collectif*
- S59. La Symétrie aujourd'hui, *ouvrage collectif*
- S60. Le Paranormal, *par Henri Broch*
- S61. Petit Guide du ciel, *par A. Jouin et B. Pellequer*
- S62. Une histoire de l'astronomie, *par Jean-Pierre Verdet*
- S63. L'Homme re-naturé, *par Jean-Marie Pelt*
- S64. Science avec conscience, *par Edgar Morin*
- S65. Une histoire de l'informatique, *par Philippe Breton*
- S66. Une histoire de la géologie, *par Gabriel Gohau*
- S67. Une histoire des techniques, *par Bruno Jacomy*
- S68. L'Héritage de la liberté, *par Albert Jacquard*
- S69. Le Hasard aujourd'hui, *ouvrage collectif*
- S70. L'Évolution humaine, *par Roger Lewin*
- S71. Quand les poules auront des dents
par Stephen Jay Gould

Collection Points

SÉRIE SAGESSES

dirigée par Jean-Louis Schlegel

Sa1. Paroles des anciens. Apophtegmes des Pères du désert
par Jean-Claude Guy
Sa2. Pratique de la voie tibétaine *par Chögyam Trungpa*
Sa3. Célébration hassidique, *par Elie Wiesel*
Sa4. La Foi d'un incroyant, *par Francis Jeanson*
Sa5. Le Bouddhisme tantrique du Tibet, *par John Blofeld*
Sa6. Le Mémorial des saints, *par Farid-ud-D'in' Attar*
Sa7. Comprendre l'Islam, *par Frithjof Schuon*
Sa8. Esprit zen, esprit neuf, *par Shunryu Suzuki*
Sa9. La Bhagavad Gîtâ, *traduction et commentaires par Anne-Marie Esnoul et Olivier Lacombe*
Sa10. Qu'est-ce que le soufisme?, *par Martin Lings*
Sa11. La Philosophie éternelle, *par Aldous Huxley*
Sa12. Le Nuage d'inconnaissance
traduit de l'anglais par Armel Guerne
Sa13. L'Enseignement du Bouddha, *par Walpola Rahula*
Sa14. Récits d'un pèlerin russe, *traduit par Jean Laloy*
Sa15. Le Nouveau Testament
traduit par Émile Osty et Joseph Trinquet
Sa16. La Voie et sa vertu. Tao-tê-king, *par Lao-tzeu,*
Sa17. L'Imitation de Jésus-Christ, *traduit par Lamennais*
Sa18. Le Mythe de la liberté, *par Chögyam Trungpa*
Sa19. Le Pèlerin russe, trois récits inédits
Sa20. Petite Philocalie de la prière du cœur
traduit et présenté par Jean Gouillard
Sa21. Le Zohar, *extraits choisis et présentés par Gershom G. Scholem*
Sa22. Les Pères apostoliques
traduction et introduction par France Quéré
Sa23. Vie et Enseignement de Tierno Bokar
par Amadou Hampaté Bâ
Sa24. Entretiens de Confucius
Sa25. Sept Upanishads, *par Jean Varenne*
Sa26. Méditation et Action, *par Chögyam Trungpa*
Sa27. Œuvres de saint François d'Assise
Sa28. Règles des moines, *introduction et présentation par Jean-Pie Lapierre*

Sa29. Exercices spirituels par saint Ignace de Loyola
traduction et commentaires par Jean-Claude Guy
Sa30. La Quête du Graal, *présenté et établi
par Albert Béguin et Yves Bonnefoy*
Sa31. Confessions de saint Augustin
traduction par Louis de Mondadon
Sa32. Les Prédestinés, *par Georges Bernanos*
Sa33. Les Hommes ivres de Dieu, *par Jacques Lacarrière*
Sa34. Évangiles apocryphes, *par France Quéré*
Sa35. La Nuit obscure, *par saint Jean de la Croix
traduction du P. Grégoire de Saint-Joseph*
Sa36. Découverte de l'Islam, *par Roger Du Pasquier*
Sa37. Shambhala, *par Chögyam Trungpa*
Sa38. Un Saint soufi du XX⁰ siècle, *par Martin Lings*
Sa39. Le Livre des visions et instructions
par Angele de Foligno
Sa40. Paroles du Bouddha pour les laïques
(traduit par Jean Eracle)